中铁快运股份有限公司

China Railway Express Co., Ltd.

中铁快运股份有限公司（China Railway Express Co.，Ltd），简称中铁快运（CRE），是中铁行包快递有限责任公司与原中铁快运股份有限公司合并重组后的专业运输企业，新公司于 2006 年 1 月 1 日办理了变更注册手续，注册资本 24.95 亿元。

公司设立 28 个分公司，拥有 11 个控股子公司和 1 个参股公司。经营网络遍及全国 32 个省、自治区和直辖市，在国内设有 234 个营业部，1600 个营业网点遍及国内 731 个城市，门到门服务网络覆盖国内 608 个大中城市。主要业务：行李、包裹、邮件、小件等货物铁路快捷运输；仓储、装卸、搬运、包装、加工、配送等物流服务；铁路小件货物特快专递、铁路票据特快专递；国际快递业务（信件和具有信件性质的物品除外）；海上、航空、陆路国际货物运输代理业务及与上述业务相关的技术咨询、服务等法律法规允许的其他业务。

公司秉承“安全、准时、快捷、经济”的服务理念和“为客户创造价值，实现企业资源价值最大化”的经营宗旨，为客户提供运输咨询、上门取货、包装、货物承运、货物查询、到达交付全程，“一站式”门到门的便捷服务。

地址：北京市宣武区鸭子桥路24号中铁商务大厦A座

网址：www.cre.cn　　全国统一客服电话：95105366

宝鼎威

BDW

一流的平台

中国物流实验基地揭牌仪式

首期市场招商答谢联谊会

园区一角

宝鼎威物流中心成立于2004年2月，作为深圳市“净畅宁”工程的配套项目，是深圳市龙岗区2005年重点发展项目。园区位于布吉丹竹头村陵角塘地段，地处布吉交通网中心，距深惠路仅1000余米，至水官高速仅需用3分钟车程，至机荷高速只需要10分钟车程，公路交通四通八达。

园区规划占地38万平方米，总投资15亿元人民币，首期投入2.2亿元人民币。内有近8万平方米的货运交易市场、5万平方米的大型货运停车场，货运商铺360间，商业展示商铺50间，设有园区电子商贸信息中心、员工培训中心，7层的商业中心大楼、5层的酒店式公寓楼，2万平方米的多层仓库，是集物业租赁、货物运输、配载、仓储、装卸、包装、停车、维修、商贸、办公、报关、餐饮等多功能一体化数码物流园区。

宝鼎威物流园区采用了数码化的监控设备及光纤宽带接入技术，并采用了先进的园区管理信息系统，可以发布来自全国各物流园区的货源信息和车辆信息，可以实现物流电子商务的交易。以国际互联网和企业内

King Shine金霞

湖南金霞粮食产业有限公司

董事长兼总经理：谢文辉

湖南金霞粮食产业有限公司是一家由湖南长沙芙蓉北路国家粮食储备库及长沙第一粮油实业公司改制后设立的国有独资公司，注册资本5000万元，净资产近6亿元，前身是始建于1950年的长沙市第一粮食仓库，主要从事粮食收购、储备、加工、饲料、物流、贸易、期货等业务，是确保长沙地区粮食安全和流通稳定的重要载体，承担着中央、省、市粮食储备、收购、加工、运输、出口等任务，系湖南省农业产业化龙头企业，为长沙市粮食行业协会副会长单位、湖南省农业产业化协会副会长单位、湖南省饲料工业协会副会长单位、中国粮油学会物流分会副会长单位。

公司经过半个多世纪的发展，特别是近几年把握发展机遇，创新发展模式，与时俱进，开拓创新，坚持走“市场化、品牌化、产业化、集团化”的发展之路，企业跨入了快速发展的良性轨道。目前，公司生产经营规模不断扩大，经济效益不断上升，发展态势良好：公司拥有200多家经营户、1000多名从业人员、年货物吞吐量160万吨、年交易额15亿元的粮食饲料交易市场，是全国大型的粮食饲料原料现货交易市场之一；拥有芙蓉北路粮食储备库、丁家岭分库、宁乡粮食收储加工基地、湘阴新泉收储加工基地，总储备仓容30万吨，常年储备政策性粮15万吨，为中国中部地区大型的国家粮食储备库之一；拥有郑州商品交易所指定的期货小麦交割库，承储规模10万吨，系中国中南地区最大的期货交割库之一；拥有长沙城区伍家岭、长沙县丁家岭、宁乡县毛家咀、湘阴县新泉4条大米生产加工线，年加工能力10万吨。公司被评为“中央储备粮管理优秀单位”、“湖南省农业产业化十佳诚信企业”、“湖南省消费者信得过单位”、“长沙市农业产业化优秀龙头企业”、“长沙市2007年现代农业建设十大标志性工程示范单位”之一。

为提高长沙城市品位，推动城北经济发展，调整城市发展规划，长沙市相关部门决定我单位实施整体开发、整体搬迁、整体改制战略。公司以此为契机，投资6.8亿元，在长沙金霞经济开发区征地394亩建设公司新址，新址建筑面积20万平方米，年大米加工能力20万吨，仓容30万吨，铁路专用线3股道，年货物吞吐量300万吨，市场交易额30亿元。

公司以产业为核心，以储备为基础，以物流为纽带，以市场为导向，充分利用湖南是长江流域的稻谷输出区和北方小麦、玉米输入区的地理优势，发挥金霞粮食物流园内铁路、港口、仓储的基础优势，打造金霞系列品牌，拓展现代粮食物流，努力打造成为全国大型的粮食饲料交易市场、中南地区大型的期货交割基地、湖南大型的粮食物流中心。并通过资源整合、产业集群组建湖南金霞粮食产业集团，集团将更好地服务国家粮食宏观调控，强力带动区域性农村经济快速发展，更好地服务三农，推动社会主义新农村建设。

湖南金霞粮食物流园

河南省粮食交易物流市场

为贯彻落实《中共中央、国务院关于促进中部地区崛起的若干意见》中提出的“重点发展粮食及鲜活农产品、重要生产资料及工业品交易市场”和“构建以郑州、武汉等全国性市场为中心，以区域性重点市场为骨干，以具有地方特色的专业市场为补充，现货市场和期货市场相结合的市场体系”的战略决策。适应郑州商贸城建设需要，更好地为将河南建设成为我国重要的粮食生产基地服务，突出我省农产品的龙头品牌——小麦的优势，加强政府在新形势下对粮食的宏观调控能力，经批准于2004年3月16日组建了河南省粮食交易物流市场有限公司，承担我省政策性用粮采购和销售以及大宗粮食贸易的交易以及促进我省粮食现代物流发展的重任。经营范围包括组织大宗粮食交易、粮食信息采集及发布、粮食公路散装运输、全国铁路货运代理、粮食收购与储存、粮油现货贸易、农产品种子经营等。

河南省粮食交易物流市场隶属于河南省有关部门，由金地、金粮、金麦、金鼎四大粮食集团公司及河南省粮食科学研究所、河南省粮油饲料产品质量监督检验站共同组建成立的大型股份制企业。物流市场下设综合部、交易部、结算部、信息部、研发部和河南豫粮物流有限公司、河南豫粮宸光散装运输有限公司两家专业性公司以及原阳直属粮库。

市场成立以来，发展会员千余家，资产突破5000万元。特别是2005年年底520平方米新交易大厅的投入使用，使物流市场在原有计算机电子读卡和举牌竞价交易方式的基础上，增加了具有300多个固定电子席位式交易功能。本着“公开、公平、公正”的原则，物流市场先后成功举办了多次全国性的大型交易活动，以及全省军粮统筹采购，并承担着国家最低收购价小麦的竞价销售任务。使河南省的省级储备粮、超储库存粮、陈化粮、军粮供应等政策性用粮实现了进场交易，市场客户遍布全国23个省、市、自治区。

河南省粮食交易物流市场将抓住国家扶植、发展粮食批发市场建设和粮食现代物流建设的有利时机，充分利用河南省省会郑州的区位优势，在河南省粮食交易物流市场现有资源的基础上，加快物流市场的发展，将物流市场建设成为河南省粮食批发市场和粮食现代物流的龙头企业，成为我国小麦的交易中心、物流中心、信息中心、质检中心和价格中心，推动河南省粮食批发市场的建设和现代物流的发展。将进一步增强政府宏观调控能力，充分发挥粮食批发市场配置资源的基础性作用，引导粮食合理流动，提高粮食流通效率，稳定市场价格，稳定粮食生产，切实保护广大农民利益，确保国家粮食安全。

河南豫粮物流有限公司

河南豫粮物流有限公司隶属于河南省粮食交易物流市场有限公司，是经河南省有关部门批准于2004年11月4日注册成立的股份制企业，注册资金1000万元，是一家具有组织大宗粮油收储、贸易、运输，货运信息咨询及农产品经销等功能的大型粮食购销企业。

公司秉承“以人为本、科技带动、文化发展”的经营理念，以市场为导向，不断提高自身的水平和质量，全面打造学习型企业，积极探索粮食流通市场化的新途径，努力推进中原现代粮食物流业的崛起和发展。

河南豫粮宸光散装运输有限公司

河南豫粮宸光散装运输有限公司是河南省粮食交易物流市场为发展河南粮食现代物流，发挥物流市场在河南省粮食现代物流发展中的龙头作用，做好散粮运输的试点工作，探索黄淮海地区以散粮汽车为主要模式的粮食现代物流发展道路，整合社会资源，于2006年7月组建的河南省目前规模较大的汽车散粮专业运输公司，公司拥有散粮专用运输汽车50辆。并完成了河南省散粮汽车试点项目。公司成立后大力开展第三方粮食散装物流服务，全力打造“豫粮物流”品牌，推动河南省以及黄淮海地区以汽车散运为标志的粮食现代物流。高效、灵活、低成本的散粮专用汽车以热情周到的服务，深受用户的欢迎，“豫粮物流”品牌深入人心，有力地推动了我国河南粮食散装运输的发展。

原阳直属储备粮库

原阳直属库是隶属于河南省粮食交易物流市场的一家大型仓储企业和物流基地，为2001年国家储备粮库建设河南省建设项目之一，占地面积80亩，共建21米跨拱板仓5栋，总仓容3万吨，总投资1060万元，全部为国债专项资金。已通过中央储备粮和省级储备粮代储资格认定。

河南仓房采用先进的仓房密封技术，配备了环流熏蒸系统、粮情测控系统、机械通风地上笼系统、计算机信息管理系统和完善的机械设备以及消防和给排水设施，库区整洁美观。

河南原阳直属库是物流市场建设的第一个储备基地、粮源基地和物流科研实验基地。该库承担了河南省级储备粮和北京市异地储备粮的存储任务。2005年，直属库配合郑州科学研究设计院顺利完成了国家粮食局集装袋装卸粮的实验课题，为集装袋在粮食流通中的应用打下了坚实的基础。

河南省粮食交易物流市场
地址：郑州市黄河路11号
邮编：450003
综合部电话：0371—69156787
交易部电话：0371—69156789
结算部电话：0371—69156785
研发部电话：0371—69156776
传　　　真：0371—69156777
Hppt://www.xmlt.com.cn

河南豫粮物流有限公司
总经理办公室：0371—69156778
业 务 电 话：0371—69156781
传　　　　真：0371—69156780

河南豫粮宸光散装运输有限公司
总经理办公室：0371—69156773
业 务 电 话：0371—69156775
传　　　　真：0371—69156772

FOTON
福田物流
FOTON
福田物流
FOTON

CMST
中国物资储运总公司
中储物流
把成功配送给您
质高效便捷周到
中储股份
地址：北京市丰台区南四环西路188号6区18号楼
电话：010-83673388 传真：010-83673373
网址：www.cmst.com.cn

一诺千金，
欲速必达
远成集团
Yuan Cheng Group
YUANCHENG
www.yc56.com
60000 多个合作伙伴
1000 台自有车辆
360 万年运力
2000 台可控车辆
30 万平方仓储
300 多个营业网点
6000 多名员工
50 多家全资子公司
为“您”提速
做中国最好的综合物流服务商
北京
成都
上海
广州
综合物流
全国免费服务热线：800 820 1646

HAVI FOOD SERVICES

夏晖食品有限公司
HAVI Food Company Limited

夏晖集团于 1974 年成立于美国芝加哥，在供应链管理和冷链物流方面位于领先的地位，借由麦当劳数十年友好合作的伙伴关系，夏晖集团获得了在食品业提供完整供应链管理的能力。

夏晖集团在 44 个国家拥有 6600 名员工。在美国、欧洲、中国（包括中国的香港和台湾）及东南亚地区为 8000 多家麦当劳餐厅提供高质量的供应链管理服务，其中也包括多温层食品物流服务。在过去的 5 年里，夏晖集团还将业务扩展到一流的连锁咖啡店、现购自运式卖场、化工产品，及其他的快餐连锁系统。目前，夏晖集团在北京、上海、广州、中国香港、中国台湾的物流中心和设立在新加坡的区域运输管理能力下，构建成一个高质量且具成本效益的网络，为我们的客户在区域中的快速成长提供支持。

北京分发中心 电话：(86-10)67883335
传真：(86-10)67880465/6
上海分发中心 电话：(86-21)69153330
传真：(86-21)69153484/3
广州分发中心 电话：(86-20)32221100
传真：(86-20)32221126

安吉天地汽车物流有限公司

安吉天地汽车物流有限公司（简称安吉天地）是由上海汽车工业销售有限公司(SAISC)和国际著名跨国集团—APOLLO管理公司下属的CEVA(TNT)汽车物流公司各出资50%于2002年组建而成的国内汽车物流合资企业，主要从事汽车、零部件、售后物流以及相关物流策划、咨询、管理、培训等服务，是一家专业化运作，能为客户提供一体化、技术化、网络化、可靠的、独特解决方案的第三方物流供应商。安吉天地作为国内规模较大的汽车物流服务供应商，第七大物流供应商，公司员工近5000人，主要客户包括上海大众、上海通用、上汽通用五菱、一汽、二汽、德国宝马等知名汽车厂商。2006年物流销售收入达22亿元，运送整车160万辆，国内市场占有率达到40%。

自2003年11月公司陆续获得ISO 9001、ISO 14001、OHSAS 18001、BVQI认证。在国内成为物流标杆企业，是中国物流与采购联合会汽车物流分会理事长单位，2005年获评国家“5A级物流企业”之一，名列中国物流企业50强第17名。同时，安吉天地的物流智能化管理也获得了国外专业学会的认可，获得2005《环球供应链》杂志社和英国皇家运输与物流协会颁发的有关最佳配送网络管理奖项，2005年又获得了“2005年度评委会大奖”以及“最佳汽车解决方案奖”。2006年获得由国家有关部门颁发的“企业管理创新成果奖”国家级一等奖。2007年3月，安吉天地又获得了国际认可的法国国际检验局颁发的“优秀管理体系”奖。目前，安吉天地正在与上海市科委共同研究“标准化管理软件”课题，并担任中国物流与采购联合会《汽车物流标准发展规划》课题组组长单位。

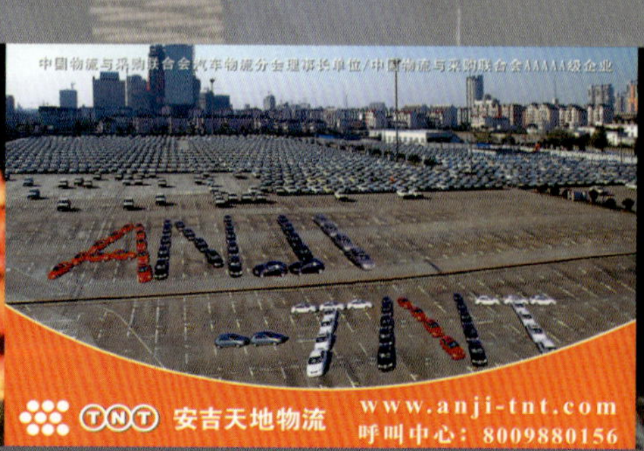

忻坚敏，安吉天地汽车物流有限公司首席执行官。中国物流与采购联合会汽车物流分会轮值理事长、第一届上海市物流协会副会长、中国交通运输协会第六届理事会理事。

广西玉柴物流集团有限公司

▲ 第三届欧亚道路运输博览会上，国际道路运输联合会秘书长马丁·马米（左二）、交通部副部长（中）、区运管局局长（右二）等领导接见“中国道路货物运输企业50强”的玉柴物流副总经理（左一）

▲ 玉柴物流公司的货运车辆在整装待发

广西玉柴物流集团有限公司（简称玉柴物流）位于广西桂东南商贸繁华的玉林市。是全国首批获得国家一级道路货物运输资质企业的 20 家之一。是中国道路运输协会会员和国家有关部门重点联系的道路运输企业。

2002 年，玉柴物流经过整顿重组后，从一个主要以经营运送玉柴柴油机的企业物流，发展成为现代化的物流企业。

玉柴物流现有管理人员 800 多人。公司注册资金 6700 万元人民币。到 2006 年年底，公司拥有平板车、栅栏车、箱式车、集装箱车、冷冻冷藏车等各种货运汽车 6428 辆，总吨位 62716 吨，年货运量高达 2100 万吨，货运周转量 62 亿吨每公里。在全国各省市设立有 51 家分子公司。与全国上百家货运站和货运企业合作，建立了强大的运输网络，可联合调拨货运汽车 2 万多辆。

玉柴物流走“以运联贸，以贸促运”的多种经营道路，至今已形成了既有仓储配送、国内货物运输和国际货物运输，又有汽车销售与租赁、机电产品、化工产品、煤炭的经营和保险业务的代理以及自营、代理各类商品进出业务的体系。

玉柴物流高度重视发展现代物流信息建设，从 2003 年开始就筹资 500 多万元，通过招标聘请了国内知名的软件公司，根据玉柴物流业务，量身制作，建立了具有国内先进水平的物流信息系统，具备了货源信息、车辆调度、异地结算支付等功能。经过多年的滚动完善，该系统也运用到了安装有全球卫星定位（GPS）的货运汽车上，实现了动态调度，在途监控，不但减少了空载，而且使货运的安全性和准时到达率达到了国家先进水平。

玉柴物流率先在运输行业内通过了 ISO 9001：2000 标准的质量管理体系认证。以“让客户满意，让社会满意”为企业的服务宗旨。经过广大员工多年的共同努力，公司保持了持续健康的发展，取得的良好业绩，得到了社会的认可和赞美。

在行业方面：

自 2005 年被评为“中国道路货物运输企业 50 强”排名第一以来，2006 年和 2007 年又分别被评为“中国道路运输企业 100 强第二名”。

在客户服务方面：

2005 年被评为“中国用户最满意十大物流品牌”，2006 年和 2007 年又分别被评为“中国物流用户十佳满意品牌”、“中国道路运输市场客户满意第一品牌”。

玉柴物流以“绿色发展，和谐共赢，创世界一流企业，建中华民族品牌”为战略目标，积极融入中国—东盟经济发展潮流，充分发挥玉柴在新加坡、泰国、越南和印度尼西亚办事机构的作用，以“一轴两翼”的公路运输轴线为切入点，利用广西的区位优势积极开展从中国南宁至越南、柬埔寨、马来西亚、新加坡的快速公路运输，在做好国内物流的同时，力争在不久的将来，把玉柴物流建成一个具有国际先进水平的现代物流企业。

公司法人代表：晏　杰　　总经理：李志荣

联系电话：0775—3286218　0775—3283893　传真：0775—3283880

地址：广西玉林市外环北路北侧玉柴汽车城　邮编：537000

广东省机械设备成套局

主要任务：

一、宣传贯彻和实施国家和省有关政府采购和招标投标等方面的法律法规及规章制度，承担省级政府集中采购任务，协助有关部门承担我省各市政府采购中心业务的指导工作。

二、受省有关部门委托，依法组织省级财政投资的建设项目和省级重大建设项目成套设备的招标工作，组织省内企业参与国内大中型工程项目、重大外资项目和国际工程承包项目的投标活动。负责我省工程设备监理、咨询与租赁等行业的行业协会组织协调管理工作。

三、受省有关部门的委托，承担省级财政投资的建设项目和省级重大建设项目的成套设备项目管理工作。

四、承担我省工程设备监理、租赁、咨询和工程设备成套供应及进出口的相关工作，研究拟订并组织实施相关行业规范，做出行业市场年度报告，定期向省政府及有关部门报送有关动态情况。

五、按照我省装备工业中长期规划和近期目标，协助有关部门组织机电设备成套及技术装备项目的研制、推广及国内外的技术交流与合作，提供有关服务。

六、负责授权的国有资产的管理、使用与保值增值，管理省财政下达的有关经费工作。

七、承担省政府及有关部门交办的其他事项。

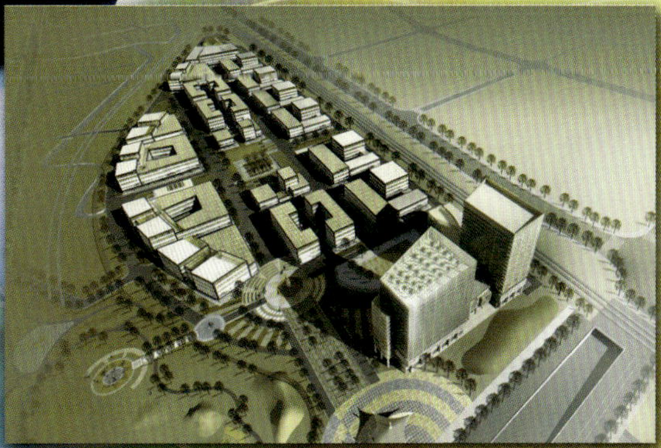

山西宝特国际物流有限公司

PORTINT

Shanxi Port International Logistics Co.,Ltd.

侯马陆港口岸项目由山西宝特国际物流有限公司投资建设，一期工程占地 616 亩，投资 1.26 亿元人民币。新建万吨大列铁路专线 3 条，一次可装卸 5000 吨大列的站台 6 个，功能划分为集装箱区、钢铁区、矿粉区、煤焦区、化工区、保税货物仓储区和海关监管区。口岸设计能力年吞吐量为 300 万吨，远期为 600 万吨，配套有海关、出入境检验检疫、报关、报检、银行、保险、船代等部门进驻的联检大楼和相应的服务中心。

该项目投入运营后，将成为侯马的“ 无水港 ”，直接服务于运城、临汾、晋城三地市的经济发展，使三地市的进出口业务在这里报关、报检、全程服务、一票通行。口岸依托侯马北铁路枢纽，南下货物经广州、深圳、珠海直达香港、澳门，北上货物可直通满洲里、绥芬河、二连和阿拉山口等口岸出境，集装箱货物直接与青岛 QQCT 结成战略联盟，同时与天津、日照、连云港、上海等大口岸直接连线，形成与环渤海经济带和长江三角洲的实质性对接。进口货物不但可直接服务于侯马企业，还可利用毗邻仅两公里的高速公路网分拨到周边地区，形成集合资源，辐射周边的大物流、大商贸格局，必将完善侯马区域性中心城市的服务功能，提升城市品位，奠定良好基础。

侯马陆港口岸项目，是山西省“十一五”规划确定的重点建设项目，也是实现山西省确立的“以太原为中心，大同、侯马为两翼的口岸开放格局”的重要组成部分。

地　　址：山西省侯马市合欢街陆港口岸
邮　　编：043000
招商电话：0357-4186522
传　　真：0357-4186173
网　　址：www.Portint.com

山东盖世国际物流集团

Shandong Gaishi International Logistics Group

盖守群

董事长 党委书记

山东盖世国际物流集团是一家以物流业为核心，涉足物流、房地产、商贸流通等领域的综合性企业集团，占地3100亩，拥有仓储面积100万平方米。入驻海尔、海信、苏宁、统一、安利、百事、旺旺食品、中海物流、中远物流、华宇物流、联邦快递(FedEX)等国内外知名企业客户500多家。2005年集团获得全国流通业结构调整国家预算内专项资金扶持。2006年，公司一举荣获“中国5A级物流企业”、“中国物流示范基地”、“中国物流百强企业”三大殊荣，成为物流行业中的国家品牌企业。

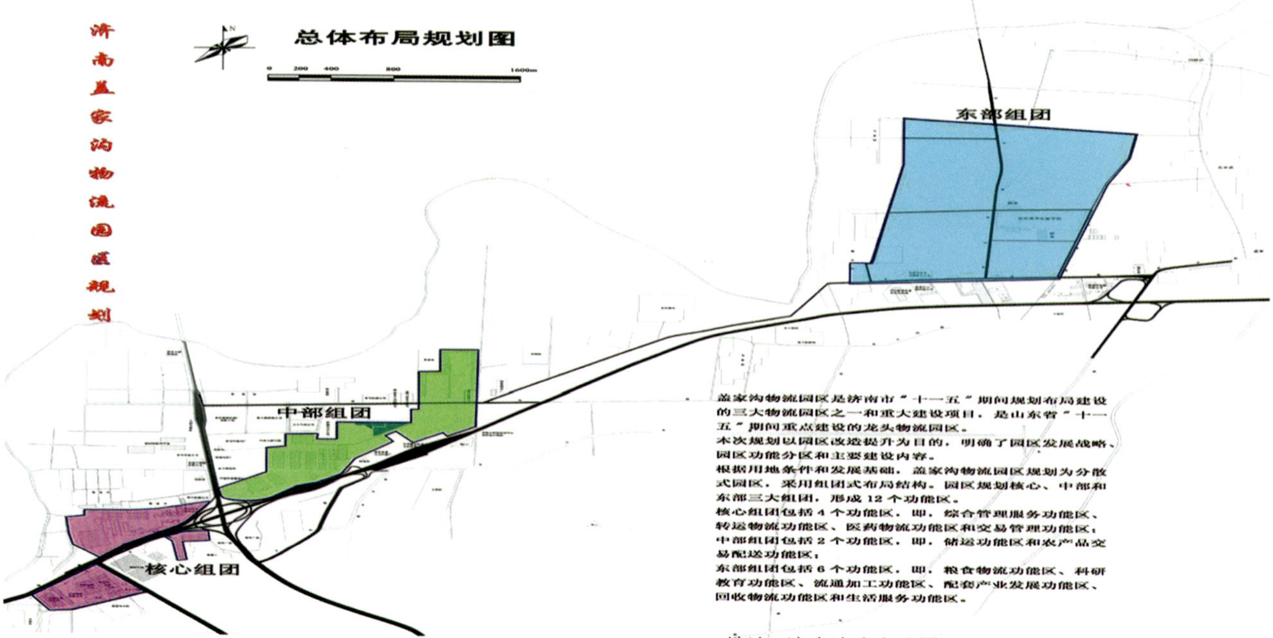

- 地址：济南济青高速零点立交桥北侧
- 电话：0531-88271056 0531-82370456 • 传真：0531-88271036
- 网址：www.gs56.com • 电邮：wuliu.sd@163.com

武汉商贸职业学院物流学院（金色谷物流学院）

中国物流与采购联合会会员单位、中国物流技术协会副理事长单位

武汉商贸职业学院物流学院成立于2002年10月，下设物流管理、仓储与配送、运输、企业物流四个方向，在校生3000人。现有专业教师71人，兼职教师及外聘教师32人。其中教授7人，副教授10人，讲师7人，高级经济师9人，高级会计师1人。院长周建亚教授为中国物流专家、中国物流学会常务理事、中国物流学会特邀研究员、长江教育研究院职教专家。

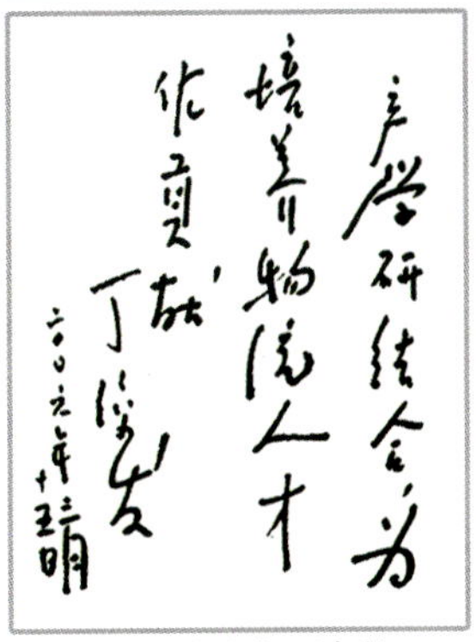

丁俊发常务副会长为该院师生题词

院长：周建亚教授

武汉商贸职业学院现代物流研究所为中国物流学会物流研究协作网成员单位，学院培训部为中国物流与采购联合会培训部湖北培训中心。学院坚持以能力为本位，以服务为宗旨，以就业为导向，走产学研相结合的道路。同时大力推进校企合作和订单式培养，并与金色谷超市管理有限公司建立全方向合作，与远成集团、宅急送、宇鑫物流建立了订单式培养合作关系。

武汉商贸职业学院院长涂宏斌教授与金色谷超市管理有限公司总裁李苏苏为金色谷物流学院揭牌

中国物流技术协会理事长牟惟仲在钟原副校长陪同下到武汉商贸职业学院参观指导

中国物流技术协会理事长 牟惟仲 华中科技大学管理学院物流系主任 刘志学
东风汽车集团公司物流协会会长 李学诗 宅急送快运股份有限公司总裁 陈平
金色谷超市管理有限公司总经理 李苏苏 远成集团公司培训部主任 邹海
神龙汽车公司生产部高级工程师 陆薇 武汉□□物流公司总经理 罗绍林

地址：武汉市东湖高新技术开发区光谷二路88号 邮编：430205
电话：027-81627258 81627252（传） 87386597（培训部）
网址：www.whicu.com 电邮：wuhanfenfang@163.com

江西京九物流有限责任公司

江西京九物流有限责任公司是江西省境内专业的物流公司，下设 20 家分（子）公司、98 个营业网点，员工 1000 余名，其中，高级物流师 50 人、物流师 100 人、大专以上学历 108 人，拥有自营货场面积达 5.9 万平方米、仓库面积 2.9 万平方米，其中 4 个自有货场 2.2 万平方米、仓库 1.8 万平方米、运输汽车 500 余辆，注册资本金达 1.16 亿元人民币。

总经理、高级物流师：陈吉

公司秉承服务社会、服务客户的宗旨，不断拓展经营领域，全面提升服务品质，积极培育优秀的企业文化，倾力打造京九物流品牌。经营范围涉及铁、公、水路的货物仓储、配送和运输代理以及煤炭、钢材、水泥等贸易项目，业务辐射全国。2006 年实现经营收入 3.9 亿元人民币、利润近千万元人民币，并顺利通过了 ISO 9001：2000 质量管理体系认证，已具备“4A”级综合服务型现代物流企业标准。

我们的团队

公司总经理、高级物流师陈吉跃先生是一位极具开拓精神的管理者，曾荣获南昌铁路局优秀企业家称号。他提出了“依托铁路打基础，跳出钢轨谋发展”的经营理念和运贸一体化的发展思路。在他的带领下，全体员工发扬“勤业、精业、敬业、乐业”的京九企业精神，锐意进取，敢为人先，正朝着争当江西省一流物流企业和进军“中国物流百强企业”的目标奋勇前进。

联系地址：江西省南昌市井冈山大道 683 号

邮编：330002

联系电话：4008832666

联系人：孙先生 曾先生

深圳市祥乐联运服务有限公司

深圳市祥乐联运服务有限公司（简称祥乐联运）是1993年5月注册成立的民营物流企业。在民航中南管理局、深圳市民航管理处、广深铁路股份有限公司、大地保险公司及全国各省市交通厅（局）和广大客户的支持下，现已发展成为集空运、铁路运输、汽车运输为一体的多式跨区域的物流企业。

祥乐联运是深圳、珠江三角洲高新电子产品物流配送的龙头。早在1998年已实施走出深圳、走出广东、走向全国的战略发展规划，现已实现了珠江三角洲各地市间的汽车快运夕发朝至。迄今在长沙、武汉、郑州、石家庄、北京、天津、沈阳、济南、上海、杭州、宁波、南京、苏州、无锡、常州、贵阳、重庆、成都、昆明、西安等地设立了70余家分公司，实现了深圳至全国各主要城市的汽车”三定”（定时、定点、定班）专线快运直达。

10多年来，凭着严谨的管理体系、优质的服务和诚信经营，公司获得了各地各界的赞誉。1999年获行业“规范经营单位”称号；2005年7月获“四率”量化考核绿卡企业称号；2006年11月成都分公司被成都市有关部门授予“120强物流企业”称号；同年12月获交通行业“安全运输先进单位”称号；2007年1月获杭州市2006年度“诚信经营户”荣誉称号，在杭州市树立起良好的深圳企业形象；同年5月在深圳市交通行业质量信誉评比中获“质量信誉AAA企业”称号。

展望未来，我们将坚持“以客户满意为目标，安全诚信，打造中国物流名企”的方针，奋力开拓国际国内两个市场，促进深圳与国内国际的商贸交流，为我国的社会经济发展而奋斗。

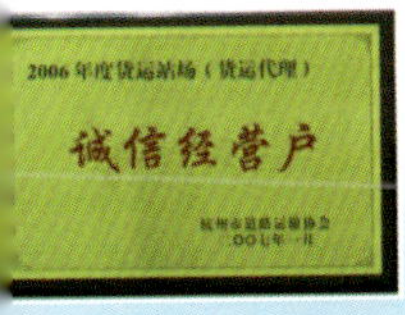

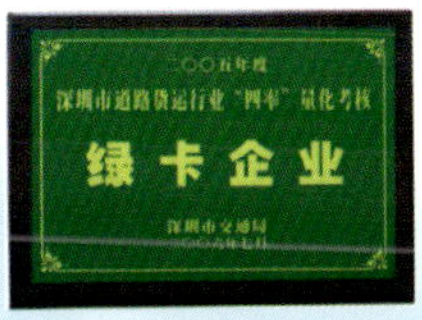

中国拍卖行业协会

会长：张延华

中国拍卖行业协会于1995年6月成立，由全国拍卖企事业单位、社会团体和从事拍卖业相关工作的个人，自愿结成的全国性、非盈利的社会团体组织，具有社会团体法人资格。协会依照《中华人民共和国拍卖法》并根据章程，对拍卖企业和拍卖师进行监督。至今，协会共有会员单位1565家。其中，理事单位222家；常务理事40家；会长、副会长13人，会员分布全国各地。

行业协会成立10多年来，在政府各有关部门的关心扶持下，在社会各界人士的支持下，团结拍卖业同仁共同努力做了大量工作，在加强行业自律、拓展拍卖领域，促进拍卖企业提高规范化、专业化、规模化和信息化水平等方面取得了较好的成绩。协会的凝聚力进一步加强，行业的社会影响力日益提升。现全国拍卖企业已发展到4000多家，国家注册拍卖师已有7200余人，从业人员突破5万人，年成交额近3000亿元。拍卖已涉及到文物艺术品、国有土地使用权、房产、机动车、司法处理物品、社会个人委托及股权等多个领域，几乎涵盖了全部可流通的商品，包括有形资产和无形资产。中国拍卖业作为一种社会中介服务和特殊的流通形式已经成为国民经济发展和繁荣文化事业不可或缺的组成部分。

2006年，恰逢我国拍卖业恢复20周年，《中华人民共和国拍卖法》颁布10周年，协会开展了一系列庆祝活动：评选和表彰对我国拍卖业做出贡献的先进个人；编撰《中国拍卖20年》；举办第二届全国拍卖师主持技巧竞赛和进行行业文艺展演等纪念活动，进一步振奋了全行业人员的精神，增进了团结，坚定了我们继往开来、改革创新的信心和勇气。2007年，协会将认真学习贯彻《国务院办公厅关于加快行业协会商会改革和发展的若干意见》（国办发［2007］36号）文件精神，围绕第三次会员大会制定的工作方针，继续坚持“为行业服务，为企业服务”的工作理念，与各地拍卖行业协会共同努力，为国民经济的发展和构建和谐社会做出自己的贡献。

2005中国文物艺术品拍卖国际论坛

举办捐资助学公益拍卖会

上海水产大学

国际都市型食品物流教育高地

高地带头人 潘迎捷校长

食品物流教育高地简介

上海水产大学“国际都市型食品物流教育高地”（简称物流高地），是上海市十大教育高地建设的重要组成部分，是整合我校经济、管理、食品、信息、工程、海洋等多学科优势构架的高层次的教育平台，具有国内创新的先发效应。物流高地将以改革创新、科学发展、质量第一和开放合作的精神，把物流高地建成国内一流的食品物流人才培养基地

两个专业方向的核心课程

物流高地分为两个专业方向，其核心课程分别为：

食品物流管理方向：食品物流管理、食品安全与控制、食品供应链管理、物流信息管理、食品运输网络规划

食品物流工程方向：食品加工学、食品微生物学、食品冷冻冷藏原理与技术、食品物流学

专业及课程特色

融食品、经济、流通、工程、管理、消费于一体的多学科交叉的战略与实务操作的专业架构

融食品物流管理、食品安全与控制、食品科学工程、低温物流与冷藏、物流信息管理等主要课程为一体的食品物流课程体系

融学科、专业、课程建设为一体的可持续教育发展观

特色教学活动

物流高地紧紧围绕“创新型”、“国际型”、“实践型”的教学理念，通过特色教学，创新教学、实践教学等手段在各方面取得了显著的成绩。先后举办了“2006年上海食品物流与冷链技术发展论坛”、“食品物流课程系列国际高级讲座”、“中日食品物流学术研讨会”等具有社会影响的特色教学活动。并与多家物流企业进行了广泛的交流与合作，建立了多个实习基地

高地人才培养

经过4年的不懈努力，食品物流教育高地的教学、科研水平和人才培养质量在国内达到了先进水平，具有良好的社会声誉，成为国内食品物流本科人才培养中心、教学研究中心与师资培训中心。

当前，第一批食品物流管理和食品物流工程方向的专业人才即将步入社会，他们在食品物流组织管理、食品品质、食品安全以及食品资源循环性的保障技术等领域方面通过了专业化的培训，具备了很强的综合实力和发展潜力。

上海水产大学食品物流教育高地首届毕业生将在我国物流专业领域中发挥重要的作用。

食品物流管理方向负责人：陈蓝荪 教授
电话：021-65710588
食品物流工程方向负责人：谢 晶 教授
电话：021-65710222

地址：军工路校区：上海市杨浦区军工路334号 （邮编：200090）
学海路校区：上海市南汇区惠南镇学海路100号
2008年新校址：上海临港新城橄榄路校区

CHINA LOGISTICS CORP

中国物流公司

公司概况

中国物流公司是中国诚通集团的全资子公司，致力于为国内外广大客户提供现代物流服务、公路运输和铁路集装箱全程“门到门”运输和代理、企业供应链管理、综合物流中心管理、国际集装箱多式联运等综合服务。

公司在全国主要交通枢纽城市设有分支机构 40 余家，现有集装箱堆场面积 120 多万平方米，各种运输车辆 1000 余台，仓库 20 多万平方米，另有 9 条铁路专用线和若干个公路配货网点。在内地重点城市重庆、成都、常州、武汉、乌鲁木齐、霍尔果斯等地均建有大型集装箱中转站，在沿海主要港口设立了集装箱进出口中转代理机构。公司以创新企业经营理念和企业文化为先导，在全系统树立“客户的需求就是我们工作的出发点”的经营理念和“安全、高效、准确、规范”的工作准则。

社会信誉

国家 AAAA 级物流企业；

中国交通运输协会“中国物流百强企业”；

中国物流与采购联合会“最具竞争力 50 强企业”；

中国物流媒体联盟“中国最具成长性物流企业”；

中国物流技术协会物流知名品牌企业。

同时，中国物流公司是世界货代联盟（WCA）、中国全球物流联盟（CGLN）、中国物流与采购联合会、中国交通运输协会、中国国际货代协会等多家国际、国内协会会员。

核心业务

- **铁路集装箱运输**

  公司稳步发展铁路集装箱“五定班列”业务，独家或与相关单位合作开通重庆—上海/青岛、成都—深圳、厦门—武汉、哈尔滨—武汉等多条班列和技术直达专列。

- **国际货代和海铁联运**

  公司分布在全国各主要港口城市及重点城市的专业货运代理机构，依托重庆—上海 / 青岛、常州—上海、成都—深圳等多条铁路集装箱班列及海关监管车队和海关监管堆场，为客户开辟了畅通无阻的海铁联运通道。

- **综合物流服务及供应链管理**

  公司为客户提供集仓储、运输、配送、信息化管理于一体的整套物流解决方案。

- **公路运输**

  公司依托高速公路网，逐步建立了完整顺畅的国内城际干线运输快速通道，通过以城市为中心向全国各地区集中配送服务体系、区域型的集中配送体系和对点城市的公路干线运输三种模式相结合。

主要客户

天津市物资集团总公司

天津市物资集团是国有大型物资流通企业，是全国重点培育的流通领域 20 家大企业集团之一和天津市政府重点支持的大型国有企业。在“2007 年中国企业 500 强”评选活动中，集团排名第 69 位，同时荣列“2007 年中国服务业 500 强”第 31 名，在“天津市百强企业”中排名第四，是天津市大型物资流通企业。

集团的经营主业是生产资料贸易，并将现代物流、生产加工和房地产开发等作为支撑产业，同时积极发展资本经营。主业经营品种包括钢材、铁矿砂、煤炭、焦炭、燃料油、化工产品、汽车、机电产品、木材和棉花等。集团主要采取上伸下延、整合社会资源、强强联合、优势互补、多方共赢的供应链经营模式，实行内外贸并举，着重开发国内外基础资源，建立稳固的资源基地。目前，集团已在美国、韩国、俄罗斯、中国香港、老挝、菲律宾等国家和地区建立了分支机构或办事处，与世界 10 余个国家和地区开展贸易往来。

集团注册资金 24.6 亿元，总资产为 221.5 亿元，净资产 47.4 亿元，拥有企业 130 个，从业人数 3840 人。

2006 年，集团主营业务收入为 528.6 亿元，利润总额为 3 亿元，保持了连续六年快速发展的趋势。

电话：010 — 51967603
传真：010 — 51967985
邮编：100045
网址：www.cweme.com
通讯地址：北京市西城区复兴门外大街地藏庵南巷 1 号电研大厦 C 座

江西省物资集团公司

江西省物资集团公司于1994年转体组建，是省直属经济组织。拥有全资、控股的企事业单位11家，具有组织规划、综合经营、国际经贸、投资开发、交易中介、信息服务等功能，与国内外一批大中型生产、流通、运输、金融、科技、信息、服务等企业和商务机构建立了稳定的经济合作关系。经营重油、石油液化气、二手车、废钢铁、塑料、轮胎、玻璃、钢材、化工、汽车等重要物资，开展拍卖、储运、配送、报废车回收拆解、钢材板材加工、产权经纪业务。有被评为全国推进流通现代化重点批发市场、全省重点商品市场的江西钢材市场；有被评为省文明市场、市民喜欢的品牌、交易规模较大的江西旧机动车交易中心（市场）；有年吞吐能力170万吨的仓储设施；有省内设施先进、库容量1.2万吨的液化气储配站和燃料油库；有江西省领先的液体化工库；有初具商务信息功能的江西物资商务网和正在建设中的集商流、物流、信息流为一体，运输、储存、装卸、搬运、包装、加工、配送、信息等多功能的物流中心。2006年集团公司总资产4.67亿元，净资产3.05亿元，实现主营业务收入7.4亿元，组织贸易23亿元，年吞吐量96.1万吨，实现利税总额1000万元。

集团公司坚持以物流为核心业态，做大做强主营贸易、市场交易、仓储加工三大业务板块，大力发展现代物流产业，力争用3～5年的时间，实现贸易总额100亿元。努力把江西省物资集团公司发展成为一个拥有核心业态、具备较大规模、具有较强市场竞争能力和适应推动社会经济发展要求的大型现代物流集团。

江西省物资储运总公司	地址：南昌市青山北路13号	邮编：330039
电话：0791—8623838	传真：0791—8634043	
江西省燃料有限公司	地址：南昌市八一大道436号	邮编：330006
电话：0791—6806951	传真：0791—6806951	
江西省化工建材有限公司	地址：南昌市青山北路65号	邮编：330039
电话：0791—8651136	传真：0791—8620564	
江西金属材料有限责任公司	地址：南昌市洪都北大道400号	邮编：330077
电话：0791—8521581	传真：0791—8521931	
江西旧机动车交易中心有限公司	地址：南昌市洪都北大道121号	邮编：330039
电话：0791—8602075	传真：0791—8602075	
江西省车辆报废回收有限公司	地址：南昌市高新区青山湖大道388号	邮编：330029
电话：0791—8383251	传真：0791—8383261	
江西省金属回收有限责任公司	地址：南昌市顺外路360号	邮编：330006
电话：0791—8272398	传真：0791—8272398	
江西钢材市场	地址：南昌市青山北路18号	邮编：330039
电话：0791—8609242	传真：0791—8603947	
江西省汽车贸易有限公司	地址：南昌市青山北路13号	邮编：330039
电话：0791—8639447	传真：0791—8600291	
江西生产资料市场管理办公室	地址：南昌市八一大道436号	邮编：330006
电话：0791—6828581	传真：0791—6828581	
江西省物资信息统计中心	地址：南昌市八一大道436号	邮编：330006
电话：0791—6803278	传真：0791—8621687	

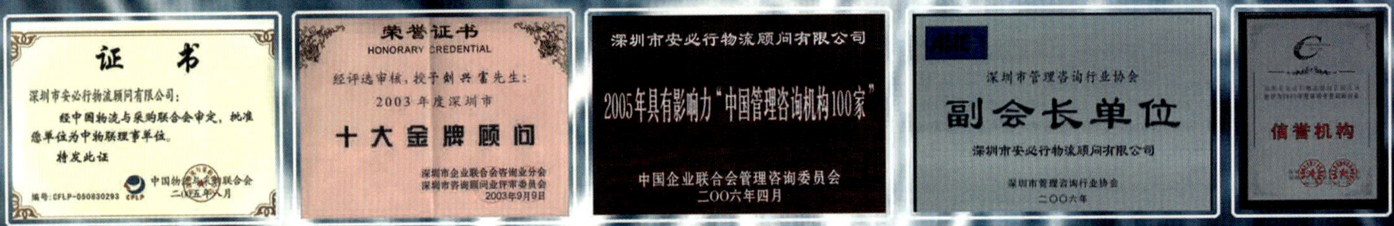

证 书
深圳市安必行物流顾问有限公司:
经中国物流与采购联合会审定，批准您单位为中物联理事单位。
特发此证
编号:CFLP-050830293
二〇〇五年八月
荣誉证书
HONORARY CREDENTIAL
2003 年度深圳市
十大金牌顾问
深圳市企业联合会咨询业分会
深圳市咨询顾问业评审委员会
2003年9月9日
深圳市安必行物流顾问有限公司
2005年具有影响力“中国管理咨询机构100家”
中国企业联合会管理咨询委员会
二〇〇六年四月
深圳市管理咨询行业协会
副会长单位
深圳市安必行物流顾问有限公司
深圳市管理咨询行业协会
二〇〇六年
信誉机构

广州大学商学院
物流教学与科研介绍

广州大学商学院原为广州大学经济与管理学院，于2007年4月更名，是一个融经济学与管理学两大学科为一体、富有生机与活力的学院，现任院长、博士生导师谢如鹤教授。学院下设物流、工商管理、工程管理、经济学、会计学等五个系，拥有技术经济与管理硕士点1个，中澳国际会计硕士班1个。

全院现有教职工90人，其中教授13人，副高职称31人，博士生导师1人，硕士生导师14人，具有博士、硕士学位以上学历的教师56人，部分教师曾赴美国、日本、英国、澳大利亚等国研修；同时学院还聘请了近30名国内外著名的经济学家、管理学家和企业家为名誉教授或客座教授。学院现有全日制本科生1843人（含港澳台生、外国留学生），研究生120人。

物流技术与作业仿真实验室

学院立足于广东、面向海内外，坚持以学科建设为龙头，以教学为中心；重视对外学术交流、合作，与英国布里斯托尔大学、美国威斯康新州立大学、澳大利亚新南威尔士大学、库克大学、中国香港城市大学等高校建立了多项合作与交流项目。

广州大学物流管理专业

2002年开设了物流管理专业方向，2004年正式备案成为独立专业。该专业现有教师8人，其中教授1人、副教授2人；博士4人，硕士3人；在校本科生188人。

学科带头人、博士生导师谢如鹤教授是铁道部优秀教师、广东省“千百十”工程省级培养对象、省学科带头人培养对象，享受国家特殊津贴。兼任国内外多个重要学术团体领导职务，目前担任教育部高等学校首届物流类专业教学指导委员会委员。

该专业重视实践教学，以先进的“物流技术仿真实验室”为依托，在国内几家著名物流企业建立了实习基地，并通过组织学生前往中国香港进行物流考察，不断强化学生实操能力和创新能力。该专业学生在2006年荣获大学生创业设计大赛广东省二等奖、第十届全国“挑战杯”广州大学校赛的特等奖、广东省二等奖，2007年荣获“金蝶杯”全国高校企业经营实战模拟精英赛华南、中南、西南区域二等奖。

广州大学物流与运输研究中心

由谢如鹤教授负责的“广州大学物流与运输研究中心”成立于2005年，中心下属的“物流技术仿真实验室”投资300余万元，建立了冷藏物流与运输条件模拟试验平台、物流技术模拟实验平台、物流管理流程软件模拟平台。其中冷藏物流与运输条件模拟试验平台总体上达到了国内领先水平，得到了国内外同行专家的高度评价。2007年“中国物流年度风云榜颁奖盛典”上该中心被授予“中国物流技术仿真实验示范单位”。中心承担了包括国际合作项目和国家自然科学基金在内的省部级以上课题10余项，科研经费达300多万元，在国内外发表学术论文近100篇，出版专著、教材4部。

地址：广东省广州大学城外环西路230号广州大学商学院　　邮编：510006
电话：020-39366817　　020-39366822　　传真：020-39366817

香港浸会大学物流管理研究中心

香港浸会大学物流管理研究中心创建于 2004 年。该中心作为一个专业服务平台，会聚了大学和行业界的优质资源和能力，促进了学术界和业界双方的研究、理论应用、创新实践、知识和经验的推广与交流。中心为中港物流企业和管理人员提供及举办高素质的研究活动、会议、论坛、工作坊、高等教育和培训项目。

愿景

物流管理研究中心追求卓越物流管理，提供物流与供应链管理真知灼见，提升物流知识创新和应用，以助物流业和公司持续增值，共创佳绩。

目标

- 解决物流企业组织和运作的管理问题，从而提高运作的效绩和效率
- 协助企业处理转变、知识管理，开拓创新与增值物流服务
- 协助企业建立和管理供应链，改善与商务伙伴的关系
- 优选采购和第三方物流管理的实践
- 提供高深的人力资源训练，应用最新的知识和研究成果于业界的管理实践
- 促进公司创新文化、提升核心业务和强化物流企业独特的竞争特色
- 开发物流管理标准，制定评估准则和更佳实践的操作方法

活动回顾

2007 年

- 与北京师范大学珠海分校物流学院合办为期四星期的香港物流供应链管理夏令营
- 空运服务中隐藏危险品的安全处理问题研讨会

2006 年

- 与香港青年网络举办福建物流金融考察团
- 研究员袁尚文先生出版《粤港物流纵横谈》

2005 年

- 香港物流企业的发展与机遇研讨会
- 《香港物流政策与发展概况》民意调查

2004 年

- 与香港城市智库举办上海物流业发展考察交流团
- 史新平博士，研究员袁尚文先生及陈培毓先生荣获 2004 年全国高校物流专业教学研讨会学术论文一等奖及优秀奖

资深校外顾问名单（排名不分先后）
杨祖惠先生，全球国际货运有限公司安全顾问
叶海京先生，香港物流商会常务副主席
林志建先生，国泰航空工程部质保服务经理
古惠明女士，立基制衣厂有限公司供应链主管中心主任
史新平博士，香港浸会大学财务及决策学系副教授

地址：香港九龙塘联福道三十四号香港浸会大学永隆银行商学大楼 811 室
电话：(852) 34112150 / (852) 34117525
电邮：lmrc@hkbu.edu.hk
网址：http://www.hkbu.edu.hk/lmrc
香港浸会大学物流管理研究中心

上海华联配送实业有限公司

上海华联配送实业有限公司隶属于百联集团。

公司总部设在逸仙路1485号，下属设五个分公司和一家直属仓库。公司经营网点分布在上海市杨浦、宝山、虹口、长宁、闵行、普陀、徐汇等区域，网络、连锁经营初具雏形。公司占地面积15万平方米，物流经营的仓储面积达20余万平方米，公司拥有各种不同需求的储存场所和用于满足经营需要的各种装、卸、堆等机械设备。

公司主要提供仓储、仓储租赁、托运、代客配送、打包、运输等与物流、配送相关的业务。近三年，公司每年的营收和利润均以10%的速度递增，并且公司取得了国家有关部门“重点联系企业”、“试点单位”、“上海市2005—2006年度文明单位”；获得瑞士SGS公司ISO 9001：2000国际质量体系认证，被中国物流与采购联合会评为“3A级信用企业”。

公司在经营实践中不断探索现代配送、物流经营规律，在市场经济中，通过为客户提供仓储物流的系列服务，规模不断得到壮大，进驻的客户不断增加，营运网点不断扩展，经营效绩不断提升。目前，公司拥有百余家客户并与多家国际跨国公司和国内著名企业建立了稳定的业务关系，如烟草公司、可颂坊、斯尔丽、布鲁克、城市德兰、王宝和等并深受好评。

公司在以服务上等级为理念，客户满意是我们的目标、持续改进是我们的追求质量方针下，竭诚为社会各界提供优质的仓储服务，在满足客户需求、促进客户的发展中，不断提升公司的价值。

法人代表：凌承进
地　　址：上海市逸仙路1485号
电　　话：021－65432387 传真：021－35052405
电子信箱：zxx623@citiz.net

联系人：周秀雄
邮　编：200439
网　址：www.shhlps.co

呼铁如意国际物流园有限责任公司

董事长：张忠平

呼和浩特呼铁如意国际物流有限责任公司是内蒙古呼铁对外经济技术合作集团有限责任公司与鄂尔多斯瑞德煤化有限责任公司共同组建的第三方物流企业。

呼和浩特呼铁如意国际物流有限责任公司自2004年11月成立以来，坚持以先进的物流理念为指导，高起点，高标准，大力发展全程的、一体化的物流业务，通过网络化运作，在业务拓展上取得了一系列的突破；服务项目从单纯的仓储和运输发展至仓储、运输、装卸、配送、国际国内货运代理等一体化服务。

物流园地处呼和浩特市如意开发区，北邻110国道，东邻白塔机场，地理位置十分优越。园区总占地面积130000平方米，分为仓储理货区和铁路发运区。仓储理货区建有12000平方米的现代化标准仓库、4200平方米的综合服务区、18000平方米的大型综合作业场地。铁路发运区有三条铁路专用线，线路总长948米，一次作业40车，可同时办理整车和集装箱运输业务，同时建有风雨棚1300平方米，硬面作业场地33000平方米，并配备齐全的现代装卸机具。

物流园以“安全、优质、诚信、便利”为核心竞争力，不断提高服务质量，拓展服务深度，增强信息化功能，更好地为客户提供服务。发扬“团结、拼搏、创新、高效”的企业精神。正朝着经营结构合理、功能配套、网络健全、核心竞争力强的现代第三方物流企业的方向发展。

铁路有关领导来我公司视察工作

天津—呼和浩特—法兰克福国际集装箱运输研讨会

物流园一角

董事长：张忠平　　电话：0471-2245044
地址：呼和浩特市如意开发区远五纬路呼铁如意物流园
网址：http://www.rywl.com　　邮编：010070
国内营销：0471-4611801　　传真：0471-4611800

江门大昌慎昌食品加工仓储有限公司

DAH CHONG HONG

立足中国，面向世界，打造国际物流基地

大昌慎昌保税加工物流基地，由香港中信泰富集团成员香港大昌行和慎昌有限公司合资兴建而成。园内建成有进口保税仓、出口监管仓，常温和恒温仓库、物流加工包装中心等项目。卫生流程及管理分别得到HACCP及ISO 9001的认证。大昌慎昌更被美国全球物流学会评选为“2006年中国及香港地区优秀第三方物流服务机构”，同时获得香港贸易发展局颁发的“2006年香港物流大奖”。

大昌慎昌在中国及港澳地区三地的物流，构成了极具优势的物流铁三角。大昌慎昌利用海外网络及现有物流基地，统揽珠三角以西货源，提供三地点对点运输及中澳跨境运输服务，货物经珠海集运至澳门机场或香港机场。

物流基地现正为国际知名品牌企业，如意大利费列罗(金莎)朱古力、美国乐家杏仁糖、日本资生堂、宝矿力、世界知名洋酒公司Diageo、联合利华、李锦记、国际零售业集团沃尔玛提供物流服务。

物流基地毗邻国家一类口岸新会港，地处“9+2”泛珠三角出海口，具有便利、畅通的海陆交通网络。同时，大昌慎昌与国际级大型船务公司COSCO(中远华南) 是友好合作伙伴，强强合作，为客户节省营运开支。物流基地内更得到高效率的海关和检验检疫部门支持，随时为客户提供优质、全方位的一站式物流服务。

保税仓

主营业务：

进口保税、出口监管仓

国际货运代理及拼柜服务

货品采购供应

保税包装加工

第三方物流，提供仓储及各省市配送服务。

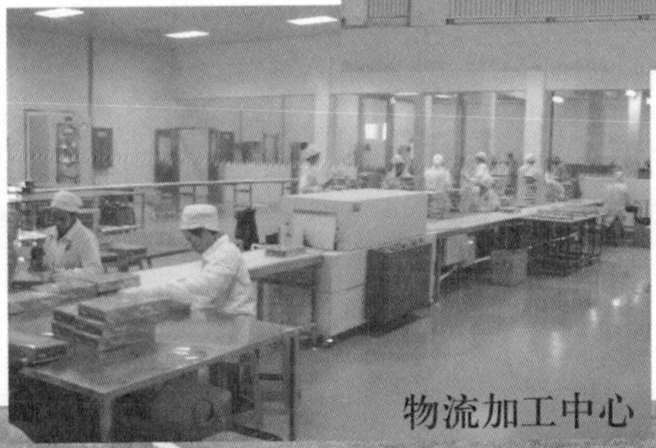
物流加工中心

获奖荣誉：

“2006香港物流大奖”

“2006中国及香港地区优秀第三方物流服务机构”

配备先进的物流系统管理：

透过网络终端进入大昌物流网上库存管理监察系统，顾客可自行查询所存放于大昌物流仓库内之货物情况，并提供周期盘点及全年账目报告服务。

联络资料：

公司名称　：江门大昌慎昌食品加工仓储有限公司

公司地址　：广东省江门市新会区银海大道19号

公司总机　：0750-6393770

公司传真　：0750-6393771

公司网址　：www.dchsims.com

业务联系人：李天佑 13500238825 (货运代理业务)

李冠东 13924689033 (保税仓业务)

徐　勤 13929038741 (国内业务)

甘肃省木材总公司

总经理：邵发元

甘肃省木材总公司于1954年1月25日正式成立。定名为中国木材公司甘肃分公司，专门从事全省的木材供应和流通管理工作。50多年来，甘肃省木材总公司名称几次变更，机构撤销、合并、新建，业务范围多次调整后现隶属于甘肃省物产集团。

甘肃省木材总公司于1998年主办了全省规模较大的综合性生产资料市场——西北物资市场。市场占地面积20万平方米，有铁路专用线1条，龙门吊18台，各种装卸设备齐全；还有年加工16万吨钢材卷板开平生产线和年加工8万立方米的木材自动制材生产线等；市场综合收入100亿元，资产总额已达3亿元以上，自有仓储面积20万平方米；物资配送车辆500多辆，市场营运网点1000余家，业务辐射全国各大生产厂家50多家，被誉为“通往东南西北的旱码头”。

西北物资市场制定了创新、加快发展市场的十年规划，进行了市场资源整合、方案设计和储运、物流的流程重组，供应服务链的优化，市场物资经营业务及信息全部实行网络化管理，电子单据管理为80%以上，货物跟踪服务为80%以上。客户查询建立了网上自动查询和人工查询系统。

西北物资市场现入驻客商800余家，年物资吞吐量已达200万吨，市场交易额达80亿元，解决就业人员8000余人，已形成前司后库、集商贸于一体的大型综合性市场，带动了地区经济的发展。

地址：甘肃省兰州市七里河区西津西路464号　电话：0931-2137905　传真：0931-2170675　邮编：730050

中国物流年鉴

CHINA LOGISTICS YEARBOOK 2007

CFLP

中国物流与采购联合会编

中国物资出版社
CHINA LOGISTICS PUBLISHING HOUSE

图书在版编目（CIP）数据

中国物流年鉴．2007/中国物流与采购联合会编．—北京：中国物资出版社，2007.10
ISBN 978－7－5047－2738－1

Ⅰ．中…　Ⅱ．中…　Ⅲ．物流—中国—2007—年鉴　Ⅳ．F259.22－54

中国版本图书馆 CIP 数据核字（2007）第 148177 号

责任编辑　寇俊玲　王佳蕾
责任印制　何崇杭
责任校对　孙会香

中国物资出版社出版发行
网址：http：//www．clph．cn
社址：北京市西城区月坛北街 25 号
电话：（010）68589540　邮编：100834
全国新华书店经销
北京顶佳世纪印刷有限公司印刷

开本：787mm×1092mm　1/16　印张：47　字数：1232 千字
2007 年 11 月第 1 版　2007 年 11 月第 1 次印刷
书号：ISBN 978－7－5047－2738－1/F·1135
印数：0001—2000 册
定价：380.00 元

《中国物流年鉴》（2007）编委会

杨 根	东方国际物流（集团）有限公司总经理
何明珂	北京工商大学商学院院长、教授
吴清一	北京科技大学物流研究所所长、教授
宋远方	中国人民大学商学院副院长、教授、博导
张文杰	北京交通大学经管学院物流研究所教授、博导
张亚东	深圳市宝鼎威物流有限公司董事长
汪 鸣	国家发展和改革委员会综合运输研究所副所长
陈文玲	国务院研究室综合司司长、研究员
赵方宽	中国一汽集团副总经理
洪 涛	北京工商大学经济学院贸易经济系主任、教授
洪水坤	中国诚通控股集团有限公司总裁
柯雄櫫	深圳市万港物流发展有限公司董事长
钟荣钦	台湾物流协会秘书长
翁心刚	北京物资学院院长助理、教授
郝明龙	江西省物资集团公司副总经理
盖守群	山东盖世国际物流集团董事长
梁海山	海尔集团副总裁
黄有方	上海海事大学副校长、教授、博导
黄晓东	深圳市祥乐联运服务有限公司董事长兼总经理
黄辅华	香港物流协会主席
蒋振盈	中国石化集团物资装备部总经理
韩继志	国家粮食局政策法规司处长、博士
谢文辉	湖南金霞粮食产业有限公司董事长兼总经理
谢企华	宝钢集团有限公司董事长
赖展京	南光物流有限公司总经理
缪立新	清华大学现代物流研究中心（深圳）主任、博导
蔡 进	中国物流信息中心主任
鞠颂东	北京交通大学经济管理学院物流网络工程研究所所长、教授、博导
魏振中	中国航空运输协会秘书长

特别支持单位

中国远洋物流有限公司 COSCO LOGISTICS 中国远洋物流有限公司

《中国物流年鉴》（2007）

主　　办	中国物流与采购联合会
承　　办	《中国物流与采购》杂志社
主　　编	丁俊发
副 主 编	蔡　进　方平生
编辑部主任	徐小青
编　　辑	周亚妮　崔　冬　张　俭　祁　玉
	吴玉花　王　林　宇　颖　高　威
发　　行	张　弘　张玮洁
广告设计	唐晓光　井红果

联系方式

编 辑 部　010－68391393　010－68392774（兼传真）

邮　　箱　zhouyani1980@163. com

发　　行　010－68392187

《中国物流年鉴》（2007）供稿者

（按姓氏笔画排序）

丁俊发	于会清	于　冰	马　燕	牛志海	王仁元	王永明	王国文	王彦庆	王晓雷
文德华	龙少良	田　源	史新平	闫淑君	刘占芳	刘功仕	刘绪聪	孙　炜	孙　敏
杜　英	吴志惠	张文杰	张仁堂	张红志	张　君	张　铎	张晓东	汪　鸣	阳　波
李　军	李　扬	李雁华	何明珂	何　辉	苏恩一	苏　斌	严文萃	周雪松	欧新黔
陈宏勋	陈培毓	陈蓝荪	陆　江	洪　涛	胡国丹	钟先文	贺登才	赵德全	郑丽丽
郑艳玲	徐　川	徐小青	徐　东	徐　勇	袁　军	郭　林	姜增伟	崔　霞	龚卫锋
黄久久	黄　薇	舒　阳	韩永生	韩继志	韩福文	程　凯	靳勇平	靖安奇	蔡　进
廖子奇	薄熙来	穆宏志	戴定一	鞠颂东					

国家发改委经济运行局、商务部商业改革发展司、国家统计局贸易外经司、海关总署监管司、中国煤炭工业协会、中国国际货运代理协会、中国航空运输协会、天津市交通委员会、重庆市物流协会、辽宁省发展和改革委员会经济贸易处、山东省经贸委交通与物流处、四川省现代物流协会、浙江省物流办、哈尔滨市发展和改革委员会、长春物流协会、苏州市发展计划委员会、深圳市物流与采购联合会、澳门空运暨物流业协会、台湾物流协会、中国物流与采购联合会行业事务部、中国物流与采购联合会研究室、中国物流与采购联合会物流标委会、中国物流与采购联合会科技信息部、中国物流与采购联合会培训部、中国物流与采购联合会汽车物流分会、中国物流与采购联合会物流企业综合评估委员会审核办、中国物流发展专项基金“宝供物流奖”办公室、中国物流学会、中国物流信息中心、总后勤部军需物资油料部物资采购管理局、解放军后勤指挥学院、北京物资学院物流学院、《中国物流与采购》杂志社

前　言

2006 年是“十一五”开局之年，我国物流业按照“十一五”规划确立的目标，继续保持平稳、快速、全面的发展，物流业呈现的良好发展态势，对经济增长及增长方式转变作用明显，对国民经济建设的发展起到了积极的促进作用。据发布的统计结果综合地看，2006 年我国物流业发展具有下述显著特点。

一、物流运行继续保持快速增长

2006 年，我国社会物流总额达 59.6 万亿元，按现价计算同比增长 24%，仍保持快速增长的趋势。现代物流业对社会经济发展的支撑力继续增大。2006 年，我国 GDP 总量与物流总额相比的物流需求系数为 2.8，较上一年提高了 0.2 个百分点。即我国每单位 GDP 产出需要 2.8 个单位的物流总额来支持。

2006 年，全国社会物流总额的快速增长，主要是由工业品物流总额与进口货物物流总额快速增长的推动。其中：工业品物流总额 51.7 万亿元，比 2005 年同期增加 10.4 万亿元，同比增长 25.1%；占社会物流总额的比重为 86.7%，增幅同比提高了 0.7 个百分点；进口物流总额 6.3 万亿元，比 2005 年同期增加 0.9 万亿元，同比增长 17%。

二、物流业发展较快

物流业对经济发展的贡献明显。2006 年物流业增加值为 1.41 万亿元，按可比价计算同比增长 12.5%，增幅比 2005 年提高 1.1 个百分点，比全国第三产业增加值 10.3% 的增速快 2.2 个百分点。占全国第三产业增加值的比重为 17.1%，比 2005 年提高 0.5 个百分点。

物流规模扩大，为国民经济的发展提供了基础保障。2006 年，我国物流总额增长 24%，无论现价还是可比价增长率都明显高出同期 GDP 增长，是我国 2006 年 GDP 较快增长的一个基本保障，对工业生产、固定资产投资、进出口贸易三大需求快速增长的支撑作用更为明显。2006 年，我国规模以上工业销售产值增长25.5%，全社会固定资产投资增长24%，进出口贸易增长23.8%。工业生产、固定资产投资、进出口贸易三大需求的快速增长，促进了物流业的快速发展，基本满足了物流需求的增长。

现代物流发展，推进我国流通效率的进一步提高。据国家统计局数据，2006年我国工业企业产成品存货率由2005年的5%回落至4.7%，降低0.3个百分点；2006年，我国规模以上工业企业流动资产周转次数为2.46次，比2005年提高了0.15次，流动资产周转速度加快了6.5个百分点。另据中国物流信息中心对全国50家重点生产资料流通企业统计，2006年我国生产资料流通企业的流动资产周转次数由2005年的2.84次提高到3.4次，提高了0.56次，流动资产周转速度加快了19.7%；商品库存周转次数由2005年的12.5次提高到13.4次，提高了0.9次，商品库存周转速度加快了7.2%。现代物流快速发展成为推动我国流通速度加快、效率提高的重要因素。

三、社会物流总费用与GDP比率继续降低

2006年，我国社会物流总费用超过3.8万亿元，同比增加0.4万亿元，增长13.5%，增幅在2005年回落3.7个百分点的基础上上升0.6个百分点。主要原因是物流规模的上升。

近年来，社会物流总费用与GDP的比率，呈下降之势。2004年为18.8%，比2003年下降0.1个百分点；2005年为18.5%，比2004年下降0.3个百分点；2006年为18.3%，比2005年再下降0.2个百分点。在物流需求规模增长明显快于GDP增长的情况下，社会物流总费用与GDP的比例逐渐降低，表明我国物流业的运行质量进一步提高。

四、物流外包增加、专业化程度提高，第三方物流进一步发展

根据2006年全国物流统计调查资料，制造业物流外包特别是销售物流外包明显加大，增长速度在5%～10%，运输与仓储外包的增长速度在10%～15%。其中，2005年企业运输业务委托第三方的比例为67.1%，比2005年同期提高2.5个百分点。由于专业化分工加快，第三方物流市场逐步细分，专业化程度提高；产业细分，形成专业化物流市场、专门化物流公司，如超市物流、家电物流、服装物流、汽车物流、钢铁物流、烟草物流、医药品物流、粮食物流、冷链物流、图书物流等。

五、物流业固定资产投资继续较快增长，物流业基础条件进一步改善，物流行业可持续发展能力得到增强

2006年，我国物流业固定资产投资额为1.2万亿元，同比增长23.4%，增幅在2005年回落

4.2个百分点的基础上上升0.6个百分点，继续保持较快增长。从投资构成看，交通运输业投资达到9775亿元，同比增长23.3%，增幅在2005年回落0.7个百分点的基础上上升0.7个百分点，占物流业固定资产总投资的80.3%，比2005年下降3.1个百分点。仓储业固定资产投资额为470亿元，同比增长29%，增幅比2005年降低0.5个百分点，占物流业固定资产总投资的3.9%，与2005年持平；贸易业固定资产投资额为1827亿元，同比增长22.9%；配送、流通加工、包装业等固定资产投资额为58亿元，同比增长27%；邮政业固定资产投资额为40亿元，同比增长5.3%，增幅同比提高2.5个百分点。

随着投资的快速增长，物流业基础条件继续得到改善。据统计，2006年，全国新建铁路投产里程1605公里，增建铁路复线投产里程705公里，电气化铁路投产里程3960公里；新建公路里程93720公里，其中，高速公路4325公里；港口万吨级码头泊位新增吞吐能力4.6亿吨。车船运力加快向大型化、专业化方向发展。

上述特点充分表明，2006年我国物流业发展形势喜人。可以预言，随着我国各级政府部门对物流业发展给予的扶持政策不断落实，物流业将会有更大的发展，物流对经济增长及增长方式转变作用以及对国民经济建设的发展起到积极的促进作用将越来越显著。

《中国物流年鉴》是由中国物流与采购联合会主办、《中国物流与采购》杂志社承办的大型文献性工具书，真实记录物流业发展变化的轨迹、客观反映物流业成长的历程是历史赋予的责任。面对物流业的快速发展，《中国物流年鉴》将不遗余力地改革创新，使其越做越精，越做越好。

由于《中国物流年鉴》编辑部人员调整，加之各地物流业发展不均衡、资料收集与分析不足，肯定有许多不妥之处，敬请读者批评指正。

丁俊发

2007年8月8日于北京

编 辑 说 明

一、《中国物流年鉴》（以下简称《年鉴》）是中国物流与采购联合会主办、《中国物流与采购》杂志社承办的大型文献性工具书。自2002年出版发行至今，《年鉴》发行量和发行范围不断扩大，得到业界的广泛好评。为使《年鉴》越办越好，我们制定了明确的目标，不断提高《年鉴》的编辑质量，使其更具权威性、可读性和资料性，便于业界人士查询、引用、论证、存档，成为名副其实的“工具”。

二、2007版《年鉴》的基本框架结构和主体内容是在2006版《年鉴》的基础上增加了PMI数据和应急物流，以期全面反映业界发展的情况；将区域物流改为地区物流，力求突出省、自治区、市物流发展的新变化。我们希望通过不断调整内容适应行业发展的变化，使《年鉴》能够更真实、更全面地反映行业的发展，与行业共同成长。

三、2007版《年鉴》的组稿、编纂和审校工作得到了国家发改委、商务部、交通部、海关总署等中央部委和部分省、自治区、市地方政府部门，相关兄弟行业协会，有关省、自治区、市物流行业团体，中国物流信息中心、全国物流标准化技术委员会以及中外运、中远、中铁快运股份、中铁现代物流科技股份、北京空港、中邮物流等知名企业的大力支持，对此我们致以衷心的感谢。

四、对不符合《年鉴》编辑要求的来稿，编辑部的工作人员作了谨慎认真的删改，由于时间原因部分稿件来不及返回作者核校，对此类稿件中作者的职务、职称等，编辑部将以原稿为准，基本不作改动。

五、编辑部人员水平有限，如有不妥之处，恳请批评指正。欢迎大家继续对2008版《年鉴》的组稿和编辑工作给予支持！

《中国物流年鉴》编辑部

目　录

第一部分　物流综合

第二部分　物流统计

第三部分　物流产业

第四部分　行业物流

第五部分　地区物流

第六部分　物流技术与装备

第七部分　物流教育、信息化、标准化

第八部分　采购与供应链管理

第九部分　部分优秀物流企业及其经典案例

第十部分　附　录

第一部分

物流综合

2006年国家发布的重要文件

《中华人民共和国国民经济和社会发展第十一个五年规划纲要》（节选）

第四篇　加快发展服务业

坚持市场化、产业化、社会化方向，拓宽领域、扩大规模、优化结构、增强功能、规范市场，提高服务业的比重和水平。

第十六章　拓展生产性服务业

大力发展主要面向生产者的服务业，细化深化专业化分工，降低社会交易成本，提高资源配置效率。

第一节　优先发展交通运输业

统筹规划、合理布局交通基础设施，做好各种运输方式相互衔接，发挥组合效率和整体优势，建设便捷、通畅、高效、安全的综合运输体系。

加快发展铁路运输。重点建设客运专线、城际轨道交通、煤运通道，初步形成快速客运和煤炭运输网络。扩展西部地区路网，强化中部地区路网，完善东部地区路网。加强集装箱运输系统和主要客货枢纽建设。建设铁路新线1.7万公里，其中客运专线7000公里。

进一步完善公路网络。重点建设国家高速公路网，基本形成国家高速公路网骨架。继续完善国道、省道干线公路网络，打通省际间通道，发挥路网整体效率。公路总里程达到230万公里，其中高速公路6.5万公里。

积极发展水路运输。完善沿海沿江港口布局，重点建设集装箱、煤炭、进口油气和铁矿石中转运输系统，扩大港口吞吐能力。改善出海口航道，提高内河通航条件，建设长江黄金水道和长江三角洲、珠江三角洲高等级航道网。推进江海联运。

优化民用机场布局。扩充大型机场，完善中型机场，增加小型机场，提高中西部地区和东北地区机场密度。完善航线网络。建设现代化空中交通管理系统。

专栏7　交通基础设施重点工程

铁路→建设北京至上海、北京至广州至深圳、哈尔滨至大连、郑州至西安、上海至宁波至深圳、南京至武汉至成都等客运专线，北京至天津、上海至南京、上海至杭州、南京至杭州、广州至珠海等城际轨道交通，向塘至湄州湾、兰州至重庆、太原至中卫（银川）铁路和青藏铁路延伸线，大同至秦皇岛、朔州至黄骅铁路扩能改造。

公路→建设北京至上海、北京至福州、北京至香港（澳门）、北京至昆明、北京至哈尔滨、沈阳至海口、包头至茂名、青岛至银川、南京至洛阳、上海至西安、上海至重庆、上海至昆明、福州至银川、广州至昆明等高速公路。

港口→建设大连、唐山、天津、青岛、上海、宁波—舟山、福州、厦门、深圳、广州、湛江及防城等沿海港口的煤炭、进口油气、进口铁矿石中转运输系统和集装箱运输系统。适时建设华东、华南地区煤炭中转储存基地。

水运→建设长江口深水航道治理三期工程、珠江口出海航道工程，长江水系、珠江水系和京杭运河航道整治工程，加快重庆、武汉、南京等内河港口建设。

机场→扩建北京、上海、广州、杭州、成都、深圳、西安、乌鲁木齐、郑州、武汉等机场，迁建昆明、合肥等机场，在中西部地区和东北地区新建支线机场。

优化运输资源配置。强化枢纽衔接和集疏运配套，促进运输一体化。开发应用高速重载、大型专业化运载、新一代航行系统等高新技术，推广集装箱多式联运和快递服务。应用信息技术提升运输管理水平，推广智能交通运输体系。发展货运代理、客货营销等运输中介服务。建设上海、天津、大连等国际航运中心。

第二节 大力发展现代物流业

推广现代物流管理技术，促进企业内部物流社会化，实现企业物资采购、生产组织、产品销售和再生资源回收的系列化运作。培育专业化物流企业，积极发展第三方物流。建立物流标准化体系，加强物流新技术开发利用，推进物流信息化。加强物流基础设施整合，建设大型物流枢纽，发展区域性物流中心。

第三节 有序发展金融服务业

健全金融体系，完善服务功能，创新服务品种，提高服务质量。规范发展多种所有制形式的中小银行以及证券公司、财务公司、融资租赁公司、基金管理公司等非银行金融机构。鼓励金融创新，稳步发展综合类金融服务，支持发展网上金融服务。积极发展面向中小企业的融资和小额信贷。完善支付结算体系，提高支付清算效率。健全金融市场的登记、托管、交易、清算系统。发展境外金融服务和外汇风险管理、综合理财等，为企业跨境经营提供便利服务和外汇避险工具。

拓宽保险服务领域，发展养老、医疗保险，发挥商业保险在健全社会保障体系中的重要作用。发展农业保险、责任保险，建立国家支持的农业和巨灾再保险体系。拓宽保险资金运用渠道。发展网上保险等新的服务方式。

第四节 积极发展信息服务业

改善邮政和电信基础业务，发展增值业务，开发新兴业务，促进普遍服务。调整电信业务结构，发展互联网产业。

积极发展电子商务。建立健全电子商务基础设施、法律环境、信用和安全认证体系，建设安全、便捷的在线支付服务平台。发展企业间电子商务，推广面向中小企业、重点行业和区域的第三方电子商务交易与服务。

推进电子政务。整合网络资源，建设统一的电子政务网络，构建政务信息网络平台、数据交换中心、数字认证中心，推动部门间信息共享和业务协同。开发基础数据资源和办公资源，完善重点业务系统。健全政府与企业、公众互动的门户网站体系，依法开放政务信息，促进办事程序规范。培育公益性信息服务机构，开发利用公益性信息资源。

加强测绘基础设施建设，丰富和开发利用

基础地理信息资源，发展地理信息产业。鼓励教育、文化、出版、广播影视等领域的数字内容产业发展，丰富中文数字内容资源，发展动漫产业。

第五节　规范发展商务服务业

拓展和规范律师、公证、法律援助、司法鉴定、经济仲裁等法律服务。发展项目策划、财务顾问、并购重组、上市等投资与资产管理服务。规范发展会计、审计、税务、资产评估、校准、检测、验货等经济鉴证类服务。支持发展市场调查、工程咨询、管理咨询、资信服务等咨询服务。鼓励发展专业化的工业设计。推动广告业发展。合理规划展馆布局，发展会展业。

第十七章　丰富消费性服务业

适应居民消费结构升级趋势，继续发展主要面向消费者的服务业，扩大短缺服务产品供给，满足多样化的服务需求。

第一节　提升商贸服务业

鼓励发展所有制形式和经营业态多样化、诚信便民的零售、餐饮等商贸服务。积极发展连锁经营、特许经营、物流配送等现代流通方式和组织形式。按照优化城市功能、疏解交通的要求，合理调整城市商业网点结构和布局。

第二节　发展房地产业

调整住房供应结构，重点发展普通商品住房和经济适用住房，严格控制大户型高档商品房。按照保障供给、稳定房价的原则，加强对房地产一、二级市场和租赁市场的调控，促进住房梯次消费。完善房地产开发融资方式，加强资本金管理，规范发展住房消费信贷和保险。规范物业管理行为，提高市场化程度。

第三节　大力发展旅游业

全面发展国内旅游，积极发展入境旅游，规范发展出境旅游。合理开发和保护旅游资源，改善基础设施，推进重点旅游区、旅游线路建设，规范旅游市场秩序。继续发展观光旅游，开发休闲度假以及科普、农业、工业、海洋等专题旅游，完善自助游服务体系。继续推进红色旅游。加快旅游企业整合重组。鼓励开发特色旅游商品。

第四节　加强市政公用事业

优先发展公共交通，完善城市路网结构和公共交通场站，有条件的大城市和城市群地区要把轨道交通作为优先领域，超前规划，适时建设。积极发展出租车业。加强城市供排水、中水管网改造和建设，增强安全供水能力，扩大再生水使用范围。合理规划建设和改造城市集中供热、燃气设施。

第五节　加快发展社区服务业

围绕便民服务，重点发展社区卫生、家政服务、社区保安、养老托幼、食品配送、修理服务和废旧物品回收等。理顺社区管理体制，推进社区服务规范化和网络化建设。

第六节　发展体育事业和体育产业

加强城乡基层和各类学校体育设施建设，开展全民健身活动，提高全民特别是青少年的身体素质。保护发展民族民间体育。深化体育改革，鼓励社会力量兴办体育事业和投资体育产业。规范发展体育健身、竞赛表演、体育彩票、体育用品以及多种形式的体育组织和经营实体。提高竞技运动水平，办好北京奥运会和广州亚运会。

第十八章　促进服务业发展的政策

打破垄断，放宽准入领域，建立公开、平等、规范的行业准入制度。鼓励社会资金投入服务业，提高非公有制经济比重。公共服务以外的领域，要按照营利性与非营利性分开的原则加快产业化改组。营利性事业单位要改制为企业，并尽快建立现代企业制度。

继续推进政府机关和事业单位后勤服务社会化改革。采取积极的财税、土地、价格等政策，支持服务业关键领域、薄弱环节、新兴产业和新型业态的发展。健全服务业标准体系，推进服务业标准化。大城市要把发展服务业放在优先位置，有条件的要逐步形成服务经济为主的产业结构。

（摘自《中华人民共和国国民经济和社会发展第十一个五年规划纲要》，2006 年 3 月 14 日第十届全国人民代表大会第四次会议批准）

2006年重要物流专论

努力建设农村现代流通体系

——商务部部长薄熙来在全国万村千乡市场工程
现场会上的讲话
（2006年2月）

一、“万村千乡”市场工程已经取得了积极进展

商务部自2005年2月启动了“万村千乡”市场工程，通过在农村逐步推行连锁经营，构建以城区店为龙头、乡镇店为骨干、村级店为基础的农村现代流通网络，满足农民消费需求，改善农村消费环境，促进农业产业化发展，力争用三年时间，使标准化农家店覆盖全国50%行政村和70%乡镇。一年来，“万村千乡”市场工程试点工作进展顺利，受到普遍欢迎。

第一，农民朋友欢迎。用试点地区农民的话说，“万村千乡”市场工程为他们系上了安全带，搭起了方便桥，编织了实惠网。连锁经营，统一配送，保证商品特别是食品与农资的质量，使广大农民免受假冒伪劣商品的侵害，消费安全了。据商务部和中国农业大学对20个省（市、区）555个村1万家农户的问卷调查，95%以上的农户认为，在连锁超市购物放心。过去农民油盐酱醋在村里，日常用品赶大集，大件商品跑县里，超市进入乡村后，购物方便。山东莒南县淇岔河村村民以往到城里买大件商品，要花五六个小时，现在只需10分钟就办了。一些连锁超市通过建在农村的网点收购农产品，增加了农民的收入。山东家家悦超市一年采购当地农产品6亿多元；湖南步步高的连锁超市在湘潭楠竹山镇开业后，当地生活用品的价格下降了10%～15%。

第二，流通企业欢迎。据商务部对山东、江苏、浙江、安徽等地的问卷调查，传统的夫妻店改造为连锁超市以后，销售额一般能增长2～8倍。山东莒南县开元百货公司通过开展连锁配送、集中采购，农村物流成本平均降低了5%～6%。安徽徽商农家福公司对种子、化肥和农药三类农资价格测算，连锁经营、统一配送使每亩平均降低成本约40元。试点企业大多增加了销售收入，扩大了市场份额，尝到了规模效益的甜头。

第三，地方政府欢迎。“万村千乡”市场工程一是为农村富余劳动力提供了就业机会。

湖南万客源超市在湘潭开办了15个乡村店，招聘960名员工。除每个店派出2名管理人员外，其余员工都是农村富余劳动力和下岗职工。二是有助于改善村容村貌。新建或改造后的农家店店面整洁，成为乡村一道靓丽的风景。辽宁阜新县泡子镇车家屯有的村民结婚，要到村里的新合作超市留个影。三是可以带动农村精神文明。湖北富迪超市每周送电影、农业科普书籍和科技知识下乡，带动了文明乡村建设。

经过一年来各有关方面的共同努力，“万村千乡”市场工程开局良好，取得阶段性成果。初步统计，2005年全国1150家流通企业在777个县市进行了试点，新建和改造农家店7.1万个，吸纳了富余劳动力35万人，带动地方企业投入了70个亿，使近1亿农民直接受益。山东、河南、河北、广东、湖南、四川、安徽、浙江、辽宁、江苏等省，农家店建设的数量居全国前十位。各地还探索和积累了一些行之有效的做法和经验，为进一步推动农村现代流通网络的建设夯实了基础。

二、“万村千乡”市场工程试点工作的初步体会

“万村千乡”市场工程一开始试点，就得到了社会各方面的重视和大力支持，各项工作能够取得进展，主要得益于以下四个方面的原因：

（一）国务院领导精心指导，有关部门大力支持

国务院领导同志对开拓农村市场非常重视，多次作出重要批示。温家宝总理亲自考察过苏果超市，吴仪副总理也亲临浙江的村级农家店。全国政协副主席、全国供销合作总社主任白立忱同志约见我部同志，就建好农村流通网络作出指示。财政部会同我部出台了“万村千乡”市场工程资金扶持政策。国家开发银行向各地分行下达贷款计划。中央、国务院其他各有关部门也都给予了各方面的支持、帮助。

（二）地方党委政府高度重视，制定切实有效的配套政策

湖北、广东、安徽、四川和新疆生产建设兵团主要领导对“万村千乡”市场工程作出了专门的批示；山东、浙江、湖南、河北、江西、黑龙江、宁夏、新疆等地省级领导都具体部署了试点工作；天津、江西、安徽等地政府下发了完整的实施意见。在中央扶持政策的基础上，各地结合实际出台各种配套政策；北京3年共安排4300万元资金，对每个乡级店补贴3万元，每个村级店补贴1.5万元；天津对农家店每平方米补贴100元，每个配送中心补贴20万元；广西对每个农家店补贴1200元；湖南安排1000万元作为农村市场体系建设专项资金。山东、浙江、安徽等省的地方政府将农村流通网络建设作为领导班子考核的指标。江苏、浙江、安徽、河南、湖南、广西、四川、湖北、河北、新疆生产建设兵团等地政府，还出台了土地出让金、农家店税费优惠等很实际的政策。

（三）商务主管部门狠抓落实，扎扎实实开展工作

各地商务主管部门从本地实际出发，认真制定了“万村千乡”市场工程的实施规划。天津、内蒙古、青岛、河南、四川、陕西、甘肃、宁夏、广西、重庆等地，商务主管部门成立了协调小组。湖北、江苏、山东、河北、江西、陕西、湖南等地商务部门负责同志，多次进行农村市场体系建设的专题调研。辽宁、重庆、安徽、新疆、宁波等地商务部门，印发了“万村千乡”市场工程简报。河北省商务厅与供销社联合发文，共同推动了试点工作。湖北、辽宁等地的商务部门，主动开展农商对接落实项目。河南省商务厅细化了验收办法，对项目建设进行评定。甘肃、青海、河北、山西、辽宁、吉林、黑龙江、湖南、云南、上

海、宁波等地，及时报送工程项目验收报告。各地商务主管部门工作确实很细致，很辛苦。

（四）流通企业踊跃参与，在探索中大显身手

“万村千乡”市场工程为流通企业开拓农村市场提供了舞台，各类企业积极申请试点。武汉中百、徽商集团、山东潍百、青岛利群等大型流通企业，新合作、浙江供销、山东莒南供销、新疆农资集团等供销社企业，河北好日子、湖北富迪、湖南和田、四川红旗等民营企业，积极探索农村流通方式现代化、经营模式本土化、网络使用多样化的新路子。

三、深刻认识“万村千乡”市场工程面临的良好发展机遇

党中央、国务院历来高度重视三农工作，最近又提出了建设社会主义新农村的伟大历史任务。推进“万村千乡”工程，正面临着新的历史性机遇。

一是农民收入不断增加，购买力逐渐增强。中央采取一系列惠农政策后，农民收入状况明显改善。2005 年农村居民人均纯收入 3255 元，扣除价格上涨因素，比上年实际增长 6.2%。农村居民家庭恩格尔系数 45.5%，比上年下降 1.7 个百分点，降幅快于城镇家庭。城乡市场增长幅度的差距，由 2005 年的 4 个百分点缩小到 2.1 个百分点。农民收入持续增加，支撑着不断扩大的农村消费。

二是农村消费矛盾开始转变，消费安全已成首要。2004 年安徽阜阳出现劣质奶粉事件，查获的 55 种不合格奶粉主要在农村销售。假化肥、假农药、假种子导致农民种粮绝收，仅 2004 年有关部门查获的假冒伪劣农资就达 22 亿元。据商务部调查，高达 74.8% 的农民曾买到过假冒伪劣商品。广大农民买真货的愿望非常强烈，对现代流通方式下乡进村热切期待。

三是农村市场潜力巨大，农村消费需求有待开发。我国现有 9 亿农村人口，农村市场消费对扩大国内消费需求的重要性日益增强。商务部对全国 1 万户农民抽样调查显示，想要购买冰箱、电脑、洗衣机、摩托车、空调、手机的农民比例都在 20% 以上。农村人口每增加 1 元的消费支出，将对国民经济新增 2 元消费需求；农村家电普及率每提高 1 个百分点，就可以增加 238 万台（件）消费需求。

四是国内产能过剩，为扩大农村消费提供了新契机。中央经济工作会议要求，通过扩大消费需求特别是农村消费，尽可能多地利用和消化一些已经形成的生产能力。我国人均 GDP 超过 1700 美元，尤其是近 10 年农民收入增长较快，农民的消费能力、消费水平不断增加，企业进入农村市场的积极性提高，也为通过扩大农村消费吸收产能过剩提供了可能。

为解决新时期三农问题，中央提出了建设社会主义新农村的重大战略决策，而构建农村现代流通网络，是建设社会主义新农村的重要内容。胡锦涛总书记最近在省部级领导干部建设社会主义新农村专题研讨班讲话中指出，要坚持以解决好农民群众最关心、最直接、最现实的利益问题为着力点，促进农村和谐社会的建设。什么是农民最关心、最直接、最现实的利益问题呢？从流通角度讲，农民就是要买真货，买价格合理的货，特别是农资和日用生活品。这个问题都解决不了，那我们商务系统真是愧对中央、愧对国务院了。必须下决心解决这个问题。温总理在中央经济工作会议讲话中指出，要继续实施“万村千乡”市场工程，支持城市流通企业经营网络向农村延伸。2006 年中央 1 号文件中提出，继续实施“万村千乡”市场工程，建设连锁化农家店。党中央、国务院的一系列重要指示，为推进“万村千乡”市场工程注入了强大的动力，给商务事业发展带来了千载难逢的现实机遇。我们一定要继续努力做好“万村千乡”市场工程工作。

四、对2006年工作的几点要求

根据中央关于建设社会主义新农村的战略部署，商务部党组决定在2006年继续大力推进“万村千乡”市场工程。力争再建成10万家标准化农家店，东部地区试点县市比例由30%提高到70%，中西部地区由20%提高到60%，具备条件的地方采取整县推进的方式。争取到“十一五”期末，标准化农家店覆盖65%以上行政村和85%以上乡镇。为此，对2006年的工作提出以下几点要求：

（一）进一步统一思想

“万村千乡”市场工程意义重大，是个利国、利民的事情。

先谈利国。中国的发展全世界公认，连续27年以9.4%的速度高增长，这在世界经济发展史上是没有过的，预计今后几年还会是7%以上。但也存在隐忧，就是消费率不高，比全球的平均水平低20个百分点。现在我国已经出现了某些行业产能过剩的问题，新生产出来的产品往哪里消费，怎么平衡呢？党中央、国务院站得高，看得远，明确要求今后几年要把拉动内需、启动国内消费作为经济发展的一个大战略。在这个过程中，拉动农村消费又成了战略性的重大问题。哪个省在这方面做出贡献，走在前面，哪个省就是对国家整体经济健康发展做出贡献。搞好农村消费需要有很多具体措施，“万村千乡”就是其中之一。

再谈利民。现在假冒伪劣的食品、药品，其危害多数发生在农村，大多数假冒伪劣商品是在农村被农民消费掉的。农民能不能吃到放心、质量优良的食品，用到质量有保障的药品，是个很大的问题。城乡差距很大程度上也体现在农民消费产品的质量高低上。要解决这个问题，光靠一次一次打假还不够，发现问题一次一次清理还不是治本，必须采取机制性的办法，从最基础的工作做起，逐渐形成一个健全的流通网络，才能长期为农民兄弟提供他们放心、信得过的产品。现在都希望农民增收，特别是中西部地区，农民挣钱不多，收入水平和东部有很大差距，什么原因呢？除了其他问题，我们的流通体系落后，跑冒滴漏严重，物流成本居高不下，导致农民生产出来的东西卖得便宜，买回来的工业品贵，一进一出农民受损，致富的步子就会大大滞后。流通对农民，特别是中西部地区的农民来说，尤为重要，而“万村千乡”就是其中的一个利民工程。

温总理在中央经济工作会议上提出，今后几年要把基础设施建设的重点转向农村。我们也要加强农村的流通设施建设。农村流通领域的基础设施建设，具备社会公益性质，主要不是为商家赚钱的，而是为社会、为群众来服务，为多种经济部类来服务的，是具有公共财政性质的事业。没有农村流通的基础设施建设，就是生产出来的东西再好，农民收益也要大打折扣。现在中西部地区到乡村开店配送成本比在城市开店高出两成以上，在城市投资与在农村等额投资毛利比约为3：1，赢利空间极小。正因为如此，国务院下决心来推动这件事。在2004年国务院办公厅转发商务部等八部门联合上报的《关于进一步做好农村商品流通工作的意见》中，就已经明确提出要把农村流通设施纳入农村基础设施建设范围。

这个工作事关农民的身体健康，事关我们民族的基本素质。希望各位商务厅长高度重视，尽快向主管领导和省政府主要领导汇报。在基础设施里面，不仅包括教育、水利、卫生、道路，也应该包括农村流通体系的建设。我们高兴地看到，现在很多省份都非常重视流通领域的工作，已把农村流通设施纳入农村基础设施建设的范围，并作为社会主义新农村建设的重要组成部分积极推进。

（二）认真学习和推广苏果等典型经验

这次现场会在江苏召开，主要是为了推广苏果经验。苏果超市有限公司1996年成立，逐步在农村发展连锁经营，经过10年发展，农村门店已经占全部店铺数量的近60%，农村销售额占总销售额的52%。苏果超市用先进的管理制度、经营规范改造传统的农村店铺，为农民提供货真、价实、安全、便利的商品和服务。目前苏果经销的4万多种商品中，70%为农产品及其加工品，带动了1000多家食品生产企业，成为千家万户小生产同千变万化大市场有机连接的纽带。这些经验，值得广大流通企业学习。

苏果的经验，温家宝总理曾经亲自批示给商务部，我们认真学习和领会，感到有一种时代的价值。过去在计划经济模式下扶持流通领域，效益比较低，代价比较大，损失也比较大。现在苏果坚持科学发展观，完全按市场经济规律运作，用企业力量有条不紊地推进，然后由上到下去延伸，有了社会效益，政府省心，老百姓放心，企业也高兴，一举多得，这个经验真是值得推广。

除苏果之外，这次会上还安排了湖北富迪、河北好日子、新疆农资、新合作商贸等14家企业，还有江苏省政府、山东经贸委、安徽商务厅等23家地方政府和商务主管部门，交流各有特色的成功经验。大家要结合本地的实际情况，认真学习和借鉴。

（三）稳扎稳打地推进“万村千乡”市场工程

今年国家提高了对农家店的扶持标准，每个乡级店补贴3000元，村级店补贴4000元，中西部地区分别再增加1000元；同时适当提高配送中心贷款贴息率，并向中西部地区倾斜。

资金扶持固然重要，但更重要的是各地要加大落实工作力度。毛主席讲过一句话，“抓而不紧，等于不抓”。各地商务主管部门“一把手”要亲自过问这项工作，认真总结2005年试点工作经验，抓紧制订2006年实施方案；要继续加强与财政、供销社、金融机构等有关部门的沟通与协作；要充分依靠农村供销社、农技服务站、粮店、邮局等传统网络，各部门心往一处想，劲往一处使，形成合力；要认真深入基层，切实转变作风，扎扎实实地工作，绝不能把“万村千乡”市场工程走偏。有三个环节，我认为需要强调。

第一，试点企业进门这一关要把好。对申请试点的流通企业，要全面了解企业的经营、诚信、实力等情况，使得既有一定实力又愿意进入农村市场的优秀企业取得资格，把根本不具备建立连锁网络条件的企业挡在门外。

第二，一定要有监督机制。要把新建和改造农家店数量、进度、质量、成功率、农民满意度等列入考核指标，经常进行检查。要切实用好“万村千乡”市场工程信息服务系统，及时掌握试点企业的发展状况，对存在经营风险甚至骗取补贴资金嫌疑的企业重点跟踪，采取果断措施加以防范。

第三，强化项目验收和复查机制。地级商务主管部门在组织项目验收时，要成立有关部门参与的小组，严格按照规定程序及标准进行验收。各省级商务部门要强化项目实地复抽查机制，抽查比例不能低于2%。从2006年5月开始，商务部将会同有关部门，并吸纳部分省级商务主管部门人员，进行“万村千乡”市场工程项目交叉抽查。验收合格的项目在商务部网站上网，长期接受社会监督。还要逐步建立志愿监督员制度，大家一起努力，共同维护好“万村千乡”市场工程这块来之不易的商务工作品牌。

为加快构建农村现代流通网络的步伐，更好地为建设社会主义新农村服务，商务部今年还要启动“双百”市场工程。这项工程的主要内容是：重点建设100家现代化的大型农产品批发市场；着力培育100家面向国内外市场的大型农产品流通企业。有关文件商务部已经下发，希望各级商务主管部门要像抓“万村千乡”市场工程那样，积极主动推进“双百”市场工程，力争第一年起好步、开好头，取得实实在在的成果。

同志们，重任在肩，希望在前。50年前，毛主席就指出，农村是一个广阔的天地，在那里是可以大有作为的。50年后，胡锦涛总书记又代表党中央提出扎扎实实规划和推进社会主义新农村建设的重大历史任务。我们一定要按照“三个代表”重要思想和科学发展观的要求，把握机遇，服务大局，脚踏实地，切实把“万村千乡”市场工程和“双百”市场工程抓紧抓好，为促进农业发展、农村致富、农民增收做出新的贡献。

国家发改委副主任欧新黔在第四届中国物流企业家论坛暨2006中国物流企业年会上的致辞

（2006年12月2日）

首先，我代表全国现代物流工作部际联席会议和国家发改委，对第四届中国物流企业家论坛暨2006中国物流企业年会的召开，表示热烈的祝贺，预祝会议圆满成功！

近几年，我国物流业发展很快，形势很好。“十五”时期，物流市场不断扩大，社会物流总费用与GDP的比例由2000年的19.4%下降到2005年的18.5%。2005年，物流业增加值达到了1.2万亿元，占整个服务业增加值的16.6%。现代物流已成为现代服务业的支柱产业，国有、民营和外资物流企业迅速成长，制造业和物流业、物流运作模式发生了较大的变化，专业化的第三方物流发展很快，物流基础设施和信息化建设进度加快，物流服务能力和水平也有了很大的提高，物流标准、统计、人才培训等行业基础性工作已见成效，全国现代物流工作部际联席会议制度以及各地推进物流发展的工作机制建立起来，物流发展的体制和政策环境有了较大的改善。今年三月，全国十届人大四次会议通过的《国民经济和社会发展第十一个五年规划纲要》中单列了一节，提出了要大力发展现代服务业，这是我国经济社会发展的需要，标志着我国物流发展进入了新的阶段。

现代物流业在我国是一个新型的复合型的产业，物流工作涉及方方面面，要推进和发展这项工作，需要良好的政策环境。近年来，特别是全国现代物流工作部际联席会议制度建立以来，各个相关部门的工作已经形成合力，各部门依据国家发改委等九部门联合印发的《关于促进我国现代物流发展的意见》，结合本部门的职能，在放宽市场准入、调整相关税收政策、采取更加便利的通关措施和行业基础工作的建设等方面做了大量的工作，对于改善物流发展的宏观政策环境、促进现代物流协调健康发展做了很多基础性工作。中国物流与采购联合会作为行业的组织，积极参与部际联席会议的各项工作，积极认真地反映企业的意见和建议，注重发挥政府与企业之间的桥梁与纽带作用，在标准、统计各个方面做了大量的工作，为物流的基础工作发挥了重要作用，也为我国物流产业的发展作出了贡献。近几年来，物流企业出现了较快发展的势头，涌现出一批物流企业的领军人物，已经成为推动我国物流发展的一支重要力量。借此机会，我向陆江同志、以陆江同志为会长的中国物流与采购联合会，向为物流发展作出贡献的物流企业、向取得卓越成绩的物流企业家们，表示衷心的感谢！

调整经济结构，转变经济增长方式，是我国“十一五”时期的重大战略目标。现代物流是服务业的重要组成部分，大力发展现代物流业，是贯彻落实科学发展观，促进国民经济持续协调发展的重要举措。当前我们的重要任务就是转变经济增长方式，搞好经济结构调整，要进行经济结构调整，首先要做好第一、第二、第三产业的调整。从目前来看，我们国家第三产业的比重比较低，发展中国家第三产业的比重一般都在55%以上，发展比较慢的一些国家其服务业所占的比重也在50%左右。而我国目前第三产业的比重2004年底加上经济漏统的那一块是40.7%，2005年是40.3%，可见我们经济的发展在这一块是比较落后的。物流是服务行业的重要组成部分，属于现代服务业，也可以说是为工业发展的生产型的服务业。我想，在这个过程中，近几年，促进我国现代物流业发展的任务还是非常重的，市场需求也是很大的，对于我们落实科学发展观，转变经济增长方式，进行结构调整方面物流发展的空间很大，对物流的市场需求也很大。所以，在这方面，政府、协会、企业三方要共同努力，来促进和推动我国物流业的发展。我也希望部际联席会的各个参加单位，各地现代物流工作的牵头部门，要从我国经济社会发展的全局出发，从现代物流业发展的实际出发，采取切实可行的措施，大力支持我国现代物流业快速健康地发展。在此，我代表部际联席会议表示，我们政府部门也一定在党中央和国务院的领导下，为落实“十一五”规划，为切实推动我国的现代物流业的发展，将与协会、企业一道共同努力，实现贯彻落实科学发展观，实现走新型工业化的道路。希望大家在今后的工作中，在“十一五”期间，企业、协会、部门联起手来，为实现这个目标而共同努力。企业是现代物流发展的主体，我也希望来自企业的同志们，要充分利用这次企业家论坛和年会的机会，广泛交流，取长补短，加强合作，共谋发展。要立足于经济发展的需要，瞄准国际先进水平，努力提升物流服务的能力，诚信经营，加快发展，做强做大。希望物流行业组织进一步加强调查研究，深化、细化为行业企业的服务，更好地发挥桥梁和纽带作用。部际联席会议的各个部门，也要在不断转变政府的服务观念、转变政府的职能过程当中，做好服务。让我们共同努力，营造有利于现代物流发展的良好环境，为经济社会切实转入科学发展观的轨道，为实现国民经济又好又快的发展，做出我们应有的贡献。

流通现代化的世界趋势及我国的发展差距

——商务部副部长姜增伟在第二届“现代流通国际论坛”上的发言（2006年5月13日）

当今世界，流通观念、流通体制、流通方式、流通组织、流通结构、流通渠道、流通技术等全面趋于现代化。流通现代化对居民生活方式、国民经济结构、扩大就业乃至经济社会发展，都产生了深远影响，主要表现在以下两点：

一是现代流通方式和组织形式改变了世界经济贸易格局。20世纪50～60年代以来，美国、欧洲、日本大力发展现代流通方式和组织形式，并各自形成了沃尔玛、家乐福、7－11等一批有代表性的跨国零售集团。它们依托现代化的经营方式和营销理念、庞大的全球供应链、广域覆盖的销售网络、高效率的管理系统在全球开展经营活动，对世界经济贸易格局产生重要影响。以美国沃尔玛为例，已经连续5年超过汽车、石油、金融、IT等行业，跻身“世界500强”企业之首，2005年销售额达到3156.5亿美元，相当于我国同期社会消费品零售总额的37.6%。它拥有独立的卫星，可以实现世界范围内5000多个店铺的单店管理，有110个配送中心，85%以上的商品自己配送。现代流通方式和组织形式带动了生产要素的优化重组，消费结构的多元化，使经济发展早已跨越国界，极大地改变了世界经济贸易格局。

二是现代流通技术带来管理革命。现代流通技术发展日新月异，需要我们高度重视。比方说，零售企业采用销售时点管理系统（POS），就要求工农业生产要采用现代化、标准化的包装，采用世界通用的条形码，否则产品很难进入现代化的销售体系，很难走入国际市场。又比如，无线标签（RFID），也称“射频识别卡”，在欧洲、美国发展迅速，并已开始应用推广。国际上普遍认为，无线标签的应用将给工农业生产和物流带来革命性变革，大大提高生产的安全程度和对消费者的保护程度，提高流通的效率，并会在仓库管理、商品结算、图书馆及医院等领域得到广泛应用。

面对日新月异的国际流通业，我国的情况是怎样的呢？改革开放以来，我国流通业取得了很大成绩，规模从小到大，现代流通方式从无到有，商品市场化程度从低到高，流通主体从单一到多元，流通业对经济社会发展的贡献由弱渐强。2005年，我国社会消费品零售总额达6.7万亿元，是1978年的43倍，社会生产资料销售总额达14.2万亿元，是1990年的14倍；各类批发零售贸易业经营网点1700多万个，基本形成遍布城乡的流通网络；流通业增加值占GDP的比重，在第三产业增加值中名列各行业之首；从业人员超过5000万人，在非农产业中仅次于制造业，居第二位。

但是，与国际先进水平相比，我国流通业还存在较大差距。一是流通业对经济贡献偏低。我国流通业增加值占GDP的比重不到8%，而美国超过20%；流通业就业占全国就业人员的比重不足7%，而美国、日本都超过20%。二是流通效率低。我国企业500强中的商业企业流动资金平均年周转速度2.4次，而发达国家达到20次以上。2005年我国物流成本占GDP的比重为18.6%，日本、美国仅占10%左右。三是流通企业组织化程度低。我国批发零售业前100家企业销售额占社会消费品零售总额的比重才10%，而仅沃尔玛一家企业就占美国消费品零售总额的7.6%。我国最大的流通企业百联集团2005年销售收入为1386亿元，只有沃尔玛的5.5%；如果仅计算商业连锁经营部分才720亿元，只有沃尔玛的2.9%。此外，我国流通业还存在法律不健全、市场秩序混乱、缺乏规划、城乡和区域发展不平衡等问题。正视这些问题，努力缩小差距，这是我们今后努力的方向。

加快向现代物流企业转变
推动现代物流业更好发展

——山东省副省长王仁元在全省现代物流工作座谈会上的讲话

第一，统一思想，提高认识，增强交通运输经营型向现代物流经营型转变的紧迫感和责任感。繁荣发展服务业是山东省委、省政府确定的“十一五”期间一项重大战略任务。这既是贯彻落实科学发展观和中央决策部署的必然要求，也是从山东省实际出发，加快产业结构调整，建设节约型社会的迫切需要。2005 年全国服务业占 GDP 的比重为 40%，广东为 44.1%，而山东省仅为 32.1%，成为全省经济的一个“软肋”。对此，山东省委、省政府高度重视。前不久，山东省委、省政府又下发了《关于进一步促进服务业发展的若干意见》，出台了 27 条优惠举措，进一步优化服务业发展环境，以促进服务业发展。现代物流作为典型的生产性服务业，号称“第三利润源”，是服务业发展的重中之重。2002 年，山东省政府召开座谈会，听取了广东中邮物流的经验介绍，对发展以第三方物流为重点的现代物流业作出了部署安排。几年来，先后制定了《关于加快全省现代物流业发展的意见》、《山东省“十一五”现代物流业发展规划》，采取一系列措施进行推进，取得了初步成效，涌现了一批先进典型。但总体上讲，仍处于起步阶段，尤其是缺少大型骨干物流企业，必须采取进一步措施，加快现代物流业的发展。这次会议之所以要重点研究交通运输企业转型问题，主要考虑以下三点：一是交通运输企业范围比较大，包括港口、机场、运输、仓储企业和货运场站，是发展现代物流的主要力量。在物流业务的 7 个环节中，运输是最重要的环节，其收入约占整个物流业务的65%以上。因此，抓好了交通运输企业向现代物流企业转变，就抓住了现代物流业的重点，也就是抓住了现代物流业的“牛鼻子”。二是从发达国家现代物流发展的情况来看，交通运输企业向物流业的融合和拓展，是推动现代物流业发展的必然趋势。如美国的联邦快递、联合包裹、总统轮船，丹麦马士基，韩国韩进，德国敦豪，荷兰天地快运等国际知名物流企业，多数是由船运企业、航空企业和快递企业发展起来的。三是发展现代物流是交通运输企业可持续发展的必由之路。随着现代物流业的发展，交通运输这个环节已经成为物流供应链中的一个组成部分，谋求与供应链中的客户建立长期的深层次合作关系，通过协作、协调、协同来实现供应链整体绩效最大化，最终实现互动、共赢，达到供应链成员整体获益的目的。

因此，各级各有关部门和企业一定要把思想统一起来，把推进交通运输企业转型作为发展现代物流业的一个突破口，发挥各自优势，采取切实措施，尽快培育一批现代物流企业，努力把现代物流业发展成为山东省服务业中的主导产业，为全省服务业的发展和产业结构的调整优化，作出新的贡献。

第二，理清思路，突出重点，加快交通运输企业向现代物流企业转变。根据中远物流和省内先进典型的经验，下一步山东省加快交通运输经营型向现代物流经营型转变的总要求是，坚持科学发展观，进一步解放思想，转变观念，突破行业部门、地区、所有制三个界限，依托物流基础设施和交通运输企业两个平台，突出抓好信息化建设这一关键环节，加强企业管理，建立现代企业制度，努力在全省培育10户左右大型现代物流企业集团。突出抓好四项工作：一是以解放思想为前提，加快观念转变，树立由运输承运人转向物流经营人的观念，实现发展理念的创新。二是以改革为重点，突破行业和部门、区域、所有制三个界限，促进物流资源重组整合。三是以建立现代企业为重要形式，完善法人治理结构，强化内部管理，培育大型物流企业，打造知名品牌，增强企业核心竞争力。四是以信息网络技术为支撑，加快信息化建设，提升物流效率。

第三，加强领导，密切配合，为现代物流发展营造良好的环境和氛围。加快交通运输企业转型，培育一批现代物流企业，是一项系统工程，需要各级各部门加强配合，共同支持。各市各有关部门要制定好“十一五”现代物流发展规划，明确发展的指导思想、目标任务、发展重点和工作措施。重点抓好10户左右大型物流企业的培育工作。省直部门要认真履行各自职责，研究好具体操作办法，抓好省委、省政府《关于进一步促进服务业发展的若干意见》的贯彻落实。调动政府、企业和社会的积极性，加快物流人才的培养。各级物流牵头部门要切实负起牵头责任，定期召开联席会议，协调各部门共同做好有关工作，促进全省现代物流业健康快速发展。

此次会议具有三个特点：一是现场参观。参观了青岛远洋大亚物流公司、山东捷丰国际储运公司、海尔物流公司3家物流企业。这3家物流企业超前的经营理念、现代化的硬件和软件设施、成功的资本运作方式，使与会代表深受教育和启发。二是经验交流。会上有7个市、8个省直部门、16个企业交流了经验，从不同角度谈了对物流的认识、经验做法和今后打算及建议，收到了较好的效果。三是推广中远集团经验。会上特别邀请中国远洋运输集团负责人来介绍物流经验，在理念创新、发展战略定位、供应链管理、改革创新等方面介绍了很多好思路、好经验、好做法。中远物流的发展变化，为山东省交通运输企业转型发展现代物流树立了一个很好的榜样，非常值得学习借鉴。

（摘自2006年10月10日《现代物流报》）

扎实推动我省现代物流的健康快速发展

——浙江省副省长王永明在全省现代物流发展联席会议第四次成员会议上的讲话（节选）

一、关于我省现代物流发展的简要回顾

自2001年8月我省建立现代物流发展联席会议制度以来，各成员单位为全省现代物流业发展做了大量卓有成效的工作，部分市也建立了现代物流发展领导协调机构，开展了规划编制、政策研究和相应的推进工作，取得了较好成绩。总体看，我省相关部门现代物流理念已初步确立，物流设施建设有序推进，物流市场体系逐步形成，现代物流发展已显现出良好势头，较好地促进了三产、制造业的发展和城市化的建设。

2005年5月，经省政府同意，省发改委等12个部门联合制定了《关于加快浙江省现代物流业发展的若干意见》；8月份，省委、省政府召开了全省服务业发展工作会议，会上习近平书记、吕祖善省长分别强调了现代物流在服务业中的重要地位和作用，会后《中共浙江省委、浙江省人民政府关于加快服务业发展的若干意见》出台。这些又都为“十一五”时期我省现代物流发展创造了良好环境，奠定了扎实的基础。

但是，应当清醒地看到，我省现代物流业发展尚处在起步阶段，实际发展水平与作为沿海经济发达省份的地位、与长三角南翼的区位、与对外开放和接轨国际的要求还不相适应。全社会对现代物流重要地位和作用的认识还有待进一步提高，重二产、轻三产的观念仍不同程度存在；物流业的规模、集约经营水平不够高，尚未形成全省性的物流网络；物流设施仍有待进一步完善；物流市场运作机制、管理秩序有待进一步健全与规范。这些，都需要各级政府、部门和社会各界形成合力，共同努力推进。

二、关于现代物流发展规划的组织实施

规划是在社会主义市场经济条件下履行政府职能、优化资源配置、实现战略目标的重要依据和手段。《浙江省现代物流发展纲要》是我省发展现代物流业的纲领性文件，它科学布局了杭州、宁波、温州、金华—义乌四大物流枢纽。从目前的发展情况和趋势看，这个定位是准确的。

根据既定原则，杭州、宁波、温州和金

华—义乌四个物流枢纽规划由省现代物流发展联席会议审查批复，其他各市及扩权县的规划由省现代物流发展联席会议办公室组织审查提出意见，由当地政府审批。目前，宁波、杭州、金华市的现代物流发展规划已经省现代物流发展联席会议审查通过。规划编制完成后，重要的是根据《浙江省人民政府关于加强和改进规划工作的意见》精神，认真抓好组织实施工作，具体包括：

1. 加大宣传力度。要通过宣传，提高规划的透明度，增强全民的参与意识，加强社会监督和舆论监督，形成全社会共同关心和促进规划实施的良好氛围。

2. 强化规划配置资源的导向作用。要按照规划的总体要求合理配置财政性资金、政策性资金、国有土地资源、国有资产存量及海关、检验检疫等公共资源，防止重复建设和资源浪费。

3. 建立规划实施机制。要按照科学发展观的要求，围绕“十一五”时期经济社会发展的总体思路和城乡、区域、经济社会协调发展的要求，健全规划组织实施的保障机制，认真落实规划提出的发展目标和任务，并将其列入政府目标责任制考核体系。要对实施效果进行分析评价，针对存在的问题和发展的新要求，及时对规划进行调整完善。

三、关于现代物流发展的领导和协调

结合我省经济发展的形势和任务，2006 年我省现代物流发展工作的总体要求是：以科学发展观为指导，以市场为导向，以信息技术为支撑，营造现代物流发展的政策环境，为争取在“十一五”时期建立配套完善、服务高效的现代物流体系打下坚实基础。

1. 要发挥联席会议的协调作用。现代物流业是一个新兴的复合型产业，涉及运输、仓储、货代、联运、制造、贸易、信息等行业，政策上关联许多部门。各成员单位要充分运用和维护好联席会议这个平台，加强沟通，密切配合，提高工作效率和服务水平，使联席会议在物流发展中发挥更大作用。

2. 要切实改善发展环境，推动现代物流发展。要继续加强港口、公路、铁路、机场等物流集疏运基础设施和物流中心建设，进一步改善基础设施，积极推进多式联运发展，培育壮大物流企业。要切实转变政府职能，改进工作作风，完善市场化机制，下决心抓好软环境建设，力争把我省基础设施能力发挥到最大化、最优化水平。要引导企业建立供应链联盟，形成供应商、生产商、销售商乃至最终用户的网链体系。

3. 要研究解决现代物流发展中遇到的困难和问题。要加强与国家部际联席会议办公室及有关部委的联系，重点研究和解决物流发展中的税费、城市配送、集输运、大通关、供地、统计、标准化等方面的问题，扎实推动我省现代物流的健康快速发展。

（摘自浙江省政府网）

加快流通业发展　推动全省经济上台阶

——陕西省副省长赵德全在全省流通工作会议上的讲话（节选）

一、我省经济发展取得显著成绩

近年来，我省经济发展工作取得了显著的成绩，具体表现为：

——对外贸易实现新的突破。据统计，“十五”期间累计进出口总额为150.16亿美元，比“九五”期间的96.94亿美元增长了54.9%，年均增长15%。2005年，外贸进出口总额创历史最好纪录，达到45.77亿美元，比2004年增长25.65%以上，其中出口30.76亿美元，增长28.34%，增幅均高于全国平均水平。

——招商引资工作成绩显著。近年来，通过加强投资促进体系建设，改善投资环境，一大批国内外投资项目落户我省。“十五”期间，合同外资额45亿美元，实际利用外资23.6亿美元，分别比“九五”增长76.5%和33.3%。2005年，新批外资项目256个，合同外资15.8亿美元，比上年增长50.9%，实际利用外资6.3亿美元，增长19.3%。省际间经济技术合作进一步扩大。

——国际经济技术合作领域不断拓宽。2005年，国际工程承包与劳务合作新签合同额10.9亿美元，完成营业额2.3亿美元，增长95.7%，“十五”期末在外3844人，增长14.4%。

——流通业对促进经济增长的作用进一步凸显。据统计，2005年全省社会消费品零售总额预计实现1322亿元，较“九五”期末增长80%。全省商品交易市场达2920个，成交金额685.8亿元，分别比“九五”期末增加8.1%和63.5%；各类消费品批发、零售以及餐饮网点达到48.58万个，基本形成了遍布城乡的商品流通网络。

我省经济发展的成绩使我们充分认识到，新时期加快发展现代流通业对推动经济发展有着极为重要的作用。

（一）加快流通业发展是发挥消费拉动经济增长作用的客观要求

在现代经济中，流通业不仅发挥着引导消费、实现消费的重要作用，而且发挥着指导生产、促进生产的重要作用，已经成为整个经济发展中的先导性产业。我们必须通过加快流通业发展，培育消费需求，从而形成投资、消费、出口对经济增长拉动的合力。

（二）加快流通业发展是促进经济增长方式转变的重要途径

生产和流通的辩证关系告诉我们，流通是决定经济运行速度、质量和效益的引导性力量。流通更直接地引导着投资的方向、结构和效益。实施“十一五”规划，许多重要任务都与发展现代流通业息息相关。现代流通业在国民经济中占有重要地位，发展现代流通业是转变经济增长方式的重要途径。

（三）加快流通业发展是发展外向型经济的必然趋势

当前，经济全球化趋势深入发展，世界范围内的经济结构调整正在进行。必须打破国内地区封锁和内外贸分割的流通格局，构筑现代物流体系，主动有序地承接产业转移，充分利用两个市场、两种资源，促进内外贸协调发展。

（四）加快流通业发展是提高人民群众生活质量的本质要求

流通业位于市场的最前沿，与人民群众的生活密切相关。加快流通业发展，不断满足人民群众日益增长的需求，让全体人民群众享受到发展的成果，这是我们全面落实科学发展观、构建和谐社会的本质要求。

二、突出工作重点，加快流通业发展

2006年，我省流通工作要以科学发展观为指导，以扩大消费需求为主线，以落实《陕西省人民政府关于加快流通业发展的若干意见》为重点，大力开拓农村市场，提高流通现代化水平，培育大型流通企业集团，加强和改善宏观调控，实现对外开放的新突破。努力实现三项目标：社会消费品零售总额1490亿元；外贸进出口总额54亿美元；合同利用外资12亿美元，实际利用外资7亿美元。确保“十一五”开局之年高点起步、良好开局。为此，主要应抓好以下五项工作：

（一）围绕社会主义新农村建设，做好农村商品流通工作

积极实施“万村千乡”市场工程。加强农产品批发市场建设。继续推进“三绿工程”建设。充分发挥服务业在服务“三农”方面的重要作用。推动优势农产品进入城市和国际市场。

（二）以发展连锁经营和物流配送为重点，提高流通现代化水平

大力发展连锁经营。积极推进物流配送，重点抓好西安新筑物流园区、西安咸阳空港物流园区、宝鸡陈仓物流园区等三大物流园区的建设。加快建设榆林能源化工产品、延安石化产品、安康中药材、汉中绿色产品、咸阳农产品、渭南果品、商洛特色农产品、西安大明宫建材、西安草滩农副产品、石家街钢材等十个物流配送中心。重点发展方便居民日常生活的社区商业。积极稳妥地发展电子商务，推进电子商务在连锁经营、物流配送等现代流通领域的发展。

（三）以产权制度改革为核心，深化流通企业改革

培育和扶持大型流通企业集团。推行现代企业制度和现代流通方式。

（四）加强和改善宏观调控，整顿规范市场秩序

各市、各部门要积极推动政府职能转变，加强和改善宏观调控，建立统一开放、竞争有序的市场秩序。

（五）加强投资和贸易促进工作，提高开放水平

落实项目带动战略，加大投资促进工作力度。调整外贸结构，提高外贸进出口增长质量。加快实施“走出去”战略，力争2006年实现对外承包工程与劳务合作营业额2.8亿美元。加强口岸建设，力争上半年开通陕西电子口岸网站。继续把改善投资环境作为“生命线”工程，围绕“打造让人动心的政策环境、放心的法制环境、顺心的体制环境、舒心的工作环境和倾心的人文环境”的目标，夯实改善投资环境的责任，使我省投资环境实现质的改善。

三、加强领导，积极创造有利于流通业发展的政策环境

《陕西省人民政府关于加快流通业发展的若干意见》即将下发。各市政府和省级有关部门要以这个文件为总纲，切实提高对发展流通业重要性的认识，加强对流通工作的领导，落实各项工作措施。一是加强领导，把流通工作摆到重要位置。二是尽快理顺流通体制，发挥各级商务部门调控职能。三是加大政策协调力度，形成加快流通业发展的合力。四是实施人才战略，加快流通业人才的储备和培养。

2006 年是“十一五”规划的开局年，实现经济社会又快又好发展，流通工作至关重要，任务十分艰巨。希望各市、各有关部门高举邓小平理论和“三个代表”重要思想伟大旗帜，以科学发展观统领工作全局，紧紧围绕我省经济社会发展目标，勤奋工作，努力创造新的业绩，开拓创新，加快流通业发展，全面完成流通工作的各项任务，为全省经济社会发展迈向新台阶作出更大的贡献！

（摘自陕西省商务厅网站）

促进我国现代物流业又好又快发展

——中国物流与采购联合会会长陆江在2007中国物流发展报告会暨第13次中国物流专家论坛上的致辞

(2007年1月12日)

2006年，是“十一五”规划的开局之年，也是中国物流业稳定快速发展的一年。

一是现代物流的产业地位得以确立。全国十届人大四次会议通过的“十一五”规划纲要提出，“大力发展现代物流业”，标志着我国现代物流业进入一个新的发展阶段。

二是物流业主要经济指标继续平稳较快增长。其中社会物流总额预计同比增长24%；物流业增加值预计增长12%以上，占服务业增加值的比重超过17%；社会物流总费用预计增长13.2%，与GDP的比率将稳定在18.5%左右。

三是我国物流市场全面开放。随着2005年底物流业全面开放，2006年外资企业采取独资、合资和并购物流企业等形式快速扩展，中国物流领域正在成为国外资本投资的热点。

四是物流企业快速成长。国内物流企业重组转型、整合并购、战略联盟、深化服务，加速做强做大。《2006年中国最具竞争力“50强”物流企业排序》表明，“50强”企业主营业务收入比上年增长30%；进入“50强”的最低“门槛”比上年提高35%；已经出现了主营业务年收入近1000亿元的国有物流企业和超过50亿元的民营物流企业。

五是企业物流转移外包速度加快。据对重点制造企业的物流市场调查，2006年，销售物流外包以5%～10%速度增长，运输与仓储外包以10%～15%速度增长。企业物流运作模式升级转型的行业由生活消费品向生产资料扩展，由销售物流向供应物流、生产物流和回收物流环节延伸。

六是港口物流对区域经济的辐射和带动作用更加明显。2006年，我国港口货物吞吐量56亿吨，同比增长15.4%；集装箱吞吐量9300万标箱，同比增长26%，以上两项指标继续保持世界第一的位次。上海港货物吞吐量4.65亿吨，集装箱吞吐量2171万标箱，分别居世界第一位和第三位。国务院常务会议审议通过《全国沿海港口布局规划》，沿海各地按照规划，发展港口物流，加快了航运中心和物流中心建设。

七是物流设施设备与管理技术向集约化、大型化和信息化发展。据调查，全国运营、在建和规划中的物流园区项目超过200个，已有50个投入运营，65个在建，有一些已经相对成熟。车船运力、装载设备、仓储设施向大型化发展。企业信息系统加快升级改造，供应链管理信息系统开始出现。

八是物流行业各项基础工作全面深入扎实推进。2006年，又有许多省区市，经济中心城市相继建立了物流行业协会。在政府的领导下，行业协会和企业积极参与，物流标准、统计、人才培训、科技创新和理论研究等行业基础工作全面推进。

九是物流发展的体制和政策环境进一步改善。国务院相继批准在上海洋山港、大连大窑湾港和天津东疆港设立保税港区，批准西安、昆山、宁波、上海松江、北京天竺、烟台、重庆7个出口加工区进行叠加保税物流功能试点。物流企业税收改革试点工作顺利推进，各有关部门、各地区出台了有利于物流发展的政策，推进了物流快速发展。

十是行业调查研究取得重要成果。2006年，许多物流教学科研单位和行业协会深入开展调查研究，取得一批重要成果。中国物流与采购联合会除完成国家发改委、国资委、财政部、商务部、教育部等部门下达的研究课题以外，还组织了《外资进入中国物流业的影响及政策研究》、《全国物流园区发展研究》、《中国传统制造业物流及其政策研究》、《我国民营物流企业发展研究》和《我国物流信息化建设研究》5个研究课题，取得了重要成果。

这些成绩是在全国现代物流工作部际联席会议及各有关政府部门领导下，各兄弟协会共同组织下，物流行业全体职工努力下取得的。这些工作表明，我们对现代物流业的发展，认识上有了新提高，政策上有了新举措，实践上有了新进展。总结近几年，特别是2006年我国现代物流业发展的经验，我们更加深刻地认识到，现代物流业是现代服务业的支柱产业，在生产性服务业中占据突出位置，是调整经济结构、转变经济增长方式的重要手段，符合又好又快发展，全面落实科学发展观的本质要求。

2007年，是深入贯彻落实科学发展观、积极推进社会主义和谐社会建设的重要一年。中央经济工作会议提出，坚持以科学发展观统领经济社会发展全局，切实把科学发展观落到实处，真正做到又好又快发展的总体要求。从全行业的角度来讲，我们要特别关注以下几个方面：

第一，贯彻落实“十一五”规划纲要，制定全国物流业发展专项规划。“十一五”规划纲要确定的现代物流产业发展方向和基本任务，要认真落实。要按照“十一五”规划的要求，抓紧出台物流业发展的专项规划。联合会作为行业协会也要积极搜集各方面意见，协助政府有关部门做好相关工作。

第二，从解决物流业发展的关键问题入手，推进现代物流产业政策的落实。国家发改委等九部门《关于促进我国现代物流业发展的意见》出台以后，许多政策措施正在逐步落实。2007年，建议国家有关部门从税收、交通、土地、融资等物流企业反应强烈的具体问题入手，选择条件相对成熟的地区和城市，进行物流政策改革试点，在取得经验的基础上分步实施，为物流产业政策体系的形成做好基础性工作。

第三，关注生产资料物流的发展，促进企业物流运作模式转型。当前，我国生产资料流通规模接近18万亿元，两倍于生活消费品流通规模，企业物流仍然是我国物流运作的主要方式。以现代服务业，特别是生产性服务业的发展带动经济结构调整和增长方式转变，是全面落实科学发展观，协调产业结构和谐发展的重要手段。企业物流模式问题，涉及采用什么样的经济增长方式的问题，是粗放型的还是集约型的？是传统的还是现代的？2007年，应该抓住钢铁、煤炭、石化、汽车、建材等大宗生产资料行业物流运作模式转型的趋势，认真研究企业物流向社会物流转型，销售物流向供应物流、生产物流延伸等问题。

第四，做强做大物流企业，培育自主物流服务品牌。最近几年，外资企业并购重组速度加快，跨国物流企业实力迅速增强。国内物流企业发展很快，但“散、小、差”的局面没有大的改变。做强做大物流企业，是企业生存的需要，行业发展的需要，也是参与国际竞争的需要。无论是国有企业，还是民营企业，有条件的都要做大做强。要积极创造有利于物流企业发展的创业环境，鼓励大型物流企业做强做大，扶持发展中小企业，积极支持民营企业，培育自主物流服务品牌，尽快提高我国物流的供给能力和服务水平。

第五，统筹城乡物流发展，加快农村物流服务体系建设。农村物流是我国现代物流体系的重要组成部分，是社会主义新农村建设的重要内容。要把农村物流体系建设纳入物流业发展规划，加强农村物流基础设施建设，培育面向农村的物流企业，提高农村物流信息化水平。要支持农产品批发市场、农民合作运销组织和农村经纪人进城销售农副土特产品，鼓励城市农业生产资料和日用工业品生产经营企业在农村发展物流配送、连锁经营，统筹城乡物流发展。

第六，引导现代物流向中西部和东北地区扩散，促进区域物流协调发展。近年来，我国区域物流发展很快，特别是东部沿海地区以港口为枢纽，形成了几个大的物流节点。随着西部开发、东北振兴和中部崛起战略的实施，东部地区产业正在向中西部和东北地区转移，物流市场由东向西扩散的趋势日益明显。我们要顺应形势，积极推动。国家有关部门应该加大对中西部和东北地区物流发展的支持力度，物流企业也要随着产业的转移跟进服务。中西部和东北地区要积极营造环境，加快当地物流发展，逐步形成东中西互动，协调发展的大格局。

第七，继续深化物流行业基础工作，加强行业自律。经过这几年的努力，物流行业各项基础工作全面铺开。2007 年，要按照《全国物流标准 2005 年—2010 年发展规划》的要求，抓好相关标准的制修订和宣贯工作。要坚持执行国家发改委、国家统计局建立的全国社会物流统计核算制度，完善覆盖全行业的物流统计核算体系。要巩固提高物流学历教育水平，加快发展职业资格培训认证，加强物流学科体系建设。要继续办好物流科技奖项，加强物流理论研究工作，推进产学研结合，抓好研究成果的推广与转化。要开展行业自律，重点抓好物流行业诚信体系建设。

第八，继续深入调查研究，弄清物流发展中的问题。物流是个新的行业、新的产业，要从实际出发，不能心中无数，说空话、大话，这是贯彻科学发展观，研究走中国物流之路的重要问题。

我国物流发展进入了新的阶段，我们要抓住机遇，奋发图强，推动现代物流业继续朝着平稳较快的方向发展，在调整经济结构、转变经济增长方式、促进经济又好又快发展中发挥更大的作用。

“十一五”开局之年物流业发展成效显著

——中国物流与采购联合会常务副会长丁俊发在2006年度全国物流运行状况新闻发布分析会上的讲话

2006年，是“十一五”开局之年，我国物流业按照“十一五”规划确立的目标，继续保持平稳、快速、全面的发展。物流需求规模进一步扩大，物流投入加快增长，效益明显提高，物流业对国民经济发展的贡献率进一步提升，物流费用与GDP比率继续下降。

一、2006年我国物流业发展成效显著

（一）物流运行继续保持快速增长

在“十五”期间持续快速增长的基础上，2006年，物流运行继续保持了快速增长的势头。据刚发布的统计结果，2006年，全国社会物流总额达59.6万亿元，按现价计算同比增长24%，仍保持快速增长的趋势。现代物流业对社会经济发展的支撑力继续增大。2006年，GDP总量与物流总额相比的物流需求系数为2.8，提高0.2个百分点，即我国每单位GDP产出需要2.8个单位的物流总额来支持（见表1）。

2006年，全国社会物流总额的快速增长，主要是由工业品物流总额与进口货物物流总额快速增长推动。其中：工业品物流总额51.7万亿元，比2005年同期增加10.4万亿元，同比增长25.1%，占社会物流总额的比重为86.7%，增幅同比提高了0.7个百分点。进口物流总额6.3万亿元，比2005年同期增加0.9万亿元，同比增长17%（见表2）。

表1　2006年物流总额及需求系数

	2006年	2005年	增减（±%）
物流总额（亿元）	595976	480583	24.0
物流需求系数	2.8	2.6	—

表2 社会物流总额增长及构成

	2006年统计值（亿元）	增长（%）	在物流总额中所占比重（%）
工业品物流总额	516864	25.1	86.73
农产品物流总额	13546	6.3	2.27
进口货物物流总额	63267	17.0	10.62
再生资源物流总额	2059	15.9	0.35
单位与居民物品物流总额	240	16.9	0.04

（二）物流业发展较快，对经济增长及增长方式转变的作用明显

1. 物流业对经济发展的贡献明显。2006年，物流业增加值为1.4万亿元，按可比价计算同比增长12.5%，增幅比2005年提高1.1个百分点，比全国第三产业增加值10.3%的增速快2.2个百分点，占全国第三产业增加值的比重为17.1%，比2005年提高0.5个百分点。

2. 物流规模扩大，为国民经济的发展提供了基础保障。2006年我国物流总额增长24%，无论现价还是可比价增长率都明显高出同期GDP增长，是我国2006年GDP较快增长的一个基本保障。尤其是对工业生产、固定资产投资、进出口贸易三大需求快速增长的支撑作用更为明显。2006年，我国规模以上工业销售产值增长25.5%，全社会固定资产投资增长24%，进出口贸易增长23.8%。工业生产、固定资产投资、进出口贸易三大需求的快速增长，又促进物流业的快速发展，基本满足了物流需求的增长。

3. 现代物流发展，推进我国流通效率的进一步提高。现代物流快速发展成为推动我国流通速度加快、效率提高的重要因素。据国家统计局对规模以上工业企业统计，2006年工业企业产成品存货率由2005年的5%回落至4.7%，降低0.3个百分点。据国家统计局数据，2006年规模以上工业企业流动资产周转次数为2.46次，比2005年提高了0.15次，流动资产周转速度加快了6.5个百分点。另据中国物流信息中心对全国50家重点生产资料流通企业统计，2006年生产资料流通企业的流动资产周转次数由2005年的2.84次提高到3.4次，提高了0.56次，流动资产周转速度加快了19.7%；商品库存周转次数由2005年的12.5次提高到13.4次，提高了0.9次，商品库存周转速度加快了7.2%。

（三）社会物流总费用与GDP比率继续降低，经济运行质量进一步提高

2006年，我国社会物流总费用超过3.8万亿元，同比增加0.4万亿元，增长13.5%，增幅在2005年回落3.7个百分点的基础上上升0.6个百分点。主要原因是物流规模的上升。

近年来，社会物流总费用与GDP的比率，呈下降之势。2004年为18.8%，比2003年下降0.1个百分点；2005年为18.5%，比2004年下降0.3个百分点；2006年为18.3%，比2005年再下降0.2个百分点。在物流需求规模增长明显快于GDP增长的情况下，社会物流总费用与GDP的比例逐渐降低，表明我国物流业的运行质量进一步提高。

从物流总费用的构成看，2006年运输费用2.1万亿元，同比增长12.8%，增幅比2005年同期提高2.7个百分点，占社会物流总费用的比重为54.7%。

保管费用为1.2万亿元，同比增长16%，增幅比2005年同期回落2.4个百分点，占社会物流总费用的比重为32.1%，比2005年同期这一比重扩大了0.7个百分点。造成保管费用增幅上升，比重扩大的主要原因有两个方面。一方面是随着国内市场生产资料等大宗产品供求形势由紧趋松的转变，库存的上升，保管环节的仓储业务等增幅明显超过运输业务。如2006年全国港口货物吞吐量同比增长15.6%，增幅比货运量和货物周转量增幅高出7个百分点左右。另一方面是保管环节中的流通加工、包装、配送等现代物流业务发展迅速，2006年继续保持30%左右的快速增长，明显快于运输业务的增长，进一步表明我国现代物流方式在快速发展（见下图）。

2006年社会物流费用构成图

管理费用为5066亿元，同比增长10.4%，占社会物流总费用的比重为13.2%，这一比重比2005年同期缩小了0.3个百分点。

（四）物流外包增加、专业化程度提高，第三方物流进一步发展

根据2006年全国物流统计调查资料，制造业物流外包特别是销售物流外包明显加大，增长速度在5%～10%，运输与仓储外包的增长速度在10%～15%。其中，2005年企业运输业务委托第三方的比例为67.1%，比2005年同期提高2.5个百分点。由于专业化分工加快，第三方物流市场逐步细分，专业化程度提高。产业细分，形成专业化物流市场，专门化物流公司。如超市物流、家电物流、服装物流、汽车物流、钢铁物流、烟草物流、医药品物流、粮食物流、冷链物流、图书物流，等等。

根据2006年全国企业物流调查，2005年物流业务收入比2004年增长29.2%，其中，仓储型物流企业增长43.4%，运输型物流企业增长28.8%，综合服务型物流企业增长24.9%。

（五）物流业固定资产投资继续较快增长，物流业基础条件进一步改善，物流行业可持续发展能力得到增强

2006年，物流业固定资产投资额为1.2万亿元，同比增长23.4%，增幅在2005年回落4.2个百分点的基础上上升0.6个百分点，继续保持较快增长。从投资构成看，交通运输业投资达到9775亿元，同比增长23.3%，增幅在2005年回落0.7个百分点的基础上上升0.7个百分点，占物流业固定资产总投资的80.3%，比2005年下降3.1个百分点。仓储业固定资产投资额为470亿元，同比增长29%，增幅比2005年降低0.5个百分点，占物流业固定资产总投资的3.9%，与2005年持平；贸易业固定资产投资额为1827亿元，同比增长22.9%；配送、流通加工、包装业等固定资产投资额为58亿元，同比增长27%；邮政业固定资产投资额为40亿元，同比增长5.3%，增幅同比提高2.5个百分点。

随着投资的快速增长，物流业基础条件继续得到改善。据统计，2006年全国新建铁路投产里程1605公里，增建铁路复线投产里程705公里，电气化铁路投产里程3960公里；新建公路里程93720公里，其中，高速公路4325公里；港口万吨级码头泊位新增吞吐能力4.6亿吨。车船运力加快向大型化、专业化方向发展。

二、2007年物流运行趋势预测

2007年是深入贯彻落实科学发展观、积极推进社会主义和谐社会建设的重要一年，物流业发展面临许多有利条件。一是我国经济增长已经连续四年达到或略高于10%，预计2007年国民经济增长势头会有所回落，但不会低于8%～10%的增长目标。二是国家明确提出要重点加快发展服务业，支持服务业关键领域、薄弱环节和新兴行业的发展。三是世界经济仍处于较快增长区间。当然也有一些不确定因素，如国际能源价格高位波动，全球经济失衡矛盾突出，贸易保护主义加剧，地缘政治形势更加复杂以及国内经济结构不合理，增长方式粗放，体制机制不完善。综合判断，物流业作为服务业中的重要产业，2007年仍将快速发展，但与国民经济一样，也要从“又快又好”向“又好又快”转轨，要注重物流业发展的质量。初步预计2007年社会物流需求规模增长15%以上，物流总费用规模预计增长11%以上，物流业增加值预计增长10%以上。

三、当前物流业存在的主要问题

2006年，在我国物流业快速发展的同时，也面临不少问题。

1. 物流发展中的体制性约束现象依然突出，物流业网络化程度低。随着“全国现代物流发展部际联席会议”机制的建立以及国内许多省区市相继建立类似的机构或机制，对于统筹协调全国物流发展的重大问题，促进我国现代物流发展，起到了重要的推动作用。但在计划经济体制下形成财政分灶吃饭，管理条块分割，市场相互封锁的现象依然比较突出，现代物流发展需要的综合协调管理体制与机制尚未形成，严重制约我国现代物流的发展。据一些物流企业反映，国家出台的有关物流企业发展的政策在一些地区得不到很好地执行。物流企业在国内跨行业、跨地区建立一体化业务网络体系的体制性阻力巨大。

2. 物流社会化、专业化程度较低。虽然社会主义市场经济实行以来，市场化进程不断加快，市场开放程度显著提高，但我国长期实行计划经济，生产、流通、消费各环节互相分割，各物流有关行业、部门、企业均自成体系，独立运作的思想理念和运作模式根深蒂固，严重影响物流效率整体水平。据我们对全国重点企业的物流情况统计调查，2005年制造业重点企业中，内资企业平均使用仓储面积14.1万平方米，平均自有仓储面积8.2万平方米，租用仓储面积5.9万平方米，分别是外资企业的4.9倍、3.4倍和12.3倍。内资企业货运车辆平均拥有量为66辆，装卸设备38台，分别是同期外资企业的3.7倍和1.5倍。这些数字明显反映出国内外企业在物流社会化、专业化运作方面的理念差距和实际运作差距。导致我国除东部沿海外资与中外合资企业以及部分产业物流需求释放较好外，大部分制造企业与流通企业仍处于“大而全”、“小而全”的运作模式。从原材料采购到产品销售过程中，一系列物流活动主要依靠企业内部组织的自我服务完成。据有关部门调查，在工业企业中，36%和46%的原材料物流由企业自身和供应方企业承担，而由第三方物流企业承担的仅为

18%；产品销售物流中由企业自理、用户自理与第三方物流企业共同承担比例分别为24.1%和59.8%，而由第三方物流企业承担的仅为16.1%；在商业企业中，由企业自理和供货方承担物流活动分别为76.5%和17.6%。这种以自我服务为主的物流活动模式在很大程度上抑制了工商企业对高效率的专业化、社会化物流服务需求的产生和发展。

3. 物流业运作成本高、物流企业经营困难。目前我国物流业由于增值服务少，服务水平也不高，附加值比较低。而经营成本不仅居高不下，且呈不断攀升之势，导致经营困难，竞争环境恶化。据我们对物流重点企业2005年经营情况的统计调查，统计到的212家重点物流企业完成的物流运输业务中，平均货运收入为115元/吨，而平均货运成本由于过路费过桥费高，加上油价大幅上涨等原因，高达117元/吨，每完成一吨运输业务要亏损2元。2006年在运价平均下降5%左右，油价上涨30%左右的情况下，物流企业特别是运输型物流企业经营更趋困难，一些小型企业尤其是个体经营户因此采取超载或一牌多车等非法经营手段，不仅严重影响我国治超工作成效，更造成我国现代物流发展环境恶化，合法经营困难的现象。

四、发展思路与政策建议

要充分认识发展现代物流在转变经济增长方式过程中的关键作用，在考虑和制定经济发展规划和政策时，一定要把现代物流发展作为重点和关键环节纳入规划和政策范围；发展现代物流要从我国各物流相关行业和企业发展的现状和实际情况出发，在现阶段重点要以采购环节为龙头，着力推动一体化物流管理方式的应用与发展，有条件的行业和企业可以逐渐探索和实践供应链管理的方式，切忌贪快求洋；要根据不同行业对物流的不同要求，实现物流发展的精细化和专业化；要充分发挥工业企业和贸易流通物流资源的优势，在推动企业物流外包的同时，充分挖掘企业内部物流发展的潜力；要加快物流技术在物流企业和企业物流发展中的应用，特别要加快提高物流信息化水平，通过物流信息化来提高企业信息化的整体水平；要通过构建有关法律体系，建立企业延伸责任制等措施，逐步形成循环物流体系，推动我国循环经济的发展。

为此，国家仍然要进一步加强对发展现代物流的政策性支持。包括：

1. 加快形成统一的物流业政策体系。国家发改委等九部门《关于促进我国现代物流业发展的意见》出台以来，引起了政府有关部门、地方政府高度重视和物流企业普遍欢迎。贯彻落实九部门文件是一项长期的工作，一方面政府有关部门和地方政府应该制定相应的实施细则，推动政策的落实；另一方面企业也要积极贯彻落实，并提出落实当中出现的新问题。建议在清理完善现有物流业政策的基础上，加快形成符合我国现代物流发展需要和WTO规则的产业政策体系，促进统一开放、公平竞争、规范有序的现代物流市场体系的形成。特别是在工商登记管理、财政税收、交通规费、配送车辆进城、土地管理、货运代理、物流市场规范、快速通关等方面的实施细则，要落在实处。

2. 加快实施统一的总体规划、合理布局。目前，我国许多地方和部门都在制定物流业发展规划。在国家层面，铁路、公路、民航、水运和管道多种运输方式的规划与管理分属不同部门，各自都在搞线路和节点建设规划，缺乏有机联系。各省市根据自身需要做出的物流规划，缺乏有效衔接。所以全国现代物流业“十一五”专项规划应尽快出台，以引导地区、部门和行业规划的合理布局。

3. 促进物流社会化、专业化。通过政策实施，引导工商企业剥离外包物流业务，提高物流活动社会化、专业化水平。鼓励工商企业进行资产重组，整合各种物流资源，成立独立核算、自负盈亏的物流公司，降低物流成本，提高物流运作效率。

4. 建立公平、公正、竞争的市场环境。加快法律体系的建设，建立规范的市场秩序，创造公平、公正的物流企业竞争环境，建立诚信社会，降低交易风险，促进专业化分工的深化。鼓励行业协会规范物流业市场行为，制定物流服务质量标准及行业规范。

5. 鼓励重点物流企业做大做强。物流企业的重组整合期已经到来，鼓励物流企业走整合、兼并的道路，特别是A级物流企业要做大做强，促进物流业结构升级。对国外物流企业进入中国市场要从重数量到重质量，加快中外产业链的融合，改善服务链的品质。

“两会”代表委员为流通业改革建言献策

全国人大代表、商务部部长薄熙来：编织四张“网”推动农村市场建设

商务部部长薄熙来一直都是闪光灯追逐的焦点。在2007年3月12日上午十届全国人大五次会议举行的记者招待会上，薄熙来终于带着他一贯的满面笑容出现在了中外媒体面前。薄熙来表示，国内市场体系的建设是中国经济发展中的一个关键问题，也事关农民增收。农民要增收，不仅要“把地种好，还要把货卖好”，但目前我国农村流通成本高，鲜活产品损耗大，需要引起高度重视。薄熙来还就我国商务工作等回答了中外记者的提问。

就商务部将如何推动农村市场建设的问题，薄熙来介绍了当前和今后要做好的四件事：一是建设和农民息息相关的消费品流通网络。据介绍，商务部已经启动的“万村千乡”市场工程，2007年将达到25万家农家店，覆盖全国75%的县。通过这个工程，2006年扩大了农民消费600亿元，2007年预计可达850亿元。二是建设农产品流通网络。进一步推进“双百”市场工程，培育100家大型农产品批发市场，支持100家大型农产品流通企业，同时带动地方，使2000家大型农产品批发市场实现标准化、现代化。三是构建农资连锁经营网络。四是构建农村商务信息服务网络。包括创办免费发放至全国62万个行政村的《新农村商报》和正在不断完善的“新农村商网”。通过“商务天气预报”，商务系统已将关系城乡民生的各种商品价格等信息及时向社会发布。尤其是互联网已经成为帮助农民销售产品的一条便捷而有效的渠道。例如，2006年一些地方西瓜出现卖难时，信息服务帮助瓜农推销了成百上千吨，使农民得到了实惠。

全国政协委员、商务部原副部长张志刚：现代信用体系建设须加快

社会主义市场经济是法制经济，也是信用经济。全国政协委员、商务部原副部长张志刚

在《关于加快推进我国社会信用体系建设》的提案中指出，我国传统信用观念向现代社会信用体系转变，必须突破传统的既定理念和模式，同时要加快社会信用体系建设方面的立法进程。

改革开放以来，在我国经济迅速发展的同时，也出现了商业欺诈、故意逃避银行债务、制售假冒伪劣产品、偷税漏税、走私骗汇、违约拖欠等各种各样的违法违规行为和失信现象。信用缺失和社会信用体系建设的滞后，给国民经济和社会发展造成严重危害，对社会风气带来负面影响。分析其中的原因，张志刚认为：一是立法工作滞后；二是政府掌握的市场监管信息等不能依法公开和共享；三是信用体系建设的基础工作薄弱；四是外资信用服务机构加快进入我国信用服务市场，目前没有任何监管制度；五是信用体系建设缺乏统一规划，部门和地区发展积极性高，但存在很大盲目性。

为此，张志刚表示，一是我国传统信用观念向现代社会信用体系转变，必须得突破诸多传统的既定理念和模式。在传统道德领域加强自律的同时，强调制度建设。建立起一套以道德为支撑、产权为基础、法律为保障的信用制度，强化对各种社会经济行为的外在约束，由单纯强调自律转为自律与他律并重，相互促进。二是突破传统的金融借贷领域，扩大到要素市场、商品市场等所有经济领域和信贷、投资、贸易、消费等各种经济行为，实现广覆盖。突破以往单纯依靠行政或司法监督的机制，更多地运用市场的力量。通过信用信息的依法采集、加工、传播，甚至成为可以买卖的商品，可以有效解决市场主体间信息不对称的矛盾，弥补行政和司法监督的不足，形成对违法违规和失信行为的社会联防机制。

全国政协委员、中国物流与采购联合会会长陆江：现代物流业需要税收政策支持

我国现行的税收政策延续了分业务环节、分区域计征的传统思路，不利于现代物流业这一新兴业态的发展。全国政协委员、中国物流与采购联合会会长陆江《关于促进现代物流业发展的税收政策建议》的提案建议，国家有关部门在物流企业税收试点的基础上，采取更加积极的税收政策，促进现代物流业发展。

陆江提出，从我国经济发展的需要和国际经济竞争的趋势来看，我国现代物流业尚处于初级阶段，发展的差距和潜力仍然很大。物流是个新行业、新产业，特别需要国家相关政策的扶持。目前，业内比较关心的问题主要集中在税收、交通、土地、金融和人才等制度和政策方面。特别是税收制度方面，企业的反应仍然比较强烈。一是没有统一的物流专用发票，不适应物流企业一体化运作、“一票到底”的物流业务发展需要，也不利于实施针对物流企业的专项税收政策。二是各业务环节税率不统一，且某些环节税负过重，特别是作为物流基础性服务的仓储业务，其赢利能力远低于运输业务，但实行高于运输业务的营业税税率。三是物流外包已成为物流发展的趋势，但交易次数越多纳税越多，不利于企业分离外包物流业务。四是物流企业自开票纳税资格的认定要求必须自备运输工具，不利于社会资源的整合。五是网络型物流企业统一缴纳所得税，还有许多条件限制，不利于物流企业网络化经营。

网络化经营、一体化服务是物流企业基本的运作方式和优势所在，而我国的税收政策延续了分业务环节、分区域计征的传统思路，不

利于现代物流业这一新兴业态的发展。因此，陆江提出，从长远看，有关部门应逐步创造条件，将物流业务营业税改变为增值税。

全国人大代表、波司登股份有限公司董事长高德康：构建和谐消费环境企业责无旁贷

“企业是构建和谐消费环境的关键力量。在可持续发展中实现各方面的平衡并非易事。经济繁荣、环境质量和社会公平这三个目标经常会相互冲突。而作为强调社会责任的企业，协调这三个目标的均衡发展是一个长期的课题。”采访十届全国人大代表、波司登股份有限公司董事长高德康，他最感兴趣的就是企业在社会和谐特别是构建和谐消费环境中的责任的话题。

实现消费和谐，是构建社会主义和谐社会这一宏大工程的重要组成部分。高德康认为，经营者的行为诚信公平，提供的产品安全可靠，人们才能充分享受到消费带来的乐趣和利益；反之则会给消费者带来不同程度的伤害和损失，增加消费者和经营者产生纠纷与冲突的可能性，对消费产品和服务的提供者来说，也意味着有了更高的要求和更多的责任。

高德康认为，企业对消费者负责首先必须把好商品质量关。经济责任是企业最基本的社会责任，尤其是对它的消费者，企业的产品质量、性能、功能、服务等一切是消费者需要的，为消费者创造利益，这是企业最基本的、最起码的责任。

三十八位政协委员联名提案指出：还民营石油流通企业生存空间

在第十届五次全国政协会议上，任玉岭等38位全国政协委员联名提出了《关于解救石油流通领域民营企业生存危机的建议》的提案指出，应在石油流通领域认真贯彻《国务院关于鼓励支持和引导个体私营等非公有制经济发展的若干意见》（“36条”），进一步引入市场竞争机制，打破垄断格局，要在承认并尊重历史的基础上，进一步放宽政策，解决民营石油流通企业的生存困境，还其一个正常的生存空间。

该提案指出，至1998年，民营企业在石油流通领域占到了85%，每年上缴利润高达1000多亿元。但是，1998年石油体制大调整后，原油和炼油厂全部控制在两大石油集团手中。这几年来，两大集团自身建起了一大批成品油批发公司和加油站，也高价收购了一批民营加油站。在其有了“亲生儿子”后，民营成品油批发公司和加油站便被边缘化，在成品油批给谁、售什么样的价，全由两大集团说了算的情况下，民营流通企业的生存环境每况愈下。

石油产品作为国家战略物质，加强管理和控制是非常必要的。但完全由两大集团公司垄断经营是不利于油品供应的，既不符合市场经

济的游戏规则，也有违国家支持民营经济发展的政策精神。为此该提案建议，尊重历史，打破垄断，放宽政策，还民营石油流通企业生存的空间。

全国政协委员、上海百事可乐公司总经理陈秋芳：故意混淆商品属性者应重罚

把人造丝面料说成“真丝面料”，把毛黏衬衫说成“羊毛衬衫”，把皮革制品都标为“真皮”，把黄酒都叫成“三年陈”、“五年陈”……全国政协委员、上海百事可乐公司总经理陈秋芳说，这种混淆商品属性进行商业欺诈牟取暴利的行为，目前在商业领域比比皆是，泛滥成灾，严重损害了消费者的利益。陈秋芳呼吁，对故意混淆商品属性的商业欺诈者必须课以重罚，没收其非法所得。

陈秋芳建议，应由中国商业联合会牵头，组织各行业专家参加，成立商品属性名称国家标准起草小组，尽快制定商品属性名称国家标准。根据目前商品流通情况以及已经发布的行业标准，分门别类编写商品属性名称及其定义。

陈秋芳认为，商品属性名称国家标准应该是强制性国家标准，出台后厂商就应在商品标签、标牌上标明规范的商品属性，而以某种原料命名的产品还必须在包装标签、标牌上注明含量。对故意混淆商品属性进行商业欺诈的，有关部门应出台法规进行重罚，没收其非法所得，并在媒体上曝光。

全国人大代表、江苏梦兰集团董事长钱月宝：品质是产品品牌的定论

品牌是企业的命脉，是竞争的灵魂，能否培育企业自己的强势品牌，是企业素质和综合实力的集中体现。全国人大代表、江苏梦兰集团董事长钱月宝认为，品牌要被消费者认知、认可，关键在于产品品质，品质是产品品牌的定论。

钱月宝认为，完美品质源自真诚创造，产品品质的支撑是技术，实践证明，只有以高科技产品占领市场高端才能领跑消费前沿。近几年来，梦兰以采用体现世界先进水平的新设备、新技术、新工艺、新面料、新产品设计为切入点，不断增加技术改造和产品研发的有效投入，进一步提升产业和产品层次，先后自主研发了列入国家重点新产品发展计划的粒状棉保健室内装饰用品和列入江苏省科技攻关项目的纯天然丝竹纱家用纺织品，并与美国杜邦公司合作，应用最新纳米超细纤维多层技术开发生产新一代床上用品。

钱月宝说，为扩大国内品牌的市场，梦兰一方面加快拓展与跨国公司的深度合作，在沃尔玛、Target（塔捷特）等国际著名连锁市场打出中国人自己的品牌；另一方面加快推进国内市场网络终端建设，通过在北京、上海和各省会城市的大型商场增设店中店，在中小城市增开专卖店，扩大市场覆盖，提高市场占有率，进一步增强主体产业的创新能力、扩张能力、赢利能力和应变能力。

全国人大代表、北京王府井百货集团股份有限公司总经理刘冰：尽快细化新所得税法

新的企业所得税法草案的审议，无疑成为本次“两会”上继物权法后的又一焦点。全国人大代表、北京王府井百货集团股份有限公司总经理刘冰希望相关部门能够尽快完善并细化企业所得税法相关的政策，协调各方利益。

据刘冰介绍，2006年王府井百货实现的纯利润为3.17亿元，而缴纳的各种税费就达到了4.1亿元。其中企业所得税1.3亿元，占利润所得的13.2%。再加上内资企业实行计税工资，企业的税费超过了利润的65%。这与国际水平相比还是比较重的。

刘冰表示，新的企业所得税法草案，将内资企业的税率降低至25%，这将为各类企业创造公平竞争的税收环境。但刘冰同时也认为，所得税法草案的第50条规定，对在中国境内设立不具有法人资格营业机构的居民企业，应当汇总计算、缴纳企业所得税。虽对于连锁企业非常重要，但在实际操作中，有很大难度。

此外，刘冰表示，企业也会“不敢”设立分支机构。“如果设立了，最终会被要求在当地注册法人，否则企业在当地的生存环境就要受到很大挑战，正常的经营秩序就会被打乱。”王府井百货目前在全国设立的商场都是100%股权的法人公司，这就进一步加大了企业的税赋。刘冰希望相关部门能够尽快完善并细化相关的政策，协调各方的利益。

全国政协委员、东方集团董事长张宏伟：拓宽流通信息统计渠道

为了更详细地掌握各类产业、产品和企业生产经营状况的真实信息，完善国家统计管理和宏观经济调控，全国政协委员、东方集团董事长张宏伟在本次大会上提交了《关于发挥行业商会协会作用完善行业经济统计渠道与制度》的提案，建议统计局应积极与拥有较大行业影响力的商会、协会等组织合作，拓宽流通信息统计渠道。

随着新兴产业不断涌现，传统产业越来越细化，各类产业的生产、流通和服务企业数量不断增加，特别是民营企业、中小型企业急剧膨胀。如何掌握这些产业、产品和企业生产经营状况的真实信息，是当前国家统计管理和宏观经济调控面临的重要问题。张宏伟介绍，由于缺乏较为完整的行业统计，国家很难掌握整个行业流通的发展现状，这不利于行业经济的政策制定、指导和监管。

因此，张宏伟建议，国家统计局除授权各大行业协会建立相关统计渠道外，应积极寻找具有丰富网络资源优势和较大行业影响力的商会、协会等行业经济组织进行合作，以推动有关行业经济统计工作的开展。

全国政协委员、中国科学院院士牛文元：建立产业损害预警系统

我国加入世界贸易组织后，对保护我国产业经济安全提出了新的挑战。全国政协委员、中国科学院院士牛文元认为，建立一个高层次、高效率、高灵敏度、有中国特色的产业损害预警系统，使产业损害的影响解决在萌芽阶段，已成为我国产业发展的当务之急。

调查显示，近几年来，我国利用反倾销手段保护国内产业安全虽然取得了一定的成效，但是，从我国企业已提起的反倾销案件来看，往往都是在企业到了破产边缘、“病入膏肓”了才起诉。在反补贴上也是屡遭刁难。因此，牛文元建议，一定要建立高效、灵敏的产业损害预警系统。

牛文元表示，积极建立产业损害预警系统的提案不是他一个人的功劳，而是凝结了整个“致公组”的心血，因此在本届大会上的这份提案是以“致公组”的名义提交的。

牛文元说，建立产业损害预警系统总的目的是根据我国产业结构特点，跟踪重点产业和企业的生产经营变化情况，在进口产品对相关产业造成损害以及出口产品有可能被国外反倾销时，及时为企业提供反倾销、反补贴、保障措施的法律支持和其他相关指导及服务。

当然，产业损害保护也是一项全新的工作，工作条件与实际要求还有较大的差距，因此，建立和完善反倾销、反补贴、保障措施工作体系，形成产业损害保护工作合力，是建立产业损害预警系统、完成产业损害预警预报工作的重要保证。首先，建立产业损害预警工作联络员网络，逐步形成产业损害预警工作的骨干队伍。其次，还要建立反倾销、反补贴、保障措施培训制度。另外，要建立产业损害预警计算机网络系统。

全国人大代表、格力电器副董事长兼总裁董明珠：要向自主创新品牌倾斜

“目前在各个政府相关部门集中采购招投标中央空调的过程中，即便中央空调民族品牌的价格比国外品牌低三分之一，这些单位的集中采购仍然倾向于国外品牌。政府采购与普通商业消费采购不同，必须强调执行公共政策的职能，而不是完全的经济效益的职能”。全国人大代表、格力电器副董事长兼总裁董明珠提交的议案呼吁，各级政府应摈弃“贪大求洋”的思想，严格贯彻落实国家的法律法规，在集中采购时向拥有自主知识产权、自主创新的民族品牌倾斜，以支持民族品牌的发展。

自主创新是制定“十一五”规划的着力点，如何在更加开放的环境中支持具有自主知识产权的民族企业，使民族企业做大做强，这一关系着国家经济的关键性因素已被政府提到

了战略高度。董明珠认为，政府采购的核心是性价比，而不应是以国产还是欧美、日本等洋品牌作为衡量标准。

对此，董明珠代表提出了自己的建议：加快和完善相关立法，尽快出台有关政策扶持自主创新的民族品牌；制定具体的、可执行并可监督的措施，防止政策在执行过程中走样，如何将设备等固定资产投资的国产化率作为一项考核指标；政策的倾斜要针对自主创新品牌，目前有些企业号称自主品牌，实际是买国外的产品，贴自己的牌，还是在为洋品牌打工，应该严格规范自主创新产品目录。

（摘自2007年3月16日《中国商报》）

全国“两会”代表、委员的一个重要话题——加快现代物流业发展

国家“十一五”规划纲要（草案）提出了大力发展现代物流业。在2006年的全国“两会”上，如何发展现代物流业，也成了代表和委员们的重要话题。

全国人大代表、交通部部长李盛霖，到陕西代表团听取代表的意见和建议时指出，发展交通事业，需要各级党委政府的大力支持，交通部将一如既往地支持陕西交通的发展。

李盛霖表示，陕西作为西部大开发的重点地区，尽管这些年交通事业的发展有了很大的进展，但是从整体上看，陕西交通发展的任务还很重。目前，陕西公路通车总里程5.43万多公里，其中二级以上的公路占13%，低于全国平均水平，公路密度为13.4公里/百平方公里，也低于全国平均水平。按照中央建设社会主义新农村的要求，目前陕西还有7%的建制村没有通公路，乡镇通沥青（水泥）路率也只有71.5%。陕西的重点公路和农村公路建设任务还很艰巨，离不开各级党委政府的支持，离不开社会各界的支持，离不开人民群众的支持和参与。

李盛霖指出，建设社会主义新农村是党中央、国务院的重要战略部署，农村公路是重要的基础设施。今后五年，交通部将与陕西省委、省政府密切合作，确定的目标既要积极，也要量力而行，加大投融资力度，多渠道地筹集资金，发展陕西交通事业，为陕西经济社会的发展作出新的贡献。

李盛霖说，“十一五”期间，交通部将进一步完善公路网络，基本形成国家高速公路网骨架。公路里程达到230万公里，其中高速公路6.5万公里，积极发展水路运输。完善沿海港口布局，重点建设集装箱、煤炭、进口油气和铁矿石中转运输系统，扩大港口吞吐能力；建设大连、唐山、天津、青岛、上海、宁波、舟山、福州、厦门、深圳、广州、湛江及防城等沿海港口的煤炭、进口油气、进口铁矿石中转运输系统和集装箱运输系统；建设长江口深水航道治理三期工程，珠江口出海航道工程，长江水系、珠江水系和京杭运河航道整治工程。

全国人大代表、营口港务集团有限公司总裁高宝玉说，为进一步加快东北老工业基地振兴的步伐，应尽快完善港口功能，积极拓展港口的业务范围。东北地区在环渤海地带拥有包括大连、营口、锦州等众多港口，加快建设这些港口群，不仅是东北地区扩大改革开放、发展外向型经济的需要，同时可以对整个东北地

区内陆经济的发展提供强有力的支撑。国家相关部门还应采取措施，积极拓展港口的业务范围，充分发挥其内在潜力，并在一些政策上给予倾斜。

全国政协委员、宁夏回族自治区政协原副主席周振中说，各地收费公路对车辆通行收费标准几乎没有进行过公开听证，而收费还贷不透明，收费标准测算不合理，大部分收费站还贷率低，收费公路投资管理体制不科学，导致现在公路收费纠纷不断。针对这些问题，公路收费应强制执行公开听证。

价格法从 1998 年 5 月 1 日开始实施，实际上在国务院收费公路管理条例正式颁布，并明确规定车辆通行费的收费标准必须依法进行公开听证前，全国各地对收费公路车辆通行费收费标准进行公开听证的几乎没有；价格法颁布后，也非常少。

全国政协委员、广州梦都美织物有限公司董事长李成日说，交通标志指示混乱是目前我国高速公路的普遍现象，标志牌不仅不明显、不醒目，而且还不规范，往往造成不必要的麻烦和损失，严重的还造成车毁人亡。国家应该设立统一的标准来规范公路、特别是高速公路的标志牌。在原有的国家道路交通标志标准的基础上，制定专门的高速公路道路标志标准，对常见的和必需的标志进行规范统一。

对于非必需的辅助性标牌，在不影响国家标准的前提下，设定框架性标准，对标牌内容、大小、使用范围、路段分布等进行限定。高速公路标志牌还应标注中、英文两种文字，以做到规范化、国际化。高速公路出入口指示标志应该突出地名方向信息。因地名变更、路名变更引起标志牌变更的，应及时申报更换。主管部门应随时进行稽查监督。各地高速公路公司还要按照一定的比例拿出资金，对高速公路进行维护和标志牌的保养与更新，使高速公路成为真正快捷的陆上通道。

全国人大代表、重庆市发改委主任于学信说，尽快建设安康—常德铁路线。这条线从陕西安康出发，途经重庆城口大巴山、湖北恩施和湖南张家界、常德。如果铁路顺利建成开通，势必带动沿线革命老区、三峡库区腹地的发展。

全国政协委员、民生集团董事长王翔说，全国铁路在第五次提速时，推出了“点到点”直达特快旅客列车，又称一站直达式特快列车，在北京与上海、杭州等多个城市间开行。直达特快列车现在的问题是由于中途一站不停，旅客减少，不少直达特快列车处于“半饱”状态，有的甚至只有 30% 的乘员，这对紧张的铁路运输资源来讲是个浪费。王翔委员指出，直达特快列车的推出，是为了确保其直达、特快，其他不少列车要为它让行，晚点、误点的情况时有发生。建议调整减少直达特快列车。

（摘自 2006 年 3 月 20 日《现代物流报》）

2006“两会”委员话航运

全国人大代表、青岛港集团有限公司总裁常德传在“两会”上提出了《对中国主要港口发展集装箱国际大中转给予政策支持》的建议。他首先分析了几点制约我国港口发展集装箱大中转的主要因素：一是受航运政策限制；二是他国的优惠政策争夺了中国港口的货源；三是税收政策的制约；四是我国主要沿海港口没有保税港区功能，开展国际中转业务手续繁杂，受限较多，难度较大。为此，常德传建议：一要调整《中华人民共和国国际海运条例》第28条有关规定，允许外国国际船舶运输经营者在中国港口之间开展“自船自带”（允许外国船公司用自己的船载运自己揽取的货物）业务，实现我国港口开展国际大中转。二要加快在中国沿海主要港口设立保税港区，为发展国际集装箱中转创造条件。三要改变目前出口退税的时间，使外贸内支线货物的出口退税以始发港装船为界，而不以中转港装船为界，鼓励外贸企业使用国内港口中转，以推动中国港口国际集装箱大中转实现更大的发展。

全国人大代表、厦门市公交总公司书记巫秀美认为，厦门是国家目前已批准设立的15个保税区之一，也是内地试点“区港联动”港口之一。将范围较小的保税区向范围较大的自由贸易区转变，实现保税区与港口联动，最终向自由港过渡，这是国际通行的做法。此外，厦门港处于2010年前后将建立实施的“中国—东盟自由贸易区”的重要位置，在这里先行一步，可为国家做好准备，取得经验。

全国人大代表、江西省交通厅厅长蒲日新在接受记者采访时颇有感慨地说：“江西省发展内河水运大有可为！”对于“十一五”期间江西省如何发展水运的问题，蒲日新明确表示，“十一五”江西省对内河建设的投入要进一步加大，预计超过40亿元，远远超过“十五”的约8亿元。力争在2020年恢复江西省全国内河水运路桥大省的地位。更深远的目标是让水路运输为全省经济发展服务，为服务经济实现协调可持续发展服务。

全国政协委员、港湾建设集团高级工程师杨尊伟在接受记者采访时，针对京杭运河复航问题侃侃而谈：“环渤海湾的沿海港口发展十分迅速，货运量不断攀升，可陆路运输还十分单调，铁路和公路运输已趋饱和，有人提出再建一条高速公路来缓解运输紧张局面，我认为此策应再斟酌，因为从建设节约型社会的要求来说，实现公路、铁路、水路运输的优势互补，充分发挥交通综合运输效能是解决环渤海交通运输紧张的良策。因此，建议结合南水北调东线工程，实现京杭运河（济宁—天津—北京段）的复航。”

全国政协委员、原交通部海事局副局长刘

德洪在谈到发展红河航运时说，当前红河正迎来良好的发展机遇期。刘德洪建议：①在交通部及有关部门的指导和支持下，加强与越南方面的沟通，共商红河航运规划，开展航道技术考察，召集中越专家论证，尽快将开发红河航运列入国际合作项目，积极争取亚行的支持。②在云南的河口县北山建一个码头，并疏通河口至蔓耗的红河航道。③促进开通河口至越南越池这一段的越南内河，由于越池以下红河航道已经通航，因此只要这两段河道疏通通航，红河从个旧、蔓耗到越南海防港就可全线贯通。④重新定位水上安全管理机构，红河是一条国际河流，可建立一支代表国家机关行使权力的红河海事管理机构。

全国政协委员、辽宁工学院教授刘志林代表锦州市政协提出了《整体发展锦州湾，促进环渤海经济圈更快地发展》的建议：①建立适应整体开发锦州湾的行政体制。建议国家对锦州湾地区城市群的行政区划进行调整，以解除当前锦州湾整体开发中的体制性障碍。②整合锦州湾的港口资源。锦州湾区域内锦州、葫芦岛、盘锦三市均有港口，海上距离10海里左右。三市港口布局分散，功能趋同，难以形成规模优势，因此，建议国家有关部委协助辽宁省政府整合锦州湾的港口资源，打破行政区划，加快锦州湾和葫芦岛港等港口的统筹发展步伐，一体化建设，一体化发展，使锦州港尽快成为亿吨大港，成为锦州湾区域经济的凝聚点和中心点。③搞好高（桥）天（桥）铁路的扩能改造。④多向锦州开发区引入大项目：依托东北输油管道在锦州开发区通过以及锦州港25万吨油码头的建成投产和锦州、葫芦岛、盘锦三市具有大型石化加工企业的优势，加之锦州开发区海岸山体利于储油的良好地质条件，建议国家把石油储备基地建在锦州开发区；支持锦州在锦州港西海国际工业园区建设80万吨乙烯项目；支持锦州在开发区西海国际工业园区建设400万~10000万吨钢铁项目。

全国现代物流部际联席会议文件选录

2006 年全国现代物流发展及联席会议工作情况通报

一、2006 年我国现代物流业实现了较好较快发展

2006 年，是我国实施“十一五”规划并实现良好开局的一年，也是中国物流业稳定快速发展的一年。国家发展改革委、国家统计局和中国物流与采购联合会联合发布的统计数据显示，2006 年，我国社会物流总额达 59.6 万亿元，同比增长 24%；物流业增加值同比增长 12.5%，占服务业全部增加值的比重为 17.1%，比上年提高 0.5 个百分点；社会物流总费用与 GDP 的比率由 2005 年的 18.5% 下降为 18.3%，比上年下降 0.2 个百分点。现代物流在增长方式和发展内涵上显示出一些新的特点。

第一，物流业固定资产投资继续保持较快增长，基础条件进一步改善，可持续发展能力得到增强。2006 年，物流业固定资产投资额为 12169 亿元，同比增长 23.4%，继续保持较快增长，且投资结构更趋合理。据统计，2006 年全国新建铁路投产里程 1609 公里；新建和改建公路里程 34 万公里，其中，高速公路 4460 公里；港口万吨级码头泊位新增吞吐能力 4.9 亿吨。一批物流园区、物流基地相继进行了规划和建设，上海、大连和天津三大航运中心积极推进了物流设施的建设。产业领域物流基础设施发展迅速，钢铁、化工、汽车等专业物流呈现快速发展的局面。

第二，物流市场进一步扩大，竞争更加激烈。根据 WTO 的承诺，我国物流市场已全面开放。外资物流企业在中国市场高速扩张，马士基、总统轮船、联邦快递、荷兰天地、敦豪等外资企业借助其实力和管理优势，减少与国有物流企业结盟，转而采取独资、并购等形式加快业务整合和规模扩张。为了应对激烈的市场竞争，我国国有物流企业纷纷寻求战略突破，中远、中外运等有实力的大型企业走出国门，向国际市场进军。我国物流市场国际化的趋势进一步显现。

第三，物流企业快速成长。从部际联席会议办公室今年年初召开的重点联系企业座谈会反映的情况来看，各类物流企业重组转型、整合并购、战略联盟，加速做强做大，参会重点物流企业主营业务规模 2006 年平均增幅在 20% 左右。据统计，2006 年前 50 名物流企业中，营业收入超过 100 亿元的有 4 家，超过 50 亿元的有 8 家，超过 10 亿元的有 34 家，排名

第50位的为3.5亿元，比2005年的第50位增加了1亿元。

第四，增值服务、业务创新成为物流企业新的利润增长点。2006年，由于石油价格上涨、人力成本升高和在设施、设备、技术方面投入增加，物流企业的运营成本大幅提高。同时，行业竞争加剧，物流服务收费普遍降低，运输和仓储等基础性服务已进入“微利时代”。物流企业平均利润率进一步降低，企业效益的提升越来越依赖于业务模式和赢利模式的创新。增值服务、业务创新成为企业竞争的新领域和新的利润增长点。

第五，企业物流分离外包速度加快，产业融合与联动趋势更加明显。随着物流业发展，企业物流观念逐步由“小而全、大而全”向“主辅分离、服务外包”转变。据对重点制造企业的调查，2006年，销售物流外包以5%～10%速度增长，运输与仓储外包以10%～15%速度增长，运输业务委托第三方已占企业运输业务的67.1%。企业物流外包由简单的运输、仓储业务环节向增值服务和一体化物流模式延伸。物流企业为制造企业提供一体化的供应链服务，参与了制造企业生产、供应和销售物流的全过程。制造业和物流业融合，二产与三产互相联动、融合发展已成为物流发展的新趋势。

第六，物流业发展的政策环境进一步改善。一年来，部际联席会议各成员单位深入开展调查研究，制定与物流相关的专项规划，扩大物流市场准入范围，实行有利于物流企业的税收改革，改善通关环境，促进综合物流体系建设，加强和改进物流市场监管。物流标准、统计核算和人才培养等基础工作稳步推进。各地政府普遍建立了现代物流工作综合协调机制，出台有利于物流业发展的政策、规划，推进了本地区物流产业的发展。

但是，我们也要清醒地看到，我国物流业发展仍然处于初级阶段，粗放式经营的格局尚未从根本上改变。社会化物流的有效需求不足，物流供应能力和服务水平还不适应市场的需要；地区之间、行业之间物流发展不平衡的问题依然存在；市场体系建设不完善，地方保护和不正当竞争在物流领域尤为突出；已经出台的政策措施需要进一步落实，从长远来看，物流业的发展还缺乏完善的产业政策体系支撑。

二、联席会议各成员单位做了大量卓有成效的工作

一年来，根据第二次部际联席会议的部署，各成员单位结合自身工作职能，加强合作，密切配合，做了大量工作。

一是制定与物流相关的专项规划。配合国家“十一五”规划《纲要》的实施，各部门先后制定与物流相关的专项规划。国家发展改革委、交通部联合编制并经国务院批准发布了《全国沿海港口布局规划》。铁道部结合《中长期铁路网规划》和《铁路“十一五”规划》，制定了《关于促进铁路现代物流发展的指导意见》。民航总局出台《中国民用航空发展第十一个五年规划》。国家发展改革委组织有关单位编制的《综合交通网中长期发展规划》，已进入审定阶段；《现代物流业“十一五”发展规划》已完成初稿。

二是出台了扩大物流市场准入的有关政策。商务部下发《关于进一步做好物流领域吸引外资工作的通知》，放宽了外商投资物流企业的市场准入标准。交通部2006年共审核、批准了228个外商投资道路运输业申请项目。民航总局继续落实《关于加快发展国内航空货运若干政策措施的意见》，进一步放宽民用航空销售代理市场准入，允许符合香港（澳门）服务提供者的港（澳）独资企业在内地设立航空运输销售代理企业。铁道部进一步落实《关于鼓励支持和引导非公有制经济参与铁路建设

经营的实施意见》，铁路建设、运输经营及运输装备制造等领域向国内非公有资本开放，吸引国内外战略投资者参与建设现代物流中心。工商总局正在会同有关部门研究“物流”企业的代码和标准。

三是继续开展物流企业营业税差额纳税试点工作。在第一批试点的基础上，国家税务总局下发《关于试点物流企业名单（第二批）的通知》，对国家发改委和国家税务总局联合确认的第二批158家物流企业纳入试点范围。商务部、交通部、铁道部、民航总局和中国物流与采购联合会等成员单位做了大量的前期工作。2006年3月，国家税务总局发出《关于物流企业缴纳企业所得税问题的通知》，允许符合一定条件的物流企业，在同一省、自治区、直辖市范围内设立的跨区域机构，其企业所得税由总部统一缴纳。

四是稳步推进行业基础性工作。2006年，国家发改委在完善物流统计核算试行制度的基础上，建立了正式的统计核算制度。国家发展改革委、国家统计局和中国物流与采购联合会联合召开了全国物流统计工作会议，对各省市如何开展物流统计工作进行了部署。国家标准委组织全国物流标准化技术委员会，按照规划完成了《物流术语》、《企业物流成本构成与计算》、《联运通用平托盘主要尺寸及公差》、《物流中心作业通用规范》等国家标准的制修订项目。中国物流与采购联合会制定了8项物流行业标准，已经国家发展改革委发布实施。

五是深入开展调查研究。根据联席会议的部署，有关成员单位对物流发展中的热点、难点问题进行专项调研。国家发展改革委、中国物流与采购联合会完成了两个课题的研究。《全国物流园区发展调查报告》，基本上摸清了我国物流园区发展的现状和问题；《外资进入中国物流业的影响及其政策建议》，在分析问题的基础上，提出了相关的政策建议。财政部和中国物流与采购联合会进行了农村流通体系财税政策的调研，对农村物流体系建设的建议已被采纳。信息产业部就《全国性、区域性现代物流公共信息平台建设的方案》组织了调研。交通部进行了甩挂运输的调研，铁道部就铁路物流中心规划和行业信息平台建设进行了研究，交通运输协会就“国家综合交通网中长期发展规划”进行了研究，其他有关单位和部门根据自身工作开展了多项调研。

六是进一步改善口岸物流的通关环境。海关总署从2006年7月起在全国范围内，打破直属海关之间的关区界限，全面实施“属地申报，口岸验放”通关模式。质检总局推广电子监管系统，海关总署推进物流信息监控系统建设，质检总局与海关总署落实关检合作机制，出口通关速度进一步提高。经国务院批准，设立了天津东疆保税港区和大连大窑湾保税港区；同意将苏州工业园区、保税物流中心、直通监管点整合成为具有保税港区功能的综合保税区；批准松江、昆山、宁波、天竺（北京）、烟台、重庆、西安7个出口加工区开展拓展保税功能试点。

七是加强物流市场监管。商务部会同财政部、交通部、税务总局、质检总局等部门开展了清理市场经济活动中地区封锁规定的工作，清理出涉及地方封锁的文件385件。全国工商行政管理机关共查处交通运输投诉案件4456起，查处地方保护和地区封锁等行政性垄断案件15起。交通部继续推进联合治超，在全国规划检测站网络，建立长效机制。同时，强化货运源头管理，规范大型货运企业经营行为。

八是拓展物流领域国际合作。交通部参与建立中日韩海上运输与物流部长级会议机制，加强与日韩海上运输和物流合作。商务部与日韩有关方面合作，出版了《中日韩流通联合报告书》，同缅甸、越南、柬埔寨三国就建立“大湄公河次区域物流合作机制”达成共识。海关总署牵头参加《1975年国际公路运输公约》（TIR公约）的相关工作，已建立研究协调机制；积极研究黑龙江省内贸货物借道俄罗斯远东港口，通达我国东南沿海港口的运输方案。

九是开展了其他有关工作。国家发展改革委、财政部安排专项资金支持物流基础设施建设和物流企业发展。商务部积极引导连锁企业加强内部配送中心的建设和管理，特别是生鲜食品配送中心的建设；配合中部崛起战略，加强中部地区物流体系建设。交通部会同公安部等部门，继续推进农产品“绿色通道”建设。公安部积极推动各地调整货运机动车限制进入区域，为大型物流企业配送车辆提供通行、停靠便利。铁道部采取措施，大力发展集装箱多式联运，加快大型区域性物流中心建设。民航总局引导航空货运枢纽建设。

十是进一步完善部际联席会议协调机制。部际联席会议自第二次会议以来，先后召开了两次办公室会议，通报交流各成员单位的主要工作和部际联席会议第二次会议议定的各项工作进展情况。同时，注意加强部际联席会议办公室建设，建立了重点企业联系制度，保持与各地物流工作牵头部门的沟通联系，基本上形成了纵向联系方便、横向沟通顺畅的工作网络。

一年来，部际联席会议进一步明确了工作思路，基本理顺了协调机制，在推动我国现代物流业发展中发挥了应有作用。但我们也要看到，部际联席会议第二次会议议定的事项，多数完成的比较好，还有一些需要进一步落实。推进现代物流业发展，营造适宜的体制和政策环境，是一项长期的工作，还需要各成员单位继续努力。

（本文系现代物流工作部际联席会议办公室主任、国家发改委经济运行局局长李扬在全国现代物流工作部际联席会议上的讲话）

全国现代物流部际联席会议第二次会议通报

“十五”时期我国现代物流业取得较大进展

全国现代物流工作部际联席会议第二次会议2006年5月11日在北京召开。会议总结了“十五”时期我国现代物流业发展情况。会议认为，“十五”时期，我国现代物流业发展已跨越“起步期”，迈入理性、务实、快速发展的新阶段。

全国现代物流工作部际联席会议召集人、国家发改委副主任欧新黔主持了在北京召开的第二次会议，联席会议办公室主任、国家发改委经济运行局李扬同志通报了“十五”时期我国现代物流业发展情况。

“十五”时期我国现代物流业发展的主要特点是：

第一，现代物流的产业地位得到重视。五年前，现代物流作为一门组织管理技术在我国开始起步，没有明确的产业定位。为适应国际物流发展的趋势，2001年，原国家经贸委等六部门联合印发了《关于加快我国现代物流发展的若干意见》，提出了我国现代物流发展的指导性意见；2002年，全国现代物流发展规划的编制工作正式启动；2003年，国务院领导同志对全国政协提出的《现代物流发展情况的调研报告》作出重要批示，要求国家发展改革委会同商务部等部门“从体制、政策、人才等方面加强研究，提出促进现代物流发展的有效措施”；2004年，经国务院批准，国家发展改革委会同商务部等九部门联合印发了《关于促进我国现代物流业发展的意见》；2005年，经国务院同意，全国现代物流工作部际联席会议制度正式建立，并组织召开了首次全国现代物流工作会议；2006年3月，在全国十届人大四次会议上通过的《国民经济和社会发展第十一个五年规划纲要》中，第四篇“加快发展服务业”里单列一节“大力发展现代物流业”。这在历史上从未有过，标志着现代物流作为产业的地位在国家层面得到确认。

第二，物流经济运行呈快速发展的态势。据国家发改委、国家统计局、中国物流与采购联合会统计，“十五”时期，我国社会物流总额达158.7万亿元，比“九五”时期增长近1.4倍，年均增长23%。扣除价格因素，年均增长15%左右，明显快于“十五”时期GDP增长9.5%的水平。“十五”时期，我国社会物流总费用与GDP比率由2000年的19.4%下降到2005年的18.6%，五年下降了0.8个百分点。2005年物流业增加值超过1.2万亿元，同比增长12.7%，占当年服务业增加值的16.6%。

第三，物流企业和物流市场成长迅速。专业化的物流企业成长、成熟，是“十五”时期物流产业地位得以初步形成的基础。中远、中海、中外运、中邮、中铁、中储等传统大型国有物流企业，都在“十五”期间进行了改制重组，加快向现代物流转型；宝供、南方、大田、宅急送、远成等民营物流企业，“十五”期间发展势头迅猛；联邦快递（FedEx）、联合包裹（UPS）、荷兰天地（TNT）、敦豪（DHL）、总统轮船（APL）、马士基（MAERSK）等外资物流企业，利用我国扩大开放的机会，抢滩中国市场。这些企业在竞争中合作，在改革中成长，促进了专业化、社会化物流的发展，提高了物流供给和服务能力，加快了生产制造和商贸流通企业物流业务分离和外包，促进了物流服务市场的形成和发展。汽车物流、家电物流、医药物流、电子物流、会展物流、连锁零售物流等专业物流市场发展迅速。

第四，物流基础设施和信息化建设进度加快。“十五”期间，我国物流相关行业固定资产投资年均增速达19.7%，比“九五”时期加快4.2个百分点。铁路提速，公路联网，专业化泊位相继建成投产，长距离油气管道开通，车船运力加快向大型化、专业化方向发展，交通运输全面紧张的状况开始缓解。到2005年，全国铁路营业里程达7.5万公里；公路总里程达192万公里，其中高速公路4.1万公里。物流园区（基地、中心）建设在“十五”期间起步，促进了各种物流功能和要素的集成整合。“十五”时期，我国物流信息化取得突出成就。在企业物流信息化不断整合、优化与提升的基础上，行业物流信息平台建设初见成效。“十五”期间，我国现代物流基础设施和信息化建设取得的成就，极大地改善了现代物流运作的基础条件，物流业可持续发展的能力得到增强。

第五，物流行业基础性工作全面铺开。五年前，我国物流规划、标准、统计核算、人才培训等基础性工作几乎一片空白。“十五”期间，这些工作从无到有，全面铺开。全国物流发展规划已完成初稿，正准备征求意见。物流标准化工作，国家标准化管理委员会相继批准成立了跨部门、跨行业的全国物流标准化技术委员会和全国物流信息管理标准化技术委员会；提出了《物流标准体系表》；编制了《全国物流标准2005年—2010年发展规划》，正在组织实施。物流统计核算工作，国家发改委和国家统计局联合制定了我国社会物流统计核算制度，对于全面监测分析现代物流业发展情况、有针对性地制定相关政策提供了重要依据。物流教育和培训工作，全国开设物流专业的本科院校已从2001年的1所发展到2005年底的165所，物流师职业资格等在职培训工作进展较快，物流人才严重短缺的局面有所缓解。

“十五”期间，是我国现代物流业从起步期进入发展期的关键时期，在各个方面都取得了突出的成绩，为“十一五”现代物流发展奠定了坚实的基础，但也面临着许多矛盾和问题。物流服务的组织化水平与经营的集约化程度不高，物流基础设施薄弱，物流的组织和布局不尽合理，物流发展还缺乏统一、协调的产业政策体系支持，等等。这些问题需要我们在“十一五”期间继续采用积极有效的政策措施，充分发挥市场配置资源的基础性作用，加强部门之间的协作配合，共同解决这些矛盾和问题，促进我国现代物流业快速健康协调发展。

2005年，我国物流业在前几年的基础上，有了新的进展。据统计，我国社会物流总额达48.1万亿元，同比增长25.2%，增幅虽比上年有所回落，但仍呈快速增长态势；社会物流费用占GDP的比率由2004年的18.8%降为18.6%，下降0.2个百分点；物流业增加值达1.2万亿元，占同年服务业增加值的16.6%，同比增长12.7%，增幅高于上年，也超过了当年GDP的增幅。特别是一些反映现代物流发展特征和趋势的领域，其收入增长明显快于全国物流总收入平均增速。其中，信息及相关服务收入增长28%；配送收入增长28%；流通加工增长27.2%；包装增长29.9%。2005年，我国物流业发展中的突出特点有：一是外资并购国内物流企业，国有物流企业间的重组，多种所有制企业的整合，各类物流企业重组整合步伐加快；二是物流市场按照行业、地域、产品不断细分，物流企业和市场竞争更加激烈；三是由于石油价格的上涨和在设施、设备、技术上投入的增加，再加上竞争加剧，物流业平均利润水平普遍下降；四是行业物流出现了销售物流向生产物流、供应物流，下游商品向上游原材料物流延伸的趋势；五是物流业基础条件持续改善，物流行业可持续发展能力得到增强。据统计，2005年国内物流相关行业固定资产投资同比增长22.8%，保持了较高的增长速度。

（供稿：中国物流与采购联合会研究室）

2006 年中国物流业发展报告

2006 年，是我国实施“十一五”规划并实现良好开局的一年，也是中国物流业稳定快速发展的一年。以“十一五”规划纲要中单列一节“大力发展现代物流业”为标志，现代物流的产业地位在国家规划层面得以确立。物流业增加值占服务业全部增加值的比重继续提高，社会物流总费用与 GDP 的比率持续下降，我国现代物流业正朝着“又好又快”的方向发展。

随着 2005 年底物流市场进一步开放，中国物流正在成为外商投资的热点领域之一，国内物流市场的竞争更加激烈。石油价格上涨、人力成本升高和在设施、设备、技术方面投入的增加，促使物流企业运营成本大幅提高，平均利润率进一步降低，业务创新和增值服务成为企业竞争的新领域和新的利润增长点。

各类物流企业面对新的竞争压力，重组转型、整合并购、战略联盟、深化服务。我国专业物流企业的集中度和服务能力进一步提高，已经出现了主营业务年收入近千亿元的国有物流企业和超过 50 亿元的民营物流企业。随着物流业发展，企业物流逐步向“主辅分离、服务外包”的方向转变，物流业向制造业渗透，制造业与物流业融合，第二产业与第三产业联动发展的趋势开始显现。

全国现代物流工作部际联席会议各成员单位在规划布局、市场准入、税收改革、交通环境、便捷通关和信息化、标准化等方面做了大量工作。各地政府普遍建立了现代物流工作综合协调推进机制，积极规划物流产业发展，有利于现代物流发展的政策措施相继出台。各地物流行业社团组织先后设立，物流业发展的体制和政策环境进一步改善。

我国物流业发展仍然处于初级阶段，粗放式经营的格局还没有从根本上改变。社会化物流的有效需求不足和适应企业需要的物流供应服务能力不够的问题同时存在；地区之间、行业之间、品种之间物流发展不平衡的问题还比较突出；物流服务市场发育不够，地方封锁和不正当竞争的问题亟待解决；已经出台的政策措施需要进一步落实，一些新的矛盾和问题也需要创造相应的体制和政策环境。

展望 2007 年，我国物流业将会继续保持较好较快的发展势头。企业物流需求进一步聚集和释放，更多地向社会化、专业化的方向转变；物流企业市场定位更加明确，实力更加充实，将继续做强做大；行业物流由生活消费品向生产资料，由销售物流向供应物流和生产物流扩展；以大型枢纽港以及产业集群带动的区域物流发展势头迅猛，物流服务由东部沿海地区向中西部扩散，由经济中心城市向中小城镇延伸；物流设施设备的集约化、信息化水平和流程整合的程度进一步提高；现代物流业受到更加广泛的重视与支持，发展的环境将更加宽松；随着经济结构调整、增长方式转变步伐加快，经济又好又快发展，对物流服务的要求也会越来越高，各类物流企业面临着新的机遇和挑战。

一、2006 年中国物流业发展的环境

2006 年，中国物流业发展的体制政策环境、经济发展环境、市场竞争环境、技术与装备环境和社会舆论环境出现了一些新的特点。

（一）中国物流业发展的体制政策环境

1. 物流业的产业地位在国家规划层面得以确立

2006 年 3 月，十届全国人大四次会议通过的《国民经济和社会发展第十一个五年规划纲要》，在第四篇"加快发展服务业"，第十六章"拓展生产性服务业"里面，单列一节"大力发展现代物流业"。规划纲要指出："推广现代物流管理技术，促进企业内部物流社会化，实现企业物资采购、生产组织、产品销售和再生资源回收的系列化运作。培育专业化物流企业，积极发展第三方物流。建立物流标准化体系，加强物流新技术开发利用，推进物流信息化。加强物流基础设施整合，建设大型物流枢纽，发展区域性物流中心。"规划纲要不仅明确了"十一五"时期物流业发展的战略目标与重点任务，而且表明物流业属于生产性服务业，其产业地位第一次在国家规划层面得以确立，对中国物流业发展具有里程碑式的意义。

2. 与物流相关的专项规划相继出台

一是部门规划。配合国家"十一五"规划，各部门先后制定与物流相关的专项规划。交通部编制并经国务院批准发布了《全国沿海港口布局规划》；交通部印发《公路水路交通"十一五"发展规划》。铁道部结合《中长期铁路网规划》和《铁路"十一五"规划》，制定了《关于促进铁路现代物流发展的指导意见》。民航总局出台《中国民用航空发展第十一个五年规划》。商务部发布了《农村市场体系建设"十一五"规划》。国家发改委组织有关部门编制的《综合交通网中长期发展规划》，已进入审定阶段；《现代物流业"十一五"发展规划》已完成初稿。

二是区域规划。区域物流统筹发展，是"十一五"物流相关专项规划的一大特点。如交通部制定的《我国与东盟国家公路水路交通合作规划纲要》、《环渤海地区现代化公路水路交通基础设施规划纲要》、《天津北方国际航运中心交通基础设施发展规划指导意见》、《海峡西岸公路水路交通基础设施发展规划指导意见》，交通部与沿江七省二市共同签署的《"十一五"时期长江黄金水道建设总体推进方案》，闽粤赣三省的 13 个城市统一制定的《闽粤赣十三市物流发展总体规划》等。

三是地方规划。2006 年，也是地方物流发展的"规划年"。东部沿海地区在上一轮规划的基础上，提出了新的发展目标。如浙江省出台《国际物流中心布局规划》，深圳市制定了《深圳市现代物流业"十一五"发展规划》。东北地区和中西部省份及许多经济中心城市物流发展规划开始制定。如《东北地区现代物流业发展规划》在国家有关部门指导下编制完成，河北、河南、湖北、陕西、青海、广西等省区，以及广州、杭州、济南等城市都制定了自己的物流规划。

3. 传统垄断性行业体制改革取得突破

一是邮政体制改革。2006 年，原国家邮政局实行政企分开，重新组建新的国家邮政局和中国邮政集团公司。重组后的国家邮政局是信息产业部管理的国家邮政监管机构，行使政府对邮政监督管理的职能，而原来的有关企业职能，则剥离给了新组建的中国邮政集团公司。中国邮政集团公司业务包括普遍服务业务、竞

争性业务（包括快递和物流业务）和邮政储蓄业务等。此举意味着邮政系统维系多年的“政企合一”体制被打破，“政企分开、监管独立”的新型框架已具雏形。

二是铁路体制改革。2005 年 8 月，铁道部下发《关于鼓励支持和引导非公有制经济参与铁路建设经营的实施意见》，允许国内非公有资本进入铁路建设、运输经营及运输装备制造等领域。2006 年出台的《铁路“十一五”规划》也提出了积极稳妥推进铁路改革，包括推进铁路投融资体制改革、铁路股份制改革和运输管理体制改革等。引导传统铁路运输和铁路运输服务企业向现代物流企业的转变，中铁行包快递有限责任公司和中铁快运有限责任公司合并重组。中铁集装箱、中铁特货、中铁快运三个专业运输公司加快市场化改革进程，完善物流服务功能。吸引大连港、中集集团、香港汉彩投资公司、香港新创建服务管理公司、德国铁路股份公司、以星综合航运有限公司、亚德里亚海航运有限公司组建了物流中心合资公司。

三是民航体制改革。国家民航总局继 2005 年出台《国内投资民用航空业规定（试行）》，允许各种所有制投资民用航空业以后，自 2006 年 3 月 20 日起，正式施行《中国民用航空国内航线航班经营许可规定》。进一步放宽了对航线经营许可的管理，航空公司办理经营许可的程序也得到简化，民航主管当局和航空运输企业的相互关系发生了实质性变化，向着政企分开的市场化方向继续前进。落实《关于加快发展国内航空货运若干政策措施的意见》，进一步放宽民用航空销售代理市场准入，允许符合香港（澳门）服务提供者的港（澳）独资企业在内地设立航空运输销售代理企业。

4. 鼓励物流业开放发展的政策继续深化

一是进一步扩大物流市场开放和准入范围。4 月 20 日，商务部发布（商资函［2006］38 号）《关于进一步做好物流领域吸引外资工作的通知》，外商投资物流企业不再受注册资本和股权比例限制，物流市场进一步扩大开放。交通部 2006 年共审核、批准了 228 个外商投资道路运输业申请项目。工商总局继续做好物流企业及其分支机构登记注册工作，准许开办企业在注册名称上使用“物流”字样，积极会同有关部门研究“物流”企业的代码和标准。

二是实行有利于物流企业的税收政策。根据国税发［2005］208 号《国家税务总局关于试点物流企业有关税收政策问题的通知》，从 2006 年 1 月 1 日起，首批经国家发改委和国家税务总局联合确认的 37 家物流企业及所属企业，开始营业税差额纳税试点工作。根据国税函［2007］146 号《国家税务总局关于下发试点物流企业名单（第二批）的通知》，自 2007 年 1 月 1 日起，又有 158 家物流企业纳入试点范围。2006 年 3 月 18 日，国家税务总局发布国税函［2006］270 号《国家税务总局关于物流企业缴纳企业所得税问题的通知》，允许符合条件的物流企业，在同一省、自治区、直辖市范围内，由总部统一缴纳所得税。5 月 16 日，国家税务总局（国税函［2006］67 号）下发《关于使用新版公路、内河货物运输业统一发票有关问题的通知》，要求从 2006 年 8 月 1 日起，全国公路、内河货物运输行业要统一使用新版《公路、内河货物运输业统一发票》。交通部通过与税务总局协调，明确了无船承运业务的营业税按照“服务业—代理业”税目征收，税额按照托运人和承运人之间的海运费差额计算。

三是进一步改善通关环境。国务院先后函复海关总署，同意设立天津东疆保税港区和大连大窑湾保税港区；同意将苏州工业园区、保税物流中心、直通监管点整合成为具有保税港区功能的综合保税区；批准松江、昆山、宁波、天竺（北京）、烟台、重庆、西安 7 个出口加工区开展拓展保税功能试点。海关总署从2006年7月起在全国范围内，打破直属海关之间的关区界限，全面实施“属地申报，口岸验放”通关模式。质检总局推广电子监管系统，海关总署推进物流信息监控系统建设，质检总局与海关总署落实关检合作机制，出口通关速度进一步提高。

四是合力推进综合物流体系建设。财政部安排专项资金支持农产品流通设施建设和流通企业发展，支持农资和日用消费品下乡，加大民族地区流通网络建设的投入。商务部积极引导连锁企业加强内部配送中心的建设和管理，特别是生鲜食品配送中心的建设。配合中部崛起战略，加强中部地区物流体系建设。国家发改委推动综合运输体系建设，促进铁公水不同运输方式的衔接，大力推广多式联运。公安部积极推动各地调整货运机动车限制进入区域，为大型物流企业配送车辆提供通行、停靠便利。从道路交通规划、建设、管理一体化出发，开展大型物流企业项目交通影响评价。会同有关部门，继续推进农产品“绿色通道”建设，保证省际间通道线路互通。铁道部大力发展集装箱多式联运，铁路物流中心从规划进入建设阶段，铁路快捷货物运输网络开始构建。民航总局引导建设货运枢纽，积极推进北京、上海、广州和天津、深圳等航空货运枢纽建设。海关总署积极研究支持开展黑龙江省内贸货物借道俄罗斯远东港口，通达我国东南沿海港口的运输方案。信息产业部提出《全国性、区域性现代物流公共信息平台建设的指导意见》。

五是加强和改进物流市场监管。商务部会同财政部、交通部、税务总局、质检总局等部门开展了清理市场经济活动中地区封锁规定的工作，清理出含有地方封锁内容的文件385件。全国工商行政管理机关共查处邮购、服务案件1138起，交通运输投诉案件4456起，查处地方保护和地区封锁等行政性垄断案件15起。交通部继续推进联合治超，在全国规划检测站网络，建立长效机制。同时，强化货运源头管理，规范大型货运企业经营行为。

六是拓展物流领域国际合作。交通部参与建立中日韩海上运输与物流部长级会议机制，加强与日韩海上运输和物流合作。商务部与日韩有关方面合作，出版了《中日韩流通联合报告书》。对缅甸、越南、柬埔寨进行考察，同三国就建立“大湄公河次区域物流合作机制”达成共识。海关总署牵头参加《1975年国际公路运输公约》（TIR公约）的相关工作，已建立研究协调机制。

七是地方优惠政策。如《深圳市现代物流业发展专项资金管理暂行办法》规定，符合条件的企业将获得贴息、补助和奖励三种方式的资助，其中获得重点物流企业服务创新奖的企业可得到50万元的奖金。杭州市政府出台《关于杭州市现代物流发展规划的实施意见》，对新办从事物流软件开发、物流技术和咨询服务、物流信息服务企业，开业1年至2年内免征所得税。

5. 推进现代物流业发展的体制环境逐步完善

全国现代物流工作部际联席会议于2005年5月建立。一年多来，联席会议在深入开展调查研究，抓紧落实税收政策，继续做好行业基础工作，建立现代物流重点企业联系制度和进一步完善部际联席会议协调机制等方面的工作都有较大进展。同时，注意加强部际联席会议办公室建设，督促各地建立了物流协调工作机制，保持与各地物流工作牵头部门的沟通联系，基本上形成了纵向联系方便、横向沟通畅通的工作网络。

地方物流工作推进体制在2005年普遍建立以后，2006年逐步开始正常工作。如东部的上海、浙江、江苏、广东等地，中西部的湖北、四川、江西等地物流工作牵头部门和协调机制开始发挥重要作用。与此同时，各地已经建立的物流行业协会加强行业服务工作，尚未建立协会的省市在2006年也建立了相应组织。如上海市、江苏省、内蒙古等省区市和合肥市、沈阳市、长春市、连云港市、南宁市、兰州市等经济中心城市行业协会在2006年挂牌成立。随着物流业的扩展和延伸，一些专业性的物流协会开始酝酿成立。政府部门推进体制和行业协会推进体制，按照各自职能定位和分工，从不同角度发挥作用，推进现代物流业发展的体制环境逐步完善。

（二）中国物流业发展的经济环境

1. 国民经济继续保持平稳快速增长

2006年，我国国内生产总值20.94万亿元，比上年增长10.7%，经济增长速度连续四年达到或略高于10%（见图1）。

2. 与物流相关的产业快速发展

2006年，我国第二产业增加值超过10万亿元，增长12.5%；第三产业增加值8.27万亿元，增长10.3%；全部工业增加值9万亿元，增长12.5%；全社会固定资产投资10.99万亿元，增长24%；社会消费品零售总额7.64万亿元，增长13.7%；生产资料销售总额17.68万亿元，增长17.4%。与物流相关的产业快速发展，带动了现代物流等生产性服务业需求的高速增长（见表1、表2）。

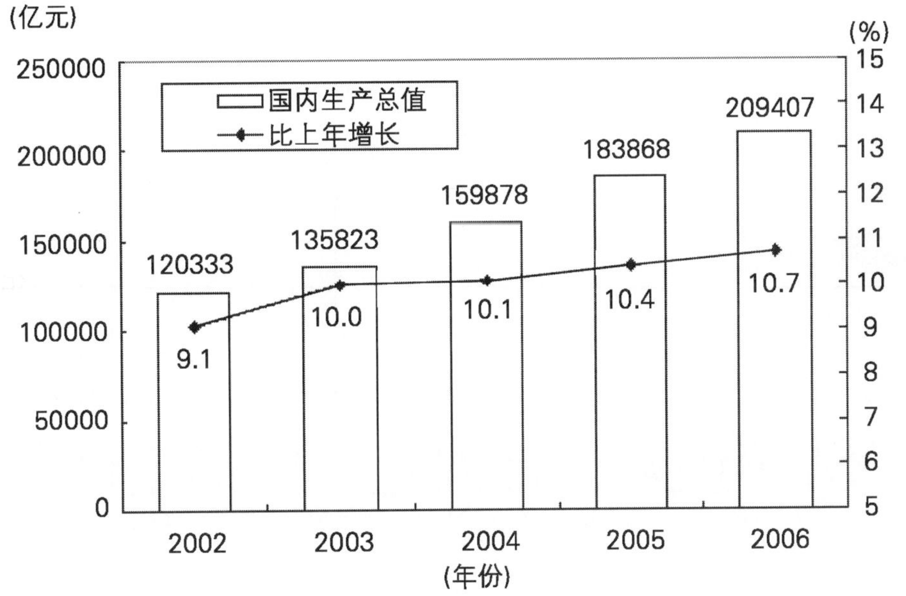

图1　2002—2006年国内生产总值及其增长速度

表1　　2006年三大产业综合情况统计

项　目	第一产业	第二产业	第三产业
增加值（亿元）	24700	102004	82703
比2005年增长(%)	5.0	12.5	10.3
占GDP的比例(%)	11.8	48.7	39.5

表 2　　2006 年与物流相关产业发展情况统计

项　　目	数量（亿元）	比 2005 年增长（%）
全部工业增加值	90351	12.5
全社会固定资产投资	109870	24
社会消费品零售总额	76410	13.7
生产资料销售总额	176786	17.4

3. 进出口贸易迈上新的台阶

2006 年，正值中国加入世贸组织五周年。回顾五年的成绩，中国的对外贸易额从 2001 年的 5000 亿美元增长到 2006 年的 1.76 万亿美元；实际利用外商直接投资从 2001 年的 469 亿美元增长到 2006 年的 697.4 亿美元。今天的中国已经成为世界第六大经济体和第三大贸易国（见图 2）。

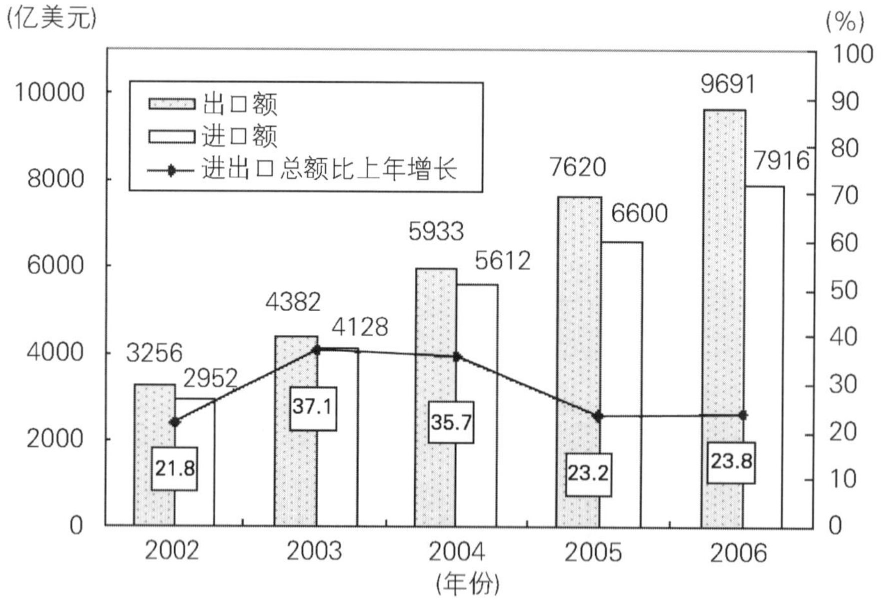

图 2　2002—2006 年进出口贸易总额及其增长速度

入世五年，中国企业加快了“走出去”的步伐。2006 年，中国对外直接投资额（非金融部分）161 亿美元，比上年增长 31.6%；全年对外承包工程完成营业额 300 亿美元，比上年增长 37.9%；对外劳务合作完成营业额 54 亿美元，比上年增长 12.3%。货物贸易、服务贸易的扩大，带来了国际物流需求的高速增长。

（三）中国物流业发展的市场环境

1. 外资物流企业全面进入中国市场

2005 年 12 月 11 日以后，我国履行加入 WTO 相关承诺，物流领域对外资全面开放。2006 年，外资物流企业加快了进入中国的步伐。从进入的企业类型上看，不仅有知名的大型企业，也有名不见经传的中小型企业；从进入的地域上看，不再局限于经济中心城市，正在向二、三线城市扩展；从服务对象上看，既有外资在华企业，也向本土企业渗透；从业态上看，不仅有物流服务业，也包括为物流运作提供配套服务的物流地产、设施设备、咨询服务、教育培训等产业；在投资目的上，既有产业性的投资，也有资本性的运作；在合作方式上，投资、并购、独资的倾向越来越明显。典型的例子有：1 月 24 日，美国联邦快递（FedEx）宣布以 4 亿美元现金收购大田—联邦快递有限公司中的 50% 股份，以及大田集团在中国的国内快递网络；6 月，荷兰天地（TNT）宣布，以 8 亿元人民币完成对华宇物流集团的收购；美国联合包裹公司（UPS）从中外运手中接管的 23 个主要城市业务独立运营权的相关手续早已完成，正式开始独资经营；敦豪（DHL）则率先得到国内航空货代的经营权。作为工业物流地产的龙头企业，普洛斯（PROLOGIS）从 2004 年 6 月至 2007 年 1 月，在中国建成的物业面积达 71.4 万平方米，还有 80 万平方米的厂房和仓库正在建设中。

2. 高端物流服务市场竞争愈演愈烈

受竞争环境影响，生产企业原有的生产方式、市场渠道受到很大冲击，企业自身和客户需求发生了巨大变化。为了在开放市场和“微利时代”实现利润的最大化，生产企业将目光转向供应链整合，促使高端物流市场需求向供应链方向发展，无疑提高了物流企业进入高端物流市场的“门槛”。外资物流企业完成独资布局以后，可以直接中标国内物流业务，在 IT 等世界 500 强企业的物流招标中往往成为“赢家”。过去，在华的外资企业特别是世界 500 强企业，其物流服务项目大多在中国本地招标，服务商的选择也大多由中国区决定。而 2006 年，绝大部分在华外资企业的中国物流服务招标已经纳入总部事务，中国区的物流服务已经纳入全球范畴，招标权上收全球总部。高端物流市场的全球化对国内物流企业的服务能力和水平提出了更高要求，也为国内物流企业的国际化发展提供了不同于以往的机会与挑战。

3. 公路货运利润被进一步挤压

据中国物流与采购联合会与汇通天下信息技术有限公司联合发布的“全国普通货物公路运价指数”显示，2006 年底，普通货物运价综合指数比年初上涨了 15.1%。其中，整车运价上涨幅度达到25.3%。从2006 年3 月26 日起，国家发展改革委第六次提高成品油价格，汽油和柴油出厂价格每吨分别提高300 元和200 元；2006 年 5 月 24 日，国内成品油价格第七次上调，汽油、柴油和航空煤油价格分别每吨提高 500 元，我国成品油出厂价格一年内上涨 20% 以上。2006 年，有 20 多个省市自治区在收费公路开始实行计重收费，行政“治超”向经济“治超”转型。同时，物流运输企业道路通行费用平均增加 30% 左右。以上要素成本上升的幅度明显大于运价上涨的幅度，进一步挤压了公路货运服务的经营收益。另据典型调查，路桥、燃油及养路费这三项支出已经超过货运业务总收入的 70%，只剩不足 30% 的收入来支持车辆折旧、司机工资、维修配件、保险、通讯等运营所需要的一切费用（见图 3）。

4. 海运价格出现大幅波动

2006 年，中国远洋集装箱运输市场先抑后扬。2006 年上半年，由于大型集装箱船舶在远洋航线上大量投入和运量需求增加的减缓，运力供过于求，运价呈一路下跌趋势。上海航运交易所发布的中国出口集装箱综合运价指数（CCFI）从 2006 年初的 1079 点一路下跌至 2006 年中的 987 点。下半年，远洋航线的运输旺季推动了运价的上涨，综合指数一路冲高至 1080 点。但旺季结束后，运价又见顶回落。12 月 29 日，综合指数报收于 1034 点，较 2006 年初下跌 4.1%。在局部航线上，运价指数波动更加剧烈。中日航线从年初开始就受季节和运力影响，一度出现了“零运价”、“负运价”现象。旺季到来后，运价开始大幅上升，到10月份达到了320美元/标箱，此后快速回落，到2006年底已经降至20美元/标箱。剧烈的波动幅度导致市场竞争陷入混乱。2006年9月30日，交通部紧急发布了《关于整顿和规范中日航线班轮市场秩序的公告》，禁止海运业务经营者以“零运价”、“负运价”方式承揽货物以及其他损害国际海上运输市场秩序的行为。

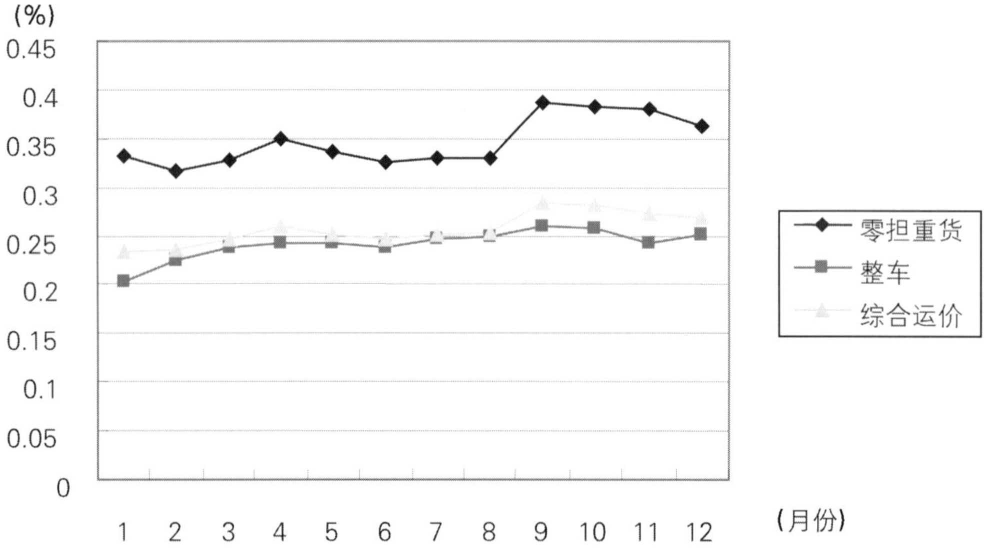

图3 2006年货运价格指数

（四）中国物流发展的技术与装备环境

一是电子商务环境。据2006年7月19日，中国互联网络信息中心（CNNIC）在北京发布“第十八次中国互联网络发展状况统计报告”显示，中国网民数已达1.23亿人。据调研机构易观国际和淘宝网公布的《2006年第三季度淘宝网上购物报告》显示，2006年第三季度，人均季度网上购物金额为572元，比2005年同期人均网上购物金额273元增长109%。第三季度成交额达到一个新高点——43.5亿元。这个数字比2004年中国CtoC整体市场全年41.6亿元的成交额还多。截至9月底，淘宝网会员数已达到2670万，较第二季度新增近420万用户。国内以拥有淘宝网的阿里巴巴为代表的电子商务企业和建立电子商务交易平台的消费品等生产企业逐步意识到，在支付安全性问题解决后，物流已经成为阻碍电子商务快速扩展的“瓶颈”。电子商务网站与物流企业的结合，预示着物流在电子商务发展的作用将越来越突出。

二是信息技术环境。2006年，科技部、国家发展和改革委、商务部、信息产业部、交通部、海关总署等15个部委，联合发布了《中国射频识别（RFID）技术政策白皮书》，为我国射频识别技术与产业未来几年的发展提供了系统性指南。2006年是FPC、RFID技术发展的重要一年，据易观国际发布的《2006年第4季度中国RFID市场季度监测》显示，2006年第4季度国内RFID市场整体规模达到8.72亿元人民币，与上年同期相比增长41.3%。政府对RFID技术的政策支持更加明确，标准制定更加统一，软硬件技术更加完善，也推动了RFID应用范围的不断扩大。第二代身份证的发放使身份识别成为目前国内最大的RFID行业应用市场，而具有较长应用历史的铁路车辆RFID应用和新兴的公路车辆RFID应用使得交通领域成为国内第二大的RFID行业应用市场。同时，RFID凭借先进的信息技术能够实现产品流的实时可见性，正符合现代物流一体化的趋势和要求，已经开始在物料管理、后勤支持、仓储配送等领域出现应用趋势，但受标准和成本制约，目前还停留在小规模试点和试验阶段。

三是装备制造环境。2006年6月28日，《国务院关于加快振兴装备制造业的若干意见》发布。《意见》明确了加快振兴装备制造业的目标："到2010年，发展一批有较强竞争力的大型装备制造企业集团，增强具有自主知识产权重大技术装备的制造能力，基本满足能源、交通、原材料等领域及国防建设的需要。""逐渐形成重大技术装备、高新技术产业装备、基础装备、一般机械装备等专业化合理分工、相互促进、协调发展的产业格局。"装备制造业是为制造业和物流业等行业提供技术装备的基础性产业，装备制造业的快速发展能够满足社会日益增长的对新技术、新装备的巨大需求，保障国民经济产业升级的顺利实现。

（五）中国物流发展的舆论环境

2006年，中国物流受社会各界关注的程度进一步提高。"现代物流业"进入国家规划纲要，党中央、国务院以及各级地方政府的文件和各级领导人的讲话，以及人大代表、政协委员的提案中。目前，国内有3000多家物流及物流相关网站，"中国物流与采购网"每天点击率超过10万次，从"百度搜索"，随机嵌入"现代物流"，即可得到190万条相关信息。由中国物流与采购联合会主管的《现代物流报》、《中国物流与采购》，以及业内其他单位主办的《物流技术与应用》、《物流技术》、《物流时代》、《新物流》、《中国储运》、《物流科技》等物流类杂志各有特色。《国际商报》、《中国交通报》、《经济参考报》、《中国商报》、《中国产经新闻》等开辟了物流类专版。其他各类社会媒体都在关注中国物流新闻宣传工作，再加上地方报刊参与，现代物流业已经成为家喻户晓的热门话题。

2006年，是中国物流行业的"调查研究年"。各级政府部门、行业协会、大专院校、研究咨询机构和物流企业进行了大量的调查研究工作，产生了一批重要研究成果。如交通部进行了甩挂运输的调研，加强道路货物运输发展政策的研究。信息产业部就《全国性、区域性现代物流公共信息平台建设的方案》组织了调研。海关总署牵头组织推动智能集装箱研发工作。交通运输协会受国家发改委委托，就"国家综合交通网中长期发展规划"进行了研究，并制订了规划方案。国家发改委和中国物流与采购联合会完成的《全国物流园区发展调查报告》和《外资进入中国物流业的影响及其政策建议》课题，中国物流与采购联合会与政府有关部门合作完成的《我国民营物流企业发展调查报告》《中国制造企业物流现状及政策建议》、《中国现代商贸物流体系研究》、《我国物流信息化建设情况分析与建议》、《采购经理指数（PMI）与经济发展研究》、《中国物流发展与人才需求研究的调研》等，在业内引起了较大反响，对于推动中国物流业快速健康发展必将产生一定的指导作用。

二、2006年中国物流业的新进展

2006年，中国物流业整体运行情况、市场发展、企业成长、行业物流、区域物流、物流基础设施和技术装备、物流信息化和物流行业基础工作等方面都有新的进展。

（一）中国物流经济实现了较好较快运行

1. 社会物流总费用与GDP比率持续下降

2006年，我国社会物流总费用为3.84万亿元，同比增长13.5%（按现价计算），增幅比上年提高 0.6 个百分点；社会物流总费用与 GDP 的比率为 18.3%，比上年下降 0.2 个百分点。从物流总费用的构成看，运输费用继续增长，占总费用的比重有所下降；保管费用增长最快，占总费用的比重有所上升；管理费用增幅回落，占总费用的比重略有下降（见表3）。

表3　　2006 年我国社会物流总费用统计

项　目	2006 年（亿元）	比上年增长（%）	比重（%）
社会物流总费用	38414	13.5	100
运输费用	21018	12.8	54.7
保管费用	12331	16	32.1
管理费用	5066	10.4	13.2

从 1992 年以来我国社会物流总费用增长趋势看，1994—1998 年下降较快，1999 年以来缓慢上升，2003 年以后进入相对平稳增长阶段；1991 年以来物流总费用与 GDP 比率呈逐步降低态势，2006 年比 2000 年降低 1.1 个百分点，比 1991 年降低 5.7 个百分点，从中可以发现我国物流运行质量逐步提高的趋势（见图4、表4）。

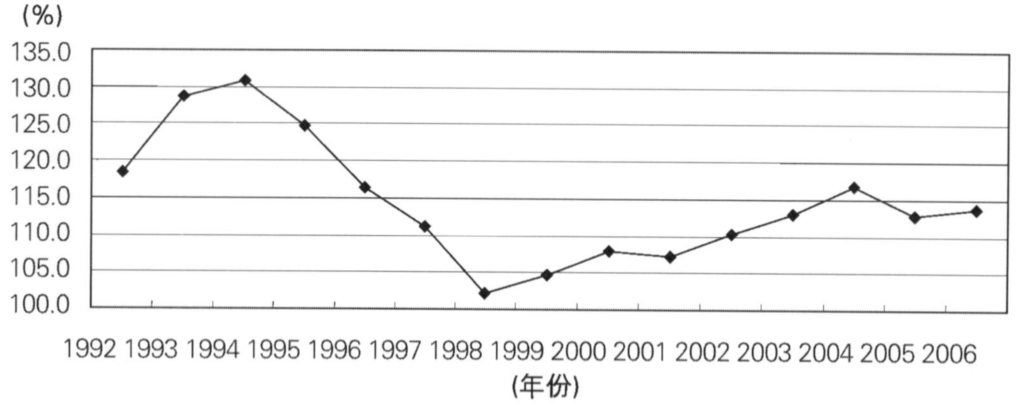

图4　1992 年以来物流总费用增长曲线

2. 物流业占全部服务业的比重逐步提升

2006 年，我国物流业实现增加值 1.4 万亿元，占第三产业全部增加值的 17.1%，比上年提高 0.5 个百分点；按可比价格计算同比增长 12.5%，比第三产业增加值 10.3% 的增幅高 2.2 个百分点。物流业占服务业的比重持续提升，物流业在服务业中的主体地位逐步加强（见表5）。

3. 物流业与经济发展的关联度进一步增强

2006 年，全国社会物流总额为 59.6 万亿元，按现价计算同比增长 24%，增幅比上年回落 1.2 个百分点。当年 GDP 总量与物流总额相比的物流需求系数为 2.8，比上年提高 0.2 个百分点，即我国每单位 GDP 产出需要 2.8 个单位的物流总额来支持（见表6）。

表 4　1991 年以来物流总费用与 GDP 比率　（%）

年份	运输费用	保管费用	管理费用	社会物流总费用
1991	13.3	7.5	3.2	24.0
1992	12.7	7.2	3.1	23.0
1993	12.8	6.6	3.0	22.4
1994	11.6	6.8	3.1	21.4
1995	10.6	7.3	3.2	21.2
1996	10.7	7.2	3.2	21.1
1997	10.4	7.4	3.3	21.1
1998	10.3	6.7	3.2	20.2
1999	10.6	6.0	3.3	19.9
2000	10.1	6.0	3.2	19.4
2001	9.9	5.9	3.1	18.8
2002	10.0	6.1	2.9	18.9
2003	10.4	5.9	2.6	18.9
2004	10.6	5.6	2.6	18.8
2005	10.2	5.8	2.5	18.5
2006	10.0	5.9	2.4	18.3

表 5　2006 年我国物流业增加值统计

项　　目	2006 年（亿元）	比上年增长（%）	比重（%）
物流业增加值	14120	12.5	100
交通运输业中的物流部分	10665	11.3	75.5
仓储业	648	20.1	4.6
贸易业	1749	21.9	12.4
配送、加工、包装业	948	30.2	6.7
邮政业	109	17.2	0.8

表 6　2006 年物流总额及需求系数

项　　目	2006 年	2005 年	增减（±%）
物流总额（亿元）	595976	480583	24.0
物流需求系数	2.8	2.6	0.2

物流业的快速发展对工业生产、固定资产投资、进出口贸易三大需求快速增长的支撑作用更为明显。2006 年，我国规模以上工业销售产值增长 25.5%，全社会固定资产投资增长 24%，进出口贸易增长 23.8%。三大需求的快速增长，带动了物流业的快速发展。2006 年，工业品物流总额 51.7 万亿元，进口货物物流总额 6.3 万亿元，两者合计占社会物流总额的 97.3%，增幅分别达到 25.1% 和 17%（见表 7）。

表 7　2006 年我国社会物流总额统计

项　　目	2006 年（亿元）	比上年增长（%）	比重（%）
社会物流总额	595976	24	100
工业品物流总额	516864	25.1	86.7
进口物流总额	63267	17.0	10.6
农产品物流总额	13546	6.3	2.3
再生资源物流总额	2059	15.9	0.3
单位与居民物品物流总额	240	16.9	0.04

4. 交通运输和仓储服务保障能力提高

2006 年，全国完成货运总量 202.5 亿吨，货物周转量 8.69 万亿吨 · 公里，同比分别增长 8.9% 和 8.4%。2006 年，煤、电、油、矿运输紧张状况明显改善，粮食、化肥等重点物资运输得到较好保障（见表 8、表 9）。

据国家统计局对规模以上工业企业统计，

2006年工业企业产成品存货率由2005年的5%回落至4.7%，降低0.3个百分点；流动资产周转次数比2005年提高0.15次，周转速度加快6.5个百分点。另据中国物流信息中心对全国50家重点生产资料流通企业统计，2006年生产资料流通企业的流动资产周转次数由2005年的2.84次提高到3.4次，提高了0.56次，流动资产周转速度加快了19.7%；商品库存周转次数由2005年的12.5次提高到13.4次，提高了0.9次，商品库存周转速度加快了7.2%。

表8 2006年我国货运总量统计

项　　目	2006年	比上年增长(%)	比重(%)
货运总量	202.5亿吨	8.9	100
铁路货运总量	28.8亿吨	7.1	14.2
公路货运总量	146.1亿吨	8.9	72.2
水运货运总量	24.4亿吨	11.0	12.0
民航货运总量	349.4万吨	13.9	0.0
管道货运量	3.2亿吨	6.7	1.6

表9 2006年我国货运周转量统计

项　　目	2006年(亿吨·公里)	比上年增长(%)	比重(%)
货运周转量	86921.2	8.4	100
铁路周转量	21954.0	5.9	25.3
公路周转量	9647.0	11.0	11.1
水运周转量	53907.8	8.5	62.0
民航周转量	94.3	19.5	0.1
管道货运周转量	1318.2	29.5	1.5

5. 物流增值服务发展速度加快

2006年，我国流通加工、包装、配送等物流费用继续保持30%左右的快速增长，物流增值服务成为新的利润增长点。其中，配送费用为408亿元，同比增长30.7%，增幅比2005年提高3.8个百分点；包装费用为383亿元，同比增长29.5%，增幅比2005年提高1.2个百分点；流通加工费用为2022亿元，同比增长31.1%，增幅比2005年提高5.6个百分点。

据对分布于全国的56家大型仓储企业提供的数据统计，增值业务成为企业赢利的关键。56家样本企业2006年实现主营业务收入101亿元，比上年增长23.2%。其中质押业务收入增长183%，成为仓储企业最大的利润增长点；仓储业务增长17%，运输配送收入增长17.2%，商品销售收入增长25%，现货市场业务增长14.2%。

（二）中国物流专业市场的新进展

1. 第三方物流市场形成新的格局

2006年，制造业物流外包速度加快，第三方物流市场规模继续扩大；市场进一步细分，物流专业化程度稳步提高；内外资物流企业竞争更加激烈，在市场上形成了双重网络交叉的格局（见表10）。

表10 内外资物流企业的两重网络

	主要服务对象	主要业务
外资物流企业	外资企业	国际物流、3PL
本土物流企业	本土企业	公路、铁路干线运输、仓储

制造业物流作为社会物流的主体，外包速度逐步加快，1991年以来制造业物流总额年均增长23%以上。目前，制造业物流总额占社会物流总额的比重为70%左右，且在不断上升。根据2006年全国物流统计调查资料，制造业物流外包特别是销售物流外包明显加大，增长

速度在5% ~10%，运输与仓储外包的增长速度在10% ~15%。其中，企业运输业务委托第三方的比例为67.1%，比2005年同期提高2.5个百分点。

第三方物流市场逐步细分，形成了专业化的物流市场，专门化的物流公司。如超市物流、家电物流、服装物流、汽车物流、钢铁物流、烟草物流、医药品物流、粮食物流、冷链物流、图书物流等。随着国际新一轮的产业转移，一批资金和技术密集型产业开始向我国转移，需要更高水平的专业化物流服务，这对物流企业提出了新的要求。

需求的两极分化造成了第三方物流市场双重网络交叉的格局，内外资物流企业在各自领域参与竞争。低端物流市场是我国大部分物流企业的竞争市场，我国物流企业主要以服务本地货主企业为主，主要是初级产品的基本物流需求。外资物流企业主要为外资货主企业服务，重点关注与进出口相关的物流活动。据统计，外资物流企业的进出口物流相关业务，约占业务收入的70%（见图5）。

本土物流供应商更注重国内物流商机，而国外的物流供应商更侧重全球的大客户。从货主企业选择物流服务商的标准来看，外资跨国公司以选择外资物流服务商为主。中国第三方物流市场形成的内外资两重网络，可以说是当前以及未来一段时期内我国物流市场的显著特征。

2. 公路货运市场走向规范

2006年，公路货运市场仍然是政策监管的重点。国家多项政策的出台和落实，推动公路货运市场走向规范。根据国务院统一部署，为期三年的全国公路货运车辆超限超载的集中治理整顿告一段落，全国双超（超限超载）车量的控制率从两年前的80%以上，下降到10%以内。在治理工作中，车辆“计重收费”政策全面铺开，用市场化手段进行公路管理将日益成为重要手段。随着实施计重收费高速公路覆盖面的扩大，普遍性的超载正在成为历史，长途货运车辆大型化成为明显趋势。2006年前三个季度，半挂牵引车销量同比增长超过50%。2006年6月23日，交通部出台《道路运输企业质量信誉考核办法（试行）》，对道路运输企业进行质量信誉考核，进一步推进道路运输市场诚信体系建设。公路货运市场无序竞争的局面逐步改善，加速了公路货运市场的洗牌和市场结构的优化，大型公路货运企业开始出现。

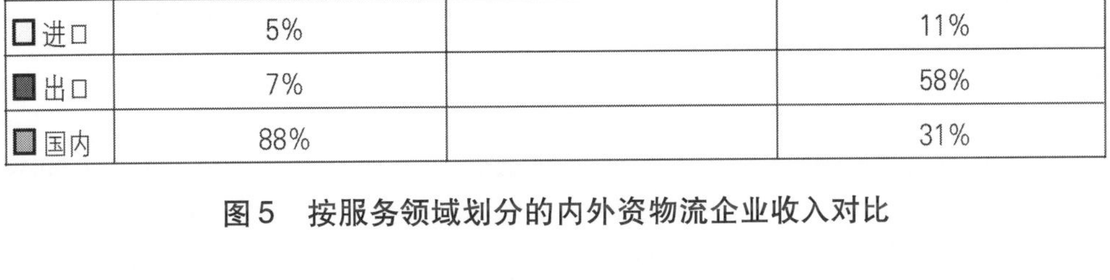

	中国物流服务供应商	国外物流服务供应商
进口	5%	11%
出口	7%	58%
国内	88%	31%

图5　按服务领域划分的内外资物流企业收入对比

近年来，以客户多样化需求为出发点，以先进的货运装备和现代化信息技术为依托，形成了一批覆盖全国、业务完善的大型民营公路货运企业。如南方物流、佳吉快运、佳怡物流、惠尔物流等企业立足公路货运业务，规范自身运营，严格制度和流程管理，建立了干线运输与市内配送、公路运输与仓储中转相结合的运输网络，实现了业务领域的扩展。目前，受政策和能源价格影响，单纯的公路货运利润大幅降低，普遍维持在3%～5%，大中型公路货运商纷纷向第三方物流企业转型，依托货运优势，开发客户需要的物流加工、仓储配送、分拣包装、代收货款等增值业务。一些企业利用自身开发的信息系统，开发了网上订单、全程跟踪查询、短信通知等业务，增强了自身的竞争力。

当前，公路货运市场分散化经营的格局仍然没有得到根本改变。小规模货运代理企业和个体司机，承担了大部分社会零散货物的公路运输业务。规模的局限制约了货运企业物流效率和管理水平的提高，大量同质化竞争的事实导致了恶性竞争的后果，各种不规范的现象在公路货运市场依然存在，显然不适应公路货运业务快速发展的要求。

3. 航空货运市场进一步扩大开放

2006年，我国航空货运量约为349万吨，实现了大约13.9%的增长，增幅虽比上年放缓1.8个百分点，仍大大高于全球平均3%的增幅。2004年4月，民航总局出台《关于进一步加快中国航空货运若干政策措施的意见》，明确提出民航“梯度开放”原则：积极开放航权，支持中外合资企业建立全货运航空公司。随着政策的落实，中国航权逐步放开，外国航空公司纷纷进入国内航空货运市场。截至2006年底，美国联邦快递、大韩航空、法航、意航、日航、新加坡航空等国际主要航空公司都开通了到中国的全货运航班。

运力的缺乏是制约中国国际航空货运发展的重要原因。截至2006年年底，民航全行业拥有货运飞机45架，国内航空货运仍然以客机腹仓为主要途径。缺乏国际性航空货运枢纽及航线网络支持也是重要的制约因素。以国货航和中货航为例，其国际航线目前主要依靠欧美航线，去时往往会出现舱舱爆满的现象，但在回程过程中却只能载一半左右的货，甚至空舱返回。面对航空货运市场的严峻局势，国内航空公司纷纷加大了航空货运的建设投入力度。各大航空公司通过将老龄客机改装为货机、购置新货机、调整机队，提升航空货运运力。2006年，南航向波音公司订购6架B777F货机，奥凯航空从美国引进B737－300型货机。

国内航空公司纷纷走上与国外航空公司合资的道路。2006年，国航与国泰实现交叉持股。2006年6月，中国长城工业总公司、新加坡航空货运公司和淡马锡控股独资子公司腾飞投资公司合资成立长城航空公司。2006年8月5日，国内最早申请筹建的中外合资航空公司——翡翠国际货运航空公司正式开航。2006年9月20日，外运发展宣布与大韩航空等在天津共同投资设立国际货运航空公司。2006年7月，上海航空与台湾长荣等两家公司组建的上海国际货运航空公司正式挂牌。在过去一年间，14家民营航空公司中就有奥凯、深航、奇力、彩虹、德龙航空等近10家企业瞄准了货运市场。

4. 远洋运输市场发展迅速

加入WTO以来，我国远洋运输市场开放力度不断加大。根据承诺，我国对班轮运输的管理体制进行了改革，从2002年起取消班轮资格审批，改为登记制，新开航线备案即可。到2006年年底，外国航运公司在我国设立的代表处超过1300家，设立了36家独资船务公司、集运公司和185家分公司，200多家外商投资企业在中国取得了经营无船承运业务的资格，110多家境外航运公司在中国取得了国际班轮运输经营资格。据初步统计，境外航运公司承运了70%以上的中国进出口集装箱货物，这也造成了航运服务贸易长期逆差的局面。

目前，我国船队规模居世界前列。2006年，我国干散货船队共有350艘，共计2591万吨船下水，较之2005年的运力增幅为7.5%。我国的干散货运输船队自有船吨位居世界第一位，集装箱船队也居世界前列，但在平均吨位和船龄上，和国际同行相比并不占优势。而且，中国船公司在全球航线数量、代理网点的铺设、多式联运管理能力等方面与国际水平还有一定差距。我国大型船公司已经意识到这些问题，开始发力。中远和中海的国际服务网络正在形成，并在不断完善中。船公司纷纷设立了物流公司，利用自身运力优势，构建完整的物流运输链条，进一步提高在国际航运市场上的竞争力。

2006年，中国集装箱货物出口量持续增长，带动了全球各条贸易航线，尤其是亚洲/欧洲贸易航线集装箱运量连续上升，行业整体增长势头明显。随着世界经济增速趋缓以及人民币的进一步升值，根据IMF（国际货币基金组织）等机构的预测，未来几年全球主要航线的商品贸易量增速会下降到10%以下，这也将直接影响到集装箱运输市场。

国内航运企业纷纷购置超级油轮来扩大远洋石油运力。依据我国巨大的原油运输需求，相应的运力需求在未来五年需保持25%以上年复合增长率，中国远洋航运企业需求旺盛，运量将随运力增长而增长。更主要是中远集团、中海集团、招商局集团（招商轮船）和长航集团基本都与中石化集团、中化集团等中国最大的原油进口商之间建立了战略合作关系，签订了长期运输合同，油轮业务发展前景看好。

（三）中国专业物流企业的新进展

1. 主营业务进入平稳较快增长区间

根据2006年全国企业物流重点调查，2005年物流业务收入比2004年增长29.2%，其中，仓储型物流企业增长43.4%，运输型物流企业增长28.8%，综合服务型物流企业增长24.9%。中国物流与采购联合会根据统计调查发布了《2006年中国最具竞争力50强物流企业排序》，其中，营业收入超过100亿元的企业有4家、超过50亿元的有8家、超过10亿元的有34家，排名第50位的企业营业收入为3.5亿元，比2005年的第50位增加了1亿元。2006年，物流类上市公司表现优异，季涨幅平均值12.63%，紧随石油天然气、机械和电器类等上市公司。其中，上港集团的季度增长幅度为70.71%、中集集团为59.08%、中远航运为56.78%、中国国航为36.44%、深赤湾A为36.13%、铁龙物流为21.71%，基本反映了上市公司在物流行业中的龙头地位。特别是我国民营物流企业十多年来的超常规发展引人注目。如山东海丰、上海远成和深圳顺丰，年营业收入均超过30亿元的规模，分别在国际航运、铁路货运、快递业务等领域具有一定的市场份额。据预测，随着我国经济的发展，以及物流产业在促进经济又好又快发展中作用的增强，未来几年，我国现代物流业仍将处于持续稳定快速增长中。

2. 外资企业加速国内扩张

根据WTO承诺，我国于2005年底全面开放物流业。2006年外资企业加快了入股、合资、独资和并购的扩张路线，我国物流领域正在成为国外资本投资的热点。国际货邮及快递业是外资进入最早的行业，在2005年逐步实现独资变革的基础上，2006年外资企业加速在我国的布局。截至2006年年底，美国联邦快递（FedEx）在我国的服务网络已覆盖220多个城市，并计划在未来4至5年内再新增100多个城市；美国联合包裹公司（UPS）已拿到直飞北京、上海的6个航班，在深圳、青岛、厦门等20多个城市设立了代表处；荷兰天地

（TNT）的服务已覆盖我国 200 多个城市，网点超过 2000 个，使我国市场成为欧洲以外的最大市场；中外运敦豪（DHL）已在我国开设了 50 家分公司，业务覆盖我国 318 个城市。

2006 年，随着市场环境和各项条件的成熟，外资大规模进入物流地产市场。普洛斯（PROLOGIS）先后与北京、天津、上海、深圳、南京、无锡、大连、重庆、青岛、成都、长沙、嘉兴等地达成园区开发协议，一批项目已经获批，一个覆盖全国的物流仓储配送网络已具雏形。普洛斯的成功吸引了更多国际物流地产商进入中国。澳大利亚麦格理集团 2006 年在中国已经运作了 6 个大型物流中心。2006 年，外资在国内物流地产领域的投放额高达数 10 亿美元，开发建设高等级物流仓储设施达到百万平方米。同时，外资在钢铁物流、汽车物流、能源物流、港口物流方面的投入也很大。2006 年，日本三井与宝钢、鞍钢、武钢合作，初步完成了全国范围内的钢材加工配送网络布局。

3. 企业并购、合作联盟出现新动向

2006 年 1 月 24 日，美国联邦快递（FedEx）宣布旗下联邦快递已和天津大田集团有限公司签署协议，以 4 亿美元现金收购大田集团在双方合资企业——大田—联邦快递有限公司中的五成股份及大田集团在中国内地 89 个大中城市的速递网络，拉开了 2006 年物流企业的收购序幕。

在外资企业步步紧逼的形势下，做大企业规模、整合业务模式成为中国企业的必然选择。2006 年 1 月，中铁行包快递有限责任公司和中铁快运有限责任公司合并重组，完成了铁路、公路、航空、城市配送的综合运输网络布局，能够满足门到门、端到端的"一站式"、"一票到底"的服务需求。2006 年，山东海丰航运集团宣布与北京新时代国际运输服务有限公司合并，实现了航运业和航空货运业的强强联合和一体化运作。2006 年，中国外运股份有限公司收购山东力神起重运输有限公司 80% 的股权，努力建成国内一流的大件运输业务操作平台。中国外运股份有限公司收购佛山九江码头，计划在 5 年内投资 5.5 亿元对码头进行改造，使其产能提高到 80 万标箱。随着第三方物流企业的成熟，生产制造和商贸企业开始转变自营物流模式，向着合资与合作方式转型。2006 年，北京福田汽车股份有限公司将旗下的福田物流 60% 的股份转与宝供物流，将福田物流从集团主营业务中剥离出来，与专业物流企业合作，促进物流辅业向着专业化、精细化方向发展。

通过合作联盟构建比较松散的业务关系，实现业务互补和一体化运作成为国内物流企业的共同选择。2006 年 4 月 17 日，宅急送快运有限公司正式宣布，向国内外物流企业和货运代理开放历时 12 年编织的庞大网络，同行可以借助宅急送覆盖国内 2000 多个城市和地区的网络，将自己的货物送达全国各地。2006 年 5 月，南方物流向业界发出倡议，期望与各物流企业结成战略联盟，形成物流企业联合体，组建南方物流专线速递事业部，共建"物流航母"。2006 年 6 月，上海物流专线联盟委员会成立，该联盟吸收了百余个专线运输企业入会，主要是为了避免车辆返空，提高车辆的装载率和节约提货成本。

4. 专业化经营的方向更加明确

经过几年发展，物流企业专业化的市场定位进一步明确。《中国外运集团"十一五"发展战略与规划》提出，在未来五年内，重点发展货代、船代、合同物流和快递 4 大核心业务。中远物流根据自身优势，进行市场细分，确立了家电、汽车、电力、化工等物流服务品牌，建立了总部统一指挥的集成式营销体系。中海物流依托集团海上综合运输能力，制定了以航运项目物流、仓储、货代和集疏运为 4 大主要业务模块的发展战略。中铁现代物流科技股份有限公司，果断退出已临近亏损极限的项目，实现由竞标型业务向运营型业务的转变。浙江传化物流已全部退出自身物流运营业务，专门进行物流平台服务。大田集团出售快递股份，专注于供应链物流的发展。中海物流（深圳）有限公司，通过服务产品创新，为客户的供应链提速。实践表明，围绕核心需求，整合核心资源，开发核心业务，才能形成自己的核心竞争力。

物流企业对客户提供定制化的专业服务趋势加强。大多数物流企业的定位，特别是新兴企业，逐渐从普遍服务向行业服务发展。通过摸清行业规律，制定符合行业要求的解决方案，与行业一起发展。海尔物流有限公司与海尔生产系统独立运作，采取统一采购、统一送货，按照市场化运作的模式，降低物流成本30%，直销、直发产品比例达到30%以上。中外运高新物流（苏州）有限公司，为所在区域多家IT企业设计了循环取货业务，用14辆车24小时不间断取货，代替了原来上百辆车的取货量，节约物流成本30%。无锡大明物流股份有限公司适应钢铁物流发展需要，投资建设加工配送中心，从国外引进10多条国际一流的不锈钢加工生产流水线，形成30万吨的年加工生产能力，为国内外大型家电、医疗器械、石油化工和食品机械等行业提供全面的不锈钢加工和配送业务。

5. 业务创新成为新的利润增长点

2006年，物流金融成为业务创新的亮点。中储系统与18家银行的209家分支行合作，为客户提供质押贷款融资额150亿元，同比增长128%，质押监管业务收入超过3000万元，增长140%。许多民营物流企业开始涉足物流金融业务，一些新的业务模式开始出现。物流金融业务加快了企业资金周转，开辟了一条解决制造企业融资难问题的道路，也为物流企业的快速发展开辟了新的渠道。

2006年，物流企业纷纷推出新的服务项目。美国联合包裹公司（UPS）在上海推出“美国联合包裹公司（UPS）Express”特快专店，针对中小零散客户开展快递业务，开始进入快递零售市场。中邮物流利用现有网点，开拓农村市场，已在全国26个省区市的1500多个县设立22万余处网点，2006年配送各类生产、生活资料60多万吨。据预测，随着普通基础性服务竞争加剧，利润摊薄，加工、配送、代理、分销、仓单质押融资、代收货款、供应链管理等增值服务，将成为物流企业主要的利润来源，企业效益的提升越来越依赖于业务模式和赢利模式的创新。

6. 国内物流企业国际化经营开始起步

随着世界经济一体化进程加快，国际物流市场已开启全球供应链整合的时代。一方面是生产制造基地，由发达国家向发展中国家转移；一方面是生产性服务业，由中小企业向大型跨国公司集中。如摩托罗拉公司正在由现在的400家物流供应商中选择25家作为新的供应商，而且选择的权利上收总部。这对实力还不强的中国物流企业来说，无疑是新的挑战。

在机遇和挑战面前，国内物流企业开始了国际化经营的探索。中远物流为开拓国际业务，已在美洲、西亚和香港特区设立了3个子公司，在日、韩及欧洲设立了代表处。聘请跨国公司的高级人才参与企业经营管理，选送高端人才出国培养。目前，已通过国际性招标，取得一批国外核电、电建和石化等大型物流项目。中邮物流与摩托罗拉、戴尔、雅芳、西门子等项目的业务量保持了较快增长。2006年，中铁快运国际业务达到13亿元。随着经济全球化推进，国际服务业转移外包，我国外经贸战略调整，更多企业“走出去”，中国物流国际化的步伐将越来越快。

（四）中国重点行业物流的新进展

1. 钢铁物流发展加工配送

我国钢铁物流起步较晚，各类企业都有较为宽广的发展空间。生产企业借鉴国际大型钢铁企业经验，逐步把上游原料供应企业、物流企业、金融商、批发代理企业结成联盟，构建钢铁生产的供应链。流通和物流企业通过深入挖掘客户需求，将销售、加工、配送融为一体的服务体系，建立让客户真正受益的“钢铁大超市”。截至2006年年底，国内已有大型物流企业建立的金属连锁分销网点600多个，年销售钢材200万吨；已有各类钢材加工配送中心近300个，各类钢材剪切及深加工能力150万吨。各地由钢材市场形式延伸的钢铁物流基地正向大型化、专业化、网络化方向发展。上海宝山、广东乐从等一批钢材市场已形成品牌效应，其他一些地区结合自身区域经济发展定位，着手整体战略规划并加以实施。2006年首钢京西钢材交易中心成立，总占地553亩，集钢材仓储装卸、加工配送、信息服务、融资服务、商住服务、资金结算、电子商务等功能于一体，是首钢发展现代钢铁物流业的重要组成部分。同时，随着互联网技术和电子银行的不断发展，网上营销将成为未来钢材流通的发展方向。

2. 粮食物流加强基础设施建设

2006年，国务院下发《关于完善粮食流通体制改革政策措施的意见》，更好地推动中国粮食流通体制改革。我国粮食物流领域加快基础设施建设，大型粮食经营企业进行战略合作与重组。

粮食物流基础设施建设步伐加快。国家、省、市粮食现代物流规划进入后期定稿、等待批准或部分实施阶段，各地粮食物流规划的重点主要集中在粮食物流中心、粮食物流节点以及粮食物流通道等方面。随着粮食物流规划的实施，粮食物流基础设施建设在2006年有了快速发展，尤其是重要的粮食物流港口、码头建设，以及粮食铁路专线及粮食中转仓库建设。在长三角地区表现的尤为突出：据了解，长三角地区已经有上海外高桥粮食储备库及码头、舟山深水港粮食中转码头及铁路专线、嘉兴港独山港区粮食专用码头和中转库等粮食物流专用基础设施建设，设计标准主要为承接东北及国外的粮食运输，以适应粮食运输“四散化”的要求。总投资5.4亿元的南京龙潭港粮食码头二期工程新建5万吨级、3万吨级及5000吨级粮食专用泊位各1个以及散粮输送设施，年设计吞吐量为210万吨，预计在2007年6月竣工投入使用。甘肃、四川、广西等地的粮食物流中心基础设施建设也已经动工，并将于2008年前后竣工。

粮食大企业开始注重全国物流资源的战略部署。许多大型粮食加工贸易企业为了提高市场竞争力、增强服务水平，纷纷开始实施其全国性物流资源的战略部署，其主要方式是企业兼并及与地方政府或企业合资建立区域性物流中心。继2005年国内最大的两家国有粮油流通企业中粮集团和中谷集团合并组建中国粮油“航空母舰”后，2006年11月8日，由中储粮吉林分公司控股与吉林粮食局合作成立了吉林市汇江粮食有限公司。中粮集团与成都市武侯区签约，计划投资19亿元，用4年时间，打造中国西南成都物流中心。

3. 医药物流形成大型节点

2006年，医药物流业在政策环境进一步改善后，第三方物流配送走上了快车道，几个大的医药物流中心开始形成。成立于2004年5月的国药集团医药物流有限公司拥有华东、华北、华南三大运营区域，在上海、北京、广州、天津、沈阳等地建有区域物流中心与配送中心体系，拥有12万平方米的库房，年配送货值达到600亿元人民币，形成了覆盖全国100多个城市，服务于2000家商业客户，3000家医院及诊所的一体化运作的医药物流运作体系。北京医药股份有限公司携手西门子德马泰克公司，投资6100万元建造一个现代医药物流配送中心，2006年一期工程已经投入使用。2006年3月，上海医药股份有限公司现代医药物流中心建成使用，具有国际领先水平的WMS系统和上医股份的ERP系统形成无缝链接，供应链信息平台系统成为该中心的最大亮点。国家发改委“企业信息化示范工程”——全洲医药食品物流港总投资4.8亿元，占地172亩，库存容量60万箱，日吞吐量6万箱，日处理客户订单2000个以上。2006年5月所有土建工程已经完工，主要物流设备如堆垛机、自动分拣机等已经全部到位，物流电子信息系统也已开发成功。

4. 汽车物流加快资源整合

汽车物流是随着汽车厂商需求的不断提高而产生的。目前，全国可统计的汽车物流企业约60家，其中53家属于第三方物流企业。汽车整车运输普遍通过拖挂式集装运输车辆（简称轿运车），全国在册运营的轿运车约11000台。保有量较多的企业有：上海安吉天地汽车物流公司，长春陆捷物流公司（保有量2000余台）、安达物流集团（为天津一汽夏利提供全程服务，保有量300台）、长久物流集团（保有量500台以上）、重庆长安民生物流集团、武汉中原发展汽车物流有限公司（保有量300台）等。

我国汽车物流已经初具规模，正在从起步阶段向资源整合阶段迈进。在运输方式上，随着配套设施的完善和服务能力的提高，公路垄断市场的格局将开始调整，向更加经济、安全的铁路和水运方式以及综合协调的多式联运方式转变。2006年8月，中铁特货与相关铁路车辆生产企业合作推出可装运10台标准乘用车的新型铁路乘用车运输专用车辆，建立了铁路专用车、专用集装箱运力协调资源体系。目前，我国汽车水运路线已经形成从重庆至上海的长江航线，以及从广州至上海和天津的海运航线。广州丰田生产的凯美瑞销往华南以北地区时全部采用水运方式。在运输网络上，由于汽车物流的专业性和单向性，使得企业网络资源的整合成为降低成本，提高效率的重要途径。经推算，全国可对流汽车整车运输资源，物流成本约为10.5亿元。目前，一些企业已经相互开展网络资源共享与合作。长久集团与安吉物流、奇瑞物流、长安民生等企业成立了合资公司，形成企业之间优势互补、资源共享的对流运输模式。今后，随着汽车厂商对物流成本和效率改善要求的进一步提高，资源整合将通过多种方式进一步推进，形成多家共赢的综合物流平台。

5. 危险品与化工物流快速上升

随着民营物流企业的发展和外资物流企业的进入，国营仓储运输企业负责化工品运送和存储的格局被打破，危险品与化工物流市场呈三足鼎立的态势。目前，除了化学品槽罐车没有对外资开放外，外资已经在石油码头、储油库方面加大投资。外资石化公司已经构筑了比较完整的石油炼化、油品储存和终端销售的中下游石化市场业务链条，以更加独立的方式在中国石化市场抢占一席之地。交通部数据显示，截至2006年，我国共有道路危险品货运企业近7000家，运输车辆达12万辆，从业人员超过20万人。其中，危险品运输占年货运总量的30%以上，并呈快速上升势头。

长三角地区是石化产品的生产和物流储运的重要区域。未来几年中，随着上海化工园区、南京化工园区和宁波化工园区等的崛起，以及张家港、江阴、宁波大榭、镇海等重要港口的发展，长三角地区的危险品物流需求和市场规模也将获得快速增长。为了抓住长三角经济发展为危险品物流行业带来的机遇，中国外运不断加大资本性投入，加强危险品集装箱场站建设、化工品液体储罐经营，扩大中国外运的专用液化运输船队等。2006年，中外运投资1200万美元注册成立了上海中外运化工国际物流有限公司。

在危险品物流管理上，各项制度开始出台。在上海，为加强危险品运输途中的监控，有关部门已计划在20%槽罐车上安装GPS取得成功的基础上，年内分批对全市1600多辆危险品槽罐车安装GPS装置，运用科技信息手段，预防和减少道路危险品运输事故。同时，长三角地区道路运输稽查工作联席会议确定了长三角地区道路运输稽查联动工作机制，将危险化学品运输市场的监管作为长三角地区各级运管机构运输稽查的重点，并制订了监管方案。

6. 连锁零售物流苦练“内功”

据中国连锁经营协会统计，2006年，我国连锁零售百强企业销售额超过7000亿元，占社会消费品零售总额的比例超过11%。经过几年的快速扩张，连锁零售业靠“铺摊子”求发展的道路，进入练“内功”的精细化管理阶段。顺应连锁零售业发展趋势，2006年企业开始积极规划自建物流中心，整合现有物流资源。国美和永乐合并成立的新国美集团计划在未来五年建设30个物流基地，统一协调产品分销，提升整个供应链的运作水平。2005年12月，苏宁投资5000万元的杭州物流基地投入使用；2006年2月，具有物流基地功能的苏宁爱普莱斯科技工业园在南京正式投产，总投资达15亿元。根据计划，苏宁在国内将建设15个类似的物流基地，与500个服务网点、30个客服中心形成大型现代化的物流服务网络。物美拟建一个大型的、现代化的、配合ERP系统的中央采购和配送中心，以替代在北京的三个配送中心和在天津的一个配送中心，结束原有配送中心分散的状态。以全直营为特色的苏果超市拟在五年内形成南京、徐州、合肥三大物流基地，共同为区域内1600家连锁店提供强大的货源支撑。根据中国连锁经营协会的年度调查统计，从抽样的40家企业看，平均拥有配送中心1.9个，平均面积2.6万平方米，对门店的商品统一配送率为65%。

与连锁零售企业一起快速发展的还有一批专业第三方物流企业。上海成协物流配送有限公司是沃尔玛、家乐福、麦德龙等17家大型超市400余家门店的专业配送服务商。目前已经在全国有59个办事处，开设沈阳和北京两家分公司，用专业的管理和运作服务奠定了超市配送的地位。麦德龙从2006年起将“干货和非食品采购物流”交由中外运物流，由中外运负责为锦江麦德龙上千家供应商提供转运配送业务。

7. 冷链物流还在起步阶段

目前，我国冷链物流业总体市场规模还不大，区域性特征比较强，政府对行业的引导和规划尚未出现，缺乏有影响力的、全国性的第三方冷链物流行业领袖总体来看，尚处于起步阶段。

2006年，一批冷链物流基地开始兴建。2006年11月，中外运上海冷链物流中心开业，总占地面积7万平方米，物流中心拥有六种温度分区、六个仓储区域，一个温度可调节库和一个封闭式装卸码头，同时建立了完善、高效的模数效应建造结构，能够为客户提供经济、精简、综合的一体化冷链物流服务。2006年7月，由大连港集团集发物流有限公司和美国毅都企业共同出资建造的大连毅都集发冷库及冷藏集装箱堆场项目投入试运营，改变了大连地区没有专业化国际中转功能冷库的现状，对大连港口经济的发展和东北亚航运中心的建设都将起到积极的推动作用。2006年5月，江苏天缘物流有限公司成立暨2万吨冷藏物流中心一期工程投产仪式在连云港开发区举行，该冷藏物流中心将于2008年底全部建成，届时将成为苏北地区存储容量最大的冷藏物流中心。2006年底，蒙牛集团在安徽马鞍山兴建的自动化立体冷库投入使用。我国食品零售行业也加大了冷链基地的建设。2006年初，京客隆生鲜食品配送中心正式投入使用，开始为京客隆北京160多家店铺提供生鲜食品的统一配送。上海联华、上海农工商、华润万家等企业也纷纷将企业内物流的中心偏向低温物流中心及生鲜食品加工中心。冷链物流基地的出现，改善了冷链物流发展的环境，有利于带动专业的第三方物流企业的快速起步，逐步承担起冷链物流的重任。

（五）中国区域物流的新进展

1. 港口物流统筹合作

2006年，我国规模以上港口完成货物吞吐量45.6亿吨，同比增长15.6%；集装箱吞吐量9300万标箱，同比增长23%，双双保持世界第一的位次。上海港货物吞吐量4.65亿吨，集装箱吞吐量2171万标箱，分别居世界第一位和第三位。截至2006年底，我国已经有上海港、宁波—舟山港、广州港、深圳港、天津港、秦皇岛港、青岛港、大连港、苏州港、南京港、日照港、南通港12个亿吨大港。2006年8月，国务院发布《全国沿海港口布局规划》，明确将在全国沿海港口划分5个港口群体和形成8个运输系统，将使大型港口的主体地位更加突出，增强为腹地经济服务的能力。

2006年，港口之间加快合作或联盟步伐。9月24日，来自苏浙沪16个城市的港口管理部门决定建立长三角港口管理部门合作联席会议制度。7月14日，宁波、舟山两市就继续推进港口发展达成共识，使两港一体化更进一步。8月31日，营口港和盘锦港举行合作协议签字仪式。山东省针对省内港口“多而散”、沿海港口密度大、腹地大多重合的特点，积极推进港口资源整合策略。广西区提出“泛北部湾”构想，要努力打造成中国经济增长的“第四极”，有关方案已引起国家的高度重视，区内港口资源整合进入实际推进阶段。

各地港口成为各类物流企业聚集地。许多国际大型物流企业都在港口新建或扩建转运中心或物流中心，马士基、美国总统轮船等航运企业租用港口物流仓储设施，作为开展国内物流业务的重要枢纽。国有物流企业，像中远、中海、中外运、中国货运航空、大连港集团、天津港（集团）、蛇口集装箱码头、招商局物流等全国领先的物流企业都把港口作为重要的发展基地。上海国际港务（集团）股份有限公司在完成换股吸收合并上港集箱后，公司股票10月26日在上海证券交易所挂牌交易。港口物流资源的整合，物流功能的提升，对区域经济的辐射和带动作用更加明显。

2. 物流集聚推动产业集群发展

区域经济发展出现了产业集群的趋势。产业集群要求物流集聚，物流集聚离不开产业集群。如浙江传化物流基地2006年实现营业额23亿元，吸引400余家省内外的专业运输、仓储、零担、货代等物流企业进驻，整合了30多万辆的社会车源，服务于杭州市及周边地区18000多家企业。截至2006年年底，北京空港物流基地累计吸引国内外企业190家，实现税收11.1亿元，形成了一个“临空经济”产业带。上海西北物流园区引进物流企业59家，建成7个大型配送中心，每年进出园区的货物1.98亿吨，开始承担上海“陆港”物流的主体功能。长安民生为汽车生产企业提供一体化的供应链服务，汽车零部件即时配送能力超过80万辆，汽车整车吞吐能力超过100万辆，与国内外500多家汽车制造商、原材料及零部件供应商建立了长期合作关系。物流服务的集聚，为制造业主辅分离、物流服务社会化创造了条件，二产与三产融合互动，推动了产业集群的发展。武汉高桥产业园，借助经济圈和交通枢纽优势，已经形成保税物流、口岸物流和汽车零配件物流三大物流产业集群，78家国内外知名物流企业进驻，正在打造中部物流外包基地。

3. 区域物流合作出现跨区域、跨国、跨境趋势

2006年，闽粤赣三省的13个城市建立了

物流联席会议制度，统一制定了《闽粤赣十三市物流发展总体规划》，同时构建统一的物流信息平台体系，并在物流基础设施建设、物流人才流动等方面进行合作。2006 年，长江三角洲、泛珠三角区域和环渤海地区的三大区域合作组织共同签署了《关于区域合作组织间开展工作交流与合作的协议》。这是中国三大经济圈首次签署“组织间合作协议”。继 2005 年 7 月，泛珠三角 9 省区签署《泛珠三角现代物流发展合作协议》后，区内各地政府贯彻协议精神，加快物流基础设施建设，完善以铁路、公路为主的基础设施，重点建设跨区、跨境的公路、铁路和航道的改造和扩建，形成泛珠三角水陆运输网；制定和完善促进现代物流业发展的政策措施，扩大市场准入，打破区域壁垒，促进物流在区域内快速发展，打造区域物流环境。

CEPA（紧密经济伙伴安排）实施以来，粤港积极开展跨境快速通关改革试点，两地海关不断推进陆路通关作业改革，实现了转关监管的一次申报、一次查验、一次放行的监管模式以及口岸车辆自动核放。目前，进境地口岸转关已由原先平均 20 分钟完成通过放行减少至平均 5 秒钟内由通道完成自动核放。在区域合作方面，珠三角与泛珠三角，长三角与泛长三角，环渤海地区与黄河三角，北部湾经济带，海峡西岸经济区等，物流合作开始加速。在国际上，东盟 10 + 1，中日韩自由贸易区的构想，欧亚大陆桥的建设等，也开始对中国物流格局产生影响。

（六）物流基础设施和技术装备

1. 物流业固定资产投资继续较快增长

2006 年，物流固定资产投资 1.22 万亿元，同比增长 23.4%。其中，交通运输业仍然保持了较大比重和增幅，运输供给能力持续增强；仓储业受集中开建和旧仓改造的影响，增幅最大，同比增长 29%；配送、加工、包装业等现代物流业务固定资产投资增长较快，我国物流业基础设施条件进一步改善（见表 11、图 6）。

表 11　2006 年我国物流固定资产投资统计

项　　目	数额（亿元）	比上年增长（%）	比重（%）
物流固定资产投资	12169	23.4	100
交通运输业	9775	23.3	80.3
仓储业	470	29	3.9
贸易业	1827	22.9	15.0
配送、加工、包装业	58	27	0.5
邮政业	40	5.3	0.3

2. 交通运输网络进一步完善

（1）铁路。2006 年，中国铁路建设完成投资 1553 亿元，同比增长 76%，完成新线铺轨 1040 公里、复线铺轨 997 公里，投产新线 1605 公里、复线 705 公里、电气化铁路 3960 公里。中国铁路营业总里程已达 7.66 万公里。铁路第六次大面积提速准备工作基本完成。

（2）公路。2006 年，全国全年新改建公路里程 34 万公里，其中高速公路 4460 公里。截至 2006 年年底，全国公路通车总里程达 348 万公里（包括从 2006 年纳入统计的 155 万公里村道），高速公路达 4.54 万公里。全年新改建农村公路 26 万公里，建成了 4.3 万公里全国“绿色通道”网络。

（3）水运。2006 年，沿海港口新扩建泊位 252 个，其中万吨级深水泊位 144 个，新增吞吐能力 4.95 亿吨。内河港口新增吞吐能力 6720 万吨，改善内河航道里程 521 公里。

（4）民航。2006 年，民航全行业固定资产投资总规模为 260 亿元，其中北京首都机场扩建工程以及保障 2008 年奥运会相关项目是建设的重点。

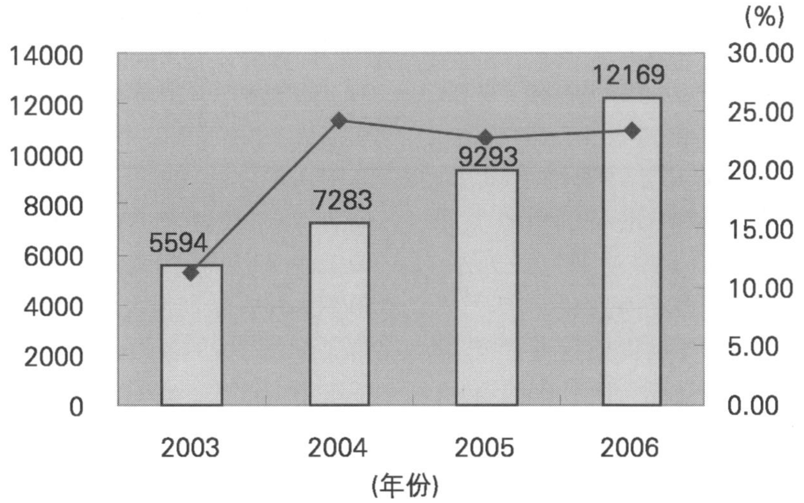

图6 2003—2006 年物流固定资产投资统计

3. 物流园区（基地、中心）首次“摸底”

2006 年，国家发展和改革委员会与中国物流与采购联合会联合对全国物流园区进行了调研。本项调查收集到的物流园区的总量为 207 个，其中已经运营的物流园区 50 个，占 24%；在建的物流园区 65 个，占 31%；规划中的物流园区 92 个，占 45%。物流园区主要分布在东部沿海经济区和南部沿海经济区，其物流园区的数量为 88 个，占到总量的 43%。在物流园区的开发过程中，政府规划、企业主导开发的物流园区有 128 个，占总量的 61%；政府规划、工业地产商主导开发的物流园区有 51 个，占 25%；企业自主开发的物流园区有 28 个，占 14%。在物流园区的投资主体中，政府提供优惠政策、企业出资建设的物流园区占 34%；政府和企业共同投资建设的物流园区占 25%；企业自己出资兴建的物流园区占 41%。从投资规模看，总投资在 1 ~ 10 亿元之间的占总量的 50%；总投资在 1 亿元以下的物流园区占 12%；总投资在 30 亿元以上的物流园区占 7%。物流园区的占地面积主要集中在 0. 1 ~ 1 平方公里之间，其数量占 47%。物流园区主要的收入来源包括库房/货场租金、配套设施租金/管理费、各种增值服务费、物业管理费和办公楼租金。规划不充分和征地困难成为物流园区建设发展过程中遇到的最大阻力，多数物流园区进行了信息化建设和提供信息化服务。

4. 物流技术与装备更新换代

（1）工业车辆。据统计，2006 年上半年，国内机动工业车辆销量为 49894 台，与 2005 年同期相比增长了 34. 04%。非机动工业车辆销量为 698612 台，与 2005 年同期相比增长了 25. 56%。2006 年全年机动工业车辆销量已突破 10 万台。机动工业车销量前六位的企业是：安徽叉车集团公司、浙江杭叉工程机械股份有限公司、台励福机器设备（青岛）有限公司、林德（中国）叉车有限公司、大连叉车有限责任公司和北京现代京城工程机械有限公司。从销售区域来看，沿海地区和经济发达地区市场销售情况较好。

（2）托盘。据中国物流与采购联合会托盘专业委员会分析，2006 年，我国托盘总产量 2640 万片，同比增长 5. 22%；实现产值 37. 27 亿元，同比增长 19. 95%。托盘市场逐步向规模化发展，并开始重视新技术、新材料、新工艺的开发和利用。目前，国内托盘市场仍以木托盘占主导地位，但总产量呈下降趋势；塑料托盘继续保持较高的增长比例，内置钢嵌件技术的应用带动了全行业产品的升级换代；金属材料托盘的增长是2006年托盘市场的亮点，带有上部结构的金属托盘应用于高端的汽车、乳制品和造纸行业，更成为增长的重点。同时，中国托盘共用系统启动了前期筹备工作，预计2007年上半年开始实质性操作。

（3）货架行业。2006年货架行业总产量约为24万吨，产值约22亿元，比2005年增长三成多。货架需求行业面广泛，尤其是汽车、家电、图书、医药、零售、食品和冷冻冷藏等行业发展较快。80%新建的自动化立体库货架高度都在20米左右，焊接式货架应用不断减少，组合式货架已成为高层货架的主导结构。

（4）自动化立体仓库。据不完全统计，截至2006年年底，全国自动化立体库的保有量已超过500座。2006年建设的自动化立体库在80座以上，主要集中在机械制造、汽车、烟草、食品加工、服装生产、医药生产及流通等行业。

（5）输送分拣设备。2006年，输送分拣设备的需求仍持续增长，一些国外物流系统及设备供应商逐渐在中国站稳脚跟。2006年，范德兰德、大福、村田等国际知名物流企业均取得了较好的业绩。

（七）中国物流信息化的新进展

1. 企业物流信息化向纵深发展

2006年，我国企业的物流信息化建设步入快速通道。一部分信息化基础比较好的企业已经不满足于简单的信息应用，开始考虑借助信息化实现业务流程优化与再造。这些优化通常集中在几个最能产生效益的环节，比如仓储管理、运输管理、订单管理等局部环节。信息化建设达到这一阶段的通常是少数发展较好的行业，如钢铁、医疗、电子、烟草、石化、零售等。通钢集团对40多个分厂的仓库进行了统一管理，库存资金占用初始就降低了近7000万元。伊利集团通过建立代理点—子公司—事业部—总部的分销管理系统后，由事后控制变为过程控制，大大降低了运营成本，仅产品过期损失一项就从百万元级降低到了十万元级。苏宁在整合后效益凸显：配送时间由过去的平均4小时缩短到90分钟，仓库总面积减少40%，库存周转率提高60%，人力成本下降50%～60%；资金占用率下降40%，一年节省物流费用3000多万元。目前，将孤立的信息系统整合起来，形成系统化的物流综合管理平台的企业仍然较少。

2. 物流信息产品供应商逐步成熟

2006年，以ERP为代表的行业应用市场正进入全盛时期。据易观国际发布的数据显示，2006年中国ERP软件市场规模约为41亿元人民币，比2005年增长16.38%，约占全球ERP市场份额的2%。国内管理软件企业的快速崛起，主要源于亚太地区中小企业ERP应用的迅猛发展及中国企业信息化应用进入了新的需求阶段，一批物流信息化供应商快速成熟。伴随着物流活动和物流管理的复杂程度的不断提高，物流信息化供应商不断更新产品和服务，满足客户需求。时力科技的ForLIS物流信息系统，旨在帮助企业建立高效运作的物流信息化平台，从而有效提高企业的生产效率，降低运营与管理成本。ForLIS物流信息系统先后为中国物资储运总公司、中国储备棉管理总公司、西南物流中心及山西太铁联合物流有限公司等成功构建物流管理信息系统和企业物流信息化平台。博科MySCM系列产品的运用，使企业物流供应链策略部署不再遭遇软硬件的禁锢，能够提供诸如离线操作等功能，实现人机良好交互。中石油、小松（中国）、光明乳业、广西玉柴、湖南白沙、上海铁联、全方物流等多家企业的成功运用大大提高了业务数据交换效率，单票业务处理时间缩短、单证准确率提高、降低了重复劳动、提高了服务质量，还能够实时控制业务状态、统一控制公司各部门及分支机构、缩减运营成本。

3. 公共信息平台进入应用阶段

2006 年，公共信息平台建设在政府的大力支持和推进下，进入实际应用阶段，取得了良好的社会效益和经济效益。

（1）国家级物流综合信息平台建设取得突破。2006 年，国家科技攻关项目“物流综合信息平台的研究开发及互联技术的研究开发及应用示范”，通过专家组验收。该课题以国家、行业、区域和企业公共物流信息服务的应用需求为中心，最终达到提高物流基础信息资源管理的社会性、集约性、协同性和有效性的目的。在珠三角区域进行物流信息平台互联应用示范，实现了多种业务的互联模式，满足了企业与政府、企业与企业、不同政府部门之间的信息共享。

（2）行政性垂直平台稳步推进。从 2006 年开始实施的中国电子口岸建设，正在快速进入实际应用阶段，取得了良好的社会效益。截至 2006 年底，我国电子口岸已经实现了发改委、公安、商务、铁道、海关、税务、工商、质检、环保、外汇、贸促会等 11 个部门，香港工贸署和澳门经济局，以及 13 家商业银行的联网，应用项目达 32 个，入网企业达 23 万家。地方电子口岸则共有上海、宁波、广州等 19 个平台已上线运行。电子口岸已逐步发展成为一个跨部门、跨地区、跨行业，集口岸通关执法管理及物流服务为一体的大通关统一信息平台。

（3）行业物流信息化平台建设开始出现。2006 年，宝钢全资子公司东方钢铁电子商务有限公司在原钢铁信息门户网站的基础上，面向行业，面向社会推出了全国首家钢材电子现货交易平台——东方钢铁在线。此前，广东乐从、浙江杭州、上海、北京等国内多家钢铁供应链服务商竞相向钢铁电子现货交易进军，未来信息化的钢铁供应链在整个行业的推动下将加快实现。

（4）物流枢纽信息平台建设取得实效。2006 年年底，天津港综合物流信息服务系统通过专家评审，开始正式运行。通过该服务平台的建设，与港口有关的政府部门可以履行行政管理职能，加速了口岸贸易的通关速度、物流速度。今后平台将进一步优化和整合港口、船公司、船代、检验检疫局、海关、海事局等用户的信息资源，建立“一站式”对外信息服务窗口。2006 年，广州市经贸委支持建设的商务领航泛珠三角物流信息平台启用，广州市已有 300 多家大中型物流企业加盟该平台，物流企业可实施跨区域的即时管理。

4. 电子标签（RFID）的应用取得实质性进展

RFID 国家标准工作组正式成立后，RFID 发展步入标准化、规范化的轨道。2006 年 6 月，作为国家 RFID 产业政策的《中国 RFID 技术政策白皮书》（简称《白皮书》）正式出台，更加明确了中国 RFID 的发展路线。2006 年 12 月，关于 RFID 动物应用的推荐性国家标准《动物射频识别代码结构》正式实施。RFID 在物流中的应用，已在一些区域、领域中展开。国内企业对 RFID 的应用，大部分集中在物流管理以及仓储环节。杭州卷烟厂就在立体仓库中应用 RFID 技术，在托盘上安装了 RFID 标签，用以提高整个仓库的运作效率。上汽集团已将 RFID 应用于一条汽车制造生产线的质量追踪，上海至深圳的内贸集装箱管理的 RFID 工程也将完成。由于受标准和成本制约，RFID 在物流领域仍处于启动阶段。随着技术的成熟、成本的下降，特别是创新性应用模式的出现，RFID 技术在我国物流领域将会有长足发展。

5. 无线与移动技术显示出广阔前景

山东胜通物流有限公司接受了山东移动提出的以“GPS 定位配载”为主体的一系列信息化解决方案，2006 年，胜通物流已经有安装 GPS 车辆监控软件的配载用户 2000 多个，每天为用户提供有效的货源和车源信息达15000多条，其业务覆盖烟台、青岛等山东省10多个地市及东三省部分地区，日均发送短信量达3万条，仅GPS定位短信业务平均月收入可超过3万元，新业务收入占到了业务总收入的50%。中国长航引进了一套船舶监控调度系统。船舶上的船载终端内置有GPRS/GPS模块，通过接收GPS信号实现自身定位，并通过GPRS方式实时上传至中国长航调度中心。调度中心在接收到船舶定位信息后，立即显示在GIS电子地图上，方便工作人员进行生产调度。2006年6月，江门市汽运集团安装使用了江门移动的GPS车辆定位与实时报警系统，各类安装车辆达到273辆，开通SIM卡数量达到1300张，每张SIM卡使用GPS系统产生的GPRS流量达到30兆/月。系统经过4个多月的正常运行，汽运集团感得到了移动信息化带来的效益。

（八）中国物流行业基础性工作的新进展

1. 物流统计工作全面展开

我国物流统计工作在国家和地方两个层面都取得了较快发展。2006年4月，国家发改委发布《国家发展和改革委关于组织实施社会物流统计核算和报表制度的通知》，通知决定，自2006年起将社会物流统计核算试行制度转为正式制度。中国物流与采购联合会作为受委托单位，顺利完成了2006年度全国物流运行情况统计工作。2006年9月，国家发改委、国家统计局和中国物流与采购联合会召开了全国物流统计工作会议，地方物流统计核算制度与各地物流统计信息联系制度开始建立。2006年，国家发改委、国家统计局、中国物流与采购联合会三方联合进行了“全国重点企业物流统计调查”，调查对我国物流状况进行了结构分析，为各级政府部门制定现代物流业发展政策和战略规划、加强和改善宏观调控提供依据。以企业调查为基础，按照国际通行做法，根据主营业务收入排名，评选出了“2006年中国最具竞争力50强物流企业”。制造业采购经理指数（PMI）运行一年来，开始得到社会各方面认可，服务业采购经理人指数开始酝酿。2006年7月6日，中国物流与采购联合会与汇通天下信息技术有限公司首次联合推出了“全国普通货物运价指数”，指数由全国360条公路运输线路上的市场价格汇总而成，由综合指数、整车指数、零担重货指数和零担轻货指数构成。

2. 物流标准工作有序推进

在国家标准委的统一部署下，依据《物流标准2005—2010年发展规划》，一批标准完成制修订。《物流术语》、《企业物流成本构成与计算》、《联运通用平托盘 主要尺寸及公差》、《物流中心作业通用规范》等基础性标准颁布；涉及汽车物流、仓储作业的8项行业标准已报发改委审批。依据《物流企业分类与评估指标》，经评估确认，已向社会公布了3批共132家3A级以上物流企业。

3. 物流教育和培训工作齐头并进

学历教育和职业培训是加快物流人才培养的两条主要途径。学历教育方面，目前，全国开设物流专业的本科院校已发展到250多所，高职、高专480所，中等职业学校突破1000所，硕士研究生和博士研究生培养院校超过100所，上述接受物流学历教育的人数近50万人。继2005年教育部成立中等职业教育物流专业教学指导委员会后，2006年教育部又在中国物流与采购联合会成立了高等学校物流类专业教学指导委员会和秘书处，全面开展物流专业教学指导工作，物流学科体系建设开始起步。

职业培训方面，我国物流师职业资格培训工作进展较快。到目前，已在全国30个省区市设立了180个物流师职业资格培训中心和33个考试中心，已有4.2万人参加了物流师职业资格培训，其中2.8万人分别取得了初级、中级和高级资格证书。从2005年下半年起，联合会与世界贸易组织合作，启动了ITC全球采购与供应链管理国际认证和国内采购师资格认证，已有2000余人通过认证。与日本海外研修者协会合作，组织了200多名国内物流业高级管理人员和院校专家赴日本研修。许多行业协会、地方政府和企业分别开展多种形式、不同层次的人才培训，我国物流人才严重短缺的局面有所缓解。

4. “中国物流示范基地”和“中国物流实验基地”继续增加

从2001年开始，中国物流与采购联合会在行业内组织评审“中国物流示范基地”和“中国物流实验基地”，总结推广优秀物流企业的先进经验，树立“行业标杆”。2006年，经企业自愿申请，专家委员会评审，中国物流与采购联合会命名中邮物流有限责任公司、山东盖家沟国际物流有限公司、北京空港物流基地开发中心、中铁现代物流科技股份有限公司、浙江传化物流基地有限公司、上海现代物流投资发展有限公司等6家企业为“中国物流示范基地”；郑州交通运输集团有限责任公司、惠州市金泽国际物流园区管理有限公司等2家企业为“中国物流实验基地”。截至2006年年底，已经有“中国物流示范基地”15个，“中国物流实验基地”18个。

5. 物流学术理论研究进一步深入

中国物流学会召开的“中国物流学术年会”是国内物流领域最具影响的物流学术会议。在2006年召开的第五次年会上，收到参评论文512篇，其中130篇获奖，包括一等奖9篇，二等奖23篇，三等奖32篇，优秀奖66篇。“中国物流学术年会”正在成为广泛团结专家学者和实际工作者，深入开展物流学术理论研究和实践经验推广的重要平台，在业内的影响力越来越大。继获得好评后，学会又推出了《中国物流学术前沿报告》（2006—2007），收入优秀物流论文60余篇。首次设立的“中国物流学会研究课题”2006年收到43份结题报告，18个报告获奖。由中国物流学会牵头组建的“全国物流研究机构协作网”已有50多个成员单位，首批聘任了91名特约研究员。

6. 物流科技工作稳步推进

中国物流与采购联合会科学技术奖是经国家科技部批准，全国物流与采购行业科学技术的最高奖项。2006年共有20个项目获奖，其中科技进步奖19项（一等奖4项，二等奖7项，三等奖8项），科技发明奖1项（三等奖）。

“宝供物流奖”是宝供物流企业集团与中国物流与采购联合会合作，在中国物流发展专项基金项下设立的奖项。2006年宝供物流奖共评出一等奖4名、二等奖5名、三等奖4名并评出获得宝供物流奖学金的20名学生。

三、2006年中国物流业发展中存在的主要问题

2006年，中国物流业继续保持了稳定快速增长的局面，许多方面有实质性推进，但依然存在不少问题。主要有：供需结构性矛盾比较突出、地区和行业发展不平衡、物流市场欠规范和政策环境需要进一步改善。总体来看，我国物流业发展仍然处于初级阶段，粗放式经营的格局还没有从根本上改变，影响物流发展的体制性因素还需要通过深化改革来解决。

（一）社会化物流的有效需求不足和适应企业需要的物流供应服务能力不够的结构性矛盾同时存在

物流业作为生产性服务业，必须以生产性需求为支撑。社会化物流的发展，依赖于专业化物流需求的释放。随着经济快速发展和市场竞争加剧，现代物流理念在制造业和流通业开始受到重视，许多企业实施流程再造，分离外包物流业务，在降低企业物流成本的同时，也推动了专业物流的发展。但仍有许多部门、行业和企业“大而全”、“小而全”的运行模式尚

未完全打破，企业自备物流设施，自我服务还占有很大比重。

据《2006年全国重点企业物流统计调查报告》显示，2005年制造业重点企业中，内资企业平均使用仓储面积14.1万平方米，平均自有仓储面积8.2万平方米，租用仓储面积5.9万平方米，分别是外资企业的4.9倍、3.4倍和12.3倍。内资企业货运车辆平均拥有量为66辆，装卸设备38台，分别是同期外资企业的3.7倍和1.5倍。据有关部门调查，在工业企业中，36%和46%的原材料物流由企业自身和供方企业承担，而由第三方物流企业承担的仅为18%；产品销售物流中由企业自理、用户自理与第三方物流企业共同承担的比例分别为24.1%和59.8%，而由第三方物流企业承担的仅为16.1%。在商业企业中，由企业自理和供货方承担物流活动的分别为76.5%和17.6%。这种以自我服务为主的物流模式在很大程度上抑制了工商企业对专业化、社会化物流服务需求的产生和发展。

物流有效需求不足和物流供应服务能力不够，是互为因果、相辅相成的关系。企业物流服务快速释放，需要相应的社会物流来承接。但目前，我国第三方物流企业的规模普遍较小，能够提供全国性、一体化物流服务的企业还不多；专业化物流的素质较低，一些高端需求、特殊需求还无法得到满足。造成这种状况的原因，有物流企业起步时间较短，服务理念不强，整合社会资源的能力不够等主观原因，也有制造业、商贸业等集约化程度与管理水平的问题，市场的发育需要一个成熟的过程，还有体制和政策环境的制约。如由于地方保护主义尚未消除，物流企业的网络化建设在一些地方受到限制；按业务环节计征营业税，对一体化服务，一票到底的物流业务形成障碍；物流业增值服务少，运输和仓储运作成本高、特别是公路货运竞争环境恶化，物流企业特别是运输型物流企业经营更趋困难。

（二）地区之间、行业之间物流发展不平衡的问题还比较突出

中西部地区物流发展滞后于东部沿海地区。中国外向型经济的特点首先带动了东部地区的快速发展，珠三角、长三角和环渤海地区等率先成为产业集群和物流集聚的地区。据《全国物流园区调查报告》显示，物流园区作为重要的物流基础设施，主要分布在沿海经济区域，其中东部沿海经济区占26%，南部沿海经济区占17%，北部沿海经济区占14%，三地合计占57%。东北经济区占10%，黄河中游经济区占10%，西南经济区占9%，长江中游经济区占到8%，西北经济区占到6%。随着区域协调发展战略的实施和东部地区比较优势减弱，东部劳动密集型产业向中西部规模型转移的序幕已经拉开。据商务部预计，未来三年将有1万家左右境外和东部地区的企业到中西部地区投资、采购、开展经营协作，东部地区将承接国际新一轮服务业转移，一个全新的区域产业分工版图将要形成。但中西部区域物流发展远远落后于东部沿海区域，将会制约区域经济顺利承接产业转移的速度。

传统行业物流发展滞后于新兴行业。中国社会经济各行业起步阶段和发展速度不同，一批高新技术产业的兴起带动了高端物流的快速发展。汽车、电子、IT等行业已经成为全球配置资源型行业，对物流特别是供应链协调发展的要求远远高于其他行业。一批外资物流企业“跟随”全球性客户进入中国，带来了相关行业物流管理模式的变革。但在一些传统的能源、原材料行业，现代物流虽有发展，但速度和质量明显慢于新兴行业。从产业链条来看，越是上游的企业和产品，物流改造的速度越慢；越是接近市场和客户的下游产品和企业，物流发展的速度越快。这是由产业发展的需要所决定的，但是这种快慢不均的发展速度长期存在下去，必然影响到物流系统的运作效率。

供应物流、生产物流发展滞后于销售物

流。从各个物流环节的发展来看，最初是从销售物流起步，如连锁零售物流、汽车整车物流等。随着市场竞争加剧，企业的物流需求，必然要求供应物流、生产物流同销售物流相匹配。但目前，许多企业自营比例最高的是生产物流，其次是供应物流，影响到整个供应链效率的提高。从物流服务的功能和手段来看，目前，低端的公路货运、简单仓储和货代等物流服务手段仍然是我国物流市场的主要模式。流通加工、包装、信息服务、物流金融等物流服务手段还处于初级阶段，还有许多适应不同客户个性化服务需求的物流模式还有待于开发，一体化物流服务的差距和潜力也是比较大的。

（三）物流服务市场发育不够，地方保护和不正当竞争的问题亟待解决

目前，我国物流服务市场发育还不够完善，地方保护和不正当竞争的问题亟待解决。规模化经营、网络化发展是物流企业的基本要求，各地不符合物流发展的“土政策”需要进一步清理整顿。有的地方规定，物流企业设立分支机构要在当地找“挂靠单位”，必须进入指定经营地点，硬性规定车辆台数，不分企业状况缴纳押金等。许多地方出于地方利益考虑，要求物流连锁经营单位在当地重新登记注册，不允许注册非独立核算的分支机构，严重制约了全国性物流企业的集团化与规模化进程。一些地方对过境车辆乱罚款、乱收费问题还没有得到彻底解决。

诚信度缺失对行业整体形象造成损害。2006 年，一些地区频发“公路货运蒸发”事件，导致整个行业的诚信危机。2006 年 4 月初，短短几天，位于长春市珠江路的六家公路货运企业相继“蒸发”，牵涉的货款达几千万元。其他许多地方也连续发生多起较大规模的公路货运企业逃款事件。一些企业打着“低价”的旗号，挪用代收货款进行投机活动，一旦资金链断裂，就“一走了之”。由于近几年不断发生类似事件，引起了社会上对物流行业整体信用情况的普遍担忧。

不正当竞争扰乱了正常的市场经营秩序。如企业间的恶性竞争、打“价格战”；招标中的不规范、“暗箱操作”等问题也比较严重；甚至有的地方黑恶势力介入物流市场，垄断物流业务。

（四）已出台政策措施需要进一步落实，体制和政策环境需要进一步完善

2004 年，国家发改委等九部门出台《关于促进我国现代物流业发展的意见》，2005 年，全国现代物流工作部际联席会议建立，开始探索我国物流管理体制和政策方面的创新。经过两年多努力，对一些企业反映比较集中的问题提出了解决的办法，许多方面有实质性推进，但与我国物流产业快速发展的形势要求还有一定差距。主要是九部门提出的政策措施，有的还没有落到实处；随着形势的发展，还有一些新的问题需要协调解决。

物流业发展的政策环境问题，从长远来看，应该从经济协调发展的角度考虑，形成相应的产业政策体系；把国家物流产业政策落实到经济管理的各个层面，并在此基础上为物流立法创造条件。近期，要着重解决影响物流业发展的几个紧迫问题：

一是国家缺乏统一的物流规划。在国家一级铁路、公路、民航、水运和管道多种运输方式的规划与管理分属不同部门，各自都在搞线路和节点建设规划，缺乏有机联系。在地方，各地根据自身需要做出物流规划，缺乏有效衔接。由于国家层面物流规划的缺位，已经出现了区域之间重复投资，同质化竞争的趋势。

二是税收方面的问题需要进一步研究解决。主要有：一些集团型物流企业的分支机构，因为没有运输车辆而未取得自开票纳税人资格，还是享受不到这一政策；按照车辆运力核定最高收入额，整合社会车辆的抵扣问题无法操作；仓库租赁费支出还不能扣除；试点企业“所属企业”的界定还不够明确。尽管国家税总出台国税函［2006］270号文，规定物流企业在同一省、自治区、直辖市范围内设立的跨区域机构（包括场所、网点），符合条件的，可以不就地缴纳企业所得税。”但与物流企业跨省区经营的实际情况，还有相当距离。我国的税收政策延续了分业务环节、分区域计征的传统思路，人为分割了现代物流的产业链条，不利于物流业发展。从长远来看，需要通盘考虑。比如，按照增值税的方式计征物流企业营业税，解决物流业务外包中的重复纳税问题，鼓励企业整合利用社会资源；条件成熟时，进一步扩大物流企业试点范围；研究设立适应物流业务需要的专用发票，实行更加有利于物流业发展的税收政策。

三是配送车辆进城通行停靠及干线公路货运的问题。相当部分城市的物流企业送货车辆进城配送需要货车通行证，通行证的发放和货运车辆进城没有统一明确的标准，从正规渠道远远无法满足需要，要么花“黑钱”从非正规渠道购买，要么以客车违法装货，承担着安全和罚款的风险。高速公路通行费及过路过桥费收费标准仍然偏高，国家对于集装箱运输车辆通行费的优惠政策在部分地区不能落实，造成部分区域的高速公路运能闲置。走普通公路不仅长距离干线公路运输能耗高，环境污染问题严重；还会遇到乱收费、乱罚款等问题，货物的安全也存在很大隐患。部分地区仍然存在着较为严重的公路“三乱”问题。有的物流企业甚至因为本公司的车体形象标识遭到罚款。

四是物流企业“走出去”没有相应的配套政策。随着我国的企业、产品和对外投资“走出去”，物流企业也在“往出走”，但缺乏相应的政策配套，如外汇结算、税收征管以及与当地法律的衔接问题等。要研究物流企业“走出去”遇到的实际问题，修改现行制度和办法，制定鼓励我国物流企业“走出去”的相关政策措施。

五是一些个别行业的具体问题。快递行业是近年发展起来的新兴行业，仅民营快递行业年营业规模已达100亿元，容纳了近百万人就业。但没有明确的管理部门、缺乏具体的扶持政策，自身管理和经营环境都存在不少问题。汽车整车物流行业已有运输车辆1.5万辆，其中83%的轿车是由公路运输完成的。但95%在用的轿车运输车都超过了现行标准规定的长度，整个汽车物流行业难以正常运行。要重视与研究具体行业的具体问题，制定和实施具体的扶持政策。

四、2007年中国物流发展展望

2007年，是深入贯彻落实科学发展观、积极推进经济又好又快发展战略，加快构建社会主义和谐社会的重要一年，我国现代物流业将会继续保持平稳较快的发展势头。初步预计，2007年，社会物流需求规模增长不会低于15%；物流业增加值预计增长10%以上，占全部服务业的比重进一步提升；社会物流总费用规模增长将达11%左右，与GDP的比率还会有所下降，物流业整体运行的质量和效益将好于2006年。有这样几个趋势值得关注：

（一）经济又好又快发展对物流业提出了新的更高要求

“又好又快”，是2007年我国经济发展的总体要求，对现代物流业既是机遇也是挑战。着力调整经济结构，就是要增加服务业比重。作为重要的生产性服务业，物流业的发展必须快于服务业和GDP增长速度；转变经济增长方式，必须转变传统的物流运作模式，大力发展专业化、社会化的物流服务；发展现代农业和推进社会主义新农村建设，必须构建适应农业产业化经营，保障农民持续增收的物流体系；进一步推动区域经济协调发展，必须加强区域物流体系建设和区域物流合作；大力抓好节能降耗、保护环境和节约集约用地，必须整合各类物流资源，推行“绿色物流”，实现可持续发展。物流业是基础性、先导性产业，涉及国民经济的方方面面，物流业发展必须走在经济又好又快发展的前面，为“又好又快”提供支撑和保障。

（二）物流业发展的总体规模将继续扩大

2007年，我国经济将会继续保持平稳较快发展。国务院提出的预期性、指导性目标是，在优化结构、提高效益和降低消耗、保护环境的基础上，国内生产总值增长8%左右。国外机构普遍预计2007年中国GDP增长将达10%左右；国内权威机构也认为，未来几年中国经济增速将保持在9%以上。经济的强劲发展，必将带动与物流业相关的经济指标，如工业增加值、固定资产投资、社会消费品零售总额、生产资料销售额和进出口总额进一步增长。2007年，也是北京奥运会召开的前一年，场馆建设、设备安装、相关资料物品的到位，也会带动物流量的增加。各地区、各部门“十一五”规划在2006年出台以后，2007年是落实的重要年份，经济发展和基础设施建设的“冲动”不会减弱。所有这些，都会带来大量的物流需求。在强劲的需求推动下，2007年我国社会物流总额增长幅度，保守估计也不会低于15%。

（三）物流业发展的结构将进一步调整优化

结构调整，是2007年我国经济发展的重要内容，也是物流业发展的趋势。从行业物流发展来看，钢铁、粮食、煤炭、石化、汽车、建材等基础性原材料以及重点生产制造行业物流运作模式的转型将开始加速，农业和农村物流将更加受到重视，军地物流一体化、军事物流社会化将继续推进，从而带动社会物流整体水平的提升。从区域物流发展来看，随着各地具体政策的落实，区域物流合作开始从物流基础设施、道路交通等基础性物流资源整合向物流信息平台、物流政策体系、人员联网管理等更具实际价值的物流资源联动发展方向延伸；枢纽港口和产业集群的辐射和带动作用更加明显，几个大的物流节点将发挥更大作用；随着产业梯度转移，物流服务由东向西、由城入乡的趋势开始出现；跨国、跨境的物流合作，如东盟—中国、东北亚和新亚欧大陆桥等物流合作进一步加强，适应区域经济协调发展的物流新格局逐步成形。

（四）物流业发展的速度、质量和效益将趋于协调

随着物流市场的不断开放，外资物流企业在国内并购重组速度加快，更多地参与对国内企业的物流服务。国内物流企业积极应对，加快资源整合和业务创新，物流企业的集中度将进一步提高。从物流运作环节来看，在销售物流进一步细分的基础上，物流业更多地进入供应物流、生产物流和回收物流，加紧向制造业渗透，一体化的物流服务将有较快发展。从具体的品种来看，食品物流、药品物流、冷链物流、危险化学品物流等直接关系民生和社会安全的品种，将会加强监管的力度，但仍有较大发展的空间。从物流功能环节来看，配送、包装、加工、信息服务等发展速度快于运输和仓储等传统服务。从物流企业的运作模式来看，有明确市场定位，有自身经营特色，能够提供一体化服务的企业，将获得更大市场份额，业务创新和增值服务成为物流企业主要的竞争手段。物流企业供应服务能力的提高，将促使生产制造和商贸流通企业分离外包物流业务，物流供需不平衡的矛盾趋于缓解。预计2007年现代物流业占全部服务业的比重将进一步提高，社会物流总费用与GDP的比率还会继续降低。

（五）物流业基础设施建设和行业基础工作将更加完善

2007年，公路“五纵七横”国道主干线系统建设已进入收尾阶段，铁路、民航、水运、管道等基础设施建设进一步加快，我国综合交通运输体系趋于完善。各地物流园区的建设更为理性，一批适应不同需要的专业物流园区开工建设，一些功能健全、定位明确的物流园区发挥重要作用，物流网络组织节点开始形成。企业内部的信息整合将会加速，企业供应链上下游之间的信息平台将会逐步建立，传统商务和电子商务并行、互补，成为新的增长点。RFID、无线与移动技术等新的信息技术随着标准的推出和成本的降低将在物流领域更多地得到应用。物流标准化将会稳步推进，物流统计信息体系逐步完善，物流学科体系建设提到议事日程，物流教育培训将更加注重质量，物流理论研究和科技创新将有新的进展。

（六）物流业更加开放带来新的挑战

我国对外贸易已经跃居世界第三位，并将继续保持高速增长。在国际经济一体化的进程中，越来越多的跨国公司把采购中心、物流中心建在中国，中国已成为全球供应链体系的重要组成部分。国际著名物流企业不仅在中国布点立足，而且迅速深入中国国内市场，建立自身的网络体系。这一趋势会促进我国物流业加快成熟，也会带来新的挑战。特别值得关注的：一是国内企业如何应变，如何做强做大、更加规范化，不仅能够在国内市场与外企竞争，还能够“走出去”，参与国际化的竞争；二是国内相关政府部门如何应对，既要稳步改革监管体制，适应现代物流业发展的要求和对WTO的承诺，又要建立起适应中国国情的监管体系，以保障国家经济安全的根本利益。

（七）物流业发展将迎来更为有利的政策环境

继国家“十一五”规划确立现代物流的产业地位以后，国务院于2007年3月发布《关于加快发展服务业的若干意见》（以下简称《意见》）。《意见》指出，“优先发展运输业，提升物流的专业化、社会化水平，大力发展第三方物流”。温家宝总理在2007年的《政府工作报告》中提出，“尤其要发展物流、金融、信息、咨询、旅游、社区服务等现代服务业”，把“物流”摆在现代服务业的突出位置。这表明国家和政府决策层推动现代物流发展的思路更加清晰。全国现代物流工作部际联席会议连续几年运转，推动物流业发展的合力正在形成，许多政策措施进入具体实施阶段。全国现代物流业发展专项规划经过几年酝酿，预计2007年出台。各级地方政府都把物流业发展纳入当地“十一五”规划，普遍建立了综合协调推进机制，制定出台了具体的政策措施，物流业发展的政策环境在2007年将更为宽松。

（审稿：戴定一　撰稿：贺登才　资料整理：周志成）

2006 年国际物流业

美国物流与供应链管理八大趋势

美国物流协会更名为供应链管理专业协会之后，供应链管理流程、绩效考量、采购、运输、仓储、库存管理、全球物流、物流外包等方面，继续成为国际物流业中的热点问题。2006—2007 年的走势，反映了全球物流向供应链全面转型、供应链管理框架体系已经成熟的现实，国际物流发展的全球视角凸显，区域物流发展得到了重视，新兴市场、特别是中国市场得到了国外物流业越来越多的关注。本文结合美国供应链管理专业协会（CSCMP）、美国仓储教育研究会（WERC）在第三届美国供应链管理专业协会（CSCMP）中国年会的参会记录，对这些趋势进行了总结。

（一）趋势之一：供应链管理成为主流趋势

自 2005 年 1 月 1 日，有 40 多年历史的美国物流管理协会（CLM）更名为美国供应链管理专业协会（CSCMP），标志着全球物流进入供应链时代。从物流到供应链，是物流产业发展从量变到质变的必然过程。按照美国供应链管理专业协会的定义，供应链管理是物流管理的深度和广度的扩展，是联系企业内部和企业之间所有物流活动和所有商业活动的集成。

2005 年，美国供应链管理专业协会，邀请了 50 家在全球物流与供应链领域有影响的机构，共同编制了《供应链管理流程标准》，从计划、采购、制造、交付、回收和执行六个方面，为生产制造业和物流企业，提供标准化的操作指引，供应链流程标准进入实施应用阶段。企业首先要知道如何应用 CSCMP 流程标准自我测评。自我测评是评估企业供应链优势和劣势的方法论，涉及如何说服管理层把握重点，如何通过评估引起高管的重视，提高核心流程是提高供应链绩效的关键。

2006—2007 年物流界关注的重心，是将传统的物流环节，纳入到供应链的框架之内。对零售、仓储、运输等物流环节的作用的认识，要从零售在供应链中的角色、仓储与供应链相关问题、运输在供应链中的角色等角度进行认识。

供应链管理，将在未来相当一段时期内，成为主流趋势，供应链管理的流程、绩效、考量标准、技术手段、企业战略等问题，将会成为业界研究和讨论的重点问题。

（二）趋势之二：供应链管理全球化

2006—2007 年对供应链管理的讨论，扩展到全球范畴，体现了全球供应链视角，也体现在美国供应链管理协会的全球化视野。供应链管理呈现明显的国际化趋势，中国、印度、非洲等新兴市场得到关注。

2006年美国供应链管理专业协会年会的主题，出现了更多的以“全球”、“国际”开头的标题。这不是一种表象，而是真正的内容。比如说，对运输的讨论，以前大都集中在运输管理、技术与设备、人力资源、客户关系、管理软件等方面，较少涉及国际物流的问题。2006—2007年，业界关注的运输的全球视角问题，较多涉及国际运输、跨经运输、不同区域、不同国家的运输问题。

与全球化视角相呼应，是物流界对新兴市场关注的兴趣，主流的物流企业，开始关注拉丁美洲（巴西、墨西哥）、中东（迪拜）、印度、中国、非洲等区域新兴物流市场。

对中国物流的关注持续升温。根据2006年美国供应链管理协会《第三方物流产业调查报告》，美国物流企业将发展中国物流业务作为首选。越来越多的跨国公司或美国本土公司，关注中国的第三方物流战略、中国与各国的联系、全球物流外包如何链接中国、如何与中国开展全球供应链协作等问题。

（三）趋势之三：供应链管理技术应用

供应链管理技术的应用，反映了物流产业的创新能力。最新出现的管理手段，被迅速地应用到了物流领域。

精益供应链，就是将精益的概念应用到物流与供应链，控制流程的变异，把握流程质量，在近些年已经形成了完善的体系。美国供应链管理专业协会2006年推出了精益6西格玛物流认证体系，年会设立专门的分会，讲解项目的作用与实施。此外，相关的题目，包括支持精益企业的可回收包装系统、紧密整合供应链的成功、越库——精益整合供应链的核心、MRP与精益——“朋友还是敌人?”等专题。

供应链考量一直是近些年的热门话题。企业实施供应链的绩效，存在多方面的指标，不仅限于将企业的财务指标与流程标准挂钩，最新的研究，还涉及单一企业的绩效对供应链上下游企业的影响联系起来形成供应链绩效。

对供应链绩效问题的探讨，还涉及以指标支持供应链战略、服装供应链指标；SCOR的指标；绩效考量标杆的指标、零售供应链指标、高科技绩效指标等。其中，米其林的绩效指标成为一个典型的案例。

（四）趋势之四：美国汽车运输业面临严峻挑战，铁路运输需求持续上升

对美国大多数汽车运输公司来说，现阶段最严峻的挑战是生存问题。美国运输业总体发展呈现陆路运输偏软、铁路运输增长的态势。参加年会运输专题讨论的三个运输公司、一个快递公司的总裁一致认为，由于运力过剩、道路拥挤、油价上涨、司机短缺，美国运输业在可以预见的将来，正面临更多的挑战。

2000年以来，美国约有1300家运输公司倒闭，整车与零担运输价格偏软，发货人利用价格手段，压低承运人的运费，但承运人也警告发货人，不能一味压低运价。

陆路运输偏软的主要原因是陆路运输投资回报率低，司机短缺。美国目前约缺少11万名卡车司机。为吸引和留住司机，很多公司采取了提高司机待遇的措施。比如，研究对司机补偿的办法，多给司机与家人在一起的时间，减少装卸货等待时间等。

虽然陆路运输公司不想增加运力，但他们还要在其他方面投入，以应对客户对反应速度、可靠服务和全程可视度等方面的要求。联邦快递认为，目前的挑战不仅是吸引司机、多付工资、提高生活质量，企业还要更进一步，让司机更深入地参与，提升客户服务水平。客户要求“一站式”购物，要求运输企业具备解决问题的能力，提供多元化的服务，提供更贴

切的服务。

在陆路运输遭遇挑战的同时，美国的铁路运输需求持续上升。其中，建筑材料等铁路运输量下降，日用品铁路运输比例上升，未来几年，预期美国铁路运输需求增长量在7%左右。美国韦伯配送公司以海运形式进口到美国的货物，原本以陆路运输到内地，现在已经开始部分采用铁路运输，多式联运的需求开始上升。

高速公路拥堵是铁路运输量增长的原因之一。为应对运力增长的需求，铁路需要增加运力，但增加铁路运力有很大的困难，主要原因是基础设施的投入产出问题。在目前阶段，最需要增加技术设施的地方，往往是没有土地、没有发展空间的大都市。即便有空间，多式联运中心的高投入（一个多式联运中心往往需要投资2亿美元），漫长的审批和建设周期，意味着任何铁路设施投入使用、发挥作用都需要很长的时间。

由于交通拥堵，美国很多配送中心要一天24小时、每周7天投入运作，以保证准时收货和发货。每个主要的基础设施，都要保持24/7运作，并提供好的司机服务设施和配套服务设施，为延迟的服务提供后备服务。

（五）趋势之五：北美的新建仓库离沿海越来越远

美国仓储教育研究会（WERC）第30届年会期间发布了《北美进口驱动的仓储——机会和挑战》（Arnold Maltz 和 Thomas Speh 合著）研究报告。报告指出，在未来几年，由于港口附近土地短缺，北美新建进口仓库将越来越远离沿海。事实上现在新建的仓库离海港150英里以外。

根据10个美国港口19家仓储公司的调研结果，持续增长的进口带来的对港口附近仓库的急剧需求，使得美国没有一个港口和沿岸附近有足够的空间建立新的仓库。

除了作为仓储设施之外，进口仓库更多地扮演进口集装箱拆箱和转运配送中心的角色，即将进口货物装入内陆汽车或火车。在有些情况下，港口附近的仓库还提供最终销售所需的重新包装、贴标签服务。

该研究报告建议，为提高仓储企业的效率，仓库和配送中心应采用单一、可靠的准确信息源，由单一的信息源提供海运集装箱的动态，避免船公司不能及时提供卸船动态的被动局面。

（六）趋势之六：RFID 实施进程加快，效果明显

2007年4月16日，EPC全球标准化组织推出了RFID安全、实施信息共享全球标准，北美30～40家企业进入导入期。这个动作比2004年推出的RFID二代技术（Gen2）更有意义。Gen2标准简化了RFID的硬件，而电子编码全球标准（EPCIS）则使企业能够建立和接入整个RFID系统。

EPC全球标准化组织北美总裁麦克·米兰达（Mike Meranda）指出，企业目前真正开始了在彼此之间的连接，并认识到了RFID技术应用的全部潜在价值。有了新的技术标准，企业之间的连接，就不需要以前那样大费周折。标准的实施，加速了首次实施的通道。这不仅加速了商品电子编码的实施，也使零技术应用的企业实现全部接入变得更加容易。

宝洁作为RFID较早的推行者之一，在RFDI实施中获得了巨额回报。宝洁是麻省理工学院自动标识中心的创始人之一。两年以前，宝洁并购的吉列公司，也是这个中心的创始人之一。在宝洁开始应用RFID的初期，只有45%的产品能够显示到零售货架层面。由于采用RFID，增加了透明度，更多的产品可以准时上架并得到可视性跟踪。有些产品以前的断货率几乎达到15%，使用RFID之后，有些情况下断货率可以减少一半。按照吉列公司的

说法，该公司在降低断货方面的投入产出，得到了“高于任何你所期望的”回报——高到公司不愿意透露具体的数字。

宝洁相信，RFID 技术将持续为他们的供应链网络提供巨大收益。1000 多家公司已经使用 RFID，或者已经开始了 RFID 的前期项目。宝洁与吉列的联姻，促进了两家公司 RFID 战略的统一。吉列主要关注在高价值或促销产品层面的标签，保洁主要投入在与沃尔玛和其他零售商的纸箱和托盘方面。哈里森指出，两家联手使宝洁公司处于 RFID 应用的领先地位。宝洁从吉列那里学到了单件商品 RFID 的应用手段，两家结合，创建了一体化的 RFID 团队，使双方的战略优势得到了发挥。

（七）趋势之七：声控技术持续应用

声控技术在仓储配送领域中持续得到应用。该技术结合条形码、红外扫描、数字通信技术，产生计算机音频操作指令，有效提高了分拣、装运、送货等物流操作的效率，并出现了 SAE 等一批技术应用的领先企业。

ODW 公司决定采用新技术，支持公司增长，提高公司产出率。要求的条件是增长的规模效应、对第三方物流供应商环境的灵活性、对不同规模客户的经济可行性。在采用声控技术之后，产出率提高了 28%，对新工人的培训时间缩短了，订单准确率上升了。采用声控技术，成为 ODW 公司成功的关键因素。

（八）趋势之八：中国成为众多美国物流企业发展海外物流业务的首选地

根据最新发布的 2006 年第三方物流报告，53% 的美国物流企业有意愿在中国扩展业务，印度（35%）、俄罗斯（23%）排在中国之后。美国物流企业寻求业务发展，主要有以下几类：

第三方物流公司合作：从国际供应链角度，在中国输往美国的巨大的物流量中，中国和美国的 3PL 各负责一部分物流业务，不能提供全程的、可视的供应链服务。美国的物流企业，尤其是中小物流企业，正在寻求与中国物流企业的合作，建立联动的服务网络。比如，美洲仓储连锁有限公司有 50 家成员单位，大部分集中在美西地区，他们在寻求与中国的合作。Webber 配送公司拥有 50 个仓储设施、32 万平方米各类仓储和配送中心，主要客户有沃尔玛和杰西潘尼，很多货物来自中国内陆地区，他们试图与中国内陆的物流企业建立联系，以便为客户提供全程的供应链服务。

生产企业寻求本土物流服务供应商：越来越多的生产企业，正在寻找中国本土的物流服务供应商，以获取低成本的竞争优势，但中国物流企业要满足美国企业的要求，须在服务网络、信息系统、企业文化等多方面提升。

采购代理与物流服务：电子类企业、日用消费品企业在寻求直接的代理人或合作伙伴，减少中间环节。

物流地产投资合作：除物流地产巨头普罗斯之外，美国还有一些物流地产发展企业、基金、投资公司，有意寻求在中国的发展与合作。一家排名美国前 10 位的第三方物流公司，寻求物流地产投资合作机会，他们有意愿购置物流地产，该公司同时提供配送中心设计、建筑、运营一体化解决方案。

外界对中国的关注，近些年逐渐升温，给中国物流界参与国际物流提供了良好的机遇。中国领先的企业，已经将网络发展到海外，他们代表中国参加美国各主要物流协会的活动，充分利用这个国际物流平台，在国际物流界建立网络，树立形象，奠定国际市场基础。中国需要更多的具备国际视野的物流企业。

（作者：王国文　综合开发研究院（深圳）物流与供应链管理研究中心）

欧盟通关制度的改革

一、欧盟成立前通关制度的状况

（一）欧盟成立前通关制度概述

欧洲是一个地域广阔、物产丰富的大洲，在地域分布上我们习惯于把它分为东、西、南、北、中五大部分。欧盟从地域上来说只是欧洲的一部分，现在欧盟共有25个国家，包括法国、联邦德国、意大利、荷兰、比利时、卢森堡、英国、丹麦、爱尔兰、希腊、葡萄牙、西班牙、奥地利、瑞典、芬兰以及2004年5月1日加入欧盟的塞浦路斯、匈牙利、捷克、爱沙尼亚、拉脱维亚、立陶宛、马耳他、波兰、斯洛伐克和斯洛文尼亚。虽然爱沙尼亚、拉脱维亚、立陶宛等10国加入欧盟时间较短，在政策和经济上还没有完全融入欧盟之中，但是它们在加入欧盟后都统一执行了一样的通关政策，所以本文所介绍的欧盟是包括欧盟东扩后的25国欧盟。

第二次世界大战结束后，欧洲大陆不论是战胜国还是战败国，战后重建是迫在眉睫的任务。海关是一个关系到国家根本利益的部门，由于在欧洲共同体成立前，欧洲各国在海关管理上相对独立，拥有各自不同的海关制度和管理模式，所以在通关上各个国家都有不同的特点。同时，由于各国海关在职能方面有很多相同之处，所以各国海关在监管方式等方面有许多相似的地方。鉴于它们的相似性，下面仅以荷兰和法国为例，分析一下欧盟国家在欧盟成立前的通关制度。

1. 荷兰加入欧盟前的通关制度概述

荷兰是欧洲进出口货物的集散地，在世界近万个港口中，鹿特丹港从1961年开始雄踞世界港口榜首42年之久。荷兰海关隶属于荷兰财政部，全称为“税务海关署”，下设内部审计部门，直接受署长领导，具有较强的独立性。业务范围涵盖各个方面，但最主要是对内部控制的健全性、有效性进行检查，对税务海关署年度财政报告的真实性、准确性，及税务海关各项业务工作运行的效益性、可靠性进行审计。在20世纪80年代前，荷兰海关的监管方式是口岸实物监管，这种监管方式和我国海关现行的监管方式在形式上有许多相似性，其具体模式就是货物运抵口岸，然后如通关流程图（见图1）所示的顺序进行通关，所有的通关程序主要由人工在口岸进行操作。

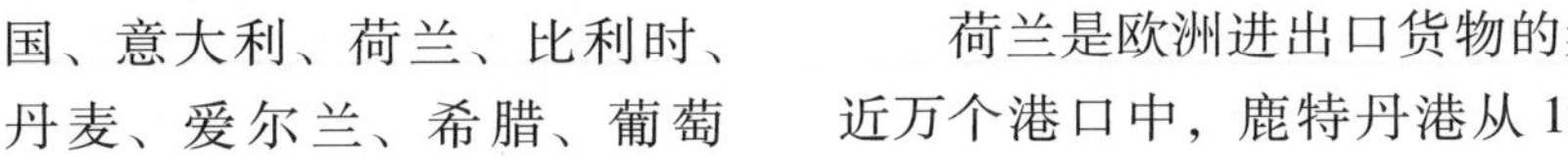

图1　欧盟海关改革前荷兰海关通关流程

2. 法国加入欧盟前的通关制度概述

法国海关隶属法国财政部，是该部的一个职能部门，称为海关总署。海关总署下设6个专业局：人事预算局、组织机关事务局、统计信息局、司法诉讼事务局、经济往来法规局和间接税石油运输局。专业局下面分为若干个仅负责某个方面业务的处、室。海关承担的各项任务，由执行机构负责完成，执行机构分为两类：一类是在全国范围内发挥作用的专业机构，如国家对外贸易统计局、国家海关调查局、金融贸易许可证处、价格中心和招聘专业培训局等；另一类是地区性机构，它们分设在全国各地，有贸易性货物监管机构和巡逻缉私机构两大类型。前者的工作范围主要涉及税基的确定、货物监管、征收关税和其他税费，后者的任务是守护陆地和海关边境，组织海关现场以外的一切货物和旅客的非法越境以及内地缉私工作。

法国海关的监管方式在形式上和荷兰海关的监管方式并没有什么大的区别，图1也同样适用于法国海关的通关流程。

（二）欧盟通关制度改革前存在的弊端

欧共体成立之后，欧洲国家在政治、经济、文化等各个方面的联系越来越紧密，无论在人员流动还是商品流通方面都要求更加快捷便利。随着高要求的出现，海关在人员流动和商品流通等各方面的弊端都暴露了出来。欧洲海关共同存在的弊端主要有以下几点：

1. 低效率

由于各国之间存在着不同的通关制度，所以要想在欧洲大陆实现货物的高效率流动是很困难的。例如，如果中国商人有一批货物要运往法国销售，那么他可以选择从中国的上海出发，运抵法国的勒阿弗尔港口，通过法国海关的一系列通关流程之后，可以在法国销售。如果中国商人要让货物同时在法国和芬兰销售，他就必须准备一批货物从上海运往芬兰的赫尔辛基和法国的勒阿弗尔，或者同时发出两批货物，一批在法国（或芬兰）通关后，剩下的继续起程运往芬兰（或法国）。一批货物要在欧洲的两个国家进行销售就要通关两次，如果要在25个欧洲国家销售，就需要通关25次。仅以每次通关平均需3天计算，至少得需要75天的时间来完成25次通关（见图2）。由此可见，在欧盟成立之前通关的效率非常低。

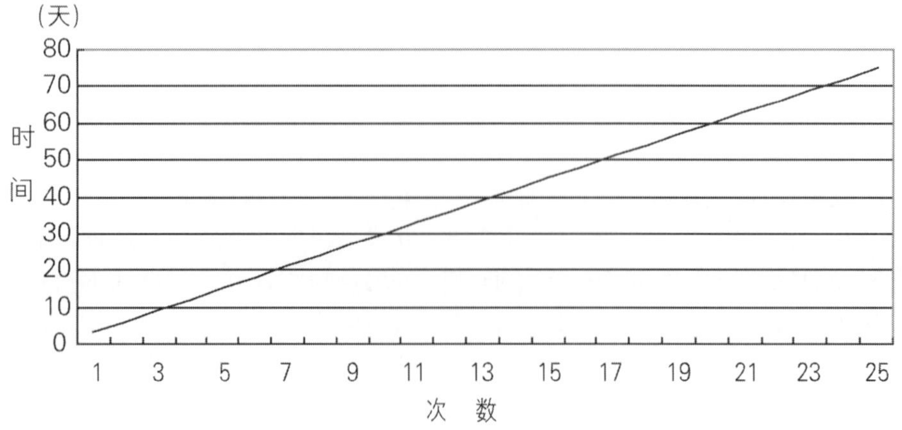

图2 货物通关次数与时间

资料来源：www. europa. eu. int.

2. 高成本

在欧盟成立前，由于欧洲大陆存在着150多种不同的通关制度，所以货物要在欧洲大陆流动，就要经历多种不同的通关制度。如前面在低效率中举的例子，因为货物在欧洲大陆不具有自由流通的条件，所以企业就要计算出更多的运输成本和时间成本，在货物运输的过程中，同时也要承担更大的风险：货物在途时间长，其丢失或损坏的可能性就越大。以货物通关一次3天、每天在途保管成本平均为10欧元计算，则每次通关的在途保管费用需要30欧元（见图3）。从而，企业必须付出更高的物流成本通关。

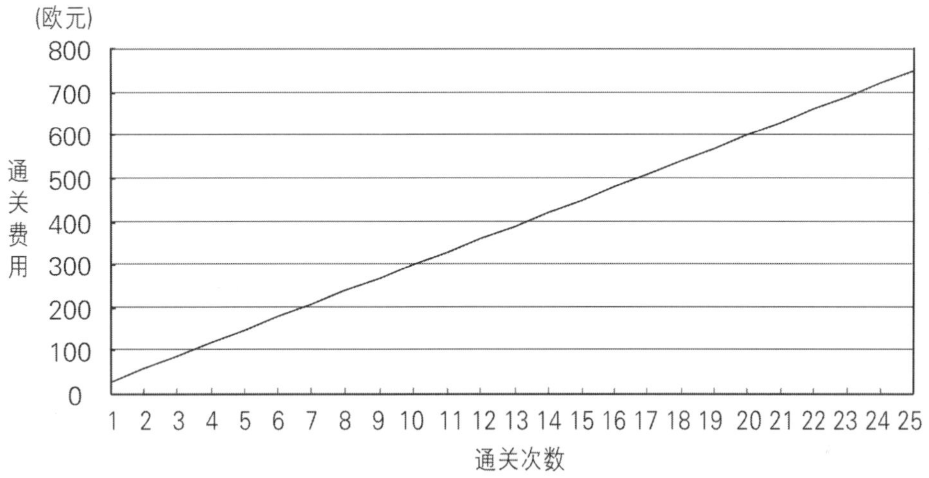

图3 通关费用

资料来源：www. europa. eu. int.

3. 分散管理

第二次世界大战后，美国和苏联之间随即爆发了冷战，于是世界格局发生了巨大变化。苏联想要控制东欧的波兰、捷克等国家；美国又在想方设法地拉拢英国、瑞士、意大利等国家，而法国在戴高乐的影响下，想要独树一帜，整个欧洲大陆可以说是四分五裂。在这样的背景下，欧洲各国不可能在国家重要部门的管理上实行统一的政策，所以在通关制度上也是“自扫门前雪”。直到1951年欧洲煤钢共同体正式成立，法国、德国等国家开始考虑促进欧洲国家的联盟。但是，在实际操作中，欧洲联盟经历了曲折而艰难的过程，即使结盟后，在海关通关制度上的改革也是进行了很多年，所以整个欧洲的海关在第二次世界大战后的几十年中都处于一种分散管理的状态。

4. 其他弊端

除了以上几点外，欧盟成立前存在的弊端还有：一是欧盟成立前各国通关系统发展参差不齐。在欧盟成立前，欧洲各国的海关是分散管理的状态，各国经济发展不平衡，造成不同国家海关通关系统发展的不平衡，出现了严重的参差不齐状况。例如，英国、荷兰、法国等发达国家的通关系统发展比较快，较早地实现了海关电子化；匈牙利等比较不发达的国家海关电子化程度就比较慢。二是税率制定千差万别。欧盟没有成立时，欧洲各国没有达成关税同盟，各国对各种商品进出口的税率都有自己的规定，使货物在欧洲大陆流通遇到很大阻碍。例如，完全相同的货物同时在法国和荷兰入关，法国征收的关税仅为5%，荷兰的关税却高达30%。商家很可能因为税收过高而放弃货物在荷兰销售，抑制了货物在荷兰的流通。

二、欧盟通关制度改革过程

欧洲通关制度的改革是和欧盟的建立紧密联系在一起的。由于美国和前苏联冷战的爆发，为了保存欧洲的实力，使欧洲重新从战争后的废墟中崛起，法国决定和德国放弃前嫌，建立欧洲煤钢共同体。1951年4月18日，法国、联邦德国、意大利、荷兰、比利时和卢森堡在巴黎签订了建立欧洲煤钢共同体条约（又称《巴黎条约》）。1952年7月25日，欧洲煤钢共同体正式成立。1957年3月25日，这六个国家在罗马签订了建立欧洲经济共同体条约和欧洲原子能共同体条约，统称《罗马条约》。1958年1月1日，欧洲经济共同体和欧洲原子能共同体正式组建。1965年4月8日，六国签订的《布鲁塞尔条约》决定将三个共同体的机构合并，统称欧洲共同体。但三个组织仍各自存在，具有独立的法人资格。《布鲁塞尔条约》于1967年7月1日生效，欧洲共同体正式成立。1973年后，英国、丹麦、爱尔兰、希腊、西班牙和葡萄牙先后加入欧共体，成员国扩大到12个。欧共体12国间建立起了关税同盟，统一了外贸政策和农业政策，创立了欧洲货币体系。1991年12月11日，欧共体马斯特里赫特首脑会议通过了以建立欧洲经济货币联盟和欧洲政治联盟为目标的《欧洲联盟条约》，亦称《马斯特里赫特条约》 （以下简称《马约》）。1993年11月1日《马约》正式生效，欧共体更名为欧盟，欧洲联盟的建立共经历了42年的时间。欧洲联盟的宗旨是“通过建立无内部边界的空间，加强经济、社会的协调发展和建立最终实行统一货币的经济货币联盟，促进成员国经济和社会的均衡发展”。为了实现欧盟的宗旨，欧洲国家前所未有地团结在一起，也使欧洲通关制度发生了翻天覆地的变化。

（一）欧盟通关制度改革的具体过程

1. 方案的提出

欧洲联盟通关制度改革最早是在《罗马条约》中提出的。《罗马条约》涉及的内容极其广泛，其中心内容是建立工业品关税同盟和农业共同市场，制定共同竞争规则，消除各种限制和歧视竞争的协定和制度，要求逐步协调经济和社会政策，实现商品、人员、劳务和资本的自由流通。《罗马条约》为欧盟国家内部实现关税同盟迈出了第一步。1968年7月1日，关税同盟建立；1970年，欧共体实现了共同贸易政策。1985年12月，共同体首脑会议批准了1992年底实现内部统一大市场的计划，具体目标主要是：逐步取消各种非关税障碍，包括有形障碍（海关关卡、过境手续、卫生检疫标准等）、技术障碍（法规、技术标准）和财政障碍（税制、税率协调），以保证在共同体内商品、人员、资本和劳务的自由流通。1993年，欧盟成员国内部撤销了边界的海关检查站，实现了欧盟内部货物和人员的自由流通。

2. 方案的实施与改进

1968年7月1日，根据《罗马条约》，关税同盟正式成立，六个国家间的海关关税和限制都被取消，并且首次提出了共同外贸政策。但是，在实际操作中，为了统一数据、征收税款、实施安全措施等，海关需要填写大量的表格和文件，而所有这些都构成了欧洲进出口和运输在时间和金钱上的巨大成本。在随后的几十年中，为了使货物在成员国内部流通时有一致的规定，欧共体逐步拟订了海关共同体法规。直到1993年，随着成员国内部共同市场的建立，海关失去了原有的职能作用，它们不再征收成员国之间消费税和增值税。因此，货物在成员国内部流通时所有的海关文件和手续都消失了，取而代之的是不需各成员国控制的、新的财政、统计系统。欧盟议会和理事会为了使海关行动更具有可持续性和透明性，决定建立“海关2000”行动方案。

“海关2000”是一个为期五年（1996年1月1日至2000年12月31日），致力于让所有海关官员都担当起责任的方案。它的主要目的是捍卫共同政策下的一致入关请求，保护欧盟国家的人民和商业机构的利益，制止诈骗和非法交易，提高海关管理效率和鼓励成员国海关管理局和管理委员会之间的深入合作。

为了增加共同体措施的连贯性，从2001年1月1日到2002年12月31日实行了“海关2002”，其目的是通过建立共同的工作方法、计算机控制体系和培训系统，共耗资8110万欧元。“海关2002”不仅涵盖了“海关2000”的所有内容，使成员国海关之间建立了伙伴关系，并且为2003年建立的NCTS（New Computerised Transit System）系统做好了一切准备。2003年6月30日，NCTS系统投入使用，这种简化的操作程序每年至少可以处理200万份所有到欧盟国家和冰岛、挪威、瑞典以及一些欧盟候选国家的过境申请，并且加强了这些国家海关的管理，有效地预防了商业诈骗行为的发生。

从“海关2002”结束之日起到2007年12月31日，“海关2007”又开始实施了。欧洲联盟的海关要用这四年时间，建立一个更先进的电子海关程序，从而达到真正的“无纸海关”。

除此之外，他们认为在这个计划实施期间，比起前两个计划一定要改进的方面有：加大打击欺诈行为；为欧盟扩大做好充足准备；计算机化的目的在于标准化运作者和成员国之间贸易的数据交换；建立更好的目标结构和工作用具。

除了要达到必要的改进外，“海关2007”方案更关注的是：对现存IT工具的使用；标准化工作方法和对申请国的实践支持；通过更好的风险管理和各国海关间更深入的合作来加强对诈骗行为的打击；通过降低成本来规范商业竞争环境；在方案允许范围内执行训练计划。

（二）欧盟通关制度改革的方法

随着欧洲一体化进程的深入，欧洲单一市场的逐渐形成给欧洲通关制度改革带来很大压力和动力，所以各个成员国开始通关制度的改革。以下仅以荷兰与法国的海关为例分析。

1. 荷兰海关通关制度改革方法

欧盟一体化进程及荷兰的政治、经济变化，使社会对减少贸易阻碍的要求强烈，加之贸易量的急剧增加、财政资源的缺乏、大部分边境口岸取消等原因，都要求海关有新的管理方式与之相适应。荷兰海关自1992年起开始实行契约式管理。契约式管理运用了西方管理理论的成果，借鉴了企业量化管理的方法。最初的契约式管理只有两个层次，即由海关税务署署长与海关局局长、海关局局长与9个地区海关关长签订合同。现在已扩展到了地区海关关长与48个隶属海关关长、隶属海关关长与200多个下属检查队队长的四个层次的契约式管理，并把海关的大部分工作都纳入到契约中来，各层领导之间的沟通60%以上是围绕契约的内容进行的。

（1）荷兰海关契约式管理的内容主要分为三个部分

①契约的准备阶段。每年的4月开始制定下一年度契约的草案；8月各地区关长要将草案提交海关局，海关局政策计划处在与各海关关长协商的基础上进行修订；11月海关局长与各关长直接讨论契约并签字。

②契约的具体内容。不同层次的契约内容有所不同（见表1）。

③契约的实施及评估。每3个月各级领导要向他的上级写出报告。报告有固定的格式，

格式由海关局的政策计划处制定，主要是用图表的方式反映契约的执行情况。地区关长向海关局的报告图表中涉及约2000个数据。海关局由政策计划处、地区海关设专人对数据进行分析研究。在收到报告后的两周内，上级主管领导召开会议，与下级沟通执行契约的情况，年底各级领导做出执行契约的总报告，由上一级主管做出最终评估。

表1　荷兰不同层次海关契约

契约层次	契约内容	责任程度
署长与局长	约20页	高
局长与各地区关长	约15页	较高
地区关长与隶属海关关长	约5页	中等

数据来源：《WTO与海关实务》。

（2）荷兰海关实施契约式管理的特点

①各项业务工作的标准化。这是实施契约式管理的基础。为了达到标准化的要求，荷兰海关政策计划处自1990年就开始将海关的各项工作、任务进行分解并制定《海关工作手册》，把每一项海关业务岗位的工作程序要求具体化、规范化。目前，该手册是每个海关人员必备的工作范本，是海关对执行契约进行检查的依据。

②各项业务指标的量化。根据荷兰海关的规定，所有合同中的内容都要求具体、量化、可行并符合时限的要求。比如契约中规定：对自动化报关的进口货物实物检验率要达到5%，其中对农产品的查验率要达到35%，在被检查的货物中查获透漏税率不低于5%。经过风险分析，对三种类别企业的稽查时限也都做出了每2年、3年、4年一次的具体要求。斯希普机场海关关长与地区海关关长签订的契约中明确规定，对转机和入境旅客的开箱查验率为8%，行李过机率为25%。

③注重工作要求，不规定成果指标。契约中的数据如查验率、查获率、准确率以及培训时间要求都十分具体明确。甚至对请假的时间总数都规定了不得超过工作时间7%的要求。但对于征税的多少、罚没收入的多少、稽查补税的多少等都未做出明确规定。对征税为何不规定年度指标，荷兰海关有官员解释说：征收税款取决于货物进口量，由于荷兰海关执行欧盟统一的海关法规，如果荷兰海关规定税收指标，就容易使基层加大监管力度，引起企业反感，货主就会选择其他国家口岸报关进口，由于税款是不确定的，故无从制定量化的指标要求。

④有效的保障条件。为了保证契约式管理的顺利实施，海关局政策计划处负有研究制订契约指标的明确职责，参与契约的制定，与各海关关长讨论修改，对季度报表进行分析，为海关局长提供参考意见。各地区海关也有一个专人从事此项工作。上级对下级的检查、下级对上级的报告工作，都是围绕契约完成情况来进行的。除了把季报和年报作为考评依据外，每年海关局专门的内审部门要对地区海关进行3~4次内部审计，荷兰政府每年也要对1~2个地区海关进行审计，欧盟有时也派人员来进行工作检查。这些都对契约的落实起到了一定的促进作用。

2. 法国海关通关制度改革方法

相对荷兰来说，法国对海关的改革程度要小得多。在欧盟统一大市场形成后，各成员国取消了海关边境检查，以确保人员、货物和资金的自由流动，法国海关也撤销了设在边境的海关机构，代之以在距离边境30公里以外的地方设置流动观察所，对来往国境货物和欧盟内部贸易进行观察、了解，防止武器、毒品、炸药等危险物品进入法国，监视欧盟以外国家非法货物流入等。这些流动观察所机动性强，一旦发现可疑情况，可随时驾车前往检查，因而更有效地履行海关的各项职责。在其他方面，法国海关没有发生大的变动。

三、改革后的欧盟通关制度

（一）改革后的欧盟通关制度概述

改革后，欧盟国家内部实行了预归类通关制度和关税同盟制度等一系列制度，这一系列制度的实行组成了现在的欧盟通关制度，也是这些制度的实行实现了商品、人员等在欧洲大陆的自由流动，从而在物流上实现了物和人在欧洲大陆的自由流动，大大缩减了物流成本，提高了欧盟国家内部货物在固定流向上的流速和流效。下面主要分析预归类通关制度、关税同盟和共同外贸政策。

1. 预归类通关制度

预归类通关制度是海关提前对货物的通关进行准备的过程。欧盟的预归类通行做法是在健全法律、明确法规的前提下，按既定程序对商品分类进行审核并以“税则归类建议”答复。此举的显著特点是法律条例健全，使海关及预归类申请人均有法可依。

欧盟的成立是建立在法制不断健全的过程中，预归类通关制度的实施不仅可以防范商业诈骗、偷税漏税等不法行为的发生，同时也提高了货物通关的速度。因为海关提前对货物通关进行了准备，就大大缩减了货物通关所需时间，减少了货物的在途时间成本、保管费用和损失风险。

2. 关税同盟

关税同盟最早是在《罗马条约》中提出的，根据《罗马条约》规定，自1958年1月1日起至1969年年底，成员国之间逐步取消关税壁垒和贸易限额，废除在成员国间公路、铁路和水运运费率的歧视待遇，以使商品自由流通。对外则逐步实行统一关税率，实际上六国关税同盟已于1968年7月1日提前建成。1993年，欧盟国家的边境间废除了检查站。关税同盟使整个欧盟国家内部施行货物流通自由化，而不论这些货物是在欧盟国家制造的还是从其他国家进口的。比如说，一辆瑞典车可以不用交纳任何关税也不用经过任何海关检查而运送到英国；当一辆日本车被进口到欧洲时，只需要在第一次进入的欧盟国家缴纳关税和进行检查。

3. 共同外贸政策

从1970年起共同体基本实现了共同外贸政策，包括共同进口政策和共同出口政策。共同外贸政策规定在关税的变动、贸易和关税协定的缔结、自由化措施、出口政策等方面建立一致的原则，在与第三国签订贸易协定时，只能由共同体委员会根据部长理事会的授权和指示进行谈判。

（二）改革后欧盟通关制度的优势

1. 高效率

关税同盟的建立和NCTS系统的应用，使欧盟国家通关效率大幅提高。

关税同盟使任何国家的货物进入欧盟只需要在欧洲联盟中任何一个国家的边境入关，就可以在欧盟所有国家通行。因此，一位中国商人的货物要想在法国和芬兰同时销售，只需要在法国或者芬兰入境一次就可以了。由于欧盟所有国家的海关使用了统一的通关电子系统，所以省去了很多填写单据的麻烦，从而大大提高了通关效率，也提高了货物流动的速度，即提高了物流运作效率。

1993年，荷兰海关以“守法”理论为基础，提出了“客户导向”的思想，该思想的基本出发点是：货物是由人支配的，在进出境货物与日俱增的情况下，如果以100%的力量去监管货物，远不如以50%的力量去监管支配货物的“人”（客户）更有效。实践证明，近些年来，荷兰海关不但没有因为货运监管量的不断增加和海关人员的减少而出现问题，反而比原来的监管更加有效，同时还取得了很好的社会效应。

2. 低成本

成本管理是物流管理中很重要的一部分，低成本意味着企业的高利润。首先，货物流通在欧洲大陆流通时不再需要一次又一次的通关，所以企业在通关费用上就可以节省许多；其次，由于货物的流通过程加快，节约了货物流通的时间成本；再次，货物的流通速度加快，可以减少货物在流通过程中的损坏数量或丢失几率。具体成本的降低可以与欧洲联盟建立前的物流成本进行比较，仍以货物在欧盟25个国家销售为例，假如通关1次时间仍为3天，在途保管费平均每天只有10欧元（见图4）。

3. 统一管理

早在《罗马条约》中，就已经提出实行关税同盟，为以后在欧盟国家中实行统一的通关制度迈出了坚实的步伐。1993年，欧洲联盟国家之间废除了边境的检查站，海关统一使用NCTS系统，在统一的关税制度下，各国可以根据自己的具体情况制定一些更适合自己国情的海关制度。这种灵活的操作方式，使各个成员国获益匪浅。以德国为例，德国从1951年和其他五国签订了《巴黎条约》以后，进出口都呈逐年上涨趋势，特别是在1993年欧洲单一大市场形成后，对外贸易顺差持续上升（见下页表2）。从表2可以看到，从1951年到1968年，进口和出口分别增长了5.5倍和6.8倍，对外贸易差额增长了9469亿欧元。

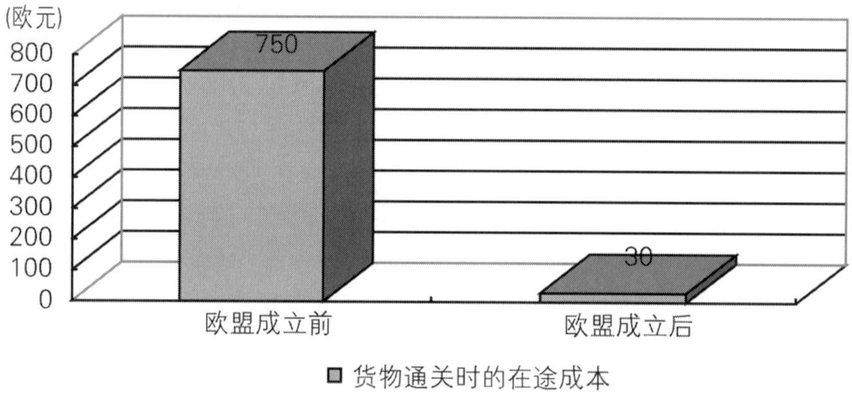

图4 欧盟成立前后通关成本比较

资料来源：www. europa. eu. int.

1968年7月1日，关税同盟建成，欧盟对外实行相同的关税政策，德国1969年的进口额和出口额由此迅速提高，比1968年分别增长了8586亿欧元和7161亿欧元。1993年，欧盟内部单一市场形成，欧盟通关在很大程度上实现了内部电子化，德国对外贸易额在通关越来越快捷的条件下，由1969年的7968亿欧元迅速攀升到31645亿欧元。通过以上数据的比较，可见欧盟海关在实行统一管理以后，对成员国在贸易等各方面都有很大帮助。

（作者：何明珂　郑丽丽　北京工商大学商学院）

表 2　　德国 1950—2004 年贸易　　（单位：亿欧元）

年份	进口	出口	对外贸易差额	年份	进口	出口	对外贸易差额
2004	577375	733456	156081	1976	113595	131219	17624
2003	534534	664455	129921	1975	94238	113297	19059
2002	518532	651320	132788	1974	91896	117893	25997
2001	542774	638268	95495	1973	74351	91212	16862
2000	538311	597440	59128	1972	65826	76194	10368
1999	444797	510008	65211	1971	61416	69541	8125
1998	423452	488371	64919	1970	56041	64053	8012
1997	394794	454342	59548	1969	50092	58061	7968
1996	352995	403377	50382	1968	41506	50900	9393
1995	339617	383232	43615	1967	35884	44505	8621
1994	315444	353084	37640	1966	37156	41224	4069
1993	289644	321289	31645	1965	36019	36635	615
1992	325972	343089	17117	1964	30084	33193	3109
1991	329228	340425	11197	1963	26729	29813	3085
1990	293215	348117	54901	1962	25308	27086	1778
1989	258951	327759	68808	1961	22682	26065	3382
1988	224769	290237	65468	1960	21844	24514	2670
1987	209446	269644	60197	1959	18316	21057	2741
1986	211544	269125	57581	1958	15918	18917	2999
1985	237143	274648	37505	1957	16206	18390	2184
1984	222032	249624	27592	1956	14298	15779	1481
1983	199502	221022	21520	1955	12512	13149	637
1982	192483	218701	26218	1954	9887	11266	1379
1981	188758	202931	14172	1953	8186	9472	1286
1980	174545	179120	4575	1952	8284	8645	361
1979	149318	160785	11468	1951	7529	7453	−76
1978	124605	145671	21065	1950	5815	4275	−1540
1977	120245	139897	19652				

资料来源：德国数据统计网，2005 年 5 月 7 日。

日本的货物运输

在日本，物流运输业承担着一个重要的角色——包括从产品制造前的原材料运输到产品生产、从商品出售前的仓储再到消费者手中、而后的废弃物回收再生处理等的一个商品流通过程的周期。日本的物流不仅仅是原材料、商品、废弃物的简单运输，而是涵盖商品流通全过程的一个综合物流体系①。

从战后日本国内货运的变迁看（见图1、图2)，20世纪60年代的高度经济增长时期，货运量的增长基本上与经济增长同步。运输量从1945年的2亿吨增加到1970年的52亿吨（周转量从1950年的640亿吨公里增加到1970年的3506亿吨公里），年平均增长率达到13.1%（周转量达到8.9%）。1973年石油危机以后，日本进入低经济成长时代，产业结构由重厚长大向轻薄短小转变，货运量停止增长。1975年的运输量下降为50亿吨（周转量为3607亿吨公里），年平均变化率为-0.9%（周转量达到0.6%）；1975年到1979年第二次石油危机时，运输量一度下滑，货运量的增量长期钝化；1980年的运输量为59亿吨（周转量为4390亿吨公里），年增长率为3.5%（周转量达到4.1%）。到20世纪80年代后期因内需扩大，国内货运量大幅增长。1985年的货运量为56亿吨（周转量为4341亿吨公里），1990年已达到68亿吨（周转量为5467亿吨公里），年平均增长率达到3.9%（周转量达到4.7%）。1992年“泡沫经济”崩溃，日本经济进入萧条期，国内货运量开始减少，1992年为67亿吨（周转量为5570亿吨公里），1993年减少到64亿吨（周转量为5356亿吨公里）。直到1994年经济缓慢复苏，国内货运量开始增加，1994年的货运量为65亿吨（周转量为5445亿吨公里），与1993年相比增加0.2%（周转量达到1.6%）；1995年受经济不景气的影响，公共投资的减少，对运输的需求下降，国内货物运输量也有所降低。在货运量下降的同时，货物的周转量却在增长，这说明了日本货物运输的距离增加了。也就是说，随着一些国内企业把生产方向转移到海外，调配筹集材料及运输货物的距离越来越远。2005年，货运量降至54亿吨（周转量为5690亿吨公里），年平均变化率为-1.7%（周转量达到0.2%）。近50年来日本国内货物运输量和货物周转量的变化情况分别参见图1和图2。

① 日本的物流业和公路、铁路、水运、航空一起，组成了一个庞大的立体物流运输网络。卡车、铁路、航空、海运等运输企业直接承揽的业务极少，它们主要是为物流企业提供运输服务。

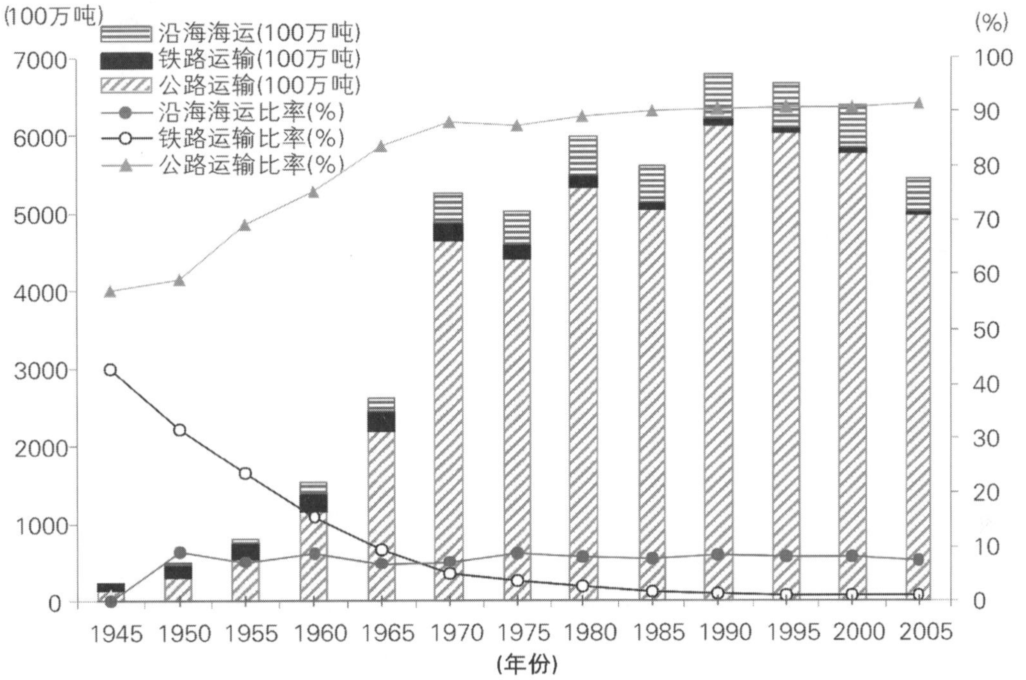

图1　日本国内货物运输量的比较

数据来源：日本的统计（2007年）。

注：航空运输货运量的数据过小，在此忽略不计。

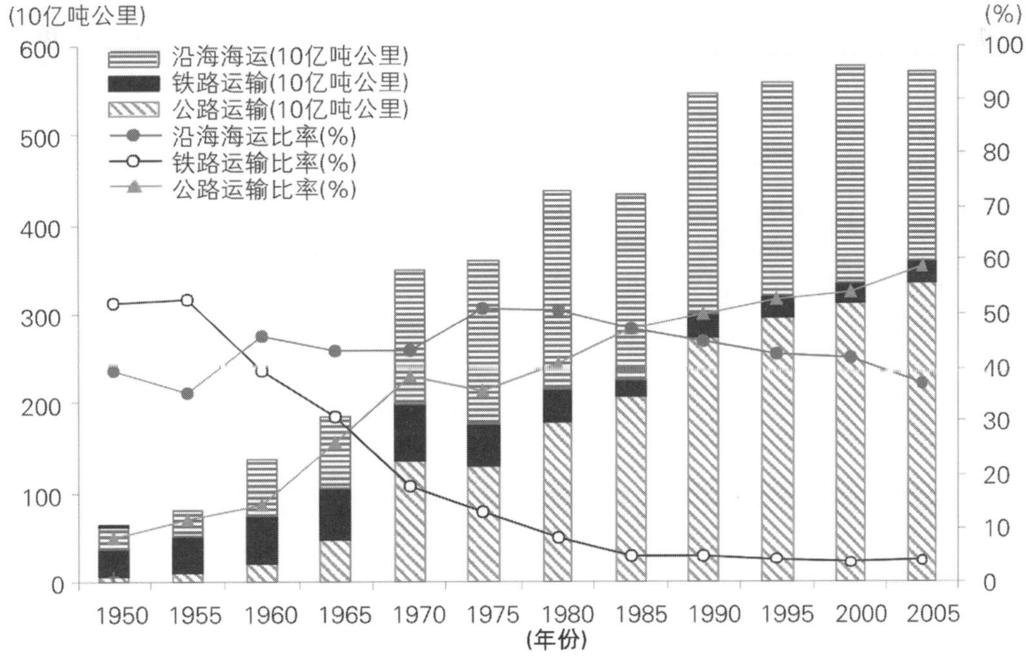

图2　日本国内货物周转量的比较

数据来源：日本的统计（2007年）。

注：航空运输货运量的数据过小，在此忽略不计。

日本国内货运量的90%以上是由公路运输和近海运输承担的。2005年在各运输手段的货运量中，公路运输为49.6587亿吨（占总货运量的91.2%）、内航海运为4.2334亿吨（占总货运量的7.8%）、铁路运输为5247万吨·公里（占总货运量的1.0%）；2005年在各运输手段货物周转量中，公路运输为3349亿吨公里（占全部货物周转量的58.8%）、内航海运为2112亿吨公里（占全部货物周转量的37.0%）、铁路运输为228亿吨公里（占全部货物周转量的4.0%）①。

一、铁路运输

对于日本的铁路运输来说，由于其他运输手段的不断变化，这60年来从经营管理到货运比率都发生了较大的变化②。铁路货运量从1945年的1.04亿吨（占总货运量的比率为43%）上升到历史最高纪录1964年的2.59亿吨（占总货运量的比率为15%），而后直线下降，到2005年下降为0.52亿吨（占总货运量的比率为1%），与1965年相比年平均变化率为-3.85%，只相当1945年的51%（见图3所示）。同样，铁路货物周转量从1945年的193亿吨公里（占总货运量的比率为52%）最大增加到1970年的634亿吨公里（占总货运量的比率为39%）、之后不断下降到2005年的228亿吨公里（占总货运量的比率为4%），与1970年相比年平均变化率为-2.28%，甚至只相当1950年的67%。铁路货运的下降与公路货运的上升形成了鲜明的对照。

铁路货运量和周转量下降的主要原因可以归结为：

第一，随着产业结构的调整，用铁路集装箱运输高附加值产品有了明显的增长。以前日本铁路运输的货物主要以水泥、石灰、石油等为主（见下页表），现在逐渐转向以工业产成品和生活消费品为主，成为铁路运输的主要对象。近年铁路货运量较大的有食品、纸浆、化工品如液化天然气等③。

第二，铁路运输的落后性，制约了铁路的发展。日本基本上没有企业自用货车铁路线，不能大量增加车次，存在车站设施的不足及日本铁路公司的投资能力有限等问题。日本铁路货运比率只占全部货运量的5%，即使铁路货运量提高20%，也只不过使总货运量增加1%。近50年日本铁路货物运输量和货物周转量的变化情况见图3。

尽管存在以上问题，但是日本的铁路运输在各方面还是有所改善。特别是铁路改为民营化后，服务质量明显提高，使过去以公路运输为主的一些产品，纷纷转向铁路运输。随着铁路货运设备的改善，新鲜的蔬菜水果等现在都可以进行快速运输。另外，日本铁路货运基本上用集装箱运输，还包括了各种规格的冷藏箱以及与海运接轨的联运集装箱等。此外，货运列车的车速在不断提高，目前铁路货运列车的平均时速已经达到97公里，最快已达130公里。随着装卸设备的现代化、自动化，货物装卸的效率也大幅度提高。不仅如此，集装箱上都安装有电子标签，采用的都是计算机管理系统，并装有卫星定位系统跟踪，随时可以掌握货物运送方向、方位和安全状况。

---

① 由于航空货物运输的货运量占总量的比率不大，在此不作重点分析。

② 日本的铁路在20世纪80年代前是国营的，自1987年4月铁路运输实行了民营化改革，改称日本铁路公司（JR）。在全国共成立了7家铁路股份公司，其中以地区划分而建立的6家公司承担客运，另一家公司专门承担日本全国的铁路货运运输，简称JR货物。JR货物虽然民营化了，但实际上的股东就是日本政府，因此并不能算是真正的股份公司，但该公司的经营方式完全实行了市场化。该公司的营业范围遍及日本的沿海和内陆，货运总里程达8913公里，每天运输量3787万吨。

③ 以前日本的大城市都用煤气，现在各大城市都在改为液化天然气，也促进了铁路货运的增加。

各种货物运输量的比较

（单位：万吨；%）

公路			铁路			水路		
	1995年	2004年		1995年	2004年		1995年	2004年
粮食	5100(0.8)	4700(0.9)	粮食	25(0.4)	0(0.0)	粮食	718(1.3)	336(0.8)
木材	17000(2.8)	17300(3.4)	木材	30(0.5)	9(0.4)	木材	121(0.2)	952(2.2)
煤炭	1800(0.3)	1500(0.3)	煤炭	320(5.9)	93(3.7)	煤炭	1178(2.2)	809(1.9)
石材	135500(22.5)	71800(14.1)	石材	9(0.2)	401(15.9)	石材	5201(9.6)	2399(5.5)
金属制品	15500(2.6)	7800(1.5)	金属制品	9(0.2)	2(0.1)	金属制品	241(0.4)	215(0.5)
机械	38800(6.4)	45700(9.0)	机械	311(5.7)	157(6.2)	机械	1159(2.1)	786(1.8)
化学药品	17200(2.9)	16700(3.3)	化学药品	278(5.1)	99(3.9)	化学药品	2596(4.8)	1968(4.5)
纸浆	8300(1.4)	12100(2.4)	纸浆	201(3.7)	49(1.9)	纸浆	519(1.0)	370(0.9)
食品	39800(6.6)	46400(9.1)	食品	21(0.4)	0(0.0)	食品	157(0.3)	127(0.3)
蔬菜水果	9100(1.5)	8500(1.7)	农产品	33(0.6)	0(0.0)	石灰石	4920(9.1)	3826(8.8)
畜产品	3900(0.6)	4400(0.9)	金属矿石	44(0.8)	41(1.6)	石油	3197(5.9)	3452(8.0)
水产品	4700(0.8)	4700(0.9)	非金属矿	1324(24.2)	17(0.7)	钢铁	6186(11.4)	4615(10.7)
非金属矿	38700(6.4)	31400(6.2)	金属	49(0.9)	5(0.2)	水泥	5392(10.0)	4161(9.6)
钢铁	13200(2.2)	10900(2.1)	水泥	941(17.2)	129(5.1)	重油	5775(10.7)	3926(9.1)
非铁金属	2700(0.4)	2900(0.6)	石油制品	1736(31.7)	1473(58.3)	挥发油	4512(8.3)	4571(10.6)
窑制品	5780(9.6)	33200(6.5)	染料	36(0.7)	14(0.6)	液化石油	1418(2.6)	722(1.7)
石油制品	21500(3.6)	19100(3.8)	橡胶	15(0.3)	1(0.0)	焦炭	460(0.9)	509(1.2)
日用品	22000(3.7)	31200(6.1)	特殊品	20(0.4)	28(1.1)	化学肥料	194(0.4)	106(0.2)
废弃物	87800(14.6)	70400(13.9)	分类物品	37(0.7)	12(0.5)	金属渣	630(1.2)	410(0.9)

数据来源：日本的长期统计系列（2007 年）。

注：括弧内的数字为各货物占总量的比率（%）。

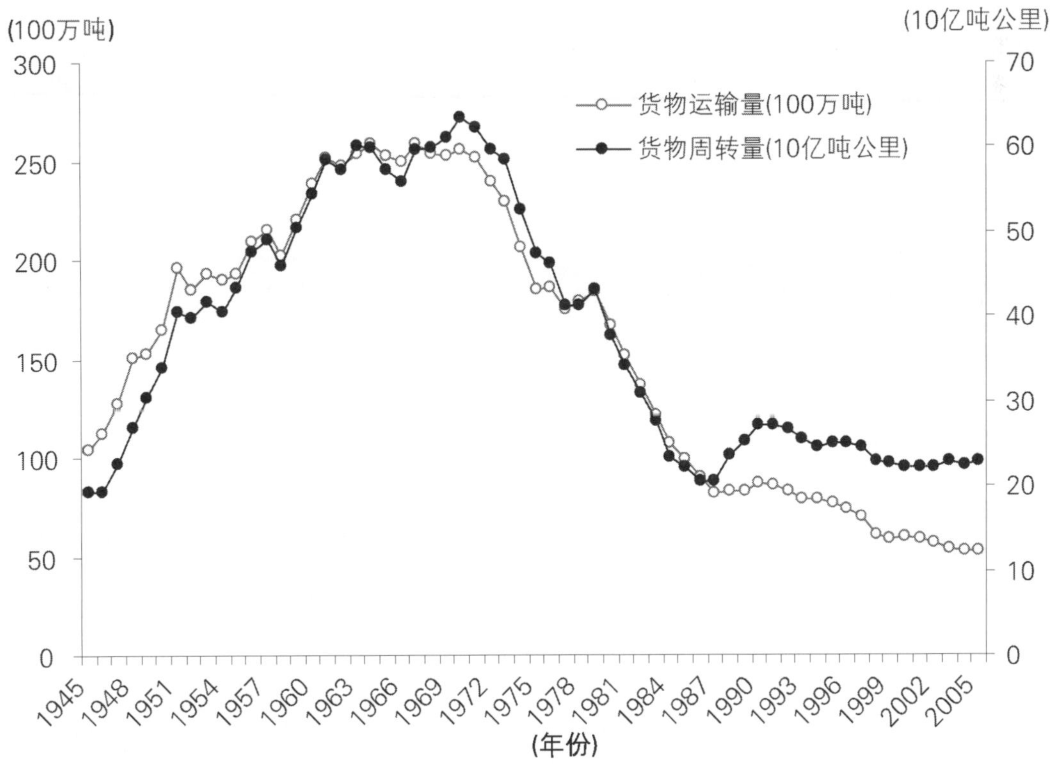

图 3　铁路货物运输量和货物周转量的变化

数据来源：日本的长期统计系列（2007 年）。

二、公路运输

公路运输是日本的主要货物运输工具①，布满日本全国的公路网是公路运输强大的后盾。除去在第一次石油危机时公路运输的货运量有所下降以外，从公路总运输量及所占比率来看基本上保持着上升的趋势（见图 4）。公路货物的运输量从 1950 年的 3.1 亿吨（周转量为 54 亿吨公里）增加到 1980 年的 53.1 亿吨（周转量为 1789 亿吨公里），增加了 17 倍（周转量增加了 33 倍），年增长率高达 9.9%（周转率提高了 12.4%）。同样，2005 年比 1950 年增加了 16 倍（同比增加了 62 倍），1950—2005 年，平均增长率高达 5.2%（周转量增加了 7.7%）。公路运输货运量的分担率，从 1950 年的 59%（周转量为 8%）提高到 2005 年的 91%（周转量为 58%）。从周转量的比率上看，公路运输从 1966 年开始超过铁路，从 1985 年开始超过了沿海航运，成为日本第一位的货运手段。特别是在日本经济高速发展时期，公路运输的发展十分迅速，1955—1970 年，公路运输的年平均增长率高达 19.4%。

公路货物运输迅速发展的主要因素归纳为：

第一，公路运输的优越性。20 世纪 60 年代时，日本的货物运输还是铁路唱主角，但由于日本铁路国营时亏损很大，加之国营铁路服务不好，所以逐渐转由公路运输唱主角。另外，从日本卡车运输发展的情况看（见图 5），卡车的拥有量在不断增加。而且，公路运输与其他运输方式相比还具有机动灵活、安全可靠、运输时间短，货物可以直接送到家等的优点。

第二，产业结构的高级化。在经济高度成长时代，产品向高、精、尖的方向发展，多批次、小批量的物流配送急剧增多，由于公路运输更能承担起这种运输服务高级化的要求，因此汽车运输量增加。近50年来日本公路货物运输量和货物周转量的变化情况参见图 4；货运汽车拥有量的变化情况见图 5。

但从近年看，公路运输的货运量开始有下滑趋势，这与日本政府的引导，和日本国内经济总量的萧条、内需紧缩、公路运输的成本逐渐提高、环境保护等对卡车运输的要求越来越高②有关。

三、水路运输

水路运输仅次于公路运输，在日本国内货物运输中处于第二位的货运力量③。2005 年，日本沿海运输的货运量为 4.2 亿吨，周转量为 2112 亿吨公里（见图 6）。沿海货物运输从 1950 年的 0.5 亿吨（周转量为 255 亿吨公里），增加到了 1980 年的 5 亿吨（周转量为 2221 亿吨公里），增加了 10 倍（周转量增加了 8.5 倍），1950—1980 年的年平均增加率为 8.1%（周转量增加了 7.4%）。但从 1980 年开始，海运货运量逐渐下降。1982 年降至 4.4 亿吨（周转量为 1979 亿吨公里），比 1979 年下降了 2.2%（周转量下降了 1.8%）。从 1987 年又开始回升，到 1991 年曾一度上升至 5.7 亿吨（周

① 日本货运总量的 90% 以上是依靠卡车运输的。从周转量来看，卡车运输也占 58% 具有绝对领先地位。从收入的比率来看，物流业的总体营业总收入的 50% 以上是来自于卡车货运业的营业收入。另外，公路运输的运价比较低，运输的速度又快，还可以把货物直接送到顾客手中，成为了国土比较狭小的日本的主要运输手段。

② 另外，随着人口的老龄化的发展，在汽车运输行业劳动力也出现了长期性、结构性不足。公路交通效率开始下降。此外，由于运输量增加，多批次、小批量配送剧增，卡车运输增多等原因，交通阻塞、道路拥挤、不能按货主要求的时间配送。还有环保污染及节约能源问题，日本政府对于耗能多的卡车运输采取了限制措施，要求开发低公害的汽车燃料。因此日本卡车运输企业生存和发展十分艰难。

③ 本文不涉及国际海运的内容，只考虑日本的国内货物运输的问题。当然，日本的国际贸易货物运输目前主要是靠海运，近年来集装箱海运有较快的增长，2004 年比 2002 年增长 5%。特别是与东亚各国的货运量增长很快，目前日本有 60% 的集装箱海运都是去亚洲各国的。

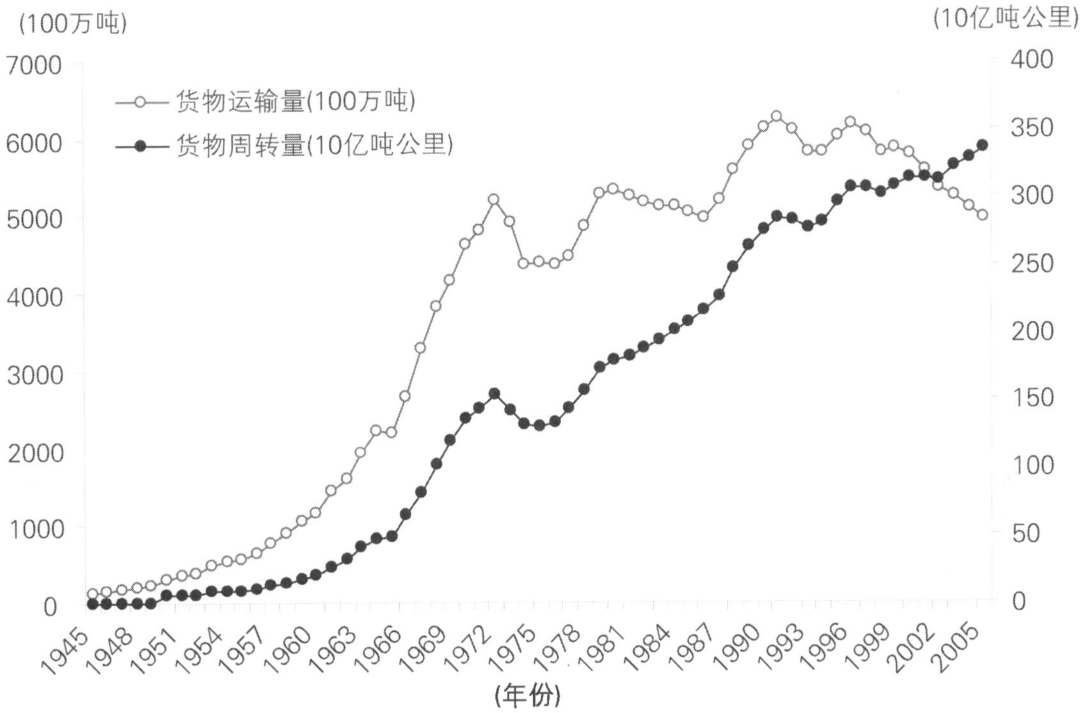

图4　公路货物运输量和货物周转量的变化

数据来源：日本的长期统计系列（2007年）。

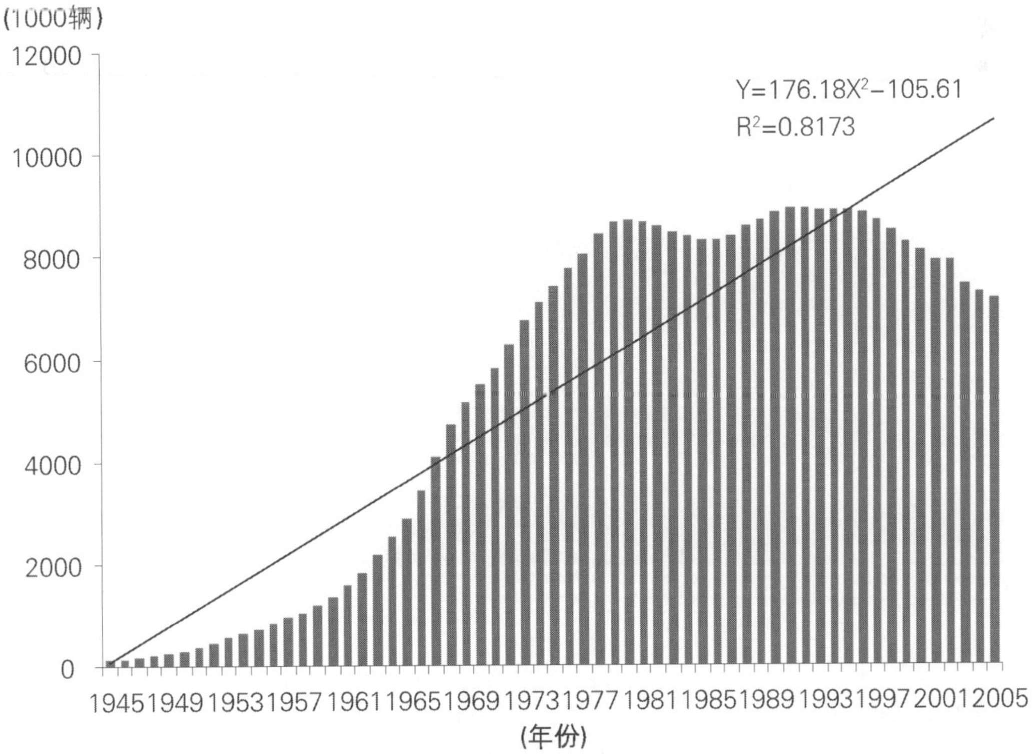

图5　货运汽车拥有量的推移

数据来源：日本的长期统计系列（2007年）。

转量增至 2482 亿吨公里），而后再次降低。1950—2005 年，从整体上来说，沿海货运的货运量呈增长趋势，平均增长率为 3.9%（周转量增长了 3.8%）。货运量的分担率从 1950 年的 9.3%（周转量 39.4%），到 1975 年的 8.9%（周转量为 50.9%），后来逐渐下降，2005 年降至 7.7%（周转量为 37.1%）。

沿海运输变化的主要原因可归纳为：

第一，面向沿海的生产的配置。二战后日本把工业基地都设置在沿海地区，利用进口的原材料来发展工业，又通过沿海运输把产品运往内地的各城市，这种生产方式充分地利用了日本的地理条件，发挥了沿海运输的优势。

第二，加大了港湾设施等方面的投资。日本利用有利的地理条件，修筑大型深水码头，实现货物装卸的机械化和集装箱化，增强了钢铁、石油、水泥等相对比较重、大、高货物的运输能力。还不断制造了一些石灰石、石油、钢铁、水泥和专用船舶。

但在海运方面，也存在着劳动力不足的问题，较之卡车运输业更为严重。另外还有适应消费物资散装运输体制尚不健全等问题的存在。近 50 年来沿海海运货物运输量和货物周转量的变化情况参见图 6。

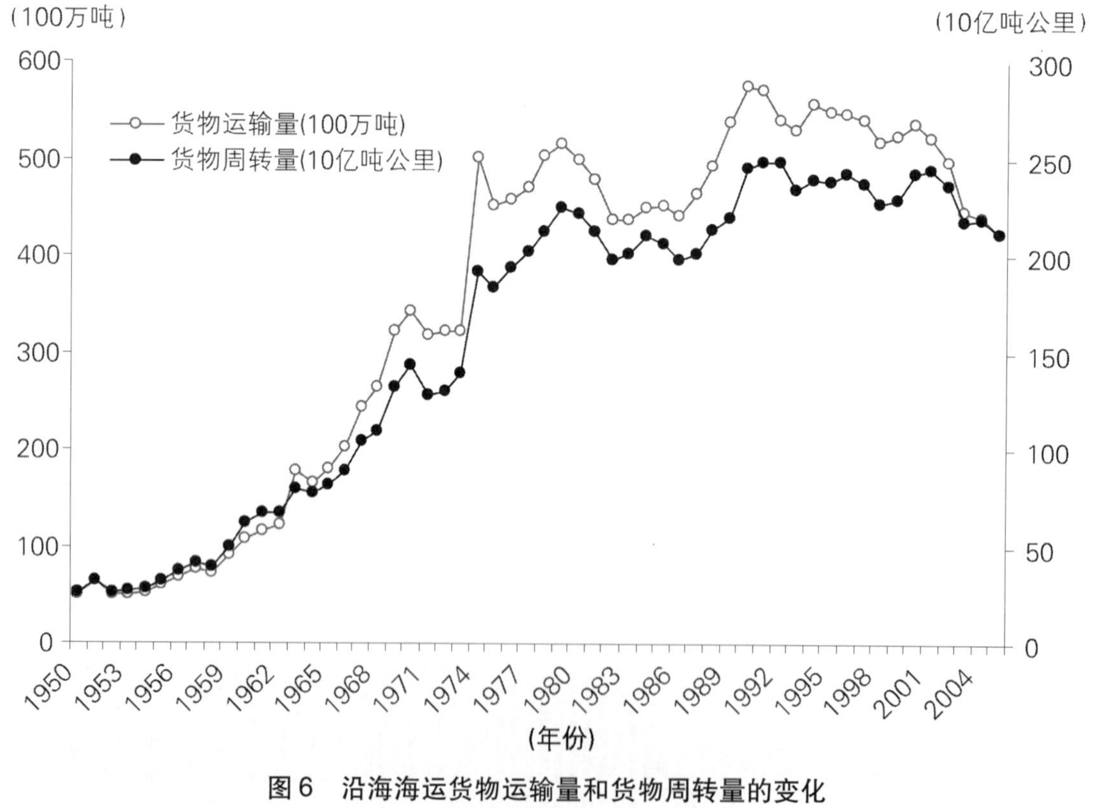

图 6 沿海海运货物运输量和货物周转量的变化

数据来源：日本的长期统计系列（2007 年）。

四、航空运输

日本的航空运输的总量不是很大，但每年都有增长（见图 7）。航空货物运输的货运量从 1960 年的 0.8 万吨（周转量为 0.05 亿吨公里）增加到 2005 年的 108 万吨（周转量为 10.7 亿吨公里），增长了 133 倍（周转量增长了 210 倍），年平均增长率为11.4%（周转量增长了12.6%）。尽管航空货物运输的分担率不高，但增长速度很快，对日本的货物运输的影响将不断增大。日本还是亚洲重要的航空货运中心，2003年成田机场货运吞吐量达215万吨，排在世界机场前列。另外，随着日本企业向海外的扩张，日本的空运业都会持续增长①。这是因为日本企业要充分利用其他国家廉价的国土资源、劳动力资源、原材料和能源等，为在激烈的市场竞争之中得到生存。近50年来日本航空货物运输量和货物周转量的变化情况参见图7。

对于日本货物运输的这些变化，可以归纳为以下原因：

第一，产业结构的变化。伴随着经济的增长，日本的产业结构也随之发生了很大的变化。由过去的重、大、长、厚等的大型产业，转换成了以精密仪器、半导体等轻、薄、短、小等的小型产业。另外，伴随着工业化的发展，由过去日本生产的煤炭改为依赖进口石油为主的能源结构，货物品种比例也发生了变化(见图8)②。此外，从环境的角度上考虑，把高能耗的工厂从城市搬到了沿海一带，而生产电子部件等的低能耗的工厂搬入到了城市。由于这一产业的变化，使公路运输对象由水泥、石灰石、煤炭等运价负担比较小的货物（在总生产之中运输的费用所占总费用比较大）转换成了如家电等运价负担较大的货物（在总生产之中运输的费用所占总费用比较小）。水泥、石灰石、煤炭主要由铁路进行运输。这一产业结构的变化，使得铁路运输失去了很多的顾客，而公路运输却开辟了一条新的运输之路。

第二，市场需求的变化。由于产业结构的变化，运输货物的价格有所提高（高附加值的货物增多）。企业减少了库存，节省了生产费用，这也就意味着商品价格的提高。货物运输的时间，就相当于货物的库存时间。也就是说，缩短运输时间就可以降低运输成本。因此，对于高速运输的需求也就越来越高了。在运输的高速化的这一竞争中，铁路运输落后于公路运输。铁路在运输大型货物上存在着一些优势，在小型货物运输的多变性上处于劣势。因为货物运输的小型化，要求提高运输自身的效率。而对于铁路来说，从货场和站内货物的装卸，到把货物送到顾客手中等一系列运输的中间环节中，都必须要依靠卡车才能实现。相比之下，公路在这一效率化的运输系统中充分地展示出了自己的优势。在此基础之上，JIT等现代运输体系也得到了发展。

第三，基础建设的推进。近年来，日本把物流基础设施的重点放在高速公路网和沿海港口设施、海运网络上，以避免在狭小国土上铁路运输的不便，发挥公路运输快捷可控和灵活机动的优势，道路的修建一直延续不断地进行着。特别是收费道路及为修建道路而设立的专项道路使用基金的导入，更进一步推动了道路的建设。以使用道路者成为增加税收对象，实行了专款专用。正是这一稳定的专项道路基金，确保了道路修建的财源，道路的整备发挥了很大的作用。自1965年日本第一条“名神高速公路”（名古屋—神户）开通以来，日本的高速公路得到了飞速的发展。高速公路有处理交通运输的高效化，伴随着卡车的大型化等特点突显，公路运输进一步对铁路运输造成了威胁。另外，作为传统的海运国家，日本确立

① 目前在日本的进出口额中，日本在海外企业运去的货物约占30%。在进出口总额中，从设在海外企业运去的货物约占20%，日本企业在海外生产再返销到日本市场的商品今后将大幅度增长。

② 根据日本全国货物净流动调查，在1990年、1995年、2000年的货运量中，日本矿产品物流总量分别为9.5亿吨（占全年物流总量的26.3%）、8.7亿吨（占全年物流总量的24.3%）、8.2亿吨（占全年物流总量的24.9%），其总量及所占比例亦基本同步下降。日本的化学工业品物流总量分别为12.6亿吨（占全年物流总量的35.0%）、13.8亿吨（占全年物流总量的为38.7%）、12.4亿吨（占全年物流总量的为38.7%），其总量及所占比例有升有降。日本的轻工业品物流总量分别为3.1亿吨（占全年物流总量的为8.7%）、2.9亿吨（占全年物流总量的为8.2%）、2.8亿吨（占全年物流总量的为8.7%），其总量及所占比例呈下降趋势。

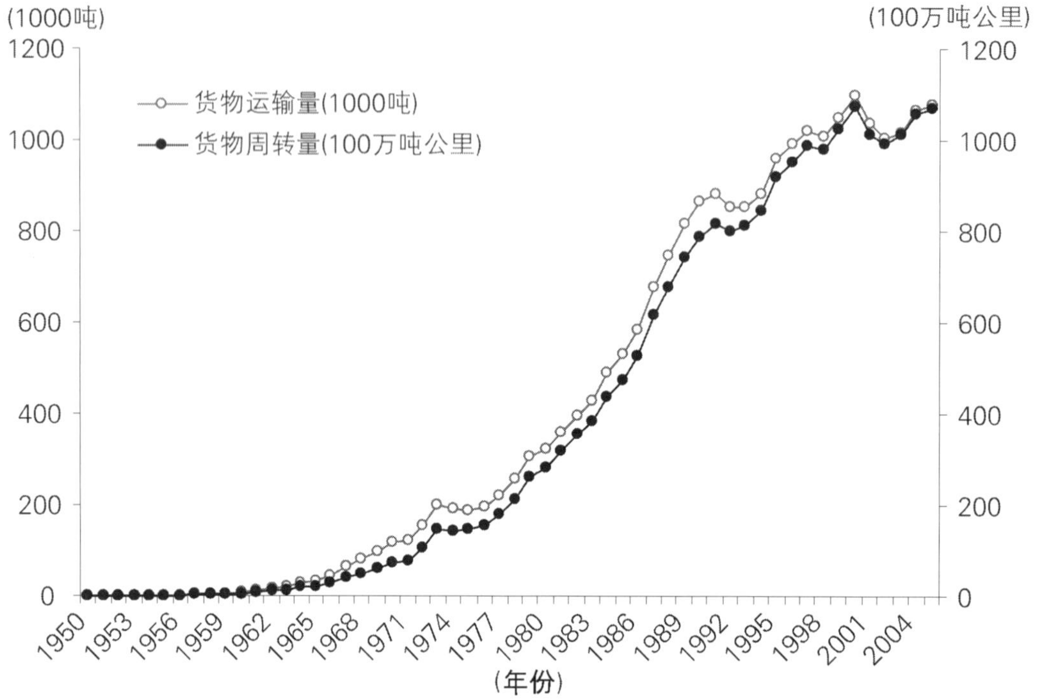

图7 日本航空货物运输量和货物周转量的变化

数据来源：日本的长期统计系列（2007年）。

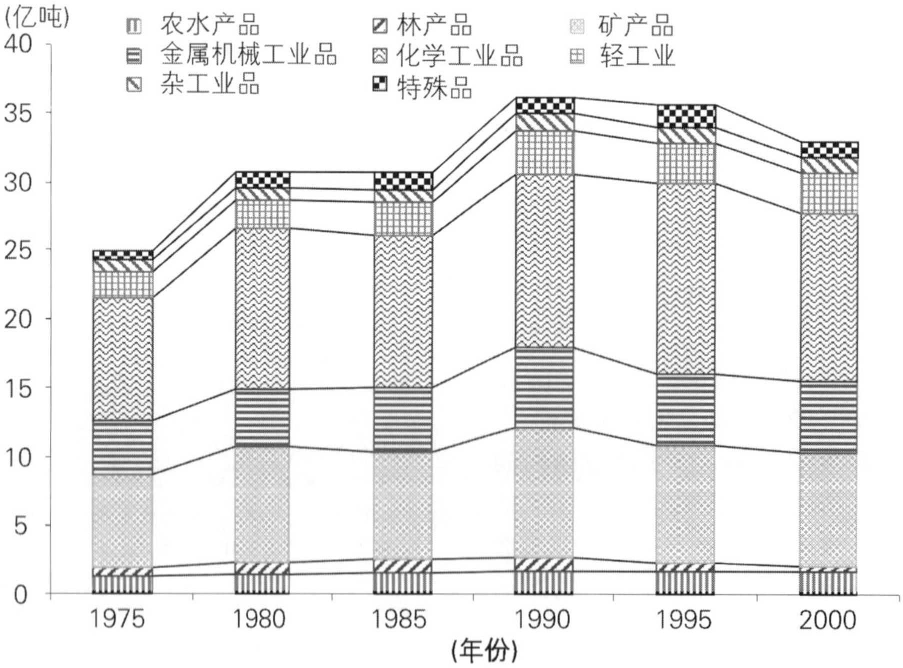

图8 货物运输中品种比例的变化

数据来源：日本的长期统计系列（2007年）。

"海运立国"的战略，把海运作为日本经济发展的生命线。日本政府在全国范围内开展了包括高速公路网、沿海港湾设施、航空枢纽港、流通聚集地等各种基础设施建设，投资物流运输体系的建设，既拉动了生产的内需，又为扩大物流市场提供了充实的物流硬件保证。

（供稿：北京物资学院物流学院　中国物流学会亚太国际物流交流与合作部　北京现代物流研究基地）

2006年物流政策法规

中国民用航空国内航线经营许可规定

（中国民用航空总局令 2006年第160号 2006年1月16日）

第一章 总 则

第一条 为了合理和有效地利用民用航空航线资源，维护国内民用航空运输市场秩序，保障航空运输持续、快速、协调、健康发展，根据《中华人民共和国民用航空法》、《中华人民共和国行政许可法》和国家其他有关法律、法规，制定本规定。

第二条 本规定适用于根据中华人民共和国法律设立的公共航空运输企业（以下简称空运企业）从事国内旅客、行李、货物、邮件的民用航空运输的航线经营许可。

第三条 本规定下列用语除具体条款中另有明确规定外含义如下：

（一）“国内航线”，是指运输的始发地、经停地和目的地均在中华人民共和国境内的航线；

（二）“区际航线”，是指运输的始发地、经停地和目的地在两个或两个以上的民航地区管理局管辖区域之间的航线；

（三）“区内航线”，是指运输的始发地、经停地和目的地在一个民航地区管理局管辖区域内的航线；

（四）“航班”，是指空运企业按规定的航线、日期、时刻经营的定期飞行活动；

（五）“加班”，是指一空运企业为满足市场需求，在被批准运营的定期航线上已确定的航班数目以外临时增加的航班；

（六）“航季”，根据国际惯例，航班计划分为夏秋或冬春航季，夏秋航季是指当年三月最后一个星期日至十月最后一个星期六；冬春航季是指当年十月最后一个星期日至翌年三月最后一个星期六。

第四条 实施国内航线经营许可管理，应当遵循以下基本原则：

（一）有利于建立和完善全国统一、开放、竞争、有序的航空运输市场体系；

（二）坚持公平、公正、公开；

（三）有利于保障航空运输安全，提高航班正常率和服务质量；

（四）鼓励诚实守信，惩戒弄虚作假等扰乱市场秩序行为；

（五）兼顾地方经济发展与空运企业利益；

（六）有利于优化航线资源配置，完善航空运输网络。

第五条 中国民用航空总局（以下简称民航总局）和民航地区管理局根据空运企业经营国内客、货航线的申请，分别采取核准和登记方式进行管理。

第六条 民航总局负责对区际航线实施经营许可的核准、登记管理，并对全国国内航线经营进行监督和管理。

民航地区管理局负责对其所辖区域内航线实施经营许可的核准、登记管理，并对涉及其辖区内所有航线经营进行监督和管理。

第七条 民航总局和民航地区管理局分别设立国内航线经营许可评审委员会。

民航总局国内航线经营许可评审委员会负责划分核准、登记的航线经营许可管理范围，根据本《规定》制定每航季航线经营许可评审规则，负责每年度两次区际航线经营换季申请的集中评审工作，审议决定国内航线航班经营许可管理中的其他重大事项。

民航地区管理局国内航线经营许可评审委员会根据民航总局评审委员会制定的航线经营许可评审规则，制定适合区内特点的评审规定，划分区内核准、登记的航线航班经营许可管理范围，负责每年度两次区内航线经营换季申请的集中评审工作，审议决定区内航线航班经营许可管理中的其他重大事项。

第八条 申请国内航线经营许可，应当具备下列基本条件：

（一）根据中华人民共和国法律设立的公共航空运输企业；

（二）符合民航总局安全管理的有关规定；

（三）符合航班正常、服务质量管理的有关规定；

（四）符合国家航空运输发展的宏观调控政策；

（五）符合法律、行政法规和民航总局规章规定的其他条件。

空运企业从事国内航线经营，还应当按照相关规定经过补充安全运行合格审定；补充安全运行合格审定结论为不合格的，其相应的国内航线经营权丧失。

第二章 国内航线经营许可核准管理

第九条 空运企业申请的下列航线经营许可适用核准管理的方式：

（一）涉及民航总局核定的受综合保障能力及高峰小时飞机起降架次流量限制的机场的航线经营许可；

（二）涉及繁忙机场的航线和飞行流量大的航线经营许可；

（三）涉及在飞行安全方面有特殊要求的机场的航线经营许可。

以上机场、航线的范围，由民航总局确定，并提前三个月予以公告。

第十条 空运企业在航空安全、航班正常、服务质量、诚实信用方面的业绩优劣是核准该企业进入航线经营的条件。

第十一条 空运企业申请本规定第九条所列的航线上的经营许可的，应符合民航总局或民航地区管理局根据航线旅客运输量确定的航线空运企业准入数量调控措施。

第十二条 空运企业每航季安排定期航班的执行情况，作为考核该空运企业每航季进入新航线经营和在现有航线上增加航班的条件。

第十三条 根据保证安全和航班正常的要求，在国内航线经营许可中实行空运企业总部所在地机场和其他基地机场始发优先的原则。

适用前款基地始发优先原则的机场由民航总局定期予以公告。

第十四条 空运企业申请航线经营许可，应在计划开航前45日提出。

申请人应当填写核准机关统一印制的《国内航线经营许可核准申请书》，并可采用信函、电报、电传、传真、电子数据交换和电子邮件等方式，由空运企业法定代表人或其授权人签署，按所申请的航线经营许可的管辖范围报送民航总局或相关民航地区管理局。

第十五条 民航总局或民航地区管理局受理空运企业航线许可申请后，应在20日内提出意见，并通过政府网站或其他方式予以公告。申请人、利害关系人自公告之日起7日内未提出异议的，自受理申请之日30日内做出核准决定。准予许可的，向申请人颁发《国内航线经营许可核准书》，不予核准的，应当书面说明理由。

民航地区管理局核准的航线经营许可，应在核准后10日内报民航总局备案。

第十六条 航线经营许可申请取得核准之后，空运企业决定不在已经核准的航线上安排航班经营时，按照所申请的航线经营许可的管辖范围，向民航总局或相关民航地区管理局交回《国内航线经营许可核准书》；已经开航但又决定停止经营的，按本规定第三十九条规定的程序办理相关手续。

第十七条 航线经营许可核准申请人和利害关系人对民航总局或民航地区管理局预先公布的航线经营许可意见持有异议的，应当按规定的期限和程序提出；涉及重大事项的，民航总局或民航地区管理局可根据需要举行听证，经重新评审后作出核准决定。

第十八条 空运企业应当确保核准经营许可航线的正常运营。凡核准经营许可后，60日内未安排航班或因空运企业自身原因航班执行率不足50%的，核准机关可以撤销其经营许可，且二年之内不再受理该空运企业就该航线或相关航线提出的经营许可申请。

民航总局或民航地区管理局对撤销的航线许可予以公告。

第三章 国内航线经营许可登记管理

第十九条 空运企业申请的下列航线经营许可适用登记管理的方式：

（一）本规定第九条所列范围以外的航线；

（二）国内货运航线；

（三）民航总局或民航地区管理局划定的其他航线。

第二十条 空运企业申请航线经营许可的登记应在计划开航30日前提出。申请人应当填写登记机关统一印制的《国内航线经营许可登记表》，并可采取信函、电报、电传、传真、电子数据交换和电子邮件等方式，由空运企业法定代表人或授权人签署，按所申请的航线经营许可的管辖范围，报送民航总局或相关民航地区管理局。

第二十一条 民航总局或民航地区管理局受理空运企业航线经营许可登记的申请，属于经营许可登记管理范围的，颁发《国内航线经营许可登记证》；对不符合经营许可登记管理范围的，不予登记，并书面说明理由。

民航地区管理局登记的航线经营许可，应在登记后10日内报民航总局备案。

第二十二条 航线经营许可登记并公告之后，空运企业决定不在已经登记的航线上安排航班经营时，应当按照所申请的航线经营许可的管辖范围，向民航总局或相关民航地区管理局办理该航线经营许可登记的注销手续；已经开航但又决定停止经营的，按本规定第三十九条规定的程序办理相关手续。

第二十三条 空运企业应当确保办理经营许可登记航线的正常运营。凡航线经营许可登记后，60日内未安排定期航班或者因空运企业自身原因航班执行率不足50%的，航线经营许可登记注销，且二年之内不予重新登记。

民航总局或民航地区管理局对航线经营许可登记注销的情况予以公告。

第四章 航线经营换季的管理

第二十四条 民航总局国内航线经营许可评审委员会应当根据本规定确定的原则和每一航季航空运输市场情况制定航线航班安排的指

导原则和经营许可的评审规则，经征求民航地区管理局和空运企业意见后，于该航季开始的90日前予以公告，并依据指导原则和评审规则对空运企业换季集中提交及日常提交的航线经营许可进行核准或登记管理。

第二十五条 空运企业在航线经营换季时，应集中提交航线经营许可核准和登记申请，并应于该航季执行的80日前向民航总局或民航地区管理局报送区际或区内航线有关资料。

第二十六条 民航总局和民航地区管理局在航线经营换季时，集中办理航线经营许可核准及登记。其中列入核准许可范围的航线，召开评审会进行评审。所有核准、登记工作应在换季45日前完成。对空运企业新增航线经营许可的，在其《国内航线经营许可核准书》或《国内航线经营许可登记证》上予以载明。

第五章 航班管理

第二十七条 空运企业经营的定期航班应以合理的载运比率提供足够的班次，以满足目前或合理预测到的旅客、货物和邮件运输的需求。一家空运企业取得经营许可航线的航班安排，由空运企业确定，报民航总局或民航地区管理局备案。二家以上空运企业取得经营许可航线的航班安排，由空运企业协商确定，报民航总局或民航地区管理局备案；或应空运企业要求，由民航总局或民航地区管理局依据航季评审规则进行评审确定。

第二十八条 空运企业通过核准或登记获得航线经营许可时，应确定初始航班安排（包括日期、使用机型和班次）。对已运营航班的调整，通常应当在航班换季时进行。

第二十九条 空运企业应当以适当方式公布班期时刻并坚持诚实信用的原则，按所取得的航线经营许可和公布的班期时刻执行。民航总局或民航地区管理局可根据航空运输市场监管和宏观调控的需要，对空运企业航班安排实施总量管理。

空运企业通过核准或登记获得的航线经营许可，应在取得相应的起降时刻后方能运营。

第三十条 空运企业拟停止经营航季客座率达到50%以上的航线的，应当经民航总局或民航地区管理局评审核准；未经评审核准，不得停止经营。

第三十一条 空运企业可以根据市场需求在其所经营的航线上自行安排加班，提前一周报始发机场所在地民航地区管理局备案，并取得相应的起降时刻后实施。

空运企业加班不得冲击其他空运企业的定期航班经营。如因加班引起冲击其他空运企业定期航班的投诉，经民航总局或民航地区管理局调查确认，将追究该空运企业的责任。

第三十二条 在航空市场出现运力急剧增减，并对行业市场造成重大混乱，或机场保障能力不能满足实际需求以及国家对相关空域另有使用要求的紧急情况下，民航总局或民航地区管理局可以在全国部分地区或者某些机场或航线上采取临时管理措施，对空运企业提出的加班申请实施核准，或发布在某一时段禁止经营加班往返至某一地区的决定。

第六章 特别管理规定

第三十三条 民航总局和民航地区管理局在进行航线经营许可核准和航班安排协调时，对承担政府协调、执行指定的特殊贫瘠航线飞行任务的空运企业，可按其要求，酌情增加由该地区始发的航班或开辟该地区始发效益较好的航线。

特殊贫瘠航线由民航总局公告。

第三十四条 民航总局和民航地区管理局对新辟独飞的“老、少、边、穷”地区支线航线采取市场培育期保护措施，在两年内不再核准或登记其他空运企业进入经营。但因经营该航线的空运企业自身原因，不能充分满足市场需求的除外。

本规定所指“老、少、边、穷”地区航线是指位于西部地区或东北地区、或者是它们之间的航线，但是这些航线始发地、经停地或目的地中不能同时包含两个以上的民航总局确定的枢纽机场。

第三十五条 民航总局或民航地区管理局根据国家和地区特殊需要，协调指定空运企业安排航线经营和加班飞行时，空运企业应当执行。

第七章 航线经营许可的监督管理

第三十六条 空运企业按本规定取得的航线经营许可的有效期为三年。期满后无特殊情况，空运企业未提出变更申请的，该项经营许可自期满之日起自动延续三年，民航总局或民航地区管理局对该类许可采取简易程序办理核准或登记。

第三十七条 空运企业通过航线经营许可取得的航线经营权不得租赁、转让、买卖和交换，《国内航线经营许可登记证》和《国内航线经营许可核准书》不得擅自涂改。

第三十八条 空运企业未经批准，不得以代号共享或湿租其他空运企业飞机等经营方式变相转让或出租航线经营权。

第三十九条 空运企业申请暂停、终止经核准或登记取得的航线经营许可的，应当于拟停止经营之日起30日前向民航总局或相关民航地区管理局提出申请，并详细说明理由。民航总局或相关民航地区管理局在收到申请之日起10日内作出是否批准的决定并予以公告。

第八章 法律责任

第四十条 有下列情形之一的，民航总局和民航地区管理局可以暂停或者撤销对空运企业航线经营许可的核准、登记：

（一）违反民航总局安全管理的有关规定；

（二）违反民航总局关于航班正常、服务质量管理的有关规定；

（三）违反法律、行政法规和部门规章规定的其他条件。

第四十一条 有下列情形之一的，由民航总局和民航地区管理局责令空运企业改正，并给予警告，情节严重的，处以一万元以上三万元以下的罚款：

（一）违反本规定第十六条和第二十二条的规定，不主动、及时向民航总局或民航地区管理局办理航线经营许可注销手续的；

（二）违反本规定第三十一条的规定安排加班，冲击和影响定期航班飞行的；

（三）违反本规定第三十七条的规定，私自租赁、转让、买卖和交换经航线经营许可取得的航线经营权的；

（四）违反本规定第三十八条的规定，未经批准以代号共享或湿租其他空运企业飞机等经营方式转让或出租航线经营权的；

（五）违反本规定第三十九条的规定，未经民航总局或民航地区管理局批准擅自暂停或终止航线经营许可中载明的航线经营的。

第四十二条 民航总局或者民航地区管理局的工作人员有下列情形之一的，由所在单位责令改正；情节严重的，对直接负责的主管人员及其他直接责任人员依法给予行政处分：

（一）对符合航线经营许可核准或登记管理办法的申请不予受理的；

（二）违反本规定第八条规定，对不符合条件的空运企业准予核准或登记航线经营许可或超越管辖范围准予空运企业核准或登记航线经营许可的；

（三）不履行本规定第十五条、第二十一条规定的义务的。

第四十三条 民航总局或者民航地区管理局工作人员在实施国内航线经营许可管理规定时营私舞弊，索取、收受财物或者谋取其他利益，构成犯罪的，依法追究其刑事责任；尚不构成犯罪的，依法给予行政处分。

第九章　附　则

第四十四条　内地和香港、澳门特别行政区、台湾地区间特殊管理的国内航空运输管理办法另行规定。

第四十五条　在本规定实施之前，空运企业已经取得的经营许可继续有效，并按本规定进行管理。

关于《中国民用航空国内航线经营许可规定》的说明

一、重新制定原《规定》的必要性

1. 中国民用航空总局1996年11月18日发布的《中国民用航空国内航线和航班经营管理规定》，对保障和促进民航运输市场的快速和健康发展，起到了规范企业经营行为和政府审批管理的阶段性的积极作用。在国家改革开放、经济快速发展的促进和带动下，民航发展的内外环境已经发生了深刻的变化。内部的变化主要体现在民航体制改革，航空公司相对独立，民营航空公司开始涌现，机场移交地方管理。

实行政企分开之后的民航主管当局和航空运输企业的相互关系发生了实质性的变化。外部的变化是我国加入了世贸组织，确立了社会主义市场经济的方向，航空运输市场已由卖方市场转变为买方市场。国家、地方和社会对民用航空运输产品的需求和品质的标准提出了更高和更多的要求。

2. 根据总局党委改革与发展的思路，国内航线航班管理的思路和办法与原59号令相比已发生了很大变化。与此同时，取消了企业基地审批，扩大了经营范围，下放了区内航线管理权限，按登记和核准分类实施航线管理，在该管的管住管好，不该管的坚决不管的同时，鼓励和引导企业在安全、服务、诚信等方面展开竞争，扩大市场份额，通过优胜劣汰转变行业增长方式和提升运营品质。

3. 为了使民用航空运输的管理适应改革开放之后内外环境的变化，对作为行政许可事项的国内航线航班的经营许可，急需按照《行政许可法》的相关要求，采取依照法定的权限、范围、条件和程序实施管理。因此，尽快重新出台《管理规定》，规范航空公司在申请经营国内航线航班方面的行为以及规范民航主管部门依法行政做好服务和管理工作，使之符合《行政许可法》的规定和要求，是总局贯彻实施行政许可法的一项主要内容。

二、制定新《规定》的依据

1.《民用航空法》第九十六条规定：公共航空运输企业申请经营定期航班运输的航线，暂停、终止经营航线，应当报国务院民用航空主管部门批准。

2. 从2004年7月1日开始施行《行政许可法》，制定该《规定》依据了该法规的有关规定。

3. 总局党委提出的放宽经济性管理的政策。本着市场开放，鼓励竞争，规范有序和统筹兼顾原则，从2003年开始，通过开展广泛调研和研讨，从法规先行、有序放开、均衡发展出发，采取边放开、边规范的做法，确定了围绕建立统一、开放、竞争、有序的航空运输市场，逐步放宽对国内航线经营许可管理。

4. 近几年国内航线航班管理经营许可的实践。我们认为，将近两年实践和调整的国内航线航班管理思路和办法在行业内部形成共识的基础上提升到国内航线航班经营许可管理规定的时机已经基本成熟，可以满足行政许可法在许可行为的程序上做到公平、公正和公开的要求，既贴近目前国内航空运输发展需要，而同时又具有发展的前瞻性和可操作性。

三、新《规定》的要点和变化

我们研究，将原《国内航线和航班经营管理规定》的名称更改为《国内航线经营许可规定》，并在结构和内容上有了很大的变化。原《规定》为五章、二十四条，现按国内航线经营许可管理的范围、层次和方式增为九章、四十五条。

各章依次是：总则、国内航线经营许可核准管理、国内航线经营许可登记管理、航线经营换季的管理、航班管理、特别管理规定、航线经营许可的监督管理、法律责任、附则。主要内容和变动情况如下：

（一）关于经营许可的基本原则

与原《规定》相比，新《规定》在第4条列出了实施国内航线经营许可管理应当遵循的六条基本原则，一是有利于建立和完善全国统一、开放、竞争、有序的航空运输市场体系；二是坚持公平、公正、公开；三是有利于保障航空运输安全，提高航班正常率和服务质量；四是鼓励诚实守信，惩戒弄虚作假等扰乱市场秩序行为；五是兼顾地方经济发展与空运企业利益；六是有利于优化航线资源配置，完善航空运输网络。

（二）放宽了经营许可的管理

1. 在《民航法》尚未修改，按法律规定对航线经营均应实施许可管理的情况下，采取核准制和登记制的方式放宽国内航线经营许可管理。即除第9条规定以外的航线，大部分航线实行登记管理。

2. 原《规定》第9条对航空公司经营地域作了限制，新《规定》改为第13条根据保证安全和航班正常的要求，在国内航线经营许可中实行空运企业总部所在地机场和其他基地机场始发优先的原则，范围也予缩小。

3. 原《规定》第17条规定航空公司每航季客座率达到75%时才能增加航班。新《规定》未作此项规定，只是在换季时对少量调控航线提出客座率要求。

4. 原《规定》凡加班均需审批，新《规定》不再审批加班，改为对冲击正班的事后监管。

（三）简化了经营许可程序

1. 将原《规定》第8条申请许可应报送市场可行性研究报告等有关文件，简化为分别填写《国内航线经营许可核准申请书》和《国内航线经营许可登记表》。

2. 将原《规定》第10条企业申请许可的最短时限由60天按核准、登记分别改为第14条45天和第20条30天；答复时限由受理后20天之内改为第15条30天内和第21条10天之内。

3. 按划定的航线范围，在新《规定》第二、第三章中，规定了不同的核准、登记程序，在第四章中明确了航线经营换季的报送要求，较原《规定》更具体和可操作，尤其是航线的登记管理，程序上更加简化。

（四）明确了航线经营许可的条件

1. 修改了原《规定》第7条，明确航线经营许可的五项基本条件：即应获得企业经营许可；符合民航总局关于安全管理、航班正常、服务质量管理的有关规定；符合国家航空运输发展的宏观调控政策和有关法律法规。对核准、登记管理的经营许可均予适用。

2. 对核准管理的航线经营许可，新《规定》第10至13条明确评审标准和原则。突出对企业航空安全、航班正常、服务质量、诚实信用等的考评，即在航线经营许可中，体现市场机制的优胜劣汰。

（五）充分体现了民主和公开的原则

1. 新《规定》增加了总局和地区管理局分别设立国内航线经营许可评审委员会条款（第7条），并规定了评委会的职责。

2. 新《规定》第24条明确总局制定每航季航线航班安排的指导原则和经营许可的评审规则时应经征求地区管理局和空运企业意见，并提前予以公告。

3. 新《规定》第26条规定每年度两次航线航班换季时，对列入核准许可范围的航线总局和地区管理局将召开评审会进行评审。

4. 对企业日常提交的航线经营许可申请，在新《规定》第15条规定对核准航线许可总局或地区管理局提出的意见应予以公布，听取意见后方可作出决定。

5. 在新《规定》第9、13、15、18、23、24、32、33、39条中分别对许可的事项及与申请许可有关的条件、要求等全部予以公告，充分体现许可管理的公开和透明。

（六）加强了事后监督管理条款

1. 在12条规定了把企业的航班执行率作为核准经营许可的条件之一，解决虚占市场问题。

2. 在新《规定》第18、23条、第31条第2款及第39条规定了空运企业获得许可后相应承担的责任，较为详细地说明了政府撤销许可的条件，企业暂停、终止许可的程序。

（七）重新划分管理权限

将原《规定》第4条总局统一负责国内航线航班经营许可，地区管理局只负责对辖区内航线和航班经营的监督管理，修改为新《规定》第5、6条总局和地区管理局分别负责对区际和区内航线实施经营许可的核准和登记管理，总局对全国国内航线经营进行监管，地区管理局对区内航线经营进行监管。

这一调整符合民航体制改革后政府的二级管理及职能划分，充分发挥地区管理局作用，明确了各自的职责。

（八）完善法律责任

将原《规定》罚则改为新《规定》第八章法律责任。在这一章第40、41条丰富了企业违反本《规定》及相关法律、法规应承担的法律责任内容，增加了第42、43条对行政管理者违反本《规定》应承担的法律责任，以利规范政府机构及工作人员经营许可行为。

关于印发2006年全国治超工作要点的通知

（中华人民共和国交通部　中华人民共和国公安部　中华人民共和国国家发展和改革委员会　中国共产党中央委员会宣传部　中华人民共和国国家质量监督检验检疫总局　国家安全生产监督管理总局　中华人民共和国国家工商行政管理总局　国务院法制办公室　国务院纠正行业不正之风办公室　交公路发［2006］76号　2006年3月1日）

2006年是“十一五”的开局之年，也是全国集中开展治超工作的第三年。为进一步贯彻落实国务院办公厅《关于加强车辆超限超载治理工作的通知》（国办发［2005］30号，以下简称“国办发30号文件”）精神，进一步巩固和扩大治理成果，加快治超长效机制建设，推进全国治超工作有序深入开展，经研究，全国治理车辆超限超载工作领导小组制定了《2006年全国治超工作要点》，现印发给你们，请结合本地实际，认真组织实施。

2006年全国治超工作要点

从2006年起，全国治超工作将由“巩固成果、依法严管、重点突破、有效推进”逐步转入“突出源头治理，强化执法力度，完善监控网络，建立长效机制”的新阶段。2006年全国治超工作的总体要求是：深入贯彻党的十六届五中全会精神，严格按照国务院办公厅《关于加强车辆超限超载治理工作的通知》的规定，从落实科学发展观、构建和谐社会的角度，继续加强治超工作，坚持规范行为、依法严管、标本兼治、立足源头、科学治超的方针，综合运用经济、行政、法律手段，加强领导，落实责任，确保治超工作各项措施落到实处，在巩固和扩大治理成果的基础上，逐步建立起完善的治超工作长效机制。工作要点如下：

一、继续加强对治超工作的组织领导

1. 加强领导，进一步落实责任制度。各地区、各部门要继续坚持全国统一领导、地方政府负责、部门指导协调、各方联合行动的治理工作机制，明确职责，落实经费，强化督导检查，把治超工作列入年度工作重点，实行目标责任制和责任追究制，坚持治超工作机构不变、经费不减、力度更大。各省、自治区、直辖市治超办要充分发挥组织者、协调者和实施者的角色，积极策划、精心组织，认真做好组织与服务工作，确保治超工作深入推进。

2. 加强沟通，进一步确保联动治理。各地区和各部门之间要进一步加强沟通与协作，确保部门联合、地区联动，进一步形成全国治超“一盘棋”的工作格局。特别是相邻的省、市、县（区）和治超检测站点之间，要建立联系机制，定期沟通协调，互通情况，密切配合，共同研究解决出现的问题。各省、自治区、直辖市治超机构要按照全国治超工作领导小组的统一要求，及时报送治超工作有关情况和信息。

3. 强化监督，进一步规范执法行为。各地要对路面执法、车辆生产与改装、车辆牌证管理、道路运输市场管理等工作，加强明查暗访和监督检查，强化对各基层责任单位和治超站点的监管，及时查处一线执法人员在工作过程中出现的违法违纪行为，并实行严格的责任追究制。特别是在治超执法工作中，要继续执行治超“五不准”规定和“十条禁令”等有关纪律，坚持依法治超，切实规范行为。

4. 深入宣传，进一步营造舆论氛围。各地要将宣传工作贯穿于治超工作的各个环节，特别是随着治超工作深入开展，要及时调整宣传重点，继续保持舆论声势，在坚持现有宣传方式的同时，还可通过制作专题片、举办成果展等活动，多角度、全方位地开展宣传工作。宣传内容要注重针对性，宣传方式要注重实效性，要集中展现各地治超工作中的典型经验、先进事迹和突出成效等。同时，还要加大对超限超载行为违法性的宣传和教育，对超限超载的典型案例进行曝光，消除超限超载惯性心理。

5. 总结考核，及时进行表彰。全国治超办将制定治超工作总结考核办法，对各地三年集中治超工作进行阶段性总结和考核，同时对在治超工作中表现突出的单位和个人适时进行表彰。各地也可结合本地实际，制定相应的考核办法，建立激励机制，对本地治超工作及时进行总结、考核和表彰，形成有部署、有检查、有总结、有奖惩的良性运作机制。

二、依法治超，加强路面治超执法力度

6. 坚持联合治超，加大依法严管的力度。各级交通、公安部门要继续实行路面联合治超执法，确保人员投入，坚持齐抓共管、协同作战，始终保持严格执法的态势，以巩固成果，防止反弹。在开展治超执法过程中，要继续按照交通部、公安部、发展改革委《关于进一步加强车辆超限超载治理工作的通知》（交公路发［2004］455号）的要求和超限超载认定标准，对发现的违法超限超载运输车辆，要按照《公路法》、《道路运输条例》、《道路交通安全法》及其实施条例的有关规定，严厉进行处罚，同时严格实施卸载，消除违法行为。对严重超限超载的违法运输车辆，应按照法律、法规的规定从重处罚。

7. 禁止违法超限超载车辆行驶高速公路。各地可在高速公路的入口处设置相应的称重检测装置，对进入高速公路的货车进行检测，并结合高速公路收费站管理工作，凭检测单准许货车进入高速公路。凡经检测确定违法超限超载运输的车辆，一律禁止进入高速公路行驶。

8. 突出重点，延伸治理范围。加大对超限超载重点监管车型违法违规运输行为的治理和处罚力度，有针对性地开展治超工作。全国治超办将根据各地上报的情况，分批公布超限超载重点监管车型，作为各地路面执法工作的重点。同时，假冒军队、武警车辆超限超载严重的地区，要积极协调军警部门组成联合工作组，开展专项整治活动，严厉打击利用假冒军警车辆进行超限超载运输以及偷逃国家相关税费等违法行为。

9. 全面推进对超载车辆驾驶人实施交通违法行为累积记分制度。要研究制定具体操作办法，对违法超载运输驾驶人实行记分，大力推进异地交通违法记分信息的转递工作，对记分超过规定的驾驶人依法予以扣留驾驶证、组织学习和考试。

10. 严厉打击暴力抗法行为，确保执法人员人身安全。各级公安机关要适当增加治超检测站点的警力，负责维护治超检测站点的交通、治安秩序，对容易出现聚众闯卡、拒不接受检查、强行冲卡、带车绕行的重点地区，要加强巡逻，加强应急处置管理。对阻碍执法管理、对执法人员实施人身侵犯、破坏治超站点设施的，要依照《治安管理处罚法》予以处罚；构成犯罪的，要依法追究其刑事责任。要切实采取有效措施，确保执法人员人身安全，创造良好的治超执法环境。

三、进一步加强和规范车辆生产、改装及牌证管理

11. 彻底解决车辆“大吨小标”问题。对发展改革委2005年底前公布的在用“大吨小标”车型，各地公安机关交通管理部门要进一步加大工作力度，年内完成“大吨小标”车辆参数更正、行驶证换发工作。2006年，除两轴车、罐装车、改装车以及破产、被兼并企业生产的货车外，发展改革委不再公布“大吨小标”车辆参数更正表。对2005年4月1日后新生产的“大吨小标”车辆，要严格按照国办发30号文件规定，发展改革委要在公告中撤销相应的车型，车辆生产厂家库存的“大吨小标”车辆产品一律不得销售，已经销售的，要负责召回或履约接受退货，赔偿购车人的经济损失，并承担相应的法律责任。

12. 继续打击非法改装车辆。工商部门要根据有关法律、法规的规定，尽快研究制定有关整顿车辆非法改装企业的管理措施及办法，继续开展专项活动，严厉整治非法改装车辆的单位和企业，逐步遏制和杜绝车辆非法改装行为，严把车辆改装关。同时，为彻底消除现有车辆存在的非法改装现象，从2006年起，各地工商、公安、发展改革、交通等部门可在治超检测站点联合开展打击非法改装车辆专项活动，配备必要的装备，对发现擅自改变车辆外廓尺寸、加拦板、加钢板以及载质量等技术参数明显不实的非法改装车辆，要强制车辆恢复原状。

13. 规范车辆生产管理。发展改革委要严格按照“国办发30号文件”要求，进一步加强和规范公告管理，并对现有车型进行全面清理和整合，同时加强对汽车生产和改装企业的管理，严把车辆生产关。此外，还应尽快制定出台规范有关汽车生产及改装的管理措施和办法，从生产环节杜绝“大吨小标”以及不符合GB 1589—2004和GB 7258—2004国家标准的车辆。质检部门要进一步完善缺陷汽车召回制度，对于已经投入使用的存在危及人身、财产安全缺陷的车辆，要按照缺陷汽车召回制度的有关规定，责令汽车厂家召回。

14. 加强车辆牌证管理。各级公安交通管理机关要认真贯彻“国办发30号文件”要求，在车辆注册登记环节要严格把关，对与《公告》公布车型技术参数不一致、不符合《机动车安全运行技术条件》（GB 7285—2004）、《道路车辆外廓尺寸、轴荷及质量限值》（GB 1589—2004）等国家标准要求的车辆，一律不予登记和核发车辆牌证，并将违法生产企业及车辆情况通报行业主管部门。

四、进一步加强源头监管

15. 加强运输装载源头管理。各地交通主管部门要加强对重点货物运输集散地、货运站场等的监管，采取有力措施，确保超限超载车辆不出厂、不出站。对货主和站场故意放纵车辆超限超载的，要依照《道路运输条例》的有关规定予以严肃处理。对位于公路沿线的小煤场及以各种名义建立起来的货物分装场，也要继续加大整治力度，对为超限超载车辆提供货源的，要予以整顿或者关闭。2006年，全国治超办将在装载源头管理成效突出的地区组织召开示范工作现场会，以进一步推动源头管理。

16. 加强运输市场准入管理。对目前仍然“大吨小标”以及其他不符合GB 1589—2004的车辆，各级交通部门不得准许其进入运输市场。同时，交通部要商有关部门分批发布《货运汽车及汽车列车推荐车型》，并出台配套的经济措施，引导货车向多轴化、大型化方向发展，推广厢式货运车辆。

17. 健全货运经营企业和营运驾驶员的信誉档案管理。各治超检查站点要严格执行超限超载违法运输车辆及驾驶员的违法登记和信息抄报制度，确保违法超限超载运输车辆登记信息准确，并和执法机构共享。各级交通主管部门和运输管理机构要根据抄报的信息记录，对多次超限超载的货运企业和营运驾驶员，要定期公布黑名单，并依法予以严厉处罚；对超限超载违法记录次数超过 3 次的营运驾驶员，要责令其参加不少于一周的停业学习培训，并重新考试；对于有超限超载登记的营运货车超过总数 5% 的运输企业，要向社会予以公布，并责令其停业整顿。

五、加快治超长效机制建设

18. 制定治超长效机制的有关意见。全国治超办将在深入研究的基础上，提出全国治超工作长效机制的相关意见，进一步明确各部门在治超工作中的职责，健全治超工作相关的规章制度，强化治超长效机制建设。各地也要针对治超工作过程中出现的新情况和新问题，及时总结、研究治超工作的基本经验和内在规律，逐步建立治超长效机制。

19. 制定《公路保护条例》，完善治超法律法规体系。要加快《公路保护条例》的起草制定工作，促进全国治超工作的法制化、规范化进程。同时，各地也要结合本地实际，有针对性地制定和出台治超方面的法规、规定，建立多层次治超法律法规体系。

20. 加快全国治超监控网络建设。以北京至山西大同市方向的公路通道及其沿线的治超检测站为试点，加快治超站点的规范化建设工作，力争 2006 年建成一批标识统一、设施完备、管理规范、信息共享的治超检测站点，真正建立起全国超限超载车辆监控网络，为长效治理工作奠定基础。同时，还要加强治超检测站点的管理，结合治超检测站点规范化建设，要在治超检测站点装备统一的治超信息管理系统和动态称重预检系统，提高治超检测工作的效率，在依法治超的同时，有效保障公路交通畅通。

21. 从实际出发，开展收费公路计重收费工作。条件具备的地区可在实施货车计重收费试点工作的基础上，按照《关于收费公路试行计重收费的指导意见》的要求，在确保突出治理效果的前提下，开展收费公路计重收费，通过经济手段，消除超限超载车辆的非法利润。同时，要正确处理好计重收费与治超执法的关系，确保计重收费与治超执法工作互相促进，互动互补，通过经济和行政手段对超限超载车辆实施全路网监控。

22. 进一步降低运输成本，保障物资运输。各地要坚决贯彻落实《关于降低车辆通行费收费标准的意见》的要求，采取有效措施，切实降低多轴大型货车的通行费收费标准和运输成本，进一步鼓励多轴大型运输车辆发展，优化道路运输结构，提高道路运输效能。同时，按照国家统一部署，完善全国高效率鲜活农产品流通“绿色通道”网络建设，保障整车且合法装载的鲜活农产品运输车辆运输畅通。

机动车交通事故责任强制保险条例

（中华人民共和国国务院令 2006 年第 462 号 2006 年 3 月 1 日）

第一章 总 则

第一条 为了保障机动车道路交通事故受害人依法得到赔偿，促进道路交通安全，根据《中华人民共和国道路交通安全法》、《中华人民共和国保险法》，制定本条例。

第二条 在中华人民共和国境内道路上行驶的机动车的所有人或者管理人，应当依照《中华人民共和国道路交通安全法》的规定投保机动车交通事故责任强制保险。

机动车交通事故责任强制保险的投保、赔偿和监督管理，适用本条例。

第三条 本条例所称机动车交通事故责任强制保险，是指由保险公司对被保险机动车发生道路交通事故造成本车人员、被保险人以外的受害人的人身伤亡、财产损失，在责任限额内予以赔偿的强制性责任保险。

第四条 国务院保险监督管理机构（以下简称保监会）依法对保险公司的机动车交通事故责任强制保险业务实施监督管理。

公安机关交通管理部门、农业（农业机械）主管部门（以下简统称机动车管理部门）应当依法对机动车参加机动车交通事故责任强制保险的情况实施监督检查。对未参加机动车交通事故责任强制保险的机动车，机动车管理部门不得予以登记，机动车安全技术检验机构不得予以检验。

公安机关交通管理部门及其交通警察在调查处理道路交通安全违法行为和道路交通事故时，应当依法检查机动车交通事故责任强制保险的保险标志。

第二章 投 保

第五条 中资保险公司（以下简称保险公司）经保监会批准，可以从事机动车交通事故责任强制保险业务。

为了保证机动车交通事故责任强制保险制度的实行，保监会有权要求保险公司从事机动车交通事故责任强制保险业务。

未经保监会批准，任何单位或者个人不得从事机动车交通事故责任强制保险业务。

第六条 机动车交通事故责任强制保险实行统一的保险条款和基础保险费率。保监会按照机动车交通事故责任强制保险业务总体上不盈利不亏损的原则审批保险费率。

保监会在审批保险费率时，可以聘请有关专业机构进行评估，可以举行听证会听取公众意见。

第七条 保险公司的机动车交通事故责任强制保险业务，应当与其他保险业务分开管理，单独核算。

保监会应当每年对保险公司的机动车交通事故责任强制保险业务情况进行核查，并向社会公布；根据保险公司机动车交通事故责任强制保险业务的总体盈利或者亏损情况，可以要求或者允许保险公司相应调整保险费率。

调整保险费率的幅度较大的，保监会应当进行听证。

第八条 被保险机动车没有发生道路交通安全违法行为和道路交通事故的，保险公司应当在下一年度降低其保险费率。在此后的年度内，被保险机动车仍然没有发生道路交通安全违法行为和道路交通事故的，保险公司应当继续降低其保险费率，直至最低标准。被保险机动车发生道路交通安全违法行为或者道路交通事故的，保险公司应当在下一年度提高其保险费率。多次发生道路交通安全违法行为、道路交通事故，或者发生重大道路交通事故的，保险公司应当加大提高其保险费率的幅度。在道路交通事故中被保险人没有过错的，不提高其保险费率。降低或者提高保险费率的标准，由保监会会同国务院公安部门制定。

第九条 保监会、国务院公安部门、国务院农业主管部门以及其他有关部门应当逐步建立有关机动车交通事故责任强制保险、道路交通安全违法行为和道路交通事故的信息共享机制。

第十条 投保人在投保时应当选择具备从事机动车交通事故责任强制保险业务资格的保险公司，被选择的保险公司不得拒绝或者拖延承保。

保监会应当将具备从事机动车交通事故责任强制保险业务资格的保险公司向社会公示。

第十一条 投保人投保时，应当向保险公司如实告知重要事项。

重要事项包括机动车的种类、厂牌型号、识别代码、牌照号码、使用性质和机动车所有人或者管理人的姓名（名称）、性别、年龄、住所、身份证或者驾驶证号码（组织机构代码）、续保前该机动车发生事故的情况以及保监会规定的其他事项。

第十二条 签订机动车交通事故责任强制保险合同时，投保人应当一次支付全部保险费；保险公司应当向投保人签发保险单、保险标志。保险单、保险标志应当注明保险单号码、车牌号码、保险期限、保险公司的名称、地址和理赔电话号码。

被保险人应当在被保险机动车上放置保险标志。

保险标志式样全国统一。保险单、保险标志由保监会监制。任何单位或者个人不得伪造、变造或者使用伪造、变造的保险单、保险标志。

第十三条 签订机动车交通事故责任强制保险合同时，投保人不得在保险条款和保险费率之外，向保险公司提出附加其他条件的要求。

签订机动车交通事故责任强制保险合同时，保险公司不得强制投保人订立商业保险合同以及提出附加其他条件的要求。

第十四条 保险公司不得解除机动车交通事故责任强制保险合同；但是，投保人对重要事项未履行如实告知义务的除外。

投保人对重要事项未履行如实告知义务，保险公司解除合同前，应当书面通知投保人，投保人应当自收到通知之日起 5 日内履行如实告知义务；投保人在上述期限内履行如实告知义务的，保险公司不得解除合同。

第十五条 保险公司解除机动车交通事故责任强制保险合同的，应当收回保险单和保险标志，并书面通知机动车管理部门。

第十六条 投保人不得解除机动车交通事故责任强制保险合同，但有下列情形之一的除外：

（一）被保险机动车被依法注销登记的；

（二）被保险机动车办理停驶的；

（三）被保险机动车经公安机关证实丢失的。

第十七条 机动车交通事故责任强制保险合同解除前，保险公司应当按照合同承担保险责任。

合同解除时，保险公司可以收取自保险责任开始之日起至合同解除之日止的保险费，剩余部分的保险费退还投保人。

第十八条 被保险机动车所有权转移的，应当办理机动车交通事故责任强制保险合同变更手续。

第十九条 机动车交通事故责任强制保险合同期满，投保人应当及时续保，并提供上一年度的保险单。

第二十条 机动车交通事故责任强制保险的保险期间为1年，但有下列情形之一的，投保人可以投保短期机动车交通事故责任强制保险：

（一）境外机动车临时入境的；

（二）机动车临时上道路行驶的；

（三）机动车距规定的报废期限不足1年的；

（四）保监会规定的其他情形。

第三章 赔 偿

第二十一条 被保险机动车发生道路交通事故造成本车人员、被保险人以外的受害人人身伤亡、财产损失的，由保险公司依法在机动车交通事故责任强制保险责任限额范围内予以赔偿。

道路交通事故的损失是由受害人故意造成的，保险公司不予赔偿。

第二十二条 有下列情形之一的，保险公司在机动车交通事故责任强制保险责任限额范围内垫付抢救费用，并有权向致害人追偿：

（一）驾驶人未取得驾驶资格或者醉酒的；

（二）被保险机动车被盗抢期间肇事的；

（三）被保险人故意制造道路交通事故的。

有前款所列情形之一，发生道路交通事故的，造成受害人的财产损失，保险公司不承担赔偿责任。

第二十三条 机动车交通事故责任强制保险在全国范围内实行统一的责任限额。责任限额分为死亡伤残赔偿限额、医疗费用赔偿限额、财产损失赔偿限额以及被保险人在道路交通事故中无责任的赔偿限额。

机动车交通事故责任强制保险责任限额由保监会会同国务院公安部门、国务院卫生主管部门、国务院农业主管部门规定。

第二十四条 国家设立道路交通事故社会救助基金（以下简称救助基金）。有下列情形之一时，道路交通事故中受害人人身伤亡的丧葬费用、部分或者全部抢救费用，由救助基金先行垫付，救助基金管理机构有权向道路交通事故责任人追偿：

（一）抢救费用超过机动车交通事故责任强制保险责任限额的；

（二）肇事机动车未参加机动车交通事故责任强制保险的；

（三）机动车肇事后逃逸的。

第二十五条 救助基金的来源包括：

（一）按照机动车交通事故责任强制保险的保险费的一定比例提取的资金；

（二）对未按照规定投保机动车交通事故责任强制保险的机动车的所有人、管理人的罚款；

（三）救助基金管理机构依法向道路交通事故责任人追偿的资金；

（四）救助基金孳息；

（五）其他资金。

第二十六条 救助基金的具体管理办法，由国务院财政部门会同保监会、国务院公安部门、国务院卫生主管部门、国务院农业主管部门制定试行。

第二十七条 被保险机动车发生道路交通

事故，被保险人或者受害人通知保险公司的，保险公司应当立即给予答复，告知被保险人或者受害人具体的赔偿程序等有关事项。

第二十八条 被保险机动车发生道路交通事故的，由被保险人向保险公司申请赔偿保险金。保险公司应当自收到赔偿申请之日起1日内，书面告知被保险人需要向保险公司提供的与赔偿有关的证明和资料。

第二十九条 保险公司应当自收到被保险人提供的证明和资料之日起5日内，对是否属于保险责任作出核定，并将结果通知被保险人；对不属于保险责任的，应当书面说明理由；对属于保险责任的，在与被保险人达成赔偿保险金的协议后10日内，赔偿保险金。

第三十条 被保险人与保险公司对赔偿有争议的，可以依法申请仲裁或者向人民法院提起诉讼。

第三十一条 保险公司可以向被保险人赔偿保险金，也可以直接向受害人赔偿保险金。但是，因抢救受伤人员需要保险公司支付或者垫付抢救费用的，保险公司在接到公安机关交通管理部门通知后，经核对应当及时向医疗机构支付或者垫付抢救费用。

因抢救受伤人员需要救助基金管理机构垫付抢救费用的，救助基金管理机构在接到公安机关交通管理部门通知后，经核对应当及时向医疗机构垫付抢救费用。

第三十二条 医疗机构应当参照国务院卫生主管部门组织制定的有关临床诊疗指南，抢救、治疗道路交通事故中的受伤人员。

第三十三条 保险公司赔偿保险金或者垫付抢救费用，救助基金管理机构垫付抢救费用，需要向有关部门、医疗机构核实有关情况的，有关部门、医疗机构应当予以配合。

第三十四条 保险公司、救助基金管理机构的工作人员对当事人的个人隐私应当保密。

第三十五条 道路交通事故损害赔偿项目和标准依照有关法律的规定执行。

第四章 罚 则

第三十六条 未经保监会批准，非法从事机动车交通事故责任强制保险业务的，由保监会予以取缔；构成犯罪的，依法追究刑事责任；尚不构成犯罪的，由保监会没收违法所得，违法所得20万元以上的，并处违法所得1倍以上5倍以下罚款；没有违法所得或者违法所得不足20万元的，处20万元以上100万元以下罚款。

第三十七条 保险公司未经保监会批准从事机动车交通事故责任强制保险业务的，由保监会责令改正，责令退还收取的保险费，没收违法所得，违法所得10万元以上的，并处违法所得1倍以上5倍以下罚款；没有违法所得或者违法所得不足10万元的，处10万元以上50万元以下罚款；逾期不改正或者造成严重后果的，责令停业整顿或者吊销经营保险业务许可证。

第三十八条 保险公司违反本条例规定，有下列行为之一的，由保监会责令改正，处5万元以上30万元以下罚款；情节严重的，可以限制业务范围、责令停止接受新业务或者吊销经营保险业务许可证：

（一）拒绝或者拖延承保机动车交通事故责任强制保险的；

（二）未按照统一的保险条款和基础保险费率从事机动车交通事故责任强制保险业务的；

（三）未将机动车交通事故责任强制保险业务和其他保险业务分开管理，单独核算的；

（四）强制投保人订立商业保险合同的；

（五）违反规定解除机动车交通事故责任强制保险合同的；

（六）拒不履行约定的赔偿保险金义务的；

（七）未按照规定及时支付或者垫付抢救费用的。

第三十九条 机动车所有人、管理人未按照规定投保机动车交通事故责任强制保险的，由公安机关交通管理部门扣留机动车，通知机动车所有人、管理人依照规定投保，处依照规定投保最低责任限额应缴纳的保险费的2倍罚款。

机动车所有人、管理人依照规定补办机动车交通事故责任强制保险的，应当及时退还机动车。

第四十条 上道路行驶的机动车未放置保险标志的，公安机关交通管理部门应当扣留机动车，通知当事人提供保险标志或者补办相应手续，可以处警告或者20元以上200元以下罚款。

当事人提供保险标志或者补办相应手续的，应当及时退还机动车。

第四十一条 伪造、变造或者使用伪造、变造的保险标志，或者使用其他机动车的保险标志，由公安机关交通管理部门予以收缴，扣留该机动车，处200元以上2000元以下罚款；构成犯罪的，依法追究刑事责任。

当事人提供相应的合法证明或者补办相应手续的，应当及时退还机动车。

第五章 附 则

第四十二条 本条例下列用语的含义：

（一）投保人，是指与保险公司订立机动车交通事故责任强制保险合同，并按照合同负有支付保险费义务的机动车的所有人、管理人。

（二）被保险人，是指投保人及其允许的合法驾驶人。

（三）抢救费用，是指机动车发生道路交通事故导致人员受伤时，医疗机构参照国务院卫生主管部门组织制定的有关临床诊疗指南，对生命体征不平稳和虽然生命体征平稳但如果不采取处理措施会产生生命危险，或者导致残疾、器官功能障碍，或者导致病程明显延长的受伤人员，采取必要的处理措施所发生的医疗费用。

第四十三条 机动车在道路以外的地方通行时发生事故，造成人身伤亡、财产损失的赔偿，比照适用本条例。

第四十四条 中国人民解放军和中国人民武装警察部队在编机动车参加机动车交通事故责任强制保险的办法，由中国人民解放军和中国人民武装警察部队另行规定。

第四十五条 机动车所有人、管理人自本条例施行之日起3个月内投保机动车交通事故责任强制保险；本条例施行前已经投保商业性机动车第三者责任保险的，保险期满，应当投保机动车交通事故责任强制保险。

第四十六条 本条例自2006年7月1日起施行。

国家税务总局关于物流企业缴纳企业所得税问题的通知

（国税函［2006］270号 2006年3月18日）

各省、自治区、直辖市和计划单列市国家税务局、地方税务局：

根据国家发展和改革委员会等九部门《印发关于促进我国现代物流业发展的意见的通知》（发改运行［2004］1617号）的有关精神，按照《中华人民共和国企业所得税暂行条例》及其实施细则的有关规定，为了促进现代物流业的发展，增强物流企业竞争力，现就物流企业缴纳企业所得税有关问题通知如下：

一、物流企业在同一省、自治区、直辖市范围内设立的跨区域机构（包括场所、网点），凡在总部统一领导下统一经营、统一核算，不设银行结算账户、不编制财务报表和账簿，并与总部微机联网、实行统一规范管理的企业，其企业所得税由总部统一缴纳，跨区域机构不就地缴纳企业所得税。凡不符合上述条件之一的跨区域机构，不得纳入统一纳税范围，应就地缴纳企业所得税。

二、上述物流企业，是指具备或租用必要的运输工具和仓储设施，至少具有从事运输（或运输代理）和仓储两种以上经营范围，能够提供运输、代理、仓储、装卸、加工、整理、配送等一体化服务，并具有与自身业务相适应的信息管理系统，经工商行政管理部门登记注册，实行独立核算、自负盈亏、独立承担民事责任的经济组织。

三、物流企业统一缴纳企业所得税，由总部（总机构）向所在地省级主管税务机关提出申请，经省级主管税务机关审核确认后，通知相关主管税务机关执行。

四、物流企业申请统一缴纳企业所得税，应在申请统一纳税年度的3月31日以前，向总部所在地省级主管税务局提出统一纳税的申请报告，并附送总部和跨区域机构的营业执照、税务登记证（复印件）、企业章程、企业财务核算制度、总部与其跨区域机构的资产关系证明、总部上年度会计报表和纳税申报表、跨区域机构名单及所在地等资料。

五、统一缴纳企业所得税的物流企业（包括总部和跨区域机构）所在地的主管税务机关，要按照国家税务总局有关对汇总合并纳税企业实施管理的文件精神，加强对总部和跨区域机构的税收管理和监督。

二手车交易规范

（中华人民共和国商务部公告［2006］22 号　2006 年 3 月 24 日）

第一章　总　则

第一条　为规范二手车交易市场经营者和二手车经营主体的服务、经营行为，以及二手车直接交易双方的交易行为，明确交易规程，增加交易透明度，维护二手车交易双方的合法权益，依据《二手车流通管理办法》，制定本规范。

第二条　在中华人民共和国境内从事二手车交易及相关的活动适用于本规范。

第三条　二手车交易应遵循诚实、守信、公平、公开的原则，严禁欺行霸市、强买强卖、弄虚作假、恶意串通、敲诈勒索等违法行为。

第四条　二手车交易市场经营者和二手车经营主体应在各自的经营范围内从事经营活动，不得超范围经营。

第五条　二手车交易市场经营者和二手车经营主体应按下列项目确认卖方的身份及车辆的合法性：

（一）卖方身份证明或者机构代码证书原件合法有效；

（二）车辆号牌、机动车登记证书、机动车行驶证、机动车安全技术检验合格标志真实、合法、有效；

（三）交易车辆不属于《二手车流通管理办法》第二十三条规定禁止交易的车辆。

第六条　二手车交易市场经营者和二手车经营主体应核实卖方的所有权或处置权证明。车辆所有权或处置权证明应符合下列条件：

（一）机动车登记证书、行驶证与卖方身份证明名称一致；国家机关、国有企事业单位出售的车辆，应附有资产处理证明；

（二）委托出售的车辆，卖方应提供车主授权委托书和身份证明；

（三）二手车经销企业销售的车辆，应具有车辆收购合同等能够证明经销企业拥有该车所有权或处置权的相关材料，以及原车主身份证明复印件。原车主名称应与机动车登记证、行驶证名称一致。

第七条　二手车交易应当签订合同，明确相应的责任和义务。交易合同包括：收购合同、销售合同、买卖合同、委托购买合同、委托出售合同、委托拍卖合同等。

第八条　交易完成后，买卖双方应当按照国家有关规定，持下列法定证明、凭证向公安机关交通管理部门申办车辆转移登记手续：

（一）买方及其代理人的身份证明；

（二）机动车登记证书；

（三）机动车行驶证；

（四）二手车交易市场、经销企业、拍卖

公司按规定开具的二手车销售统一发票；

（五）属于解除海关监管的车辆，应提供《中华人民共和国海关监管车辆解除监管证明书》。

车辆转移登记手续应在国家有关政策法规所规定的时间内办理完毕，并在交易合同中予以明确。

完成车辆转移登记后，买方应按国家有关规定，持新的机动车登记证书和机动车行驶证到有关部门办理车辆购置税、养路费变更手续。

第九条 二手车应在车辆注册登记所在地交易。二手车转移登记手续应按照公安部门有关规定在原车辆注册登记所在地公安机关交通管理部门办理。需要进行异地转移登记的，由车辆原属地公安机关交通管理部门办理车辆转出手续，在接收地公安机关交通管理部门办理车辆转入手续。

第十条 二手车交易市场经营者和二手车经营主体应根据客户要求提供相关服务，在收取服务费、佣金时应开具发票。

第十一条 二手车交易市场经营者、经销企业、拍卖公司应建立交易档案，交易档案主要包括以下内容：

（一）本规范第五条第二款规定的法定证明、凭证复印件；

（二）购车原始发票或者最近一次交易发票复印件；

（三）买卖双方身份证明或者机构代码证书复印件；

（四）委托人及授权代理人身份证或者机构代码证书以及授权委托书复印件；

（五）交易合同原件；

（六）二手车经销企业的《车辆信息表》（见附件一，略），二手车拍卖公司的《拍卖车辆信息》（见附件二，略）和《二手车拍卖成交确认书》（见附件三，略）；

（七）其他需要存档的有关资料。

交易档案保留期限不少于3年。

第十二条 二手车交易市场经营者、二手车经营主体发现非法车辆、伪造证照和车牌等违法行为，以及擅自更改发动机号、车辆识别代号（车架号码）和调整里程表等情况，应及时向有关执法部门举报，并有责任配合调查。

第二章 收购和销售

第十三条 二手车经销企业在收购车辆时，应按下列要求进行：

（一）按本规范第五条和第六条所列项目核实卖方身份以及交易车辆的所有权或处置权，并查验车辆的合法性；

（二）与卖方商定收购价格，如对车辆技术状况及价格存有异议，经双方商定可委托二手车鉴定评估机构对车辆技术状况及价值进行鉴定评估。达成车辆收购意向的，签订收购合同，收购合同中应明确收购方享有车辆的处置权；

（三）按收购合同向卖方支付车款。

第十四条 二手车经销企业将二手车销售给买方之前，应对车辆进行检测和整备。

二手车经销企业应对进入销售展示区的车辆按《车辆信息表》的要求填写有关信息，在显要位置予以明示，并可根据需要增加《车辆信息表》的有关内容。

第十五条 达成车辆销售意向的，二手车经销企业应与买方签订销售合同，并将《车辆信息表》作为合同附件。按合同约定收取车款时，应向买方开具税务机关监制的统一发票，并如实填写成交价格。

买方持本规范第八条规定的法定证明、凭证到公安机关交通管理部门办理转移登记手续。

第十六条 二手车经销企业向最终用户销售使用年限在3年以内或行驶里程在6万公里以内的车辆（以先到者为准，营运车除外），应向用户提供不少于3个月或5000公里（以先到者为准）的质量保证。质量保证范围为发动机系统、转向系统、传动系统、制动系统、悬挂系统等。

第十七条 二手车经销企业向最终用户提供售后服务时，应向其提供售后服务清单。

第十八条 二手车经销企业在提供售后服务的过程中，不得擅自增加未经客户同意的服务项目。

第十九条 二手车经销企业应建立售后服务技术档案。售后服务技术档案包括以下内容：

（一）车辆基本资料。主要包括车辆品牌型号、车牌号码、发动机号、车架号、出厂日期、使用性质、最近一次转移登记日期、销售时间、地点等；

（二）客户基本资料。主要包括客户名称（姓名）、地址、职业、联系方式等；

（三）维修保养记录。主要包括维修保养的时间、里程、项目等。

售后服务技术档案保存时间不少于3年。

第三章 经 纪

第二十条 购买或出售二手车可以委托二手车经纪机构办理。委托二手车经纪机构购买二手车时，应按《二手车流通管理办法》第二十一条规定进行。

第二十一条 二手车经纪机构应严格按照委托购买合同向买方交付车辆、随车文件及本规范第五条第二款规定的法定证明、凭证。

第二十二条 经纪机构接受委托出售二手车，应按以下要求进行：

（一）及时向委托人通报市场信息；

（二）与委托人签订委托出售合同；

（三）按合同约定展示委托车辆，并妥善保管，不得挪作他用；

（四）不得擅自降价或加价出售委托车辆。

第二十三条 签订委托出售合同后，委托出售方应当按照合同约定向二手车经纪机构交付车辆、随车文件及本规范第五条第二款规定的法定证明、凭证。

车款、佣金给付按委托出售合同约定办理。

第二十四条 通过二手车经纪机构买卖的二手车，应由二手车交易市场经营者开具国家税务机关监制的统一发票。

第二十五条 进驻二手车交易市场的二手车经纪机构应与交易市场管理者签订相应的管理协议，服从二手车交易市场经营者的统一管理。

第二十六条 二手车经纪人不得以个人名义从事二手车经纪活动。

二手车经纪机构不得以任何方式从事二手车的收购、销售活动。

第二十七条 二手车经纪机构不得采取非法手段促成交易，以及向委托人索取合同约定佣金以外的费用。

第四章 拍 卖

第二十八条 从事二手车拍卖及相关中介服务活动，应按照《拍卖法》及《拍卖管理办法》的有关规定进行。

第二十九条 委托拍卖时，委托人应提供身份证明、车辆所有权或处置权证明及其他相关材料。拍卖人接受委托的，应与委托人签订委托拍卖合同。

第三十条 委托人应提供车辆真实的技术状况，拍卖人应如实填写《拍卖车辆信息》。

如对车辆的技术状况存有异议，拍卖委托双方经商定可委托二手车鉴定评估机构对车辆进行鉴定评估。

第三十一条 拍卖人应于拍卖日7日前发布公告。拍卖公告应通过报纸或者其他新闻媒体发布，并载明下列事项：

（一）拍卖的时间、地点；

（二）拍卖的车型及数量；

（三）车辆的展示时间、地点；

（四）参加拍卖会办理竞买的手续；

（五）需要公告的其他事项。

拍卖人应在拍卖前展示拍卖车辆，并在车辆显著位置张贴《拍卖车辆信息》。车辆的展示时间不得少于2天。

第三十二条 进行网上拍卖，应在网上公布车辆的彩色照片和《拍卖车辆信息》，公布时间不得少于7天。

网上拍卖是指二手车拍卖公司利用互联网发布拍卖信息，公布拍卖车辆技术参数和直观图片，通过网上竞价，网下交接，将二手车转让给超过保留价的最高应价者的经营活动。

网上拍卖过程及手续应与现场拍卖相同。网上拍卖组织者应根据《拍卖法》及《拍卖管理办法》有关条款制定网上拍卖规则，竞买人则需要办理网上拍卖竞买手续。

任何个人及未取得二手车拍卖人资质的企业不得开展二手车网上拍卖活动。

第三十三条 拍卖成交后，买受人和拍卖人应签署《二手车拍卖成交确认书》。

第三十四条 委托人、买受人可与拍卖人约定佣金比例。

委托人、买受人与拍卖人对拍卖佣金比例未作约定的，依据《拍卖法》及《拍卖管理办法》有关规定收取佣金。

拍卖未成交的，拍卖人可按委托拍卖合同的约定向委托人收取服务费用。

第三十五条 拍卖人应在拍卖成交且买受人支付车辆全款后，将车辆、随车文件及本规范第五条第二款规定的法定证明、凭证交付给买受人，并向买受人开具二手车销售统一发票，如实填写拍卖成交价格。

第五章 直接交易

第三十六条 二手车直接交易方为自然人的，应具有完全民事行为能力。无民事行为能力的，应由其法定代理人代为办理，法定代理人应提供相关证明。

二手车直接交易委托代理人办理的，应签订具有法律效力的授权委托书。

第三十七条 二手车直接交易双方或其代理人均应向二手车交易市场经营者提供其合法身份证明，并将车辆及本规范第五条第二款规定的法定证明、凭证送交二手车交易市场经营者进行合法性验证。

第三十八条 二手车直接交易双方应签订买卖合同，如实填写有关内容，并承担相应的法律责任。

第三十九条 二手车直接交易的买方按照合同支付车款后，卖方应按合同约定及时将车辆及本规范第五条第二款规定的法定证明、凭证交付买方。

车辆法定证明、凭证齐全合法，并完成交易的，二手车交易市场经营者应当按照国家有关规定开具二手车销售统一发票，并如实填写成交价格。

第六章 交易市场的服务与管理

第四十条 二手车交易市场经营者应具有必要的配套服务设施和场地，设立车辆展示交易区、交易手续办理区及客户休息区，做到标识明显，环境整洁卫生。交易手续办理区应设立接待窗口，明示各窗口业务受理范围。

第四十一条 二手车交易市场经营者在交易市场内应设立醒目的公告牌，明示交易服务程序、收费项目及标准、客户查询和监督电话号码等内容。

第四十二条 二手车交易市场经营者应制定市场管理规则，对场内的交易活动负有监督、规范和管理责任，保证良好的市场环境和交易秩序。由于管理不当给消费者造成损失的，应承担相应的责任。

第四十三条 二手车交易市场经营者应及时受理并妥善处理客户投诉，协助客户挽回经济损失，保护消费者权益。

第四十四条 二手车交易市场经营者在履行其服务、管理职能的同时，可依法收取交易服务和物业等费用。

第四十五条 二手车交易市场经营者应建立严格的内部管理制度，牢固树立为客户服务、为驻场企业服务的意识，加强对所属人员的管理，提高人员素质。二手车交易市场服务、管理人员须经培训合格后上岗。

第七章 附 则

第四十六条 本规范自发布之日起实施。

附件（略）

关于加强联运行业管理工作的通知

（国家发展改革委　铁道部　交通部　发改运行［2006］469号　2006年4月10日）

各省、自治区、直辖市及计划单列市、副省级省会城市、新疆生产建设兵团经委（经贸委），北京市、河北省、河南省、海南省、西藏自治区发展改革委，各铁路局、交通厅（委、局）：

经国务院批准，国家发展改革委等9部门联合印发了《关于促进我国现代物流业发展的意见》（发改运行［2004］1617号），取消了联运（包括铁路货运代理，下同）的行政性审批。为落实做好取消联运行政性审批的工作，切实加强对联运业的后续监督和管理，适应市场经济发展需要，建立公开透明、竞争有序的市场环境，促进联运业健康稳步发展，现将有关问题通知如下：

一、联运的基本概念及主要经营范围

联运是指联运经营者受托运人、收货人或旅客的委托，为委托人实现两种以上运输方式（含两种，下同）或两程以上（含两程，下同）运输的衔接，以及提供相关运输物流辅助服务的活动。

联运的主要经营范围包括：办理两种运输方式或两程以上运输之间的衔接业务及提供相关辅助服务；提供货物接取、送达、中转换装和相应的仓储等辅助服务；集装箱多式联运服务；旅客联运代理服务等。

二、清理有关联运管理文件规定

全面清理现有联运管理的有关文件规定，凡违反《中华人民共和国行政许可法》和《关于促进我国现代物流业发展的意见》文件精神，设立的对联运业的行政性审批或审核，应一律予以停止执行。

三、改革联运行政管理方式

取消联运行政性审批后，为加强对联运经营者经营资质和经营行为的监督检查，对联运实行备案登记制，即联运经营者直接向所在地工商行政管理部门办理登记注册后，应主动向所在地联运主管部门备案登记。联运经营者从事公路、水路、铁路、民航运输或运输场站经营，其经营业务需取得相关行业主管部门许可的，应按有关法律、行政法规的规定执行。

四、加快制定联运行业指导性标准

从事联运经营应符合与其经营范围相适应的行业指导标准：有一定的注册资金，有固定的经营场所，拥有（含租赁）一定的仓储场地、装卸设备和运输工具，有熟悉专业技术的从业人员，能独立承担经济和法律责任，并办理工商、税务登记。具体联运行业指导性标准由各省、自治区、直辖市和副省级城市经贸委（经委、交委）、发展改革委根据当地实际自行制定。

五、规范联运市场经营行为

联运经营活动应遵守国家法律、法规和有关规定；坚持服务宗旨，自觉服从市场管理，接受社会监督；依据合同、协议或委托书实行责任代理；不得垄断经营，强制代理，严格执行物价部门规定的收费项目和收费标准，实行明码标价；使用国家税务总局统一制定的《全国联运行业货运统一发票》，凡未到当地联运主管部门登记备案的，不得使用《全国联运行业货运统一发票》。

六、培育与发展联运市场

联运是综合运输体系的重要组成部分，对现代物流的发展举足轻重。各地联运主管部门要会同当地工商、税务、物价、交通运输等部门重视联运市场的培育，密切协调配合，加强对联运市场的监督检查，严厉打击非法经营活动，营造统一开放、竞争有序、运作规范的联运市场环境，制定相应的政策措施，推动联运领域非公经济的发展，加快推进联运的规范化、规模化、网络化和国内外市场的一体化进程。

七、加强联运工作的组织协调

联运是一种先进的运输组织方式，有效地发挥了铁路、公路、水路、航空运输的综合优势，形成高效、便捷、安全的运输服务网络，对方便货主和旅客，降低运输成本，挖掘运输潜力，提高运输效率，创造良好的经济效益和社会效益，促进社会经济发展起到了积极的作用，是我国综合运输的重要组成部分，也是我国现代物流业发展的重要力量。

国家发展改革委将会同铁路、交通、民航、工商、税务、物价等部门继续加强对联运工作的组织协调，进一步推动全国联运工作的发展。各地经贸委（经委、交委）、发展改革委等综合运输协调部门要进一步做好本地区的联运工作，加强对联运市场的监督管理，会同当地有关部门及时研究解决联运发展中的问题，推动本地区联运工作协调健康快速发展。

国家发展改革委关于组织实施社会物流统计核算与报表制度的通知

（发改运行［2006］625号　2006年4月24日）

各省、自治区、直辖市、计划单列市及副省级省会城市、新疆生产建设兵团现代物流工作牵头部门，各有关企业：

为贯彻落实经国务院批准，由国家发展改革委等9部门联合印发的《关于促进我国现代物流业发展的意见》精神，2004年10月，国家发展改革委和国家统计局联合印发了《关于组织实施〈社会物流统计制度及核算表式（试行）〉的通知》（发改运行［2004］2409号），建立了全国社会物流统计核算制度。该制度试行一年来，取得了良好的社会效果，相关数据被政府有关部门和行业内外广泛采用。

为全面掌握了解我国现代物流业的规模、结构，监测分析我国现代物流业的发展和运行状况，为各级政府部门制定现代物流业发展政策和战略规划、加强宏观调控提供依据，经国家统计局批准，自2006年起将社会物流统计核算试行制度转为正式制度，定期开展社会物流统计核算工作。

社会物流统计核算工作由国家发展改革委、中国物流与采购联合会联合组织实施，并会同国家统计局发布，具体工作委托中国物流与采购联合会承担。各省、自治区、直辖市现代物流工作牵头部门，要高度重视物流统计核算工作，督促本辖区内被调查企业，按照统计制度要求，及时报送有关资料。

现将《社会物流统计核算与报表制度》印发你们，请认真贯彻执行。各地区应结合本地区的实际情况，参照本制度开展本地区的社会物流统计核算工作，并将有关情况及时汇总上报。

附件：1. 社会物流统计核算与报表制度（略）
2. 社会物流统计基层调查表填报要求（略）

关于进一步加强道路运输车辆改装管理工作的通知

（交通部交公路发［2006］158号 2006年5月8日）

各省、自治区、直辖市、新疆生产建设兵团交通厅（局、委）：

为加强道路运输车辆技术管理，依法打击非法改装行为，根据《中华人民共和国道路运输条例》及《道路旅客运输及客运站管理规定》、《道路货物运输及站场管理规定》、《道路危险货物运输管理规定》等有关规定，现就进一步加强道路运输车辆改装管理工作通知如下：

一、依法认定非法改装道路运输车辆

非法改装道路运输车辆，是指未经有关部门批准，擅自改变已获得《道路运输证》车辆结构、构造或者特征的车辆。

主要包括：

1. 擅自改变车辆类型或用途。指擅自将客车改为货车、货车改为客车、普通货车改为专用货丰、专用货车改为普通货车、卧铺客车改为座位客车、座位客车改为卧铺客车。

2. 擅自改变车辆颜色。指擅自将驾驶室和车身改为与原车辆不同的外观颜色。

3. 擅自改变车辆主要总成部件。指擅自更换与原车型不一致的发动机、变速箱、前桥、后桥或者车架；擅自更换车辆车身或者罐车罐体；擅自改变车辆悬架形式（空气悬架、复合悬架、钢板弹簧式悬架等悬架形式之间的改变）。

对于小型、微型道路客运车辆加装前后防撞装置，道路货运车辆加装防风罩、水箱、工具箱、备胎架等，道路运输车辆增加车内装饰等，在不影响安全和识别号牌的情况下，可由道路运输经营者自行决定，交通主管部门和道路运输管理机构不得将其认定为非法改装道路运输车辆。

4. 擅自改变车辆外廓尺寸或者承载限值。指擅自加高、加宽、加长、拆除货厢拦板或者增加车辆外廓尺寸；擅自增加或者减少轮胎数量；擅自增加或者减少车轴数量；擅自增加客车座位或者卧铺铺位。

非法改装道路运输车辆，将破坏车辆本身的结构和性能，给车辆行驶带来安全隐患，同时会造成道路运输市场的不公平竞争，不利于道路运输市场健康协调发展，危害很大。各级交通主管部门和道路运输管理机构必须按照《中华人民共和国道路运输条例》及相关配套规章的规定，严格道路运输车辆改装管理，对擅自改装车辆的行为，要予以严厉打击。

二、坚决防止非法改装车辆进入道路运输市场

各级交通主管部门和道路运输管理机构必须严把道路运输车辆市场准入关。对非法改装等不符合技术标准的车辆，一律不得允许进入道路运输市场。对准许非法改装等不符合技术标准的车辆进入道路运输市场的单位和个人，要依法追究责任。

三、规范已取得《道路运输证》车辆的改装行为

已获得《道路运输证》的车辆确需改装的，道路运输经营者应当事先获得有关部门的批准，交由合法改装企业实施车辆改装作业。改装完毕后，道路运输经营者应当到有关部门办理车辆行驶证变更手续，并经车辆综合性能检测合格后，到交通主管部门和道路运输管理机构办理《道路运输证》变更手续。

四、规范对非法改装道路运输车辆的执法行为

各级交通主管部门和道路运输管理机构应当严格按照规定认定非法改装道路运输车辆，不得扩大认定范围。对允许或经批准改装的道路运输车辆，不得处罚。对经确认的非法改装道路运输车辆，应当严格按照《中华人民共和国道路运输条例》第七十一条第二款的规定，视情节轻重予以处罚。在执法过程中，应当坚持教育为主、处罚为辅的原则，以消除违法违章行为为目的，督促运输经营者采取措施恢复车辆原状。拒不改正的，发放《道路运输证》的道路运输管理机构应当按照有关规定，注销其《道路运输证》。

各级交通主管部门和道路运输管理机构在认定非法改装道路运输车辆时，应当承担举证责任。

五、实施非法改装道路运输车辆黑名单制度

各级交通主管部门和道路运输管理机构应当结合道路运输车辆年度审验和执法检查，完善非法改装道路运输车辆信息管理制度，定期向社会公布有关信息，并将非法改装较多的车型纳入重点监管车型，实施重点检查和管理。必要时向社会发布预警信息，督促相关车辆生产厂家直接设计生产符合道路运输市场需要的车型，引导道路运输经营业户直接选购符合道路运输车辆技术标准的车型。

六、建立部门间协调配合机制，严厉打击非法改装企业

各级交通主管部门和道路运输管理机构应当主动配合有关部门开展非法改装车辆专项整治活动，查处非法改装企业，并建立信息交换机制，对源头管理和执法检查中发现的非法改装企业信息，定期向公安、工商、发展改革等有关部门通报，力争从源头上消除非法改装道路运输车辆。

各级道路运输管理机构应当加强对机动车维修企业经营行为的监督检查，发现机动车维修企业存在非法改装等违法违规行为的，要严格按照《中华人民共和国道路运输条例》及《机动车维修管理规定》相关条款的规定予以处罚，并将有关情况作为机动车维修质量信誉考核的重要内容。

民用爆炸物品安全管理条例

（中华人民共和国国务院令 2006年第466号 2006年5月10日）

第一章 总 则

第一条 为了加强对民用爆炸物品的安全管理，预防爆炸事故发生，保障公民生命、财产安全和公共安全，制定本条例。

第二条 民用爆炸物品的生产、销售、购买、进出口、运输、爆破作业和储存以及硝酸铵的销售、购买，适用本条例。

本条例所称民用爆炸物品，是指用于非军事目的、列入民用爆炸物品品名表的各类火药、炸药及其制品和雷管、导火索等点火、起爆器材。

民用爆炸物品品名表，由国务院国防科技工业主管部门会同国务院公安部门制订、公布。

第三条 国家对民用爆炸物品的生产、销售、购买、运输和爆破作业实行许可证制度。

未经许可，任何单位或者个人不得生产、销售、购买、运输民用爆炸物品，不得从事爆破作业。

严禁转让、出借、转借、抵押、赠送、私藏或者非法持有民用爆炸物品。

第四条 国防科技工业主管部门负责民用爆炸物品生产、销售的安全监督管理。

公安机关负责民用爆炸物品公共安全管理和民用爆炸物品购买、运输、爆破作业的安全监督管理，监控民用爆炸物品流向。

安全生产监督、铁路、交通、民用航空主管部门依照法律、行政法规的规定，负责做好民用爆炸物品的有关安全监督管理工作。

国防科技工业主管部门、公安机关、工商行政管理部门按照职责分工，负责组织查处非法生产、销售、购买、储存、运输、邮寄、使用民用爆炸物品的行为。

第五条 民用爆炸物品生产、销售、购买、运输和爆破作业单位（以下称民用爆炸物品从业单位）的主要负责人是本单位民用爆炸物品安全管理责任人，对本单位的民用爆炸物品安全管理工作全面负责。

民用爆炸物品从业单位是治安保卫工作的重点单位，应当依法设置治安保卫机构或者配备治安保卫人员，设置技术防范设施，防止民用爆炸物品丢失、被盗、被抢。

民用爆炸物品从业单位应当建立安全管理制度、岗位安全责任制度，制订安全防范措施和事故应急预案，设置安全管理机构或者配备专职安全管理人员。

第六条 无民事行为能力人、限制民事行为能力人或者曾因犯罪受过刑事处罚的人，不得从事民用爆炸物品的生产、销售、购买、运输和爆破作业。

民用爆炸物品从业单位应当加强对本单位从业人员的安全教育、法制教育和岗位技术培训，从业人员经考核合格的，方可上岗作业；对有资格要求的岗位，应当配备具有相应资格的人员。

第七条 国家建立民用爆炸物品信息管理系统，对民用爆炸物品实行标识管理，监控民用爆炸物品流向。

民用爆炸物品生产企业、销售企业和爆破作业单位应当建立民用爆炸物品登记制度，如实将本单位生产、销售、购买、运输、储存、使用民用爆炸物品的品种、数量和流向信息输入计算机系统。

第八条 任何单位或者个人都有权举报违反民用爆炸物品安全管理规定的行为；接到举报的主管部门、公安机关应当立即查处，并为举报人员保密，对举报有功人员给予奖励。

第九条 国家鼓励民用爆炸物品从业单位采用提高民用爆炸物品安全性能的新技术，鼓励发展民用爆炸物品生产、配送、爆破作业一体化的经营模式。

第二章 生 产

第十条 设立民用爆炸物品生产企业，应当遵循统筹规划、合理布局的原则。

第十一条 申请从事民用爆炸物品生产的企业，应当具备下列条件：

（一）符合国家产业结构规划和产业技术标准；

（二）厂房和专用仓库的设计、结构、建筑材料、安全距离以及防火、防爆、防雷、防静电等安全设备、设施符合国家有关标准和规范；

（三）生产设备、工艺符合有关安全生产的技术标准和规程；

（四）有具备相应资格的专业技术人员、安全生产管理人员和生产岗位人员；

（五）有健全的安全管理制度、岗位安全责任制度；

（六）法律、行政法规规定的其他条件。

第十二条 申请从事民用爆炸物品生产的企业，应当向国务院国防科技工业主管部门提交申请书、可行性研究报告以及能够证明其符合本条例第十一条规定条件的有关材料。国务院国防科技工业主管部门应当自受理申请之日起45日内进行审查，对符合条件的，核发《民用爆炸物品生产许可证》；对不符合条件的，不予核发《民用爆炸物品生产许可证》，书面向申请人说明理由。

民用爆炸物品生产企业为调整生产能力及品种进行改建、扩建的，应当依照前款规定申请办理《民用爆炸物品生产许可证》。

第十三条 取得《民用爆炸物品生产许可证》的企业应当在基本建设完成后，向国务院国防科技工业主管部门申请安全生产许可。国务院国防科技工业主管部门应当依照《安全生产许可证条例》的规定对其进行查验，对符合条件的，在《民用爆炸物品生产许可证》上标注安全生产许可。民用爆炸物品生产企业持经标注安全生产许可的《民用爆炸物品生产许可证》到工商行政管理部门办理工商登记后，方可生产民用爆炸物品。

民用爆炸物品生产企业应当在办理工商登记后3日内，向所在地县级人民政府公安机关备案。

第十四条 民用爆炸物品生产企业应当严格按照《民用爆炸物品生产许可证》核定的品种和产量进行生产，生产作业应当严格执行安全技术规程的规定。

第十五条 民用爆炸物品生产企业应当对民用爆炸物品做出警示标识、登记标识，对雷管编码打号。民用爆炸物品警示标识、登记标识和雷管编码规则，由国务院公安部门会同国务院国防科技工业主管部门规定。

第十六条 民用爆炸物品生产企业应当

建立健全产品检验制度，保证民用爆炸物品的质量符合相关标准。民用爆炸物品的包装，应当符合法律、行政法规的规定以及相关标准。

第十七条 试验或者试制民用爆炸物品，必须在专门场地或者专门的试验室进行。严禁在生产车间或者仓库内试验或者试制民用爆炸物品。

第三章 销售和购买

第十八条 申请从事民用爆炸物品销售的企业，应当具备下列条件：

（一）符合对民用爆炸物品销售企业规划的要求；

（二）销售场所和专用仓库符合国家有关标准和规范；

（三）有具备相应资格的安全管理人员、仓库管理人员；

（四）有健全的安全管理制度、岗位安全责任制度；

（五）法律、行政法规规定的其他条件。

第十九条 申请从事民用爆炸物品销售的企业，应当向所在地省、自治区、直辖市人民政府国防科技工业主管部门提交申请书、可行性研究报告以及能够证明其符合本条例第十八条规定条件的有关材料。省、自治区、直辖市人民政府国防科技工业主管部门应当自受理申请之日起30日内进行审查，并对申请单位的销售场所和专用仓库等经营设施进行查验，对符合条件的，核发《民用爆炸物品销售许可证》；对不符合条件的，不予核发《民用爆炸物品销售许可证》，书面向申请人说明理由。

民用爆炸物品销售企业持《民用爆炸物品销售许可证》到工商行政管理部门办理工商登记后，方可销售民用爆炸物品。

民用爆炸物品销售企业应当在办理工商登记后3日内，向所在地县级人民政府公安机关备案。

第二十条 民用爆炸物品生产企业凭《民用爆炸物品生产许可证》，可以销售本企业生产的民用爆炸物品。

民用爆炸物品生产企业销售本企业生产的民用爆炸物品，不得超出核定的品种、产量。

第二十一条 民用爆炸物品使用单位申请购买民用爆炸物品的，应当向所在地县级人民政府公安机关提出购买申请，并提交下列有关材料：

（一）工商营业执照或者事业单位法人证书；

（二）《爆破作业单位许可证》或者其他合法使用的证明；

（三）购买单位的名称、地址、银行账户；

（四）购买的品种、数量和用途说明。

受理申请的公安机关应当自受理申请之日起5日内对提交的有关材料进行审查，对符合条件的，核发《民用爆炸物品购买许可证》；对不符合条件的，不予核发《民用爆炸物品购买许可证》，书面向申请人说明理由。

《民用爆炸物品购买许可证》应当载明许可购买的品种、数量、购买单位以及许可的有效期限。

第二十二条 民用爆炸物品生产企业凭《民用爆炸物品生产许可证》购买属于民用爆炸物品的原料，民用爆炸物品销售企业凭《民用爆炸物品销售许可证》向民用爆炸物品生产企业购买民用爆炸物品，民用爆炸物品使用单位凭《民用爆炸物品购买许可证》购买民用爆炸物品，还应当提供经办人的身份证明。

销售民用爆炸物品的企业，应当查验前款规定的许可证和经办人的身份证明；对持《民用爆炸物品购买许可证》购买的，应当按照许可的品种、数量销售。

第二十三条 销售、购买民用爆炸物品，应当通过银行账户进行交易，不得使用现金或者实物进行交易。

销售民用爆炸物品的企业，应当将购买单位的许可证、银行账户转账凭证、经办人的身份证明复印件保存2年备查。

第二十四条 销售民用爆炸物品的企业，应当自民用爆炸物品买卖成交之日起3日内，将销售的品种、数量和购买单位向所在地省、自治区、直辖市人民政府国防科技工业主管部门和所在地县级人民政府公安机关备案。

购买民用爆炸物品的单位，应当自民用爆炸物品买卖成交之日起3日内，将购买的品种、数量向所在地县级人民政府公安机关备案。

第二十五条 进出口民用爆炸物品，应当经国务院国防科技工业主管部门审批。进出口民用爆炸物品审批办法，由国务院国防科技工业主管部门会同国务院公安部门、海关总署规定。

进出口单位应当将进出口的民用爆炸物品的品种、数量向收货地或者出境口岸所在地县级人民政府公安机关备案。

第四章　运　输

第二十六条 运输民用爆炸物品，收货单位应当向运达地县级人民政府公安机关提出申请，并提交包括下列内容的材料：

（一）民用爆炸物品生产企业、销售企业、使用单位以及进出口单位分别提供的《民用爆炸物品生产许可证》、《民用爆炸物品销售许可证》、《民用爆炸物品购买许可证》或者进出口批准证明；

（二）运输民用爆炸物品的品种、数量、包装材料和包装方式；

（三）运输民用爆炸物品的特性、出现险情的应急处置方法；

（四）运输时间、起始地点、运输路线、经停地点。

受理申请的公安机关应当自受理申请之日起3日内对提交的有关材料进行审查，对符合条件的，核发《民用爆炸物品运输许可证》；对不符合条件的，不予核发《民用爆炸物品运输许可证》，书面向申请人说明理由。

《民用爆炸物品运输许可证》应当载明收货单位、销售企业、承运人，一次性运输有效期限、起始地点、运输路线、经停地点，民用爆炸物品的品种、数量。

第二十七条 运输民用爆炸物品的，应当凭《民用爆炸物品运输许可证》，按照许可的品种、数量运输。

第二十八条 经由道路运输民用爆炸物品的，应当遵守下列规定：

（一）携带《民用爆炸物品运输许可证》；

（二）民用爆炸物品的装载符合国家有关标准和规范，车厢内不得载人；

（三）运输车辆安全技术状况应当符合国家有关安全技术标准的要求，并按照规定悬挂或者安装符合国家标准的易燃易爆危险物品警示标志；

（四）运输民用爆炸物品的车辆应当保持安全车速；

（五）按照规定的路线行驶，途中经停应当有专人看守，并远离建筑设施和人口稠密的地方，不得在许可以外的地点经停；

（六）按照安全操作规程装卸民用爆炸物品，并在装卸现场设置警戒，禁止无关人员进入；

（七）出现危险情况立即采取必要的应急处置措施，并报告当地公安机关。

第二十九条 民用爆炸物品运达目的地，收货单位应当进行验收后在《民用爆炸物品运输许可证》上签注，并在3日内将《民用爆炸物品运输许可证》交回发证机关核销。

第三十条 禁止携带民用爆炸物品搭乘公共交通工具或者进入公共场所。

禁止邮寄民用爆炸物品，禁止在托运的货

物、行李、包裹、邮件中夹带民用爆炸物品。

第五章　爆破作业

第三十一条　申请从事爆破作业的单位，应当具备下列条件：

（一）爆破作业属于合法的生产活动；

（二）有符合国家有关标准和规范的民用爆炸物品专用仓库；

（三）有具备相应资格的安全管理人员、仓库管理人员和具备国家规定执业资格的爆破作业人员；

（四）有健全的安全管理制度、岗位安全责任制度；

（五）有符合国家标准、行业标准的爆破作业专用设备；

（六）法律、行政法规规定的其他条件。

第三十二条　申请从事爆破作业的单位，应当按照国务院公安部门的规定，向有关人民政府公安机关提出申请，并提供能够证明其符合本条例第三十一条规定条件的有关材料。受理申请的公安机关应当自受理申请之日起20日内进行审查，对符合条件的，核发《爆破作业单位许可证》；对不符合条件的，不予核发《爆破作业单位许可证》，书面向申请人说明理由。

营业性爆破作业单位持《爆破作业单位许可证》到工商行政管理部门办理工商登记后，方可从事营业性爆破作业活动。

爆破作业单位应当在办理工商登记后3日内，向所在地县级人民政府公安机关备案。

第三十三条　爆破作业单位应当对本单位的爆破作业人员、安全管理人员、仓库管理人员进行专业技术培训。爆破作业人员应当经设区的市级人民政府公安机关考核合格，取得《爆破作业人员许可证》后，方可从事爆破作业。

第三十四条　爆破作业单位应当按照其资质等级承接爆破作业项目，爆破作业人员应当按照其资格等级从事爆破作业。爆破作业的分级管理办法由国务院公安部门规定。

第三十五条　在城市、风景名胜区和重要工程设施附近实施爆破作业的，应当向爆破作业所在地设区的市级人民政府公安机关提出申请，提交《爆破作业单位许可证》和具有相应资质的安全评估企业出具的爆破设计、施工方案评估报告。受理申请的公安机关应当自受理申请之日起20日内对提交的有关材料进行审查，对符合条件的，作出批准的决定；对不符合条件的，作出不予批准的决定，并书面向申请人说明理由。

实施前款规定的爆破作业，应当由具有相应资质的安全监理企业进行监理，由爆破作业所在地县级人民政府公安机关负责组织实施安全警戒。

第三十六条　爆破作业单位跨省、自治区、直辖市行政区域从事爆破作业的，应当事先将爆破作业项目的有关情况向爆破作业所在地县级人民政府公安机关报告。

第三十七条　爆破作业单位应当如实记载领取、发放民用爆炸物品的品种、数量、编号以及领取、发放人员姓名。领取民用爆炸物品的数量不得超过当班用量，作业后剩余的民用爆炸物品必须当班清退回库。

爆破作业单位应当将领取、发放民用爆炸物品的原始记录保存2年备查。

第三十八条　实施爆破作业，应当遵守国家有关标准和规范，在安全距离以外设置警示标志并安排警戒人员，防止无关人员进入；爆破作业结束后应当及时检查、排除未引爆的民用爆炸物品。

第三十九条　爆破作业单位不再使用民用爆炸物品时，应当将剩余的民用爆炸物品登记造册，报所在地县级人民政府公安机关组织监督销毁。

发现、拣拾无主民用爆炸物品的，应当立

即报告当地公安机关。

第六章　储　存

第四十条　民用爆炸物品应当储存在专用仓库内，并按照国家规定设置技术防范设施。

第四十一条　储存民用爆炸物品应当遵守下列规定：

（一）建立出入库检查、登记制度，收存和发放民用爆炸物品必须进行登记，做到账目清楚，账物相符；

（二）储存的民用爆炸物品数量不得超过储存设计容量，对性质相抵触的民用爆炸物品必须分库储存，严禁在库房内存放其他物品；

（三）专用仓库应当指定专人管理、看护，严禁无关人员进入仓库区内，严禁在仓库区内吸烟和用火，严禁把其他容易引起燃烧、爆炸的物品带入仓库区内，严禁在库房内住宿和进行其他活动；

（四）民用爆炸物品丢失、被盗、被抢，应当立即报告当地公安机关。

第四十二条　在爆破作业现场临时存放民用爆炸物品的，应当具备临时存放民用爆炸物品的条件，并设专人管理、看护，不得在不具备安全存放条件的场所存放民用爆炸物品。

第四十三条　民用爆炸物品变质和过期失效的，应当及时清理出库，并予以销毁。销毁前应当登记造册，提出销毁实施方案，报省、自治区、直辖市人民政府国防科技工业主管部门、所在地县级人民政府公安机关组织监督销毁。

第七章　法律责任

第四十四条　非法制造、买卖、运输、储存民用爆炸物品，构成犯罪的，依法追究刑事责任；尚不构成犯罪，有违反治安管理行为的，依法给予治安管理处罚。

违反本条例规定，在生产、储存、运输、使用民用爆炸物品中发生重大事故，造成严重后果或者后果特别严重，构成犯罪的，依法追究刑事责任。

违反本条例规定，未经许可生产、销售民用爆炸物品的，由国防科技工业主管部门责令停止非法生产、销售活动，处10万元以上50万元以下的罚款，并没收非法生产、销售的民用爆炸物品及其违法所得。

违反本条例规定，未经许可购买、运输民用爆炸物品或者从事爆破作业的，由公安机关责令停止非法购买、运输、爆破作业活动，处5万元以上20万元以下的罚款，并没收非法购买、运输以及从事爆破作业使用的民用爆炸物品及其违法所得。

国防科技工业主管部门、公安机关对没收的非法民用爆炸物品，应当组织销毁。

第四十五条　违反本条例规定，生产、销售民用爆炸物品的企业有下列行为之一的，由国防科技工业主管部门责令限期改正，处10万元以上50万元以下的罚款；逾期不改正的，责令停产停业整顿；情节严重的，吊销《民用爆炸物品生产许可证》或者《民用爆炸物品销售许可证》：

（一）超出生产许可的品种、产量进行生产、销售的；

（二）违反安全技术规程生产作业的；

（三）民用爆炸物品的质量不符合相关标准的；

（四）民用爆炸物品的包装不符合法律、行政法规的规定以及相关标准的；

（五）超出购买许可的品种、数量销售民用爆炸物品的；

（六）向没有《民用爆炸物品生产许可证》、《民用爆炸物品销售许可证》、《民用爆炸物品购买许可证》的单位销售民用爆炸物品的；

（七）民用爆炸物品生产企业销售本企业

生产的民用爆炸物品未按照规定向国防科技工业主管部门备案的；

（八）未经审批进出口民用爆炸物品的。

第四十六条　违反本条例规定，有下列情形之一的，由公安机关责令限期改正，处5万元以上20万元以下的罚款；逾期不改正的，责令停产停业整顿：

（一）未按照规定对民用爆炸物品做出警示标识、登记标识或者未对雷管编码打号的；

（二）超出购买许可的品种、数量购买民用爆炸物品的；

（三）使用现金或者实物进行民用爆炸物品交易的；

（四）未按照规定保存购买单位的许可证、银行账户转账凭证、经办人的身份证明复印件的；

（五）销售、购买、进出口民用爆炸物品，未按照规定向公安机关备案的；

（六）未按照规定建立民用爆炸物品登记制度，如实将本单位生产、销售、购买、运输、储存、使用民用爆炸物品的品种、数量和流向信息输入计算机系统的；

（七）未按照规定将《民用爆炸物品运输许可证》交回发证机关核销的。

第四十七条　违反本条例规定，经由道路运输民用爆炸物品，有下列情形之一的，由公安机关责令改正，处5万元以上20万元以下的罚款：

（一）违反运输许可事项的；

（二）未携带《民用爆炸物品运输许可证》的；

（三）违反有关标准和规范混装民用爆炸物品的；

（四）运输车辆未按照规定悬挂或者安装符合国家标准的易燃易爆危险物品警示标志的；

（五）未按照规定的路线行驶，途中经停没有专人看守或者在许可以外的地点经停的；

（六）装载民用爆炸物品的车厢载人的；

（七）出现危险情况未立即采取必要的应急处置措施、报告当地公安机关的。

第四十八条　违反本条例规定，从事爆破作业的单位有下列情形之一的，由公安机关责令停止违法行为或者限期改正，处10万元以上50万元以下的罚款；逾期不改正的，责令停产停业整顿；情节严重的，吊销《爆破作业单位许可证》：

（一）爆破作业单位未按照其资质等级从事爆破作业的；

（二）营业性爆破作业单位跨省、自治区、直辖市行政区域实施爆破作业，未按照规定事先向爆破作业所在地的县级人民政府公安机关报告的；

（三）爆破作业单位未按照规定建立民用爆炸物品领取登记制度、保存领取登记记录的；

（四）违反国家有关标准和规范实施爆破作业的。

爆破作业人员违反国家有关标准和规范的规定实施爆破作业的，由公安机关责令限期改正，情节严重的，吊销《爆破作业人员许可证》。

第四十九条　违反本条例规定，有下列情形之一的，由国防科技工业主管部门、公安机关按照职责责令限期改正，可以并处5万元以上20万元以下的罚款；逾期不改正的，责令停产停业整顿；情节严重的，吊销许可证：

（一）未按照规定在专用仓库设置技术防范设施的；

（二）未按照规定建立出入库检查、登记制度或者收存和发放民用爆炸物品，致使账物不符的；

（三）超量储存、在非专用仓库储存或者违反储存标准和规范储存民用爆炸物品的；

（四）有本条例规定的其他违反民用爆炸物品储存管理规定行为的。

第五十条 违反本条例规定，民用爆炸物品从业单位有下列情形之一的，由公安机关处2万元以上10万元以下的罚款；情节严重的，吊销其许可证；有违反治安管理行为的，依法给予治安管理处罚：

（一）违反安全管理制度，致使民用爆炸物品丢失、被盗、被抢的；

（二）民用爆炸物品丢失、被盗、被抢，未按照规定向当地公安机关报告或者故意隐瞒不报的；

（三）转让、出借、转借、抵押、赠送民用爆炸物品的。

第五十一条 违反本条例规定，携带民用爆炸物品搭乘公共交通工具或者进入公共场所，邮寄或者在托运的货物、行李、包裹、邮件中夹带民用爆炸物品，构成犯罪的，依法追究刑事责任；尚不构成犯罪的，由公安机关依法给予治安管理处罚，没收非法的民用爆炸物品，处1000元以上1万元以下的罚款。

第五十二条 民用爆炸物品从业单位的主要负责人未履行本条例规定的安全管理责任，导致发生重大伤亡事故或者造成其他严重后果，构成犯罪的，依法追究刑事责任；尚不构成犯罪的，对主要负责人给予撤职处分，对个人经营的投资人处2万元以上20万元以下的罚款。

第五十三条 国防科技工业主管部门、公安机关、工商行政管理部门的工作人员，在民用爆炸物品安全监督管理工作中滥用职权、玩忽职守或者徇私舞弊，构成犯罪的，依法追究刑事责任；尚不构成犯罪的，依法给予行政处分。

第八章 附 则

第五十四条 《民用爆炸物品生产许可证》、《民用爆炸物品销售许可证》，由国务院国防科技工业主管部门规定式样；《民用爆炸物品购买许可证》、《民用爆炸物品运输许可证》、《爆破作业单位许可证》、《爆破作业人员许可证》，由国务院公安部门规定式样。

第五十五条 本条例自2006年9月1日起施行。1984年1月6日国务院发布的《中华人民共和国民用爆炸物品管理条例》同时废止。

关于认真贯彻国家标准《道路运输危险货物车辆标志》的通知

（交通部　公安部　安全监管总局　发展改革委文件
交公路发［2006］204 号　2006 年 5 月 25 日）

各省、自治区、直辖市交通厅（局、委）、公安厅（局）、安全生产监督管理局、发改委：

2005 年 4 月，国家质量监督检验检疫总局、国家标准化委员会修订发布了强制性国家标准《道路运输危险货物车辆标志》（GB 13392—2005），并于 2005 年 8 月 1 日起正式实施。为了认真贯彻落实《道路运输危险货物车辆标志》，规范和统一道路危险货物运输车辆的标志、标识，保障道路危险货物运输车辆安全运行，现就有关要求通知如下：

一、有关部门密切配合，督促运输企业认真执行国家标准

道路运输危险货物车辆标志是道路危险货物运输车辆区别于其他车辆的主要标识，在危险货物运输过程中起到了重要的警示及救援参照作用，一旦发生运输安全事故，抢险救灾部门可根据标志提示，迅速确定危险货物的类别、项别，及时、正确地制订抢险方案，将事故危害降到最低程度。

各级交通、公安、安全监管部门要加强协调配合，督促危险品运输企业严格执行国家标准。交通部门在 2006 年 10 月 31 日前，组织、指导、督促道路危险货物运输企业（单位）严格按照国家标准的规定，在道路危险货物运输车辆上安装或更换相应的标志灯、标志牌，确保标志标识正确、规范、醒目。同时，要对现有危险货物运输车辆的标志、标识进行全面检查，不符合国家标准的，立即进行整改。全国道路危险货物运输车辆标志的整改换发工作，应在 2006 年 10 月 31 日前完成。逾期达不到国家标准规定的，由原发证的单位吊销道路危险货物运输许可。

公安机关交通管理部门自 2006 年 11 月 1 日起，按照《危险化学品安全管理条例》、《道路运输危险货物车辆标志》和《剧毒化学品购买和公路运输许可证件管理办法》（公安部第 77 号令）的相关规定，在办理剧毒化学品公路运输通行证工作时，对道路运输危险货物车辆不按规定悬挂警示标志的，不予核发剧毒化学品公路运输通行证。

安全监管部门配合交通、公安部门，督促道路危险货物运输企业（单位）严格执行《道路运输危险货物车辆标志》。

国家发展改革委在《车辆生产企业及产品

公告》中，要求在道路危险货物专用车辆上喷涂或悬挂符合国家标准规定的警示标志。

二、加强对道路危险货物标志安装工作的指导和监督，保证标志的质量和安装符合技术要求

各级交通部门要加强对道路危险货物运输企业的指导和检查，督促运输企业严把道路危险货物标志的质量关，保证标志灯、标志牌的质量符合标准要求，保证标志灯、标志牌的形式、外观、样式以及安装（悬挂）位置与标准要求一致。生产标志灯、标志牌的企业，应提供省级质量检测部门出具的检测合格报告。标志灯的光源为荧光物质，荧光黄色在正常使用条件下应至少保持两年不褪色。褪色后应及时更换。标志牌的反光膜、印刷图形能有效地防止酸、碱液或腐蚀性烟雾的侵蚀，使用寿命不少于两年。

运输易燃和易爆物品的道路运输危险货物车辆，在驾驶室上方安装的标志灯必须符合《道路运输危险货物车辆标志》（GB 13392—2005）的要求。不再执行《机动车运行安全技术条件》（GB 7258—2004）第 12.10 款中对这类车辆标志灯的要求。

三、规范执法行为，促进道路危险货物车辆标志管理工作规范、有序

各级交通、公安、安全监管部门不得强制要求道路危险货物运输车辆安装不符合国家标准规定的标志、标识，更不得以此为依据对运输企业进行处罚。

本通知下发前出台的相关规定，与国家标准要求不一致的，一律按国家标准执行。2005年已经按照全国道路交通安全工作部际联系会议《道路运输危险化学品安全专项整治方案》（公交管［2005］49 号）的要求喷涂、粘贴有关标志、标识的，现有标志标识仍予以保留，并按照《道路运输危险货物车辆标志》的要求安装标志灯、牌；对于其他车辆，要严格按照国家标准安装标志灯、牌，从事剧毒化学品运输的，还要按照《剧毒化学品购买和公路运输许可证件管理办法》及其贯彻通知规定加装安全标示牌。

商务部、国家食品药品监督管理局关于完善农村商品流通网络有关问题的通知

（商务部　国家食品药品监督管理局　商建发［2006］350号　2006年7月10日）

各省、自治区、直辖市、计划单列市及新疆生产建设兵团商务主管部门、食品药品监督管理局：

为贯彻落实《中共中央国务院关于推进社会主义新农村建设的若干意见》（中发［2006］1号）和《中华人民共和国国民经济和社会发展第十一个五年规划纲要》关于继续实施“万村千乡市场工程”、建设农村药品供应网络的精神，商务部与国家食品药品监督管理局就完善农村日用消费品流通网络、推动农村药品“两网”（农村药品监督网络，农村药品供应网络）建设有关问题联合通知如下：

一、国家食品药品监督管理局支持“万村千乡市场工程”试点企业开展药品经营

（一）达到《药品经营管理规范》（GSP）条件、具备配送能力的“万村千乡市场工程”试点企业可向所在省（区、市）食品药品监管部门申请药品零售经营资格。

（二）“万村千乡市场工程”试点企业药品经营的范围原则上为乙类非处方药，条件具备的企业可以扩大到甲类与乙类非处方药，具体品种目录由试点企业所在地设区的市级食品药品监管部门根据当地实际情况确定，并报省（区、市）食品药品监管部门备案；

（三）鼓励药品专柜进入偏远地区农村。“万村千乡市场工程”试点企业村级农家店（包括直营与加盟）符合国家食品药品监督管理局《关于印发农村偏远地区药柜设置规定（试行）的通知》（国食药监市［2006］176号，见附件）要求设置标准的，可以经营药品。鼓励具有药品配送能力的药品经营企业与“万村千乡市场工程”试点企业在农家店设置药柜。

（四）适当减免农家店经营人员的培训费用。食品药品监管部门对“万村千乡市场工程”试点企业农家店药品专柜经营人员提供药品监督管理法律法规、药学基础常识及相关管理规定的培训。

二、商务部支持药品经营企业参与“万村千乡市场工程”建设

对符合各省市（区、市）商务主管部门“万村千乡市场工程”规划、建设标准达到《关于印发农村偏远地区药柜设置规定（试行）的通知》和《农家店建设与改造规范》中西部地区要求的药品经营企业，可以纳入“万村千乡市场工程”试点规划，享受各项优惠政策。

三、地方各级商务主管部门与食品药品监督管理部门要从建设社会主义新农村的高度，

认识完善农村流通网络的重要性，发挥各自优势，把“万村千乡市场工程”与推进农村药品“两网”建设有机结合起来，充分挖掘、整合农村网络资源，扩展农家店服务功能，避免重复建设，确保农村用药安全、有效、方便。地方各级食品药品监管部门对具备药品经营资格的“万村千乡市场工程”试点企业及其农家店要加强日常监管，积极探索农村药品市场监管的新方法，及时总结“万村千乡市场工程”试点企业在药品经营中出现的新情况和新问题。地方各级商务主管部门在制定“万村千乡市场工程”规划时，要充分考虑农村药品供应网络的建设。

四、“万村千乡市场工程”试点企业必须严格执行药品监督管理的法律、法规和规章，加强对农家店药品经营的指导和管理，保证100%的药品配送率，确保将有质量保证的药品推向农村市场，方便农村群众用药。农家店要认真履行药品配送协议和各项药品管理制度，从指定的配送单位购进药品，按照批准的经营范围开展经营活动，规范经营行为。

农产品包装和标识管理办法

（中华人民共和国农业部令　2006 年第 70 号　2006 年 10 月 17 日）

第一章　总　则

第一条　为规范农产品生产经营行为，加强农产品包装和标识管理，建立健全农产品可追溯制度，保障农产品质量安全，依据《中华人民共和国农产品质量安全法》，制定本办法。

第二条　农产品的包装和标识活动应当符合本办法规定。

第三条　农业部负责全国农产品包装和标识的监督管理工作。

县级以上地方人民政府农业行政主管部门负责本行政区域内农产品包装和标识的监督管理工作。

第四条　国家支持农产品包装和标识科学研究，推行科学的包装方法，推广先进的标识技术。

第五条　县级以上人民政府农业行政主管部门应当将农产品包装和标识管理经费纳入年度预算。

第六条　县级以上人民政府农业行政主管部门对在农产品包装和标识工作中做出突出贡献的单位和个人，予以表彰和奖励。

第二章　农产品包装

第七条　农产品生产企业、农民专业合作经济组织以及从事农产品收购的单位或者个人，用于销售的下列农产品必须包装：

（一）获得无公害农产品、绿色食品、有机农产品等认证的农产品，但鲜活畜、禽、水产品除外。

（二）省级以上人民政府农业行政主管部门规定的其他需要包装销售的农产品。

符合规定包装的农产品拆包后直接向消费者销售的，可以不再另行包装。

第八条　农产品包装应当符合农产品储藏、运输、销售及保障安全的要求，便于拆卸和搬运。

第九条　包装农产品的材料和使用的保鲜剂、防腐剂、添加剂等物质必须符合国家强制性技术规范要求。

包装农产品应当防止机械损伤和二次污染。

第三章　农产品标识

第十条　农产品生产企业、农民专业合作经济组织以及从事农产品收购的单位或者个人包装销售的农产品，应当在包装物上标注或者附加标识标明品名、产地、生产者或者销售者名称、生产日期。

有分级标准或者使用添加剂的，还应当标明产品质量等级或者添加剂名称。

未包装的农产品，应当采取附加标签、标识牌、标识带、说明书等形式标明农产品的品名、生产地、生产者或者销售者名称等内容。

第十一条 农产品标识所用文字应当使用规范的中文。标识标注的内容应当准确、清晰、显著。

第十二条 销售获得无公害农产品、绿色食品、有机农产品等质量标志使用权的农产品，应当标注相应标志和发证机构。

禁止冒用无公害农产品、绿色食品、有机农产品等质量标志。

第十三条 畜禽及其产品、属于农业转基因生物的农产品，还应当按照有关规定进行标识。

第四章 监督检查

第十四条 农产品生产企业、农民专业合作经济组织以及从事农产品收购的单位或者个人，应当对其销售农产品的包装质量和标识内容负责。

第十五条 县级以上人民政府农业行政主管部门依照《中华人民共和国农产品质量安全法》对农产品包装和标识进行监督检查。

第十六条 有下列情形之一的，由县级以上人民政府农业行政主管部门按照《中华人民共和国农产品质量安全法》第四十八条、四十九条、五十一条、五十二条的规定处理、处罚：

（一）使用的农产品包装材料不符合强制性技术规范要求的；

（二）农产品包装过程中使用的保鲜剂、防腐剂、添加剂等材料不符合强制性技术规范要求的；

（三）应当包装的农产品未经包装销售的；

（四）冒用无公害农产品、绿色食品等质量标志的；

（五）农产品未按照规定标识的。

第五章 附 则

第十七条 本办法下列用语的含义：

（一）农产品包装：是指对农产品实施装箱、装盒、装袋、包裹、捆扎等。

（二）保鲜剂：是指保持农产品新鲜品质，减少流通损失，延长贮存时间的人工合成化学物质或者天然物质。

（三）防腐剂：是指防止农产品腐烂变质的人工合成化学物质或者天然物质。

（四）添加剂：是指为改善农产品品质和色、香、味以及加工性能加入的人工合成化学物质或者天然物质。

（五）生产日期：植物产品是指收获日期；畜禽产品是指屠宰或者产出日期；水产品是指起捕日期；其他产品是指包装或者销售时的日期。

第十八条 本办法自2006年11月1日起施行。

公安部关于加强机动车安全防护装置和车身反光标识等管理工作的紧急通知

（中华人民共和国公安部公交管［2006］161号　2006年11月3日）

各省、自治区、直辖市公安厅、局交通管理局、处：

为贯彻落实全国预防重特大道路交通事故电视电话会议精神，预防和减少因碰撞引发的交通事故，减轻伤亡后果，现就加强机动车安全防护装置和车身反光标识等管理工作通知如下：

一、认真学习掌握相关法规和技术标准。各地要在认真贯彻落实《道路交通安全法》及其实施条例等法律、法规有关机动车安全技术管理规定的基础上，组织车辆管理和路面执勤民警学习《机动车运行安全技术条件》（GB 7258—2004）、《汽车和挂车侧面防护要求》（GB 11567.1—2001）、《汽车和挂车后下部防护要求》（GB 11567.2—2001）、《车身反光标识》（GA406—2002）和《机动车用三角警告牌》（GB 1951—2003）等技术标准，使民警熟练掌握侧面及后下部防护装置、车身反光标识、三角警告牌等安全装置的适用车型及主要技术要求，提高实施机关对标准重要性的认识，并认真组织实施。

二、严把车辆注册登记关和检验合格标志核发关。各地办理车辆注册登记和核发检验合格标志时，要按照相关技术标准对车辆进行严格查验。对未按规定安装、粘贴侧面及后下部防护装置、车身反光标识，或者安装、粘贴的质量不符合要求的货车和挂车，以及未按规定配置三角警告牌的汽车，一律不予办理注册登记和核发检验合格标志，违反规定办理的，严肃追究有关领导和民警的责任；对不严格按照国家标准进行检验或违规出具检验报告的机动车安全技术检验机构，要会同质检部门予以严肃查处；对不符合国家标准的汽车产品，要详细登记车辆类型、厂牌型号、车辆识别代号（或整车型号和出厂编号）、发动机机号码、整车生产厂家、生产日期、公告批次等信息上报我局，由我局通报国家发改委撤销其产品公告。

三、加大对违规上路机动车的查处力度。各地要在路面加强对货车和挂车安装、粘贴侧面及后下部防护装置、车身反光标识等安全装置的检查，消除安全隐患。发现以下情形的，按照《道路交通安全法》第九十条规定（违法行为代码1072、1073）对机动车驾驶人予以处罚：

（一）2003年3月1日起新出厂的总质量大于3500千克的货车和挂车未安装符合规定的侧面和后下部防护装置，或者安装的防护装置强度明显不足、破损不全的；

（二）2005 年 2 月 1 日起注册登记的总质量不小于 12000 千克的货车和总质量大于 3500 千克的挂车未在后部安装、粘贴符合规定的车身反光标识，2005 年 2 月 1 日起注册登记的车长不小于 10 米的货车和总质量大于 3500 千克的挂车未在侧面安装、粘贴符合规定的车身反光标识，或者安装、粘贴的车身反光标识破损不全的；

（三）汽车（三轮汽车除外）未配备三角警告牌，或者发生故障、事故时未按规定放置三角警告牌的。对上述交通违法行为，要及时将相关信息通报车辆登记地公安交通管理部门。登记地公安交通管理部门要会同交通部门责令车辆所属企业及车主在规定期限内安装、粘贴相应的安全装置，逾期未整改的，督促交通部门停止其营运资格。

关于废止33件交通规章的决定

（中华人民共和国交通部令　2006年第10号　2006年11月9日）

现决定废止下列33件规章：

编号	发布机关	规章名称	发布文号	发布日期	联合发文部委的意见
1	交通部	外轮入港悬旗办法	交航（50）字第193号	1950年4月17日	
2	交通部	关于我航务无线电台对外籍船舶电台通信联络的规定	交厅电（56）字第132号	1956年6月1日	
3	交通部	海上雾中航行规则	交督（57）于字第225号	1957年6月11日	
4	交通部	水运货物自然减量试行标准	交商杂（57）于字第248号	1957年12月20日	
5	交通部	关于港口理货的几项具体规定	交运商（60）于字第10号	1960年12月19日	
6	交通部、铁道部	铁路和水路货物联运规则	交运商（61）于字第224号	1961年10月15日	铁道部同意废止
7	交通部、铁道部	铁路和水路货物联运费用清算办法	交运商（61）于字第224号	1961年10月15日	铁道部同意废止
8	交通部	关于禁止通过遇岩以内海区的规定	安港（62）字第65号	1962年2月14日	
9	交通部	长江区船舶、排筏撞损航标处理办法	交运航（62）于字第105号	1962年5月15日	

续 表

编号	发布机关	规 章 名 称	发布文号	发布日期	联合发文部委的意见
10	交通部	水运散装货物船舶水尺计量试行办法(草案)	交运商(62)于字第253号	1962年7月31日	
11	交通部	旅客在轮船上因病或死亡时有关处理和医疗埋葬费用负担的规定	交运商(62)于字第261号	1962年8月6日	
12	交通部	港口生产设备安全使用规定	交水港(63)于字第214号	1963年11月4日	
13	交通部	关于水路运邮的规定	(1972)交邮字2398号	1972年12月27日	
14	交通部	中华人民共和国交通部沿海港口信号规定	(76)交船监字1302号	1976年11月15日	
15	交通部、邮电部	关于远洋船舶运输国际邮件试行办法	[1978]交远字1181号	1978年7月17日	信息产业部同意废止
16	交通部	汽车货物运输质量管理办法(试行)	(83)交公路字193号	1983年2月25日	
17	交通部	关于汽车货物运输质量指标统计和考核的具体规定(试行)	(83)交公路字1070号	1983年5月26日	
18	国家经委、铁道部、交通部、中国民用航空总局、中国人民银行	联运工作条例	(84)交公路字1754号	1984年9月7日	国家发展改革委、铁道部、中国民用航空总局、中国人民银行同意废止
19	交通部	公路运输统一单证使用和管理规定	(87)交公路字109号	1987年2月7日	

续 表

编号	发布机关	规 章 名 称	发布文号	发布日期	联合发文部委的意见
20	交通部	中华人民共和国交通部公路汽车零担货物运输统计指标及计算方法的规定	(87)交公路字595号	1987年8月22日	
21	交通部	外国水路、公路运输企业在中国设立常驻代表机构管理办法	交通部令1990年第9号	1990年2月18日	
22	交通部	长江水系航运建设前期工作管理办法(试行)	(90)交计字695号	1990.年12月20日	
23	交通部	交通系统报刊管理暂行规定	(91)交政法字115号	1991年2月1日	
24	交通部	交通科技情报工作管理规定	交科发[1992]548号	1992年7月7日	
25	交通部	交通部软科学研究计划管理办法	交科发[1996]451号	1996年5月20日	
26	交通部	港口装卸机械产品生产许可证实施细则	交体法发[1997]173号	1997年4月1日	
27	交通部	救生衣产品生产许可证实施细则	交体法发[1997]179号	1997年4月4日	
28	交通部	中华人民共和国船舶最低安全配员规则	交通部令1997年第9号	1997年9月24日	
29	交通部	交通企业年度会计报表内部审计规定	交审计发(1997)695号	1997年11月5日	
30	交通部	交通部跨世纪优秀专业技术人才专项经费资助项目及优秀青年科技人才项目管理暂行办法	交科发[1998]322号	1998年6月2日	

续 表

编号	发布机关	规 章 名 称	发布文号	发布日期	联合发文部委的意见
31	交通部	交通部科技成果鉴定、评审实施办法	交科教发[1998]773 号	1998 年 12 月 14 日	
32	交通部	交通部重点实验室认定办法	交科教发[1999]25 号	1999 年 1 月 12 日	
33	交通部	交通部贯彻《信访条例》暂行办法	交办发[2000]289 号	2000 年 6 月 7 日	

关于加强国内水路客运液货危险品运输市场准入管理的通知

（中华人民共和国交通部交水发［2006］646号 2006年11月16日）

各省、自治区、直辖市交通厅（委）、上海市港口管理局，长江、珠江航务管理局、中远、中海、长航、中外运集团：

为加强国内水路运输市场准入管理，提高国内航运业发展水平，保障运输安全，我部于2001年颁布实施了《国内船舶运输经营资质管理规定》（交通部令2001年第1号，以下简称“1号部令”）。其中对申请从事水路客运、液货危险品运输提出了明确的要求。针对1号令实施以来出现的新情况，为加强国内跨省水路客运、液货危险品运输市场准入管理，现就有关事项通知如下：

一、进一步明确并提高客船、液货危险品船市场准入条件

根据1号部令的规定，对新设立客运、液货危险品运输企业要求其至少一名持股25%以上的股东（以下简称“以该方式出资的股东”）具有3年以上经营相应船舶种类的海船、河船运输经历。该规定作为水路客运、液货危险品运输企业的准入条件之一，其出发点在于将具有水路客运、液货危险品运输经营资质企业的经营管理经验特别是安全管理经验引进新设立的公司，促进新公司各项安全管理制度的建立和落实。该规定的实施对提高新公司的经营和安全管理水平发挥了积极作用。为加强管理，提高国内客船、液货危险品船运输企业的整体素质，交通部决定进一步明确并提高客船、液货危险品船市场准入条件。

（一）以该方式出资股东应具备的条件

按照1号部令要求，以该方式出资的股东应具有与拟新设立公司经营船舶种类相一致的沿海、内河客船、液货危险品船运输经历。如果新设立公司拟经营海船的，该股东应具有3年以上相应船舶种类的海船运输经历；如果新设立公司拟经营河船的，该股东应具有3年以上相应船舶种类的河船运输经历。且上述股东过去3年无重大安全责任事故和违法违章经营记录。新设立公司所经营的船舶中，按国家有关规定要求建立安全管理体系的，该股东还应取得海事部门签发的、覆盖其经营船舶种类的客船、液货危险品船安全管理体系符合证明（DOC证书）。

（二）对以该方式出资股东的相关要求

以该方式出资的股东应按规定足额对新设立公司注资，严禁以虚假入资方式为新设立公司取得经营资质；该股东在新设立公司的股份

应保持相对稳定，在新公司取得经营资质后3年内持有股比均不得低于25%。该股东应指派专门管理人员参与新公司的筹建，并对新公司的经营和安全管理进行指导。为保障以该方式出资股东公司对新设立公司的安全管理指导到位，同一公司以该方式出资投资新公司的数量不得超过3家。

（三）以该方式出资股东应提供的相关证明材料和程序

拟以该方式出资的股东向其所在地交通主管部门申请，由当地交通主管部门审核并出具该公司3年内无重大安全责任事故和违法违章经营记录及其以该方式出资的企业不超过3家的证明文件。拟新设立的公司将该证明文件和能证明该股东公司对本公司出资情况的工商登记记录（名称预先核准通知书）、验资报告等一并提交新设立公司所在地交通主管部门。

当地交通主管部门在对新设立不足3年的水路客运、液货危险品运输企业进行年度核查和日常抽查时，应重点核对这些公司的股东股比变动情况，保证以该方式出资的股东在新公司取得经营资质后3年内持有股比均不低于25%。

（四）严格执行客船、液货危险品船“先审批，后建造”的有关规定，船舶运输经营人未取得运力市场准入许可文件前，不得自行开工建造客船、液货危险品船。

二、调整客船、液货危险品船以委托经营方式从事国内水路运输的相关规定

根据1号部令的规定，从事国内客船、液货危险品船运输必须取得企业法人资格。为解决原有个体客船、液货危险品船的历史遗留问题，我部《关于整顿和规范个体运输船舶经营管理的通知》（交水发［2001］360号）明确规定，个体运输船舶所有人和其他不具备经营资格的船舶所有人可按照平等自愿的原则与具有经营资格的船舶运输经营人签订船舶委托经营合同，由接受委托的船舶运输经营人负责委托船舶的经营和管理，并承担接受委托船舶的安全责任。在一定时期内，这一模式对于解决原有个体船舶的出路，促进社会资本投入水运业起到了积极的作用，但委托经营方式的种种弊端逐渐显现，主要表现在部分船舶存在“托而不管”的现象，委托经营的相关权利和责任没有得到很好的落实，存在一定的安全隐患。

为进一步规范管理，保障运输安全，我部决定自2006年12月1日起，新投入营运（包括国内新建、国外进口和所有权转让、经营权变更的船舶）以及原有委托经营合同到期的客船、液货危险品船，不得再采用委托经营的方式。原委托经营合同未到期的客船、液货危险品船，应于2008年12月31日前，采用组建符合经营资质条件的新公司或光租给具有经营资格的公司等方式实现公司化经营。

三、加强航运企业经营资质的监管

各级航运主管部门要加强对企业经营资质的审查和监管，对以虚假入资方式骗取经营资质或不履行安全指导责任的公司，要按有关规定和程序取消其经营资格。对现采用委托经营方式的客船、液货危险品船，要指导并督促其在规定的时间内完成经营方式的转变。

请各有关省级交通主管部门在2006年年底前，将本省、自治区、直辖市内采用入股25%方式设立的客运、液货危险品运输企业的明细情况调查后报部。

本通知适用于国内跨省客运、液货危险品运输企业和船舶的管理，从通知之日起实施。

道路运输从业人员管理规定

（中华人民共和国交通部令　2006 年第 9 号　2006 年 11 月 23 日）

第一章　总　则

第一条　为加强道路运输从业人员管理，提高道路运输从业人员综合素质，根据《中华人民共和国道路运输条例》、《危险化学品安全管理条例》以及有关法律、行政法规，制定本规定。

第二条　本规定所称道路运输从业人员是指经营性道路客货运输驾驶员、道路危险货物运输从业人员、机动车维修技术人员、机动车驾驶培训教练员、道路运输经理人和其他道路运输从业人员。

经营性道路客货运输驾驶员包括经营性道路旅客运输驾驶员和经营性道路货物运输驾驶员。

道路危险货物运输从业人员包括道路危险货物运输驾驶员、装卸管理人员和押运人员。

机动车维修技术人员包括机动车维修技术负责人员、质量检验人员以及从事机修、电器、钣金、涂漆、车辆技术评估（含检测）作业的技术人员。

机动车驾驶培训教练员包括理论教练员、驾驶操作教练员、道路客货运输驾驶员从业资格培训教练员和危险货物运输驾驶员从业资格培训教练员。

道路运输经理人包括道路客货运输企业、道路客货运输站（场）、机动车驾驶员培训机构、机动车维修企业的管理人员。

其他道路运输从业人员是指除上述人员以外的道路运输从业人员，包括道路客运乘务员、机动车驾驶员培训机构教学负责人及结业考核人员、机动车维修企业价格结算员及业务接待员。

第三条　道路运输从业人员应当依法经营，诚实守信，规范操作，文明从业。

第四条　道路运输从业人员管理工作应当公平、公正、公开和便民。

第五条　交通部负责全国道路运输从业人员管理工作。

县级以上地方人民政府交通主管部门负责组织领导本行政区域内的道路运输从业人员管理工作，并具体负责本行政区域内道路危险货物运输从业人员的管理工作。

县级以上道路运输管理机构具体负责本行政区域内经营性道路客货运输驾驶员、机动车维修技术人员、机动车驾驶培训教练员、道路运输经理人和其他道路运输从业人员的管理工作。

第二章　从业资格管理

第六条　国家对道路运输从业人员实行从

业资格考试制度。

从业资格是对道路运输从业人员所从事的特定岗位职业素质的基本评价。

经营性道路客货运输驾驶员和道路危险货物运输从业人员必须取得相应从业资格，方可从事相应的道路运输活动。

机动车维修技术人员、机动车驾驶培训教练员取得从业资格的比例分别是相关经营者依法获取机动车维修和机动车驾驶员培训经营许可的必要条件之一。

第七条 道路运输从业人员从业资格考试应当按照交通部编制的考试大纲、考试题库、考核标准、考试工作规范和程序组织实施。

第八条 经营性道路客货运输驾驶员从业资格考试由设区的市级道路运输管理机构组织实施，每月组织一次考试。

道路危险货物运输从业人员从业资格考试由设区的市级人民政府交通主管部门组织实施，每季度组织一次考试。

机动车维修技术人员从业资格考试由设区的市级道路运输管理机构组织实施，每季度组织一次考试。

道路运输经理人和机动车驾驶培训教练员从业资格考试由省级道路运输管理机构组织实施，每年组织两次考试。

其他道路运输从业人员从业资格考试管理权限由省级道路运输管理机构确定。

第九条 经营性道路旅客运输驾驶员应当符合下列条件：

（一）取得相应的机动车驾驶证1年以上；

（二）年龄不超过60周岁；

（三）3年内无重大以上交通责任事故；

（四）掌握相关道路旅客运输法规、机动车维修和旅客急救基本知识；

（五）经考试合格，取得相应的从业资格证件。

第十条 经营性道路货物运输驾驶员应当符合下列条件：

（一）取得相应的机动车驾驶证；

（二）年龄不超过60周岁；

（三）掌握相关道路货物运输法规、机动车维修和货物装载保管基本知识；

（四）经考试合格，取得相应的从业资格证件。

第十一条 道路危险货物运输驾驶员应当符合下列条件：

（一）取得相应的机动车驾驶证；

（二）年龄不超过60周岁；

（三）3年内无重大以上交通责任事故；

（四）取得经营性道路旅客运输或者货物运输驾驶员从业资格2年以上；

（五）接受相关法规、安全知识、专业技术、职业卫生防护和应急救援知识的培训，了解危险货物性质、危害特征、包装容器的使用特性和发生意外时的应急措施；

（六）经考试合格，取得相应的从业资格证件。

第十二条 道路危险货物运输装卸管理人员和押运人员应当符合下列条件：

（一）年龄不超过60周岁；

（二）初中以上学历；

（三）接受相关法规、安全知识、专业技术、职业卫生防护和应急救援知识的培训，了解危险货物性质、危害特征、包装容器的使用特性和发生意外时的应急措施；

（四）经考试合格，取得相应的从业资格证件。

第十三条 机动车维修技术人员应当符合下列条件：

（一）技术负责人员

1. 具有机动车维修或者相关专业大专以上学历，或者具有机动车维修或相关专业中级以上专业技术职称；

2. 熟悉机动车维修业务，掌握机动车维修及相关政策法规和技术规范。

（二）质量检验人员

1. 具有高中以上学历；

2. 熟悉机动车维修检测作业规范，掌握机动车维修故障诊断和质量检验的相关技术，熟悉机动车维修服务收费标准及相关政策法规和技术规范。

（三）从事机修、电器、钣金、涂漆、车辆技术评估（含检测）作业的技术人员

1. 具有初中以上学历；

2. 熟悉所从事工种的维修技术和操作规范，并了解机动车维修及相关政策法规。

第十四条　机动车驾驶培训教练员应当符合下列条件：

（一）理论教练员

1. 取得相应的机动车驾驶证，具有2年以上安全驾驶经历；

2. 年龄不超过60周岁；

3. 具有汽车及相关专业中专以上学历或者汽车及相关专业中级以上技术职称；

4. 掌握道路交通安全法规、驾驶理论、机动车构造、交通安全心理学、常用伤员急救等安全驾驶知识，了解车辆环保和节约能源的有关知识，了解教育学、教育心理学的基本教学知识，具备编写教案、规范讲解的授课能力。

（二）驾驶操作教练员

1. 取得相应的机动车驾驶证，符合安全驾驶经历和相应车型驾驶经历的要求；

2. 年龄不超过60周岁；

3. 具有汽车及相关专业中专或者高中以上学历；

4. 掌握道路交通安全法规、驾驶理论、机动车构造、交通安全心理学和应急驾驶的基本知识，熟悉车辆维护和常见故障诊断、车辆环保和节约能源的有关知识，具备驾驶要领讲解、驾驶动作示范、指导驾驶的教学能力。

（三）道路客货运输驾驶员从业资格培训教练员

1. 具有汽车及相关专业大专以上学历或者汽车及相关专业高级以上技术职称；

2. 掌握道路旅客运输法规、货物运输法规以及机动车维修、货物装卸保管和旅客急救等相关知识，具备相应的授课能力；

3. 具有2年以上从事普通机动车驾驶员培训的教学经历，且近2年无不良的教学记录。

（四）危险货物运输驾驶员从业资格培训教练员

1. 具有化工及相关专业大专以上学历或者化工及相关专业高级以上技术职称；

2. 掌握危险货物运输法规、危险化学品特性、包装容器使用方法、职业安全防护和应急救援等知识，具备相应的授课能力；

3. 具有2年以上化工及相关专业的教学经历，且近2年无不良的教学记录。

第十五条　申请参加经营性道路客货运输驾驶员从业资格考试的人员，应当向其户籍地或者暂住地设区的市级道路运输管理机构提出申请，填写《经营性道路客货运输驾驶员从业资格考试申请表》（式样见附件1，略），并提供下列材料：

（一）身份证明及复印件；

（二）机动车驾驶证及复印件；

（三）申请参加道路旅客运输驾驶员从业资格考试的，还应当提供道路交通安全主管部门出具的3年内无重大以上交通责任事故记录证明。

第十六条　申请参加道路危险货物运输驾驶员从业资格考试的，应当向其户籍地或者暂住地设区的市级交通主管部门提出申请，填写《道路危险货物运输从业人员从业资格考试申请表》（式样见附件2，略），并提供下列材料：

（一）身份证明及复印件；

（二）机动车驾驶证及复印件；

（三）道路旅客运输驾驶员从业资格证件或者道路货物运输驾驶员从业资格证件及复印件；

（四）相关培训证明及复印件；

（五）道路交通安全主管部门出具的3年内无重大以上交通责任事故记录证明。

第十七条 申请参加道路危险货物运输装卸管理人员和押运人员从业资格考试的，应当向其户籍地或者暂住地设区的市级交通主管部门提出申请，填写《道路危险货物运输从业人员从业资格考试申请表》，并提供下列材料：

（一）身份证明及复印件；

（二）学历证明及复印件；

（三）相关培训证明及复印件。

第十八条 申请参加机动车维修技术人员从业资格考试的，应当向其户籍地或者暂住地设区的市级道路运输管理机构提出申请，填写《机动车维修技术人员从业资格考试申请表》（式样见附件3，略），并提供下列材料：

（一）身份证明及复印件；

（二）学历证明及复印件，申请参加技术负责人员从业资格考试的，也可以提供技术职称证明及复印件。

申请质量检验人员从业资格考试的，还应当同时提供机动车驾驶证及复印件和维修技术工作经历证明。

第十九条 申请参加机动车驾驶培训教练员从业资格考试的，应当向其户籍地或者暂住地省级道路运输管理机构提出申请，填写《机动车驾驶培训教练员从业资格考试申请表》（式样见附件4，略），并提供下列材料：

（一）身份证明及复印件；

（二）机动车驾驶证及复印件；

（三）学历证明或者技术职称证明及复印件；

（四）道路交通安全主管部门出具的安全驾驶经历证明；

（五）相应车型驾驶经历证明；

（六）申请参加道路客货运输驾驶员从业资格培训教练员和危险货物运输驾驶员从业资格培训教练员从业资格考试的，还应当提供相应的教学经历证明。

第二十条 交通主管部门和道路运输管理机构对符合申请条件的申请人应当安排考试。

第二十一条 交通主管部门和道路运输管理机构应当在考试结束10日内公布考试成绩。对考试合格人员，应当自公布考试成绩之日起10日内颁发相应的道路运输从业人员从业资格证件。

第二十二条 道路运输从业人员从业资格考试成绩有效期为1年，考试成绩逾期作废。

第二十三条 申请人在从业资格考试中有舞弊行为的，取消当次考试资格，考试成绩无效。

第二十四条 交通主管部门或者道路运输管理机构应当建立道路运输从业人员从业资格管理档案。

道路运输从业人员从业资格管理档案包括：从业资格考试申请材料，从业资格考试及从业资格证件记录，从业资格证件换发、补发、变更记录，违章、事故及诚信考核、继续教育记录等。

第二十五条 交通主管部门和道路运输管理机构应当向社会提供道路运输从业人员相关从业信息的查询服务。

第三章　从业资格证件管理

第二十六条 机动车驾驶培训教练员经考试合格后，取得《中华人民共和国机动车驾驶培训教练员证》，证件式样按照《机动车驾驶员培训管理规定》（交通部2006年第2号令）的规定执行；经营性道路客货运输驾驶员、道路危险货物运输从业人员、机动车维修技术人员、道路运输经理人和其他道路运输从业人员经考试合格后，取得《中华人民共和国道路运输从业人员从业资格证》（式样见附件5，略）。

《中华人民共和国道路运输从业人员从业资格证》和《中华人民共和国机动车驾驶培训

教练员证》统称道路运输从业人员从业资格证件。

第二十七条 道路运输从业人员从业资格证件全国通用。

第二十八条 已获得从业资格证件的人员需要增加相应从业资格类别的，应当向原发证机关提出申请，并按照规定参加相应培训和考试。

第二十九条 道路运输从业人员从业资格证件由交通部统一印制并编号。具体工作委托交通专业人员资格评价中心负责。

机动车驾驶培训教练员和道路运输经理人从业资格证件由省级道路运输管理机构发放和管理。

道路危险货物运输从业人员从业资格证件由设区的市级交通主管部门发放和管理。

经营性道路客货运输驾驶员从业资格证件、机动车维修技术人员从业资格证件由设区的市级道路运输管理机构发放和管理。

其他道路运输从业人员从业资格证件发放和管理权限由省级道路运输管理机构确定。

第三十条 交通主管部门和道路运输管理机构应当建立道路运输从业人员从业资格证件管理数据库，使用全国统一的管理软件核发从业资格证件，并逐步采用电子存取和防伪技术，确保有关信息实时输入、输出和存储。

交通主管部门和道路运输管理机构应当结合道路运输从业人员从业资格证件的管理工作，建立道路运输从业人员管理信息系统，并逐步实现异地稽查信息共享和动态资格管理。

第三十一条 道路运输从业人员从业资格证件有效期为6年。道路运输从业人员应当在从业资格证件有效期届满30日前到原发证机关办理换证手续。

道路运输从业人员从业资格证件遗失、毁损的，应当到原发证机关办理证件补发手续。

道路运输从业人员服务单位变更的，应当到交通主管部门或者道路运输管理机构办理从业资格证件变更手续。

道路运输从业人员从业资格档案应当由原发证机关在变更手续办结后30日内移交户籍迁入地或者现居住地的交通主管部门或者道路运输管理机构。

第三十二条 道路运输从业人员办理换证、补证和变更手续，应当填写《道路运输从业人员从业资格证件换发、补发、变更登记表》（式样见附件6，略）。

第三十三条 交通主管部门和道路运输管理机构应当对符合要求的从业资格证件换发、补发、变更申请予以办理。

申请人违反相关从业资格管理规定且尚未接受处罚的，受理机关应当在其接受处罚后换发、补发、变更相应的从业资格证件。

第三十四条 经营性道路客货运输驾驶员、道路危险货物运输从业人员在发证机关所在地以外从业，且从业时间超过3个月的，应当到服务地管理部门备案。

第三十五条 道路运输从业人员有下列情形之一的，由发证机关注销其从业资格证件：

（一）持证人死亡的；

（二）持证人申请注销的；

（三）经营性道路客货运输驾驶员、道路危险货物运输从业人员、机动车驾驶培训教练员年龄超过60周岁的；

（四）经营性道路客货运输驾驶员、道路危险货物运输驾驶员、机动车维修质量检验人员、机动车驾驶培训教练员的机动车驾驶证被注销或者被吊销的；

（五）超过从业资格证件有效期180日未申请换证的。

凡被注销的从业资格证件，应当由发证机关予以收回，公告作废并登记归档；无法收回的，从业资格证件自行作废。

第三十六条 交通主管部门和道路运输管理机构应当将道路运输从业人员的违章行为记录在《中华人民共和国道路运输从业人员从业

资格证》的违章记录栏内，并通报发证机关。发证机关应当将该记录作为道路运输从业人员诚信考核和计分考核的依据，并存入管理档案。机动车驾驶培训教练员违章记录直接记入教练员档案，并作为诚信考核的重要内容。

第三十七条 道路运输从业人员诚信考核和计分考核周期为12个月，从初次领取从业资格证件之日起计算。诚信考核等级分为优良、合格、基本合格和不合格，分别用AAA级、AA级、A级和B级表示。在考核周期内，累计计分超过规定的，诚信考核等级为B级。

省级交通主管部门和道路运输管理机构应当将道路运输从业人员每年的诚信考核和计分考核结果向社会公布，供公众查阅。

道路运输从业人员诚信考核和计分考核具体办法另行制定。

第四章　从业行为规定

第三十八条 经营性道路客货运输驾驶员以及道路危险货物运输从业人员应当在从业资格证件许可的范围内从事道路运输活动。道路危险货物运输驾驶员除可以驾驶道路危险货物运输车辆外，还可以驾驶原从业资格证件许可的道路旅客运输车辆或者道路货物运输车辆。

第三十九条 道路运输从业人员在从事道路运输活动时，应当携带相应的从业资格证件，并应当遵守国家相关法规和道路运输安全操作规程，不得违法经营、违章作业。

第四十条 道路运输从业人员应当按照规定参加国家相关法规、职业道德及业务知识培训。

第四十一条 经营性道路客货运输驾驶员和道路危险货物运输驾驶员不得超限、超载运输，连续驾驶时间不得超过4个小时。

第四十二条 经营性道路旅客运输驾驶员和道路危险货物运输驾驶员应当按照规定填写行车日志。行车日志式样由省级道路运输管理机构统一制定。

第四十三条 经营性道路旅客运输驾驶员应当采取必要措施保证旅客的人身和财产安全，发生紧急情况时，应当积极进行救护。

经营性道路货物运输驾驶员应当采取必要措施防止货物脱落、扬撒等。

严禁驾驶道路货物运输车辆从事经营性道路旅客运输活动。

第四十四条 道路危险货物运输驾驶员应当按照道路交通安全主管部门指定的行车时间和路线运输危险货物。

道路危险货物运输装卸管理人员应当按照安全作业规程对道路危险货物装卸作业进行现场监督，确保装卸安全。

道路危险货物运输押运人员应当对道路危险货物运输进行全程监管。

道路危险货物运输从业人员应当严格按照《汽车运输危险货物规则》（JT 617）、《汽车运输、装卸危险货物作业规程》（JT 618）操作，不得违章作业。

第四十五条 在道路危险货物运输过程中发生燃烧、爆炸、污染、中毒或者被盗、丢失、流散、泄漏等事故，道路危险货物运输驾驶员、押运人员应当立即向当地公安部门和所在运输企业或者单位报告，说明事故情况、危险货物品名和特性，并采取一切可能的警示措施和应急措施，积极配合有关部门进行处置。

第四十六条 机动车维修技术人员应当按照维修规范和程序作业，不得擅自扩大维修项目，不得使用假冒伪劣配件，不得擅自改装机动车，不得承修已报废的机动车，不得利用配件拼装机动车。

第四十七条 机动车驾驶培训教练员应当按照全国统一的教学大纲实施教学，规范填写教学日志和培训记录，不得擅自减少学时和培训内容。

第五章　法律责任

第四十八条　违反本规定，有下列行为之一的人员，由县级以上道路运输管理机构责令改正，处200元以上2000元以下的罚款；构成犯罪的，依法追究刑事责任：

（一）未取得相应从业资格证件，驾驶道路客货运输车辆的；

（二）使用失效、伪造、变造的从业资格证件，驾驶道路客货运输车辆的；

（三）超越从业资格证件核定范围，驾驶道路客货运输车辆的。

第四十九条　违反本规定，有下列行为之一的人员，由设区的市级人民政府交通主管部门处2万元以上10万元以下的罚款；构成犯罪的，依法追究刑事责任：

（一）未取得相应从业资格证件，从事道路危险货物运输活动的；

（二）使用失效、伪造、变造的从业资格证件，从事道路危险货物运输活动的；

（三）超越从业资格证件核定范围，从事道路危险货物运输活动的。

第五十条　道路运输从业人员有下列不具备安全条件情形之一的，由发证机关吊销其从业资格证件：

（一）经营性道路客货运输驾驶员、道路危险货物运输从业人员、机动车驾驶培训教练员身体健康状况不符合有关机动车驾驶和相关从业要求且没有主动申请注销从业资格的；

（二）经营性道路客货运输驾驶员、道路危险货物运输驾驶员、机动车驾驶培训教练员发生重大以上交通事故，且负主要责任的；

（三）机动车维修技术人员发生重大生产安全事故，且负主要责任的；

（四）发现重大事故隐患，不立即采取消除措施，继续作业的。

被吊销的从业资格证件应当由发证机关公告作废并登记归档。

第五十一条　违反本规定，交通主管部门及道路运输管理机构工作人员有下列情形之一的，依法给予行政处分；构成犯罪的，依法追究刑事责任：

（一）不按规定的条件、程序和期限组织从业资格考试的；

（二）发现违法行为未及时查处的；

（三）索取、收受他人财物及谋取其他不正当利益的；

（四）其他违法行为。

第六章　附　则

第五十二条　从业资格考试收费标准和从业资格证件工本费由省级以上交通主管部门会同同级财政部门、物价部门核定。

第五十三条　本规定自2007年3月1日起施行。2001年9月6日公布的《营业性道路运输驾驶员职业培训管理规定》（交通部2001年第7号令）同时废止。

附件：1．经营性道路客货运输驾驶员从业资格考试申请表（略）
2. 道路危险货物运输从业人员从业资格考试申请表（略）
3. 机动车维修技术人员从业资格考试申请表（略）
4. 机动车驾驶培训教练员从业资格考试申请表（略）
5. 中华人民共和国道路运输从业人员从业资格证式样（略）
6. 道路运输从业人员从业资格证件换发、补发、变更登记表（略）

中华人民共和国车船税暂行条例

（中华人民共和国国务院令　2006年第482号　2006年12月29日）

第一条　在中华人民共和国境内，车辆、船舶（以下简称车船）的所有人或者管理人为车船税的纳税人，应当依照本条例的规定缴纳车船税。

本条例所称车船，是指依法应当在车船管理部门登记的车船。

第二条　车船的适用税额，依照本条例所附的《车船税税目税额表》执行。

国务院财政部门、税务主管部门可以根据实际情况，在《车船税税目税额表》规定的税目范围和税额幅度内，划分子税目，并明确车辆的子税目税额幅度和船舶的具体适用税额。车辆的具体适用税额由省、自治区、直辖市人民政府在规定的子税目税额幅度内确定。

第三条　下列车船免征车船税：

（一）非机动车船（不包括非机动驳船）；

（二）拖拉机；

（三）捕捞、养殖渔船；

（四）军队、武警专用的车船；

（五）警用车船；

（六）按照有关规定已经缴纳船舶吨税的船舶；

（七）依照我国有关法律和我国缔结或者参加的国际条约的规定应当予以免税的外国驻华使馆、领事馆和国际组织驻华机构及其有关人员的车船。

第四条　省、自治区、直辖市人民政府可以根据当地实际情况，对城市、农村公共交通车船给予定期减税、免税。

第五条　车船税由地方税务机关负责征收。

第六条　车船税的纳税地点，由省、自治区、直辖市人民政府根据当地实际情况确定。

跨省、自治区、直辖市使用的车船，纳税地点为车船的登记地。

第七条　车船税的纳税义务发生时间，为车船管理部门核发的车船登记证书或者行驶证书所记载日期的当月。

第八条　车船税按年申报缴纳。具体申报纳税期限由省、自治区、直辖市人民政府确定。

第九条　车船的所有人或者管理人未缴纳车船税的，使用人应当代为缴纳车船税。

第十条　从事机动车交通事故责任强制保险业务的保险机构为机动车车船税的扣缴义务人，应当依法代收代缴车船税。

税务机关付给扣缴义务人代收代缴手续费的标准由国务院财政部门、税务主管部门制定。

第十一条　机动车车船税的扣缴义务人依法代收代缴车船税时，纳税人不得拒绝。

第十二条　各级车船管理部门应当在提供

车船管理信息等方面，协助地方税务机关加强对车船税的征收管理。

第十三条 车船税的征收管理，依照《中华人民共和国税收征收管理法》及本条例的规定执行。

第十四条 本条例自2007年1月1日起施行。1951年9月13日原政务院发布的《车船使用牌照税暂行条例》和1986年9月15日国务院发布的《中华人民共和国车船使用税暂行条例》同时废止。

附：

车船税税目税额表

税 目	计税单位	每年税额	备 注
载客汽车	每辆	60元至660元	包括电车
载货汽车	按自重每吨	16元至120元	包括半挂牵引车、挂车
三轮汽车低速货车	按自重每吨	24元至120元	
摩托车	每辆	36元至180元	
船舶	按净吨位每吨	3元至6元	拖船和非机动驳船分别按船舶税额的50%计算

注：专项作业车、轮式专用机械车的计税单位及每年税额由国务院财政部门、税务主管部门参照本表确定。

第二部分

物流统计

2006 年全国物流运行情况通报

国家发改委经济运行局　国家统计局贸易外经司　中国物流与采购联合会

（2007 年 3 月 15 日）

2006 年是“十一五”规划开局之年，党中央、国务院统揽全局、科学决策，全面落实科学发展观，进一步加强和改善宏观控制，国民经济取得健康快速发展。在国家宏观调控的作用下，我国物流业的增长速度虽有所放慢，但仍保持在快速增长的区间。

一、社会物流总费用增速有所加快，与 GDP 比率进一步下降

2006 年，全国社会物流总费用为 38414 亿元，按现价计算同比增长 13.5%，增速比 2005 年上升 0.6 个百分点。物流总费用占 GDP 的比率为 18.3%，比 2005 年下降了 0.2 个百分点。从全国社会物流总费用结构来看，有以下特点：

1. 运输费用继续增长，占总费用的比重有所下降

2006 年，运输费用为 21018 亿元，同比增长 12.8%，增幅比 2005 年提高 2.7 个百分点，占社会物流总费用的 54.7%。比 2005 年下降 0.3 个百分点。

在运输费用中，道路运输费用为 13255 亿元，同比增长 12.7%，增幅比 2005 年提高 3.1 个百分点，道路运输费用占运输总费用的比重为 63.1%，与 2005 年持平；铁路运输费用为 2265 亿元，同比增长 11.6%，增幅比 2005 年提高 3.2 个百分点，占运输总费用的 10.8%，比 2005 年下降 0.1 个百分点；水上运输费用为 2757 亿元，同比增长 12.2%，增幅比 2005 年回落 3.8 个百分点，占运输总费用的 13.1%，比 2005 年回落 0.1 个白分点；航空运输费用 213 亿元，同比增长 28.3%，增幅比 2005 年提高 11.4 个百分点，占运输费用的 1.0%，比 2005 年提高 0.1 个百分点；管道运输费用为 152 亿元，同比增长 29.5%，增幅比 2005 年提高 13.7 个百分点，占运输费用的 0.7%，比 2005 年提高 0.1 个百分点；装卸搬运及其他运输费用为 2376 亿元，同比增长 13.1%，增幅比 2005 年提高 5.5 个百分点，占运输费用的 11.3%，与 2005 年持平。

2. 保管费用增长最快，占总费用的比重有所上升

2006 年，保管费用为 12331 亿元，同比增长 16%，是物流费用中增长最快的部分，占社会物流总费用的 32.1%，比 2005 年上升 0.7 个百分点。

在保管费用中，利息费用为 5410 亿元，同比增长 10.4%，增速比 2005 年回落 2.6 个百分点，占保管费用的 43.9%，比 2005 年回

落 2.2 个百分点；仓储费用 3232 亿元，同比增长 15.1%，占保管费用的 26.2%，比 2005 年回落 0.2 个百分点；货物损耗费用 702 亿元，同比增长 12.9%，增速比 2005 年回落 5.4 个百分点，占保管费用的 5.7%，比 2005 年回落 0.2 个百分点；配送费用为 408 亿元，同比增长 30.7%，增幅比 2005 年提高 3.8 个百分点，占保管费用的 3.3%，比 2005 年提高 0.4 个百分点；包装费用为 383 亿元，同比增长 29.5%，增幅比 2005 年提高 1.2 个百分点，占保管费用的 3.1%，比 2005 年提高 0.3 个百分点；流通加工费用为 2022 亿元，同比增长 31.1%，增幅比 2005 年提高 5.6 个百分点，占保管费用的 16.4%，比 2005 年提高 3.5 个百分点；保险费用为 127 亿元，同比增长 15%，增速比 2005 年回落 5.1 个百分点，占保管费用的 1%，与 2005 年基本持平。

3. 管理费用增幅回落，占总费用比重略有下降

2006 年管理费用为 5066 亿元，同比增长 10.4%，增幅比 2005 年回落 1.9 个百分点，占社会物流总费用的 13.2%，比 2005 年下降 0.4 个百分点。

二、物流业增加值增长较快

2006 年，全国物流业增加值为 14120 亿元，按可比价计算同比增长 12.5%。占全国服务业增加值的 17.1%，比 2005 年提高 0.5 个百分点。

三、社会物流总额仍保持快速增长

2006 年社会物流总额为 59.6 万亿元，按现价计算同比增长 24%，仍保持快速增长。

物流统计数据

表 1　　社会物流总额　　（单位：亿元）

年　份	工业品	农产品	进口货物	再生资源	单位与居民物品	合　计
1991	23418	3252	3395	198	27	30291
1992	31121	3335	4444	255	33	39188
1993	43780	4281	5990	382	42	54475
1994	62571	6104	9964	548	50	79237
1995	82584	7951	11029	607	59	102230
1996	89730	8618	11523	673	69	110614
1997	102501	8996	11817	746	78	124138
1998	107688	9160	11626	827	86	129388
1999	115827	9138	13736	917	98	139717
2000	142000	9634	18660	1017	116	171427
2001	163739	10291	20159	1127	126	195442
2002	196799	10986	24431	1249	132	233597
2003	249570	11261	34193	1385	187	296595
2004	324876	11970	46467	1535	190	383829
2005	413161	12748	54093	1776	205	481983
2006	516864	13546	63267	2059	240	595976

注：1. 本表根据国家相关部门统计资料核算；
2. 2006 年数据按快报数据核算；
3. 再生资源数据依据全国第一次经济普查数据进行了调整；
4. 本表按当年价格计算，以下各表同。

表 2　社会物流总额构成　(%)

年　份	工业品	农产品	进口货物	再生资源	单位与居民物品	合　计
1991	77.49	10.76	11.24	0.42	0.09	100
1992	79.62	8.53	11.37	0.40	0.09	100
1993	80.60	7.88	11.03	0.41	0.08	100
1994	78.97	7.70	12.58	0.69	0.06	100
1995	80.98	7.80	10.82	0.35	0.06	100
1996	81.36	7.81	10.45	0.31	0.06	100
1997	82.89	7.27	9.56	0.22	0.06	100
1998	83.65	7.12	9.03	0.13	0.07	100
1999	83.36	6.58	9.89	0.11	0.07	100
2000	83.25	5.65	10.94	0.09	0.07	100
2001	84.18	5.29	10.36	0.10	0.06	100
2002	84.61	4.72	10.50	0.10	0.06	100
2003	84.15	3.80	11.53	0.47	0.06	100
2004	84.64	3.12	12.11	0.40	0.05	100
2005	85.72	2.64	11.22	0.37	0.04	100
2006	86.73	2.27	10.62	0.35	0.04	100

表 3　社会物流总额增长率（以上年为 100）　(%)

年　份	工业品	农产品	进口货物	再生资源	单位与居民物品	合　计
1991	—	—	—	—	—	—
1992	132.9	102.5	130.9	128.9	122.0	129.4
1993	140.7	128.4	134.8	150.1	124.7	139.0
1994	142.9	142.6	166.4	143.4	119.5	145.5
1995	132.0	130.3	110.7	110.8	118.2	129.0
1996	108.7	108.4	104.5	110.8	117.6	108.2
1997	114.2	104.4	102.5	110.8	112.6	112.2
1998	105.1	101.8	98.4	110.8	110.3	104.2

续 表

年 份	工业品	农产品	进口货物	再生资源	单位与居民物品	合 计
1999	107.6	99.8	118.2	110.8	114.0	108.0
2000	122.6	105.4	135.8	110.8	118.4	122.7
2001	115.3	106.8	108.0	110.8	108.6	114.0
2002	120.2	106.8	121.2	110.8	104.8	119.5
2003	126.8	102.5	140.0	110.8	141.7	127.0
2004	130.2	106.3	135.9	110.9	101.6	129.4
2005	127.2	106.5	116.4	115.7	107.9	125.6
2006	125.1	106.3	117.0	116.0	116.9	123.7

表 4　　每单位 GDP 的物流需求系数

年 份	工业品	农产品	进口货物	再生资源	单位与居民物品	合 计
1991	1.083	0.150	0.157	0.009	0.001	1.4
1992	1.168	0.125	0.167	0.010	0.001	1.5
1993	1.239	0.121	0.170	0.011	0.001	1.5
1994	1.298	0.127	0.207	0.011	0.001	1.6
1995	1.358	0.131	0.181	0.010	0.001	1.7
1996	1.261	0.121	0.162	0.009	0.001	1.6
1997	1.298	0.114	0.150	0.009	0.001	1.6
1998	1.276	0.109	0.138	0.010	0.001	1.5
1999	1.292	0.102	0.153	0.010	0.001	1.6
2000	1.431	0.097	0.188	0.010	0.001	1.7
2001	1.493	0.094	0.184	0.010	0.001	1.8
2002	1.635	0.091	0.203	0.010	0.001	1.9
2003	1.837	0.083	0.252	0.010	0.001	2.2
2004	2.032	0.075	0.291	0.010	0.001	2.4
2005	2.257	0.070	0.295	0.010	0.001	2.6
2006	2.468	0.065	0.302	0.010	0.001	2.8

表 5 社会物流总费用 （单位：亿元）

年　份	运输费用	保管费用	管理费用	社会物流总费用
1991	2879	1612	691	5182
1992	3379	1922	836	6137
1993	4507	2317	1074	7898
1994	5579	3276	1483	10338
1995	6455	4459	1970	12884
1996	7633	5109	2250	14993
1997	8218	5820	2629	16667
1998	8668	5625	2728	17021
1999	9533	5344	2937	17814
2000	10070	5975	3185	19230
2001	10813	6458	3348	20619
2002	12000	7281	3460	22741
2003	14068	8057	3570	25695
2004	16932	8981	4089	30002
2005	18639	10632	4590	33860
2006	21018	12331	5066	38414

注：1. 本表根据国家相关部门统计资料核算；
2. 本表数据依据全国第一次经济普查数据进行了调整；
3. 2006 年数据按快报数据核算；
4. 本表按当年价格计算，以下各表同。

表 6 社会物流总费用构成 （%）

年　份	运输费用	保管费用	管理费用	社会物流总费用
1991	55. 6	31. 1	13. 3	100
1992	55. 1	31. 3	13. 6	100
1993	57. 1	29. 3	13. 6	100
1994	54. 0	31. 7	14. 3	100
1995	50. 1	34. 6	15. 3	100
1996	50. 9	34. 1	15. 0	100

续 表

年 份	运输费用	保管费用	管理费用	社会物流总费用
1997	49.3	34.9	15.8	100
1998	50.9	33.0	16.0	100
1999	53.5	30.0	16.5	100
2000	52.4	31.1	16.6	100
2001	52.4	31.3	16.2	100
2002	52.8	32.0	15.2	100
2003	54.7	31.4	13.9	100
2004	56.4	29.9	13.6	100
2005	55.0	31.4	13.6	100
2006	54.7	32.1	13.2	100

表7　　社会物流总费用较上年度增长情况　　(%)

年 份	运输费用	保管费用	管理费用	社会物流总费用
1991	—	—	—	—
1992	117.4	119.3	120.9	118.4
1993	133.4	120.5	128.6	128.7
1994	123.8	141.4	138.0	130.9
1995	115.7	136.1	132.9	124.6
1996	118.3	114.6	114.2	116.4
1997	107.7	113.9	116.8	111.2
1998	105.5	96.7	103.8	102.1
1999	110.0	95.0	107.7	104.7
2000	105.6	111.8	108.4	107.9
2001	107.4	108.1	105.1	107.2
2002	111.0	112.7	103.3	110.3
2003	117.2	110.7	103.2	113.0
2004	120.4	111.5	114.5	116.8

续 表

年 份	运输费用	保管费用	管理费用	社会物流总费用
2005	110.1	118.4	112.2	112.9
2006	112.8	116.0	110.4	113.5

表 8　社会物流总费用占 GDP 的比例　(%)

年 份	运输费用	保管费用	管理费用	社会物流总费用
1991	13.3	7.5	3.2	24.0
1992	12.7	7.2	3.1	23.0
1993	12.8	6.6	3.0	22.4
1994	11.6	6.8	3.1	21.4
1995	10.6	7.3	3.2	21.2
1996	10.7	7.2	3.2	21.1
1997	10.4	7.4	3.3	21.1
1998	10.3	6.7	3.2	20.2
1999	10.6	6.0	3.3	19.9
2000	10.1	6.0	3.2	19.4
2001	9.9	5.9	3.1	18.8
2002	10.0	6.1	2.9	18.9
2003	10.4	5.9	2.6	18.9
2004	10.6	5.6	2.6	18.8
2005	10.2	5.8	2.5	18.5
2006	10.0	5.9	2.4	18.3

表 9　运输费用　(单位：亿元)

年 份	铁路运输费 用	公路运输费 用	水上运输费 用	航空运输费 用	管道运输费 用	装卸搬运和其他运输费用	运输费用合 计
1991	618	1637	187	24	39	374	2879
1992	652	1966	254	32	41	435	3379

续 表

年　份	铁路运输费　用	公路运输费　用	水上运输费　用	航空运输费　用	管道运输费　用	装卸搬运和其他运输费用	运输费用合　计
1993	755	2787	309	39	42	575	4507
1994	835	3467	484	44	45	705	5579
1995	943	3927	679	53	46	808	6455
1996	1125	4567	891	57	48	946	7633
1997	1113	5062	925	59	50	1010	8218
1998	1148	5387	959	63	55	1055	8668
1999	1215	5885	1151	73	60	1149	9533
2000	1227	6249	1250	78	64	1203	10070
2001	1334	6697	1363	70	69	1279	10813
2002	1363	7577	1479	103	76	1402	12000
2003	1582	8957	1693	115	87	1634	14068
2004	1873	10744	2119	142	101	1953	16933
2005	2030	11766	2458	166	117	2101	18639
2006	2265	13255	2757	213	152	2376	21018

表 10　　运输费用构成　　(%)

年　份	铁路运输费　用	公路运输费　用	水上运输费　用	航空运输费　用	管道运输费　用	装卸搬运和其他运输费用	运输费用合　计
1991	21. 5	56. 9	6. 5	0. 8	1. 3	13. 0	100
1992	19. 3	58. 2	7. 5	0. 9	1. 2	12. 9	100
1993	16. 7	61. 8	6. 9	0. 9	0. 9	12. 8	100
1994	15. 0	62. 1	8. 7	0. 8	0. 8	12. 6	100
1995	14. 6	60. 8	10. 5	0. 8	0. 7	12. 5	100
1996	14. 7	59. 8	11. 7	0. 7	0. 6	12. 4	100
1997	13. 5	61. 6	11. 3	0. 7	0. 6	12. 3	100
1998	13. 2	62. 2	11. 1	0. 7	0. 6	12. 2	100

续 表

年 份	铁路运输费 用	公路运输费 用	水上运输费 用	航空运输费 用	管道运输费 用	装卸搬运和其他运输费用	运输费用合 计
1999	12.7	61.7	12.1	0.8	0.6	12.1	100
2000	12.2	62.1	12.4	0.8	0.6	11.9	100
2001	12.3	61.9	12.6	0.6	0.6	11.8	100
2002	11.4	63.1	12.3	0.9	0.6	11.7	100
2003	11.2	63.7	12.0	0.8	0.6	11.6	100
2004	11.1	63.5	12.5	0.8	0.6	11.5	100
2005	10.9	63.1	13.2	0.9	0.6	11.3	100
2006	10.8	63.1	13.1	1.0	0.7	11.3	100

表 11　运输费用增长情况（以上年为 100）　（%）

年 份	铁路运输费 用	公路运输费 用	水上运输费 用	航空运输费 用	管道运输费 用	装卸搬运和其他运输费用	运输费用合 计
1991	—	—	—	—	—	—	—
1992	105.5	120.1	135.9	132.7	104.7	116.2	117.4
1993	115.8	141.8	121.5	124.0	103.9	132.1	133.4
1994	110.6	124.4	156.4	111.9	106.1	122.6	123.8
1995	113.0	113.3	140.5	120.0	101.6	114.6	115.7
1996	119.3	116.3	131.2	107.8	104.5	117.1	118.3
1997	98.9	110.8	103.8	104.4	104.3	106.7	107.7
1998	103.2	106.4	103.7	106.6	110.3	104.5	105.5
1999	105.8	109.2	120.0	115.2	109.3	109.0	110.0
2000	101.0	106.2	108.6	106.6	106.8	104.6	105.6
2001	108.8	107.2	109.0	89.6	108.2	106.4	107.4
2002	102.2	113.1	108.5	147.7	110.3	109.6	111.0
2003	116.1	118.2	114.4	112.1	114.1	116.5	117.2
2004	118.4	120.0	125.2	123.4	116.3	119.5	120.4

续 表

年 份	铁路运输费 用	公路运输费 用	水上运输费 用	航空运输费 用	管道运输费 用	装卸搬运和其他运输费用	运输费用合 计
2005	108.4	109.5	116.0	116.9	115.8	107.6	110.1
2006	111.6	112.7	112.2	128.2	129.6	113.1	112.8

表 12　　物流业增加值　　（单位：亿元）

年 份	交通运输业物流增加值	仓储业物流增加值	贸易业物流增加值	流通加工、包装业物流增加值	邮政业物流增加值	物流业增加值合 计
1991	1526	59	193	53	20	1851
1992	1778	73	232	68	22	2174
1993	2371	98	315	94	27	2906
1994	2935	138	399	147	35	3654
1995	3396	175	459	195	40	4265
1996	4013	187	533	217	45	4996
1997	4324	205	571	251	47	5398
1998	4732	211	602	269	44	5858
1999	5205	226	665	279	42	6416
2000	5498	274	714	335	66	6887
2001	5903	308	772	377	68	7429
2002	6195	363	861	442	65	7927
2003	7122	409	1001	516	64	9112
2004	8466	458	1168	596	87	10776
2005	9475	539	1435	728	93	12271
2006	10665	648	1749	948	109	14120

注：1. 本表根据国家相关部门统计资料核算；
2. 本表数据依据全国第一次经济普查数据进行了调整；
3. 2006 年数据按快报数据核算；
4. 本表按当年价格计算，以下各表同。

表 13　　物流业增加值构成　　（%）

年　份	交通运输业物流增加值	仓储业物流增加值	贸易业物流增加值	流通加工、包装业物流增加值	邮政业物流增加值	物流业增加值合　计
1991	82.4	3.2	10.4	2.9	1.1	100
1992	81.8	3.4	10.7	3.1	1.0	100
1993	81.6	3.4	10.8	3.2	0.9	100
1994	80.3	3.8	10.9	4.0	1.0	100
1995	79.6	4.1	10.8	4.6	0.9	100
1996	80.3	3.8	10.7	4.4	0.9	100
1997	80.1	3.8	10.6	4.6	0.9	100
1998	80.8	3.6	10.3	4.6	0.7	100
1999	81.1	3.5	10.4	4.3	0.6	100
2000	79.8	4.0	10.4	4.9	1.0	100
2001	79.5	4.2	10.4	5.1	0.9	100
2002	78.1	4.6	10.9	5.6	0.8	100
2003	78.2	4.5	11.0	5.7	0.7	100
2004	78.6	4.3	10.8	5.5	0.8	100
2005	77.2	4.4	11.7	5.9	0.8	100
2006	75.5	4.6	12.4	6.7	0.8	100

表 14　　物流业增加值增长情况（以上年同期为 100）　　（%）

年　份	交通运输业物流增加值	仓储业物流增加值	贸易业物流增加值	流通加工、包装业物流增加值	邮政业物流增加值	物流业增加值合　计
1991	—	—	—	—	—	—
1992	116.5	124.6	120.1	128.2	112.2	17.4
1993	133.4	133.8	135.7	137.8	121.0	33.6
1994	123.8	140.5	126.7	156.5	129.5	25.8
1995	115.7	126.9	114.9	132.6	115.5	16.7
1996	118.2	107.1	116.2	111.4	111.1	17.1

续 表

年 份	交通运输业物流增加值	仓储业物流增加值	贸易业物流增加值	流通加工、包装业物流增加值	邮政业物流增加值	物流业增加值合 计
1997	107.7	109.5	107.2	115.4	104.7	8.1
1998	109.4	103.0	105.3	107.1	93.3	8.5
1999	110.0	107.2	110.4	103.7	95.0	9.5
2000	105.6	120.9	107.5	120.3	158.2	7.3
2001	107.4	112.6	108.0	112.6	103.1	7.9
2002	104.9	117.8	111.5	117.2	96.7	6.7
2003	115.0	112.6	116.3	116.8	97.8	15.0
2004	118.9	112.1	116.7	115.5	135.9	18.3
2005	111.9	117.6	122.9	122.0	107.2	13.9
2006	112.6	120.1	121.9	130.2	117.2	15.1

表 15　　物流业增加值占 GDP 比重　　(%)

年 份	交通运输业物流增加值	仓储业物流增加值	贸易业物流增加值	流通加工、包装业物流增加值	邮政业物流增加值	物流业增加值合 计
1991	7.1	0.3	0.9	0.2	0.1	8.6
1992	6.7	0.3	0.9	0.3	0.1	8.2
1993	6.7	0.3	0.9	0.3	0.1	8.2
1994	6.1	0.3	0.8	0.3	0.1	7.6
1995	5.6	0.3	0.8	0.3	0.1	7.0
1996	5.6	0.3	0.7	0.3	0.1	7.0
1997	5.5	0.3	0.7	0.3	0.1	6.8
1998	5.6	0.3	0.7	0.3	0.1	6.9
1999	5.8	0.3	0.7	0.3	0.0	7.2
2000	5.5	0.3	0.7	0.3	0.1	6.9
2001	5.4	0.3	0.7	0.3	0.1	6.8
2002	5.1	0.3	0.7	0.4	0.1	6.6

续 表

年 份	交通运输业物流增加值	仓储业物流增加值	贸易业物流增加值	流通加工、包装业物流增加值	邮政业物流增加值	物流业增加值合 计
2003	5.2	0.3	0.7	0.4	0.0	6.7
2004	5.3	0.3	0.7	0.4	0.1	6.7
2005	5.2	0.3	0.8	0.4	0.1	6.7
2006	5.1	0.3	0.8	0.5	0.1	6.7

表 16　　物流业增加值占第三产业增加值比重　　(%)

年 份	交通运输业物流增加值	仓储业物流增加值	贸易业物流增加值	流通加工、包装业物流增加值	邮政业物流增加值	物流业增加值合 计
1991	21.1	0.8	2.7	0.7	0.3	25.6
1992	19.5	0.8	2.5	0.7	0.2	23.8
1993	19.8	0.8	2.6	0.8	0.2	24.2
1994	18.0	0.8	2.5	0.9	0.2	22.4
1995	16.9	0.9	2.3	1.0	0.2	21.2
1996	17.1	0.8	2.3	0.9	0.2	21.3
1997	15.9	0.8	2.1	0.9	0.2	19.9
1998	15.4	0.7	2.0	0.9	0.1	19.0
1999	15.3	0.7	1.9	0.8	0.1	18.8
2000	14.1	0.7	1.8	0.9	0.2	17.7
2001	13.2	0.7	1.7	0.8	0.2	16.6
2002	12.3	0.7	1.7	0.9	0.1	15.8
2003	12.6	0.7	1.8	0.9	0.1	16.2
2004	13.0	0.7	1.8	0.9	0.1	16.6
2005	13.0	0.7	2.0	1.0	0.1	16.8
2006	12.9	0.8	2.1	1.1	0.1	17.1

表 17　　物流业固定资产投资额　　(单位：亿元)

年　份	交通运输业	仓储业	贸易业	流通加工、包装业	邮政业	物流业合计
1991	299.8	9.6	42.7	1.3	4.1	357.5
1992	496.6	11.1	122.7	3.3	16.4	650.0
1993	890.6	18.5	128.9	5.8	31.9	1075.6
1994	1284.5	24.2	163.1	9.1	46.4	1527.3
1995	1469.7	28.7	169.9	9.6	45.8	1723.6
1996	1776.3	39.5	150.1	8.1	46.8	2020.8
1997	2113.2	52.2	149.2	6.8	45.8	2367.2
1998	3082.0	69.9	185.0	6.5	58.1	3401.6
1999	3164.7	130.6	185.8	6.4	46.0	3533.5
2000	3194.6	95.3	194.5	7.7	62.7	3554.7
2001	3589.4	91.4	202.2	8.7	64.6	3956.4
2002	4154.9	115.5	231.7	12.0	39.4	4553.6
2003	4861.0	161.5	510.2	23.5	38.2	5594.4
2004	6319.6	341.1	838.7	34.2	36.9	7570.6
2005	7749.6	356.3	1103.8	45.5	37.9	9293.1
2006	9774.9	469.8	1827.0	57.8	39.9	12169.4

注：1. 本表根据国家相关部门统计资料核算；
2. 2004 年以后各年数据，在往年口径基础上，新增加城镇集体、个体 50 万元以上项目；
3. 2006 年数据按快报数核算；
4. 本表按当年价格计算，以下各表同。

表 18　　物流业固定资产投资构成　　(%)

年　份	交通运输业	仓储业	贸易业	流通加工、包装业	邮政业	物流业合计
1991	83.9	2.7	11.9	0.4	1.1	100
1992	76.4	1.7	18.9	0.5	2.5	100
1993	82.8	1.7	12.0	0.5	3.0	100
1994	84.1	1.6	10.7	0.6	3.0	100
1995	85.3	1.7	9.9	0.6	2.7	100

续 表

年 份	交通运输业	仓储业	贸易业	流通加工、包装业	邮政业	物流业合计
1996	87.9	2.0	7.4	0.4	2.3	100
1997	89.3	2.2	6.3	0.3	1.9	100
1998	90.6	2.1	5.4	0.2	1.7	100
1999	89.6	3.7	5.3	0.2	1.3	100
2000	89.9	2.7	5.5	0.2	1.8	100
2001	90.7	2.3	5.1	0.2	1.6	100
2002	91.2	2.5	5.1	0.3	0.9	100
2003	86.9	2.9	9.1	0.4	0.7	100
2004	83.5	4.5	11.1	0.5	0.5	100
2005	83.4	3.8	11.9	0.5	0.4	100
2006	80.3	3.9	15.0	0.5	0.3	100

表 19　物流业固定资产投资额增长情况（以上年为 100）　（%）

年 份	交通运输业	仓储业	贸易业	流通加工、包装业	邮政业	物流业合计
1991	—	—	—	—	—	—
1992	165.6	116.0	287.2	265.0	400.0	181.8
1993	179.3	166.5	105.1	173.6	194.5	165.5
1994	144.2	131.2	126.5	157.2	145.5	142.0
1995	114.4	118.3	104.2	105.5	98.7	112.9
1996	120.9	137.7	88.4	84.5	102.2	117.2
1997	119.0	132.3	99.4	84.3	97.9	117.1
1998	145.8	133.8	124.0	95.3	126.9	143.7
1999	102.7	186.8	100.4	97.9	79.2	103.9
2000	100.9	72.9	104.7	120.8	136.3	100.6
2001	112.4	96.0	104.0	113.1	103.0	111.3
2002	115.8	126.4	114.6	138.2	61.0	115.1
2003	117.0	139.8	220.2	195.5	97.0	122.9

续 表

年　份	交通运输业	仓储业	贸易业	流通加工、包装业	邮政业	物流业合计
2004	130.0	211.2	164.4	145.7	96.5	135.3
2005	122.6	104.4	131.6	132.9	102.8	122.8
2006	123.3	129.0	122.9	127.0	105.3	123.4

表20　　　　物流用主要设施

年 份	铁路里程（万公里）	公路里程（万公里）	内河航道里程（万公里）	民用航空航线里程（万公里）	输油（气）管道里程（万公里）	民用货运汽车拥有量（万辆）	民用货运汽车吨位（万吨位）	民用运输船舶拥有量（艘）	铁路货车拥有量（辆）
1991	5.78	104.11	10.97	55.91	1.62	398.62	1633.11	385537	370054
1992	5.81	105.67	10.97	83.66	1.59	441.45	1834.00	373568	373233
1993	5.86	108.35	11.02	96.08	1.64	501.00	2114.27	372481	390097
1994	5.90	111.78	11.10	104.56	1.68	560.33	2396.34	353385	415919
1995	6.26	115.70	11.10	112.90	1.72	585.43	2370.93	364068	432731
1996	6.49	118.58	11.08	116.65	1.93	575.03	2280.62	326007	443893
1997	6.60	122.64	10.98	142.50	2.04	601.23	2392.50	265797	437686
1998	6.64	127.85	11.03	150.58	2.31	627.89	2408.94	260208	439326
1999	6.74	135.17	11.65	152.22	2.49	676.95	2730.42	242043	436236
2000	6.87	140.27	11.93	150.29	2.47	716.32	2889.22	229676	443902
2001	7.01	169.80	12.15	155.36	2.76	765.24	3056.67	210786	453620
2002	7.19	176.52	12.16	163.77	2.98	812.22	3244.33	202977	459017
2003	7.30	180.98	12.40	174.95	3.26	853.51	3405.50	204270	510327
2004	7.44	187.07	12.33	175.00	3.82	893.00	3563.42	210700	528005
2005	7.54	193.05	12.30	199.90	4.40	955.50	3866.86	207294	548368
2006	7.70	345.70	12.34	211.35	4.96	980.30		194360	564899

表 21　　物流用主要设施增长情况（以上年为 100）　　（%）

年份	铁路里程	公路里程	内河航道里程	民用航空航线里程	输油（气）管道里程	民用货运汽车拥有量	民用货运汽车吨位（万吨位）	民用运输船舶拥有量	铁路货车拥有量
1991	—	—	—	—	—	—	—	—	—
1992	100.5	101.5	100.0	149.6	98.1	110.7	112.3	96.9	100.9
1993	100.9	102.5	100.5	114.8	103.1	113.5	115.3	99.7	104.5
1994	100.7	103.2	100.7	108.8	102.4	111.8	113.3	94.9	106.6
1995	106.1	103.5	100.0	108.0	102.4	104.5	98.9	103.3	104.0
1996	103.7	102.5	99.8	103.3	112.2	98.2	96.2	89.3	102.6
1997	101.7	103.4	99.1	122.2	105.7	104.6	104.9	81.5	98.6
1998	100.6	104.2	100.5	105.7	113.2	104.4	100.7	97.9	100.4
1999	101.5	105.7	105.6	101.1	107.8	107.8	113.3	93.0	99.3
2000	101.9	103.8	102.4	98.7	99.2	105.8	105.8	94.9	101.8
2001	102.0	121.1	101.8	103.4	111.7	106.8	105.8	91.8	102.2
2002	102.6	104.0	100.1	105.4	108.0	106.1	106.1	96.3	101.2
2003	101.5	102.5	102.0	106.8	109.4	105.1	105.0	100.6	111.2
2004	101.9	103.4	99.4	100.0	117.2	104.6	104.6	103.1	103.5
2005	101.3	103.2	99.8	114.2	115.2	107.0	108.5	98.4	103.9
2006	102.1	179.1	100.3	105.7	112.7	102.6	0.0	93.8	103.0

表 22　　货运量　　（单位：亿吨）

年份	铁路货运量	公路货运量	水运货运量	航空货运量	管道货运量	合计
1991	15.29	73.39	8.34	0.0045	1.56	98.58
1992	15.76	78.09	9.25	0.0058	1.48	104.58
1993	16.28	84.03	9.79	0.0069	1.48	111.59
1994	16.32	89.49	10.71	0.0083	1.51	118.04
1995	16.60	94.03	11.32	0.0101	1.53	123.49
1996	17.10	98.39	12.74	0.0115	1.60	129.84

续 表

年 份	铁路货运量	公路货运量	水运货运量	航空货运量	管道货运量	合 计
1997	17.21	97.65	11.34	0.0125	1.60	127.81
1998	16.43	97.60	10.96	0.0140	1.74	126.75
1999	16.76	99.04	11.46	0.0170	2.02	129.30
2000	17.86	103.88	12.24	0.0197	1.87	135.87
2001	19.32	105.63	13.27	0.0171	1.94	140.18
2002	20.50	111.63	14.18	0.0202	2.01	148.34
2003	22.11	116.00	15.81	0.0219	2.20	156.14
2004	24.90	124.50	18.74	0.0273	2.47	170.64
2005	26.93	134.18	21.96	0.03	3.10	186.20
2006	28.83	146.63	24.87	0.035	3.34	203.70

表23 货运量构成 (%)

年 份	铁路货运量	公路货运量	水运货运量	航空货运量	管道货运量	合 计
1991	15.51	74.44	8.46	0.005	1.58	100
1992	15.07	74.67	8.84	0.006	1.41	100
1993	14.59	75.30	8.77	0.006	1.33	100
1994	13.83	75.81	9.07	0.007	1.28	100
1995	13.44	76.15	9.17	0.008	1.24	100
1996	13.17	75.78	9.81	0.009	1.23	100
1997	13.47	76.40	8.87	0.010	1.25	100
1998	12.96	77.00	8.65	0.011	1.37	100
1999	12.96	76.60	8.86	0.013	1.56	100
2000	13.14	76.46	9.01	0.014	1.38	100
2001	13.78	75.35	9.47	0.012	1.39	100
2002	13.82	75.25	9.56	0.014	1.36	100
2003	14.16	74.29	10.13	0.014	1.41	100
2004	14.59	72.96	10.98	0.016	1.45	100

续 表

年 份	铁路货运量	公路货运量	水运货运量	航空货运量	管道货运量	合 计
2005	14.46	72.06	11.79	0.016	1.67	100
2006	14.15	71.98	12.21	0.017	1.64	100

表 24 货运量增长情况（以上年为 100） （%）

年 份	铁路货运量	公路货运量	水运货运量	航空货运量	管道货运量	合 计
1991	—	—	—	—	—	101.6
1992	103.1	106.4	110.9	128.9	94.8	106.1
1993	103.3	107.6	105.8	119.0	100.4	106.7
1994	100.2	106.5	109.4	120.3	101.7	105.8
1995	101.7	105.1	105.7	121.7	101.2	104.6
1996	103.0	104.6	112.5	113.9	104.7	105.1
1997	100.6	99.2	89.0	108.7	100.1	98.4
1998	95.5	99.9	96.6	112.0	108.9	99.2
1999	102.0	101.5	104.6	121.4	116.1	102.0
2000	106.6	104.9	106.8	115.9	92.4	105.1
2001	108.2	101.7	108.4	86.8	104.0	103.2
2002	106.1	105.7	106.9	118.1	103.6	105.8
2003	107.9	103.9	111.5	108.5	109.3	105.3
2004	112.6	107.3	118.5	124.4	112.4	109.3
2005	108.2	107.8	117.2	112.5	125.5	109.1
2006	107.1	109.3	113.3	113.9	107.5	109.4

表 25 货物运输周转量 （单位：亿吨·公里）

年 份	铁路货运量	公路货运量	水运货运量	航空货运量	管道货运量	合 计
1991	10972	3428	12956	10	621	27987
1992	11576	3755	13256	13	617	29218
1993	11969	4071	13861	17	608	30524

续 表

年 份	铁路货运量	公路货运量	水运货运量	航空货运量	管道货运量	合 计
1994	12471	4486	15687	19	612	33275
1995	13050	4695	17552	22	590	35909
1996	13106	5011	17863	25	585	36590
1997	13270	5272	19235	29	579	38345
1998	12560	5483	19406	33	606	38089
1999	12910	5724	21263	42	628	40568
2000	13771	6129	23734	50	636	44321
2001	14694	6330	25989	44	653	47710
2002	15658	6783	27511	52	683	50686
2003	17247	7100	28716	58	739	53859
2004	19289	7841	41429	72	815	69446
2005	20726	8693	49672	79	1088	80258
2006	21954	9754	55486	94	1547	88835

表 26 货物运输周转量构成 (%)

年 份	铁路货运量	公路货运量	水运货运量	航空货运量	管道货运量	合 计
1991	39. 20	12. 25	46. 29	0. 04	2. 22	100
1992	39. 62	12. 85	45. 37	0. 05	2. 11	100
1993	39. 21	13. 34	45. 41	0. 05	1. 99	100
1994	37. 48	13. 48	47. 14	0. 06	1. 84	100
1995	36. 34	13. 07	48. 88	0. 06	1. 64	100
1996	35. 82	13. 69	48. 82	0. 07	1. 60	100
1997	34. 61	13. 75	50. 16	0. 08	1. 51	100
1998	32. 98	14. 40	50. 95	0. 09	1. 59	100
1999	31. 82	14. 11	52. 41	0. 10	1. 55	100
2000	31. 07	13. 83	53. 55	0. 11	1. 43	100
2001	30. 80	13. 27	54. 47	0. 09	1. 37	100

续 表

年　份	铁路货运量	公路货运量	水运货运量	航空货运量	管道货运量	合　计
2002	30.89	13.38	54.28	0.10	1.35	100
2003	32.02	13.18	53.32	0.11	1.37	100
2004	27.78	11.29	59.66	0.10	1.17	100
2005	25.82	10.83	61.89	0.10	1.36	100
2006	24.71	10.98	62.46	0.11	1.74	100

表 27　　货物运输周转量增长情况（以上年为 100）　　（%）

年　份	铁路货运量	公路货运量	水运货运量	航空货运量	管道货运量	合　计
1991	—	—	—	—	—	106.8
1992	105.5	109.5	102.3	132.7	99.4	104.4
1993	103.4	108.4	104.6	124.0	98.5	104.5
1994	104.2	110.2	113.2	111.9	100.7	109.0
1995	104.6	104.7	111.9	120.0	96.4	107.9
1996	100.4	106.7	101.8	111.7	99.2	101.9
1997	101.3	105.2	107.7	116.9	99.0	104.8
1998	94.6	104.0	100.9	114.9	104.7	99.3
1999	102.8	104.4	109.6	126.5	103.6	106.5
2000	106.7	107.1	111.6	118.8	101.3	109.3
2001	106.7	103.3	109.5	87.0	102.7	107.6
2002	106.6	107.2	105.9	117.9	104.6	106.2
2003	110.1	104.7	104.4	112.1	108.2	106.3
2004	111.8	110.4	144.3	124.3	110.3	128.9
2005	107.4	110.9	119.9	109.9	133.5	115.6
2006	105.9	112.2	111.7	119.5	142.2	110.7

（供稿：中国物流信息中心）

2006 年社会物流统计工作

2006 年，我国社会物流统计工作取得新进展：社会物流统计核算与报表制度正式建立，第一次全国物流统计工作会议圆满召开，全国物流统计基础工作不断改善，《企业物流成本构成与计算》国家标准获准颁布，第一本《社会物流统计手册》公开出版……在这一年里，国家发展和改革委员会、国家统计局、中国物流与采购联合会继续组织开展了我国社会物流统计核算与调查工作，按季定期发布了中国物流运行数据和分析报告，发布了中国重点企业物流统计调查年度报告。中国物流与采购联合会依据企业调查数据，排出了 2006 年中国最具竞争力的 50 强物流企业。积极推动地方物流统计工作的开展，为省市建立物流统计核算体系提供方法制度上的支持，目前全国已有十几个省市开展了物流统计工作。

一、我国《社会物流统计核算与报表制度》由试行方案正式转为定期制度

2004 年 10 月，国家发改委以发改运行［2004］2409 号文发布“关于组织实施社会物流统计制度及核算表式（试行）的通知”，标志着我国社会物流统计核算与报表制度正式建立。该试行方案经过一年多的运行，取得了良好的社会效果。2006 年，经国家统计局批准，社会物流统计核算与报表制度由试行方案转为定期制度。2006 年 4 月，国家发改委以发改运行［2006］625 号文发布了“国家发展和改革委关于组织实施社会物流统计核算与报表制度的通知”，正式启动了我国定期社会物流统计调查与核算工作。该文件规定，社会物流统计核算工作由国家发改委、中国物流与采购联合会组织实施，统计调查的最终数据会同国家统计局发布，具体工作委托中国物流与采购联合会承担，中国物流信息中心实际执行这一工作。

二、组织实施社会物流统计核算工作并定期向社会发布数据

按照国家发改委［2006］625 号文件和《社会物流统计核算与报表制度》要求，中国物流信息中心组织开展了 2006 年及各季度全国物流统计核算与分析工作。2007 年 3 月，国家发改委、国家统计局和中国物流与采购联合会召开新闻发布会，以三家联合名义发布了 2006 年全国物流运行情况报告。包括中央电视台在内的近 30 家新闻媒体报道了有关情况。社会物流统计数据和分析报告，为各级政府及时监测、了解国内物流运行情况、制定物流发展规划和发展政策、加强和改善宏观调控提供

了重要依据。对于引导企业经营、加强物流基础管理、增强决策的准确性和科学性、推进物流现代化进程等，具有重要意义。

三、组织开展我国重点企业物流统计调查

根据社会物流统计核算与报表制度，中国物流信息中心组织开展了2006年全国重点企业物流统计调查工作。调查采用重点调查方式；重点企业按行业、地区代表性原则，由国家统计局从全国第一次经济普查企业名录库中挑选出工业生产、批发贸易企业以及提供物流服务的物流相关行业企业计5000多家。

通过对重点企业物流情况进行统计调查，信息中心对近两年国内煤炭、水泥、钢铁、石油石化、化学工业、机械、有色金属、纺织、烟草等工业行业和批发贸易行业的物流运行状况、物流业务构成及发展趋势、物流费用水平、物流装备状况等有了基本的了解，对物流相关行业企业的业务规模、发展水平、收入与效益等经营情况也有了大体的了解，为更加系统地分析我国物流总体运行质量、社会物流成本变化趋势、社会物流效益增长以及我国物流发展存在问题等提供了更加深入、丰富的资料。

中国物流与采购联合会依据这次调查数据，按照国际通行方法，以企业的物流业务收入作为排序指标，对国内物流企业进行排名，排出了2006年中国最具竞争力的50强物流企业。

2006年12月，国家发改委、国家统计局和中国物流与采购联合会在北京举行了新闻发布会，发布了中国重点企业物流统计调查年度报告。同时，还举行了“50强物流企业”授牌仪式，向荣获2006年中国最具竞争力的50强物流企业颁发了铜牌。

四、召开第一次全国物流统计工作会议

2006年9月，国家发改委、国家统计局和中国物流与采购联合会组织召开了全国物流统计工作会议，这是全国社会物流统计核算与报表制度建立以来，召开的第一次全国物流统计工作会议。会议的主要议题是，认真贯彻全国现代物流工作会议精神，切实落实国家发改委下发的《关于组织实施社会物流统计核算与报表制度的通知》精神；总结交流全国物流统计工作情况和各地开展物流统计工作的经验体会；进一步明确物流统计工作的思路和工作重点。

会议由中国物流与采购联合会何黎明副会长主持，国家发改委经济运行局副局长贾银松作了题为《提高认识，加强领导，抓好落实，努力推进我国现代物流统计工作》的主题报告，国家统计局贸易外经司副司长王克臣、中国物流与采购联合会常务副会长丁俊发、江苏省经贸委顾瑜芳副主任等领导到会并作了重要讲话。全国32个省市物流牵头单位、25个省市统计局以及17个省市物流协会代表100多人参加了会议。这次会议进一步确立了我国物流统计的重要地位，推动了我国物流统计工作的发展。

五、颁布《企业物流成本构成与计算》国家标准

2006年9月，国家标准GB/T 20523—2006《企业物流成本构成与计算》获准颁布。该标准在借鉴国外先进物流成本管理方法的同时，根据我国国情，设计了一套涵盖物流成本项目、物流范围和物流成本支付形态三个维度的物流成本计算体系，以求客观、清晰地界定和计算企业物流成本，使该标准既切合我国企业

的实际，又与国际接轨，使国内外同类企业物流成本的比较成为可能。企业物流成本统计数据，是社会物流统计及社会物流费用分析的重要基础；《企业物流成本构成与计算》国家标准，是对社会物流统计核算与报表制度的有益补充，对于促进企业物流成本核算体系的形成，为企业物流成本管理工作提供数据支持，为社会物流统计工作奠定微观基础，具有积极意义。

六、《社会物流统计手册》即将出版

社会物流统计核算与报表制度是伴随我国现代物流业的迅速发展而产生的政府统计制度。为了更好地在全国范围内实施该项制度，进一步推动我国社会物流统计工作，使各地区、各部门和有关企业物流统计人员掌握社会物流统计核算与调查的基本知识和基本方法，国家发改委经济运行局、国家统计局贸易外经司和中国物流与采购联合会组织编写了《社会物流统计手册》(以下简称《手册》)。《手册》的主要内容包括：社会物流统计概述，我国社会物流统计的主要内容与指标体系，社会物流统计核算与报表制度中主要指标解释和计算方法，企业物流成本计算示范案例，社会物流统计分析与案例等。该书由中国物资出版社出版。

七、深化物流统计分析研究工作

我国社会物流统计核算与报表制度建立后，取得了大量系统翔实的物流统计数据，为深入开展物流统计分析研究提供了条件和可能。在《中国物流产业发展与国民经济发展关系研究》、《中国传统制造企业物流现状及政策建议》、《中国物流发展与人才需求》等课题中，大量引用了相关物流统计数据，并以其为基础，定性分析与定量分析相结合，揭示了物流产业经济活动的特征和内在规律，以及物流产业与经济增长、制造业升级和人才需求的内在关系，受到了社会广泛关注。社会物流统计分析的不断深化，提升了物流统计工作的地位，也增进了社会对物流统计工作的了解。

八、地方物流统计工作在越来越多的地方开展

随着我国现代物流的不断发展，许多地方政府对推进本地区物流统计工作提出了明确要求。特别是召开全国物流统计工作会议以后，地方物流统计工作取得了长足进展。北京、河北、上海、江苏、浙江、福建、河南、湖北、深圳、云南等省市陆续开展了物流统计工作。河北、江苏、浙江等省先后发布了本地区物流统计数据报告。山西、山东、江西、湖南、四川、重庆、广西、贵州、陕西等省市也纷纷结合当地实际，积极采取措施，着手本地区物流统计工作的推进。与此同时，国家加强了与省市和重点企业的联系，物流统计信息服务和反馈工作逐步制度化。

(作者：蔡进　何辉　闫淑君　中国物流信息中心)

采购经理指数体系

采购经理指数体系的英文为 Purchasing Managers' Index，简称 PMI。它是在对采购经理调查基础上汇总而成的系列经济指标，涵盖生产与流通、制造业与非制造业等领域，是国际上通行的宏观经济监测指标体系之一，对国家经济活动的监测和预测具有重要作用。

一、PMI 指标体系

从国际上看，PMI 是一套月度发布的综合性的经济先行指标体系，分为制造业 PMI、服务业 PMI，目前也有一些国家建立了建筑业 PMI。制造业 PMI 最早起源于美国 20 世纪 30 年代，经过几十年的发展，该体系现包含新订单、产量、雇员、供应商配送、库存、价格、积压订单、新订单（出口、进口）等商业活动指标（见表 1）。以上各项指标指数基于对样本企业采购经理的月度问卷调查所得数据合成得出，再对生产、新订单、雇员、供应商配送与库存五项类指标加权计算得到制造业 PMI 综合指数。服务业 PMI 指标体系则包括：商业活动、投入品价格指数、费用水平、雇员、未来商业活动预期等指数，但因其建立时间不长，尚未形成综合指数。

PMI 每项指标均反映了商业活动的现实情况，综合指数则反映制造业或服务业的整体增长或衰退。调查采用非定量的问卷形式，被调查者对每个问题只需做出定性的判断，在（比上月）上升、不变或下降三种答案中选择一种。进行综合汇总就是统计各类答案的百分比，通过各指标的动态变化来反映经济活动所处的周期状态。由于制造业 PMI 及非制造业 PMI 商业报告分别于每月第一个和第三个工作日发布，时间大大超前于政府其他部门的统计报告，所选的指标又具有先导性，所以 PMI 已成为监测经济运行及时、可靠的先行指标，得到政府、商界与广大经济学家、预测专家的普遍认同。

表 1　制造业 PMI 指标体系

PMI 综合指数构成		其他扩散指数
指　标	权重（%）	采购量
生产量	25	积压订单（现有订单）
新订单	30	出口订单
雇　员	20	价格（采购品价格、产成品价格）
供应商配送	15	库存（产成品库存、采购品库存、用户库存）
库　存	10	进口

注：上述指标除综合指数是各国统一的以外，其他扩散指数各国并非全部采用，而是根据本国情况有所差异。

目前，全球已有 20 多个国家建立了 PMI 体系，有关机构已开始建立全球指数和欧元区指数，PMI 指数及其商业报告已成为世界经济运行活动的重要评价指标和世界经济变化的“晴雨表”。

二、PMI 的计算与汇总

1. 问卷回收办法

目前，各个国家对 PMI 问卷的回收方法不同，有通过电话、传真、E－mail 以及网上直报多种方式。

2. 统计和汇总

首先统计出问卷中各问题回答“升高”、“持平”、“降低”的百分数，然后用回答“升高”的百分数加上回答“持平”的百分数的一半得出对应指标的指数（也称扩散指数）。

例如，在新订单问题中回答“升高”的占 20%，回答“持平”的占 70%，回答“降低”的占 10%，那么新订单指数是［20% +（0.5 × 70%）］= 55%。这种计算的根据是，认为回答持平的人有一半倾向于“升高”，另一半倾向于“降低”。

3. 指数含义

PMI 大部分指数是正指数，即其数值的扩张与经济增长的方向一致。例如，生产上升，表示经济增长。但供应商配送时间为逆指标，配送时间加快，表示经济形势趋于下滑。因此，在合成综合指数时，该指数按反向计算。

汇总后的指数高于 50%，表示该项指数比上月增长，低于 50% 表示比上月下降。与 50% 的距离，显示了一个指标增长或下降的程度。表 2 表明指数大小与所代表的指标变化方向的关系。

表 2　　PMI 指数范围及其代表含义

指数变化范围	代表含义		
	方向（趋势）	变化率	影响
<43%	下降，收缩	下降速率快	比上月坏，加速下降
43% ~ 47%	下降，收缩	下降率加快	比上月坏，下降
47% ~ 50%	下降，收缩	从增长转为下降	比上月坏，停止上升
50% ~ 53%	上升，增长	增长率较慢	比上月好，低速增长
53% ~ 56%	上升，增长	增长率较慢	比上月好，加速增长
>56%	上升，增长	增长率快	比上月好，高速增长

注：对上述指标数值含义，也有不同的看法，这里只是一个大致标示。一般来说，一段时期内，制造业 PMI 超过 50%，显示制造业经济增长；制造业 PMI 超过 42.8%，显示国家总体经济增长。

4. 制造业 PMI 综合指数的计算

制造业 PMI 综合指数的计算方法在各国基本一致。根据各指标对 GDP 的先行影响程度，选取新订单（O）、产量（P）、雇员（E）、供应商配送（I）、存货（D）五项指标作为计算制造业 PMI 综合指数的主要指标，分别赋予不同的权数：30%、25%、20%、15% 和 10% 来加权汇总。同时，还需要引入政府部门提供的季节因子（SAF），则最后的计算公式为：

制造业 PMI 综合指数 =（O/SAFo）×0.3 +

（P/SAFp） ×0.25 + （E/SAFe） ×0.2 + （I/SAFi） ×0.1 + （D/SAFd） ×0.15

一般来说，制造业 PMI 高于50%，表示制造业经济上升，反之表示制造业经济下降。

5. PMI 商务报告

制造业商务报告在每月第一个工作日发布，用来公布 PMI 综合指数和各项扩散指数，表明制造业及整体经济走势。非制造业报告在每月第三个工作日发布，结构与制造业报告相似。

三、PMI 的重要特征

PMI 指数具有下列特性，使其能够在经济预测方面发挥重要作用。

1. 及时性与先导性

PMI 指数是经济监测的先行指标。由于采取快速、简便的调查方法，每月第一个工作日发布，在时间上大大早于其他官方数据。在 PMI 基础之上发布的商务报告，是所有宏观经济序列数据中滞后期最短的报告之一。

2. 综合性与指导性

PMI 是一个综合的指数体系，尽管指标不多，但涵盖了经济活动的多个方面，如新订单（出口、进口）、生产、供应商配送、库存、雇员、价格等，其综合指数反映了经济总体情况和总的变化趋势，而各项指标又反映了企业供应与采购活动的各个侧面，尤其是一些特有的指标，如订货提前期与供应商配送时间等，有助于详细分析行业发展走势的成因，为国家宏观经济调控和指导企业经营提供了重要依据。

3. 真实性与可靠性

PMI 问卷调查直接针对采购与供应经理，取得的原始数据不做任何修改，直接汇总并采用科学方法统计、计算，保证了数据来源的真实性。同时它还进行季节性调整，消除季节性波动、法规制度和法定假日等因素变化所造成的影响，因此具有相当的可靠性。

4. 科学性、合理性

首先，样本选择涵盖了不同行业，按照各行业对 GDP 贡献的大小选取一定数量的企业，贡献大的行业样本多；反之，则少。其次，考虑地理分布，样本企业要具有足够的地域代表性。另外，还考虑企业规模，不同规模的企业均有代表。这样，减少了随机波动带来的误差。在首次抽样选择之后，样本基本确定下来，但每年度或每半年要对样本进行抽查，如果企业、采购经理发生变化，会予以及时调整。

5. 简单、易行

PMI 问卷是非定量的调查，仅包括三种答案：升高、持平或降低，既不涉及商业秘密，又明确易答。PMI 数据采集和加工的简单易行，保证了它作为预测工具的连续性、及时性和可靠性。问卷对每个指标都有明确解释。问卷还列出了几个开放性问题，包括采购策略（前置期问题）、价格升高与降低的原材料与短缺品种等，为企业提供了更为具体的信息。

四、PMI 的应用

PMI 指数体系无论对于政府部门、金融机构、投资公司，还是企业来说，在经济预测和商业分析方面都有重要的意义。PMI 指数作为预测经济的工具，已成为美联储、美国中央银行、华尔街、道琼斯通讯社、路透社等机构、媒体广为应用、传播的重要信息。

1. PMI 是政府部门调控、金融机构与投资公司决策的重要依据

（1）预测经济走势和转折点。当分析商业趋势时，其可靠性是基于对数据转折点（峰值点和谷底点，也即商业周期中的高潮和低潮）的预测和分析。PMI 指数与 GDP 具有高度相关性，且其转折点往往领先于 GDP 几个月。根据美国专家的分析，在过去的 40 多年里，美国制造业 PMI 的峰值可领先商业周期高峰与低谷数个月。

（2）分析产业信息。通过PMI，首先可以对占支配性的产业进行分析。根据国外经验来看，总的商业采购集中在少数产业，并且采购操作也有相似的集中性。这些集中的产业是：食品业、石油及其相关产品、钢铁及其相关产品、汽车产业等。PMI各产业的指数可反映该产业发展趋势及各项指标的变化。通过对占支配性产业的分析，更有助于对制造业或服务业总体趋势的把握。其次，每月PMI商业报告后面会列出短缺的产品目录、价格上涨和价格下跌的目录，这有助于更好地了解和监测各个产业的变化。

2. 企业应用

企业活动主要是根据预测安排的，对原材料、零部件的供应预测有时比销售预测更为重要。首先，供应预测更有助于预测和控制生产、库存等成本；其次，对供应的预测是避免缺货的前提。通过PMI，企业经营者可及时判断行业供应及整体走势，从而更好地进行决策。

具体说来，企业采购决策面临三个方面的挑战：一是支持企业整体目标；二是在企业战略中发挥采购和供应职能；三是甄别特殊决策。PMI指数在这三个方面都有所应用。

一是企业可利用PMI评估当前或未来经济走势，判断其对企业目标实现的潜在影响。如一个制造企业的目标是降低人工成本，而PMI雇员指数正快速增长，劳动力资源紧缺，这时候降低新员工的工资就较难实现，恐怕很难找到合适的人选。

二是PMI也可用于判断整体经济状况对市场的影响。如一个快速发展的制造行业的企业需要扩大生产能力，既可以用加班或转包等暂时的方法，也可以用扩大固定资产规模这种永久的方法，这时就可以用PMI综合指数、产量指数、新订单指数及其他有关整体经济状况的数据来判断该行业的增长是否会持续下去，从而确定采用哪种决策。

三是在甄别特定采购决策时也需要用PMI预测经济走势。如一个制造企业要决定一个主要原材料的定价策略，需要考虑是长期锁定一个价格还是制定一个价格承诺。利用PMI价格指数和其他价格信息（如美国联邦政府生产价格指数）能显示近期和未来的价格趋势，如果价格走升，且整体经济状况走强，也许应该采取锁定的价格策略；反之，短期定价更合适。

3. 扩展应用——区域与行业调查

应用PMI进行商业调查的方法，除了用于全国性普遍调查之外，还可将样本规模集中于特定区域或行业，用于分析该区域或行业经济发展状况。目前，美国许多州就是用此方法开展区域商业调查。例如，底特律于1935年开始开展PMI商业调查，随后亚利桑那州、波士顿等许多地区也都建立了采购经理调查制度，发布了本地区PMI指数。尽管这些调查在内容和质量上各有差异，但它们都提供了有用的区域与行业信息。比如，底特律的汽车和非汽车指数，纽约州的制造业和非制造业指数，俄勒冈州的批发指数等。有些地区的调查还广泛收集和报道了被调查者的评论，这都对详细了解行业走势和区域发展非常有帮助。

五、中国的PMI指标体系

（一）建立中国PMI指标体系的意义

目前，已有许多国家建立了PMI指标体系，还有国外一些经济研究机构已经建立了全球PMI。中国加入WTO之后，日益成为世界采购中心与制造中心，中国经济发展成为世界经济发展的主要推动力，中国经济形势已成为全球关注的焦点，所以中国需要自己的PMI，世界也需要中国的PMI。建立中国PMI，将在统计调查方法和数据的可比性上实现与国际接轨。不仅如此，中国PMI的建立也填补了我国采购领域统计的空白，无论是从宏观层面还是微观层面来讲，都具有重要的现实意义。

从宏观层面来讲，PMI 是反映经济活动的重要先行性指标，透过 PMI 可以及时、快速地反映我国经济活动的趋势与方向，为国家宏观调控和经济预测提供了重要的参考依据。从微观层面来讲，PMI 调查涉及企业生产、采购、销售等多个环节，几乎涵盖了企业生产经营的全过程，因而 PMI 以及基于 PMI 的商务报告对企业实际经营活动也具有重要指导意义。

（二）中国 PMI 指标体系的建立过程

中国 PMI 指标体系的建立，是一项开创性工作，也是一项复杂的系统工程，包括各方面的内容，既包括调查方法、抽样样本的确立，也包括调查问卷的设计、调查过程的控制、调查数据的汇总与分析等。该体系的建立历时四年，可以划分为四个阶段：

第一阶段：从 2002 年到 2003 年底，为中国制造业 PMI 的调研阶段。

这期间，参与中国制造业 PMI 编制工作的有关单位同国外专家进行了多次交流、研讨，并开展了大量的研究与宣传工作。

第二阶段：2004 年，为中国制造业 PMI 的推进阶段。

这期间为加快推进中国制造业 PMI 建立，国家统计局与中国物流与采购联合会组成中国 PMI 协调工作小组，工作机构设在国家统计局服务业调查中心（原企业调查队）和中国物流信息中心（中国物流与采购联合会科技信息部）。PMI 工作组开展了卓有成效的前期准备工作，包括确定和完善了制造业 PMI 调查方案；调查行业的确定、企业抽样方法、调查对象的确定、调查问卷的设计；在天津、山东、宁夏三地开展试点；召开了部分省市采购经理指数小型研讨会；采用 PPS 方法完成了采购经理指数全国调查样本的抽样，并逐一落实调查对象；在重庆召开全国工作会议，正式布置全国 PMI 调查工作。

第三阶段：从 2005 年 1 月开始，全国制造业采购经理指数调查工作正式启动，进入实施阶段。

第四阶段：自 2005 年下半年起，在制造业 PMI 调查工作经验的基础上开始着手建立非制造业 PMI 指标体系。非制造业 PMI 调查于 2007 年 1 月正式启动。

（三）中国 PMI 取得的重要成果

从 2005 年 1 月开始，全国制造业采购经理指数调查工作正式启动。经过接近两年的运行，取得了重要成果。

1. 建立了符合中国国情的制造业 PMI 指标体系和调查方法

首先，参照美国供应管理协会（ISM）、NTC 以及其他国家的做法，根据中国的国情，选定了 11 个指标作为制造业 PMI 指标，具体包括：新订单、生产、雇员、供应商配送、库存、采购价格、出口订单、积压订单、产成品库存、进口、采购量。

采购经理调查问卷共设计了 12 个封闭式问题、3 个开放型问题。12 个封闭问题涵盖了企业的生产、订货、库存、价格、购进、雇员、配送等环节。在开放型问题中，包括在本月购进的主要原材料中，价格上升或下降的商品名称；供应短缺的商品名称；企业在采购中遇到的主要问题或困难以及评价或建议。问卷的设计抓住了采购、生产、流通等主要环节的核心问题，简便易行。

针对中国制造业行业门类繁多、企业情况千差万别的现实，根据各行业对 GDP 的贡献度，将制造业合并为 20 个大行业，并确定了各行业样本量。采用了分层概率抽样方法，即以行业大类（部分行业大类进行了合并）为层，层内使用与企业主营业务收入成比例的概率（Probability Proportional to Size，即 PPS）抽样方法，确保调查的权威性与代表性。

通过统计调查工作人员的辛勤劳动，已建立了遍布全国的、稳定的调查渠道，每月有来自全国 730 家制造业企业填报问卷，填报率高达 99%。调查采用网络直报和调查人员催报相结合的方式，做到数据准确、可靠、及时。数据处理采用国际通行做法，并结合中国国情进行季节性调整。

2. 建立了丰富的 PMI 指数数据库，发布月度商务报告

从 2005 年 1 月正式开始 PMI 调查到 2006 年 10 月，已建立了 22 个月的 PMI 时间序列数据，形成了较为系统、全面的 PMI 数据库，积累了丰富的基础数据资料。

根据 PMI 数据，我们定期撰写月度商务报告。数据和报告均按照国际惯例，在每月第一个工作日发布，为政府、经济研究机构、金融与投资机构和广大企业提供了及时的、可靠的资讯信息。

3. 开展了 PMI 与经济发展关系的定量研究

基于现有数据，中国物流信息中心已开展了“PMI 与经济发展关系”方面的初步研究。研究发现，尽管由于目前 PMI 数据较少，PMI 同 GDP 之间的相关性不如预期那样显著，但制造业 PMI 与工业经济相关指标之间表现出了较强的相关性，比如，生产量指数的变化与工业总产值增长率的变化、出口订单指数的变化与工业行业出口交货值增长率的变、PMI 综合指数的变化与工业增加值增长率的变化、购进价格指数的变化与生产资料价格指数的变化等，相关系数达到 75% 左右。从统计上讲，如果时间序列数据更多的话，这种相关性表现将更为突出。这反映出透过 PMI 的变化可以预测工业经济总体运行趋势。由此可以认为，随着 PMI 数据的不断积累，PMI 指标体系可以成为我国行业经济乃至宏观经济预测预警的基本工具。

2006 年，中国物流信息中心完成了“中国制造业采购经理指数体系创建与应用研究”的研究项目，该项目获得了 2006 年度中国物流发展专项基金“宝供物流奖”物流管理创新一等奖。

（四）中国 PMI 的建立在社会上引起强烈反响

中国 PMI 的建立，是一项开创性工作，具有重大现实意义，有关数据和分析报告自发布以来，在社会上引起了强烈反响。

1. 新闻发布会引起媒体的广泛关注

（1）北京新闻发布会。2005 年 7 月 6 日，我国制造业采购经理指数（PMI）正式发布，引起了国内外各大媒体、证券金融机构、政府机构等的强烈关注。

2005 年 7 月 7 日，《经济参考报》、《中国经济时报》、《中国商报》、《中华工商时报》、《国际金融报》、《第一财经日报》、《北京现代商报》、《人民日报》、《每日经济新闻》和《中国证券报》、《证券日报》、《上海证券报》等 39 家中央和地方报刊以及中国新闻网、中国债券信息网、广发证券、《中国市场》杂志等 50 多家网站和 10 多家杂志，以“我国首次发布制造业采购经理指数（PMI）”为题，进行了系统报道。《上投摩根基金周报》、《兰德视点》、《奇摩股市》等根据我国发布的采购经理指数，进行了经济分析和预测。

国务院发展研究中心、北京市发改委、天津市发改委经济研究院、上海市发改委等地方政府机构纷纷进行咨询和寻求合作。

（2）香港新闻发布会。2005 年 8 月 31 日，在香港利丰集团的支持下，中国制造业采购经理指数（PMI）国际新闻发布会在香港成功召开。到会的媒体包括中央电视台国际频道、路透社、道琼斯通讯社、《彭博资讯》、《华尔街日报》、《香港经济日报》、《星岛日报》、《明报》、《香港商报》、《成报》、《香港文汇报》、《苹果日报》、《香港信报》、《CEIC DATA》、《东方报业》等 30 多家国内外著名媒体及新闻社。会上，各方媒体反应热烈。发布会后，中央电视台、《香港经济日报》、《星岛日报》、《明报》、《香港商报》、《成报》、《香港文汇报》、《信报》等多家媒体纷纷作了相关报道。

2. 专家给予高度评价

为保证中国采购经理指数的科学性、合理性，2005 年 4 月 27 日，中国物流物流与采购联合会在北京组织召开了“中国采购经理指数专家研讨会”。专家评审团由政府部门、研究机构、高等院校的权威人士、知名学者组成，具有很强的代表性、权威性。会上，专家评审团对中国采购经理指数给予了高度评价：

（1）《中国制造业采购经理指数》指标体系的研究，适应了中国成为“世界采购中心与制造中心”的发展要求，对宏观经济监测和预测具有重要的现实意义，同时对指导企业微观经营活动也将发挥积极作用。该指标体系填补了国内空白。

（2）该指标体系是建立在对采购经理直接的调查基础之上，其数据采集方法科学，保证了数据来源的可靠性、及时性。目前已经初步建成了比较完善的调查制度和调查渠道，并形成了一套比较完整的中国制造业采购经理调查指标体系。

（3）该指标体系具有较强的针对性和实用性。在调查指标和统计方法上，一方面借鉴国际 PMI 的先进经验和成熟做法，保证国际可比性；另一方面又紧密结合中国国情，有一定的独创性。

3. 获得国内外高度重视和应用

目前，中国物流与采购联合会每月在第一个工作日发布中国制造业 PMI 指数和在此基础上撰写的商务报告。该报告每月直接报送国务院研究室、国家发改委、商务部、财政部、中国人民银行、国务院发展研究中心等政府决策机构，以提供决策和政策参考。PMI 指数和商务报告得到道琼斯通讯社、路透社、彭博资讯等全球著名财经媒体和新闻社的转载和刊登，国内各大媒体如新华社、《经济日报》等连续全文刊登。一些海内外著名企业如西门子等公司也纷纷应用 PMI 于企业自身的经营决策之中。

表 3 是 2005—2006 年中国制造业 PMI 指标。

表 3　2005—2006 年中国制造业 PMI 指标　（%）

时　间（年月）	PMI	生产量	产品订货	出口订货	现有订货	产成品库存	采购量	进口	购进价格	主要原材料库存	生产经营人员	供应商配送时间
2005.01	54.7	57.6	60.7	58.3	46.6	46.6	59.0	54.3	63.7	50.1	48.5	50.7
2005.02	54.5	55.6	61.5	59.9	49.8	47.4	60.0	55.2	64.8	47.8	49.7	50.6
2005.03	57.9	65.2	63.5	63.9	50.6	46.9	62.8	56.9	71.5	47.7	51.7	50.2
2005.04	56.7	62.7	61.3	60.3	50.9	46.5	61.0	54.2	65.2	48.4	51.8	50.4
2005.05	52.9	57.0	55.6	58.2	47.9	45.8	54.1	49.4	53.5	45.2	50.0	50.5
2005.06	51.7	55.7	53.4	56.1	48.4	48.1	52.4	49.8	49.8	44.2	49.9	50.7
2005.07	51.1	53.3	53.2	52.8	46.4	46.6	51.3	50.9	50.6	43.7	50.8	51.7
2005.08	52.6	55.8	55.0	52.9	47.7	44.2	53.3	49.1	53.7	44.3	51.8	51.1
2005.09	55.1	61.0	58.4	57.2	49.4	45.8	58.1	54.3	52.8	48.0	51.3	51.5
2005.10	54.1	59.7	58.1	55.1	48.4	46.2	58.4	52.0	50.8	45.5	50.1	52.0

续 表

时 间（年月）	PMI	生产量	产品订货	出口订货	现有订货	产成品库存	采购量	进口	购进价格	主要原材料库存	生产经营人员	供应商配送时间
2005.11	54.1	58.8	58.0	57.6	48.1	44.8	55.6	51.7	47.9	46.4	50.9	52.4
2005.12	54.3	58.7	58.9	56.4	48.8	44.7	57.0	50.9	49.5	48.1	50.4	52.8
2006.01	52.1	53.9	55.7	50.4	46.0	44.6	55.3	49.7	54.0	47.4	48.8	50.6
2006.02	52.1	53.2	55.7	53.8	48.7	45.9	54.8	50.8	55.4	45.7	50.3	50.2
2006.03	55.3	58.2	60.7	58.7	53.4	46.8	59.1	55.5	55.1	48.9	51.4	50.8
2006.04	58.1	65.1	65.1	61.7	51.8	44.8	62.7	57.0	63.3	47.9	50.5	50.9
2006.05	54.8	58.7	61.0	58.9	50.9	42.9	57.5	54.8	63.4	45.6	50.1	51.8
2006.06	54.1	58.7	57.3	58.0	50.6	46.8	53.9	51.5	64.1	46.6	50.8	50.6
2006.07	52.4	55.5	54.4	55.2	48.0	48.0	52.1	50.4	60.0	46.8	51.3	51.5
2006.08	53.1	56.0	57.3	55.0	50.0	44.5	54.9	49.6	59.7	45.1	50.9	51.8
2006.09	57.0	62.0	62.7	60.2	53.2	44.7	61.7	54.8	56.7	50.1	52.9	52.6
2006.10	54.7	58.2	59.7	57.4	49.6	44.0	58.3	52.0	53.5	47.8	51.5	52.2
2006.11	55.3	61.0	59.6	57.1	49.5	45.2	59.9	52.0	55.3	48.8	50.5	51.9
2006.12	54.8	59.2	58.9	55.0	50.3	46.5	56.9	52.4	57.5	49.5	51.0	52.0
2007.01	55.1	60.3	59.6	55.2	52.0	45.5	59.7	55.0	55.4	50.6	50.1	52.6
2007.02	53.1	56.6	57.1	53.0	49.1	44.0	57.6	51.6	55.9	47.4	48.5	50.6
2007.03	56.1	60.7	60.8	61.5	55.1	45.8	60.5	56.4	58.3	50.8	51.9	51.7

（作者：吴志惠　中国物流信息中心）

从采购经理指数看我国经济发展

PMI（采购经理指数）是反映各国经济活动变化的先行指标。通过PMI，可以及时监测和预测经济与商业活动的发展变化趋势，不仅为企业生产、经营、管理等经济活动发挥信息导向作用，也为政府正确判断经济形势、做好经济调控工作提供科学依据。2005年1月，我们正式开始中国制造业PMI调查，经过两年的实践，已经初步形成了比较完善的调查方法和制度，建立了较为系统、全面的PMI数据库，能够客观地反映中国经济实际运行情况，有关部门、机构和企业越来越认识到PMI对于经济预警预测的作用和重要性。

一、PMI与工业经济密切相关

制造业在我国工业中居于主导地位。据国家统计局2005年底发布的经济普查主要数据第二号公报显示，制造业已占中国工业企业数量的91.6%，占主营业务收入的86.8%，占利润总额的73.1%。基于现有数据，我们研究发现制造业PMI与工业经济相关指标之间表现出较强的相关性，透过PMI的变化可以分析预测宏观经济形势。

（一）PMI与工业增加值相关性

从图1可以看出，从2005年1月到2006年12月，PMI指数与工业增加值环比发展速度，总体走势基本一致，高点与低点也比较相近，但PMI变化幅度要比工业总产值变化更大一些。定量研究表明二者相关系数达到0.74。

进一步研究发现，工业增加值环比增长率的变化与PMI指数的变化二者走势更为相近（见图2）。定量研究表明，二者之间具有较强的相关性，相关系数达到0.76。这说明透过PMI指数可以较好地预测工业增加值。

（二）生产量指数与工业总产值相关性

从图3、图4可以看出，工业总产值环比增长率与生产量指数、工业总产值环比增长率的变化与生产量指数的变化，走势较为接近。相关性较强，相关系数分别达到0.77和0.76。这说明透过生产量指数可以较好地预测工业总产值。

（三）产成品库存指数与工业产成品库存相关性

我们将2005年1月至2006年12月PMI指标体系中的产成品库存指数与工业产成品库存指标做了对比分析。从图5可见，制造业产成品库存指数与工业产成品环比发展二者变化趋势很相近，并且在一定程度上产成品库存指数显示了先行的迹象。

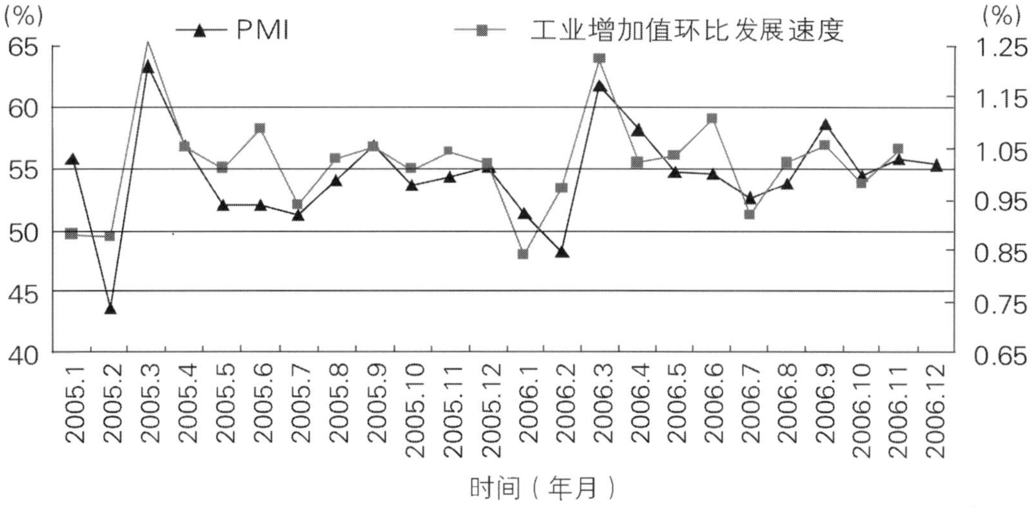

图1　2005—2006 年 PMI 指数与工业增加值环比发展速度比较

注：环比发展速度 = 本月数值/上月数值 ×100，以下同。

数据来源：PMI 数据由中国物流与采购联合会发布；工业增加值环比发展速度由国家统计局发布的数据计算得到。

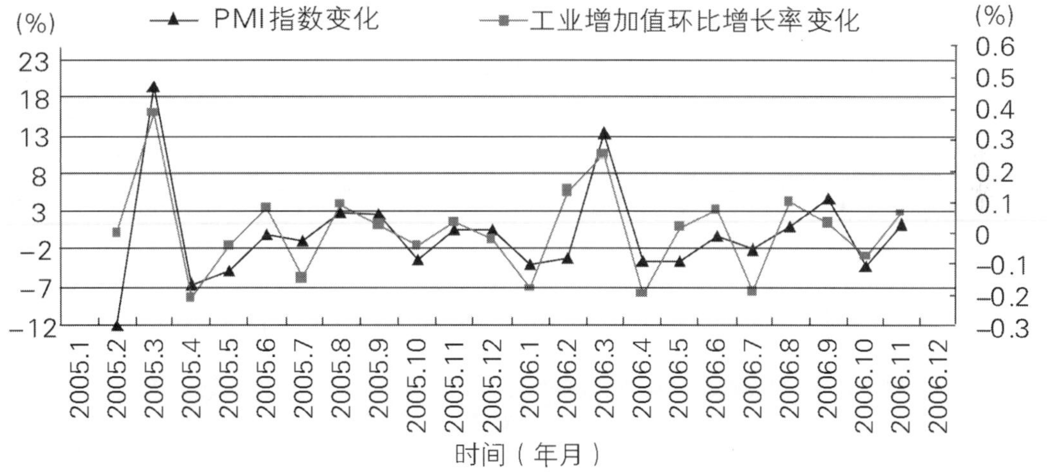

图2　PMI 指数变化与工业增加值环比增长率变化比较

注：1. 环比增长率 =（本月数值/上月数值 −1）×100，以下同；

2. 增长率的变化 = 本月增长率 − 上月增长率；指数的变化 = 本月指数 − 上月指数。以下同。

（四）出口订单指数与工业行业出口交货值相关性

从图 6、图 7 可见，工业行业出口交货值环比增长率与出口订单指数，出口交货值环比增长率的变化与出口订单指数的变化，走势均非常相近。定量研究表明，二相关性很强，相关系数分别达到 0.872 和 0.85。这说明透过出口订单指数可以较好地预测工业行业出口。

（五）购进价格指数与生产资料价格指数相关性

我们将 PMI 指数体系中的购进价格指数与生产资料环比价格指数做了对比分析研究。从图 8 可以看出，二者之间走势基本相同。定量研究表明二者之间存在较强的相关性，相关系数为0.70。

购进价格指数的变化与生产资料环比价格指数的变化之间相关性也很强，相关系数达到0.76。

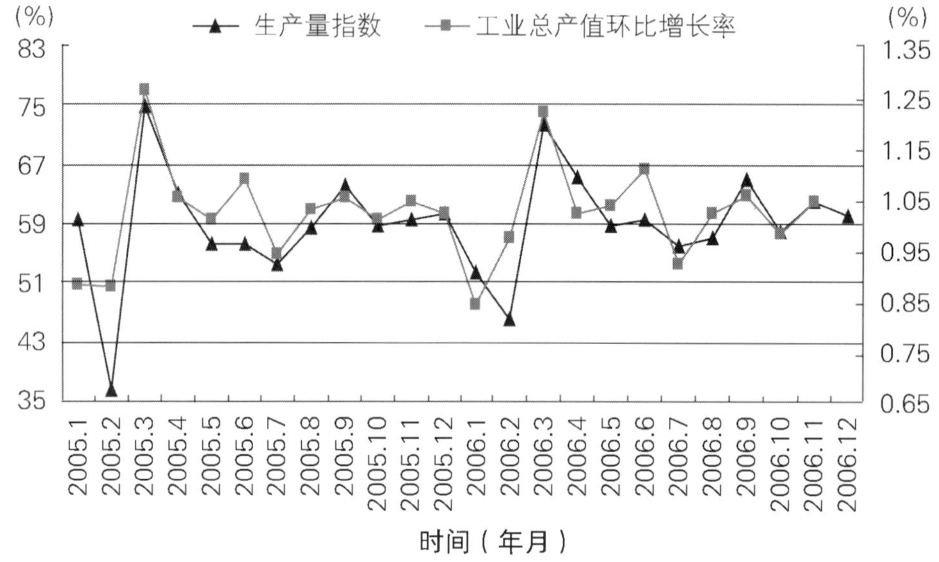

图3 2005—2006年生产量指数与工业总产值环比增长率比较

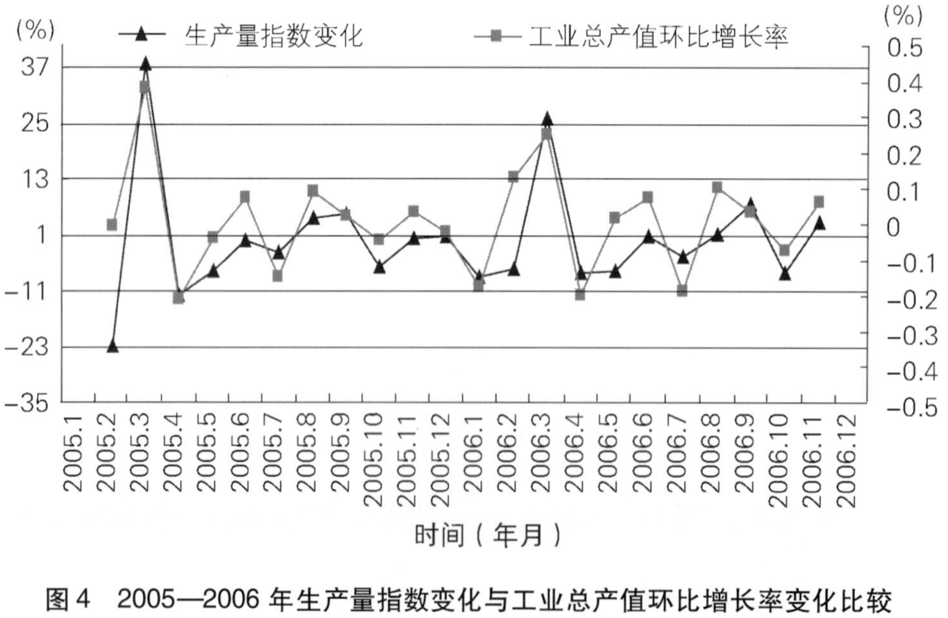

图4 2005—2006年生产量指数变化与工业总产值环比增长率变化比较

总之，PMI指数与相关的工业经济指标之间存在较强的正相关，相关系数达到了0.7以上（见下表）。这表明可以通过PMI指数的变化情况，来预测工业经济发展趋势。

我国 PMI 指数与相关工业经济指标的相关性（2005—2006 年）

PMI 指数	相关经济指标	相关系数
PMI 综合指数	工业增加值环比增长速度	0. 74
PMI 综合指数变化	工业增加值环比增长率变化	0. 76
生产量指数	工业总产值环比增长率	0. 77
生产量指数变化	工业总产值环比增长率变化	0. 76
出口订单指数	工业行业出口交货值	0. 872
出口订单指数变化	工业行业出口交货值增长率变化	0. 85
购进价格指数	生产资料环比价格指数	0. 70
购进价格指数变化	生产资料环比价格指数变化	0. 76

资料来源：工业增加值、工业总产值、工业行业出口交货值来源于统计局；
生产资料环比价格指数来源于中国物流信息中心。

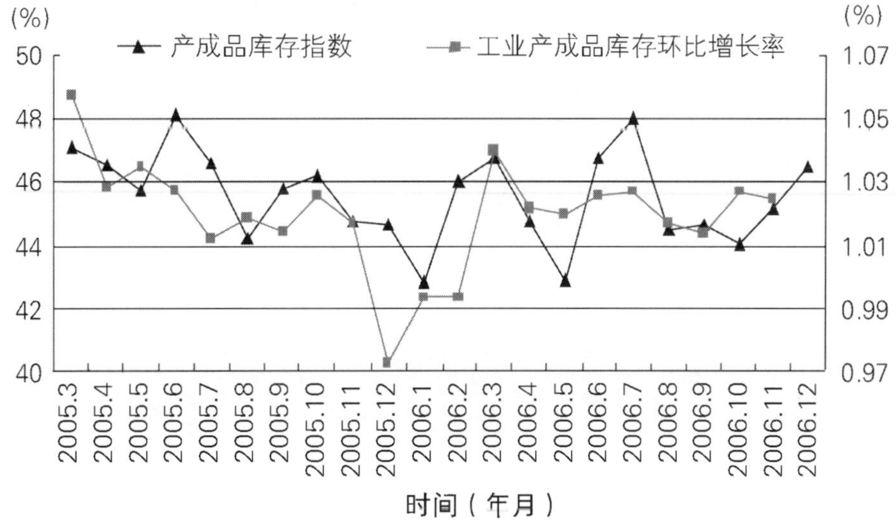

图 5 2005—2006 年产成品库存指数与工业产成品库存环比增长率比较

数据来源：产成品库存数据来自国家统计局。

二、从 PMI 看宏观经济发展形势

从 PMI 来看，2006 年经济发展呈现如下几个特点：

（一）发展的速度有所提高，发展的稳定性较好

2006 年 PMI 多数月份都高于上年同期，最低值、最高值、平均值均高于上年，分别为 52. 1%、58. 1%、54. 5%，分别高出上年 1 个百分点、0. 2 个百分点和 0. 4 个百分点，反映

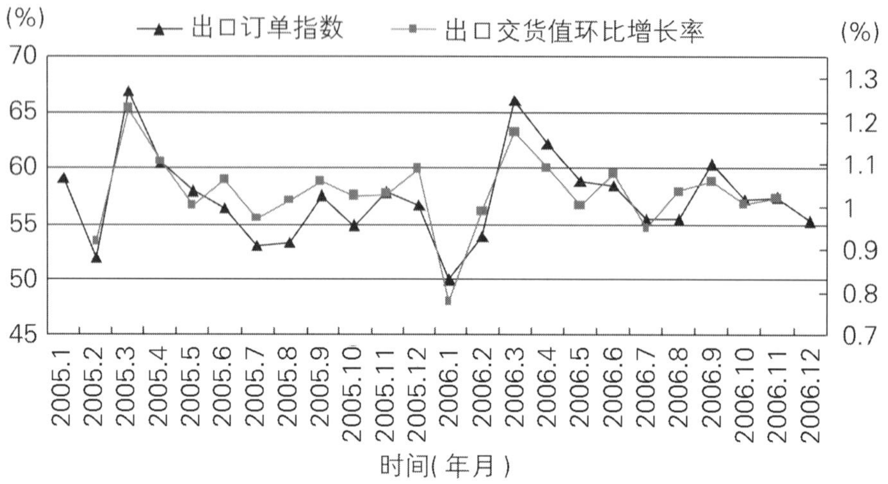

图 6 2005—2006 年出口订单指数与工业行业出口交货值环比增长率比较

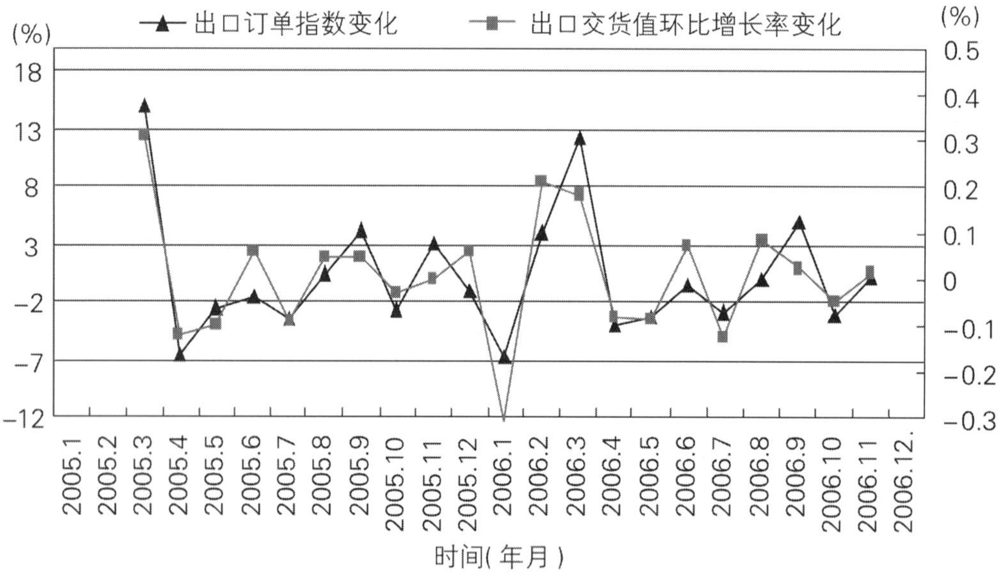

图 7 2005—2006 年出口订单指数变化与工业行业出口交货值环比增长率变化比较

数据来源：工业出口交货值数据来自国家统计局。

出 2006 年制造业经济总体形势继续扩张，并且增速有所提高。

从走势上来看，呈前高后低，上半年略高于下半年。上半年平均值为 54.4%，比下半年平均值高出 0.4 个百分点。1、2 月份最低，为 52.1%，然后急剧上升，4 月份达到最大值 58.1%，然后回落，7 月份阶段性探底，为 52.4%，然后反弹、温和回升，12 月份略有下降。

发展的稳定性较好。2006 年 PMI 最大波动幅度为 6 个百分点（波峰和波谷之间的距离，即统计上的极差），比 2005 年缩小 0.8 个百分

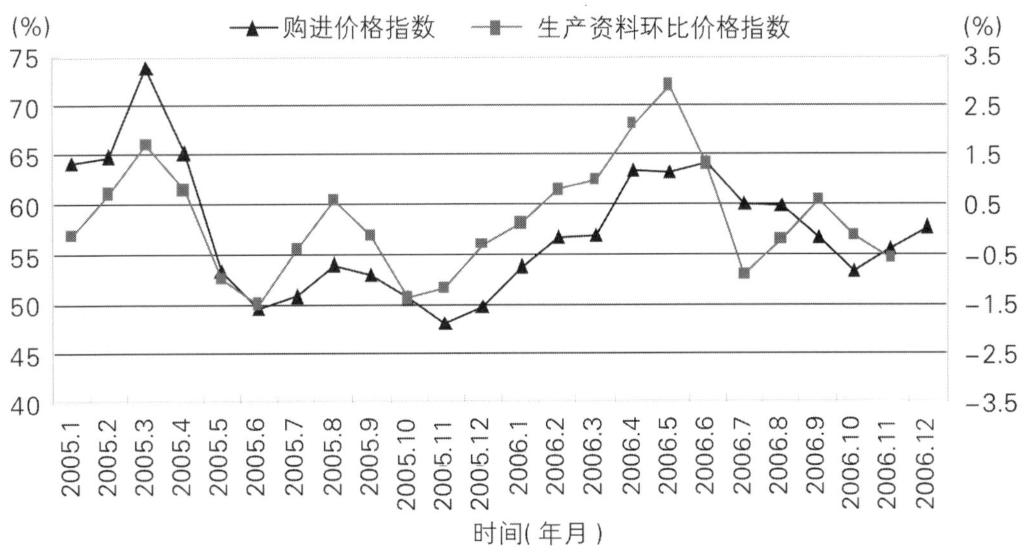

图8　2005—2006年购进价格指数与生产资料环比价格指数比较

数据来源：生产资料价格指数来源于中国物流信息中心，是环比指数。

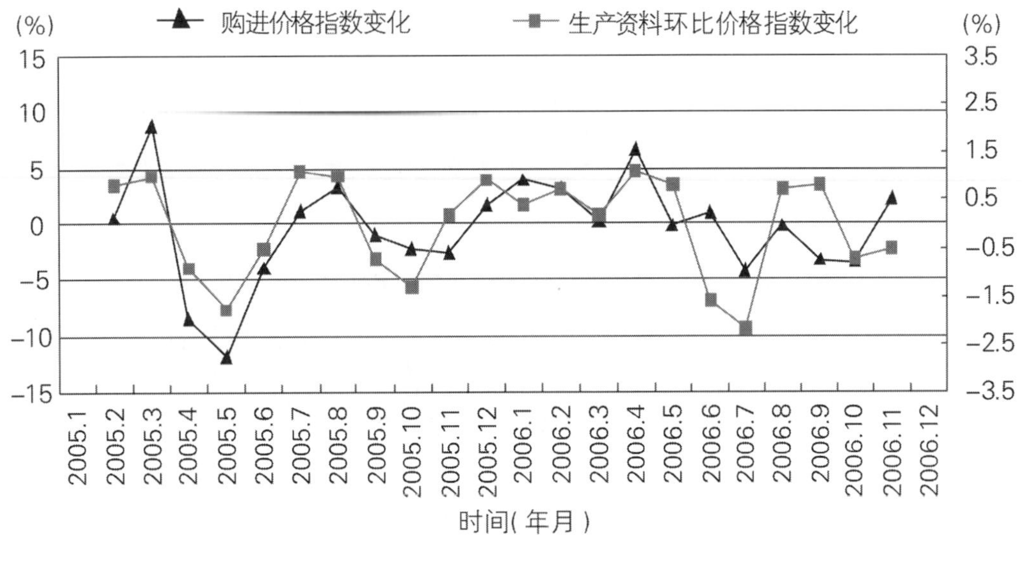

图9　2005—2006年生产资料环比价格指数变化与购进价格指数变化比较

数据来源：同上。

点。各月相对于均值的离散性（可以用统计上的方差、标准差等来衡量）小于2005年，反映出2006年制造业经济发展态势更为均衡和稳定。

从经济实际运行情况来看，上半年经济快速增长，下半年经济增长适度回落，全年保持了平稳快速发展势头。据统计，一季度GDP增长10.3%，二季度增长11.3%，三季度10.4%，上半年增长10.9%，一至三季度增长10.7%，初步预计全年GDP增长约10.5%，

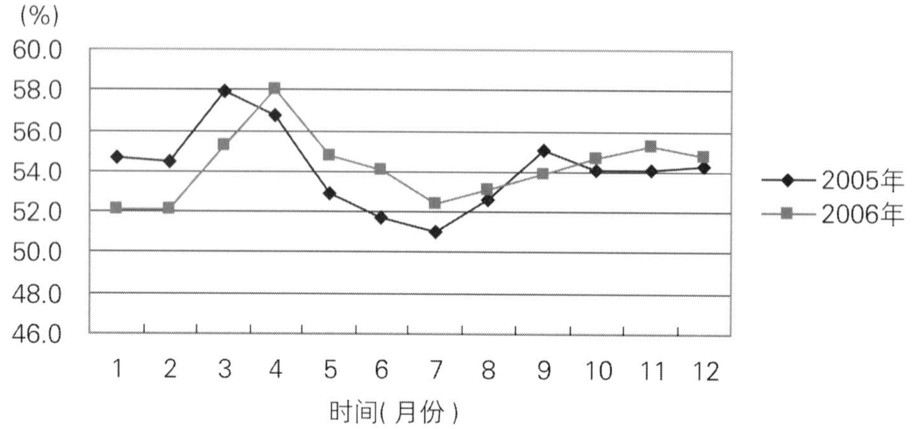

图 10 2005 年和 2006 年 PMI 走势对比

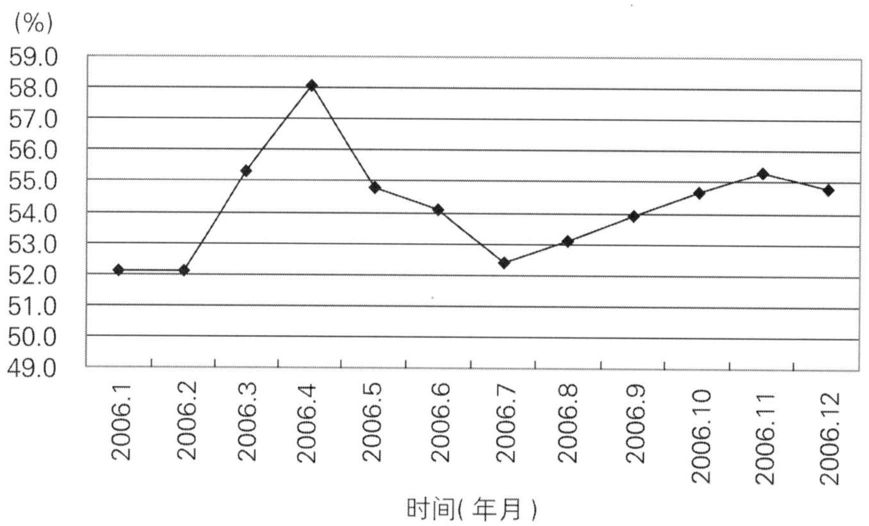

图 11 2006 年 PMI 走势

增速比上年有所提高。与宏观经济形势相似，工业生产也一直保持稳定快速增长，多数月份增速都稳定在 16% 以上，波动性较小。1 ~ 11 月，规模以上工业完成增加值 77891 亿元，同比增长 16.8%，增速同比加快 0.4 个百分点。可以说，PMI 走势较好地拟合了经济发展的轨迹。

（二）经济发展的微观基础和内在活力增强

企业是经济发展的微观基础和内在活力。从不同所有制类型企业来看，同 2005 年相比，国有企业保持稳中略升，平均水平上升约 0.4 个百分点；有限责任公司、股份有限公司、外商投资企业上升明显，升幅均在 1 个百分点以上，其中外商投资企业上升幅度最大，达到 1.8 个百分点。

总的来看，国有企业发展低于全国平均水平，有限责任公司、股份有限公司、外商投资企业发展水平基本相当，均在全国水平以上。

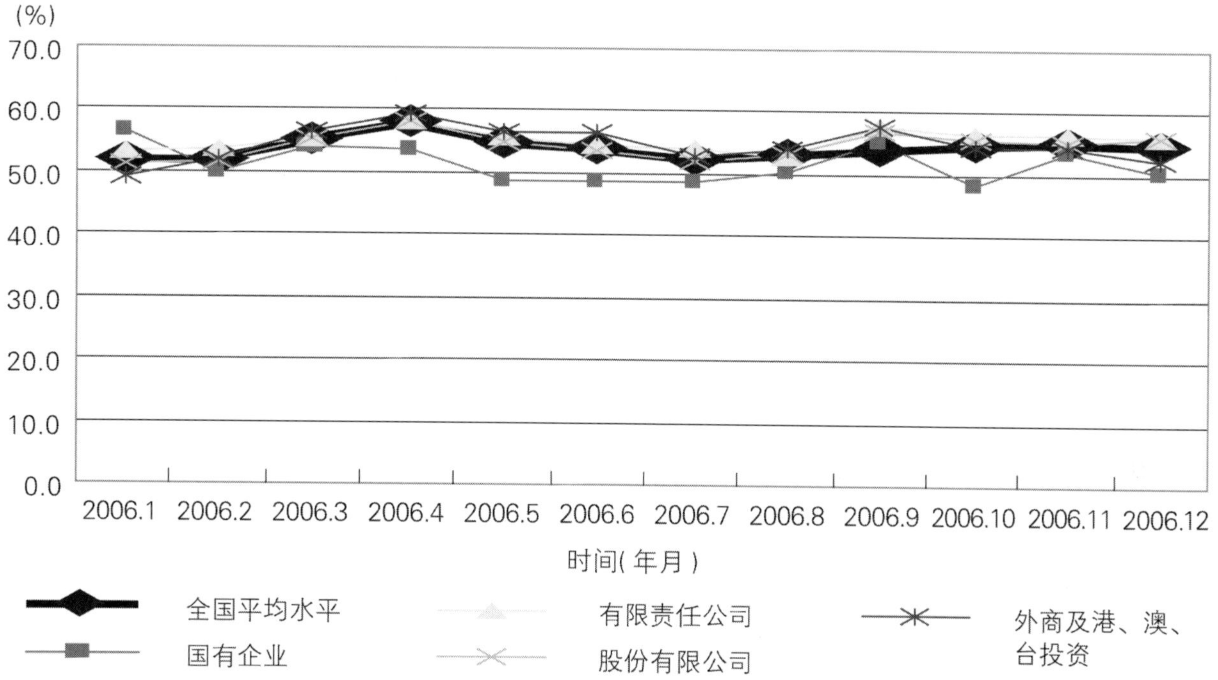

图 12　2006 年四种所有制类型企业 PMI 走势

从统计数据来看，我国经济活力增强、企业效益继续稳步提高。1～11 月，工业企业经济效益综合指数为 188.41，同比提高 17.43 点。规模以上工业企业实现利润 16532 亿元，同比增长 30.7%，增幅同比提高 10.6 个百分点。亏损企业亏损额增幅明显回落。亏损企业亏损额为 2084 亿元，同比增长 15.7%，增幅同比回落 42.8 个百分点。在规模以上工业企业中，国有及国有控股企业实现利润 7212 亿元，比去年同期增长 23.9%；集体企业实现利润 498 亿元，增长 29.5%；股份制企业实现利润 8872 亿元，增长 32.1%；外商及港澳台商投资企业利润 4586 亿元，增长 28.0%；私营企业实现利润 2521 亿元，增长 47.2%。

（三）经济保持稳定快速增长具有坚实的需求基础

从反映需求的新订单指数来看，2006 年各月新订单指数平均值为 59%，比 2005 年提高 0.9 个百分点。除了一季度新订单指数稍低于上年同期以外，其他各月均高于上年同期。全年除个别月份以外，绝大多数月份新订单指数保持在 55% 以上，最大值一度达到 65% 左右，最小值也达到 54% 以上。

从需求结构来看，当前我国对生活消费品和生产用制成品的需求增长最为迅速，2006 年二者新订单指数各月平均值均达到 60% 左右，分别比上年提高 1.4 个百分点和 4.2 个百分点；原材料与能源类产品的需求也明显加快，平均值为 56.7%，比上年提高 5.2 个百分点。另外，2006 年我国对制造业产品的需求还有一个特点，即生活消费品需求增长呈平稳略升态势，原材料与能源、生产用制成品需求增长不稳定，具有较大的波动性，上半年高、下半年低。

从统计数据来看，反映国内需求的生产资料销售总额、社会消费品零售总额均保持快速增长。据中国物流信息中心统计核算，2006 年全年可实现生产资料销售总额 17.5 万亿元，按可比价格计算比上年增长 17% 左右。另据国家统计局统计，2006 年社会商品零售总额将达到 7.5 万亿元，比上年增长 13%。

（四）进出口贸易快速发展

出口快速增长。从反映出口的新出口订单指数来看，2006 年新出口订单指数平均值为 56.8%，除个别月份低于 55% 以外，绝大多数月份新订单指数均在 55% 以上，最大值达到 61.7%，最小值也在 50% 以上。从发展趋势来看，一季度稳步上升，4 月份达到高点，然后回落，至 7 月份达到谷底，之后回升反弹，9 月份达到又一个高点，进入 4 季度再次回落，并逐渐趋向平稳。总的来看，高点和低点差距不是太大，全年出口增势平稳。

从统计数据来看，2006 年工业企业出口保持快速增长。1 ~ 11 月，工业企业实现出口交货值 53507 亿元，增长 23.3%。

分行业来看，机电产品制造业出口增长继续加快。例如，通用设备制造业、电气机械及

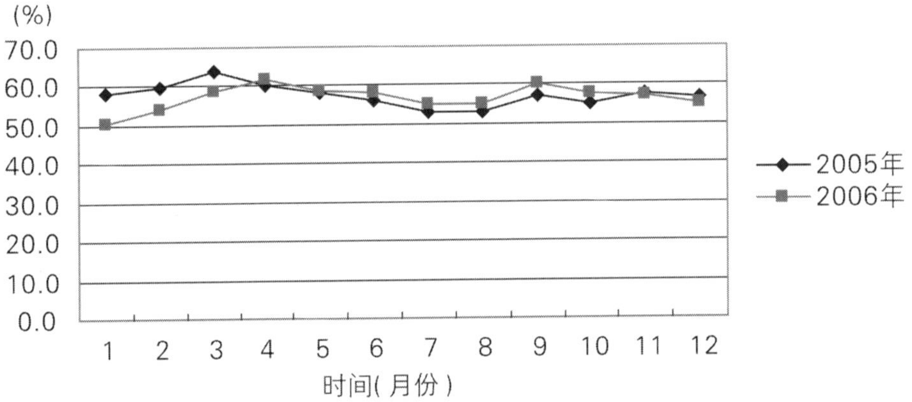

图 13　2005 年和 2006 年新订单指数走势对比

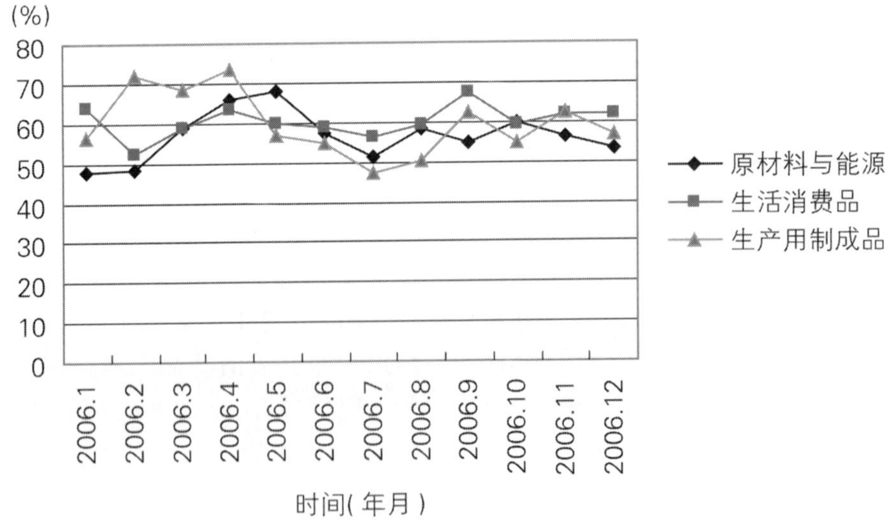

图 14　2006 年主要产品类型新订单指数走势

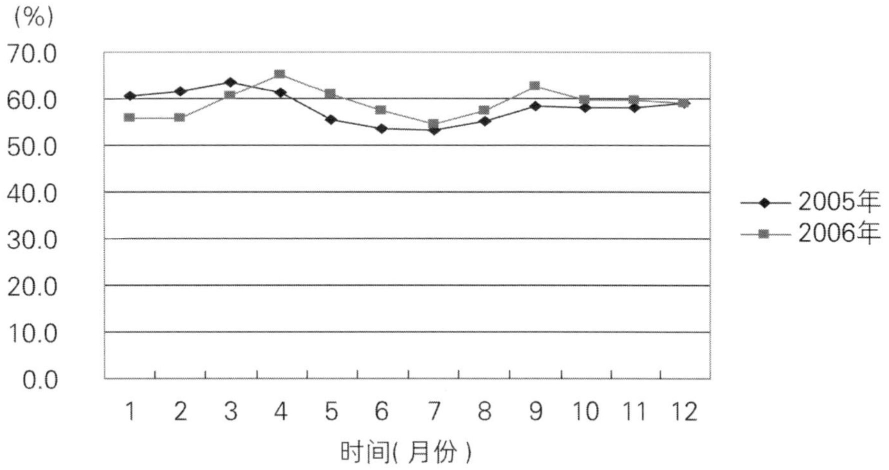

图15　2005年和2006年新出口订单指数走势对比

器材制造业、通信设备、计算机及其他电子设备制造业等行业新出口订单指数保持较高水平，全年平均值分别为61.2%、59.5%和57.3%，分别高出全国平均水平4.4个百分点、2.7个百分点和0.5个百分点。

进口增长平稳略升。从进口指数来看，2006年平均值为52.6%，比上年微升0.2个百分点。从走势上来看，波动性较大，尤其是上半年骤升骤降。

分行业来看，电气机械及器材制造业、通用设备制造业、通信设备、计算机及其他电子设备制造业、专用设备制造业、有色金属冶炼及压延加工业进口增长高于全国平均水平，进口指数平均值达到55%左右。

从不同类型的企业来看，外商投资企业进、出口增长速度最快。2006年外商投资企业进口指数、新出口订单指数平均值均高于全国平均水平，反映出加工贸易在我国制造业贸易中占据突出地位。

从统计数据来看，2006年我国进出贸易保持快速发展，增速达到20%以上。1～11月，我国进出口商品总值15935.64亿美元，比上年同期增长24.3%。其中出口总额8750.42亿美元，增长27.5%；进口7185.22亿美元，增长20.6%。

（五）市场导向意识增强，产品供应能力改善，供需关系趋好

在需求上升的情况下，生产形势保持基本稳定，缓解了产品供应过剩的矛盾，供需关系趋好。2006年全国生产量指数平均为58.3%，同上年基本持平，同新订单指数平均水平也较为接近；积压订单指数平均水平在50%临界点附近，反映出积压订单既没有明显上升，也没有明显下降，这说明，当前我国制造业增强了以市场需求为导向安排生产的自觉性，生产节奏较为适中、得当。

产品供应能力也有所改善，主要表现在长线产品制造行业生产增速有所放慢，短线产品制造行业生产增速提高。2006年，通用设备制造业、电气机械及器材制造业、通信设备、计算机及其他电子设备制造业生产量指数平均为66.3%、63%和58.7%，均在全国平均水平之上；黑色金属冶炼及压延加工业生产量指数平均为55.9%，低于全国平均水平2.4个百分点，低于新订单指数平均水平2.6个百分点。

（六）我国物流配送能力提升

从供应商配送时间指数来看，2006年供应商配送时间指数平均为51.4%，稍高于50%，反映出在经济保持快速扩张的形势下，供应商

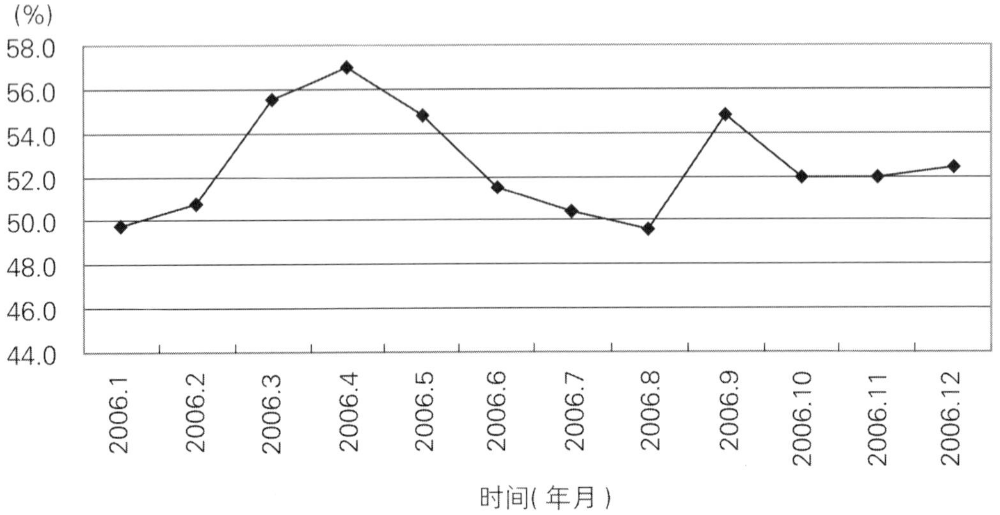

图16 2006年进口指数走势

配送时间并没有明显延迟，说明目前我国物流配送能力提升。

从物流行业统计数据来看，我国物流配送能力也是在快速上升。据中国物流信息中心统计，2006年全国社会物流总额为59万亿元，按可比价计算同比增长17％。1～11月，全社会货运量177亿吨，同比增长9.4％。其中，铁路货运量26.4亿吨，增长7.4％；公路货运量129.3亿吨，增长9.1％；水运货运量21.3亿吨，增长13.9％。沿海主要港口货物吞吐量完成31.2亿吨，增长16.9％；其中，外贸货物13.3亿吨，增长17％。国家铁路完成货运量22.33亿吨，增长5.9％。

三、从PMI看行业经济发展形势

分行业来看，2006年我国制造业发展主要有以下几个特点。

一是机械、设备制造业作为重化工业时期的引导产业，继续保持快速发展，整体发展势头快于全国平均水平。例如，电气机械及器材制造业、通用设备制造业、交通运输设备制造业，2006年各月PMI平均值分别为57.4％、56.3％、55.4％，分别高出全国平均水平2.9个百分点、1.8个百分点、0.9个百分点，反映出我国制造业的结构调整升级加快，同基础装备密切相关的技术密集型产业增长速度加快、发展迅速。

国家“十一五”发展规划提出“要振兴装备制造业”，为加快实现这一目标，2006年2月《国务院关于加快振兴装备制造业的若干意见》（国发［2006］8号）颁布施行，明确了工作目标和思路，确立了主要任务，制定了保障措施。在这一文件精神指引下，2006年我国对装备工业投资力度加大。据统计，2006年1～11月，通用设备制造业投资1347.06亿元，比上年同期增长55.6％，增幅高于全国平均水平29个百分点；交通运输设备制造业投资1667.66亿元，比上年同期增长29.7％，增幅高于全国平均水平3.1个百分点；电气机械及器材制造业投资990.38亿元，比上年同期增长52.2％，增幅高于全国平均水平25.6个百分点。

由于投资力度加大，机械、设备制造业加快发展。据统计，2006年1～11月，机械行业完成增加值12587亿元，同比增长21.3％，增

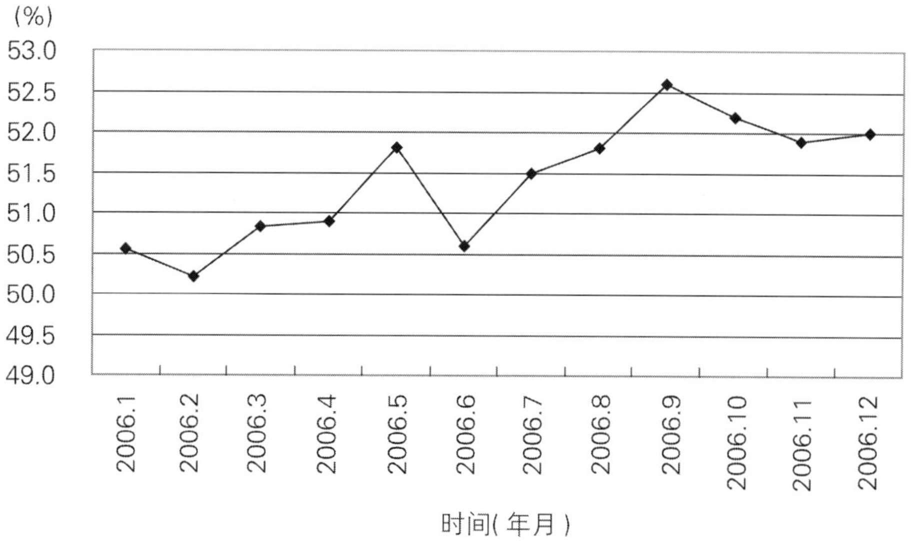

图 17　2006 年供应商配送时间指数

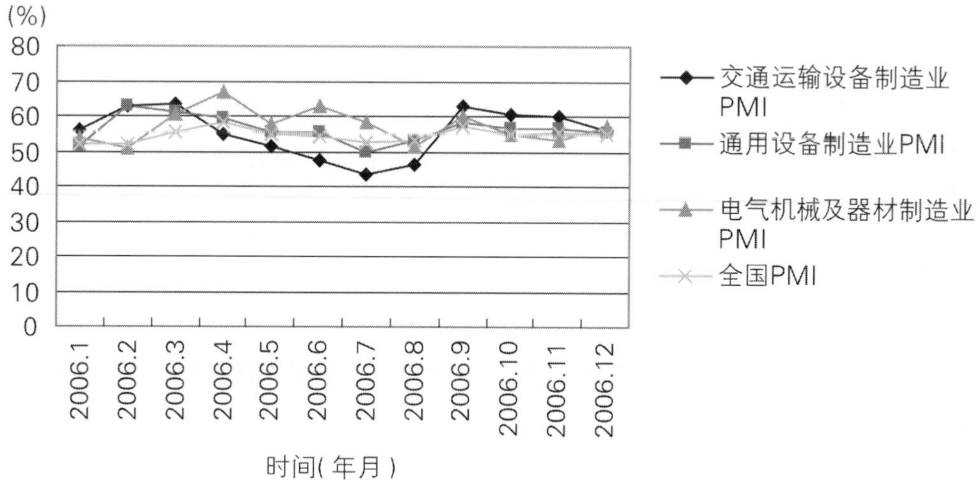

图 18　2006 年机械电子制造业 PMI 走势

速同比加快 6.5 个百分点。主要产品中，汽车产量 665.9 万辆，增长 26.1%，加快 14.7 个百分点。其中，轿车 356.1 万辆，增长 40.3%，加快 16.1 个百分点。发电设备产量 10923 万千瓦，增长 29.6%，其中水轮、汽轮发电机分别增长 45.6% 和 27.2%。收获机械、数控机床、大中型拖拉机、环保设备产量分别增长 69.1%、30.8%、25.6% 和 19.8%。

另据国家质量监督检验检疫总局、国家统计局联合发布的中国制造业质量竞争力指数分析，2006 年我国通用设备、电气机械等行业的质量竞争力指数处在较高水平，达到 80 分以上，反映出这些行业已具备了一定优势和潜力。

二是与人民群众生活密切相关的轻工、纺织工业，如食品加工业、饮料制造业，尤其是文教体育用品制造业、木材加工及家俱制造业、纺织服装鞋帽及皮革毛皮羽毛制造业发展势头强劲，各月PMI平均水平均达到55%以上。

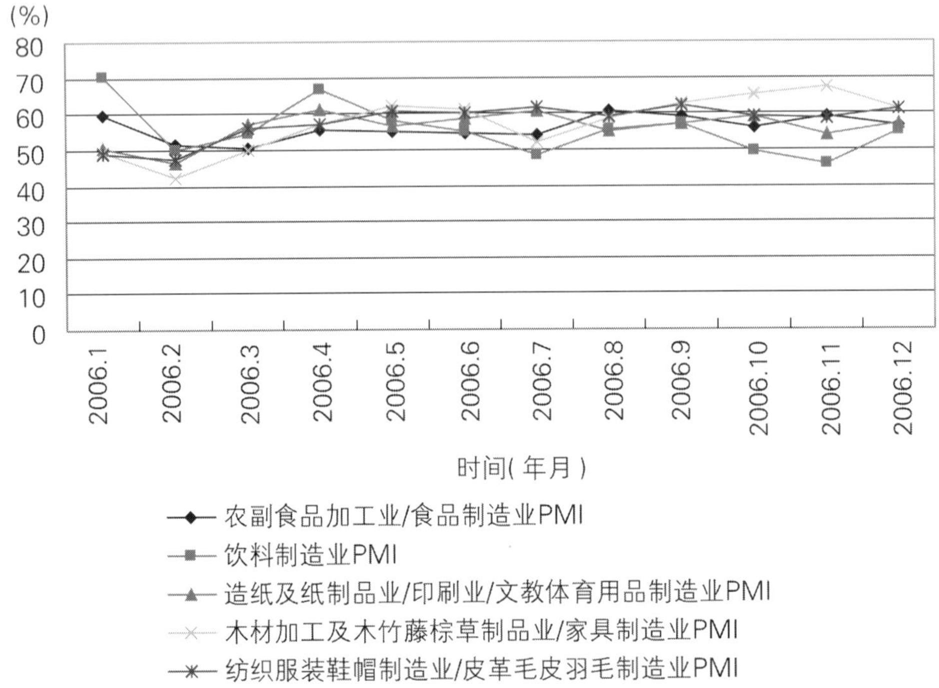

图19 2006年轻工、纺织行业PMI走势

据统计，1～11月，轻工行业完成增加值13645亿元，同比增长17.2%，增速同比加快0.5个百分点。全行业实现利润2322亿元，增长31.2%。其中，农副食品加工业、造纸及纸制品业、家具制造业、食品制造业、饮料制造业利润分别增长44%、43.1%、33.8%、31.9%和30.2%。1～11月，纺织行业完成增加值5360亿元，同比增长15.2%，增幅同比回落3个百分点。纱产量1553万吨，布产量398亿米，分别增长20.2%和15.3%。服装产量152.8亿件，增长12.2%。化纤产量1820万吨，增长13.6%。全行业实现利润748亿元，增长29.6%。其中，纺织业利润465亿元，增长29%；服装行业利润212亿元，增长27.4%；化纤行业利润63.7亿元，增长44.8%。

三是石油加工、炼焦及核燃料加工业发展水平正在缓慢提高，但仍然低于制造业全国平均水平。各月新订单指数平均为54%，但生产量指数平均为52.2%，生产的扩张赶不上需求的增长，造成积压订单上升，积压订单指数平均为51.8%。这反映出当前我国基础能源工业发展仍然满足不了经济发展的需要。

据统计，2006年1～11月，全国原油产量16842万吨，同比增长1.6%，增速同比减缓2.5个百分点；原油加工量27961万吨，增长5.9%，其中汽油、柴油产量分别增长3.5%和5.6%。天然气产量531亿立方米，增长20.3%。

四是在制造业总体保持快速发展的基本态势下，基础原材料工业表现出适应性增长。如黑色金属冶炼及压延加工业、化学原料及化学制品制造业、化学纤维制造业/橡胶制品业/塑料制品业，各月PMI平均值均达到50%以上，分别为53.8%、52.2%、51.4%。但由于我国在保持经济较快增长的同时，更加注重经济增长的质量和效益，加快经济增长方式由粗放型向集约型转变，在降耗节能方面取得成效，经济发展对原材料的需求增长有所减缓，使得基础原材料工业发展低于制造业全国平均水平。上述三大行业PMI平均值分别低于全国平均水平0.7个百分点、2.3个百分点、3.1个百分点。

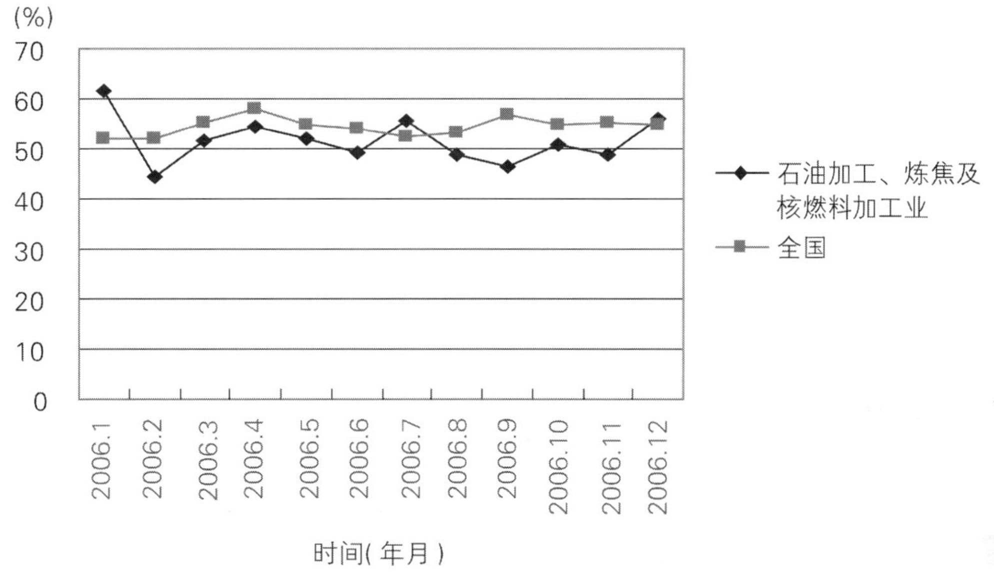

图20　2006年石油加工、炼焦及核燃料加工业PMI走势

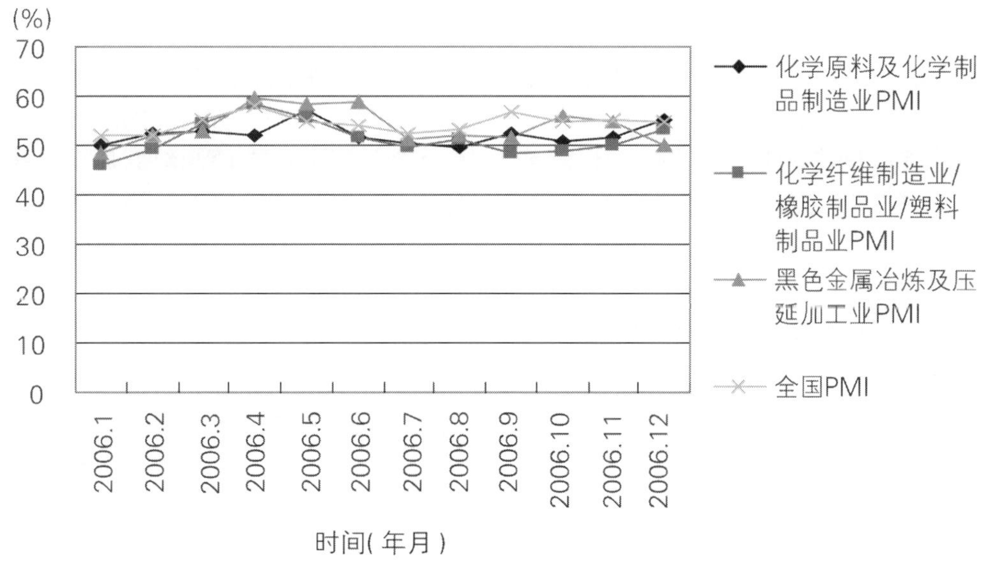

图21　2006年主要基础原材料工业PMI走势

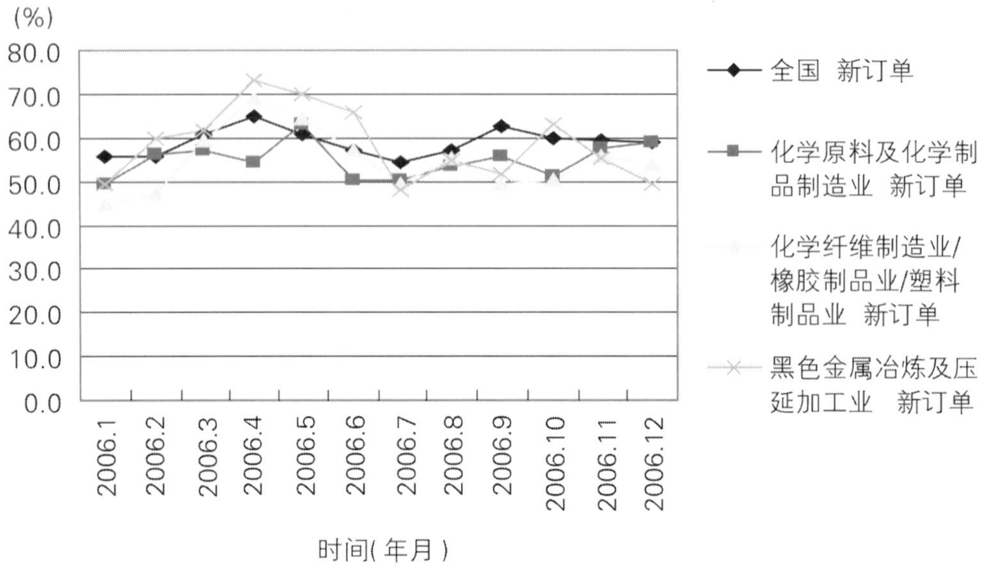

图22 2006年主要基础原材料工业新订单指数走势

四、从PMI看区域经济发展形势

随着国家“西部大开发”和“中部崛起”战略的实施，近几年来，国家陆续加大了对中西部地区的投资和政策支持力度。从固定资产投资来看，中部、西部地区投资增速加快、占全国的比重上升。据统计，2006年1～11月，全国城镇固定资产投资79312.1亿元，比上年同期增长26.6%。其中，东部地区投资41651.28亿元，占全国的比重为52.5%，比上年同期下降2.2个百分点，同比增长21.6%，增速低于全国平均水平5个百分点；中部地区投资18644.16亿元，占全国的比重为23.5%，比上年同期提高1.4个百分点，同比增长34.7%，增速高于全国平均水平8.1个百分点；西部地区投资17500.06亿元，占全国的比重为22.1%，比上年同期提高0.3个百分点，同比增长28.3%，增速高于全国平均水平1.7个百分点。

国家投资倾销和政策扶持，促进了中西部地区经济发展。从2006年三大区域PMI走势图，可以看出中西部地区经济发展加快。中部地区全年PMI平均为54.7%，比上年平均水平提高1个百分点；东部发展势头稍逊于中部，全年PMI平均为54.6%，比上年平均水平提高1.1个百分点；西部增长相对略慢，全年PMI平均为53.4%，比上年平均水平提高1个百分点。但总的来说，东部、中部不相上下，西部同东、中部的差距正在缩小。这一迹象表明，经济发展过度向东部倾斜的局面正在改变，这体现了中央提出的“五个统筹”和科学发展观的基本要求。但是由于西部地区发展的基础较差，西部地区经济发展的稳定性明显不如东、中部地区，PMI振荡较为剧烈。

从发展的动力来看，东、中部地区需求较为强劲，西部地区需求偏弱，发展动力相对不足。2006年，东、中部地区新订单指数平均值较为接近，均在59%以上；西部地区平均值为57.4%，低于东、中部地区2个百分点左右。

从国家质检总局、国家统计联合发布的中国制造业质量竞争力指数来看，东部领先，中部次之，西部相对比较落后。但西部质量竞争力正在显著增强。根据最近4年试运行的数据

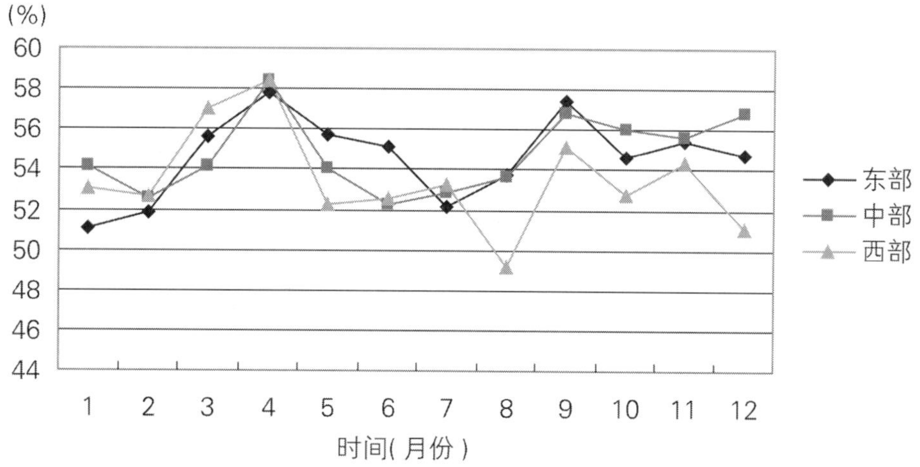

图23　2006年三大区域PMI走势图

测算，与2002年相比，东中西部地区制造业质量竞争力指数分别增长2.07、2.46和2.92，增幅分别达到2.56%、3.26%和3.94%。这表明，在国家区域发展政策的引导下，中西部地区与东部地区的差距正在逐步缩小，尤其是西部地区质量竞争力显著增强。这与PMI所反映的基本趋势也较为吻合。

综合起来看，中国制造业PMI指数同工业经济相关指标之间具有密切相关性，透过PMI可以分析预测经济发展趋势。从PMI来看，2006年中国经济发展速度有所提高，同时发展的稳定性也有所增强，在发展过程中，加快了结构升级和调整步伐，国家重点发展的基础装备制造业发展显示加快迹象；同时区域经济发展的协调性也在逐步增强，中部正在崛起，西部同东、中部之间的差距也在不断缩小。

五、从PMI看当前经济发展中的问题

虽然当前经济发展势头良好，但透过PMI也看出经济发展中存在一些问题和矛盾，要引起关注，确保按照中央经济工作会议精神要求，及时消除经济发展中的各种不稳定因素、不和谐因素，保持明年经济又好又快发展。

一是原材料、煤电油运等生产投入要素价格持续上涨，涨势较为迅猛，我国制造业成本优势正在削弱。从购进价格指数来看，最近两年来，购进价格指数一直维持高位运行，2006年又进一步上升，全年平均值为58.2%，比上年提高2.1个百分点；最高达到64.1%，最低值也达到53.5%。

生产投入要素价格上涨最多的行业主要有四类：一是以粮食为主要原材料的食品加工业；二是以石油为主要原料的石油化工行业；三是以木材为主要原材料的造纸、印刷业、木材加工业、家具制造业；四是与有色金属密切相关的有色金属冶炼及压延加工业、金属制品业、电器机械及器材制造业、通用设备制造业。这些行业全年购进价格指数平均值均在60%上下，明显高于全国平均水平。

二是资源、能源消耗较大的粗放型、低附加值产品加工业出口快速增长，不符合国家科学发展观的基本要求。从新出口订单指数来看，轻工、纺织行业，如木材加工及木竹藤棕草制品业及家具制造业、纺织服装鞋帽及皮革毛皮羽毛制造业、农副食品加工业及食品制造

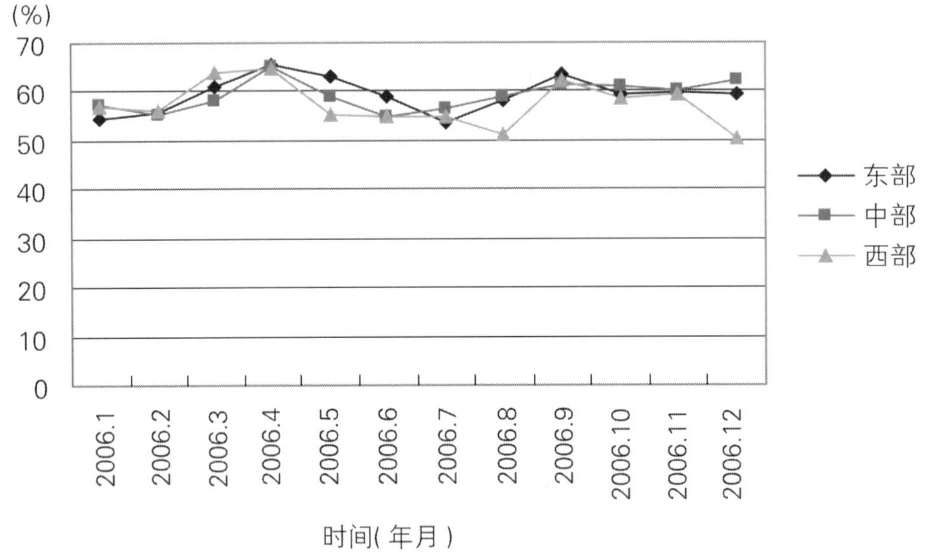

图 24　2006 年三大区域新订单指数走势

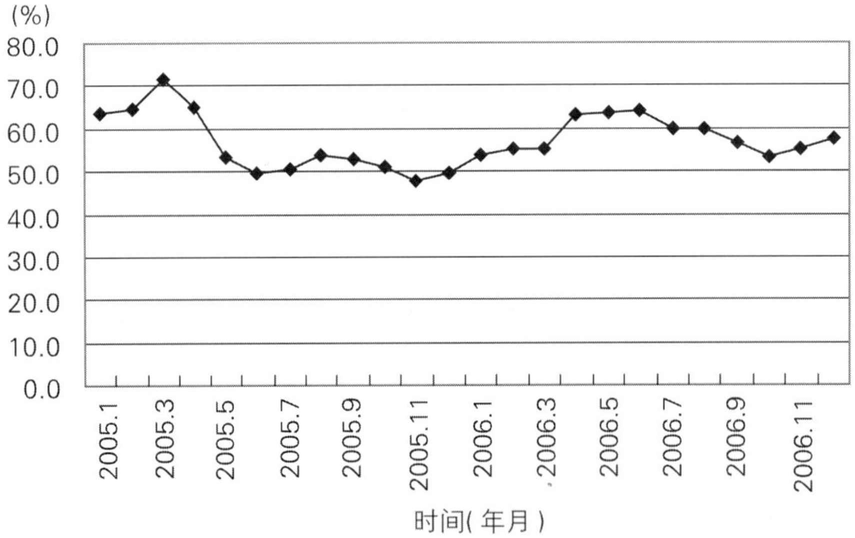

图 25　2005—2006 年购进价格指数走势图

业出口增势最为强劲，新出口订单指数平均值达到 60% 以上。另外，基础原材料工业，如黑色金属冶炼及压延加工业、化学纤维制造业/橡胶制品业/塑料制品业、化学原料及化学制品制造业等出口增长也较为迅速，新出口订单指数平均值达到 55% 上下。

三是结构性供需矛盾仍然较为突出。主要表现在基础装备工业、清洁能源加工业发展相对于需求仍然滞后，轻工、纺织及部分基础原材料工业扩张过快，结构性供给不足和供给过剩的矛盾同时存在，今后经济发展过程中，应坚持以需求为导向加快产业结构调整、改善供给结构。

四是随着对外贸易的快速发展，我国经济发展不仅受国内环境影响，而且也受到世界经济的各种因素影响，发展的环境也日趋复杂。如何在复杂多变的环境下继续保持我国经济又好又快发展，如何规避可能存在的各种风险，需要深入探讨、认真研究。

（作者：蔡　进　中国物流信息中心主任）

第三部分

物流产业

2006 年中国交通运输业

一、运输规模

2006 年，中国各种运输方式完成货运量和货物周转量分别为 202.5 亿吨和 86921.2 亿吨·公里，比 2005 年同期分别增长 8.9% 和 8.4%；货物运输规模仍保持扩大的趋势，但运量的增长低于运输周转量的增长，运输活动半径趋于缩小，改变了运输距离长期增长的态势。相关统计数据见表 1。

2006 年，中国货运市场呈现整体较为景气的状态，总运量上升到 200 亿吨水平。货运市场规模的扩大，主要是由于大宗原材料和能源运输量的持续、快速增长。通过分析货物运输量的增长情况和市场状况可以发现，水运维持了较高的增长水平，特别是港口大宗货物的吞吐量增长较快；航空运输在积极拓展货运市场的大背景下，运输量也保持了良好的增长势头；管道运输在西气东输等重大项目建成投入使用后，在石油、天然气等运输方面开始发挥作用，不仅运量有较大幅度的增长，运输周转量更是增幅巨大，管道运输在长距离运输市场中的作用得到发挥；公路运输虽然面临治理超载超限问题，但由于门到门运输的方便性和为港口、铁路等运输方式集疏运规模的扩大，已经自身的网络化、快速运输的发展，在市场中也巩固了发展地位，运输距离还有增长的趋势；在上述运输方式发展的大背景下，铁路运输的增幅相对要低，运输距离缩短，铁路在运输市场中的份额在其能力提升的情况下，没有

表 1　2006 年各种运输方式完成货物运输量情况

指　标	单　位	2006 年	比 2005 年增长（%）
货物总运量	亿吨	202.5	8.9
其中：铁路	亿吨	28.8	7.1
公路	亿吨	146.1	8.9
水运	亿吨	24.4	11.0
民航	万吨	349.4	13.9
管道	亿吨	3.2	6.7
货物总周转量	亿吨·公里	86921.2	8.4
其中：铁路	亿吨·公里	21954.0	5.9
公路	亿吨·公里	9647.0	11.0
水运	亿吨·公里	53907.8	8.5
民航	亿吨·公里	94.3	19.5
管道	亿吨·公里	1318.2	29.5

出现客运中运输市场扩张的情况，在一定程度上体现了货物运输市场规模格局的变化，也体现出近几年铁路重视客运的战略调整。

二、运输结构

1. 综合运输结构

在2006年中国货物运输规模继续快速扩大的形势下，各种运输方式的货物运输量都保持了不同程度的增长，但从运输规模的变化情况分析看，各种运输方式的市场份额出现细微变化，运输结构的调整在加快。相关情况见表2。

表2　2006年各种运输方式客货运量市场份额（%）

		货运量	货物周转量
2006年	铁路	14.45	25.65
	公路	73.31	11.27
	水运	12.24	62.97
	民航	0.018	0.11
	合计	100	100
2005年	铁路	14.93	26.41
	公路	73.48	10.97
	水运	11.62	62.52
	民航	0.019	0.10
	合计	100	100

2. 运输结构分析

（1）铁路运输。铁路货运量和货运周转量均略有下降，平均运输距离也有下降，反映出铁路在市场份额减少的同时，承担的运输量也趋于向区域内部或短距离运输转变，这种转变的出现，既与运输市场出现大宗能源和原材料的运输需求紧密相关，也反映出在适应新的运输需求，特别是网络化、快速化和具有物流管理特征的运输需求方面，铁路在拓展市场上的不足，以及能力制约所带来的市场萎缩。

（2）公路运输。公路货运量略有下降，货运周转量略有上升。高速公路的发展，使公路货运的辐射半径增加，在“治超”的政策环境下，虽然运量减少，但零担快件和“农产品绿色通道”的建设，使运输的距离扩大，周转量得到提升。

（3）水路运输。水运货运量和货运周转量略有上升。这种市场格局的变化，是近几年工业化特别是重化工业发展的结果，只要经济维持高水平增长，水运因在大宗能源、原材料和进出口贸易上的成本优势，其发展趋势和惯性仍会继续，目前应是中国水运历史上最好的发展时期。

（4）航空运输。航空货运运输的市场占有率继续提高。航空运输的发展，是近几年运输市场的亮点之一，虽然燃油价格的制约使其发展受到影响，但经济增长方式的转变和依靠航空运输的临空产业的发展，使航空货运进入快速发展阶段。

三、运输市场

1. 油价上涨对运输市场的影响

（1）高油价成为运输市场的焦点问题。2006年，国际油价高位运行，交通行业是燃油消耗大户，燃油成本在交通运输领域特别是民航、公路、水运运输服务企业经营成本中所占比重较高，高油价直接影响到这些企业的运输生产，应对高油价是运输领域全年的焦点。

（2）高油价对政府及企业的影响。由于高油价，使民航运输企业的成本费用同比增长20.9%，造成民航2006年上半年全行业亏损。燃油价格的上涨，也使公路运输服务企业备感压力。根据企业经验数据，燃油价格每上涨

5%左右，企业总成本将上升1%，净利润将下降10%以上。虽然政府管理部门采取了相应措施，主要是通过制定燃油价格补贴和实施燃油涨价附加费等，但这些政策仅仅限于公共服务领域，包括城市出租车、航空客运等。对于高油价同样是航运企业无法回避的问题，油价上涨使每个集装箱的运输成本上升了7%~8%。

2. 运输需求对运输市场的影响

（1）规模扩大。货运市场的发展较为明显地反映了经济发展水平的提升和总量的扩张。在中国国民经济继续快速增长的形势下，工业生产持续增长，固定资产投资仍维持较大的规模，规模以上工业增加值同比增长16.2%，固定资产投资同比增长24.2%。加之进出口贸易和市场商品销售更趋活跃，货物运输需求在2005年较高水平上继续保持旺盛状态。各种运输方式的货物运输企业其规模均得到较大的扩展，尤其是水运和航空货运。

（2）质量提升。根据2006年市场结构出现的新变化看，高速度和网络化的运输服务在成长，分别带动了相关运输方式在服务质量上的提升。可以预计，随着中国交通运输基础设施的不断完善和发展，未来各种运输方式的竞争，将在运输服务质量方面，围绕细分的市场进行，彻底改变传统的单纯增加市场规模的竞争方式，对综合运输整体质量的提升将产生深远的影响。

（3）效益提高。现代物流的发展使运输从单一满足货物的位置空间变化向通过物流对运输过程的管理，实现控制生产、流通过程的方向发展，运输的合理和高效率组织，成为运输需求者考虑的重要问题。为此，运输服务的方式和运输自身的组织正发生变革，变革的主要内容是不断提高运输效率，并通过运输效率的提升，为生产和流通环节创造更多的价值，实现经济效益的提升。2006年，中国运输市场的规模和结构已经开始出现这种变化的趋势，即各种运输方式按照其技术经济特点进行分工，以便在最能发挥自身优势的领域开展服务，同时，运输方式之间的联运加强，通过港口、机场等运输枢纽完成的运输量呈快速上升趋势，为满足运输需求和创造更高的效益创造了条件。

3. 运输政策对运输市场的影响

（1）运输政策的变化。2006年，中国经济在保持快速增长的同时，已向提高经济增长质量和效益上迈步，经济发展从“又快又好”转变为“又好又快”，提高内在质量和效率、效益成为主导思想，交通运输在发展政策上必须体现这种战略思想的转变，从大规模的设施建设向设施建设与合理、充分利用转变，以便不断发挥交通运输的服务功能。特别是要进一步转变交通经济增长方式，进一步提高交通行业的自主创新能力，在交通行业节能降耗、节约土地、保护环境等方面加快步伐，促进交通事业又好又快发展。2006年，和谐社会建设步伐的加快，从提供普遍服务的角度出发，公共交通和农村交通的发展成为交通运输发展的重要问题和建设领域，这种政策的调整和作用的发挥，将使未来中国交通运输的发展格局发生较大的变化，也使综合运输体系的建设在干线和枢纽建设的基础上，形成覆盖面更加广阔和辐射效率更高的现代运输系统，从而使中国综合运输体系的整体水平得到提高，也使运输企业更加注重效率与效益，加快企业的改革进程和经营方式的转变。

（2）政策变化对运输市场的影响。交通运输领域政策与国家整体经济社会发展政策的对接，是政策变化的显著特征，这种变化对运输市场的影响将主要体现在以下方面：首先，运输服务市场必须更加开放，以适应各种运输方式深层次竞争的需要，为提高运输效率、降低运输成本和提高经济效益创造环境条件；其次，各种运输方式之间应加强联系，并通过运输枢纽等设施的建设，使这种联系具有管理与组织支撑，以便不断提高设施的利用水平，发挥设施的基础作用，促进运输市场的结构调整和服务关系的改善。

4. 运输市场存在的问题及影响

由于近年来中国经济高速增长，区域经济发展迅猛，对外贸易持续活跃，加之国际国内资源产品趋紧，曾经货运紧张局势趋于缓解的铁路运输于2004年起再度表现出紧张的局面，2006年这种紧张的局面仍然存在。特别是运输干线能力紧张、运输区段限制问题再度出现，使得保障重点物资运输成为铁路部门紧抓不懈的重点工作，出现了保障“电煤”运输、春季保农资、秋季保“粮食”等系列保障运输。货物运输问题的出现，对运输市场的影响较大，其关键问题不是能力的紧张，而是价格的上涨。2006年货运价格几乎达到近年来的最高水平，不但对生产和流通的影响较大，而且对中国产品市场竞争力的影响也是巨大的。解决这些存在的问题，一是需要加快物流的发展，使物流在合理组织运输的同时，改变企业的生产组织方式和产品销售方式，均衡使用运输能力，缓解运输能力的紧张局面；二是调整运输价格和优化产业布局，按照物流合理化的要求，对有利于节约运输能力和符合采用更低成本运输方式的产业，实行优惠的运输价格，对物流组织管理不合理和不符合合理运输要求的产业和企业，实行差别化运输价格，促进相关产业，特别是重化工业、钢铁等产业沿江和沿海进行布局，减少大规模的原材料和产生品的双向、对流运输。

四、综合运输相关问题

1. 综合交通运输规划

2006年是中国“十一五”开局之年，作为宏观调控的重要手段之一，各级政府进行了交通运输方面的专项规划，其中一个新现象为越来越多的省区和城市突破交通运输管理体制的限制，改变原有各交通运输方式独立规划的模式，以综合交通运输的角度和理念进行规划，从而在一定程度上保证了交通运输作为一个系统，不同交通运输方式的健康、协调发展，发挥系统整体效益。具不完全统计，进行综合交通运输规划的省份有贵州、浙江、安徽、新疆、山东、上海、江苏、江西、内蒙古、河南等，还有一些地级市也进行了综合交通运输规划，如南京、武汉、成都、马鞍山等。

2. 区域交通运输的衔接和协调

在综合交通运输方面，另一特点为突破行政区域的限制，从经济合作的角度，进行交通运输规划，真正实现交通运输为经济发展服务。如《泛珠江三角洲区域综合交通运输体系合作专项规划》、《中部交通发展规划》、《长江三角洲地区城市间综合交通规划研究》、《海峡西岸公路水路交通基础设施发展规划》等。福建、广东、江西三省的厦门、汕头、赣州、潮州、泉州、抚州、揭阳、漳州、鹰潭、梅州、三明、汕尾、龙岩等闽西南、粤东、赣东南13市交通部门通力协作，编制完成了《闽粤赣13市交通规划》，确定了构筑区域“5小时交通圈”的发展目标，确立了构筑高等级公路为基础，铁路、水路、航空相互配合补充的立体交通体系。《南京都市圈交通发展的白皮书》也突破了南京市和江苏省，包括安徽等省市的一些城市和地区。《安徽沿江城市群“十一五”规划纲要》提出，今后5年及更长时间内，安徽沿江地区将全面推进公路网、铁路网、过江通道以及机场建设，形成便捷通畅的现代交通网络。

在各省区独立的交通发展、规划过程中，也注意与周边地区的衔接，如山东省交通规划将实施“西向”战略，重点建设通往新疆、甘肃、宁夏、青海等西部省、区的铁路线和公路线。安徽省则实施“东进”战略，计划在“十一五”期间形成一个与长三角全面对接的“一体化综合交通体系”，全省将有一半的省辖市进入以上海为中心的“3小时经济圈”。在实际操作的层面，许多省市相互签订了交通合作协议书，如四川、重庆、云南、贵州、广西和西藏六省区市达成《西南六省区市关于共同加强交通能源建设的意见》，共同编制西南综合交通运输体系专项规划，同步推进跨区域交通基础设施项目建设，力争到2010年基本建成以高速公路和铁路为骨架，公路、空运、水运等共同发展的综合交通运输体系；安徽省与江苏省签署了《关于进一步加强两省区域交通合作协议》，协议涵盖铁路、公路、水运等多个方面；河南、安徽两省签订加强交通全面合作的协议书，共同开发4条河流航运和6条高速公路。

3. 综合运输管理体制

在管理体制方面，为加快建立综合交通运输体系，江苏省政府已正式下发了《江苏省政府关于将省铁路建设办公室并入省交通厅的通知》。江苏省铁路办原本是一个正厅级单位，隶属省政府，主要负责江苏省铁路的规划与建设，如已建成的新长铁路和宁启铁路等。铁路办并入交通厅后，铁路、公路、水运将全部集中在交通厅统筹规划，这在中国尚属首例。

4. 各种运输方式的发展

2006年，中国加大了铁路建设的力度，重点是对客运专线的建设和对原有的一些干线铁路进行电气化改造，全年开工的客运专线项目就达11个，电气化改造完成的铁路近4000公里，全年投资完成1550亿元，创历史最高。沿海港口和机场由于机场设施供给对需求严重不足，前两年已经开始的大规模建设，2006年继续保持了原有的大规模建设状态。而公路经过近几年的建设，已经基本完成干线公路的建设，2006年的重点在于一些干线公路的薄弱环节、联络线和农村公路。

（作者：汪　鸣　国家发改委综合运输研究所副所长）

公路运输

一、2006 年公路政策取向

（一）运输管理政策取向

1. 构建科学完善的公路管理法律法规体系，建设一个高效运转的路政管理体制

随着我国公路的发展，在公路管理上存在多种管理模式，具有代表性的管理模式主要有以事业方式统筹管理、以企业方式统筹管理、以企业方式分散管理、以事业方式管理和企业管理并存的4种管理模式，管理主体呈现多元化。鼓励社会资本投入公路建设使投资主体多元化，但并不意味着管理主体必须多元化。因此，规范管理体制并且以法律法规形式给予体现成为2006年公路交通管理的一个主要方向。

为构建一个科学完善的公路管理法律法规体系，建设一个高效运转的路政管理体制，2006年，交通部进一步规范了路政管理。到2006年底，全国有15个省（市、自治区）制定了公路管理条例，19个省（自治区、市）制定了路政方面的管理条例和管理规定，13个省（自治区、市）出台了高速公路管理方面的地方性法规，初步形成了以《公路法》为龙头，《公路管理条例》、《收费公路管理条例》、《公路保护条例》等为骨干，地方法规和部门规章为补充的、较为完善的公路管理法律法规体系，为公路管理工作提供更加有力的法律保障。

2. 加强公路收费管理

我国收费公路从出现到快速发展，经历了20多年时间，收费公路对加快公路的建设和发展所产生的作用得到社会公认。由于我国收费公路在总量上占世界收费公路的70%以上，虽然使用公路均需要支付费用，但目前所采取的是先使用后收费模式，与国外的通过相关税收模式相比，我国收费公路在经济运行中对使用者的影响比任何国家都要大、都要直接，由此产生了一些问题和矛盾，其主要体现在因政府财力有限，以有偿转让公路收费权（即经营权）的方式筹集公路建设资金，在公路经营权转让以后，公路的经营者为追求自身经济利益最大化，公路变成了经营者与民争利、获取高利的垄断产品。

从我国公路的发展看，现阶段在保持收费公路政策不变是稳定公路发展的大前提，因此，严格执行收费公路政策，维护收费公路政策成为2006年公路交通管理的重要任务。为此，交通部发布《关于进一步规范收费公路管理工作的通知》，目的是完善收费公路法规体系，通过兴利除弊的制度跟进，确保收费公路的公益属性。对地区收费公路总量控制、站点的设置、审批通行费收入严格实行收支两条线

管理等方面进行了较严格的规定和监管。

3. 严格税务管理

由于一些货运经营者为了逃税避税，在为客户提供货运服务时，虚开、假开货运运输业发票，并致使这些假发票被付款单位在不知情的情况下做入企业经济账目，进入增值税抵扣和企业所得税申报程序，成为巨大的税收征缴漏洞，造成国家和地方税收的流失，为强化货物运输发票的管理，从根源上堵塞偷逃税款的渠道，国家税务总局从2006年8月1日起，为适应货运发票税控系统使用税控器具开具发票的需要和加强监管，统一使用新版《公路、内河货物运输业统一发票》，货运发票税控系统的使用加强了公路货物运输业的税收征管、强化增值税和营业税管理、堵塞税收征管漏洞。

（二）公路建设政策取向

1. 确立建设市场信用体系，加强公路建设项目监管

交通行业是最早打破地区和部门界限，引入招标投标制度的行业之 ，招标投标制度的实施对促进中国交通事业的发展起到了重要作用。但是，由于对管理规律的认识不足，以及完整的监管制度与体制的建设滞后，目前，招标投标工作中依然存在的低价抢标、恶性竞争、围标串标和人为因素影响等问题。

2006年，交通部开始着手制定《公路建设市场信用体系建设的指导意见》，通过建立信用指标体系和评价标准、信用等级，使从业单位信息更加透明。建立信用机制，其意义在于通过对信用的调查与评估，赋予信用资源一定的价值，让其在不超过自身信用价值的前提下，自由变现使用，并通过具有法律强制性的外部约束力，规范信用活动及当事人的信用行为，引导市场主体内在心态的变革和守约意识的提高，从而形成良好的社会信用环境和市场经济运行秩序，提高经济运行效率。

在加强市场秩序的同时，为加强建设项目的监管，又发布了《公路工程施工监理招标投标管理办法》和《公路建设监督管理办法》。前者对以往监理评标方法进行了重大改革，提出了固定标价评分法、技术评分标价法以及标价权值不得超过10%的综合评标法。后者则着重对公路建设监督管理权限作了调整和明确，精简了行政审批，改变了监督管理方式，加大了对违法违规行为的处罚力度。

2. 完善投融资管理机制

为探索和建立可持续发展的资金保障机制和方法科学、机制灵活、运行高效的交通资源优化配置机制。2006年，交通部编制《交通财务“十一五”重点工作规划纲要》（以下简称《纲要》），将完善“政府投资、地方筹资、社会融资、利用外资”的交通投融资体制，把逐步建立可持续发展的资金保障机制作为交通财务“十一五”重点工作之一。

根据《纲要》，中央、地方和交通企事业单位5年内将进一步发挥各自优势，建立多渠道、宽领域、全方位的筹融资机制，积极争取各级政府在资金和政策上的支持，加强交通规费的征收管理，充分利用好现有筹融资渠道，拓宽新的筹资渠道，积极引入社会资金参与交通建设，优化筹资结构，降低筹资成本，防范财务风险，逐步建立可持续发展的资金保障机制。加大吸引非国有资本进入公路水路交通建设领域的力度，积极鼓励引导，适时适度规范。积极探索并逐步完善收费公路权益有偿转让的政策规定，积极研究探索建立公路收费权特许经营制度，规范收费公路投资建设经营行为。积极探索水路基础设施有偿使用的新机制等。根据《纲要》，“十一五”期间，按照建设节约型行业的要求，中央、地方和交通企事业单位要综合运用价格、税收、利率、汇率等经济杠杆，充分利用行业内外和国内外各种资源，优化资产资本结构，建立方法科学、机制灵活、运行高效的交通资源优化配置机制，增收节支，提高行业整体投入产出效益；建立交通资金使用“追踪问效”的管理制度，逐步形

成交通资金绩效评价的管理体系，从总体上提高交通资金的使用效益；加强交通行业风险控制，逐步建立和完善风险预警机制，防范交通国有资产流失；提高预算安排的科学性，保证农村公路、西部开发等重点领域建设资金的需要。

3. 强化农村公路建设与管理

国家提出的社会主义新农村建设战略，从改善农村生产生活条件角度，使农村公路的建设和发展成为近几年公路建设领域的新的热点。2006 年，省部联建农村公路是公路管理体制出现的新的动向。中央提出建设社会主义新农村战略的实施，使农村公路建设成为“十一五”期间公路部门工作的重点领域。在建设社会主义新农村的大背景下，交通部颁布《农村公路建设管理办法》，对农村公路的设计标准、建造、资金筹集，以及工程的组织管理和验收的程序进行了明确规定。这是交通部颁布的第一部专门规范农村公路建设管理的行政规章，为依法加强农村公路建设管理提供了依据，对加快农村公路建设、促进农村公路健康持续发展、服务社会主义新农村建设具有十分重要的意义。

二、2006 年公路货运发展特点

1. 公路运输发展平稳

2006 年，我国公路完成货运量完成 146.6 亿吨，完成货物周转量 9754.3 亿吨·公里，比 2005 年分别增长 8.9% 和 10.98%。从货运量指标完成情况来看，2006 年各省区与 2005 年同期相比都呈增长态势。约有 10 个省区涨幅超过 10%。并且呈现出东、中、西部地区普遍增长的局面。从货运周转量指标完成情况来看，约有 12 个省区涨幅超过 12%。随着高速公路的发展，使公路货运的辐射半径增加，在“治超”的政策环境下，虽然运量减少，但运输的距离扩大，周转量得到提升。

在交通部进一步加强“绿色通道”建设的影响下，全国性的“绿色通道”网络和省域“绿色通道”网络规模到 2006 年末达 4.3 万公里，对包括台湾水果在内的整车鲜活农产品运输实行优惠政策，2006 年减免通行费超过 25 亿元。但由于加强了公路运输安全治理，严查严惩超载超限运输行为，使运量增长有所放缓。并且燃油价格和过路费增加等导致公路货运成本上升，部分公路运输需求转向铁路等其他方式。

2. 经营格局发生变化

计重收费在 2006 年被证实是 10 年来最有效的“治超”策略，随着实施计重收费高速公路覆盖面的扩大，普遍性的超载正在成为历史，成本分析表明，2006 年要素成本上升的幅度明显大于运价上涨的幅度，收费道路及能源等垄断性资源的拥有者，进一步挤压了货运服务的经营收益。这种“剪刀差”从根本上遏制了货运行业大型企业的发展。在分散化经营的基本格局下，小型货运公司中的零担专线公司在 2006 年得到较快的发展，速度快、服务有保障的零担专线公司正在从大城市到中型城市，从发达地区到欠发达地区拓展。同时快件货运正在悄然兴起，不少道路货物运输企业按照现代物流的经济规律，以道路货物运输为主，其他运输方式为辅，并根据生产厂家和货主的需求，在开拓物流业务方面进行了有益的尝试，也使仓储包装加工、货运代理等货运服务业得以快速发展。

3. 公路货运车辆显现重型化、专用化的发展趋势

燃油价格的上涨和对“超载超限”的治理，使企业开始考虑通过改善和提高货运装备的水平、优化货运车辆结构，在调整运输车辆结构中找效益。柴油车、重型车辆、专用运输车等显现出他们在降低成本和提高效率上的优势，如在“超载超限”逐渐没有市场的背景下，重型车辆的发展从政策上的呼吁开始进入

实质阶段。由于装载质量16吨以上货车要比装载质量4~5吨货车的运输效率高3~4倍，油耗降低25%左右，运输成本降低80%以上，因此，运输企业在市场和政策的双重驱动下，开始重视重型车辆的发展，重型车辆发展速度加快。近年来重型车辆的生产企业也因此获得较快发展，也从另一个侧面也反映了这种发展进程。

三、2006年公路基础设施建设特点

2006年，全国交通固定资产完成投资7383.82亿元，比上年增加938.78亿元，同比增长14.6%，增速回落6.7个百分点，比全社会固定资产投资增速低9.4个百分点。其中，全社会完成公路投资6231.05亿元，比上年增加746.08亿元，同比增长13.6%，增速回落3个百分点。

全年新建公路14.05万公里，其中新建农村公路9.13万公里；改建公路28.21万公里，其中改建农村公路25.76万公里。截至2006年底，全国公路总里程达345.70万公里，比上年末增加11.18万公里。

1. 公路建设依然是交通运输基础设施的发展热点

在关于高速公路是否过多，是否超过国内需求，以及高速公路网络规模过大不符合中国国情的争论依然存在的情况下，2006年，在地方各级政府积极推动和建设运营企业、金融投资机构的参与下，我国高速公路的建设和发展依然保持了较快的发展速度，使建成项目和在建项目数量均维持在很高的水平上。尽管建设规模仍然保持相当的水平，但由于高速公路建设和运营模式是通过收费来偿还投资并获取预期的收益，在形成网络和网络规模扩大可以带来一定的收益提升的同时，过大的高速公路规模和增长将趋于平缓的交通量之间的矛盾将日益突出，高速公路的投资风险加大，回报能力将逐渐衰减，是投资者必须考虑的问题。为实施国家高速公路网发展规划，在这种大背景下，需要考虑投融资创新的问题。此外，为推进社会主义新农村建设，农村公路建设速度在加快，许多省市均制定了专门的农村公路发展规划，并积极落实资金，努力改善农村交通运输基础设施条件。

2. 高速公路向联网和加密联络线方向发展

2006年，高速公路在建成项目和开工建设项目两个方面，均出现了一些新的特点。从项目的性质分析，主要表现在两个方面：一是一些重要干线的薄弱环节或末端，如各省区的交界处等，成为建设的重点，并且打破行政区划的限制，主动与周边省份的高速公路连接起来，形成网络，目的在于发挥干线高速公路的联系作用和通道能力，并形成完整的高速公路网络；二是联络线的建设，各省及城市非常重视对加强缺乏高速公路地区与干线高速公路的联络，加密高速公路网络具有重要作用。

3. 农村公路开始向高标准和与干线连接发展

2006年，公路建设的重点由原来的高速公路逐步转向农村公路，主要原因有两个：一是高速公路经过近几年的大规模建设，迫切需要修建的项目已经基本完成；二是根据社会公平和建设和谐社会的要求，国家对“三农”问题越来越重视，农村公路是其中重要的内容，能够真正给老百姓带来实惠，因此，农村公路的建设成为2006年公路建设的一个重点。此外，经过连续3年的农村公路建设，除非常偏远和建设条件比较差的农村外，农村通路的工作取得阶段性成果，下一步需要向更高层次拓展，即解决农村出行和与城市的联系，2006年，农村公路在提高标准和与干线公路的联系方面的建设步伐加快。

（作者：苏　斌　国家发改委综合运输研究所）

铁路运输

2006年中国铁路建设规模之大、开工项目等级之高、投资数额之多，为中国铁路建设史上所罕见。尤其是勘测、设计和建设了多年的青藏铁路全线建成通车，结束了西藏不通火车的历史；而深受海内外关注的京沪高速铁路获国务院批准，则意味着中国已开始迈向高速铁路新时代。

一、投资规模大

2006年是实施《铁路"十一五"规划》的第一年，铁道部在科学发展观的指导下，紧紧抓住铁路建设的黄金机遇期，更新建设理念，加大了建设项目的推进力度，高质量、高效率地全面完成了年度建设任务。全年完成投资1552.75亿元，比上年增长76.4%，比前两年的投资总和还多。基本建设投资首次突破1500亿元，是历史上完成投资最多的一年。其中，国家铁路和合资铁路在建的大中型项目119个，完成投资1525.40亿元，比上年增长82.8%；地方铁路投资完成13.05亿元，比上年下降22.4%；小型项目投资完成13.22亿元。在国家铁路和合资铁路在建的投资中，铁道部完成投资1304.59亿元，比上年增长75.5%。其中复线及扩能336.33亿元，电气化92.16亿元，枢纽、客站110.57亿元，新建铁路986.33亿元。此外，铁路机车车辆购置和技术改造投资规模也达到440亿元。

二、建设成就显著

2006年，在铁路强大投资的支持下，铁路建设的数字足以使铁路工人自豪。全年完成新线铺轨906.1公里、复线铺轨996.6公里，投产新线1480.5公里、投产复线704.7公里，投产电气化铁路3960.4公里。其中，既有线电气化投产里程为3847.3公里，是"十五"期间5年的1.5倍。

1. 一批大项目开工建设。海拉尔—满洲里、兰州—西宁增二线以及太中银等铁路新线的建设，为完善路网布局，缓解铁路"瓶颈"制约发挥了积极的作用。

2. 在"世界屋脊"上修筑的青藏铁路，于2006年7月1日实现了全线通车，经半年时间的运行，设备、人员和管理初步经受住了考验，运送货物超百万吨。

3. 北京—天津、武汉—广州、郑州—西安、石家庄—太原、武汉—合肥、合肥—南京、温州—福州等高速客运专线和太（原）中（卫）银（川）铁路全面开工，形成了铁路新的建设局面。

4. 合资铁路建设持续发展。新建铁路中合资铁路项目达到34个，促进了铁路多元化发展进程。

5. 深受海内外关注的京沪高速铁路获国务院批准，则意味着中国已开始迈向高速铁路新时代。

三、运输设备进一步强化

2006年，全路投资440亿元对机车车辆进行了更新改造。截至2006年底，铁路机车拥有量达到了1.78万台，其中内燃、电力机车比重为99.3%，主要干线全部实现了内燃、电力牵引。全国铁路客车拥有量达到了4.26万辆，其中空调车2.30万辆，占客车总数的53.9%。全国铁路货车拥有量达到56.67万辆。

四、运输生产稳步增长

由于工业生产、进出口贸易持续增长，固定资产投资维持较大的规模，市场商品销售更趋活跃，整体货物运输需求在上年较高水平上继续保持旺盛状态，不仅各月货运规模与往年同期相比保持着创新高的运行态势，货运规模增速也保持着较大幅度。全国铁路完成货物总发送量（包括行包运量）28.83亿吨，比上年增长7.1%。其中，国家铁路完成24.55亿吨，比上年增长5.9%；合资铁路完成2.32亿吨，比上年增长17.8%；地方铁路完成1.97亿吨，比上年增长10.4%。全国铁路完成货运总周转量（包括行包周转量）2.20万亿吨·公里。其中，国家铁路完成2.06万亿吨·公里，比上年增长5.2%；合资铁路完成1291.59亿吨·公里，比上年增长18.1%；地方铁路完成105.71亿吨·公里，比上年增长6.6%。

2006年，在运输能力相对不足的条件下，重点物资运输得到有力保障。全年煤炭需求量仍在扩大，运输保障任务艰巨，铁路以43%的运力、日均煤炭装车4.62万车的运能用于煤炭运输，使煤运基本得到保障。同时，对石油、矿石、化肥及进出口等其他重点物资得到了较好的兼顾，进口石油、铁矿石等大宗物资在持续高速增长的状况下，港口接卸和后方疏运均有改善。

五、运输收入创新高

2006年，随着铁路货运生产的稳步增长，运输收入也在不断增加。全年国家铁路完成货物运输收入1281亿元，占国家铁路总收入的54.2%，比上年增加171.9亿元，增长15.5%。

六、运输效率和质量进一步提高

2006年，铁路发挥新建线路和干线电气化改造能力，合理调整车流经路，强化运输组织，大力推进规模化、集约化运输，运输效率和质量进一步提高。国家铁路货运机车日产量完成114.3万吨·公里，比上年提高3.7万吨·公里；货运列车平均总重达到3105吨，比上年增加67吨；货车周转时间实现4.87天，比上年压缩0.05天。全国铁路日均装车达到12.9万车，比上年增加6820车，增长5.6%。

七、铁路改革步伐加快

2006年，铁路改革成效主要体现在三个方面：一是按照“政府主导、多元化投资、市场化运作”的基本思路，研究制定了《“十一五”铁路投融资体制改革推进方案》，明确了“十一五”期间铁路投融资改革的指导思想、总体目标，为铁路建设资金来源多元化提出了政策保障。二是铁路股改试点取得重大突破。大秦公司、广深公司分别于2006年8月1日、12月22日首发A股上市，分别募得资金150亿元和103亿元，充分认识到了利用证券市场融资的重要性。此外，还成功发行了铁路建设债券400亿元。铁龙公司股权分置改革也顺利完成。三是运输生产力布局调整取得新进展。2006年初，铁道部对全路运输生产布局进行了进一步的调整，并对站段资源进行整合，全路主要运输站段数量减至627个（含6个支线公司），将项目指挥部纳入到铁路局直接管理。通过调整和整合，使资源配置得到优化、运输生产力得到释放。

2006年全国铁路货物运输生产状况表

		比上年增长(%)			比上年增长(%)			比上年增长(%)
铁路货物总发送量(亿吨)	28.8	7.1	铁路货运总周转量(万亿吨·公里)	2.2	5.9	铁路完成货物发送量(亿吨)	28.7	7.0
其中：国家铁路	24.5	5.9	其中：国家铁路	2.1	5.2	其中：国家铁路	24.4	5.8
合资铁路	2.3	17.8	合资铁路	0.1	18.1	合资铁路	2.3	17.7
地方铁路	2.0	10.4	地方铁路	0.01	6.6	地方铁路	2.0	10.4
		比上年增长(%)			比上年增长(%)			比上年增长(%)
铁路货运总周转量(万亿吨·公里)	2.2	5.7	铁路行包发送量(亿吨)	0.1	17.6	铁路行包周转量(亿吨·公里)	239.73	—
其中：国家铁路	2.0	5.0	其中：国家铁路	0.1	—	其中：国家铁路	235.54	25.8
合资铁路	0.1	18.1	合资铁路	—	—	合资铁路	4.16	42.5
地方铁路	0.01	6.5	地方铁路	—	—	地方铁路	—	—

八、科技创新成果显著

2006年，在坚持以自我创新、大力实施原始创新、集成创新和引进消化吸收在创新方针的指导下，铁路技术创新取得重大成果，有力地推动了我国铁路整体技术水平的提高。在机辆装备方面，时速200公里及以上CRH国产化动车组成功下线，为实现铁路提速和客运专线的运行提供了保障；主要用于煤运通道和主要干线的8轴9600kW和6轴7200kW的电力机车已经投入使用；大秦铁路正是开行了2万吨重载组合列车，标志着中国铁路重载技术已跨入世界先进行列。在列控技术方面，依靠原始创新和集成国外先进技术，形成了具备自主知识产权的CTCS2级列车运行控制系统，设备质量和技术性能均达到世界先进水平。在供电技术方面，成功掌握了时速200公里重联动车组和时速120公里双层集装箱列车共线运行的高速弓网受流技术，填补了世界高速电气化铁路的技术空白。

九、多元化经营快速发展

全路多元化经营系统在主辅“长期共存、相辅相成、互为促进”的战略定位和铁道部关于“规范管理、改善经营、拓展市场、扩大就业”的总体要求下，不断明晰多元经营与运输主业的关系，促进了多元经营向着又快又好的方向发展。2006 年，多元经营完成营业收入 1166.20 亿元，比上年增加 166.23 亿元，增长 16.6%，实现利润 24.74 亿元（包含处置不良资产影响当期利润的因素），比上年减少 3.13 亿元，下降 11.2%。

（作者：孙　炜　国家发改委综合运输研究所）

水路运输

近几年，我国物流业得到了迅猛发展，物流运行条件不断改善，物流对经济增长的贡献越来越大，物流业已经成为国民经济发展的重要产业和新的经济增长点。作为物流产业的主要运输方式，水路运输在2006年取得了辉煌的成就。

一、水运建设投资持续快速增长，基础设施能力得到较大提高

2006年全国沿海及内河建设完成投资869.18亿元，比上年增加180.41亿元，同比增长26.2%。其中沿海建设完成投资707.97亿元，比上年增加131.73亿元，同比增长22.9%；内河建设完成投资161.22亿元，比上年增加48.68亿元，同比增长43.3%。水运建设取得了巨大的成绩。

1. 内河航道通航里程和能力快速增加

2006年底，全国内河航道通航里程12.34万公里。其中等级航道6.1万公里，占总里程的49.5%；三级及三级以上航道8687公里，占总里程的7%；五级及五级以上航道24039公里，占总里程的19.5%。各等级内河航道通航里程分别为：一级航道1407公里、二级航道2538公里、三级航道4742公里、四级航道6768公里、五级航道8584公里、六级航道18407公里、七级航道18589公里。全国内河航道中，天然河流及渠化河段64526公里，限制性航道36156公里，宽浅河流航道6130公里，山区急流河段航道4311公里，湖区航道3462公里，库区航道8804公里。全国内河航道通航里程超过一万公里的省份有四个，分别是江苏（24347公里）、广东（11844公里）、湖南（11495公里）、四川（10720公里）。

2006年底，全国内河航道共有4142处枢纽，其中具有通航功能的枢纽2339处。通航建筑物中，有船闸833座、升船机42座。

2. 港口码头泊位继续增加，进一步向大型化、专业化方向发展

2006年底，全国港口拥有生产用码头泊位35453个，比上年净增211个，其中万吨级及以上泊位1203个，比上年净增169个。

全国沿海港口拥有生产用码头泊位4511个，其中万吨级及以上泊位978个；内河港口拥有生产用码头泊位30942个，其中万吨级及以上泊位225个。内河港口万吨级泊位分布在长江干流、京杭运河和珠江水系，分别为216个、5个和4个。

全国沿海港口万吨级及以上泊位中，1万～3万吨级（不含3万吨级）泊位506个，3万～5万吨级（不含5万吨级）泊位166个，5万～10万吨级（不含10万吨级）泊位219个，

10万吨级以上泊位87个，比上年末分别增加30个、11个、52个和38个。全国内河港口万吨级及以上泊位中，1万~3万吨级（不含3万吨级）泊位114个，3万~5万吨级（不含5万吨级）泊位69个，5万~10万吨级（不含10万吨级）40个，10万吨级以上泊位2个，比上年末分别增加8个、18个、10个和2个。全国万吨级及以上泊位中，通用件杂货泊位289个，通用散货泊位171个，专业化泊位679个。专业化泊位中，原油泊位57个，成品油及液化气泊位104个，煤炭泊位139个，粮食泊位32个，集装箱泊位224个。

二、运输生产装备升级，水上运力结构进一步优化

2006年底，全国拥有水上运输船舶19.44万艘，比上年末减少1.29万艘；净载重量11025.71万吨，比上年末增加847.06万吨；平均净载重量567.28吨，比上年末增加76.26吨；载客量105.92万客位，比上年末增加4.79万客位；集装箱箱位92.79万TEU，比上年末增加12.06万TEU；船舶功率3906.84万千瓦，比上年末增加266.91万千瓦。水上运输船舶中，集装箱船2014艘，集装箱箱位84.86万TEU，分别比上年增加15艘和9.55万TEU。

全国拥有内河运输船舶18.29万艘，比上年末减少1.29万艘；净载重量4942.32万吨，比上年末增加460.83万吨；集装箱箱位6.35万TEU，比上年末增加1.06万TEU。全国沿海运输船舶9213艘，比上年末减少196艘；净载重量2253.49万吨，比上年末增加205.73万吨；集装箱箱位10.17万TEU，比上年末增加1.71万TEU。全国远洋运输船舶2278艘，比上年末增加196艘；净载重量3829.90万吨，比上年末增加180.50万吨；集装箱箱位76.27万TEU，比上年末增加9.30万TEU。

三、水路运输量持续快速增长

1. 港口货物吞吐量持续较快增长

2006年全国港口完成货物吞吐量55.70亿吨，比上年增长14.8%。沿海港口完成35.30亿吨，增长17.3%，内河港口完成20.40亿吨，增长10.6%。全国港口完成外贸货物吞吐量16.14亿吨，比上年增长18.1%。其中沿海港口完成14.75亿吨，增长17.8%，内河港口完成1.39亿吨，增长22.1%。

2. 综合性大型枢纽港持续快速发展

2006年货物吞吐量超过亿吨的港口由上年的11个上升到12个，其中吞吐量超过2亿吨的港口由上年的4个上升到7个。亿吨港完成情况分别为：上海港吞吐量4.7亿吨，宁波—舟山港4.24亿吨、广州港3.03亿吨、天津港2.58亿吨、青岛港2.24亿吨、秦皇岛港2.05亿吨、大连港2亿吨、深圳港1.76亿吨、苏州港1.51亿吨、日照港1.1亿吨、南通港1.04亿吨、南京港1.01亿吨。

3. 集装箱吞吐量继续快速增长

2006年全国港口完成集装箱吞吐量9361万TEU，比上年增长23.8%。其中沿海港口完成8579万TEU，增长22.5%；内河港口完成782万TEU，增长39.1%。

2006年集装箱吞吐量超过100万TEU的港口由上年的9个上升为14个。上海港完成2172万TEU，深圳港完成1847万TEU。青岛港770万TEU、宁波—舟山港714万TEU、广州港666万TEU、天津港595万TEU、厦门港401万TEU、大连港321万TEU、连云港港130万TEU、苏州港124万TEU、中山港113万TEU、烟台港105万TEU、福州港101万TEU、营口港101万TEU。

4. 集装箱和滚装货吞吐量增幅较大

2006年全国港口完成干散货吞吐量31.4亿吨，比上年增长13.9%；件杂货7.02亿吨，

比上年增长 14. 3%；液体散货 5. 97 亿吨，比上年增长 2. 2%；集装箱吞吐量（按重量计算）8. 89 亿吨，比上年增长 28%；滚装吞吐量 2. 43 亿吨，比上年增长 18. 2%。干散货、件杂货、液体散货、集装箱和滚装车辆在港口货物吞吐量中所占比重分别为 56. 4%、12. 6%、10. 7%、16. 0% 和 4. 4%。

5. 货运继续快速增长

2006 年全社会完成水路货运量 24. 87 亿吨、货物周转量 55485. 75 亿吨 · 公里，分别比上年增加 2. 91 亿吨和 5813. 47 亿吨 · 公里。水路货运量、货物周转量在综合运输中所占比重分别为 12% 和 62%。

在全社会水路货运中，内河运输完成货运量 11. 61 亿吨、货物周转量 3025. 32 亿吨 · 公里，分别占全社会水路货运量、货物周转量的 46. 7% 和 5. 5%；沿海运输完成货运量 7. 82 亿吨、货物周转量 9883. 13 亿吨 · 公里，分别占 31. 4% 和 17. 8%；远洋运输完成货运量 5. 44 亿吨、货物周转量 42577. 3 亿吨 · 公里，分别占 21. 9% 和 76. 7%。

在内河货物运输中，长江水系完成货运量 4. 6 亿吨、货物周转量 1675. 87 亿吨 · 公里，分别占全国内河货运量和货物周转量的 39. 6% 和 55. 4%；京杭运河完成货运量 2. 15 亿吨、货物周转量 561. 01 亿吨 · 公里，分别占 18. 5% 和 18. 5%；珠江水系完成货运量 1. 8 亿吨、货物周转量 285. 54 亿吨 · 公里，分别占 15. 5% 和 9. 4%；黑龙江水系完成货运量 0. 14 亿吨、货物周转量 14. 30 亿吨 · 公里，分别占 1. 2% 和 0. 5%。

6. 水路集装箱运输量持续快速增长

2006 年全社会水路运输集装箱 2329. 74 万 TEU、货运量 25774. 68 万吨，分别比上年增长 20. 1% 和 17. 2%。其中远洋运输集装箱 1502. 44 万 TEU、货运量 15300. 3 万吨，分别比上年增长 7. 6% 和 1. 7%。

四、水运物流体系建设发展分析和展望

随着经济全球化的发展，现代港口物流总的发展趋势是：①散货特别是矿石及煤炭的海运量在不断增长，散货装卸正朝着专业化、大型化的方向发展。目前我国海港装卸的铁矿石运输船以 20 万吨级为主要运力，且存在不断向大型化方向发展的趋势，为适应散货运输的发展变化，散货码头必须向大型、专业及高效化方向发展。②集装箱运输朝着船舶大型化、经营联盟化、运输干线化和网络化的方向发展，集装箱转运已成为国际集装箱运输中的一个重要作业方式，转运量也日益增多，全球国际集装箱枢纽港的竞争将进一步加剧；③随着我国汽车工业的发展和汽车消费的稳步增长，汽车物流的市场需求不断扩大。为了降低物流成本，水路、铁路、公路相结合的多式联运体系不断完善，港口的汽车滚装业务逐渐成为汽车物流最重要的环节。同时，依托汽车滚装码头而建立的汽车增值服务中心和汽车分拨中心逐渐成为汽车物流的发展方向。

目前，我国码头生产营运模式基本为第二代港口模式，其生产系统均比较封闭自成体系，主要以满足用户基本需求为原则，实现货物的装卸、堆存和集疏运等功能，为独立的生产经营组织模式。随着管理水平的提高和技术的发展，各大港口在提高装卸效率与减少船舶在港时间方面已做出了较多的努力，但仅此已经不能满足货方与船方的要求，也不能保住其原来的市场份额。因此，港口码头经营人必须向物流业投资，真正使港口成为以运输、配送、仓储、加工、包装、增值服务等功能的第三方物流企业，使其能够更快地融入现代物流体系，港口物流化已成为一种必然的趋势。

（作者：胡国丹　中交水运规划设计院）

航空运输

2006年，中国航空货运业继续保持增长态势，货邮运输量、周转量和吞吐量持续增长，航空货运企业和货运能力较快增加，国际航空货运市场份额止降回升，对外开放航空货运继续扩大，航空物流园区和货运中心建设又有新进展。但是，航空货运企业的竞争力依然薄弱，多数货运企业的经济效益下滑态势没有好转，境外航空货运企业垄断国际货运的局面没有改变。

一、2006年航空货运发展及特点

（一）货邮运输量持续增长

“十五”期间，民航货邮运输量年均增长14.6%；周转量年均增长13.8%。2006年，民航完成货邮运输量349.4万吨，比2005年增长13.4%；完成货邮周转量94.3亿吨·公里，比2005年增长19.5%。2006年，中国国际航空公司货邮运输量、周转量增长较中国南方、东方航空公司快，分别为15.3%、19.2%。货邮运输量增长最快的是南航海南、广西分公司和山东、深圳、扬子江等航空公司，货邮运输量增长率在28%以上。

2006年，中国民航货运发展的又一个亮点是国际货运增长高于境内货运增长。“十五”期间，国际货运年均增长8.4%，低于境内货运增长1.3个百分点。2006年，是我国实施“十一五”规划并实现良好开局的一年，在国家经济平稳快速增长、世界贸易需求强劲的有利条件下，国内生产总值增长10.7%、进出口贸易增长23.8%，由此推动了我国国际航空货运的强劲发展。同时，我国民航的国际货运企业和货运能力均有较大幅度增长，从而使国际货邮运输量比2005年增长19.5%，比国内货邮运输量增长了7.4个百分点；国际货邮周转量比国内货邮周转量增长率快12个百分点（详见表1）。

（二）货邮吞吐量增长快

2006年，全国民航机场货邮吞吐量753.3万吨，比2005年增长19%，其中华北、西北地区机场货邮吞吐量增长更快，分别达47.3%和98.1%。按经济区域分，华东地区货邮吞吐量342.2万吨，占全国机场吞吐量的45.4%；其次是中南、华北地区，货邮吞吐量分别为156.8万吨、135.5万吨，分别占全国机场吞吐量的20.8%、18.0%；其他经济区的机场货邮吞吐量均较小。全国定期航班使用的142个机场，浦东机场货邮吞吐量达216.8万吨，占全国民航机场吞吐总量的28.8%（详见表2）。货邮吞吐量小于1万吨的有103个机场，其中6个机场货邮吞吐量不足1吨，还有3个机场全年无货邮进出港。

表 1　　民航货邮运输量与周转量增长

分项或航空公司	货邮运输量（万吨）			周转量（亿吨·公里）		
	2006 年	2005 年	增长（%）	2006 年	2005 年	增长（%）
全局	349.4	306.7	13.9	94.3	78.9	19.5
国内	257.3	229.6	12.1	37.9	33.6	12.8
港澳	17.9	16.9	5.9	2.8	2.6	7.7
国际	92.2	77.2	19.5	56.4	45.2	24.8
中国国际	84.5	73.3	15.3	32.9	27.6	19.2
中国南方	64.6	61.5	5.0	16.3	15.6	4.5
中国东方	81.8	79.5	2.9	23.5	22.4	4.9

表 2　　民航机场货邮吞吐量

项目 / 地区或机场	进出港量（万吨）			进港量（万吨）			出港量（万吨）		
	2006 年	2005 年	增长(%)	2006 年	2005 年	增长(%)	2006 年	2005 年	增长(%)
全国	753.3	633.1	19.0	336.1	280.6	19.8	417.2	352.5	18.4
华东	342.2	300.6	13.8	141.4	126.1	12.1	200.8	174.5	15.1
华北	135.5	92.0	47.3	71.0	46.2	53.7	64.5	45.8	40.8
中南	156.8	138.3	13.4	65.3	59.0	10.7	91.5	39.3	15.4
西南	70.5	60.7	16.1	33.3	28.1	18.5	37.2	35.6	4.5
新疆	7.9	6.4	23.4	3.6	3.0	20.0	4.3	3.4	26.5
西北	20.8	10.5	98.1	10.3	5.4	90.7	10.5	5.1	105.9
东北	27.4	24.7	10.9	14.7	12.8	14.8	12.7	11.9	6.7
浦东	216.8	185.7	16.7	86.9	76.5	13.6	129.9	109.2	19.0
北京	120.2	78.2	53.7	64.3	41.0	56.8	55.9	37.2	50.3
广州	65.3	60.1	8.7	26.8	25.7	4.3	38.5	34.4	11.9

（三）货机数量增长较快

截至 2006 年底，民航运输类飞机 998 架，比 2005 年增加 135 架；其中货运飞机 46 架，比 2005 年增加 15 架，增长 48.4%；业务载重 2808 吨，比 2005 年增长 58.6%（详见表 3）。民航现有 B747 大型货运飞机 18 架，比 2005 年增加 8 架。此外，中国国际航空公司还有 8 架 B747－400 型客货混装型飞机也具较大的货运能力，2006 年载运货物 8.1 万吨，完成货邮周转量 5.9 亿吨·公里。

表3　　民航货运飞机增长量

机型	每机业载（吨）	2005年		2006年	
		架数	业载数	架数	业载数
B747－400F	110	4	440	10	1100
B747－200F	90	6	540	8	720
MD11F	75	7	525	8	600
A300F	39	2	78	1	39
B757F	40	0	0	2	80
B737F	16	7	112	14	224
Y8F	15	5	75	3	45
合　计	385	31	1770	46	2808

（四）航空货运企业增加4家

截至2005年年底，民航才出现从事货运的专业航空公司，包括中国航空货运有限公司（东航控股）、中国国际货运航空有限公司（国际控股）、扬子江快件航空有限公司（海航控股）、中国货运邮政航空有限责任公司等4家。2006年，全国新增4家专业货运航空公司。

1. 长城航空公司。由中国长城工业总公司、新加坡货运航空公司和新加坡淡马锡控股有限公司下属的腾飞投资私人有限公司共同出资组建，注册资金10亿元人民币，分别占51%、25%和24%。2006年6月22日开航，运营基地为上海浦东机场，2架B747F型货机。但由于美国行政当局的干涉，8月被迫停飞。2007年1月恢复飞行。

2. 上海国际货运航空有限公司。由上海航空股份有限公司、台湾长荣航空公司、捷航企业有限公司共同出资组建，注册资金1.24亿元人民币，分别占51%、25%和24%。6月30日开航，运营基地上海浦东机场，有2架B757－200F、2架MD－11F型货机。

3. 翡翠国际货运航空公司。由深圳航空公司、德国汉莎航空公司和德国投资开发公司三方合资成立，注册资金3000万美元，分别占51%、25%和24%。2006年8月16日开航，运营基地深圳黄田机场，有2架B747－400F型货机。

4. 深圳东海航空有限公司。由深圳市东港商贸有限公司、（香港）东海联合集团有限公司和（香港）永港企业有限公司共同投资组建，注册资金1亿元人民币，分别占51%、25%和24%。运营国内航线，2006年9月18日开航，有2架B737－300F型货机。

（五）货物流量集中度高，浦东机场是我国航空货物流量的集散中心

2006年，我国民航的货邮流量集中在浦东、北京等7大机场，吞吐量为546万吨，占全国民航机场的72.5%；其中，进港量241.5万吨，占全国民航机场进港量336万吨的71.9%；出港量304.5万吨，占全国民航机场出港量417.2万吨的73%（详见表4）。

表 4　　全国七大机场货邮吞吐量及比例

项目＼年份	全国机场		七个机场合计		上海浦东		北京	
	2005	2006	2005	2006	2005	2006	2005	2006
进出港（万吨）	633.1	753.3	451.4	546.0	185.7	216.8	78.2	120.2
比例（%）	100	100	71.3	72.5	29.3	28.8	12.4	16.0
进港（万吨）	280.6	336.0	199.7	241.5	76.5	86.9	41.0	64.3
比例	100	100	71.2	71.9	27.3	35.9	14.6	19.1
出港（万吨）	352.5	417.2	251.7	304.5	109.3	129.9	37.2	55.9
比例（%）	100	100	71.4	73.0	31.0	31.3	10.6	13.4

项目＼年份	广州		深圳		上海虹桥		成都		昆明	
	2005	2006	2005	2006	2005	2006	2005	2006	2005	2006
进出港（万吨）	60.1	65.3	46.6	55.9	36.0	36.4	25.1	29.5	19.7	21.9
比例（%）	9.5	8.7	7.4	7.4	5.8	4.8	4.0	3.9	3.1	2.9
进港（万吨）	25.6	26.8	20.4	23.5	17.0	17.6	10.9	12.9	8.3	9.5
比例（%）	9.1	8.0	7.3	7.0	6.1	5.2	3.9	3.8	3.0	2.8
出港（万吨）	34.4	38.5	26.2	32.4	19.0	18.8	14.2	16.6	11.4	12.4
比例（%）	9.8	9.2	7.4	7.8	5.4	4.5	4.0	4.0	3.2	3.0

在上述七大机场中，上海浦东机场的货邮集中度最高。随着长三角地区经济、对外进出口贸易和总部经济、机场服务经济及金融业的发展，浦东机场已成为我国航空物流的集散中心。该机场自2002年货邮吞吐量居全国第一位后，已连续5年稳居首位，2006年货邮吞吐量216.8万吨，占全国民航的28.8%；其中，进港货邮86.9万吨，占全国民航的25.9%；出港货邮129.9万吨，占全国民航货邮出港量的31%，几近1/3。特别是国际和港澳地区货邮，2006年浦东机场货邮进出港量184.6万吨，占全国民航货邮进出港量的74.5%；进港量70.3万吨，占全国民航进港量的75.2%；出港量114.2万吨，占全国民航出港量的74%，浦东机场的境外货邮吞吐量、进港量和出港量相当于全国民航总量的3/4，是我国航空物流特别是境外航空物流的集散中心。

2006年，北京首都国际机场货邮吞吐量增长快，比2005年增长53.7%；达120.2万吨，占全国民航货邮吞吐量的16.0%，比2005年提高3.6个百分点。其中进港量提高4.5个百分点，出港量提高2.8个百分点。广州、深圳、昆明等机场的货邮吞吐量有增长，但增速低于首都机场，因此导致所占比例也略有变化。

（六）我国航空公司承运的境外货邮吞吐量比例止降回升

统计表明，自1996年开始，我国航空公司承运的境外货邮吞吐量比例下降，至2005年只有23.8%，十年间下降41.8个百分点；

而境外航空公司承运的货邮却逐年攀升。2006年，民航系统采取多项措施发展货运，使我国航空公司承运的国际货邮比例在连续十年下降后出现回升，境外货邮吞吐量占31.4%，比2005年回升7.6个百分点。2006年，境外航空公司承运的国际货邮比例仍占68.2%，为我方的2.17倍；其中出港货邮外航占70.2%，我方只占29.8%（详见表5）。

表5　　近年境内外航空公司在华国际货邮吞吐量及比例

年份	全国机场货邮吞吐量（万吨）	其中境外货邮吞吐量（万吨）	比例（%）		进港货邮（万吨）	比例（%）		出港货邮（万吨）	比例（%）	
			中方航空公司	境外航空公司		中方航空公司	境外航空公司		中方航空公司	境外航空公司
1995	131.4	35.2	65.6	34.4	14.8	64.2	35.8	20.4	66.7	33.3
1996	160.1	44.5	44.0	56.0	16.8	48.4	51.6	27.7	42.5	67.5
2000	309.4	98.4	35.5	64.5	37.6	35.4	48.4	60.8	35.5	64.5
2001	339.3	105.4	38.5	61.5	41.3	43.3	56.7	64.1	35.4	64.6
2002	401.8	127.4	38.3	61.7	49.4	41.5	58.5	78.0	36.3	63.7
2003	451.7	161.3	33.2	66.8	62.9	36.4	63.6	98.4	31.3	68.7
2004	552.6	213.1	28.6	71.4	83.1	29.4	70.6	130.0	28.1	71.9
2005	633.1	246.8	23.8	76.2	89.9	25.0	75.0	156.9	23.1	76.9
2006	753.3	295.5	31.4	68.6	109.5	34.1	65.9	186.0	29.8	70.2

（七）进一步对外开放货运

2002年，民航总局颁布《外商投资民用航空业规定》，规定外商投资货运仓储、地面服务等项目，外商投资比例由双方协商确定；投资货运企业，投资比例不得高于25%。

2005年1月，民航总局又颁布相关的补充规定，允许香港、澳门服务提供者以合资或独资形式在内地提供代理服务、旅客与行李服务、货物与邮件服务、机坪服务、飞机服务等七项航空地面服务。

自2003年7月起，规定在海口、厦门、三亚单方面开放客货第三、四、五航权。至2006年已有上海、南京、厦门、成都等城市分别依据国家间双边航空协定与有关方面交换了货运第五航权。

2006年10月，民航总局决定在武汉启动航空运输综合改革试点，其中有支持国内外航空公司充分使用客货第三、四、五航权。

近年，我国已与美国、欧盟、泰国、新加坡、印度、马来西亚、澳大利亚等国签订了较为宽松的双边航空运输协定。这些国家大幅增加了货运航线和货运航班，其中美国飞中国的货班最多，还有许多经第三国飞抵中国或自中国飞往第三国，从而构建了美国几家航空公司的全球货运网络。

（八）航空物流园区和货运中心建设蓬勃发展

“十一五”期间，民航将投资约1400亿元建设和改扩建机场。与此同时，北京首都、上海浦东、天津滨海、广州新白云、杭州萧山、深圳宝安、武汉天河、南京禄口、成都双流、昆明新机场、西安咸阳、沈阳桃仙、乌鲁木齐等机场都在建设物流园区、货运中心、工业开发区和空港经济区，有的规模还很大。另外，美国联邦快递公司于2006年1月在广州新白云机场动工兴建亚太物流转运中心，还计划在杭州萧山机场建设又一个转运中心；美国联合包裹公司在上海浦东机场建设的物流中心于2007年4月动工。德国汉莎航空公司在上海浦东机场建设了大型货站。还有，国际、南方、东方、上海、翡翠等航空公司也在基地机场建设大型货运设施。

二、航空货运发展中的主要问题

我国航空货运虽有较快发展，但依然存在许多问题，如不能尽快解决，航空货运发展将充满艰难曲折。主要问题有：

1. 货运企业和运力规模小，大多亏损。目前，我国民航有8家货运企业，最大的中国国际货运航空有限公司只有9架飞机，商务载重1105吨；中国货运邮政航空公司虽有10架货机，但商务载重仅156吨；小的货运公司只有2架飞机。而飞中国的美国的联邦快递、联合包裹公司分别有货机321架、224架，2005年营运收入分别有293.6亿美元、425.8亿美元，利润14.5亿美元、38.7亿美元。新加坡、大韩、全日空、汉莎等航空公司的货运能力均具一定规模，且均有盈利。2006年，除中国国际货运公司有盈利外，其他货运公司大多亏损。

2. 国内货运仍是传统的客机腹舱载货为主，国内货机少，货运发展慢。非理性竞争加剧，吨·公里货运收入逐年下降。

3. 国际和港澳地区货邮运为外航垄断。2006年，我国民航航空公司承运的境外货邮市场比例虽止降回升，但进出港货邮外航仍占68.6%，我国民航只占31.4%；出港货邮外航比例更高达70.2%，而我方只占29.8%。我国货邮集中的华东地区，外航承运的货邮高达75.8%，我方只占24.2%，不到外航的1/3。在货邮集中度高的7个机场中，我方只在首都国际机场稍有优势，占65.3%，其他6个机场均为外航垄断，其中浦东国际机场，外航占74.5%。我方占25.5%；广州白云机场，外航占70.7%，我方占29.3%；天津、厦门、杭州3个机场的国际货邮为外航绝对垄断。收费率高的航空快件、包裹以及电子、电器等货物，大多为外航垄断（见表6）。

表6　国际及地区货邮和境外航空公司完成货邮量及比例

项目 / 地区及机场	2005年			2006年						境外航完成					
	进出港量（万吨）	进港（万吨）	出港（万吨）	进出港		进港		出港		进出港及比例		进港及比例		出港及比例	
				万吨	增长%	万吨	增长%	万吨	增长%	万吨	%	万吨	%	万吨	%
全国机场	246.8	89.9	156.9	295.5	19.7	109.5	21.8	186.5	18.9	202.7	68.6	72.2	65.9	130.5	70.2
华东	182.7	69.1	113.6	206.7	13.1	76.2	10.3	130.5	14.9	156.6	75.8	58.4	76.6	98.2	75.2
华北	32.5	12.0	20.5	51.8	59.4	24.0	100	27.8	35.6	22.5	43.4	8.4	35.0	14.1	50.7
中南	21.0	5.1	15.9	27.3	13.0	6.2	21.6	21.1	32.7	17.3	63.4	3.7	59.7	13.6	64.5
西南	2.0	0.7	1.3	1.2	-40.0	0.5	-28.6	0.7	-46.2	0.7	58.3	0.3	60.0	0.4	57.1

续 表

项目 / 地区及机场	2005年			2006年						境外航完成					
	进出港量（万吨）	进港（万吨）	出港（万吨）	进出港		进　港		出　港		进出港及比例		进港及比例		出港及比例	
				万吨	增长%	万吨	增长%	万吨	增长%	万吨	%	万吨	%	万吨	%
新疆	1.5		1.5	2.0	33.3			2.0	33.3	1.9	95.0			1.9	95.0
西北	0.6		0.6	2.4	300	0.1		2.3	283	2.0	83.3	0.1	100.0	2.0	87.0
东北	6.6	2.4	4.2	6.1	-7.6	2.4		3.7	-22	3.7	60.7	1.3	54.2	2.4	64.9
浦东	161.2	63.2	98.0	184.6	14.5	70.3	11.2	114.2	16.5	137.5	74.5	52.9	75.2	84.6	74.0
北京	25.3	10.2	15.1	44.7	76.7	21.6	111.8	23.1	52.9	15.5	34.7	6.1	28.2	9.4	40.7
广州	13.2	3.1	10.1	16.4	24.2	4.1	32.3	12.3	21.8	11.6	70.7	2.6	63.4	9.0	73.2
深圳	6.3	1.8	4.5	9.9	57.1	2.0	11.1	7.9	75.6	5.0	50.5	1.1	55.0	3.9	49.4
杭州	4.9	1.2	3.7	3.6	-36.1	0.5	-58.4	3.1	-26.2	3.2	88.9	0.5	100.0	2.7	87.1
厦门	6.5	2.1	4.4	6.9	6.2	2.0	-0.05	4.9	11.4	5.8	84.1	2.0	100.0	3.8	86.4
天津	5.6	1.8	3.8	6.4	14.3	2.3	27.8	4.1	7.9	6.2	96.9	2.3	100.0	3.9	95.4

4. 世界四大航空物流企业全部进入我国航空货运和货运代理市场，在“堡垒”内部占据了有利地位，从源头上垄断了货源。即美国FedEx（联邦快递）、UPS，总部位于德国的跨国快递和物流公司DHL和总部位于荷兰的跨国航空物流供应商TNT。

①FedEx大举进入我国航空货运和物流市场。

2006年1月16日，FedEx投资15亿美元建设的亚洲太平洋地区转运中心在广州新白云机场动工。中心占地2451亩，包括飞行跑道、停机坪、分拣中心、厂房、办公楼等，停机坪可泊货机28架，每小时包裹分拣能力达2.4万件，第一期工程2008年完工。这个亚太转运中心是FedEx依据2004年中美航空运输协议书中中方的承诺，与广州白云机场经两年谈判达成协议后建设的。

2006年2月，FedEx与天津大田集团签署协议，以4亿美元现金收购大田集团在大田联邦快递公司中的50%股份，以及大田集团在中国的国内快递网络，从而使1999年成立的合资货代物流企业转变为FedEx的独资企业，并接管公司在中国境内89个地区、约200个城市的快递业务和快递设施设备。

2007年3月20日，FedEx中国区转运中心正式落户杭州萧山国际机场，并由奥凯航空公司依据双方合作协议在杭州运营3架B737F型货机，航线服务将遍及中国30多个城市机场。

2007年4月20日，FedEx在天津滨海新区建设的地面操作站正式启用。该操作站可通过FedEx的北美次日到达，亚洲一日到达和环球航线，将天津及附近地区的货物、快件送达亚、欧、美洲。

2006年1月，FedEx在沪建立的地面操作站正式投入运营。此前，还有3个地面操作站和一个快件处理中心在浦东机场等地建成并投入运营，以保证浦东机场为中心的华东地区快件连接 FedEx 的亚洲“一日达”和北美“一日达”的网络。

②UPS 在中国建立国际转运中心和连接全球的货运网络。

2005 年 2 月，UPS 宣布以 1 亿美元的出价接管中外运总公司在国内 200 多个城市的与其合资的货代企业股份，使其成为独资公司。

2007 年 4 月 12 日，UPS 与上海机场集团有限公司正式签署协议，UPS 在浦东机场建立 UPS 国际转运中心。该项目是基于 2004 年 7 月中美航空运输议定书的框架下签订的。该中心将把中国各地区与 UPS 的国际网络联结，以提供至亚、欧和美洲的直航服务。同时，该转运中心还将使 UPS 在中国的国内合作伙伴扬子江快运，通过其国内航线，将有关业务与 UPS 的全球网络联结起来。

③DHL 与美国博立货运航空公司联合，在中国布设空地相连的货运物流网。

20 世纪 80 年代起，DHL 开始与中外运总公司在华开办合资的中外运敦豪公司，网络陆续在近 200 个城市展开，并建立了多个快递物流中心、6 个战略备件中心。

2007 年 1 月 ，DHL 下属的 DHL 全球货运物流公司，获中国航空运输协会颁发的国内货物空运代理业务执照，使 DHL 成为首家在中国市场开展货运、快件服务的国际物流供应商。

2006 年 9 月，DHL 入股已于 2005 年开航中国的总部位于洛杉矶的美国博立货运航空公司，将中外运敦豪公司在华的货代物流网络纳入博立航空公司的业务合作之中。

④TNT 着手在华布设航空物流网。

2003 年 4 月，TNT 下属的 TPG 与中国国家邮政局签订协议，由 TPG 投入 2 亿欧元，与中国的 EMS 共同整合邮政、物流和快递三大网络并建立合资企业。

2006 年 3 月，经中国相关部门批准，TNT 收购中国华宇集团，有关财务信息不对外公布。华宇集团是我国一家著名的公路零担货运公司，成立于 1995 年，目前在境内有 56 家分公司、1100 个营运网点、3000 多台运输车，网络遍及国内大中城市。

2006 年 9 月，TNT 特别设立的货运航空公司从比利时货运物流中心列日开航上海浦东机场，以逐步完善航空物流网。

对于 FedEx、UPS 依据 2004 年 7 月签署的中美航空运输协议书在广州、上海浦东机场建立转运中心等事件，香港《大公报》曾发表评论指出：“中国在加入 WTO 的协议中并没有对其开放程度做出具体承诺，但却意外地较某些行业更加开放。从目前来看，中国此番大面积‘引狼入室’，并没有多为中国的航空公司的长远设想——国外不仅仅获得‘国家利益’，而且他们的众多航空公司将大大受到恩惠。相反，对中国的航空运输业发展是致命的，因为中国航空业刚刚起步——可以定论的是，中国正在‘放狼进羊圈’，中国航空业未来堪忧。”

（作者：刘功仕　中国航空运输协会）

2006 年中国包装业

2006 年，我国的包装工业又有了巨大的进步，呈现出突破性发展的势头，总体规模迈上一个新台阶。根据中国包装联合会会长石万鹏 2006 年 12 月在中国包装联合会第六届四次理事会上所作的工作报告上提供的数据，2006 年我国包装工业总产值已接近 6000 亿元人民币，这个绝对数仅次于美国和日本，位居世界第三，同比增长 30% 以上，继续保持了良好的发展态势。

据中国包装联合会对全国规模以上包装企业进行的统计，2006 年前三个季度，我国包装工业总体发展良好、形势喜人，各项经济指标再创新高，各门类均衡高速发展，环保型包装产品继续保持较快的增长势头。

一、各项经济指标大幅攀升

1. 2006 年 1 ~ 9 月，全国包装工业总产值（当年价）共完成 3590.09 亿元，较去年同比增长 24.36%（见表 1）。如果此增速是我国包装工业自 2002 年以来工业总产值连续第四年超过两位数增长的一年，也是历史以来的第三高值。

由表 1 可以看出：①塑料包装业表现最为突出。在 2006 年前三个季度中，其工业总产值同比增速为 41.60%，达到了历史最高水平。

表 1　2006 年 1 ~ 9 月包装工业总产值分析

1 ~ 9 月		完成值（亿元）	同比增长量（%）
工业总产值（当年价）		3590.09	24.36
其中	纸包装	1222.10	15.54
	塑料包装	1108.34	41.60
	玻璃包装	96.22	24.06
	金属包装	302.38	27.25
	竹木包装	13.81	26.32
	包装印刷	615.85	27.51
	包装机械	173.96	25.78

由于受到环保和原油涨价等因素的影响，近几年来塑料包装制品业的增长速度受到一定程度的制约。此次塑料包装制品业工业总产值增长幅度的大幅上扬，说明产业的科技研发和产品转型已经取得了一定成效，适应了经济和社会发展的需要。②环保型包装产品如金属、玻璃、竹木等产业的表现紧随其后，继续保持较快的增长速度，它们的工业总产值增幅平均值达到 26.14%。这说明，我国绿色包装产业已经初步形成，并有较为广阔的发展前景。③包装机械制造业工业总产值 2006 年出现了较大幅度的增长，同比增长达到 25.78%，这是一

个令人兴奋的情况。因为我国包装机械制造业多年以来处于低速增长的状态，没有较大的起色。这次崛起，说明我国国产包装机械已经开始取得了市场的认可，需求总量正在逐步扩大，为我国包装工业整体的平衡发展起到了重要的作用。④包装印刷业工业总产值同比增长达到了27.51%。虽然，我国包装工业各门类在2006年基本上取得了较好的发展，但是，也应该注意到，作为环保型包装产品的“龙头”产业——纸包装制品业，其工业总产值的增长幅度却有较大的回落。

2. 2006年1～9月，全国包装工业新产品实现产值147.91亿元，较去年同比增长33.92%；新产品产值占全部包装工业总产值4.12%，较去年同比增长0.35个百分点（见表2）。

自从新产品产值这一指标有统计以来，就一直保持了快速的增长，2006年达到了几年来的数值同比最大值。新产品产值占工业总产值比重同比值虽然在2005年有所降低，但2006年又回到增长的水平。新产品产值两项指标的快速增长，反映出我国包装工业发展潜力巨大，后劲十足。

表2　　2006年1～9月包装工业新产品产值分析

1～9月		完成值(亿元)	同比增长量(%)	新产品产值占本产业工业总产值(%)	新产品产值占本产业工业总产值的同比增长量(%)
新产品总产值		147.91	33.92	(占全部包装工业总产值)(%)4.12	0.35
其中	纸包装	40.84	-10.20	3.3	-0.96
	塑料包装	49.62	90.44	4.48	1.22
	玻璃包装	3.11	-3.42	3.23	-0.95
	金属包装	13.44	159.46	4.44	2.26
	竹木包装	0.41	310	2.97	2.06
	包装印刷	19.38	47.49	3.15	0.67
	包装机械	17.74	8.90	10.20	1.58

3. 工业增加值（生产法）共完成959.20亿元，同比增长24.28%。2006年1～9月，我国包装工业增加值的增长幅度又达到了一个新的高点，这反映出包装工业为社会创造出了更多的价值。2006年1～9月，我国包装工业各门类工业增加值及较上年同比增长情况见表3。

4. 工业销售产值（当年价）共完成3508.10亿元，同比增长24.49%。2006年1～9月，我国包装工业销售产值的增速超过了工业总产值增速，这说明这一时期我国包装工业生产产品符合市场的需求、适销对路。包装工业各门类工业销售产值及较上年同比增长情况见表4。

5. 出口交货值共完成418.78亿元，同比增长36.59%；出口交货值占工业销售产值11.94%，同比增长1.06个百分点（见表5）。出口交货值的高速增长，说明我国包装工业正在向着外向型方向逐步扩展，反映出我国包装技术水平进一步提高，较好地适合了国外客户的使用要求和标准。

表3　2005 年 1 ~9 月包装工业工业增加值（生产法）分析

1 ~9 月		完成值(亿元)	同比增长量(%)
工业增加值(生产法)		959.20	24.28
其中	纸包装	334.82	17.59
	塑料包装	265.64	42.42
	玻璃包装	32.50	40.21
	金属包装	68.95	30.32
	竹木包装	3.63	22.22
	包装印刷	198.01	17.96
	包装机械	50.73	10.26

表4　2006 年 1 ~9 月包装工业销售产值分析

1 ~9 月		完成值(亿元)	同比增长量(%)
工业销售产值(当年价)		3508.10	24.49
其中	纸包装	1196.42	16.10
	塑料包装	1082.61	41.37
	玻璃包装	93.27	25.23
	金属包装	296.02	25.83
	竹木包装	13.48	27.05
	包装印刷	601.40	16.41
	包装机械	168.73	28.73

表5　包装工业各门类出口交货值及同比增速情况分析

1 ~9 月		完成值（亿元）	同比增长量（%）	出口交货值占本产业工业销售产值（%）	出口交货值占本产业工业销售产值同比增长（%）
出口交货值		418.78	36.59	出口交货值占工业销售产值（%）11.94	出口交货值占工业销售产值（%）同比增长 1.06
其中	纸包装	95.95	20	8.02	0.26
	塑料包装	191.37	59.81	17.68	2.04
	玻璃包装	2.22	24.72	2.38	-0.01
	金属包装	27.03	33.35	9.13	0.51
	竹木包装	2.90	16.47	21.51	1.96
	包装印刷	70.47	16.90	11.72	0.05
	包装机械	17.79	16.05	10.54	-1.16

6. 实现利润共计 158.17 亿元，同比增长 34.20%。利润总值的大幅增长并超过了工业总产值的增长幅度（见表 6），说明我国包装工业生产和管理水平有较大提高，这是投资再发展的重要保障。

二、2006 年包装工业发展实现较大突破

由于 2006 年前三个季度我国包装工业总体发展较快，各门类增长均衡，增速较高，因此，全年包装工业规模以上企业各项经济指标均有较大突破，工业增加值将达到 1300 多亿元人民币，实现利润将达到 240 多亿元人民币。

包装工业 2006 年前三个季度出现的大好形势，主要来自我国整体经济快速发展的带动，以及自身结构调整、装备改造、技术研发、产品创新等各项工作的推动。因此，全行业应继续深化改革，进一步提高科学管理水

平，努力占领包装各门类的科技巅峰，特别要扩大我国包装产品品牌的影响力，才能在国内和国际两个市场上立于不败之地，将这种喜人的发展形势长期保持下去。

表6　2006 年 1 ~9 月包装工业各门类利润分析

1 ~9 月		总值（亿元）	同比增长量（%）
包装工业创利润		158.17	34.20
其中	纸包装	53.82	19.71
	塑料包装	37.29	87.48
	玻璃包装	3.73	36.13
	金属包装	10.47	24.35
	竹木包装	0.63	61.54
	包装印刷	42.26	25.59
	包装机械	9.07	31.07

三、2006 年包装行业的几件大事

1. 成功举办了世界包装大会，进一步密切了国际交往，增加了包装行业的凝聚力，提升了我国包装行业的国际地位。

受世界包装组织委托、经国务院批准，2006 年 4 月 19 日，世界包装组织理事会暨世界包装大会在北京举办。中共中央政治局委员、国务院副总理曾培炎出席大会开幕式，并在会上发表重要讲话。曾培炎强调，中国将积极采取措施，鼓励绿色包装，促进包装工业节约发展、清洁发展、安全发展。努力提高包装的设计水平、工艺水平和产品质量，大力发展包装机械和材料工业，全面增强包装工业的竞争力。

国务院办公厅、国家发改委、国务院国资委、商务部、新闻出版总署等国家有关部门领导、世界包装组织 80 多名理事成员和专家代表，来自 29 个国家和地区的 140 多位嘉宾以及 700 多名国内代表出席了会议。世界包装组织主席斯达西诺保罗斯向谷牧授予了世界包装行业终身成就奖。大会由中国包装联合会主办，此次会议的主题是“科技、环保、合作、发展”。

大会经过相互沟通和广泛切磋，在全球经济一体化日益显现的新形势下，对包装行业的发展思路达成了共识。各位代表的发言讲得都很精彩，既有对全球包装行业的分析、预测和展望，又有对包装行业协会管理和业务建设的介绍和思考。中国包装联合会会长石万鹏代表中国包装行业发表的《中国包装工业的发展战略》引起了全体与会中外代表的共鸣。文中谈到的关于中国包装工业未来发展的思路，不仅明确了中国包装工业的发展方向，同时也让世界了解了发展中国包装工业的整体思路。

据统计，进入 21 世纪，全球每年仅包装材料与容器消费就超过 8000 亿美元。改革开放以来，我国包装工业产值平均每年以 14% 的速度快速增长，2006 年全国包装工业总产值已接近 6000 亿元人民币。目前，我国已建立起门类齐全的包装工业体系，基本能够满足国内消费和商品出口的需求，不少包装产品在国际市场赢得了良好声誉。

2. 开展表彰活动，努力推进包装行业的快速健康发展。

在国际上有“世界 500 强”的年度评选，在美国有“财富五百强”的年度评选，在我国有“全国百强县”的年度排名和“中国企业 500 强”的年度排行榜等。目前我国也正在实施名牌战略，这些活动的开展对调整经济结构，转变经济增长方式，提高自主创新能力以及加快形成一批拥有自主知识产权、具有较强国际竞争力的知名品牌和优势企业集团，推动国民经济全面协调可持续发展具有重要意义。

中国包装联合会借用召开世界包装大会的良好契机和难得的“平台”，开展了行业表彰活动，推荐了一批包装行业的“龙头”企业、

杰出企业家和包装名牌产品，扩大了中国包装在国际市场上的影响，加强了国际间的合作与了解，获得了世界同行的认同。经过地方包协和各专业委员会推荐，中国包装联合会对报名资格进行初审并组织专家严格评审、筛选，最后评选出中国包装“龙头”企业81家、中国包装优秀企业64家、中国杰出包装企业家42人、中国优秀包装企业家26人、中国包装名牌产品108种和全国先进包装协会17家。并于2006年3月28日向社会公布。

2006年，经国家工商总局评审，申达集团的“申达”牌商标被批准为我国包装行业的第一个“中国驰名商标”；有一批企业，如浙江大东南包装股份有限公司的“西施”牌塑料包装薄膜、厦门厦顺铝箔有限公司的“达顺”牌铝箔等17家企业的17种包装产品被国家质量监督检验检疫总局、中国名牌战略推进委员会评价为2006年“中国名牌产品”。

3. 完成了《包装工业“十一五”发展规划》的起草工作。

2006年第四季度，中国包装联合会连续三次召开了各种范围的行业研讨和专家座谈会，在亚包中心和北京市包协的协助下，通过与国家发改委宏观经济研究院的合作终于完稿，并上报给国家发改委有关部门。“规划”完成报批后将向全行业公布。

《包装工业“十一五”发展规划》明确了包装工业在今后五年内发展的指导思想、奋斗目标和主要任务，将成为包装行业今后五年的行动纲领。

《包装工业“十一五”发展规划》提出“十一五”发展总体目标是：到2010年，将建设成为综合创新能力较强、产业结构比较合理、产业布局得到优化、产业集群形成支撑、产品技术进步显著、服务体系健全、产业标准体系完善、“龙头”企业带动效应显著、品牌优势突出、资源综合利用水平提升，拥有在世界上有较大影响的先进包装工业基地的重要行业，为实现我国由包装大国向包装强国的跨越式发展奠定坚实的基础。

4. 食品塑包器具实施市场准入制。

为保障食品安全，质监总局于2006年7月18日宣布，在全国范围启动对食品塑料包装的监管工作；8月1日，质监总局出台的《进出口食品包装容器、包装材料实施监管工作管理规定》正式实施；9月1日，质监总局启动39种食品用塑料包装、容器和工具等制品的市场准入制度；9月19日，质监总局在北京举办全国食品用塑料包装、容器和工具等制品生产许可证企业宣传贯彻师资培训班；12月27日，为首批通过审查的29家企业颁发了生产许可证。至此，我国对食品用塑包器具等产品实施生产过程监管工作全面展开。

5. 以科学态度评判PS发泡餐具。

2006年1月12日，中国环境科学学会绿色包装分会等单位举办一次性发泡塑料餐盒正名媒体座谈会，专家指出，曾被原国家经贸委定为落后产品的PS发泡餐盒，实际上是目前市场上安全、环保且性价比最优的一次性快餐盒；7月8日，在苏州召开的中国环境科学学会绿色包装研讨会上，一次性PS发泡餐具行业发表苏州宣言，向社会郑重承诺：积极配合政府有关部门，建立回收网络体系，并提供技术与资金支持，主动承担一次性PS发泡餐具回收处置费用。在研讨会上，业界专家从市场经济和性价比、循环经济和生命周期评价准则的角度，诠释了一次性PS发泡餐具的绿色概念，认为应该以科学和实事求是的态度看待一次性PS发泡餐具。

6. 中国包装首富享誉世界。

“2006胡润百富榜”2006年10月11日在上海揭晓，中国包装纸大王——张茵以270亿元的财富被评为2006年中国首富，从而引起了国内外媒体的密切关注。

张茵的中南控股公司，主要从事废纸回收贸易、箱板纸、包装纸的生产、制造。目前是全球最大纸原料出口商，年出口超过500万吨，并以年均30%的速度递增，业务遍及美国、欧洲、亚洲等地，在美国各行业的出口集装箱数量排名中位列第一。2006年，中南控股的独资子公司玖龙纸业在香港上市，募集资金38亿港元。借助这个资本平台，张茵的造纸版图继续扩大。

2006年10月10日的《纽约时报》以《妇女第一次高居中国富豪榜首位》为标题首先进行了报道；美国《星岛日报》也报道说，中国新首富出在自己身边，美国南加州侨界感到十分惊喜。如今该公司的集装箱出口量在全美排名第一。中国包装造就2006年中国首富，“中国包装女首富”第一次成为全球各大媒体的热点新闻。

7. 2006年起进口货物木质包装需使用专用标识。

为防止林木有害生物随进境货物木质包装传入我国，国家质检总局、海关总署、商务部和国家林业局联合发布公告，规定自2006年1月1日起，进境货物使用的木质包装应当由输出国家或地区政府植物检疫机构认可的企业按中国确认的检疫除害处理方法处理，并加施政府植物检疫机构批准的IPPC（国际植物保护公约组织）专用标识。如不符合要求或截获活的有害生物，出入境检验检疫机构将要求货主或其代理人对木质包装实施除害处理、销毁处理或连同货物退运出境。

（作者：韩永生　天津科技大学）

2006年中国仓储业

2006年底，我们对56家大型仓储企业进行了调查，调查结果显示：几项主要指标的增长速度都超过10%。这足以说明，2006年我国仓储行业发展稳定，业绩较好。

一、主营业务收入快速增长

2006年，样本企业实现主营业务收入91.3亿元，比上年增长17%。其中，仓储业务增长12.3%，运输配送收入增长17.2%，商品销售收入增长18%，质押业务收入增长183%，现货市场业务增长14.2%。

推动业务增长的因素主要有：一是仓储需求增大。除了生产和贸易向大企业集中，需要更多的仓储设施之外，跨国公司在中国需要更多的物流中心为之服务。沃尔玛、家乐福、欧尚、麦德龙等零售业的扩张，推动了物流中心业务的增长。二是中国经济增长速度加快，进出口总额预计增长24%，资源性原材料进口和加工制成商品出口，都需要仓储物流中心作为结点支撑。

二、基于仓储业的物流增加值增长较快

如果将保管业务作为仓储业的基础业务，那么配送、包装、组装、加工、现货市场、信息服务、质押监管业务就是仓储业的增值服务。除了加工业务因进入门槛低、竞争激烈而下降34%之外，其他业务都取得了12%以上的增长速度。56家样本企业中的仓储企业只有两家亏损，亏损面为3.6%，赢利企业赢利增加，最高的一家仓储企业赢利2800万元以上。赢利企业的业务形态基本上都实现了综合化，实现了物流增加值的增长，从仓储业所能展开的多种业务前景看，综合物流仍然有较大的成长空间。

三、货物吞吐量增长，货物周转速度进一步放慢

56家企业实现货物吞吐量7059万吨，比上年的5916万吨增长了19.3%，增长了9个百分点。货物周转速度10.3次/年，比上年减少1.15次，这主要是因为黑色金属材料供给增加，平均库存比上年增长；家电等产品供大于求，压库现象较为普遍。

四、能源及重要生产资源仓储设施建设速度加快

随着能源资源短缺情况的加剧以及石油价

格的上涨，国家和社会对能源及重要生产资源的仓储设施的投资加大。各大港口附近兴建了大批的储油罐、内地的炼厂、油品经销商都在扩大储罐投资。国家已在浙江、青岛建了三个国家级储油基地。广东、大连、上海、日照、黄骅等地的储油基地都在迅速扩张。

五、物流园区的规划与建设进一步趋于理性，盲目发展物流园区的势头有所遏制

主要表现在：一是物流园区的规划更为合理，加强了对物流量和流向的研究分析，加强了可行性论证科学性；二是随着更为严格的土地控制政策出台，地方政府提高投资仓储业的用地门槛，提高了投资强度和进园企业的审批标准；三是一些地方政府调整了物流园区的规模，减少了物流用地的审批。

六、国外基金机构投资中国物流地产，从事物流地产的企业增加，物流地产供给量增加

以普洛斯为代表的物流地产企业，在过去的一年中得到长足发展，到目前已有100万平方米的库房建成并被客户租用。新加坡淡马锡旗下的丰树集团也在上海、沈阳、天津等地购置了大量物流地产。仲量联行进入我国后，不仅深入研究了我国仓储业情况，还协助众多物流地产商大量收购物流地产。

七、物流金融业务仍然是2006年关注的焦点

2006年，几乎所有的银行都在研究开发物流金融产品。中国物资储运总公司质押业务增长高达180%以上，与200多家银行分支机构开展监管业务，监管点多达400多个，质押贷款额超过150亿元。中远物流、中外运的该项业务发展速度也很快，三家国有物流公司成为该项业务的第一方阵。

八、出台相关土地政策、规范仓储用地

我国政府出台了一系列土地政策，严厉制止以租代征，土地出让金收支纳入财务预算，以及新增建设用地大幅提高土地使用费等，对仓储业的发展产生重要影响。具体表现为：一是制止以租代征将会遏制农村绕过政府控制建库，对抑制仓储业的过度竞争和节约土地大有益处；二是削减了政府出让土地的内在冲动，但也有可能减少仓储供地；三是取得土地的成本可能会大幅提高，现有的数字表明仓储用地的地价比上年增加了30%～50%，有的成倍增长。由于征地不易和土地昂贵，一些新建库房不得不设计为楼库。中储、普洛斯等企业也增加了楼库的建设。

九、保税仓库的发展势头依然不减

上海、天津和大连均设立了保税港区，另有宁波等8个港口实现了区港联动。

因为仓储业是和国家经济乃至世界经济的发展连在一起的，所以，根据2006年仓储业的发展业绩，我们有理由对其后续发展充满信心。

——仓储业将向着更加综合化、专业化、国际化的方向发展。

一是仓储增值业务水平将进一步提高，综合功能集成使仓储企业收入和盈利都将增长。虽然样本企业的业务收入利润率只有1.9%，但增值业务的利润率在大幅提高。发展基于仓储的综合物流业务，将是仓储业的主要方向；二是业务流程将进一步和国际接轨，流程的优化和改革将大大提高仓储业的效率，扩大服务

的对象；三是向立体化要仓容。库房高度会进一步增高，楼库、立体仓库、货架的增长速度将会更快；四是物流中心的专业化方向更为明显，冷库、液体库、化工危险品库的需求进一步增加；五是仓储管理公司将有更多的发展机遇。由于库房供给增多，促使样本企业外租仓库数量从上年的18万平方米，增加到26万平方米，增长了44%。2007年将会进一步增长。

——品牌仓储企业将成为客户首选对象。

这是因为品牌仓储企业经验丰富，信誉良好，抗风险能力强，服务产品的研发能力强，能够满足越来越多的功能需求。样本企业调查表明，在2006年客户数量比上年增长8.4%，业务收入增长17%，优质客户在向品牌企业集中。

——仓储业将与运输业日益密切结合。

随着公共仓库的发展，仓库成为重要的货源地和货物集散中心，中小运输企业将在这里找到合适的配载货物。同时，较大的运输企业、物流企业也在加快自有物流中心建设。一些生产厂家也纷纷建立集中管理的物流基地，整合成以仓库为核心的区域性的、辐射状的物流网络。

——严格的国土政策将对仓储业产生重大影响。仓库基础设施建设将向集约化方向发展。

国家出台一系列严格土地政策，意在加大土地的取得、使用和保有成本，城镇土地使用税将大幅提高，这就加大了仓储企业的运营成本；新增建设用地将更难取得，这就给新设仓储企业征地和原有仓储企业置换带来困难。可以预见，仓储企业选址将向离城区更远的地方寻找，沿海、沿江、滩涂、闲置建设用地都在热选之列。此外，物流园区也会得到进一步发展，因为它是仓储业的主要载体。

所谓集约化，就是在有限的土地上建设功能更加齐全、运营更加有效、产出更高的物流中心。库房的建筑密度提高，道路通行能力强，站台库数量增加，起重设备更加先进，调度更为科学将是仓储企业追求的目标。将有更多的仓储企业关注仓储物流的技术问题，尤其是信息技术的先进、适用、价格合理，仓储业的信息系统与客户信息系统的对接，公共仓储信息平台建立等问题。

政府层面对仓储物流非常关注，在绿化率、库房设计规定、仓储企业重量中的税收基数计算等方便给了很多优惠条件。这对我国仓储业的发展有很大的推动作用。建议政府有关部门研究进一步解决仓储业困难的政策：如降低对仓储企业的投资强度要求标准，降低仓储企业营业税率，出台鼓励仓储企业进行资产置换（让出在市区的土地，在更适于做仓储的地方重建）的政策，鼓励仓储企业重组与联合等。

注：本文调查样本来自中国物资储运协会56个大型仓储企业，分布在全国34个直辖市、省会城市和主要口岸城市，数据真实准确。

（作者：姜超峰　中国物资储运协会会长）

2006 年中国货代业

2006 年 3 月，全国人大会议讨论通过了“十一五”发展《规划纲要》，明确提出加快发展服务业，特别是要“大力发展现代物流业”。它充分显示出政府为推动物流业的发展的积极和坚决的态度。有机构预测，未来几年，新兴的中国物流市场将每年保持 20% 以上的增长速度。我们相信，在政府的积极推动下，全面开放的我国国际货运代理行业将迎来继 1984 年之后的第二个蓬勃发展的新阶段。

2006 年是我国国际货运代理行业履行加入 WTO 承诺对内对外全面开放的第一年。货代业在新的形势下，呈现了良好的发展态势。

一、2006 年我国货代物流行业的政策变化

2006 年 3 月，我国《国民经济和社会发展第十一个五年规划纲要》明确提出加快发展服务业，特别是要“大力发展现代物流业”。《规划纲要》中涉及运输服务行业的主要内容是：

第一，优先发展交通运输业。统筹规划、合理布局交通基础设施，做好各种运输方式相互衔接，发挥组合效率和整体优势，建设便捷、通畅、高效、安全的综合运输体系。加快发展铁路运输。进一步完善公路网络。积极发展水路运输。优化民用机场布局。优化运输资源配置。强化枢纽衔接和集疏运配套，促进运输一体化。开发应用高速重载、大型专业化运载、新一代航行系统等高新技术，推广集装箱多式联运和快递服务。应用信息技术提升运输管理水平，推广智能交通运输体系。发展货运代理、客货营销等运输中介服务等。

第二，大力发展现代物流业。其主要内容是：推广现代物流管理技术，促进企业内部物流社会化，实现企业物资采购、生产组织、产品销售和再生资源回收的系列化运作。培育专业化物流企业，积极发展第三方物流。建立物流标准化体系，加强物流新技术开发利用，推进物流信息化。加强物流基础设施整合，建设大型物流枢纽，发展区域性物流中心。

2006 年 4 月，商务部要求进一步做好物流领域（含货运代理）的吸引外资工作。继 2002 年发布《关于开展试点设立外商投资物流企业工作有关问题的通知》后，2006 年 4 月 20 日，商务部发布《关于进一步做好物流领域吸引外资工作的通知》。通知规定，外商投资物流企业是指以为其他企业提供物流及其他相关服务为主要经营活动的外商投资企业，其中包括外商投资道路运输企业、外商投资水路运输企业、外商投资货运代理企业、外商投资商业企业、外商投资第三方物流企业及从事其他物流或物流相关业务的外商投资企业。外国投资者

可根据相关规定及其他外商投资法律法规，申请设立外商投资物流类企业，从事以上一项或多项物流业务。其中，从事多项物流业务的，应符合分别从事所申请的各项物流业务的资格要求中的最高条件。

二、“FIATA2006 上海年会”圆满召开，对我国货代物流业产生了深远而积极的影响

“FIATA2006 上海年会” 于 2006 年 9 月 18 日至 21 日在上海国际会议中心举行。这是我国货代物流行业最具权威的国际性盛会。国务院副总理吴仪为本届年会发来了贺信，上海市市长韩正、商务部副部长高虎城出席开幕式并发表讲话。德国交通部长 Wolfgang Tiefensee 先生出席了空运工作委员会会议并发表了主旨演讲。

吴仪副总理在贺信中代表中国政府对国际货运代理协会联合会（FIATA）首次在我国举办年会表示热烈祝贺。她说，FIATA 成立 80 周年以来，已发展成为国际货物运输领域中最大的行业组织。与世界水平相比，中国货代物流业还有一定的差距。她表示，年会的召开，必将拓宽中国和世界各国的合作渠道、为国际贸易和世界货运业的发展做出贡献。关于此届年会对于我国及世界货代行业的意义，国际货运代理协会联合会 2006 中国 · 上海年会（“FIAIA2006 上海年会”），必将进一步拓宽国内外物流和货代企业的合作领域，为国际贸易和世界经济的发展做出更大的贡献。

韩正代表上海市人民政府对年会的召开表示热烈祝贺。他说：“近年来随着中国加入 WTO，上海物流业迅猛发展，已成为上海经济新的增长点。未来 5 年，上海将围绕国际航运中心建设，依托深水港、航空港以及铁路、公路网络，深化物流设施、物流信息、物流政策‘三大平台’建设，大力发展现代物流业，力争早日把上海建设成为国际重要的物流枢纽。”并表示：“上海将不断营造更加良好的投资环境，为国内外物流企业来沪发展提供更加完善的服务。”

高虎城副部长代表商务部和薄熙来部长，对年会的召开表示衷心祝贺。他说：“通过本届年会，各国和地区国际货代企业将找到新的发展机遇和新的合作伙伴，促进国际贸易和现代物流业发展。”

此届年会参会注册人数近 900 人，其中境外 700 多人，实际参会参展人数 1100 多人，创 FIATA 年会历史新高，展现出我国货运代理市场和物流产业发展对各国企业的强大吸引力。本届年会以货代物流行业的产业发展、区域合作和市场开拓为主线，就多式联运、空运、信息技术应用、危险品运输、海关事务和职业培训等议题展开了广泛讨论。

三、中国国际货运代理协会积极发挥桥梁作用，积极维护行业利益，认真搞好行业自律建设

2006 年是中国国际货运代理协会（以下简称协会）成立以来活动最多，声望提高最快的一年。根据《货代协会 2005—2010 年工作规划纲要》和行业的发展的现状，协会开展了以下工作：

（一）重点工作

1. 积极配合商务部修订《国际货运代理业管理规定实施细则》（以下简称《实施细则》）。自 2004 年商务部终止货代审批后，由于《国际货物运输代理业管理规定》及其《实施细则》未适时修订，出现了政府部门多头管理的局面。一度造成企业无所适从、市场经营秩序混乱的现象。协会及时将行业困惑和建议报告商务部。商务部马秀红副部长，傅自应部长助理很快地提出先行修订《实施细则》的决策。协会全力以赴配合主管司修法，走访协调相关部委，组织召开座谈会。同时，积极拟定与

《实施细则》配套的五个管理办法。目前，《实施细则》已完成网上公示。

2. 积极开展行业信用体系建设工作。我国国内货代企业近万家，但市场发展尚处于初级阶段，企业经营规模与经营方式、业务资源与从业人员的素质等方面参差不齐，竞争失序，企业面临着诚信的考验，亟需由政府主管部门、企业与行业协会共同来构建行业信用评价体系，维护行业利益与市场秩序。在整规办的倡导下，协会制定了行业诚信公约，并按整规办要求，拟定出信用评价总体方案和评价办法。2006 年，协会参加了整规办的答辩会，力争成为第一批行业信用体系试点单位。

3. 加快步伐，积极融入国家标准化建设之中。目前，我国行业服务标准等政策措施滞后于行业的发展需要，不能保持与国际同步。已经公布的《物流术语》和《物流企业分类和评价指标体系》也仅仅停留在“国内物流”，不能体现国际货物流通在国际贸易和现代物流中的特殊地位和整体利益，使我国企业在提升管理水平和国际间竞争中处于劣势。鉴此，协会在部主管司的指导下，积极筹备成立“全国国际货物流通标准化技术委员会”。经过努力，最终将与货代相关的 18 个标准列入国标立项中。2006 年底，国家标准化管理委员会发布《关于下达 2006 年第四批国家标准制修订项目计划的通知》(国标委计划［2006］81 号)，将国际货运代理作业规范、国际货物代理业务统计标准、国际货运代理标准交易条件、国际货运代理服务质量要求、国际货运代理企业资质和等级、国际货运代理从业人员职业资质等 6 个标准列入了第四批国家标准制修订项目计划中，中国国际货运代理协会将在商务部的指导下，于 2007 年年底之前完成标准的制订工作。

（二）积极开展国际交流活动，成功举办第三届中外货代物流企业洽谈会

2006 年 6 月 11 日至 14 日，协会与国际物流网络有限公司（WCA）在广州再度携手合作，成功举办了第三届中外货代物流企业洽谈会，参会人数达到 1122 人。在历时三天半的洽谈会上，中外企业代表充分利用洽谈平台、积极寻找合作商机、自始至终热情不减。“一对一”的业务洽谈模式深受企业的欢迎和认可。此次洽谈会的成功举办，充分反应了中国货代物流市场正在快速发展，国内货代物流企业正在积极扩展国外网络，为自身创造更多的学习和发展的机遇。

（三）主要日常工作

1. 抓好业内培训，提高行业素质，与国际接轨 。由于国内物流教育的现状远无法适应目前行业发展需求，为了适应国际贸易和物流发展的大趋势，培养高素质的货代物流人才，在商务部的大力支持下，我协会自 2002 年起有计划、有步骤地开展货代物流从业人员资格认证培训考试工作。考虑到大专院校物流师资匮乏，我们重点加强了对培训师的培训，先后举办了四期货代物流培训师培训，约 160 人取得培训师证书，为提高货代物流行业培训考试质量打下了坚实的师资基础。2006 年首次实行网上报名，参加考试人数又创新高，达 20420 人。截至 2006 年底通过培训与考试获得货运代理资格证书的人员达 3.9 万人左右。为了提高国内货运代理从业人员参与国际竞争的业务水平，并与国际接轨，协会取得了国际同业组织“FIATA”的货代资格证书（FIATA Diploma In Freight Forwarding）认证资质。目前，FIATA 证书资格培训考试工作已进行两次，通过优中选优，有 200 名学员通过了国际行业组织考试认证，占当年 FIATA 全球取得资质人数近一半。协会开展的两个培训工作得到了国际行业组织的充分肯定和赞扬。

2. 组织 2005 年度货代企业百强排名活动。在前两届年度货代企业百强排名基础上，2006 年，协会与国际商报再次联手开展第三届货代物流企业百强排名活动。排名活动包括 2005 年度“中国国际货代物流百强排名榜”、“中国国际货代物流海运50强"、"中国国际货代物流空运50强"、"中国货代物流仓储20强"和"中国货代物流新锐20强"榜单。中国对外贸易运输(集团)总公司以444.5亿元人民币营业额名列货代物流百强排名榜榜首。本届排名活动的特点是以货代企业业务备案数据为基本依据，使活动更具科学性、公平、公正。百强排名活动的开展与货代业务备案工作互相促进，大批货代企业已加入到百强物流排名中。

2005年度(第三届)中国货代物流百强活动自今年6月26日正式启动以来，得到了广大企业的重视，各地的国际货代企业纷纷加快速度，向各业务备案机关提交备案材料。今年百强排名活动与业务备案相结合，依据备案数据进行百强排名是前提。货代企业不参加业务备案，就不可能参加百强排名活动。同样，企业参加了业务备案，就会自动进入百强排名活动范围。颁奖大会适逢FIATA年会，FIATA现任主席和前任主席应邀出席颁奖会，并发表演讲。

3. 受商务部委托，做好实施货代企业业务备案工作。协会在全国范围内确定了41家业务备案协助单位，初步建立了全国业务备案网络，并制定了业务备案操作程序和数据录入标准。截至2006年底，参加业务备案的企业有3000余家。

4. 发挥协会桥梁作用，维护企业正当权益。2006年是围绕"邮政法"之争的第四年，国务院法制办8改其稿，但是广大快递企业仍然反映强烈，特别是从事国内快递的民营企业意见较大。协会国际快递工作委员会做了大量工作，不仅写出了颇具水平的调研报告，而且主动向政府有关部门反应企业诉求，起到了政府和企业间桥梁和参谋的作用。

5. 窗口工作。协会的网站和刊物是协会的窗口。2006年，协会(内部)刊物更名为《中国货代物流》，同时恢复了自己编辑、出版；为配合FIATA年会的召开等重大活动组织举办了多次新闻发布会，报道行业大事、企业诉求及专家论谈。加强协会网站建设，专门开通了网站英文版，方便国外企业了解协会、了解我国国际货运代理行业。

(四)组团出访

1. 参加FIATA工作会议。FIATA总部工作会议于2006年3月24日至26日在瑞士苏黎士召开。协会组织了66名代表参加，创FIATA参会各国代表人数纪录。

2. 参加"中国美洲地区货代物流企业洽谈会"。2006年4月2日至5日由协会和WCA物流网络有限公司联合举办的"中国美洲地区货代物流企业洽谈会"在加拿大温哥华举行，并取得圆满成功。为协会走出国门，在国外举办会展积累了经验。

四、行业整体情况及展望

国际货运代理行业的使命，是支持和带动我国外经贸事业乃止整个商务运行环境的发展。改革开放的中国，国民经济取得了超速增长和跨越式发展。中国在跨国公司的全球版图上日益占据更加重要的位置。自1984年以来，伴随着我国对外贸易的高速增长，我国国际货运代理业的发展方兴未艾，已成为一个初具规模的新兴服务产业。到2006年底，我国已有国际货运代理企业1万多家(包括分公司)，从业人员30多万人。其中，内资国际货运代理企业占了近70%，外商投资国际货运代理企业占了近30%。这些企业遍布全国各省、自治区、直辖市，分布在30多个部门和领域，国有、集体、外商投资、股份制等多种经济成分并存，已经成为我国对外贸易运输事业的重要力量，对于我国对外贸易的发展，乃至整个国民经济的发展做出了重要的贡献。目前，我国80%的进出口贸易货物运输和中转业务(其中，散杂货占70%，集装箱货占90%)，90%的国际航空货物运输业务都是通过国际货运代理企业完成的。

目前，我国国际货运代理行业有全国性协会一家，地方性协会26家。行业协会在促进行业发展和规范行业自律方面发挥了积极的作用。2007年，是我国国际货运代理行业履行加入WTO承诺对内对外全面开放的第二年，企业经营主体更加多元化，行业发展也将更具活力。《国际货运代理业管理规定实施细则》有望在2007年内出台，将有力地规范行业管理。中国国际货运代理协会将开拓进取，在促进我国国际货运代理行业全面发展方面，在促进我国货代物流业服务我国商务工作及国民经济的高速稳定增长中发挥积极作用，做出更大贡献。

（作者：刘占芳　中国国际货运代理协会）

2006 年中国邮政业

2006 年，邮政物流以提高核心竞争力为目标，突出抓好一体化、中邮快货和农村连锁配送三大业务，集中力量打好“华东一体化物流项目集中开发”、“国际物流业务启动”、“中邮快货业务上规模”、“农村连锁配送信息化推广”和“社会资源综合利用”等一系列战役，取得了显著成绩。

一、以一体化业务为核心，打造邮政特色的精益物流服务品牌

1. 积极开发国内高端物流市场，巩固和扩大优质客户队伍。一体化物流业务是衡量第三方物流企业服务能力和水平的标志性业务。中邮物流公司自成立以来，一直将其作为业务发展的重中之重。面对国内物流市场对外开放后的激烈竞争形势，中邮物流积极应对，一方面加强与重点客户的沟通交流，加强项目的质量管理，努力做好项目运营管理，巩固和加深了客户的合作关系，重点项目的量收保持了较快增长，服务质量也有较大提升。中邮物流公司被戴尔公司授予“2005 年杰出物流供应商”荣誉称号；摩托罗拉杭州工厂项目也以高分通过了 TAPA VA 安全管理认证。另一方面，中邮物流公司积极参与摩托罗拉、诺基亚等世界 500 强企业的全球物流招标，与 DHL、UPS 等国际物流巨头同台竞争，提升了自身在国际物流市场的知名度和竞争力，最终获得了为摩托罗拉、诺基亚、富士施乐、松下电器、丰田汽配等公司提供物流服务的机会。中邮物流公司还利用邮政“三网合一”优势，通过业务模式的不断创新，开展网关支付业务、化妆品家居配送 + 网点投交业务及医药仓储 GSP 等业务，满足不同客户需求。为提高在高端物流市场的占有率，中邮物流公司集中力量在江苏昆山经济技术开发区组织召开了针对“世界 500 强”和台资企业为主要对象的一体化物流服务推介会，与明基等公司成功签约，树立了邮政物流良好的品牌形象。

2. 顺应流通企业渠道变革，适时推出经销商物流服务。由于竞争加剧，制造企业产品竞争的主战场由大中城市向二、三甚至四、五级城市转移，烟草、医药、手机销售渠道变革也产生巨大的物流需求。中邮物流顺应市场变化，2006 年下半年在全国 20 多个省（市、区）统一推出了以手机、烟草、医药等行业为重点的经销商物流服务，在中西部地区取得了突破。

3. 提高服务质量，中邮快货实现跨越式发展。中邮快货业务以医药、服装、零配件、IT、食品（含保健品）行业的中小企业为主要服务对象。开办三年来，中邮物流公司通过专

人营销、分区域分行业推动，并实行信息与实物同步、加强配送和信息的服务质量监控，受到了客户的广泛欢迎。业务规模取得跨越式发展，并已经成为市场定位准确、服务标准清晰、具有良好品牌信誉和巨大发展潜力的邮政物流的特色业务。2006 年累计业务量比 2005 年增长 70%，是 2004 年的 3 倍。

二、开拓农村物流市场，创新农村商品流通渠道

近年来，中邮物流公司在努力做好城市物流服务的同时，还响应党中央、国务院关于服务“三农”的号召，针对目前农村商品流通渠道现状，把着眼点放在农村物流市场，在原有邮政服务网络上搭载种子、农药、液肥等农资产品和洗涤日化、酒水饮料等生活日用品的配送，为农民群众提供全方位、综合性服务，开创了全新的农村商品流通渠道，受到了农民、政府和社会的欢迎。

目前，邮政物流配送产品涉及两大类 10 余个品种，即农资类的种子、叶面肥、农药、化肥、饲料及饲料添加剂等，快速消费品类的日化产品、酒水、饮料等。中邮统签项目已在 26 个省运作，其中运作量较大的有山东、河南、河北、黑龙江、江西等 10 余省。据不完全统计，2006 年邮政渠道配送各类生产生活产品 60 多万吨，其中，化肥 57 万吨、日化类产品 1.2 万吨，种子 1.6 万吨，农药 7300 多吨。农村配送的服务范围已覆盖全国 25 个省（区、市）的 1500 多个县市；全国邮政服务“三农”的自有网点和代办网点总数 24 万多处。其中，纳入商务部 2006 年“万村千乡”市场工程建设计划的网点有 28238 个。

针对农村市场需求和农民群众购买农资的消费心理，中邮物流公司采取了与农资厂家联合开展特色服务，采取了“先示范后推广”及“技术服务到家”的做法，请农业专家、厂家技术人员到现场传授科学种植（使用）方法，接受农民咨询，将新产品新技术和免费服务送到田间地头，并对所提供的产品提供全程技术指导；举办技术培训班和推介会等将邮政连锁配送业务介绍到家家户户，将农业科技知识普及到村村寨寨。通过遍布城乡的邮政网点和代办点，上门收订、到户投递，进行定期回访、听取意见，改进服务。

作为农资生产企业和农民之间的桥梁，邮政部门将县、乡两级网点改造成可以提供“三农”服务的综合性网点，同时对农村的小卖店、代销店、农资经销店等社会资源进行有效整合，规范管理，延伸服务，初步形成了“中邮物流公司、省公司—地市（县）分公司—邮政支局所、社会代办点（加盟店）”的三级农村连锁配送体系，用“收订到农户、投递到家门、服务到田头”的方式为农民提供服务，赢得农民对邮政农资配送的青睐。

为了提高服务质量，中邮物流公司开发了农村连锁配送信息系统，并争取到国家电子商务专项资金的支持。目前信息系统已经在山东、江西、河南、河北、陕西、新疆、江苏、安徽、湖北、湖南、广西、四川、云南等 13 个省上线。

三、加快建设和资源整合，邮政物流的核心能力显著增强

邮政发展物流的最大优势在于其遍布全国的实物运输和配送网络。为了充分发挥中国邮政的网络优势，最大限度满足物流专业化和客户的需求，中邮物流公司对邮政的物流资源进行了重组和改造，在依托邮政公路、铁路和航空干线运输网络的基础上，以建设中邮物流集散网为核心，初步构筑起邮政物流运输平台，形成了行邮专列贯穿、以区域集散网为骨干、省内快速物流网为连接的物流快速运输专用网络。中邮物流公司陆续开通了以北京为中心的

北方集散网、以南京为中心的华东集散网、以广州为中心、长沙为辅助中心的南方集散网、以成都为中心的西南集散网和以西安为中心的西北集散网，并通过与铁道部合资的公司组开了京广、京沪、京哈三大行邮专列，将五大区域集散网相互贯通，形成覆盖全国31个省（区、市）的301个地市和1858个县市的邮政物流专用网络。

2006年，中邮物流公司积极从网络能力和服务质量上下工夫，提升自身的核心竞争力。一是积极完善网络能力建设。公司通过增加投入、优化网络等措施，开工建设郑州、沈阳等10个集散中心、仓储设施，干线运输能力将进一步增强。同时，加快信息化建设，建立了统一数据平台，实现数据集中处理。二是加强运营管理，提升服务质量。在完善和优化网络的基础上，公司进一步加强了一体化项目和集散网络的管理工作，建立了一套集散网和重点项目的管理监控指标，并通过制定并实施“集散中心滚存、积压监控流程”、“省内配送订单监控流程”和“异常情况处理流程”等三大流程，强化了物流集散网络和重点项目的网管网控。公司建立了7项质量指标及行业重点项目每天跟踪监控的制度，大大提高了服务质量和对客户的回应速度，初步形成了适应邮政物流作业和管理模式的信息反馈、通报制度。

四、加强品牌建设，树立良好服务形象

近年来，在为客户提供良好服务的基础上，中邮物流通过业务推介、技术推广、展览展示和广告宣传等活动，有计划、有步骤地打造邮政物流品牌，增强在社会的影响力。继年初获得DELL颁发的“2005年杰出物流供应商”之后，中邮物流又连续获得中国物流与采购联合会颁发的“中国物流示范基地”、“2006中国最具影响力物流企业”等荣誉称号，并连续3年进入中国物流百强企业前三名。邮政服务“三农”的内容2005—2007年连续三年写进中央一号文件，邮政物流在农村物流市场的服务品牌初步形成。此外，中邮物流还联合相关单位，在农业部、信息产业部、商务部、国务院研究室等有关部门的大力支持下，在北京举办“新农村 新邮政 新发展——建设社会主义新农村形势下邮政物流服务‘三农’发展论坛”，扩大了邮政服务“三农”的影响力。

五、2007年邮政物流发展的主要任务

2007年，邮政物流结合邮政改革的总体要求，加快实体化公司建设的改革进程，建立市场化运作的机制。切实拓宽发展思路，真正转变增长方式，积极利用社会资源，走社会化、集约化发展的道路。努力确保一体化业务的市场地位，扩大经销商物流市场份额，加大中邮快货和农资分销的工作力度，保持物流业务持续、快速增长。

1. 进一步加大机制体制创新力度，大力推进省公司实体化，建立有利于市场竞争和业务发展的服务网络，增强全网统一性，提高执行力。

2. 完善集散网平台功能，增大利用社会资源的比例，增加组网灵活性，努力探索利用社会资源实现按需组网的运作方式，逐步建立更加贴近市场需求的物流集散平台。

3. 继续加快发展全国一体化业务，突出开发世界著名品牌企业，确保一批有较大影响力项目的运作质量，提高邮政物流的整体服务水平。

4. 大力发展以经销商物流为代表的省内一体化业务，促进一体化业务的全面、协调发展。

5. 继续落实中央一号文件精神，结合商务部“万村千乡”市场工程，加快经营渠道建

设。加大对农资分销配送网点空白省的推广指导力度，解决网点发展不平衡的问题。努力探索扩大服务网点的服务功能，增加服务内容，拓展为农服务的领域。

6. 以推进仓储平台建设、提高仓储能力为核心，加快搭建全国统一的仓储平台，并有效推进省级仓储平台建设，进一步增强邮政物流整体服务能力。

（作者：牛志海　韩福文　中邮物流有限责任公司）

2006 年中国快递业

一、快递市场容量与分布

（一）市场容量与增长速度

2006 年快递的市场容量约为 420 亿元；其增长速度相对于 2005 年来说增长了 30% 左右。

（二）快递分类、分布与市场份额

1. 按照快递的种类分：文件、小包裹快递约为 310 亿元；电子商务配送约为 70 亿元（企业对客户 BtoC、客户对客户 CtoC）；仓储式的快递配送约为 40 亿元（见图 1）。

2. 按照区域的市场容量分：华东 42%，华南 38%，环渤海湾区域 12%，内陆区域 8%（见图 2）。

3. 国内快递约为 260 亿元；国际快递约为 160 亿元。

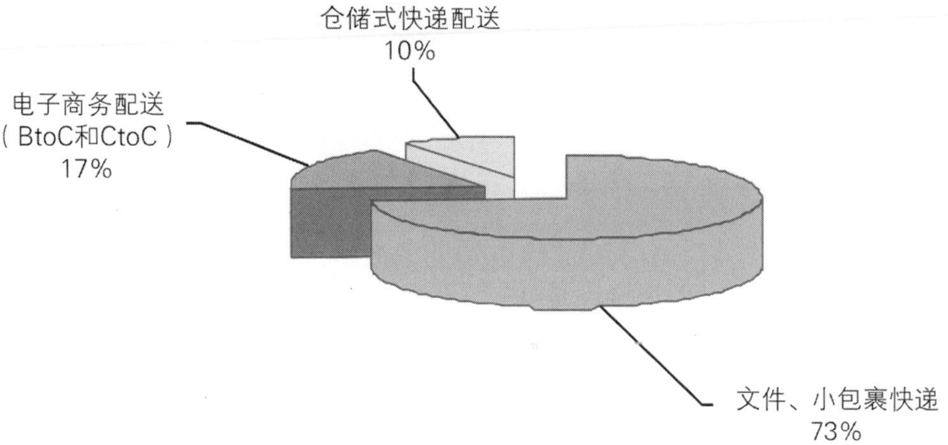

图 1

4. 国内城际间快递约为 200 亿元；同城快递约为 60 亿元。

5. 在国内快递中，民营快递企业约为 180 亿元；邮政快递企业约为 62 亿元；外资与中外合资快递企业约为 3 亿元；国有非邮政快递企业约为 15 亿元（见图 3）。

6. 在国内同城快递中，民营快递的市场份额占到 90% 左右。

7. 在国际快递中，市场份额的排序是：中外运敦豪（DHL）、联邦快递（FedEx）、联合包裹（UPS）、中邮全球特快专递（EMS）、TNT、中外运—欧西爱斯（OCS），其他为国际快递区域性快递和国际快递专线。其中，中外运敦豪（DHL）、联邦快递（FedEx）、联合包裹（UPS）、TNT、中外运—欧西爱斯（OCS），这些国际快递企业占到市场份额的75%左右，中邮全球特快专递（EMS）约占20%，区域性国际快递代理和国际快递专线公司占5%左右。

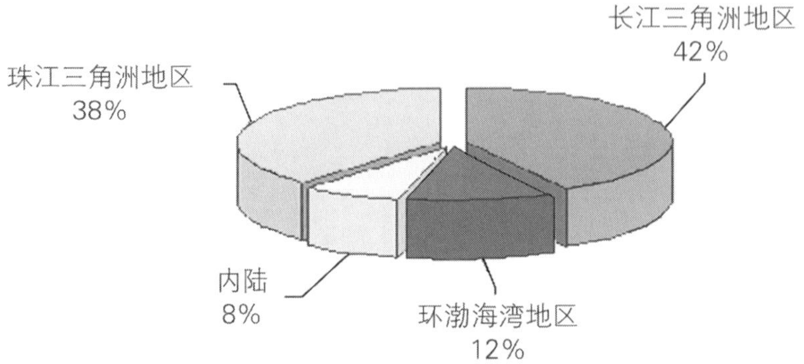

图2

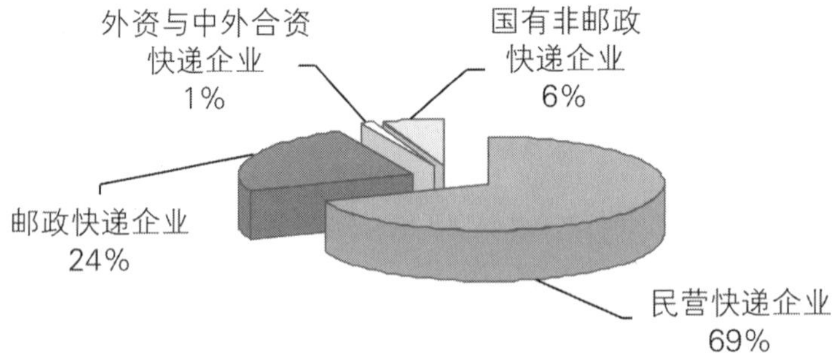

图3

二、国家有关鼓励发展快递物流产业的政策、纲要

1. 2006年2月7日，国务院常务会议原则通过《国务院关于加快发展服务业的若干意见》，要求加快发展服务业，尽快使服务业成为国民经济的主导产业。其中强调，有条件的大中城市要加快形成以服务经济为主的产业结构，经济发达地区和交通枢纽城市要强化物流基础设施整合，形成区域性物流中心。

2. 2006年3月，十届四次全国人大会议通过的我国“十一五”规划纲要，首次明确地将快递服务列入“拓展生产性服务业”中要优先发展的交通运输业之中，并将推广快递服务与集装箱多式联运相并列，表明我国政府突出肯定了快递这一物流方式。

三、快递行业大事记

（一）国家邮政政企改革

1. 2006年11月，根据国务院既定的政企分开改革方案，原国家邮政局将分拆为中国邮政集团公司和新的国家邮政局，新的国家邮政局为政府机关，行使政府监管职能，快递行业归属国家邮政局监管。国务院任命国家邮政局原副局长马军胜为新的国家邮政局局长。

2. 2006年11月，经国务院批准，中国邮政集团公司成立，主要经营国内和国际邮件寄递、邮政物流、邮票发行等业务，公司注册资金为800亿元；原国家邮政局局长刘安东出任第一任总经理。据了解，在其经营范围内，中邮全球特快专递（EMS）和中邮物流的部分经营范围属于快递范畴。

（二）快递企业并购

1. 联邦快递（FedEx）以4亿美元并购了大田快递国内部分和购买了大田联邦快递的合资企业中大田集团持有50%的股份，意在完全独资并开展中国国际和国内快递业务。

2. TNT以13.8亿元人民币并购了华宇物流，意在以此建立TNT在中国国内的物流网络。

（三）快递企业倒闭、新的快递企业成立与重新开业

2006年8月上海飞扬快递网络倒闭；2006年10月速必达快递倒闭；2006年6月合家快递成立开业，总部设在上海；2006年9月合家快递宣布倒闭；同年11月26日合家快递再次开业。

（四）业界重要的人事变动

1. 2006年10月，TNT大中国区首席执行官（CEO）肯·麦高离任，迈克·德瑞克接任大中国区的首席执行官（CEO）。

2. 2006年11月，陈平辞去宅急送总裁职务仕宅急送董事长，陈显宝任宅急送总裁。

3. 2006年12月，陈德军辞去通快递总裁职务任申通快递董事长，吴斌作为职业经理人任申通快递首席执行官（CEO）。

（五）荣誉榜

1. 2006年，中铁快运、中邮物流、民航快递、宅急送获得“中国物流百强企业”称号。

2. 2006年6月，“民航快递品牌”荣获2006“中国500最具价值品牌”，其评估价值为9.98亿元人民币。

3. 联邦快递（中国）荣膺2006年度“中国商业科技100强企业”。

4. 2006年6月6日，美国联合包裹（UPS）与北京奥林匹克运动会组委（BOCOG）签署了谅解备忘录（MOU），公布联合包裹（UPS）为北京2008年奥运会提供的物流和快递服务。

5. 2006年4月，中外运敦豪（DHL）在中国国际呼叫中心与客户关系管理大会上赢得“2006中国最佳呼叫中心”称号。

四、快递行业的新动向

1. 快递行业开始向电子商务配送延伸。主要是以同城快递为主。同时城际间快递参与电子商务配送的主要是申通快递、圆通快递、邮政E宝、天天快递、韵达快递、中通快递等。电子商务的配送已经成为快递市场中增长最快的品种。

2. 部分国内快递企业超常规发展。像顺丰快递的增长速度达到50%，申通快递达到38%，圆通快递达到40%，中通快递、韵达快递和天天快递均在35%以上；顺丰快递的发展速度迅猛与包机提速和整体运营设计能力提升有关。

3. 外资快递企业与风险投资机构欲进入国内快递市场。像法国邮政、日本邮政等多次到中国考察国内快递企业，寻求今后合作与并购的对象。

4. 国内城际间快递企业三种模式日趋分明。一是以顺丰快递为代表的全资子公司模式，业内也称“直营”模式。其特点是以小包裹为主，商务文件为辅，以快递产品的“次日达”服务为主、“隔日达”服务为辅，其服务品质与IT应用在国内快件企业中领先。二是以“申通快递”为代表的特许加盟连锁模式，业内简称为“加盟”模式。其特点是以“商务文件”为主、以大小包裹为辅；三是以宅急送为代表的物流配送模式。其特点是以仓储式的配送为主；以“直营”为主，代理为辅。

5. 民营快递企业出现“三新”现象，即一是“形象新”，包括公司形象、员工形象（统一的工作装）；二是“场地新”，包括操作转运中心的搬迁与面积扩大；三是“装备新”，包括安装自动、半自动分拣流水线，广泛地配备扫描枪和运输车辆的更新与增加。

6. 长途的快递班车日趋增多。由于高速公路开通的城市日趋增多，国内快递长距离以航空为主要运输方式向自开长距离班车上分流，大多数城际间的快递企业自开长途快递班车。即商务文件和小包裹采用航班运输，大包裹与时限为“隔日达”的快件采用长途快递班车。如上海至广州、上海至北京、北京至广州等。其目的是可以大大降低运输成本。

7. “两增一平一降”。即综合成本日趋增加，货量日趋增加；快递的销售价格处于维持状态，利润率则呈下降态势。相对于 2005 年来说，燃油调价在 12% 左右，有的民营快递为员工购买综合保险增加了 10% 以上的工资支出，管理成本增加了 3% 左右。

8. 国内民营快递的发展正处在从粗放型增长方式向集约型增长方式的转变过程中，突出的特点是从内挖潜降低成本和向增值服务经营延伸，并且 80% 以上的城际间快递企业和物流配送企业进行了 ISO 9000 质量体系认证。

9. 邮政 EMS 在市场竞争中服务质量日趋提高，突出的特点是提速，如“次晨达”服务。

五、国内快递市场的需求与发展趋势

1. 提供低端市场服务产品同质化日趋严重（这是由于入行门槛低），中高端市场则是供不应求。

2. 中高端市场供不应求的主要表现是增值服务。如到付、开箱验货、代收货款（现金与刷卡服务）、短期仓储、代打运单、配货、包装、换货和信息技术（IT）的支持等。

3. “快”和增值服务是今后客户需求趋势的主旋律。快运快递化、物流配送快递化、电子商务配送快递化、仓储式的配送快递化是大势所趋。

4. 订单式的销售模式日趋普及，制造商、供应商以当天销售量定量发货，这就决定了小批量发货的特点，它必须采用快递化的运作模式，像索尼、松下、戴尔等品牌电子设备的销售。

5. 订单式的销售模式将逐步向以先收款后发货的销售模式转型，付完款的客户对货物的急切心理较强，这决定了使用快递的运输方式最快捷；新产品上市的速度决定了价格与利润的高低，因此制造商与供应商必须使用快递的方式提供物流，如手机等；同时，制造商、供应商以每日销售情况发货，每天下午或晚上才知道销售量与收款情况，这就决定了下午及晚上出货的特点。因此，要求快递服务商必须限时为其提供配送。

6. 销售渠道“扁平化”，即直销量将会大大增加，这也决定了使用快递配送的形式。

7. “零仓储”降低仓储成本的应用，它决定了快递企业必须提供短期的仓储式的快递配送服务，这说明第三方物流快递配送市场的日趋成熟。

六、主要的快递物流企业

（一）开展国内城际间快递业务的企业

1. 其中的国有快递物流企业主要有：中邮全球特快专递（EMS）、中邮物流、中铁快运、民航快递、中外运 E 速。

2. 其中的民营城际间快递物流企业主要有：申通、顺丰、天天、圆通、中通、韵达、全一、宅急送、汇通、金驰启良、飞鸿、中诚、联邦快递（国内）等20多家。

（二）开展国内同城快递业务的企业（1万多家）

1. 上海地区：东方万邦、信达、银鹤、奈特迅、强生、翼联、蓝盾、特能、大众、森峰、庆雄等。

2. 北京地区：飞康达、小红马、群利天际、飞天达、天地通等。

3. 深圳地区：顺丰、东道等。

4. 广州地区：顺丰、东道、飞鸿、能达等。

（三）开展国内区域性快递业务的企业（500多家）

1. 华北地区：飞康达、小红马、元智捷诚。

2. 华东地区：合家、长发、一统、一通。

3. 华南地区：东道、联昊通、越丰、盈飞、快捷、全日通、亚风、龙邦、飞捷、新邦等。

（四）开展国际快递业务的企业

1. 全球快递：联合包裹（UPS）、联邦快递（FedEx）、中外运敦豪（DHL）、中邮全球特快专递（EMS）、中外运—欧西爱斯国际快递有限公司（OCS－SINOTRANS）等。

2. 国际快递（提供区域性或专线快递服务）：华惠、全一等10多家。

3. 港、澳、台专线：顺丰、金驰启良、全一、捷特等30多家。

4. 国际快递代理达4000多家。

（五）以物流配送（仓储）为主的企业

中铁快运、中邮物流、宅急送、新杰、泛航、金驰启良、新邦、百富东方、百岁、德邦、东方捷运、华宇、佳吉、佳宇等。

（注：国家统计局从2007年开始起对2006年进行快递行业的统计，但是由于历史原因及其他因素其统计的结果不完全，并在本文发表前也未公布。因此，本篇的统计是对部分快递企业进行调研得出的推理结果，同时也参考了商务部中国快递市场发展研究课题组编写的《中国快递市场发展研究报告》与《中国民营快递现状与发展趋势》，其估算数据仅供参考。）

（作者：徐　勇　中国快递咨询网首席顾问）

我国绿色物流的发展

伴随着国民经济的快速稳定发展，我国物流产业规模不断快速扩张。2006年，我国物流总费用占GDP的比率达到18.3%。按照“十一五”规划制定的方针，我国现代物流业将进入新的发展阶段。在改善全球环境、造福人类，已经成为世界的共识的大趋势下，现代物流的发展必须优先考虑环境问题，需要形成一个环境共生型的物流管理系统。因此，“绿色物流”已成为当今经济可持续发展的重要组成部分。

一、绿色物流是可持续发展的一个重要环节

绿色物流依据可持续发展理论，从环境保护的角度对现代物流体系进行调整，形成一种与环境共生的综合物流系统，它与绿色制造、绿色消费共同构成了一个节约资源、保护环境的绿色经济循环系统，形成了物流与环境之间相辅相成的推动和制约关系，进而促进了现代物流的发展，达到环境与物流的共生。

绿色物流是一个多层次的概念，它既包括企业的绿色物流活动，又包括社会对绿色物流活动的管理、规范和控制。从绿色物流活动的范围来看，它既包括各个单项的绿色物流作业（如绿色运输、绿色包装、绿色流通加工等），还包括为实现资源再利用而进行的废弃物循环物流。绿色物流的目的是在物流过程中抑制物流对环境造成危害的同时，实现对物流环境的净化，使物流资源得到最充分利用。

绿色物流是当今经济可持续发展的一个重要组成部分，它对社会经济的不断发展和人类生活质量的不断提高具有重要的意义。

二、我国绿色物流的发展

由于我国的物流企业处在成长初期，整体水平不高，大部分企业规模小、实力差、装备落后，物流运营过程中要消耗能源和资源，不可避免地产生环境污染。因此，不容否认，我国物流业的快速发展在促进经济的发展的同时，给环境带来了负面的影响，加剧了对环境的污染。据对我国73个城市的调查显示，我国超过污染限额的城市已占70%左右；我国城市道路噪声14年以来居高不下，全国有47%的城市区域噪声污染；我国产品包装废弃物利用率很低，如纸的回收率仅为15%，其他各类废弃包装物的回收率更低，比较严重的白色污染，就是不可降解的塑料包装物引起的，种种污染加剧了对生态环境的破坏。

为大力发展现代物流业，我国开始把绿色物流作为物流业发展的重点，积极开展绿色环

保物流的研究，积极出台相应的绿色物流政策和法规，为物流的绿色化和可持续发展奠定基础。目前，我国政府已经制定了一系列法律法规，如《中华人民共和国环境保护法》、《中华人民共和国大气污染防治法》、《中华人民共和国固体废物环境防治法》和《中华人民共和国水污染防治法》，这些法律法规的实施，使绿色物流的推进工作取得了一定的实效。目前，我国正在推进实施的绿色物流措施有下述方面。

1. 绿色运输

绿色运输首先是要对货运网点、配送中心的设置做合理布局与规划，通过缩短路线和降低空载率，实现节能减排的目标。

一是控制交通量。我国企业从自用车运输向营业用货车运输转化；促进企业选择合理的运输方式，发展共同配送，提高中小企业的物流效率。各地统筹建设物流中心、建设现代化的物流管理信息网络等，减少货流、消除交错运输，缓解交通拥挤状况，提高货物运输效率。

二是控制交通流。通过道路与铁路的立体交叉发展、建立都市中心环状道路、制订道路停车规则以及实现交通管制系统的现代化等措施，减少交通阻塞，提高配送效率。

三是控制污染源。如改进内燃机技术和使用清洁燃料，以提高能效、减少运输过程中的燃油消耗和尾气排放；采取措施防止运输过程中出现泄漏问题，减少因泄漏对局部地区的环境危害。如北京市为治理大气污染发布两阶段治理目标，不仅对新生产的车辆制定了严格的排污标准，而且对在用车辆进行治理改造，在鼓励提高更新车辆的同时，采取限制行驶路线、增加车辆检测频次、按排污量收取排污费等措施；通过制定相应的环境法规，对废气排放量及车种进行限制，采取措施促进使用符合限制条件的车辆、普及使用低公害车辆，对车辆产生的噪声进行限制。使用液化气、太阳能作为城市运输工具的动力等。种种措施使北京市的大气污染物排放量大为降低。

四是设计运输方式。主要是通过交通工具的搭配，有效利用车辆、降低车辆运行，由公路运输转向铁路运输或海上运输；大力推进铁路电气化运输，使用“绿色”运输工具，优化配送路线、提高往返载货率。目前广泛采用的运输方式有以下三种。

共同配送方式：是由多个企业联合组织实施的配送活动。它主要适用对某一地区的客户所需要物品数量较少而使用车辆不满载、配送车辆利用率不高等情况。共同配送可以最大限度地提高人员、物资、资金、时间等资源的利用效率，取得最大化的经济效益。

复合一贯制运输方式：是把铁路、汽车、船舶、飞机等基本运输方式有机地结合起来，实行多环节、多区段、多运输工具相互衔接进行商品运输的一种方式。克服了单个运输方式固有的缺陷，从而在整体上保证了运输过程的最优化和效率化。

第三方物流运输方式：是由供方与需方以外的物流企业提供物流服务的业务方式。由专业的第三方物流企业为供方或需方提供物流服务，有利于在更广泛的范围内对物流资源进行合理利用和配置，避免自有物流带来的资金占用、运输效率低、配送环节烦琐、企业负担加重、城市污染加剧等问题。

2. 绿色包装

包装是商品营销的一个重要手段，亦是物流过程必需的。“绿色包装”是指采用节约资源、保护环境的材料的商品包装。绿色包装要求提供包装服务的物流企业进行绿色包装改造，包括使用可降解环保材料、提高材质利用率、设计折叠式包装以减少空载率、建立包装回用制度等，从而实现包装符合环保要求、无害于生态平衡、无害于人类健康。

（1）绿色包装方式。一是采用单元式包装。即用容器将个别商品和零部件进行箱、包、盒和桶成组化，以提高操作管理的效率。这些容器用来使零散商品成组化成为基本单元，逐步将多个基本单元捆在一起组成更大的单元，这个过程就称作集装化或成组化。单元式包装体现包装标准模数化和包装大型集装化。二是包装标准模数化。即确定包装基础尺寸的标准。模数化包装利于小包装的集合，利用集装箱及托盘装箱、装盘。包装模数如能和仓库设施、运输设施尺寸模数统一化，也利于运输和保管，从而实现物流系统的合理化。三是包装大型集装化。它有利于物流系统在装卸、搬迁、保管、运输等过程的机械化，加快这些环节的作业速度，有利于减少单位包装，节约包装材料和包装费用，有利于保护货体。如采用集装箱、集装袋、托盘等集装方式。

（2）采用可回收容器。可回收容器一直是物流系统的一部分，大多数可重复利用的包装品为钢或塑料包装等，包装采用多次、反复使用和废弃包装的处理。可回收包装采用一个完整的标记系统以控制容器的流转，在可回收包装系统中，各方必须明确地使用这种标记系统以达到容器的最大化使用。

3. 绿色流通加工

流通加工指物品在从生产地到使用地的过程中，根据顾客需要施加包装、分割、计量、分拣、组装、价格贴付、标签贴付、商品检验等简单作业的总称。绿色流通加工的途径主要分两个方面：一方面变消费者分散加工为专业集中加工，以规模作业方式提高资源利用效率，以减少环境污染。如餐饮服务业对食品的集中加工，减少家庭分散烹调所造成的能源的浪费和空气污染；另一方面是集中处理消费品加工中产生的边角废料，以减少消费者分散加工所造成的废弃物污染，如流通部门对蔬菜的集中加工减少了居民分散垃圾丢放及相应的环境治理问题。

4. 绿色仓储

仓库建设前充分考虑仓库建设对所在地的环境影响，进行相应的环境影响评价，使仓库布局合理，减少加运输的次数和资源消耗，有利于提高运输效率。例如，易燃易爆商品仓库不应设置在居民区，有害物质仓库不应设置在重要水源地附近。

5. 逆向物流

逆向物流是指所有与资源循环、资源替代、资源回用和资源处置有关的物流活动，可具体细化为退货物流、回收物流和废弃物物流等。逆向物流能够充分利用现有资源，减少对原材料的需求，是建设循环型经济的重要举措。因此，我国正在有效利用资源和维护地球环境，推进“逆向物流”的发展。它包括对经济活动中失去原有使用价值的废旧商品和废弃物的循环流通处理，根据实际需要进行收集、分类、运输、修理和循环再销售，实现有关物料合理地从消费者向企业的逆向流动。

（作者：陈蓝荪　上海水产大学经济管理学院）

第四部分

行业物流

2006 年中国农副产品物流综述

一、2006 年农产品物流总体回顾

（一）农产品物流体系建设初见成效

近几年，国家有关部门为加快农产品市场的健康发展，相继出台了一些政策，使我国农产品物流体系建设初见成效。

1. 农业部重点扶持建设 500 多家农产品批发市场

从 1995 年开始，农业部启动了农产品批发市场的联系制度，到 2006 年底，共确定了 11 家批发市场、503 家定点市场。2004 年，农业部制定印发了《农产品批发市场建设与管理指南（试行）》，对批发市场规范化、现代化建设和管理做出了规定。2005 年，农业部制定了番茄、辣椒和莴笋等 11 种农产品等级规格标准，加快推动了农产品等级规格标准体系建设和实施工作，为推进农产品质量等级化、重量标准化、包装规格化奠定了技术基础。“十一五”期间，农业部还将在全国组织实施农产品批发市场“升级拓展 5520 工程”，即在 5 年内重点扶持建设 500 个（每年 100 个）基础设施较为完备、功能配套、管理先进规范、综合服务能力强的农产品批发市场，推进设施改造升级和业务功能拓展 20 项工作。

2. 商务部实施“双百市场工程”

商务部于 2006 年 2 月起实施“双百市场工程”，具体包括：重点改造 100 家大型农产品批发市场；着力培育 100 家大型农产品流通企业，即加快农产品批发市场的现代化建设与规范化管理进程，加强和改进市场服务，建设符合现代流通发展要求的农产品批发市场。

3. 利用信用保险促进农产品流通

2006 年 12 月 20 日，商务部发布了《中国出口信用保险公司关于利用信用保险促进农产品流通的通知》。该通知要求各地商务主管部门和中国出口信用保险公司各营业机构（以下简称中国信保），要建立国内贸易险业务协调和信息沟通机制；各地商务主管部门要鼓励和支持农产品流通企业积极利用国内贸易险这一金融工具，规范贸易行为、提高流通效率、降低交易成本、解决融资瓶颈、规避应收账款回收风险、促进市场流通秩序好转。中国信保要积极承保农产品流通企业的国内贸易险业务，提供优惠灵活的费率，安排理赔绿色通道，实施快速理赔制度；积极帮助资金紧张的农产品流通企业获得融资便利；主动为农产品流通企业提供风险管理服务，开发符合农产品物流企业个性化的产品和服务，最大限度地为企业发展国内贸易提供信用管理和风险控制等服务

便利。

（二）农产品进出口的绿色瓶颈

2006年，我国农产品进出口总额达到630.2亿美元，创历史新高。其中，出口310.3亿美元，进口319.9亿美元，分别增长14.1%和11.7%；农产品贸易逆差由2005年同期的15.8亿美元减少为9.6亿美元。2006年1月1日，欧盟《食品及饲料安全管理法规》正式实施；6月日本政府施行了《食品中残留农业化学品肯定列表制度》。欧盟和日本同时开始实施新食品安全法规，对我国的农产品出口产生了严重的影响，导致我国农产品出口的难度和风险明显增大。可以说，我国农产品进出口正面临绿色"瓶颈"。

如日本是我国食品、农产品的主要输出国之一，但其近年来不断出台限制食品、农产品进口的措施，使我国农产品出口增长趋势有所减缓。2006年，由于受到日本肯定列表制度的影响，我国农产品市场准入该国门槛大大地提高。1～12月我国对日本农产品出口82.1亿美元，同比增长3.6%（2005年同期增长9.4%），比农产品出口整体增幅少10.8个百分点。其中，11月份我国对日农产品出口8.5亿美元，同比增长8%，增幅较前三个月有所回落。总体来看，尽管我国对日农产品出口在9、10两个月增长较快，但在日方执行的检查措施不断增加的情况下，像香菇、大葱等越来越多的我国传统出口的生鲜农产品对日出口面临较大风险。近十年来，我国农产品对日出口情况如表1所示。

另外，欧盟的高技术壁垒对我国农产品出口造成的冲击也不小。近十年来，受其影响的具体产品类型如表2所示。

表1　1996—2006年我国农产品对日出口情况

年份	对全球农产品出口总额（亿美元）	对日农产品出口总额（亿美元）	日本所占比重（%）
1996	142.5	49.8	34.91
1997	149.4	47.0	31.45
1998	138.4	44.1	31.88
1999	135.4	47.3	34.96
2000	156.2	54.1	34.65
2001	159.8	57.2	35.79
2002	180.2	57.2	31.73
2003	212.4	60.4	28.45
2004	230.9	73.9	32.02
2005	271.8	79.3	29.16
2006	310.3	82.1	3.6

表2　欧盟高技术壁垒对我国农产品影响分析

年　份	受限产品	受限主要原因	影响程度
1996	禽类产品	疫情	暂停进口我国的禽类
1998	禽类产品	乙烯雌酚等违禁药物禁用问题	禽类产品仍不能对欧盟出口
1999	花生	黄曲霉素超标	所有输入欧盟的花生
1999	蜂蜜	抗生素、四环素等超标	11亿美元的损失

续 表

年 份	受限产品	受限主要原因	影响程度
2001	冻虾仁	氯霉素超标	数百吨虾仁被退货
2002	动物原性产品	农药残留、兽药残留等超标	被全面禁止输入
2004	禽类产品	药物残留、禽流感控制	继续停止进口我国的禽肉

在欧盟实施新的《欧盟食品及饲料安全管理法规》以前，总体上看，我国对欧盟的农产品出口额基本呈上升态势，从2002年的17.67亿美元增加到2005年的34.65亿美元，增长了近一倍；2005年同比增长33.5%。2006年出口额增长到55.25亿美元，创历史新高，但增幅为22.9%，呈明显下降趋势。我国大宗农产品出口欧盟的数量不是太大，近年的出口额在基本稳定的基础上，略有增长，2005年，大宗农产品出口额3.38亿美元；食用畜产品出口额近年呈下降态势；水产品出口欧盟基本呈上升态势，2005年达到历史新高的10.43亿美元，同比增长51%；园艺类产品一直是我国出口欧盟的最主要的农产品，2002年占我国出口欧盟农产品总额的42%，2005年占34%，出口额也呈逐年上升的趋势。其中，蔬菜、水果、干果制品的出口量最大，近年的增长速度也是最快的，占到园艺类产品出口总量的一半左右；饮料及烟草产品出口量不大，除了2005年出口额达1.06亿美元外，其他年份都没有超过1亿美元。此外，由于禽流感、口蹄疫等原因，欧盟还将继续禁止我国的禽肉、猪肉、羊肉以及牛肉和乳制品的进口。

（三）农产品运输费用居高不下

1. 公路运输仍然是我国农产品运输的主要工具

到目前为止，公路运输仍然是我国农产品运输的主要工具，在各种运输方式中，公路运输占到了70%。2006年，全国公路货运总量比上年增加了9.1%，货运总周转量增加了12%。2006年底，全国普通公路货物运价综合指数比2006年1月上涨了15.1%。其中，整车运价上涨幅度达到25.3%。运价上涨完全被油价上涨以及高速公路计重收费所驱动。其中，油价对运价上涨的贡献为17.4%，而计重收费对运价的上涨贡献为82.6%。成本分析表明，2006年要素成本上升的幅度明显大于运价上涨的幅度，道路及能源等垄断性资源的拥有者进一步挤压了货运服务的经营收益。这种“剪刀差”在一定程度上遏制了货运行业大型企业的发展。在分散化经营的基本格局下，占有80%公路货运车辆的小型货运公司中的零担专线公司在2006年得到较快的发展，速度快、服务有保障的零担专线公司正从大城市向中型城市，从发达地区向欠发达地区拓展，形成对货运中介型“配货站”的快速替代。

2. 国内油价两次大幅上调，物流运输成本明显上升

自2006年4月10日起，我国铁路货物统一运价由平均每吨·公里8.61分调整至9.05分，平均每吨·公里提高了0.44分，涨幅在5%左右。据此，按从成都到北京单边铁路运行距离为2042公里计算，一辆60吨普通车皮运价因此将上涨530元左右，平均一吨货物运价上涨约9元。铁路运价上涨后，直接导致粮食、化工用品等大宗货物运费成本的上涨。虽然具体到每一件商品的零售价成本上浮幅度不太明显，但给整个零担运输市场造成了一定的压力，运费上涨的方式是化解成本压力的第一选择。同时，铁路运输和水路运输之间的成本差距进一步拉大，有些物流公司为降低成本不得不选择水路运输。

从目前的实际情况看，无论是公路还是铁路运价的持续上涨，受冲击最大的是单一运输型的物流企业。因为，这类企业在国内数量很多，而且这部分企业的利润本来就不高，自身根本无法消化油价上涨带来的压力，涨价是它们化解压力的唯一选择。不过，对于综合型的物流企业而言，还可以通过其他的延伸业务来抵消运价上涨带来的压力。那些资金、网络都比较雄厚的大型物流企业，其抗风险能力较强，些许运价上涨的压力对它们不仅构不成威胁，反会使其以降价的手段进一步扩大市场的占有率。

二、粮食物流——任重而道远

（一）粮食物流供求基础变化

1. 粮食连续三年丰收

2004—2006 年，我国连续 3 年获得粮食丰收，2006 年粮食产量达到 4900 亿公斤，这是自 1985 年以来我国粮食产量首次实现连续 3 年增产。根据国家统计局提供的资料，2006 年我国夏粮总产量达 1138 亿公斤，比上年增产 74 亿公斤，增长 7.0%；早稻产量达 319 亿公斤，与上年基本持平。

2. 粮食消费总量较大

2006 年，我国粮食消费总量达到 5000 亿公斤，稻谷和小麦实现产销平衡有余，粮食市场整体上将保持平稳。近几年东北水稻的消费量一直很大，价格一直在高位运行。随着各地水利设施的不断完善，农业科技力量的逐步提升，东北水稻生产总量将会加大。东北大米加工项目将会从小型向大型发展，也会更加满足国内市场对东北水稻的需求。目前，我国南方粮食主销区与北方粮食主产区的对接力度越来越大，东北地区粮食外运将大幅度减少，大量玉米就地消化。外运粮食的形态也在改变，小包装不断增加，利用货柜发往南方的粮食加工产品越来越多。南方粮食主销区与北方粮食主产区的稳定对接，对稳定南方粮食消费市场意义重大。

3. 粮食流量不断增长

随着粮食物流量的不断增加，粮食物流链条的各个环节近些年来也发生了明显的变化：一是粮食收购的时间在发生变化，农民已经由过去在元旦、春节至春耕前的集中卖粮逐步变成了常年卖粮。二是粮食运输的距离在发生变化，在收购环节上，农民由过去用牛车、马车到乡镇粮库卖粮，变成由经纪人驱车上门收粮，而且哪里的粮价高卖到哪里；体现在销售环节上，电子商务、网上交易初露端倪，期现套保已成为规避风险的重要手段。三是粮食运输的方式也在发生变化，由过去的包粮运输逐步过渡到散粮运输。四是粮食物流的领域发生了变化，现代粮食物流的领域更为宽泛，粮食从生产者到消费者的所有环节都涵盖在粮食物流当中，粮食物流已经成为一个产业。

（二）粮企改革初见端倪

1. 国有粮食企业占有市场份额减少

近两三年，国有粮食企业占有的市场份额虽然逐步缩小，但在市场调控中的主渠道作用依然较为明显。最值得关注的是 2006 年 3 月 19 日，中国粮油食品（集团）有限公司与中谷粮油集团公司正式合并，由此，我国国内最大规模的航母级大粮商宣告正式启航。重组后的中粮集团资产规模将增加 100 多亿元，达到约 700 亿元人民币。

2. 内外贸分割、物流资源分割严重

过去因粮油内、外贸旧体制的束缚，“中粮”内、外贸一体化经营一直难以实现，特别是中粮在国内缺少粮油专用码头、仓储等基础设施，导致其粮油物流体系严重滞后。而在这次重组中，“中粮”也正是看重了“中谷”在物流方面的优势：300 万吨仓容的粮库、5 家国家级粮油科研设计院所，擅长国内贸易，在国内重点经营珠江、长江、黄河流域和东北、内蒙古、京津塘地区五大区域，构建了粮食、油脂、饲料、科技工程四个产业链条和购销网络、仓储运输、粮油加工和科技开发四大运营体系。经过重组后的新中粮集团将结合粮油进出口、加工和物流业务，优势互补地调整业务架构，规划企业物流和市场网络建设，构建国内最大的大宗粮食贸易、物流体系。

3. 兼并重组成为发展趋势

2006年以来，我国三大国家级粮食企业——中粮集团、中储粮总公司、中谷粮油集团公司，已在地方频频施展并购手段。包括安徽、山西、吉林、山东等多个省市的大型地方国有农业“龙头”企业，已经被这三家公司纳入麾下。由此可以看出，中央在力推央企“瘦身”的同时，也加大了对农业这一脆弱性产业的聚集力度，强化对农业产业化链条的掌控。将来国家仍将鼓励中央粮食企业与产销区粮食企业的合作，构建全国粮食物流网络体系，增强国家大型骨干粮食企业的市场竞争力。

（三）粮食物流通道初步形成

1. 重点建设五大现代物流通道

我国储备粮库主要分布在东北、黄淮海及长江中下游粮食产区，东南沿海销售区库容相对不足，中转设施也相对落后，港口接卸能力远不能满足实际需要。为进一步推进粮食流通方式变革、尽快完成我国主要粮食物流通道的布局，按照有关规划，我国将重点建设东北、黄淮海地区、长江中下游地区（含四川）、东南沿海以及京津地区等五大粮食现代物流通道。截至2006年年底，这些地区的粮食物流通道建设已现雏形。

2. 大连成为东北重要的出口物流通道

大连是我国东北的粮食出口基地，国家60%的商品粮的出口、东北地区的外调粮食中2/3左右均通过大连港运输。大连北良港的园区建设是大连粮食运输工程的一个重头戏，它成为东北地区最大的粮食中转、加工、储运和贸易中心。3~5年内，北良园区的粮油吞吐量将从目前每年2000万吨提高到每年5000万吨。除此以外，2006年11月，哈尔滨香坊粮食物流中心项目的一期工程——金谷粮食批发市场投入运营，该市场共设5座粮油交易厅，年交易商品粮可达10万吨，将成为黑龙江省最大的粮食批发市场，整个哈尔滨香坊粮食物流中心项目将于2007年9月整体投入运营。

3. 现代化物流中心成为重要节点

2006年，安徽省最大粮食现代物流中心——槐祥粮食现代物流中心一期工程建设任务过半，它将是安徽省设施最先进的粮食物流中心和良种、粮食加工产业基地，其将真正实现粮食流通网络化、运行信息化、管理节约化、设施技术标准化、作业机械、原粮“四散化”，从而形成黄淮地区从良种繁育供应、粮食生产收购、储存运输到加工销售整个过程的完整产业链。

2006年10月19日，湖南金霞现代粮食物流中心正式奠基。该物流园共分为金霞现代粮食物流园区和金霞饲料大市场两大块，计划用三年的时间建成。其中现代粮食物流园区，具有粮食物流、期货交割、储备加工等多种功能，园区内拟建储备仓容10万吨，期货仓容10万吨。该粮食物流园将成为全国现代粮食物流体系在长江中下游地区的重要节点。就在同一天，江苏扬子江现代粮食物流中心在靖江经济开发区新港园区也破土动工了，该中心将建设60万吨储备粮库及5万吨级码头泊位。靖江一直是我国粮食主产区与主销区的过渡地带，也是东北地区粮食向东南沿海地区输出通道上的重要节点。

东南沿海地区集中了我国44%的物流园区。2006年7月，中国粮食城第一街已在南安市官桥镇全面封顶。该街主要经营粮油、食品、粮油机械等相关产品，建成后将实现粮油年购销量6亿公斤，年交易额突破20亿元，成为东南地区粮食物流新枢纽、全国粮食交易新平台。“十一五”期间，泉州市还将打造三个粮食物流园区和多个区域性粮食物流节点。这将更有利于形成东南沿海地区粮食物流供应链，提高该地区粮食物流应对市场波动的调控能力。此外，为进一步解决上海地区储备粮问题，上海最大粮仓——外高桥粮食储备库建设项目也正在建设中。目前，已经完成了长江码头主体部分，建成后该码头可停靠5万吨级运输船。该粮仓可谓“通江达海”，不仅拥有码头和铁路，还与上海各大水系连通，无论是国外进口粮食还是北方来的粮食都可通过这里转运，最终成为一个功能齐全、规模较大的现代化粮食物流枢纽。

京津地区一直是我国粮食流入通道的重要的环节。天津南疆散货物流中心和北疆集装箱物流中心的建成将极大地缓解京津地区运力紧张的问题。这两个物流中心已通过前期审批，预计5年内将在滨海新区建设并投入使用。南疆散货物流中心将完成商贸区、南扩区基础设施的建设，形成一个综合性散货物流园区和贸易基地；北疆集装箱物流中心，将建设堆场三期工程、集装箱海铁换装中心工程、物流大厦工程，完善主干道路及市政配套工程，并配套建设物流服务的集散、中转、存储和加工配送中心，形成健全的物流供应体系。两大物流中心将以天津港为中心，以保税区、物流园区为依托，发挥海、路、空优势，发展多式联运，促进转口贸易、过境贸易和服务贸易的发展。

（四）粮食物流形势仍然严峻

1. 2006年底粮价大幅上涨

2006年10月后，国内外小麦乃至整个农产品市场掀起一番上涨行情。11月份，冀鲁豫三大主产区小麦平均收购价为每50公斤71.18元，环比上升3.74%，同比上升2.61%。三大主产区中，山东省小麦平均收购价为每50公斤75.38元，环比上升7.87%，同比上升4.81%；河南省小麦平均收购价为每50公斤66.23元，环比上升1.34%，同比上升3.31%；河北省小麦平均收购价为每50公斤73.89元，环比上升1.84%，同比下降1.48%。

2. 国家粮食管理部门31次抛售储备粮

针对市场粮价上涨的情况，11月3日以来，国家粮食局等管理部门先后31次组织最低收购价粮食竞价销售，累计销售稻谷、小麦270亿斤。其中，竞价销售稻谷24次，累计169亿斤；竞价销售小麦7次，累计101亿斤。保证了市场供应，稳定了市场粮价，实现了粮食宏观调控目标。

3. 粮食物流不畅

与2003年因粮食储备和产量不足而使得粮油价格上涨不同，2006年无论粮食产量还是储备量都很大，因此有专家分析，2006年国内粮食价格上涨与粮食流通领域密切相关；另外，由于国际市场粮油供应存在较大缺口，引起国际粮油价格猛涨也强化了这种态势的加剧。相关调查显示，我国粮食物流企业正以高出国外同行10%以上的流通成本与之在同一市场上进行竞争。以东北为例，其目前的粮食生产与外运极不适应，运输体系和部门各自为政、运输设施和技术落后，一些运输资源得不到有效的整合与利用，导致流通成本大大提高。据了解，我国东北地区粮食南运，主要靠铁路运输和水上运输，而且70%左右采用包粮方式，粮食运费高、损耗大、效率低。黑龙江粮食南运，走铁路加水运到广东，流通费用占销售总成本的35%左右；如果从大连口岸出口粮食，流通费用要占30%左右，撒漏损失一般占3%～5%。而欧美国家流通费用率最高不超过25%，撒漏损失不超过1%。

造成粮食流通不顺畅的另一个原因是，我国大型国有粮食企业一直是粮食流通渠道中的主导力量，而其粮食现代物流业还处于成长阶段。长期以来，政府一直是我国粮食现代物流主要项目规划投资的主体，市场导向的投资机制不完善、大型粮食企业的缺位，使我国已建立的具有现代粮食物流模式的4大“粮食走廊”未真正发挥作用。国家级大型粮食企业物流功能不全，在我国粮食现代物流中未发挥龙头作用与规模带动作用。粮食物流节点上的粮食大企业经营分散、缺乏产业关联度，影响了我国粮食物流资源的有效整合与粮食现代物流系统作用的发挥。

4. 粮食物流科技落后

目前，我国粮食物流科技落后主要表现为：粮库机械化、自动化程度低下；各种运输方式及其衔接配套待优化；装卸能力及方式自动化水平和物流信息化水平待发展；物流网络体系和电子商务体系待完善；各种体制障碍待解决等。我国储备粮库主要分布在东北、黄淮海以及长江中下游粮食产区，东南沿海销售区库容相对不足，中转设施也相对落后，港口接卸能力远不能满足实际需要。

三、花卉流通——创新才有出路

（一）依靠联合体进入国际市场

出口是花卉企业实现快速发展的重要途径。多年来，我国的切花切叶出口一直饱受产品品质及规模的限制，企业竞争力不强。为实现大规模生产高品质产品的目标，同时增强企业抵御市场风险的能力，2006 年，花卉企业赋予“联合体”新的含义，花农联合体、公司 + 农户模式以及公司 + 公司模式得到大力推广。

带有“红塔人”标签的玫瑰在昆明国际花卉拍卖交易中心（KIFA）已经是热门货。红塔区的花农依靠“花卉合作社”的形式创立这个品牌，云南省玉溪市红塔区花卉联合体从 2001 年底的十几家农户发展到现在的 38 家农户，拥有 130 亩种植面积，50 多个月季品种。从 2005 年 8 月 21 日开始，“红塔人”与昆明国际花卉拍卖交易中心合作，将基地生产的鲜切花全部送到拍卖市场进行拍卖。他们借助拍卖市场的质量标准体系，建立了产品分级包装标准。在 2006 年 9 月 8 日开幕的中国昆明国际花卉展上，“伊尔康花卉出口联合体”展区吸引了参展商及各家媒体的目光。“伊尔康”经花农合作组织多年发展后，已从简单的种植联合体，形成为从种植、农资保障、采后处理、包装出口的产业链。这个联合体已将昆明附近鲜切花主要生产基地联系在一起，根据市场需求，从不同的地方调运最优质的鲜花供应国际市场。

（二）创立自主花卉品牌

云南省是我国最大的花卉出口基地，但云南种植的大宗商品花卉品种中有 90% 以上是从国外引进的，企业不但在进口种苗时要向国际育种商支付高额专利许可费，还要在出口鲜切花时也必须要获得进口国的市场准入许可。国际贸易规则不允许“盗版”栽培的花卉在国际市场流通。因此，知识产权问题是我国花卉出口遇到的“瓶颈”之一，也是我国花卉企业面临的挑战和必须要解决的问题。一般来说，云南省太的花卉企业比较注意保护国外花商花卉品种知识产权，但小的花卉企业则在引进种苗后就大量繁育在市场销售。这些“盗版”行为败坏自身的声誉，同时也使遵守游戏规则的花卉企业受到株连。据了解，我国已经有几批鲜切花在日本海关因无法出示品种拥有者授权印发的市场准入证，而受到警告、补交专利权费等处罚。因此，我国花卉要走出国门必须走创立自主花卉品牌的道路。

截至 2006 年年底，云南省已有 5 家企事业单位的 15 个鲜切花品种获得了植物新品种权证书，还有 40～50 个新品种正在申报自主知识产权专利。此举将逐步使我国花卉企业逐步解脱对国际育种商的依赖，脱离“为他人作嫁衣裳”的尴尬局面。

（三）采用现代营销模式

2006 年，一些花卉市场推出了不同以往的新兴现代营销模式，为拓展花卉销售渠道注入了一股清凉之风。以前广东省荔湾区的盆花销售绝大部分是依靠单个园艺企业在花卉市场内设立销售点完成，2006 年这一销售模式被打破。目前，业界采用最多的新型营销模式是大卖场和拍卖两种。

大卖场模式。继2006 年7 月以园艺资材为主要销售品的绿工场在广州市花卉科技园低调试销后，9 月，集全国各地观叶植物于一身的芳村观叶植物大卖场也大张旗鼓地试营业。而番禺区化龙盛丰园艺有限公司则计划 2007 年在广州市花博园内搞一个占地 20 亩的卖场，作为化龙观叶植物的统一销售点。

拍卖模式。2006 年广州大汉园景发展有限公司在政府支持下有条不紊地筹备盆花拍卖的同时，广州缤纷园艺有限公司 10 月起在自己现有的客户内部搞起了小范围的盆花拍卖。另外，广州市花博园内的广州花卉超市也正在酝酿启动。为了促进花卉流通，荔湾区还准备打造花文化传播中心。为此，荔湾区将在大沙河两岸 200 亩的土地上建成广州花卉港，计划在每年的黄金周期间推出一系列的花展，吸引游人赏花、识花，从而拉动花卉消费。

此外，上海成美园艺有限公司推行的仓储式流通体的运作模式为各种待销花卉提供了“安乐窝”。一般花卉很难储存，一个供应商想到某地发展，一定要先找一个地方储存产品。为了帮助商家解决储藏问题，成美公司将位于上海市松江区的华东花卉流通中心重新定位为仓储式流通体。这个仓储式流通体是一个钢结构的玻璃储藏温室，有六七米高，可适合不同“身高”的花卉“入住”。在这里，不管是“小个子”的杜鹃、仙人球，还是“高个子”的布迪椰子都“活”得很舒服。只要企业的产品符合华东市场需求、标准化程度好、保证连续供货，而且想把产品推向长三角地区，都可到这里来，该仓储式流通体年租、季节性租均可。

四、果蔬物流——“绿色通道”省际互通

2006 年初，“五纵二横”鲜活农产品运销“绿色通道”初步形成，覆盖了全国 31 个省、区、市，直接连通 29 个省会城市、总里程达 2.7 万公里，已有28 个省份出台了地方“绿色通道”政策，提高了运销效率，减免了通行费用。然而，随之各地也陆续出现了伪造绿色通道通行证、假冒运输鲜活农产品通关的恶劣现象。为杜绝此类现象的蔓延，2006 年 7 月 25 日交通部等七部委联合颁发了《关于进一步完善“五纵二横”鲜活农产品流通绿色通道网络实现省际互通的通知》。根据通知精神，交通部取消了已制发的绿色通道通行证，中央机关也不会再颁发绿色通道通行证。通知规定，凡享受鲜活农产品运输“绿色通道”政策的货运车辆，不再以绿色通道通行证作为车辆的证明，而必须凭装载货物或货单才能享受优惠政策，并按指定车道通过收费站；在通道沿线的省际交界和公路名称发生变化处以及沿线主要出入口或交叉口处，要设置样式统一的“绿色通道”标识标志，以方便驾驶人员识别；凡明显违法装载、拒绝通过指定车道，或拒不接受查验的车辆，不能享受“绿色通道”优惠政策。此外，对于使用伪造绿色通道通行证的，执法人员要当场收缴。

海南省是我国较早实施绿色通道的省份，取消农产品绿色通道通行证，在一定程度上给各地农产品出行带来不便，也会造成农民品运输成本的增加，给农产品的运输造成一些影响。对此，海南省采取“海南省鲜活农产品运输证 + 货单”来代替被取消的“绿色通道通行证”。“海南省鲜活农产品运输证”仅代表海南鲜活产品流通的品牌和标志，享受绿色通道优惠政策的法律依据还是货单。“海南省鲜活农产品运输证”的有效期为 6 天。领证时需要出示 6

个有效证件：车辆行驶证、司机驾驶证、车辆购置证、车辆营运证、道路货物运单、公路规费缴讫证等。

陕西省自2006年12月1日起，在全省开通了国家高速公路省际互通鲜活农产品“绿色通道”。在2005年建立的“绿色通道”公路网络基础上，按照交通部等七部委的通知精神，陕西省交通厅为进一步加快推进省内高速公路“绿色通道”线路建设，将与陕西省国家鲜活农产品“绿色通道”网络线路平行的已建成（包括以后建成）的部分路段一起纳入全省国家鲜活农产品“绿色通道”网络，并与周边相邻的四川等八省实现鲜活农产品“绿色通道”网络互通。陕西省交通厅规定，陕西境内的“绿色通道”公路收费站，对整车（即运输车辆装载的鲜活农产品占该车核定载重量的70%以上）并合法装载运输国家鲜活农产品“绿色通道”规定范围的鲜活农产品的车辆（不分省内省外）开辟“绿色通道”专用道口，经收费站检验确认后免收通行费。

贵州省在2006年年底实现了省际互通，贵州省加强对现有通道网络的日常养护管理，及时修复路面病害，加强通道网络的交通管理。对超限违法行为车辆和驾驶人，要将有关信息及时转递给有关部门，对于属于本省的车辆和驾驶人，转递时限不得超过30日。对于属于外省（区、市）的车辆和驾驶人，转递时限不得超过40日。对于超限超载违法记录次数超过3次的营运驾驶员，所在地道路运输管理机构要责令其参加不少于一周的货运法规、货物装载等基本知识的培训，并给予考核。

2006年6月，交通部决定开放台湾农产品运输“绿色通道”，凡我国台湾地区生产的农产品，在大陆通过公路运输至销售地，符合大陆鲜活农产品“绿色通道”运输规定的合法运输车辆，全部享受“绿色通道”优惠及便利。

截至2006年年底，全国已有28个省、自治区、直辖市出台了减免通行费优惠政策，对整装并合法装载运输鲜活农产品的车辆给予优惠，并对辖区内外运输鲜活农产品的车辆实行无差别政策。仅此一项，全国每年减征通行费将近25亿元。“十一五”期间，我国将继续完善鲜活农产品“绿色通道”网络，落实农产品“绿色通道”政策，及时掌握各地进展情况，解决实际工作中的难点，保障鲜活农产品运销“绿色通道”畅通高效。

五、水产品物流——不断迈向现代化

2006年前三季度，全国水产品产量3260.97万吨，比上年同期增长3.17%。其中，淡水产品产量1478.12万吨，同比增长5.69%；海洋捕捞产品产量940.34万吨，同比下降0.98%；海水养殖产品产量842.50万吨，同比增长5.82%。其中，山东省、广东省和福建省是我国三大水产品主产省份，产量分别占全国水产品总产量的14.96%、13.14%和12.28%。

2006年10月初，沈阳水产批发市场正式挂牌，成为沈阳唯一一家国家级“双百市场工程”项目，同时开工建设万吨精品低温冷库项目，使沈阳有了一座专门储存水产品的“超级大冰箱”。这个万吨精品冷库采用了目前国内最先进的设备和工艺，冷库温度控制在－23℃以下，商品出入库全程现代化管理，实现了集储存、保管、加工、配送于一体的经营格局。

除了传统的水产品批发市场外，现代化的水产品物流中心近几年也受到业内的普遍关注。天津市从2006年开始正式兴建环渤海最大水产品物流中心，该中心将在两年内建成，它将使滨海新区成为我国北方国内外水产品集散中心，并为2008年北京奥运会开辟绿色水产品通道。此外，2006年内正式启建的天津金水海洋食品科技园二期、三期项目，冷库总规模达到12万吨，水产品加工能力达到6万吨，水产品冷冻交易量达到 70 万吨，交易额达到 50 亿元，占水产品交易总额的 80%，使天津成为环渤海地区重要的水产品、畜产品等大宗低温物流产品的集散中心及水产品精深加工研发制造基地。

2006 年 12 月 1 日，我国第一个水产品电子拍卖系统在山东石岛北方渔市交易中心正式启用，它标志着我国水产品交易首次与国际接轨。这一拍卖系统根据水产品易腐烂的特点，引进了世界通用的荷兰式减价拍卖方式。当拍卖师按下起始键，电子拍卖钟上货品的价格便随着时间的延长而开始降低，在价格降低过程中，谁最早按下键，谁就能买到自己想要的货品。现场交易行情通过网络同步向国内外各大水产批发市场发布，购买商们可以通过网络系统直接参与国内外各大水产品市场的竞价交易。这套系统启用以后，渔民返航前就可以在船上将鱼货情况通知渔市交易中心，当渔船靠港卸货后，工作人员就可进行质量标准检定，确定拍卖定位，随后将货品信息和图片等录入网上，购买商即可现场或网上看货和交易。

六、畜牧业物流——有待发展

（一）整体状况

我国是畜牧业生产大国，畜牧业大规模发展起始于 20 世纪 80 年代，在 90 年代中期，我国家禽存栏总量与禽蛋产量跃居世界第一位，人均占有禽蛋远远超过世界平均水平，达到发达国家水平；禽肉总产量居世界第二位，人均禽肉占有量接近世界平均水平。2004 年和 2005 年连续两年畜牧业产值超过一万亿元，2005 年达到 13310.8 亿元，占农业总产值的 35%，农民人均来自畜牧业的收入超过 600 元，约占农民家庭经营现金收入的 30%。2006 年畜牧业产值预计达 1.4 万亿元，比 2001 年增长 75.8%，农民现金收入中来自畜牧业的比例超过 30%；肉类产量达到 7980 万吨，禽蛋产量 2940 万吨，奶类产量 3290 万吨，分别增长 58.8%、25.8%、193%。

2006 年前三季度，我国畜牧业出口额为 27.6 亿美元，同比增长 4.0%；进口额为 33.9 亿美元，同比增长 8.0%；贸易逆差 6.3 亿美元，同比增长 30.2%。其中，生猪产品出口 7.3 亿美元，同比增长 1.3%；进口 1.2 亿美元，同比下降 13.5%。家禽产品出口 6.9 亿美元，同比增长 3.8%；进口 3.4 亿美元，同比增长 35.0%。

（二）物流瓶颈

1. “物流二元倒挂结构”

近几年，我国城市农村的物流市场“二元化结构”越发明显，城市和农村物流差距日益拉大。同时，我国的畜牧业物流的发展与发达国家相比也呈现出差距不断扩大的趋势。如发达国家的畜禽产品加工量约占生产总量的 70%，我国肉类产品加工比例却不到 5%；我国深加工蛋品只占禽蛋产量的 0.5% ~1%，而美国、法国等国家的鲜蛋加工约占禽蛋产量的 15% ~30%，这些无疑增加了畜禽产品的保管难度，提高了物流成本。又如美国拥有冷藏保温汽车 20 多万辆，占货运汽车总量的 0.8% ~1%；而我国冷藏保温汽车约有 3.5 万辆，占货运汽车总量的比例仅为 0.3% 左右，铁路冷藏车约 0.8 万辆，占铁路货运车的 1.6%，而且大多是陈旧的机械式速冻车皮，冷藏运量仅占易腐货物运输量的 25%。畜禽产品冷链体系不健全，影响了畜禽产品的质量安全，增加了产品在物流过程中的损耗，提高了畜禽产品的物流成本。目前，我国畜禽产品物流费用占总成本的 70%，而按国际标准，物流费用占总成本的比重最高不超过 50%，差距明显。

2. 畜牧业第三方物流薄弱

我国第三方物流发展滞后，畜牧业物流的第三方物流相对更落后，具体表现为三个方面：一是畜牧业生产组织较小；二是物流企业不愿涉足畜牧业物流，导致畜牧业第三方物流不足，更不要说第四方物流；三是现有不多的畜牧业物流企业喜好“大而全、小而全”，不能够满足畜牧业生产性物流和居民消费性物流的需要。

3. 畜牧业物流安全问题严重

2006年9月，上海有300多人因“瘦肉精”中毒，以及“红心”鸭蛋、“多宝鱼”等事件为我们敲响了警钟，充分说明畜牧业物流的食品安全性是一个不容忽视的大问题，必须注重畜牧业物流的安全。畜牧业产品除了有源头污染外，其在流通过程中的第二次污染也相当严重。畜牧产品具有较强的易腐性、时间性、安全性、专业性的特点，为确保物流安全，在运送和储存过程中需要特殊的物流设施和专业的技术力量。在我国目前的物流条件下应以冷冻肉运送为主，活禽运送为辅，以避免交叉污染、传播疾病。

七、农产品质量安全——有法可依

2006年4月29日，全国人大常委会正式颁布《中华人民共和国农产品质量安全法》（11月1日实施），该法案的出台填补了我国农业行政管理和市场经济体制的空白，提升了全社会农产品质量安全的法制水平。此事事关老百姓生命安全和农业经济增长方式的转变，是由以调整农业数量为主到现在的注重调整农业质量效益的一部法律，因此我国农产品质量安全将有法可依。

近年来，我国农产品质量安全水平呈稳定提升态势，农药、兽药残留超标导致的食用农产品急性中毒事件明显减少，农产品污染严重的状况得到了有效遏制。总体上看，农产品是安全的、放心的。2006年9月份，农业部组织的第四次例行监测，37个城市蔬菜农药残留监测平均合格率为93.7%；22个城市畜产品中瘦肉精污染监测平均合格率为98.3%，磺胺类药物残留监测合格率为97.5%；8个城市水产品氯霉素监测平均合格率为98.7%，孔雀石绿监测平均合格率为94.4%；畜产品、水产品兽药残留总合格率达到97.9% 。

到2006年，我国已累计认证无公害农产品23636个，2006年新认证无公害农产品6932个，其中，种植业产品5159，畜牧业产品643个，渔业产品1130个。

目前，我国农产品安全生产中仍存在一些严重的问题：一是农产品中安全优质产品数量少，截至2006年年底，全国绿色食品生产企业总数3695家，认证产品总数9728个，我国绿色、有机食品在农产品生产总量中所占比例仍然较小。二是农产品质量安全事件时有发生，国家明令禁止使用的投入品未能彻底杜绝。三是农产品生产经营的组织化程度差，农产品质量安全难以保证。四是农产品检测和标准体系尚不健全，现有的检测机构以及相应的仪器设备人员等都难以满足农产品质量安全检测工作的需要。因此，加强我国农产品安全生产的管理将是一项长期的工作。

（作者：洪　涛　北京工商大学经济学院教授，
中国物流学会副秘书长
黄　薇　北京工商大学经济学院研究生）

粮食物流

截至2006年，我国粮食生产已连续三年丰收。2006年，我国粮食产量达到4.97亿吨，比上年增长2.8%。从国内粮食消费需求看，全年粮食产需还有一定缺口，地区和品种结构不平衡状况依然突出。主产区产业化龙头企业发展较快，粮食消费需求显著增加；主销区和部分产销平衡区粮食产需缺口较大。粮食供给比较薄弱的地区，主要集中在东南沿海、西南和西北的部分地区。从品种结构看，小麦和稻谷由前几年产需不足转变为产需基本平衡；玉米工业消费增长较快，将由以往供需平衡有余逐步向平衡偏紧转变；大豆产需缺口继续扩大，通过增加进口来解决。基于这些情况，2006年粮食物流发展呈现出政府指导与支持力度加大的特点。

一、粮食现代物流体系建设取得进展

2006年，国务院发布的《关于完善粮食流通体制改革政策措施的意见》，对加强我国粮食现代物流体系建设提出了总体要求：重点建设从粮食主产区到主销区的跨省区粮食物流通道和物流节点，实现跨省区粮食物流主要通道的散装、散卸、散储、散运和整个流通环节的供应链管理，形成快捷高效、解生成本的现代化粮食物流体系。国家粮食局会同有关部门对粮食物流发展规划进行调研，研究制定全国粮食现代物流设施建设规划。

二、粮食物流由粮食主产区流向粮食主销区，大豆、食用植物油物流呈现净进口物流

我国31个省（区、市）根据粮食产量、商品量、消费量等情况，划分为13个粮食主产区、7个粮食主销区和11个粮食产销基本平衡区，主产区、主销区、产销基本平衡区的粮食产量分别占到全国粮食总产量的70%、10%、20%，粮食由主产区向主销区流动，跨省流通量逐渐增加。据海关统计，2006年全国进口大豆2827万吨，比上年增长6.3%；进口食用植物油671万吨，比上年增长8%，大豆、食用植物油物流呈现净进口态势。

三、粮食收购环节的多元粮食经营者物流活跃

粮食收购基本上形成两种渠道：种粮农民—粮食经纪人—粮食仓库、粮食加工企业；种粮农民—粮食仓库、粮食加工企业。截至2006年年底，全国具有粮食收购资格的粮食经营者达到8.19万个，比2004年增加6万多个，增加了

2.92倍。这些经营者活跃在粮食主产区的有6.58万个，在产销平衡区的有1.28万个，在主销区的有3249个，分别占全国总数的80%、16%、4%。在主产区内，私营企业、个体经营户和其他经济组织等非国有粮食经营者接近5万个，比国有粮食企业多3.4万个以上。

四、国有粮食企业发挥收购主渠道作用，多元粮食经营者入市收购作用彰显

2006年，国有粮食企业收购粮食2476亿斤，比上年增加177亿斤。在启动小麦、稻谷最低收购价执行预案的省份，按最低收购价收购小麦814亿斤、早籼稻73亿斤、中晚稻99亿斤，分别占这些省份国有粮食企业同期收购总量的94%、90%和73%。2006年，重点非国有粮食企业收购原粮1122多亿斤，占当年按市场价收购原粮总量的40%，比2005年提高了10.5个百分点。

五、国家粮食库存稳中有增

随着我国粮食恢复性增产，国家粮食库存从2005年开始平稳增加，特别是主产区临时存储小麦库存增加较多，增强了粮食宏观调控的物质基础，但粮食库存大多集中在主产区，销区粮食库存比较薄弱，大米和玉米库存所占比重偏低。

六、粮库绿色储粮初见成效

人们消费水平和能力的提高，对健康的重视和粮油食品质量安全的关注，进一步推动了绿色储粮。从2006年粮食库存检查情况看，粮食储备库越来越多地采取自然低温为主、辅以人工制冷的低温储粮技术，开发太阳能制冷，使用硅藻土杀虫剂等技术，降低了化学药剂的使用量，减少了药剂残留，提高了粮食储藏的安全性，有利于保持粮食的色、香、味。中央储备粮管理系统绿色储粮比率超过30%。

七、农户科学储粮示范工程启动

结合社会主义新农村建设，国家粮食局推广农户粮食产后减损科学储粮技术，11个粮食主产区开展农户科学储粮技术下乡服务。通过实施丰产科技工程粮食产后减损项目，以中央级科研院所为骨干，有关省级科研院所为依托，装具制造企业和粮食收纳库为支撑的模式，在12个主产省建立30多个装具加工基地，对1万多个农户进行减损示范。

八、粮食经营者库存义务制度初步确立

《粮食流通管理条例》规定了从事粮食收购、加工、销售的经营者必须保持必要的库存量。各地按照该条例的规定，结合本地实际，抓紧研究制定对从事粮食收购、加工、销售的经营者最低和最高库存量的标准。到2006年底，有15个省（区、市）在贯彻落实该条例办法、意见中规定了粮食经营者最低和最高库存制度。这些制度对于防止粮食丰收、粮食价格下跌时粮食经营者不收购、存储粮食，粮食减产、粮食价格上涨时粮食经营者囤积居奇、垄断或者操纵粮食价格，具有重要作用。

九、粮食物流基础设施建设进展较大

华粮物流集团公司的组建和运营，环渤海地区港口粮食中转设施建设项目，以及上海外高桥、浙江舟山、广东东莞等地的“北粮南运”主通道粮食物流设施建设项目陆续开工或完工投入使用，进一步增强“北粮南运”的铁海联运能力。国债投资安排的散粮汽车试点项目进展顺利，一批新型散粮专用汽车陆续投入

运营、为黄淮海等地区开展汽车散粮运输试点、推进“四散”作业创造了条件。

十、粮食质检体系建设得到加强

截至2006年年底，全国粮食系统共有专业粮食质检机构776个，其中取得计量认证的373个，比上年新增50个；粮食质检机构在岗人员近9000名，其中专业技术人员近6000名，中级职称以上的占30%；累计培训粮油质检人员2.64万名；累计新增检验仪器设备约1.4亿元。《小麦、稻谷、玉米粮食储存品质判定规则》等国家标准13项和行业标准3项发布实施。全国粮食质检机构共检验样品约50万份。这些为开展粮食质量监管和提供社会服务发挥了重要作用。

（作者：韩继志　国家粮食局政策法规司）

果品物流

我国果品资源丰富、品种繁多。从1993年起，我国果品的产量和种植面积一直稳居世界第一位，已成为继粮食、蔬菜之后的第三大农业种植产业，是国内外市场前景广阔且具有较强国际竞争力的优势产业，也是促进地方经济发展和农民致富的支柱产业之一。2006年，我国水果产量达到1.71亿吨，比上年增长5.8%。作为果品生产大省的山东和陕西，2006年水果总产量分别达到1258.8万吨和1053.17万吨。根据中国果品流通协会提供的资料显示，2005年我国果品的贸易顺差达到13.73亿美元，同比增长23.2%。全国果品累计出口364.57万吨，出口金额为20.33亿美元，同比分别增长了16.63%和23.45%。出口数量和金额均创历史新高，增幅已连续4年超过20%。因此，果品流通产业已经成为部分地区的支柱产业之一。

一、果品产量有所增加

2006年，全国水果产量有所增加，下表是2006年全国部分省市的果品产量情况。

2006年全国部分省市果品产量统计情况

地　区	产量（万吨）	比上年增长（%）	地　区	产量（万吨）	比上年增长（%）
天　津	30.35	9.2	广　东	893.47	7.4
河　北	1453.1	3.9	广　西	612.9	7.2
山　西	272.55	11.02	海　南	187.85	15.6
内蒙古	220.48	23.3	四　川	536.3	1.7
辽　宁	343.7	4.4	贵　州	101.72	6.0
江　苏	210.02	3.9	云　南	162.56	19.0
浙　江	656.6	13.6	陕　西	1053.17	16.2
安　徽	733.6	3.1	甘　肃	205.09	18.93
福　建	494.97	3.3	新　疆	580.42	13.4
江　西	160.9	23.5	山　东	1258.8	4.8

资料来源：中华人民共和国国家统计局（www.stats.gov.cn）。

注：山东省的数字为园林水果产量。

由上表可以看出，2006年全国绝大部分地区的果品产量都有不同程度的增加。产量最大的产区仍然是山东、陕西、河北等省，从增长速度来看，江西、甘肃、陕西等地较快，由此可以看出，部分省市更加注重了果品产业的发展。以陕西省为例，当地政府就高度重视果品产业，尤其是苹果产业的发展，并出台相关的政策积极扶持其发展。

二、果品市场流通情况（以桃为例）

（一）桃的栽种面积与上年基本持平，总产量稳定增长，增幅高于2005年

2006年，我国山东、河北、河南、湖北、江苏、浙江、辽宁、四川、陕西等桃主产区的大部分地方没有发生大的自然灾害，由于雨量充沛、日照充足，使桃子的内在质量、果型、果色都比较好，产量都有不同程度的增加。其中，产桃大省山东桃的产量增加10%以上；河北省桃产量增加8.4%；四川省桃产量增长10%左右。同时，因为2002年我国桃的栽种面积比2001年激增了21%，达到54.9万公顷；2003年同期激增了11%，达到61万公顷；近两年新增面积的幼树已经大量进入盛果期，因此，2006年全国桃总产量的快速增长是不争的事实。

但是，也有个别地区由于受自然灾害的影响而减产。如我国桃主产地之一的北京地区，2006年桃的总产量下降约30%。主要原因是桃树花期遭遇沙尘暴，降低了座果率；在6月底又遇雹灾，受害面积达6万亩，绝产绝收1.8万亩。

（二）桃价格有升有降，早熟品种价格与上年基本持平，中、晚熟品种价格下降，优质优价更趋明显

从我国鲜桃市场价格看，2006年1~6月，在农资、燃油等因素价格上涨影响下，水果价格总水平上涨了18.7%；桃的价格只上涨了4.41%，早熟桃子与上年的价格水平基本持平；5月上市的桃子价格为8.00元/公斤，而上年同期价格为8.13元/公斤；6月上市的桃子价格为4.39元/公斤，而上年同期价格为4.28元/公斤。

2005年8月，国内批发市场桃的平均价格为2.6元/公斤；9月为4.85元/公斤。2006年7月，我国桃的市场批发价格为2.55元/公斤，比上年同期下降了34.8%。受我国桃产量大幅上升、八九月大量水果将集中上市的影响，2006年中晚熟桃子的价格会下降，降幅将达10%左右。另外，因为有些地区桃树老化，土地养分下降，造成桃的质量有所下降也是价格下降的原因。

优质桃供不应求，优质优价趋势更趋明显。四川省是我国桃栽培技术比较成熟的区域之一，从当地桃市场价格的变化幅度看，2006年优等品价格比上年同期上升15%左右，为6.00~7.00元/公斤；中等以上产品上升5%~10%，为5.00~6.00元/公斤；一些传统的名优桃品种的优等品如浙江奉化溪口的玉露桃更是供不应求。

（三）推广桃优质栽培及储运加工技术，积极开拓市场，促进我国桃业健康发展

1. 继续改进并加强桃树栽培综合管理技术，推广无公害桃子栽培技术，建立无公害桃子生产基地，优化生产区域，优化品种结构，保证桃子质量。

2. 加强对传统名优品种的改良，并积极申报原产地名称保护，对名优品种给予法律保护。

3. 建立健全桃市场信息网络，搭建营销平台。结合桃果储运困难的特点，要及时搜集、整理、分析并发布果品市场信息，疏通流通渠道，维护流通秩序，简化流通环节，促进产销直接见面。

4. 继续重视和加强桃分级、包装后上市的社会化进程，提高商品质量。

5. 以政府、相关行业组织为主，联合供销社、销售企业、种植大户继续做好本区域桃的国内外宣传与推介工作，利用好我国对亚洲尤其东南亚地区的政策与地域优势，进一步扩大我国桃子在亚洲市场的市场份额。

6. 呼吁有关科研及教学单位加快对桃储藏研究的速度。

三、2006年山东省苹果产销形势分析

2005年，山东省苹果栽培面积基本趋于稳定略有增长，全省苹果栽培面积达34.27万公顷。据市场调查，2005年因小年和受倒春寒灾害的影响，商品量较上年减20%左右。但果农收益不减，果农和经营商都受益。果业生产继续保持着稳定发展的好势头。

2006年，全省苹果生产预计总产将比上年增25%左右，商品量将达到或超过2004年的水平，质量好于往年。

产量增、质量好的主要因素有：一是2006年适逢大年，苹果花期气候适宜，夏季雨量充沛，有利于苹果的生长发育；二是受2005年秋2006年春苹果售价高，收益好的影响，果农的生产积极性进一步提高，加强了对果园的管理，增加了投入；三是主产区水果的套袋技术得到普及，套袋数量明显增加，采用反光地膜增色措施的果园逐年增多；四是苹果标准化生产，无公害、绿色等果品基地面积不断扩大。因此，2006年的苹果生产如后期光照充足，无风雹灾害，则丰收在望。

2006年秋，苹果市场预计产地收购价格总体价格水平将略低于上年。一级红富士苹果每公斤约3.00元，优质果与低档果的价格差距将拉大。价格略降的因素有：一是国内鲁、陕等主产区产量增加幅度大，货源充裕，红富士的开盘价不会高于2005年；二是2005年的收购价格已处于高位，若再提高经营企业和消费者都难以承受；三是自2006年6月起，各类果品价格普遍比往年下降，直接影响到秋苹果的价格。但2006年秋红富士苹果价格不会因增产而大幅下降，这是由于：一是苹果的生产成本上升，再加上受2006年春库存苹果获利丰厚的影响，果农期盼价较高；二是产地冷风、气调库的增加，企业也急于抓库存，以求更多的回报；三是2006年夏我国东南沿海省份连续遭遇强台风袭击，四川、重庆也遭受了百年不遇的大旱，南方水果生产受到一定影响，将有利于苹果的销售；四是随着人民生活水平的提高，苹果的消费量逐年提高，各地超市等新兴业态的发展进一步促进了销售，拉动了消费。

四、果品物流发展亟待专用物流设备先行

随着果品技术和专用果品设备研究水平的不断提高，我国果品的商品化处理程度有所增高，但是与国外相比还有相当大的差距。目前，我国经过商品化处理的水果达到总产量的20%（发达国家几乎100%），水果储藏保鲜能力达1700万吨，约占总产量的23%。其中，冷藏能力800万吨，约占总产量的11%；采用现代化设备的储藏量只占总量的10%（发达国家为60%～80%）；苹果加工量不足总量的10%（美国为45%）；柑橘类加工量不足总量的5%（发达国家在60%以上）。因此，提高果品采后的商品化处理水平，是降低果品在流通环节损耗的重要方面之一。

在美国，果品只有采收是手工完成，其他环节都由机械完成。采收后的果品用汽车及时运送到加工地点，由专门的机械对果品进行冲淋清洗，然后送进冷库或气调库储藏。所有果品在销售前，都要通过包装间进行处理，在机械生产线上清洗、分级、贴标、装箱。果品分级设备，在发达国家已经研制出了几代新产

品。如法国 MAF 公司研制的水果分选机，对果品表面进行自动化扫描，能最终实现自动分级，剔除不合格水果；日本研制的红外线水果分级机，能无损测定水果大小、含糖量、硬度并完成分级处理；美国 Key 公司的新型高速分选机具有高速度、低成本分选功能，用户可以自定分选标准，操作全过程可在屏幕显示。由于实现了果品商品化处理的配套化，果实采摘后首先按其大小、色泽、含糖量等进行分级，然后在 1 小时之内运回包装厂预冷后再打蜡包装，包装好的果品立即送入冷藏库或气调库储藏。出库时，根据目的地、运输方式和运输时间的不同，将果品置于 0 ~ 5℃ 环境放置一定时间后装车，确保进入市场时果品具有最佳品质和口感。欧、美、日等国家果品冷藏运输率在 80% ~90%。正是由于这些设施科学配套的使用，使得这些国家的果品商品化处理和运输环节的损失率低于 5%。

在果品的冷链物流发展中，尽管目前我国的冷藏运输设施已有很大的发展，但是还远远不能满足果品产业发展的需要，与国外发达国家差距较大，因此，我国冷藏、保温汽车以及冷藏火车、冷藏船等市场潜力很大。目前，我国的冷藏、保温汽车市场与发达国家相比尚处于发展初期。如美国的冷藏、保温车拥有量为 16 万辆，日本为 12 万辆，德、法等国也在 4 万辆左右，而我国只有 2 万辆。欧、美、日等发达国家易腐货物采用冷藏运输所占比率为 80% ~90%，我国仅约为 15%。发达国家公路冷藏运输率为 60% ~80%，我国仅为 20%，比不少发展中国家还低。

随着果品、蔬菜以及肉类等产品产量的迅速增加，以及人们生活水平的提高，对产品质量要求的提高，我国果品采用冷链物流的量将会大大增加，因此，开发和研制冷藏、保温汽车及冷藏火车、轮船等专用运输工具将商机无限。

对于冷藏车的开发主要集中在以下几方面：一是铁路冷藏车，主要有加冰冷藏车（又称冰箱保温车），分为车端式和车顶式冰箱冷藏车两种；机械冷藏车，分为集中供电集中制冷型和集中供电单独制冷型、单节式机械冷藏车；散装漏斗型冷藏车。二是公路运输工具，主要有冷藏汽车、冷藏拖车、平板冷藏拖车及保温车等。三是水路运输工具，主要分为具有通风船舱的船、具有冷藏船舱的船和集装箱船三类。四是集装箱，目前应用较多、需求较大的主要有冷藏集装箱、气调冷藏集装箱两类。对于适合于果品冷链物流需求的运输设备还要根据果品在流通过程中的生理变化规律和市场需求来决定，但总体来说，现代运输工具要具有良好的温度、湿度和气体调控系统。

（作者：张仁堂　山东农业大学）

2006 年中国批发零售业物流

2006 年，我国零售业规模继续扩大，全年社会消费品零售总额为 7.6 万亿元，比上年增长 13.7%，创 1997 年以来最高增长率；零售业态更加丰富多样，业态结构趋于合理，创新业态不断出现，全行业呈现出一些新的特点。

一、零售业

（一）2006 年零售业发展特点

1. 零售业现代化步伐进一步加快

连锁经营作为现代流通的主要方式之一，发展日趋成熟。在业态上，从最初的超市渗透到几乎所有的零售业态；在连锁方式上，从直营连锁、特许经营向自愿连锁发展。

据国家统计局统计数字表明，2005 年我国限额以上零售连锁企业年销售额达 1.01 万亿元，占同期全国社会消费品零售总额的 15.88%。商务部和中国连锁经营协会的调查统计显示，2006 年“中国连锁经营 100 强”销售规模达 8552 亿元，同比增长 25%，大大高于同期全国社会消费品零售总额 13.7% 的增幅。总体看，我国零售业现代化步伐进一步加快，连锁销售规模不断扩大。

2. 零售业兼并、收购等资本运作不断升级

2006 年，我国零售业市场并购风潮依然盛行，且不断升级。从发生的主要并购案例看，有以下特点：并购交易金额大、交易频率快；并购不仅发生在中外企业间，而且在中资企业之间也比较频繁；并购业态已从超市，扩展到百货店、家电专卖店等。2006 年，国内并购金额最大的案例是国美电器股份有限公司收购中国永乐电器销售有限公司，收购价格高达 52.68 亿港元。并购频繁的原因可归纳三点：一是国内市场经济制度的完善带来了并购重组需求；二是零售企业内在价值的提升激发了并购重组需求；三是企业规模扩大和自身实力提升产生了并购供给能力。

3. 农村零售业得到初步发展

针对农村消费环境差、商业基础设施落后、零售渠道单一、业态原始、交易方式简单等现状，2005 年，商务部启动“万村千乡”市场工程，将现代零售业态、经营方式引进农村，方便了农民消费，促进了农村零售业的起步和发展。截至 2006 年底，在农村的乡镇和行政村新建和改建了 16 万多个连锁店，覆盖全国 63% 的县市，商品销售范围扩大到药品、农资、通信、图书、音像制品等。2006 年，城乡市场社会消费品零售额增速差距由 2005 年的 2.1 个百分点缩小到 1.7 个百分点。据测算，到 2006 年末，连锁化农家店覆盖全国 63% 的县，使 1.4 亿农民受益，扩大农村消费近 600 亿元。

4. 零售业品牌化发展成效显著

品牌建设是零售企业核心竞争力的重要体现。2006年，商务部开展品牌万里行工作，将零售业分等定级工作作为其中的一项重要内容。零售业分等定级以发展比较成熟的百货业态为切入点，在北京、天津、上海、重庆、南京、长沙、西安、大连和青岛九个城市开展了百货店分等定级试点工作。经过严格评审，最终确定了223家达标百货店，在此基础上产生了35家管理制度完善、服务水平较高、经营环境安全舒适的金鼎百货店。零售业分等定级的开展有效地促进了零售企业经营管理水平的提高，提升了零售企业的整体形象，扩大了零售企业的知名度。

5. 外资零售企业发展更加活跃

截至2005年年底，商务部共批准设立的外商投资商业企业达1341家，合同利用外资48.78亿美元，开设店铺5657个，营业面积1388.34万平方米。2006年，外资零售企业加快了开店速度，家乐福、大润发、沃尔玛、好又多、易初莲花、麦德龙、乐购TESCO、百佳、欧尚、永旺、华糖以经营大型超市为主的11家外资零售商新开店铺数量超过100家，超过上年同期水平。同时，外资零售企业加大并购力度，并购企业实力强、涉及金额大、并购的战略意图明显。另外，在现有的中外合资公司，外方通过收购合作公司的股权，加快了其独资经营的步伐。

（二）商务部开展的几项重点工作从多方面促进了零售业的发展

1. 实施“万村千乡”工程和“双百工程”，逐步改观农村零售市场

2006年，商务部除继续推进并完成10万家以上标准化农家店的建设外，还启动了“双百”工程，改造100家大型农产品批发市场，重点加强冷链系统、物流配送、市场信息、检验检测、仓储活禽交易屠宰区等基础设施建设；同时，着力培育100家大型农产品流通企业，通过“超市+农村流通合作组织”等模式，逐步使超市成为便利农民生产和生活的双通道。两项工程的实施将对全面改观农村零售业的落后面貌，促进流通领域城乡一体化、安排农村富余劳动力就业以及和谐社会的发展发挥积极的作用。

2. 实施社区商业“双进工程”，大力发展城市社区商业

虽然城市中心商业区逐渐饱和，但关系到百姓日常生活的社区商业建设成为城市商业的薄弱环节。2006年，商务部开始实施以“便利消费进社区、便民服务进家庭”为主题的社区商业“双进工程”。截至目前，全国共创建培育了153个全国社区商业示范社区和500多个省级示范社区，通过规划先行、标准引路、政策支持、部门联动，鼓励企业运用连锁经营方式发展社区购物、餐饮、家庭服务，促进了网点布局合理、服务功能配套、百姓消费方便的社区商业服务网络的形成。

3. 实施“科技兴贸”工程，提高零售业的科技含量

由于行业内大多数零售企业在信息技术应用方面只注重操作层面的应用，轻视管理层和决策层的应用，致使行业供应链管理落后、流通效率低。2006年，商务部实施“科技兴贸”工程，针对零售企业信息化建设和供应链管理等方面的薄弱环节，加大管理信息系统（MIS）、时点销售系统（POS）和电子订货系统（EOS）、企业资源计划（ERP）等的应用与推广，尤其是加强供应链管理（SCM）、无线射频识别（RFID）技术等关键技术的推广和示范，以提高物流配送效率，降低物流配送成本，推进电子商务与连锁经营、物流配送的有机结合。

4. 开展“品牌万里行”工作，提升我国零售业的整体形象

2006年，商务部开展了“品牌万里行”工作，支持流通企业创立自主品牌、培育知名

品牌，遏制假冒伪劣商品、保护知识产权。零售业的品牌化建设集中在三个方面：一是零售企业分等定级，促进零售业的企业品牌和服务品牌的建设；二是“老字号”企业的认定与振兴；三是发展零售企业自有品牌商品，促进商品和服务的质量、档次、附加值和竞争力的提高。“品牌万里行”工作加快了零售业的品牌化进程，促进了零售企业核心竞争力的提高。

5. 实施“人才强商”工程，注重零售业人才发展战略

目前，商业领域人才总量不足、整体素质偏低的现状已无法满足商业零售业现代化、国际化发展。为保持商业零售业的可持续发展，人才发展战略备受重视。2006 年，商务部实施“人才强商”工程，分层次地对全国商务部门负责人和行业从业人员进行培训，培养出熟悉现代流通管理、了解 WTO 事务、掌握现代信息技术等相关领域知识的中高级专门人才和高层次复合型人才，尤其是内贸流通领域技术和管理方面的紧缺人才，以及具有一定职业技能和职业道德的各行业从业人员。

（三）逐步健全的法律体系为零售业的发展创造了良好的政策和法律环境

2006 年，零售领域出台了多项政策法规，涉及并购、促销、工商关系、食品安全、农村商业、特许经营、分等定级等多方面内容，从规划、规章、规定等多个层面完善管理制度，零售业法律体系逐步健全。2006 年，商务部会同其他相关部委，出台了《零售商促销行为管理办法》、《零售商供应商公平交易管理办法》、《直销行业服务网点设立管理办法》、《超市购物环境标准》、《关于外国投资者并购境内企业的规定》、《外商投资商业领域管理办法补充规定》等一系列规范市场行为的法律法规。

为防止零售市场垄断，避免在同一主要商圈内设立不合理的相同或类似业态的零售店铺，保障区域零售市场的合理竞争和有序发展，2005 年 8 月，商务部发布了《零售业同业损害评估方法》征求意见稿。此外，《反垄断法》、《商业特许经营管理条例》、《城市商业网点管理条例》等均已上报国务院。其中，《城市商业网点管理条例》已列入国务院一类立法计划，有望通过审批。

今后，商务部还将重点推进以下几方面立法进程：一是规范市场流通活动的基本法；二是健全规范市场主体的法律制度，包括商协会、商品交易市场方面；三是健全规范市场行为的法律制度，研究规范零供关系、商业促销、无店铺销售等方面的法律法规；四是健全规范市场秩序的法律制度，研究《反垄断法》、商业信用等方面的法律法规；五是规范市场调控与管理的法律制度，包括住宿、洗染、会展等方面的法律法规。

二、批发业

（一）2006 年我国批发业特点

批发业是生产与生产、生产与零售市场的中间环节，它对生产和流通的组织作用很大。批发业的发展状况是一个国家或地区的经济社会和商品流通发展的重要标志。改革开放以后，特别是 20 世纪 80 年代中期以来，随着批发环节的放开，专业批发商受到生产商和连锁零售商的竞争压力，批发业的发展面临很大的挑战。

1. 批发业市场初具规模

国家统计局的数据显示，2006 年社会消费品零售总额 76410 万元，比上年增长 13.7%，其中批发零售业 64326 亿元，占 84.2%。截至 2006 年年底，全国亿元以上商品交易市场有 3876 个，年成交额 3.7 万亿元，比上一年分别增加 553 个和 23.7%。其中生产资料市场 6545 个，交易额 8796.3 亿元，消费品市场 82498 个，交易额 25975.7 亿元。

2. 批发业呈多元化发展

批发业呈多元化发展具体表现为：①批发

业经济成分多元化。由原来单一国有、集体批发企业，发展为国有、集体、私营、外资等多种经济成分并存、共同经营的局面。②批发主体多元化。目前，基本形成三大批发主体：一是随着工商企业产品经营权的放开，在不少产品领域，工业企业自身成了最大的批发业主体，直接获取商业利润；二是原商业、物资、粮食、供销社等系统的专业批发企业仍然是批发行业的一支重要力量，特别在盐、烟草、成品油、原油、粮油、棉花、化肥、农药、图书、钢材、汽车、煤炭、糖酒等产品领域，有些已成为批发代理商或批发经纪人；三是大型连锁超市和仓储式零售企业，借助其庞大的采购和物流配送体系，占据了一定的批发市场份额。

3. 批发载体与批发形式多元化

一是生产企业通过代理商、经纪人或合同直接批发给生产企业、批发企业、零售企业，这是一种无形市场的批发方式。二是通过商品批发交易市场。据国家统计局统计，截至2006年年底，全国亿元以上商品交易市场数量达3876个，其中，批发经营类的市场有2161个（包括综合市场360个、专业市场1663个），年成交额3.7万亿元，实现批发经营交易额3万亿元（包括综合市场0.56万亿元，专业市场2.14万亿元）。商品交易市场是农副产品与部分日用工业品的重要批发渠道与批发载体。三是通过网上批发交易。四是通过展销会批发交易，其中展销会涉及各个层次、各种产品，有综合性的，也有专业性的；有全国性的，也有地区性的；有外销为主的，也有内销为主的。

4. 批发业服务功能不断扩大

随着市场需求的变化，批发业的服务功能不断扩大，由传统的吞吐商品、调节商品数量，向减少流通成本、建立畅通、高效的供应链发展。批发业向生产环节和零售环节双向延伸，逐步扩大其服务功能。批发业的产业功能也从简单的货物买卖和中介，转变为向企业提供现货交易与代理、产品展示与推介、期货代理、进出口代理、仓单质押、仓储运输、信息服务、银行结算、产权交易、法律咨询和工商注册等增值服务功能。

5. 批发业对外开放步伐加快

近几年，随着我国对外资进入批发领域限制的逐渐取消，大量的外资企业涌入到我国批发领域。2004年，商务部批准设立外资批发企业11家；2005年，在批准设立的1027家外商投资商业企业中，批发企业占571个，是2004年之前总和的57倍。2006年3月，外商投资商业企业的审批权被绝大部分下放到地方政府后，外资进入我国批发领域除了在数量上呈增加势态外，还表现出两大特点：一是经营范围从日常生活用品不断扩展并深入到生产资料领域；二是一些新的批发业态也随着外资的涌入进入我国。例如，针对我国零售业组织化程度低的特点，IGA、Spar等自愿连锁组织也纷纷进入我国，加盟超市将在统一采购、物流等方面降低成本、提高效率。

（二）我国批发业存在的主要问题

虽然我国批发业的改革与发展取得了一定成绩，但受“重零售轻批发”观念的影响，和零售业的繁荣和快速发展相比，我国批发业总体发展的速度比较缓慢，主要存在以下一些问题：

1. 市场秩序有待于规范

批发领域批发环节过于分散，交易环节多，进货渠道不稳定；经营行为不规范；批发交易不仅存在假冒伪劣，而且资金互相拖欠；由于信用体系不健全，使“佣金代理”不能健康发展。

2. 批发设施和技术比较落后

多数批发市场的场地以露天和半封闭形式为主，绝大多数市场没有信息网络和电子信息显示系统；未能引入现代营销技术，虽然部分批发市场开始探索现代化的交易方式，但大多数批发市场仍以及时现货交易为主，现金是主要的结算方式，价格仍然是主要竞争手段，缺少包装、配送等增值服务；信息化和标准化水平不高。

3. 缺乏批发龙头企业

除了进出口贸易与生产资料批发交易中有小部分规模较大的批发商以外，各类批发市场中基本没有大批发商。以小商贩为主体与支撑的传统批发市场已相对过剩，而依托现代科技、先进管理的批发龙头企业严重不足。批发企业“小、散、差、乱”，阻碍了我国批发业向专业化、现代化发展的转变。

（三）我国批发业的发展方向

1. 国外批发业的发展历程为我们提供了借鉴

19 世纪，西方流行批发无用论，随着市场经济逐步完善，人们逐步认识到批发企业的作用和地位。有资料表明，美国的专职批发商的经营额占整个经营额的50%，日本的工业自销不到10%。虽然目前国内批发业存在诸多问题，但不可否认，传统批发企业拥有网络组织、场地设施，业务技术和信誉等众多优势，一旦这些优势得到充分发挥，批发业作为独立的商业业态仍具有广阔的发展空间。

2.《国内贸易“十一五”发展规划》提出批发业的发展要求

2006 年，商务部制定了《国内贸易“十一五”发展规划》（以下简称《规划》），明确了我国批发业的发展方向，并对批发业的发展提出了具体要求：“推进批发业经营与服务方式创新；促进商品交易市场升级，使其逐步向商品展示订货中心、批发采购中心、信息服务中心、物流配送中心等现代市场形态转变。”同时，《规划》还“鼓励批发、储运企业延伸物流服务功能，发展社会化的‘第三方物流’，以加快构建现代商贸物流体系”。另外，《规划》中还专门就商品交易市场的发展提出了明确要求，要“促进商品交易市场升级。传统商品交易市场要通过升级改造，规范市场内部交易秩序，逐步向现代流通方式发展。按照城市规划和商业网点规划，调整商品交易市场的布局结构，控制新建市场。加快改造大中城市、交通枢纽和产业集群带的工业消费品和生产资料专业批发市场，增强展示、信息、代理、配送、加工等服务功能，使其逐步向商品展示订货中心、批发采购中心、信息服务中心、物流配送中心等现代市场形态转变。”

3. 批发业转型升级后的发展方向

从目前的发展状况看，我国批发业正进入一个新的转型发展期，转型发展的核心是建立以大型批发商为主导、以新的营销方式为支撑、以有形与无形批发市场为基础、以供应链为联结、以现代电子信息技术为手段、以提高流通效率与效益为目的，借助连锁、物流和电子商务等现代流通方式发展的现代批发业体系，具体来说，就是加快对传统国有批发企业的改革，培育现代化的大型批发企业，促进连锁化发展，扩大传统批发业、批发市场的服务功能，促进批发与物流业的融合，加强物流基础设施建设，调整批发业结构，由市场确立批发业主体，加强与外资的合作，提高信息化技术应用水平和管理水平。

（供稿：商务部商业改革发展司）

附：

2006 年我国零售业市场主要并购案例

日　期	收购方	被收购方	交易价格	所占股权（%）
2006 年 2 月	北京物美商业集团股份有限公司	北京美廉美连锁商业有限公司	3.7 亿元人民币	75
2006 年 4 月	北京物美商业集团股份有限公司	新华百货商店股份有限公司	1.767 亿元人民币	27.7
2006 年 5 月	Best Buy（美国·百思买）	江苏五星电器有限公司	1.8 亿美元	51
2006 年 7 月	国美电器股份有限公司	中国永乐电器销售有限公司	52.68 亿港元	100
2006 年 8 月	北京王府井百货（集团）有限公司	长安商场	3.1 亿元人民币	100
2006 年 9 月	北京物美商业集团股份有限公司	江苏时代超市有限公司	约 12 亿元人民币	50
2006 年 12 月	Home Depot（美国·家得宝）	天津家世界家居建材超市	7 亿元人民币	100

数据来源：中国连锁经营协会。

2006年中国汽车物流

汽车物流主要包括零部件入厂物流、生产物流、整车物流和售后零配件物流等几大组成部分，由于汽车产品特性，汽车物流可简单分为汽车零部件物流和整车物流两大类。与其他行业物流相比较，汽车物流是国际上公认的最复杂、最具专业性的物流。

汽车整车物流是指将商品汽车整车从供应方到需求方的业务流程，包括仓储、保管、运输、装卸、信息处理以及其他流通增值服务等，是汽车产业物流和供应链的重要组成部分。商品车整车供应方一般为汽车主机生产企业或二手车经销企业，由于在我国二手车经营业务还处于起步阶段，因此整车供应方主要为汽车主机生产企业，需求方主要为分布在全国各地的汽车销售网点或个人。

汽车零部件物流是集现代运输、仓储、保管、搬运、包装、流通及物流信息于一体的综合性管理体系，是沟通原料供应商、主机生产厂、批发商、零件商、物流公司及最终用户的桥梁，更是实现商品从生产到消费各个流通环节的有机结合的纽带。

作为汽车制造企业的第三方物流企业，尤其是与制造企业建立了战略合作关系的第三方物流企业，往往服务于汽车制造企业从生产到整车销售的全过程，但由于零部件和整车的供需结构以及物流特性迥然不同，因此两类物流从规划、管理和运作各方面都有相当大的差别，因此汽车物流行业一般将整车物流和零部件物流作为两个大类进行分析和研究。以下我们分别介绍我国汽车整车物流和零部件物流的发展情况。

一、我国汽车整车物流的发展状况

（一）我国汽车整车物流的形成与发展

我国汽车整车物流市场的形成大体上经历了三个阶段。

第一个阶段（1949—1979年）。我国的国民经济以发展重工业和农业为中心，人民的生活水平停留在解决温饱问题阶段，国家的汽车工业主要以满足各行业生产需要为目的，汽车产品作为重要的生产资料实行统购统销。购车单位派司机专程到产地提车，是当时汽车整车“物流”的主要方式。

第二个阶段（1980—1991年）。随着国家实行改革开放政策，引进外资，搞活经济，我国的汽车整车物流在有计划的商品经济推动下，以上海大众汽车有限公司生产的桑塔纳为主流车型，开启了我国的轿车时代，多年被抑制的汽车消费市场逐渐得以释放，轿车已不再是政府部门的形象和特权，集团消费是当时汽车市场的主流，但少的可怜的汽车品牌和落后的汽车工业，致使汽车市场长时间停留在卖方市场，计划分配是当时汽车供应的主要方式。自驾自运仍是当时汽车整车物流的唯一方式，但正是这个时期诞生了一批专业从事轿车自驾专运的个体商户，俗称“地跑”，其中的一些佼佼者成为我国将来汽车物流市场的弄潮儿。

1990 年对我国的汽车物流行业是一个特别有纪念意义的年份，天津安达公司在全国首发了第一辆运送汽车的专业车，率先尝试了中国商品汽车的“零公里”交付，从此汽车整车物流迈出了划时代的第一步，进入了汽车整车物流现代化的新阶段。

第三个阶段（1992 年至今）。汽车开始进入先富裕起来的百姓家庭，中国巨大的汽车市场潜力得以不断释放，汽车工业保持了连续十年 20% 以上的增长速度，汽车作为寻常消费品迅速进入家庭。随着人民生活水平的提高和消费观念的改变，1995 年以后，“零公里”汽车商品逐渐成为汽车消费市场的基本需求，汽车市场和消费环境推动了汽车整车物流行业的快速发展，运输方式也由单一公路运输方式，逐渐形成目前我国以公路运输为主，以铁路和水路运输为补充的汽车整车物流市场格局。

（二）推动我国汽车整车物流市场快速发展的主要因素

1. 我国巨大的汽车市场和持续高速发展的汽车工业

我国汽车市场的持续快速增长和总规模的不断扩大，使我国汽车市场的国际地位显著提升，成为世界汽车市场不可分割的重要组成部分。自 2003 年，我国就以 444 万辆的国产新车销售成绩，超越德国成为世界第三大汽车消费国；而进入 2006 年更是以 728 万辆国产新车销量超过日本，成为仅次于美国的全球第二大汽车消费国。汽车消费需求的强劲增长，带动了汽车产销量的快速增长，为我国汽车物流行业的迅速崛起提供了前所未有的发展机遇。

2. 汽车消费环境的改善和消费者对服务质量要求的提高

物流作为一种服务行业，客户对服务质量的满意程度，决定着企业在市场中的生存能力，汽车整车物流连接着汽车生产企业和汽车经销商，具有多重服务对象的特点。尤其随着汽车市场的不断成熟，汽车成为目前家庭消费仅次于房产的第二“大件”，消费者对汽车质量和服务要求越来越高，因此无论是对外观的完好率，交货的及时性和服务的满意度均表现出近乎“苛刻”的要求，而物流作为汽车生产和消费的中间环节对汽车产品消费市场起着至关重要的作用。正是汽车生产企业、经销企业和汽车最终消费者不断提高的服务要求推动着汽车整车物流不断向更高层次迈进。

3. 汽车制造企业和物流企业降低成本增强竞争力的潜在需求

针对全球汽车市场出现的三大挑战：汽车市场竞争加剧、消费者需求的多样化、市场环境的不可预测性增加，汽车生产商不约而同地采取了三大应对措施：降低单车生产成本、柔性化生产以及提高用户满意度。这三大战略举措的成功与否都不同程度地取决于汽车物流的发展水平，通过降低物流成本来降低单车成本，从而获取价格竞争优势是目前我国汽车生产企业普遍考虑的重要因素，也成为他们选择物流运营商的主要出发点。对物流企业来讲，为保持竞争优势，在不断提高物流服务满意度的同时，需要不断降低企业运营成本，由此带来的压力和动力，推动着企业加强内部管理和现代新技术的运用，从而推动着行业整体水平不断提高。

（三）我国汽车整车物流行业存在的主要问题

1. 运力资源分散造成的严重浪费和高额物流成本

据统计，2005 年全国潜在对流资源约为 66 万辆。假设各区域城市汽车对流在中心城市间进行，按 1 元/车·公里计算，9 家主要汽车整车物流公司的潜在对流成本约为 8.4 亿元，根据在占全国资源总量比例 79% 计算，全国潜在可对流资源物流成本约为 10.5 亿元。

2. 在用轿车运输车多数不符合国家新标准的要求

2004 年 4 月 1 日，由国家质检总局、国家标准化管理委员会联合颁布了国家强制性标准 GB 1589—2004《道路车辆外廓尺寸、轴荷及质量限值》（以下简称《标准》）。该《标准》规定，半挂车长度为 16.5 米。但此前由于管理不到位，加之汽车物流企业降低成本的需要，导致目前正在使用的轿车运输车 95% 都不符合国家标准。企业购车和轿运车生产都处于停顿状态，严重影响整车物流行业健康发展。

3. 汽车整车物流的行业标准建设严重滞后

物流标准化是现代物流发展的基础，是提高物流效率的重要途径，在国际上物流标准化已经成为行业发展的关注焦点。据有关专家分析：我国每年在物流过程中产生的损耗大约是 3000 亿元人民币，主要原因在于物流过程时间过长、装载次数过多，造成包括资金、场地、车辆的过多浪费，导致整个资源消耗过大。全国物流标准化技术委员会成立后，在物流标准化建设方面做了大量工作，物流领域标准建设全面启动，并于 2005 年和发改委等八部门联合颁布了《全国物流标准 2005—2010 年发展规划》，物流行业标准化建设步入了快车道。但汽车物流作为各产业中涉及面最广、技术难度最高、专业性最强、全球化程度高、市场容量最大的专业物流之一，标准化建设尤其重要，目前行业普遍存在着资源利用率低，信息化建设不完善，汽车综合服务体系不健全等问题，无论是公路运输、铁路运输、水路运输以及多式联运都还没有形成统一的标准体系，如运输规范不统一、仓储服务规范不统一、生产商与多个运营商之间的信息交换不统一、多式联运的单证不统一等都在一定的程度上加大了企业成本，无法有效使用资源。目前，发达国家的物流不管是跨国的、跨省的还是跨城市的，都可以“一单到底”达到最终的目的。汽车物流分会成立后，汽车物流标准化建设从整车物流方面开始起步，目前已经通过了《乘用车运输服务规范》，并正在起草《乘用车仓储服务规范》、《乘用车水路运输服务规范》、《乘用车质损判定及处理规范》和《商用车运输服务规范》，为规避标准间的重叠，有必要先行建立汽车物流标准体系规划，逐步完善适应中国国情又能与国际接轨的汽车物流标准体系。

4. 铁路和水路运力资源未得到合理开发和充分利用

目前，我国的汽车整车物流量的 83% 集中在公路，当然有很多历史和现实的原因，公路运输的机动性、门到门、网络建设便利等优势，以及国内整车物流企业发展初期都是以公路运输为主开始的，因此，铁路、水路等运力资源未能合理地开发和利用。由于我国幅员辽阔，汽车工业又相对集中在长春、京津、上海、武汉、重庆、广州等少数发达地区，汽车产品对全国的辐射和国民消费的多样性，决定了汽车整车物流具有分散和纵横交织的特点，随着能源价格的持续上涨，物流装备的经济性选择是大势所趋，铁路在远距离运输的优势已经凸现，而中国丰富的水路资源也受到汽车物流行业的青睐，但整个市场的融合尚在起步和磨合阶段，目前主导的公路运输模式更多得引入水路、铁路资源，走多式联运的道路将是中国未来汽车整车物流的必然选择。

5. 现代化信息技术的应用还处在原始起步阶段

JIT（JUST - IN - TIME，及时配送服务）、EDI（Electronic - Date - Interchange）、GPS（Global - Positioning - System，全球定位系统）、RFID（Radio - Frequency Identification，射频识别技术）、GIS（地理信息系统）等信息技术在现代物流具有广阔的空间，但由于传统

习惯，落后的观念和行业的低水平竞争，使得现代化信息技术的应用仍处于起步阶段，虽然各汽车生产企业内部基本上已实现了信息化管理，但汽车物流企业除了少数企业已经使用信息系统外，多数还处在开发阶段，总体还处于基础阶段。企业间的数据交换，除了极少数应用了 EDI 系统，更多的还是用传真加电话的传统方式进行。数据交换、商业合同等多以纸面介质为主，辅以电子邮件进行，互联网商业应用的潜力远未得到开发。

6. 二手车市场的物流资源尚未得到开发

我国的二手车市场目前仍处在发展初期，2006 年二手车的交易量总计为 190 万辆，有着巨大的发展潜力。国外的汽车物流早已覆盖了新车和二手车两个领域，但我国的汽车物流仍然停留在只为新车提供服务上，二手车市场的物流资源远未得到开发。

（四）我国汽车整车物流的不同运力情况分析

目前，我国整车物流运输中公路、水路和铁路的运输市场份额分别为83%、10%和7%。

1. 公路运输

据不完全统计，截至 2006 年年底，全国在用车辆运输车大约有 1.5 万辆，运输了全国 380 万辆乘用车。按每车次平均运送 8 辆计算，每辆车运营周期约为 11 天，利用率相当低。有统计资料表明，我国在用运输车的空驶率为 39%。造成空驶率高、利用率低的主要原因有：①汽车生产相对集中，而市场相对分散；②企业之间的运力资源没有得到有效整合；③水路和铁路资源开发应用不足造成公路运输的单一化；④因节日引起的消费市场的波峰波谷因素导致运力资源不能均衡使用，忙闲不均是公路运力的明显特点。

自 2004 年至今汽车运输企业的利润持续走低，虽然这有企业管理水平不高、现代化技术应用不足等方面的内部原因，但外部环境的影响是导致这种情况的根本原因。如企业间运力资源未能整合，回程空驶造成的浪费；价格竞争仍然是中国汽车市场竞争的主旋律，生产企业为获取竞争优势挤压物流成本首当其冲；燃油价格持续快速上涨；小企业和个体运输户为抢占市场大打价格战引起了行业的无序竞争；在用轿车运输车“超限”严重的现实情况，企业被罚款的情况有增无减，因此加重了企业的负担等。

2. 水路运输

汽车整车物流水路运输主要是利用滚装船运输。我国内河滚装船运输主要在长江全线，截至 2005 年年底，服务长江全线的滚装运力超过 100 艘、月均运输能力 2.2 万辆。在远洋运输中只我国目前只有中远旗下的一艘滚装船属于我国自有，其余均为与外方合作。2006 年，我国轿车出口达到 3 万辆，2007 年仅奇瑞预计就会达到 7 万辆，但我国汽车出口大都是不定期，而且数量小（单个企业的汽车出口每批最多为一两千辆，大多数时候只有几百辆甚至几十辆）、批次多、航线偏僻（出口地区大多数是中东、非洲和南美，这些地方不是主流航线，船很少），很多国内汽车生产企业无法和国际航运大公司签订全年运输协议，只能和人家拼船或者利用韩国、日本汽车企业留下的空闲车位运送商品车。这样船期无法得到保证，运价也要比日韩企业高出 50% 左右。

3. 铁路运输

2006 年，铁道部确定大力发展汽车运输业务的战略目标，在中铁特货运输公司下专门成立中铁特货汽车物流有限公司，专门负责全国汽车的铁路运输业务。

4. 公路、水路和铁路运输

汽车整车物流中的运输费用占成本构成中的比重最大，而且是物流管理中最重要的一环。对于公路、铁路、水路三种运输方式来说，消费者关心自己是否能及时地购买到车况完好的“零公里”车辆和满意的服务；生产商和经销商追求的是“零库存”、可靠性、安全性、及时性为内容的低成本和高质量的服务，以提高市场竞争能力；政府管理部门则关心的是节约能源和社会资源、公共安全、环境保护等公共利益。公路、铁路和水路三种运输方式的利弊如表1所示。

表1　公路、铁路和水路三种运输方式的利弊比较

项目＼运输方式	公路	铁路	水路
资源占用	占用土地多	占用土地较少	占用土地少
能源节约	能源耗费大	能源耗费较小	能源耗费小
环境保护	环境污染大	环境污染较小	环境污染小
运输成本	高	较高	低
资金投入	小	较大	大
运输能力	小	较强	强
门到门的方便性	便捷	不很便捷	中转环节多
路途的安全性	不安全	安全	安全
运输速度	较快	快	慢
运输可控性	最好	最差	差
物流及时性	最好	差	较好
路途的可靠性	可靠性差	可靠	可靠
运输中的质损率	高	低	低
目前物流成本	较高	最高	最低

（五）中外汽车整车物流差距分析

目前，发达国家汽车整车物流模式大致分为以下四种：一是汽车制造商自运模式，代表企业是法国标致PSA集团投资建立的捷富凯Gefco物流公司，号称法国的第二大物流公司；二是第三方物流模式3PL，代表企业为德国BMW－Autologic；三是第三方和第四方混合物流模式3.5PL（integrated 3PL/4PL），代表企业是Renault－CAT；四是第四方物流模式4PL，代表企业是Ford NA－UPS。

1. 国外汽车整车物流各种运输方式的大体情况

（1）公路运输。在北美、西欧等公路网络比较发达的国家，以牵引车拖挂半挂车组成的汽车列车的运输方式占到总运输量的70%～80%。

在美国的公路货运设备构成中，专用货运设备几乎达到了90%，其公路货运的主力车型是汽车列车或厢式半挂车。

在欧州，轿车运输车具有装车数量多，运输效率高的特点，并且可以在包括高速公路在内的主干道上行驶。其中，英国的整车物流运输车的装载量较大，大致分二层和三层两种结构。二层结构的装载8辆商品车，三层的装载11辆商品车，大装载量的运输车辆最多可装载13辆商品车。另外，也有集装箱运输商品车的方式，一般这种集装箱可装载两层商品车，总长多在20米左右。

（2）水运和海运。世界上绝大部分汽车下线后都是通过汽车滚装船被发送到世界各地的。如日本、韩国每年出口的上百万辆汽车，都是靠滚装船运输。由于韩国、日本的汽车出口量巨大，因此，他们几乎控制了所有亚洲到其他地区的远洋滚装船。我国的商品车出口目前多依赖这些资源，因此，在价格、时间以及竞争关系等方面受到严重制约。

另外，由于水路运输的经济性和环保性，因此，在很多国家得到政府的积极扶持。日本政府规定，凡是运输里程超过300公里的货运必须采用水路运输方式。在美国，水运由于低廉的价格、良好的物流服务质量和准确的交货时间，也一样受到青睐。

（3）铁路运输。发达国家的铁路、水运和公路运输不像我国呈明显的行业分割态势，因此，在市场的推动下，从20世纪50年代开始应用铁路承运商品汽车以来，铁路、公路和水运有着良好的协调关系。目前，欧洲铁路在整车运输市场中的份额为35%、美国为50%，远远高于我国10%的水平。

2. 国内外汽车整车物流的差距分析

总体看，从横向进行对比，我国的汽车整车物流刚刚起步；从企业的规模、服务内容、服务质量、服务理念等各个方面与发达国家相比，还有很大差距。国内外汽车整车物流差距的情况如表2所示。

表2　国内外汽车整车物流差距比较

	中　国	发　达　国　家
物流理念	准时、保质完成商品车的发运任务	为客户提供一体化整车物流服务，以客户需求为导向，满足客户的多方位需求
管理政策	税收政策滞后、行业设备和服务标准欠缺、各种运输方式行业管理分散制约了行业的快速发展	在市场推动下，形成了完善的行业政策体系
运力资源	企业间运力分散，运力资源利用率低，水路和铁路资源开发不足	运力集中，资源已得到有效整合，建立了科学、优化的多式联运体系
服务内容	服务内容单一：运输、仓储服务产品仅为新车	服务内容全面：PDI、批量运输、特殊运输、仓储、清洗、整新、加工、个性化服务、各种增值服务、输出管理等，服务产品包括新车和二手车
物流过程	可控性差，物流企业柔性差，被动接受市场变化与波动	物流全程的可视化，以良好的柔性面对各种突发事件，对市场变化和波动迅速反应
技术支持	运输、仓储管理；在途车辆定位；应用现代信息技术水平低	先进的物流管理系统、先进的物流信息系统、全程的定单跟踪技术、物流过程可视化
服务对象	汽车生产商、经销商	汽车进口商、汽车生产商、汽车经销商、汽车租赁商、个体客户
市场定位	整车销售物流的承运商	与客户之间形成战略伙伴关系，深刻洞察市场的变化与波动，积极参与产品开发和市场预测
中转库建设	数量少、节点衔接差	数量多、节点层次清晰

根据国家发改委的预计，2010 年中国国内汽车市场需求量将达到 800 万～900 万辆；汽车产量在 1000 万辆左右；汽车保有量达到 5500 万辆左右；仅新车商品车就是 2005 年的 1.8 倍，如果加上二手车资源，整个商品车的物流量将会更大，因此，整合运力资源是我国汽车整车物流近期发展的主要目标。从目前的情况看，发展我国汽车整车物流应该采取以下积极有效的措施：一是使政府部门应发挥主导作用为资源整合创造环境；二是尽快解决轿车运输车超标问题；三是解决制约汽车物流行业发展和资源整合的税收政策；四是加快建立汽车物流行业标准；五是充分发挥行业协会在资源整合中的主导作用；六是积极推动全国运力资源平台建设。

二、我国汽车零部件物流的发展状况

（一）我国汽车零部件物流的主要运作模式

目前，我国使用比较普遍的汽车零部件物流模式主要有三种：MilkRun 定常路线法、Direct 直接法和 Consolidation 联运法（三种方式的运营示意图如图 1，图 2，图 3 所示）。生产厂家使用哪一种模式，最终取决于三个方面的条件：一是零部件的数量，目的是努力提高货车的利用率；二是零运输距离的长短；三是需要运输的频率。

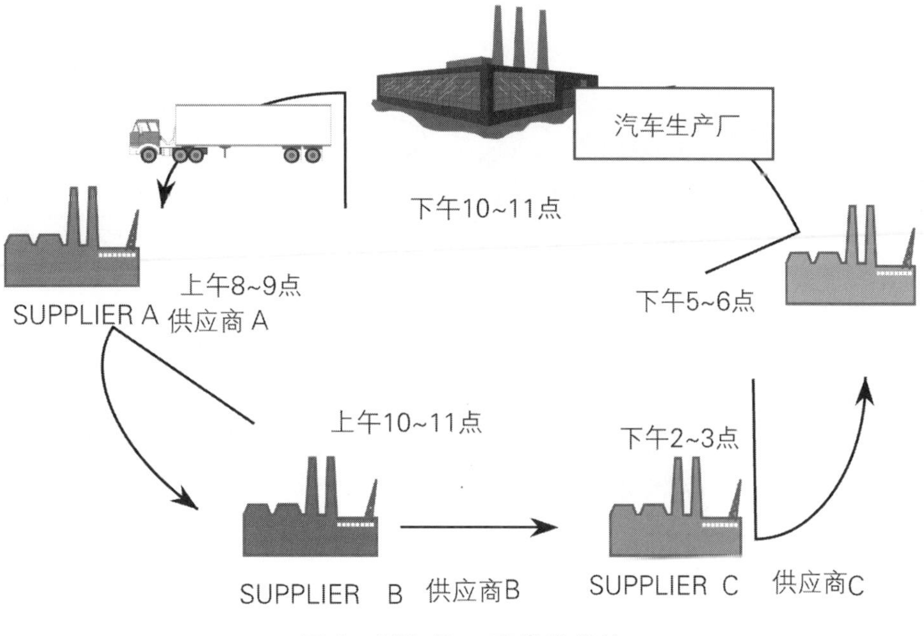

图 1　Milk Run 定常路线法

就汽车零部件入厂物流而言，在远距离单一供应供货种类较多，混合装箱配载时，考虑尽可能平均装箱配载；在运输包装和上线包装不一致时，需要进行配载控制；另外，还要应根据生产计划量进行合理配载。

一些知名企业经常使用下述配载方案：第一，远距离大件配载量为 8 小时量左右，小件配载量为 1 天量（可整合到整包装）；第二，近距离供应商大件配载量为 4 小时量，小件配载量为 8 小时量（可整合到整包装）；第三，远距离单一供应供货种类较多，混合装箱配载时，考虑尽可能平均装箱配载。

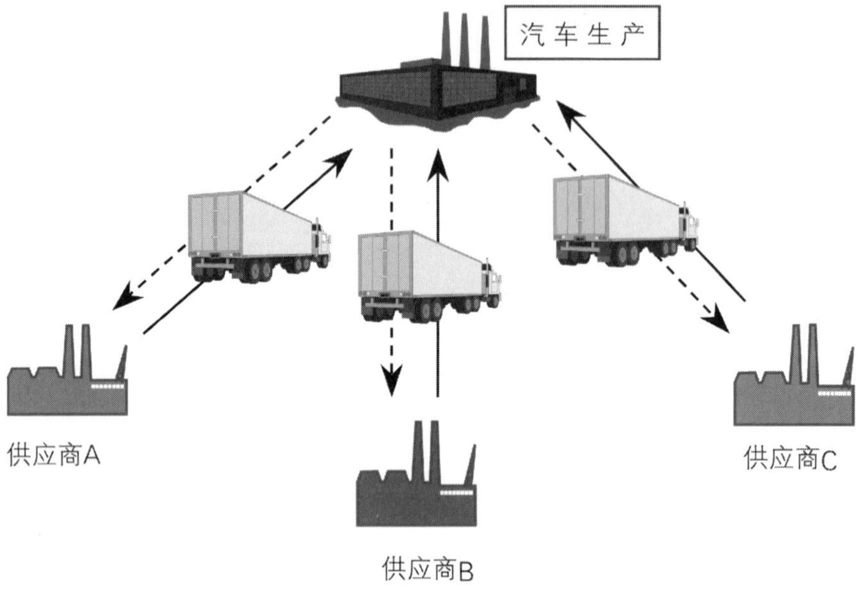

图2　直接法

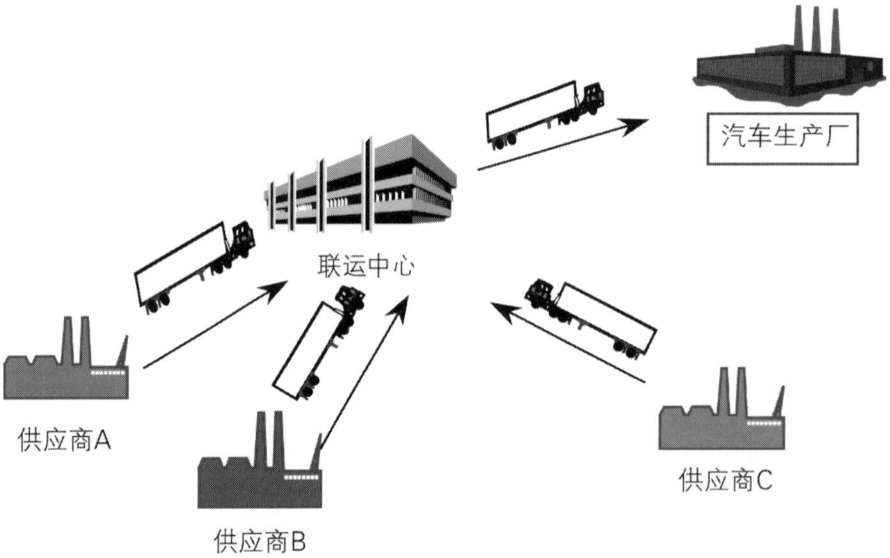

图3　联运法

（二）我国汽车零部件物流市场状况

近几年，我国汽车零部件物流需求市场发展迅猛。截至目前，我国共有汽车生产企业117家，零部件企业超过5000家。2006年，我国汽车行业总产值超过1.1万亿元。随着汽车集团的快速发展，围绕主机厂的汽车零部件形成若干产业集群。现已基本形成东北、京津、华中、西南、长三角、珠三角六大零部件产业集群。汽车零部件产业集群使得行业分工更精细、产品更专业、信息更集中、物流更便利，行业经济效益明显提高，汽车零部件行业基本摆脱了过去那种“数量多、规模小、质量差”的格局，制造水平明显提高，并已形成为国内整车厂供货配套的体系。

汽车零部件物流成本在我国汽车物流总成本中所占的比重最大。目前，我国汽车市场价格竞争仍然是竞争的主旋律，每家汽车生产企业都在积极寻求降低产品成本以降低最终产品价格，而汽车的整车物流在市场竞争中经过几轮降价和燃油价格上涨，整个行业已经进入微利时代，已经没有降价空间，此部分物流已经基本稳定在产品成本的2%左右。按我国物流行业社会物流平均成本约占社会总产值18%计算，目前，我国汽车零部件物流约占汽车物流总成本的16%，而欧美汽车物流行业成本约为8%，日本甚至可以达到5%，汽车物流成本每降低1%，就可节约至少110亿元，也就是说每年我国汽车零部件物流约有880亿元的成本节约空间。

（三）我国汽车零部件物流的主要模式

目前，我国汽车零部件物流中自营物流占据主体地位。

1. 形成自营物流的主要原因

长期以来由于我国零配件生产厂分布地域广阔，供求双方信息交流困难，形成企业生产计划的调整和变化不能及时沟通，导致整车生产厂的供应物流管理难度加大；而且由于采购供应物流系统信息不畅，对市场的反应速度迟滞，造成生产与市场需求的脱节。我国现行的汽车物流模式主要是供产销一体化的自营物流，汽车制造企业既是汽车生产活动的组织者、实施操作者，又是企业物流活动的组织者与实施者。在这种模式下，制造商对采购物流、制造物流及分销物流拥有完全的控制权，能够掌握第一手客户信息，有利于改善客户服务和对整个物流进行协调与控制。

2. 自营物流使得物流问题落在零部件生产企业身上

由于汽车主机企业在市场中的主导地位，往往要求其供应商按要求供货，而我国现有的物流状况又使中小企业难以解决供货中的种种物流问题，所以，按需供货不可避免地加重了在自营物流供应体系链中处于弱势地位的零部件生产企业的负担。零部件生产企业由于经济实力差、同行协调能力弱，很难形成有组织的供货，落后的零担运输和加大库存等主要物流方式，导致其很难保证供货质量。目前，每一个整车生产厂都有多达上千家的配套生产零配件和供应原材料的企业，而且每一个大型整车生产企业周围，都由数目庞大的零配件生产、供应企业群所构成的垂直分布的单一配套体系，它们共同构成了层次繁多、结构复杂的采购供应物流体系。总体说，零配件生产、供应企业构成了采购供应物流的起点；运输企业构成了干线运输层；围绕整车生产厂的仓库群构成了仓储层；供应商的配送部门或整车生产厂的供应部门构成了配送层。在配送到生产线之前，所有零配件均由供应商负责，供应商的压力明显增加。而整车生产厂由于要面对许多仓库，其配送管理难度很大，配送效率和及时性也大打折扣，成为入厂物流系统的薄弱环节。

3. 自营物流降低了我国汽车制造的优势

当前，我国劳动力成本的优势虽然使跨国公司的采购成本明显降低，但是，其在采购的同时产生的附加物流成本却在增加。比如，货物库存时间在国外一般是14天，在我国则平均为40～45天，直接影响资金流转。国内每笔资金年流转次数一般为1～2次，而国外则是8～10次。

4. 自营物流的弊端

一是货物数量不准确。多是为了车载量的最大化，采用不正确的货物装载方式，使包装容器损坏。此外，不可靠的运输时间和货运车管理不善会导致入厂零部件的仓储量不易平衡。另外，自营物流缺乏标准的物流处理过程、采用不恰当的运输设备、包装不统一等都可能造成零部件受损。

二是缺乏有组织的运输。如每个供应商都安排自己的运输设备；货物混装；码垛方式不规范；多次停站；运输费用高；敞棚运输车使用造成运输损失；运输车型尺寸超限的问题等。

三是运输资源不能整合。如供应商自行安排运输；使用零担货物运输，延长了运输时间，提高了运输成本；不能达到资源整合的高效益等。

四是商务管理混乱。如客户分散；每家主机企业都对应多家供应商；商务管理混乱等。

五是物流可视性差。如不清楚在途货物的总量；不清楚运输状况；经常为加急运输付出高额成本；需要为不可控制情况，准备过量库存等。

（四）国内汽车零部件物流的三大趋势

1. 第三方物流的发展成为潮流

在日益激烈的市场竞争条件下，国际汽车制造企业都已经将主要精力投入到核心业务上，并且与专业第三方物流企业合作构建新型供应链体系。整个第三方物流在市场中的份额，日本为 80%，美国为 57%，而中国仅为 18%。

（1）第三方物流的基础优势和增值优势

基础优势有：①降低运输成本；②改善运输空间利用；③提高运输频率，降低库存；④利用 GPS 系统提高供应链的透明度；⑤降低存储空间；⑥有利于运输设备的标准化；⑦便于统计 KPI 基础数据

增值优势有：①有效调度同一供应商向不同主机企业的运输；②有利于标签标准化；③有利于发运文件的统一；④有利于发运前的包装检查；⑤为供应商提供附加存储空间。关于自营物流与第三方物流的对比如图 4 所示。

（2）成为优秀第三方物流企业的条件

要建设成为一个优秀的第三方物流企业，必须具备以下条件：

一是拥有现代化的仓储设施与运输工具。对一个物流公司来说，现代化的仓储设施与运输工具极其重要。

二是具有迅速修复物流障碍的能力。物流公司应当制订预防或应急方案来处理异常情况的发生，使得当突发性事件发生时迅速采用替换方案来恢复物流流程。故障恢复能力的大小往往是客户选择物流公司的一个重要依据。

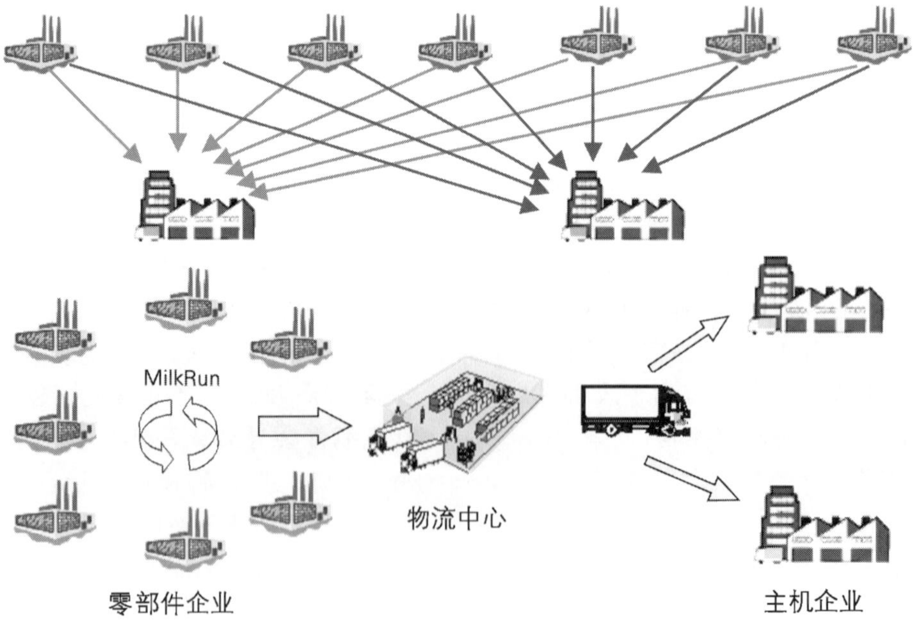

图 4　自营物流与第三方物流的对比

三是能够提供增值服务。

四是拥有以先进的信息技术为基础的物流信息系统。优秀的第三方物流提供商必须有能力与客户之间建立基于 Internet 和 EDI 的物流信息系统。可以帮助物流公司及时跟踪货物的运输过程，掌握库存的准确信息，从而合理调配和使用车辆、库房和人员等各种资源。

五是拥有高素质的现代物流人才。

（3）我国汽车行业第三方物流已经进入快速发展阶段

近五年来，我国的汽车第三方物流取得快速发展，兴起了一批专业的汽车物流第三方物流公司，围绕上海汽车集团提供服务的安吉天地汽车物流有限公司，围绕长安集团的民生物流有限公司，围绕东风日产的风神物流有限公司，围绕神龙汽车的捷富凯—大田公司都是其典型代表。长久物流公司、京顺达物流公司作为国内具有代表性的商品车物流公司，也逐步将业务拓展到面向汽车企业供应链的全程服务。2006 年 3 月，一汽集团整合运输资源成立陆捷物流有限公司，标志着我国最大的企业集团在物流现代化道路上迈出战略转变的一步。我国汽车物流庞大的市场，也得到国际同行的高度关注，GEFCO、APL、ARS、BLG、MOSOLF、UNIPART、RYDER、BERGE、SAFMARINE、VERBRUGG、BERGE 等一批国际企业都积极寻求在我国市场建立更多的合作。可以说，我国汽车物流已经进入理性快速发展时期。

2. 精益物流成为趋势

精益物流是以精益生产思想为指导的，能够全方位实现精益运作的物流活动。精益生产是起源于日本丰田汽车公司的一种生产管理方法。其核心是追求消灭包括库存在内的一切“浪费”，并围绕此目标发展了一系列具体方法，逐渐形成了一套独具特色的生产经营管理及物流体系。其优点具体表现在：

第一，强调物流平衡，追求零库存，要求上一道工序加工完的零件立即可以进入下一道工序。

第二，组织生产线依靠一种称为“看板管理”的形式。即由看板传递下道向上道需求的信息（看板的形式不限，关键在于能够传递信息）。

第三，生产中的节拍可由人工干预、控制，但重在保证生产中的物流平衡（对于每一道工序来说，即为保证对后道工序供应的准时化）。

第四，由于采用拉动式生产，生产中的计划与调度实质上是由各个生产单元自己完成，在形式上不采用集中计划，但操作过程中生产单元之间的协调则极为必要。

3. 汽车零部件物流供应链一体化成为趋势

由于单一的汽车物流供应链已明显不能满足飞速发展的市场需要。要满足顾客的要求、提高市场占有率、降低成本以获得良好的经营利润，就必须对原有的供应链进行一体化的优化和管理。

所谓物流一体化就是以物流系统为核心的由生产企业、经由物流企业、销售企业、直至消费者供应链的整体化和系统化。它是指物流业发展的高级和成熟的阶段。物流业高度发达，物流系统完善，物流业成为社会生产链条的领导者和协调者，能够为社会提供全方位的物流服务。

目前，我国汽车物流未经整合的分散物流供应链，主要通过信息技术集成来提高客户的可得利益，把原来分散的汽车物流供应链整合成为一体化汽车物流供应链。这主要包括：

原材料入厂：预测/MRP、供应商采集、采集中心、运输、仓储、VMI 车辆生产信息、成组排序，KPI 指标体系被整合后的采购流。

零部件上线：缓冲库存区、厂内运输、生产线补货、排序、预装配、生产制造信息系统、KPI 指标体系被整合后的生产流。

回收及服务：物料回收、空料箱管理、配件中心、售后零部件配送、废料处理、修理、索赔、KPI 指标体系被整合后市场/销售/财务流。

整合后的一体化物流供应链不但能给整车企业带来战略利益，使整车厂集中于核心制造业务，增强整车厂的弹性并提高整车厂对市场反应的速度，而且还能减少资本性支出，使成本透明化、可控化，降低物流运营成本；同时还可以简化物流作业环节，缩短交货时间，标准规范运作，使物流系统可靠稳定且拥有更好的物流作业环境。

我国汽车工业的蓬勃发展，带动了国内汽车零部件物流市场的迅速扩大。由于汽车生产物流体系庞大、涉及地域广阔，加上我国的物流企业整体水平不高（多是由传统的仓储、运输企业转型而来），常常导致汽车供求双方出现信息交流困难、物流作业环节繁复状况的发生，进而导致零部件库存量大，物流成本上升。在这样的环境下，国内真正实力超群、竞争力强的汽车零部件物流企业也很少。

目前，我国汽车零部件物流存在着一些问题，如汽车零部件物流供应链流程过长，主要体现在汽车零部件、配件的采购上；汽车物流信息技术匮乏，致使库存管理成本居高不下；缺乏统一的汽车物流标准，使搬运技术现代化、仓储设施机械化、运输装卸合理化难以实现等，它们严重影响了我国汽车零部件物流的发展，制约了汽车零部件物流与国际接轨。因此，制定对策、加大改革力度是业内人士的共同任务。

（供稿：中国物流与采购联合会汽车物流分会）

2006 年中国钢铁物流

2006 年 3 月，全国人大通过了《国民经济和社会发展第十一个五年规划纲要》（以下简称《纲要》）。《纲要》明确了物流业是国民经济的一个重要产业，并提出要“大力发展现代物流业”，它对加快我国现代物流业发展具有重要意义。从 2006 年我国钢铁物流的发展趋势我们不难看出，我国钢铁物流业要发展、要走向世界，必须大力发展现代物流业、必须进行战略转型。

一、我国钢铁物流业现状及特点

钢铁物流作为现代物流的重要组成部分，它的发展与国民经济的发展息息相关。从目前我国钢铁物流发展的总体情况看，我国钢铁物流仍处在起步阶段，行业整体水平不高，还不能适应钢铁产业链良性循环发展的需要。

1. 钢铁产业规模的快速增长促进了钢铁流通业的发展。我国钢铁生产发展规模大、速度快，十多年来一直是世界上最大的产钢国和钢材消费国。2006 年，是我国钢材产能释放较多的一年，国内钢铁生产又创新高。国内经济继续提速和出口的强劲势头，扩展了产能消化的新空间，成为拉动国内钢材新增资源大幅增长的主导因素。据统计数字表明，2006 年，全国产粗钢 4. 2 亿吨，同比增长 18. 48%；生铁 4. 04 亿吨，同比增长 19. 78%；钢材 4. 67 亿吨（含重复材），同比增长 24. 45%。同期，累计进口钢材 1851 万吨，同比下降 28. 3%；进口钢坯 37. 04 万吨，同比下降 71. 82%；铁矿石累计进口 3. 26 亿吨，同比增长 18. 56%。累计出口钢材 4300. 7 万吨，同比增长 1. 1 倍，达到世界新高；出口钢坯 903. 55 万吨，同比增长 27. 83%。其中，粗钢产量超过世界总产量的 1/3。

我国钢铁产业规模的快速增长，促进了钢铁流通业的发展与壮大。自 2002 年以来，我国钢铁产业进入了前所未有的高速发展期，钢铁新增产能的快速增长与释放、钢材需求的稳定增长等多种因素共同促进了钢铁流通业膨胀式发展，带动了我国从事钢铁流通的经销商队伍呈现几何级增长。有数据表明，目前我国从事钢铁流通的经销商队伍数量在 15 万家左右，它们构成了世界上最具活力的钢铁物流市场之一。对物流业而言，在我国数千家钢铁企业周围涌现出的一定规模的物流企业群，和数万亿元的钢铁物流市场共同形成了巨大的物流商机。

2. 钢铁流通业呈现“两头小、中间大”的格局。“两头小”：一是由钢厂直供给最终用户的销售方式所占比例较小，仅占销售总量的 20% 左右；二是为钢铁企业提供个性化服务，通过加工中心供应给最终客户的销售方式还没有脱离起步阶段。“中间大”是说通过各种贸易机构销售的钢材则占到销售总量的比重大，为60% ~70%。

3. 商流与物流分离，社会流通成本居高不下。与钢铁产业发展相比，我国钢铁物流现状堪忧。目前，我国钢铁物流成本约占整个钢铁产品成本的20% ~30%，而发达国家只占10%左右。钢铁物流成本高居不下，严重影响了我国钢铁物流的发展。

4. 流通组织以中小企业为主体。据统计，我国现有各类钢材商贸企业15万多家。其中，绝大多数企业的年钢材销售量都在10万吨以下。这部分企业形成了一个独特的群体，它们布局分散、规模小、功能单一、流通集中度低，而且企业文化素质、专业化经营水平、现代营销水平和能力均不高，基础实力不足、抗风险能力相对较弱。群体的特性决定了它们主要采取传统的易地易货贸易经营方式，多元化发展。这种经营方式导致交易行为随意性较大，缺乏对用户需求的系统分析和分类服务，资源经营粗放，交易成本较高。另外，经营业务多是手工操作、电话联系的底层次运作，少有网络传递信息；有的企业拥有自己的货舱和运输网络、配备有运输车辆，但自成体系运营、成本较高。

5. 钢铁物流呈多种业态格局。我国钢铁物流目前格局呈现多种业态：一是钢铁生产企业投资物流业；二是传统钢铁流通企业通过升级改造建立新型钢铁物流园；三是众多大型钢铁企业投资建设钢材加工配送中心。此外，物流企业也利用网络开展增值服务，积极与钢铁企业合作。

目前，我国钢铁物流市场上活跃着国有、民营、外资等3种所有制形式的钢铁物流企业。国有物流企业的优势是网络宽广、历史悠久、硬件较好；外资物流企业的优势是资金足、人才多、技术强、管理规范；而民营物流企业的优势是价格低、创新快、理念新、机制灵活等。三者特点各不相同，短期内都无法形成单一的霸主地位，也不能很好地相互融合。

二、2006年我国钢铁物流取得的主要成就

2006年，我国钢铁物流在发展中不断出现新的成长点。各地由钢材市场形式延伸的钢铁物流基地正向大型化、专业化、网络化方向发展，上海宝山、广东乐从等一批钢材市场已形成品牌效应，一些地区结合自身区域经济发展定位整实施战略规划等。

（一）国内大企业集团加速建立钢铁物流基地

1. 宝钢正实施未来国际加工配送中心设想。宝钢在欧洲、美洲、东南亚、日本、韩国等地建立了销售贸易中心；在华东、南方、北方和西部建立了区域性贸易公司；在上海、广东、天津、杭州、沈阳、青岛等地建立了钢材加工配送中心，形成巨大的钢材分销网络体系。宝钢国际还同日本三井物产在钢材加工配送领域扩大合作范围。宝钢未来将对国内钢材加工配送中心进行整合，并在全国范围内建立钢材加工基地，构筑一个能够迅速向国内外用户提供商品配送和高质量服务的钢材物流体系。

2. 鞍钢“出炉”现代物流战略。鞍钢国贸与上海物资集团在上海共同投资组建了钢材加工配送中心。利用上海作为中国最大的经济和金融中心的优势，实现贸易与加工配送之间的衔接，形成服务于企业的现代物流体系，实现在更大范围内参与全球市场竞争。

3. 首钢建设现代物流基地。首钢第一个大型现代化物流基地，于2006年9月28日建成并投入运营。基地占地面积553亩，它集钢材仓储装卸、加工配送、信息服务、融资服务、商住服务、资金结算、电子商务等功能于一体，年吞吐能力150万吨以上，交易辐射面可达全国20多个省市。首钢钢材贸易链因此将

得到进一步延伸。

4. 武钢打造钢材物流中心和现代化港口大物流。武钢着力打造的华中钢材物流中心占地200公顷，投资10亿元，用于现代仓储、钢材加工、钢材交易、运输配送和信息系统；武钢港务公司2006年4月28日正式挂牌运作，这是武钢为发挥港口资源优势，实行专业化管理，打造现代港口大物流的重大举措。

5. 莱钢在物流优化和整合上下工夫。公司专门成立“现代物流管理部”，聘请物流专家制定物流优化整合方案，指导企业进行现代物流管理创新；建立物流优化与整合的数字模型；将各生产企业原燃料采购与生产过程的半成品转移及产品销售至用户的全过程进行系统优化。

6. 广钢股份已向物流业转型。发展物流业，能够充分发挥广钢股份地处广州的地缘、人才、市场、交通、行业和资源优势。广钢股份将逐渐退出钢铁冶炼业务，力争建设成为华南地区最大的冶金产品物流中心和气体生产中心。

7. 钢铁分销企业也广建网络。国内钢材销量最大的中国五矿集团公司，原来的优势在海外市场，现在着手建设国内销售网络，还要延伸到物流加工等；中储集团公司在原有网络基础上，以库存抵押贷款在全国范围内延伸网络，取得好的效果。

8. 国能集团利用现代信息化技术提升传统产业，为客户提供一体化供应的第三方物流服务。它第一步将建立发展东北三省区域的钢铁超市、发展各地终端代表处；第二步建立健全华北超市网络，拓展战略合作渠道；第三步形成遍布全国的战略发展布局，采取建立直营和合资、合作的加工中心与钢铁超市并重的手段，建立起全国的加工、销售、配送网络，全面展开面向各类用户的钢材贸易一站式服务。

（二）国内主要城市和地区积极兴建钢铁物流基地

1. 广东乐从钢铁物流基地。乐从钢铁交易市场起步于20世纪80年代初，1994年全面完成钢铁经营企业的转制。如今已成长为中国规模最大的钢铁贸易集散地，集钢铁销售、运输、深加工、配送、仓储、物流于一体，钢材年销售量超过1000万吨。2005年7月，该市场开通华南钢铁交易网。

2. 青岛澳龙国际钢铁物流城。2006年10月22日，总投资12亿元、总建筑面积100万平方米的青岛澳龙国际钢铁物流城奠基。该物流城集钢材运输、仓储、加工、配送、现货电子交易于一体，依托港口、铁路、公路，实现从钢厂到钢材用户之间物流环节最少、成本最低、损耗最小的多式联运国际钢铁物流基地。

3. 上海宝山国际钢铁物流总部基地。该总部基地以打造产业集群、总部经济为特色，主要服务于钢铁产业链；总投资20亿元，占地面积347亩，建筑面积32万平方米，全力打造钢铁产业的信息中心、交易中心、物流分拨中心和金融服务中心；可吸纳近500家国内外大中型钢铁生产、物流、服务及相关企业，年工贸总收入可达1000亿元。它将成为我国面向世界的一个钢铁贸易物流、商流、信息流的重要基地，实现产业聚集，使资源最大化配置。

4. 武汉铁路投资3.39亿元建铁路物流中心。武汉舵落口铁路物流中心将于2007年上半年开建，总投资3.39亿元，第一期投资4000万元。该中心位于现在舵落口车站附近，原有500亩地，计划再征地336.1亩，建成全国大型货运枢纽。

5. 济南将建江北最大钢铁物流基地。济南市计划用5年时间，把现有的济南郭店物流园建成我国长江以北最大的钢铁物流基地，形成辐射鲁、苏、冀、豫、津五个省市的钢铁经济圈。该基地建成后将成为江北最大钢铁物流基地。

三、我国钢铁行业物流发展趋势

美国著名咨询公司埃森哲的研究认为，实

施供应链管理，可使运输成本下降 5% ~15%，整个供应链的运作费用下降 10% ~30%，现金循环周期缩短 20% 左右。按此研究和结论，我国钢铁工业应该从源头的铁矿石到中间的钢铁生产企业、物流与供应链，再到末端的钢铁出口与消费，成为有市场控制力的产业组织者。我国钢铁物流市场发展前景广阔，预期未来几年中国钢铁物流业将保持快速增长态势。

1. 现代钢铁物流的发展机遇。近年来，由于国家加大对钢铁物流领域的投资，华南、华中地区钢铁企业铁路运输能力不足的状况得到改善，中国进口铁矿石港口能力严重不足的局面得到解决。我国物流业有巨大的市场前景，完全有机会参与物流国际标准体系和规范的制定，成为现代物流发展的主导力量之一。无论当前还是今后，我国钢铁领域都将是物流企业获得大发展的平台，国内国际市场的联动为我国钢铁物流业的发展提供了广阔的舞台。

2. 钢铁物流的发展趋势。现代钢铁物流的效率在很大程度上取决于新兴信息技术的应用程度，其发展趋势是建立智能化运输系统、采购系统和产品销售系统及售后服务系统。钢铁企业新型营销模式服务定位以加工、配售为主，它符合现代物流的发展方向。随着互联网技术和电子银行的不断发展，网上钢材营销将逐渐得到推广和普及。一方面稳定供求关系和个性化服务将成为主旋律；“门当户对”长期稳定的战略性直供份额将会扩大；单一贸易形式中间商供应份额将会缩小；加工配送的份额将大幅提高。另一方面物流主体的角色将发生变化，特色鲜明将成为企业存在的基础。钢铁企业及其供销机构仍将成为影响钢铁物流的重要力量。多数钢铁物流企业将以服务为主，少数企业会以风险管理为主，组合增值模式将成为主流，物流企业的数量和构成将会发生变化。大企业将成为中坚，有特色的中小企业仍有很强的生命力。

3. 钢铁电子商务将得到进一步发展和推广。我国钢铁工业的结构、特性、竞争策略以及供应链管理都为发展电子商务创造了良好的经营环境，特别是随着现代化钢铁物流加工配送服务体系建设的兴起，由钢材市场延伸的钢铁物流基地正向着大型化、专业化、网络化方向发展，加快了钢铁物流向规模化发展的步伐。由于使用电子商务方式可减少钢材采购、深加工到配送过程的中间成本，因此，它是提升我国钢铁物流业发展的目标，也是现代物流理念和技术向钢铁领域渗透的必然产物。预计到 2010 年，我国钢材交易会有 16% 在网络在线交易，即有 8000 万吨左右的钢材通过网络实现交易。

4. 大型现代化钢铁物流基地遍布全国。在“十一五”规划发展目标的指导和我国经济发展的要求下，钢铁物流的快速发展，使大型现代化钢铁物流基地具有的快捷、高效的网上交易功能、基于 ERP 系统的现代化仓储功能、深加工配送中心的加工配送功能、指导企业经营的信息分析功能、良好的融资功能、强大的外贸功能综合优势越发凸显。由此带动全国各地将纷纷组建具有综合优势的大型现代化的钢铁物流企业。从现代物流的角度看，目前我国钢铁物流产业正处于产业转型的关键阶段，伴随着钢铁供求关系的悄然变化和由大到强的转变，钢铁物流业必将面临进一步的产业整合，最终实现由钢铁大国向钢铁强国的转变。

（作者：徐小青　《中国物流年鉴》编辑部）

2006年中国化工物流

一、2006年中国化工市场发展状况

（一）化工行业的整体发展现状及特征

2006年年底虽然国际油价不断上扬的趋势得到扭转，但高油价仍然是2006年石化行业的主题词。在宏观经济形势不断好转的背景下，化工行业的景气开始提升，主要产品产量稳定增长，多数产品价格保持稳定，产销衔接情况良好，进出口贸易活跃，行业经济效益明显提高。

1. 化工产品总体销售增速高位趋稳，利润出现增长。

2006年是我国国民经济“十一五”规划的开局之年，经济发展呈现“高增长、高效益、低通胀”的良好局面，据中国人民银行初步预计，全年国内生产总值增长将超过10%。在国际和国内经济持续增长、预期强劲的宏观形势带动下，我国石油和化工行业保持着较好的发展势头，但总体增速已经趋缓。

全年由于多数化工产品产量继续增长，使全行业实现工业总产值2.05万亿元，同比增长25.71%，如图1所示。

在国内经济特别是出口贸易的活跃，化工行业的市场需求增长明显，主要产品价格继续高位运行，行业总体销售继续保持良好发展态势。2006年，化工行业共实现产品销售收入2.01万亿元，同比增长25.76%。

国际原油价格的大幅回落以及国内化工市场的坚挺，使化工行业进入利润高速增长的时期。2006年，化工行业共实现利润总额1125亿元，同比增长18.27%，增速创全年新高。

综观2006年我国石化行业，经济运行总体平稳，经济效益稳步提高，结构调整步伐加快，自主创新有所突破，资源节约初见成效，安全环保力度也有所加大。同时，石化行业经济运行中还存在一些问题，主要是行业销售成本增加，效益受到一定影响。固定资产投资增幅偏高，部分产业出现投资过热。另外，节能环保压力加大，完成节能降耗减排指标任务艰巨。

2. 进出口贸易平稳增长

在国际贸易活跃的环境下，2006年以来我国化工进出口贸易平稳增长，出口增长较为强劲。据海关统计，2006年我国石油化工产品对外贸易进出口总额达1715.5亿美元，创历史新高，比上年增长27%，增幅高于全国总体外贸发展速度3.2个百分点。其中，石油石化产品出口额422.6亿美元，比上年增长19.3%；进口总额1293亿美元，增长29.7%，增幅高于全国外贸整体增幅9.7个百分点，但石油石化产品贸易逆差高达870.4亿美元。

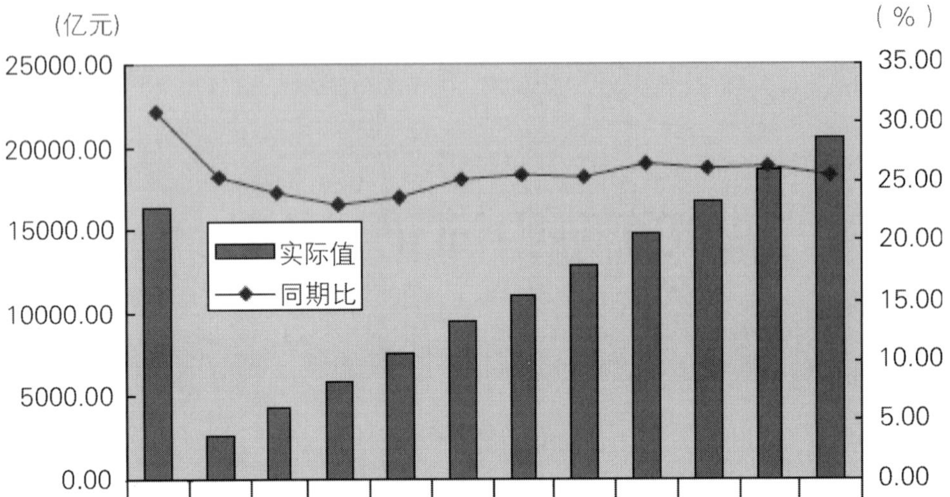

	200512	200602	200603	200604	200605	200606	200607	200608	200609	200610	200611	200612
实际值	16430.9	2600.06	4197.85	5823.50	7527.00	9416.28	11133.1	12859.7	14799.9	16621.2	18533.0	20534.2
同期比	30.91	25.49	24.14	23.10	23.66	25.30	25.60	25.40	26.58	26.21	26.30	25.71

图 1　化工行业总体生产情况

资料来源：国家信息经济预测部。

3. 固定资产投资投资稳步增长

2006 年，我国石油和化工产业固定资产投资增长较快，位居各行业前列。

根据国资委的统计，2006 年中央石油石化企业实际完成投资 3955.8 亿元，超出计划 18.8%。另外，在石油和化工产业较为发达的山东、河南、辽宁、浙江以及天津等地，全年石油和化工行业的固定资产投资增幅都在 30% 以上，尤其是内蒙古、江西、山西和重庆，固定资产投资增幅分别增长了 97.6%、87.5%、80% 和 66.2%。

2006 年，石油和化工行业固定资产投资同比增长 29.37%。特别是中、西部拥有丰富能源和资源的地区，正在规划和建设的大型化工基地比较多，导致石油和化工行业效益受到一定冲击，节能和环保压力加大。同时，由于原油价格持续在高位震荡，煤炭和电力价格上调，有机化工产品、合成材料等下游产品成本加大，对高能耗的石油和化学工业影响较大，特别是氮肥、电石、黄磷、烧碱生产企业利润空间不断下降。全年石油和化学工业全行业成本费用利润率为 12.75%，比上年下降 1.16 个百分点。有关专家指出，目前，一方面石油和化学工业部分传统产品出现产能过剩；另一方面，一些高技术、高附加值产品还难以满足需求。保持石油和化学工业的平稳发展，防止出现大起大落，千方百计实现节能减排的目标，是当前全行业必须重视的关键问题。

4. 精细化学工业发展迅速

2006 年，我国精细化学工业发展势头强劲，投资增长，需求增加，产出也大幅提高。这主要得益于汽车、电气机械和电子等工业的飞速发展。这些工业的发展带动了相关部件、组分和材料需求的增长。我国精细化学工业的发展还与消费者能力增长有着重要关系。消费能力和消费水平的提高对诸如食品材料和印刷材料等精细化学品的需求增长有着密不可分的关系。与此同时，日益严格的环保法规和对危险化学品的储存与运输严格规定也刺激了企业投资建设环境保护相关工厂。我国巨大的市场潜力和消费者的多样化需求是生产者制定中长期发展战略的决定因素。精细化学品的独特之处在于需要用于小批量生产高附加值产品的柔性生产系统。然而，我国市场规模大，因此即使是缝隙产品在我国的需求绝对量仍较大。近年来，我国高档产品市场已经有了长足发展。精细化工企业为了提高销售收入和竞争力而在降低成本、大力开展研究与开发以及市场调研和努力生产满足不同市场需求的差异化产品。

（二）2006年化工行业外资企业发展概况

经过“十五”期间国家对一批化工园区和区内化工项目建设的加大力度，外资化工企业对华的投资项目近年来始终保持迅猛势头。截至2005年年底，中国石油和化工行业累计利用外商直接投资项目9013个，合同利用外资344.63亿美元，实际利用外资金额171.71亿美元。

据专门跟踪世界投资项目的IBM工厂布局国际公司的统计结果，中国在化工和医药业方面吸引国外直接投资（FDI）已连续第三年居全球首位。2003—2005年间，中国化工和医药业吸引了FDI的24%；其中生产类投资有所下降，研发类投资则翻了一番。

目前，外资石油化工企业在中国的投资呈现区域集中的特性，主要集聚的地区有长江三角洲的上海、江苏的长江两岸沿线地区（南京、南通、张家港、泰兴、无锡、常州等），浙江的宁波、上虞地区，广东的珠海、茂名、惠州地区，福建的泉州以及天津、北京、山东、武汉等地。而在煤化工领域则有较大规模的投资集中在山西等地区。

除了相对低廉的投资成本，国内基建以及日用消费品的消耗所产生的化学原料巨大需求也成为了拉动外资进入的强大动力。例如，由于汽车工业的飞速发展，我国将成为世界上最大的氨基甲酸酯市场，德国巴斯夫公司有针对性地在南京建立了综合化工厂和在上海工业化生产了氨基甲酸酯和四氢呋喃，还决定投资5亿美元用于其位于南京的综合石化厂，目的是为了提高其在中国业务的附加值。而乙烯市场的迅速崛起则更能说明世界巨头对中国的青睐，统计显示，从1990—2003年，我国乙烯当量消费量年均增长12%，此后的增长速度更加惊人，2003年我国乙烯当量消费量为1350万吨，2005年这一数字便达到1876万吨，两年间徒增了近40%。而到了2006年我国乙烯总产能突破900万吨，已成为仅次于美国的全球第二大乙烯生产国。

2006年，在华的主要外资巨头纷纷加大投资力度。同时，外资企业在华的经营和投资的领域呈现出多样化的趋势，其项目主要集中在大型乙烯联合装置、炼油装置、成品油批发与销售、高档润滑油、PTA、醋酸、LPG、LNG、ABS、丁苯橡胶、聚氨酯及其原料、聚碳酸酯、聚甲醛、PVC、不饱和聚酯、其他工程塑料、高吸水性树脂、聚酯薄膜、新型材料、海上油气项目、大型物流基础设施、相关研发中心、精细石油化工、合成材料制品等领域，（如下页表所示）。

中国目前是石油生产大国，尚不是石油化工生产强国，其主要原因是中国石油化工面临结构不合理、石油资源短缺、科技投入少、开发能力不足以及市场竞争激烈等严峻挑战。外资的进入，在带来巨大资金的同时，也引入了先进的生产技术和经营理念，将促进中国石油的定价机制和流通体制改革，加速产业升级，改善产品结构，满足日益严格的环保要求，提高中国石油和化工企业的国际竞争力。但同时，外资的大量涌入给国内化工企业，尤其是在技术创新方面带来了较大的压力，而市场化进程推进中的知识产权等问题也正逐渐引起业内的广泛关注。

2006 年部分主要外资石化项目动态

投资方	项目	金额
德国巴斯夫公司	合资项目扬子巴斯夫增资	5 亿美元
德国巴斯夫公司 美国亨司迈公司	合资一体化异氰酸酯项目	10 亿美元
德国拜耳公司	上海一体化聚合物生产基地投产	18 亿美元
德固赛公司	多用户基地一、二期项目建成投产	2.5 亿欧元
美国陶氏化学	增资以扩展在中国的生产和研发设施	2 亿美元
荷兰皇家壳牌	广东惠州石化综合项目正式运转	43 亿美元
日本三井化工	合资双酚 A 项目开工	10 亿元
日本三菱化学	宁波 PTA 项目建设完成	3.14 亿美元

二、2006 年中国化工行业物流的特点

（一）化工物流市场发展迅猛

根据我国加入 WTO 承诺，从 2005 年 12 月 11 日起，公路货物运输、零售及其物流配送等将取消在地域、股权比例等方面对外资的限制，实现物流领域的全面开放。2006 年是我国物流领域对外全面开放的第一年，而以大进大出为特点、投资增长最快的化工物流尤其吸引中外物流企业的投资目光。同时，2006 年中国还履行了对外资开放化肥分销业务（包括批发和零售）的承诺，2007 年 1 月 1 日，原油和成品油的批发业务也将对外放开。由于 2006 年国内外化工企业的在华投资额保持增长，新上马项目势头不减，处于“朝阳期”的中国化工物流市场日益火暴。

出于对市场前景的良好预期，国内外大型化工物流企业竞相加入竞争者行列。2006 年 2 月，世界上最大的化工产品物流供应商之一的思多而特运输集团落户天津临港工业区，计划一期投资 1 亿美元，合作建设临港工业区的液体化工品码头及石化物流航运体系。预计二期再投入 2 亿美元建设大型化工品物流仓储基地。2006 年 9 月，中国外运股份有限公司旗下的上海中外运国际化工物流有限公司成立。总投资 1.5 亿元人民币，注册资金为 1200 万美元，正式进入我国化工物流市场。截至 2006 年年底，大部分知名的国内外大型化工物流企业都已经通过各种方式进入了我国化工行业物流的市场。

据国家发改委、国家统计局、中国物流与采购联合会统计，“十五”期间，我国社会物流总额达 158.7 万亿元，比“九五”期间增长近 1.4 倍，年均增长 23%，明显高于“十五”期间 GDP 增长 9.5% 的水平。物流业被广泛地称为继降低生产成本、开拓市场之后的“第三利润源”，而前景看好的化工物流可以说是物流行业中的排头兵。

（二）第三方物流企业站稳脚跟

从国外的发展经验来看，减轻资产负担、提高作业效率、减少运输费用、转嫁风险等优势对资本投入规模极大的化工企业来说至关重要。所以进入中国市场的外资化工巨头几乎无一例外地选择将物流业务外包，而自己只进行监控和整体管理，从而实现专注于自身的研发和市场开拓的模式。

在这样的背景下，经过 2006 年的发展，第三方化工物流企业的地位在整个行业格局中已经占据主流并趋于稳定。除去 HOYER - ODFJELL、VOPEK、孚宝等外资化工物流公司基本保持着固定的市场份额，中国外运、中远等老牌专业第三方物流企业也基本占据了化工物流领域的领先地位。而以中化国际（控股）股份有限公司旗下的思尔博物流为代表的传统

自营式物流企业也开始向专业的第三方物流供应商转型，标志着化工物流领域“3PL 时代”的到来已经是大势所趋。而传统国营仓储运输企业负责着化工产品的运送和存储的局面随着民营和外资第三方物流企业的大举兴起已经被彻底打破。

（三）企业规模化趋势明显，供应商市场面临洗牌

与普通货物物流相比，化工物流具有高危、高难，对物流企业专业性要求高的特点。近年来大型化工企业，尤其是外资化工巨头的大举进入，化工物流市场在得到了前所未有的发展机遇的同时，市场对各化工物流企业的要求也随着竞争的激化不断提升。面对动辄上亿的化工建设项目，要拿到这样规模的物流订单，规模较小的化工物流企业在竞争力方面已经力不从心。

众所周知，“散、乱、小”是我国物流市场长久以来的特点。2005 年我国物流市场的调查显示，物流企业规模在 500 人以上的企业仅占 11% 左右，大部分企业规模在 500 人以下，从事公路运输的企业拥有的车辆不多。企业规模过小，运输能力、仓储配送能力、服务范围都有限，造成服务成本相对较高，规模效益难以实现。对化工企业来说，物流企业规模小，提供的物流服务档次低、利润率低，缺乏规模效应，会对其整个供应链的整合及长远的发展计划带来巨大的影响。相反，集团式大型物流企业成熟的“一站式”服务理念能够最大限度地满足他们削减成本的需求。而诸多外资巨头与世界级标准看齐的安全、环保和健康方面的要求更是小型物流企业望尘莫及的。随着市场整合度合成熟度的提升，国内市场上广泛存在的私人作坊式运输业者和小企业将面临淘汰出局的局面，市场的洗牌和清理在所难免。

（四）一体化物流面临机遇

随着市场的快速发展，客户的个性化需求使得整个行业开始意识到一体化物流的必要性和重要性。而在国内刚刚起步的一体化物流概念要得到更大的发展显然需要一段时间的成熟和探索。在发展初期，作为化工企业发展基石的各大化工区成为了推动一体化物流发展的重要力量。

2006 年 3 月，华东乃至全国化工业的重镇——上海化工园区内的“上海化学工业区物流产业园”正式揭牌，当时已有新加坡世运物流集团等 9 家国内外物流企业已在该园落户。该产业园与上海 100 万吨乙烯、1000 万吨炼油项目衔接，与洋山深水港集装箱转运和杭州湾跨海大桥的物流转运相连接，建设“国际化工物流中心、化工危险品管理中心、化工产品储运管理中心及物流保税中心”，形成上海西南翼的现代化物流集散枢纽平台。对物流产业园的规划，上海化工园区提出了“公共平台一体化、生产服务一体化、信息网络一体化、安全管理一体化”的“四个一体化”建设理念，其中的项目一体化和物流传输一体化的内容可以说在国内处于领先地位。而国内具有一定规模的化工园区，如张家港扬子江国际化工园区、南京化学工业园区以及宁波化学工业区等也都开始提出或尝试类似的理念。

三、2006 年中国化工行业物流的现状和趋势

（一）地区差异性明显

从目前国内化工物流业的发展现状看，东部地区发展优于西部地区的现象非常明显，其中，以上海为中心的江浙沪地区在第三方化工物流的发展规模、企业集聚程度以及发展环境等各方面都处于遥遥领先的状态，临海的珠江三角洲区域和渤海湾区域借助良好的地理位置和经济环境条件，处于紧随其后的状态。相比之下西部地区的化工物流仍然停留在水平低、规模小的初级阶段。

一是整体经济水平发展具有差异性。大规模的航海运输和内河航运输是东部沿海地区在

经济竞争中最重要的优势之一，由于化工企业对原料的大规模供给特性使化工项目在选址时非常重视海运的便利性，上海化工区能够成为国内标志性的化工区基地，得天独厚的港口优势功不可没。其他，如浙江、福建两省具有中小型港口的城市，也都具有一定的航运能力，在吸引化工企业投资上相当便利。

二是物流行业本身的发展水平存在差距。目前，企业应该具备生产、销售和仓储运输的能力，否则原料和产品就无法得到保证的观念仍然在西部地区的企业中广泛存在。而化工企业发展速度滞后于全国水准导致了市场需求的不足，进而限制了化工物流企业的大发展。规模不大、信息不畅、效率不高的整体市场环境使现代化工物流成长发展的动力不足。

三是政府部门的支持。与东部地区立足于良好的投资和市场环境，大力建设重点港口、铁路和公路等基础设施，保证第三方物流企业的生存发展相比，西部地区对基础建设的大规模投资起步相对较晚，加之缺少天然航运条件，开展高水平物流服务的难度较大。目前，西部地区的政府部门对化工物流已经重视起来，而且已经认识到物流硬件建设的必须性。山西、河北等省的铁路建设将在近年大幅加大力度，保证运输能力。事实上，西部省区在煤炭、石油、天然气化工产品领域地位举足轻重，如果运输硬件能力得到保证之后，化工物流在西部的发展仍具有广阔的前景。

（二）HSE理念仍需提高

2006年，化工物流行业恶性事故的发生率呈下降趋势，与2005年化工品运输大型恶性事故频发的情况相比有了很大改善，像2005年京沪高速公路淮安段液氯泄漏的“3.29”事故那样影响特别恶劣的事故基本没有发生。从中可以看出随着市场竞争的加剧和要求的提高，各化工物流企业对安全工作的重视提升到了新的高度。如图2所示。

图2 国际大企业对HSE的高标准要求

然而，综观整个化工物流领域，对环境和安全的认识仍然令人难以满意。在国际上，HSE（健康、安全和环保）管理体系是石化行业通用的管理方法。按照高标准的HSE理念，化工产业链上的各个环节都应该通过对生产设施、作业流程、防护措施的规范最大限度地规避风险，避免对环境、自然资源和人身健康产生危害。在众多世界知名的大型化工企业的管理体系中，HSE的管理和执行早已被列为对化工物流企业考评的重中之重，不仅对有害环境的事故要坚决避免，人身安全事故更是严禁发生。相比之下，国内大多数化工物流业者对环境安全的意识仍然停留在“不出事故，万事大吉”的初级阶段。由于实施HSE理念和管理涉及相当规模的投资，多数业者在主动投入、风险预防方面做得相当不够。尤其在一些监管不够严密的二线市场，许多化工物流业者尚未从追求经济效益的恶性竞争中解脱，违规超载超限的现象严重，可以说是化工物流行业“冰层”下的巨大隐患。

（三）新技术新理念催生行业革命

在发达国家，化工物流与化工生产一样，具有投资大、规模大的特点。由于对成本控制的需求奇高，所以通过现代化的管理方法实现高科技、高安全、高效率和高管理的运作模式成为企业持续发展的必经之路。而在我国物流业的大背景下，传统的粗放管理难以符合化工技术要求、装备条件相对薄弱等弊端在一定程度上影响着我国化工物流业的发展。

目前，国内一些领先的物流企业已经提出，信息化和专业化是做大物流企业不可缺少的两大要因。然而就我国物流行业的现状而言，要实现现代化的以信息为主导的高效管理依然任重道远。据统计，我国物流企业中已经实施或是部分实施信息化的企业只停留在20%左右的水准上，一体化物流、信息化物流的理念基本没有得到普及。在化工物流领域，由于国家法规的硬性规定，不少企业为了获得资质或应付检查，投资安装了GPS等设备，但在实际操作中却没有充分利用信息流实施管理，导致先进的硬件投资发挥不出应有的作用，而能够理解并实现以信息化管理为依托优化整合供应链的更是凤毛麟角。以2008年的北京奥运为例，北京奥组委已经考虑从国外引进理念和技术，使所有化学品的槽车配备上自动电源切换系统，一旦车辆驶入相应区域就自行断电，并且一般人员无法启动。由此可见，随着国内市场与国际领域接轨的不断深入，诸如此类的新技术新理念必将催生一场国内化工物流的行业革命。

（四）专业人才稀缺

近年来，国内化工物流行业发展迅猛，专业人才的缺口随之凸显。现代化工物流行业对人才提出了复合型的要求，不仅要精通物流专业知识，还要对化工行业产品的高危险性甚至生产过程有充分的了解。而随着外资的大举进入，精通外语、善于交流沟通的高层次人才开始出现供不应求的趋势。回顾国内物流行业的历史可以发现，传统的化工行业以老式国企为主导，而物流行业“跑运输的”则始终属于层次不高的低端产业，很难产生高水准的复合型人才。可以说化工物流行业传统与新时代要求的落差使人才的缺失成为必然。一个典型的例子是，现代大型化工物流企业无一例外地要求设立专门负责HSE的管理人员，而且HSE理念必须融入并指导物流企业流程。而国内传统化工品运输企业里相对应的安全员一职基本属于一线的操作人员，不仅在外语、安全环保知识等方面难以达到大型化工企业的要求，对整个企业流程改造之类的高层管理能力更是望尘莫及。诸如此类的综合性化工人才缺口问题已经成为整个行业的一大通病。此外，现代复合型物流人才的专项培养工作起步较晚，国家劳动和社会保障部承认的物流职业资格认证刚刚推出不足三年。就目前来看，要解决化工物流人才不足的问题，大型企业内部实践和培训的培养模式应该是最具有实效性的方法。

（作者：程　凯　中信物流有限公司化工物流事业部总经理）

2006年中国煤炭物流

2006年是"十一五"开局之年，国民经济继续保持平稳较快发展的良好态势，煤炭工业也保持速度较快、效益较好、价格较高、运行较稳的良好发展势头。

一、全行业主要经济指标完成情况

（一）煤炭产、销、运量增加，出口继续减少

一是产量增加。2006年，全国原煤产量23.25亿吨，同比增加1.74亿吨，增长8.1%，增幅与上年基本持平。

从产量的情况看，首先，大部分省区和单位原煤产量增加。在全国26个产煤省（区、市）中，有23个增产，共计增产1.79亿吨。其次，三类煤矿都增产。按原口径划分，原国有重点煤矿原煤产量完成11.21亿吨，同比增加9756.19万吨，增长9.53%。国有地方煤矿原煤产量完成3.20亿吨，同比增加2881.05万吨，增长9.88%。乡镇煤矿原煤产量完成8.83亿吨，同比增加4757.43万吨，增长5.69%。原国有重点煤矿洗精煤产量1.33亿吨，同比增加911.74万吨，增长7.37%。最后，规模以上煤炭企业的产量比重增加。2006年底全国规模以上煤炭企业已达到6224户，比上年增加1018户。其中大型企业已达到123户，中型企业已达到508户，小型企业已达到5593户。规模以上煤炭企业6224户中，国有及国有控股煤炭企业849户。全年，规模以上煤炭企业原煤产量19.61亿吨，占全国原煤产量的84%，比上年提高4个百分点。其中大型煤炭企业原煤产量完成12.37亿吨，同比增加1.35亿吨，增长12.27%（如图1所示）。

二是销量增加。2006年，全国煤炭销量22.09亿吨，同比增加1.65亿吨，增长8.1%，增幅与上年基本持平。其中，原国有重点煤矿销量10.75亿吨，同比增加1.03亿吨，增长10.6%，增幅同比上升2个百分点。

三是运量增加。2006年，全国煤炭铁路运量11.20亿吨，同比增加4946.4万吨，增长4.6%，增幅同比下降3.4个百分点。其中，原国有重点煤矿运量8.04亿吨，同比增加4561.2万吨，增长6.0%，增幅同比下降4.1个百分点。

四是出口减少。2006年，全国煤炭出口6191.7万吨，同比减少890.2万吨，下降12.6%。

（二）社会煤炭库存和煤矿企业库存增加

2006年12月底，全国社会煤炭库存1.44亿吨，比年初增加474.7万吨，增长3.4%。全国煤矿企业煤炭库存4161.6万吨，比年初增加1257.7万吨，增长43.5%。其中，原国

有重点煤矿库存 1852.2 万吨，比年初增加 158.7 万吨，增长 9.4%，原地方国有煤矿库存 927.6 万吨，比年初增加 464.4 万吨，增长 100.3%。乡镇煤矿库存 1371.8 万吨，比年初增加 634.6 万吨，增长 86.1%（如图 2 所示）。

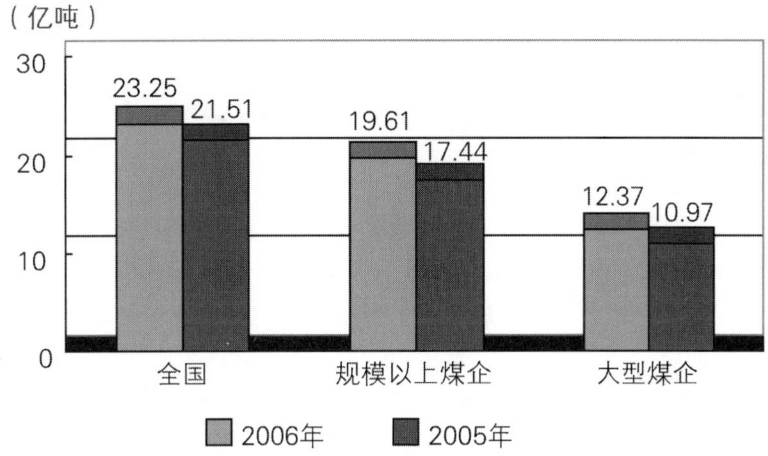

图 1　2006 年全国原煤产量

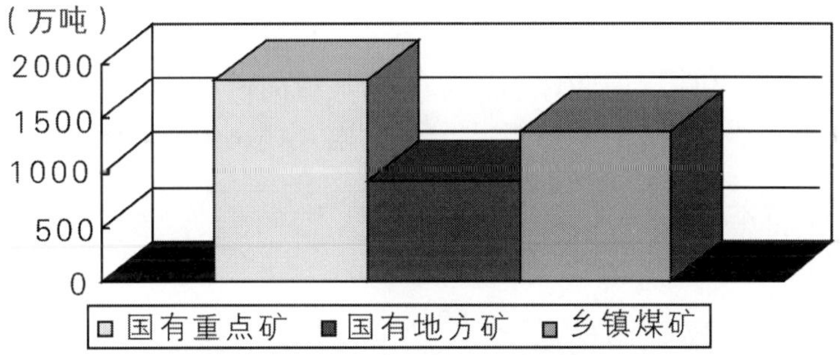

图 2　2006 年底三类煤矿煤炭库存

（三）行业利润增加，大多数省市区实现利润比上年增长

2006 年，全国规模以上煤炭企业补贴后实现利润总额 676.27 亿元，同比增加 136.45 亿元，增长 25.28%。其中，赢利企业赢利 693.78 亿元，亏损企业亏损 17.51 亿元。从规模以上煤炭工业看，在全国 26 个产煤省（区、市）中有 20 个省（区、市）利润比上年增长，有 6 个省（区）比上年下降（如图 3 所示）。

按行业统计快报，采用神华、中煤等集团合并报表数，大型煤炭企业（集团）补贴后实现利润总额 562.89 亿元，同比增加 68.68 亿元，增长 13.9%。首先是，实现利润最多的神华集团达到 250.97 亿元，其次是中煤集团 39.81 亿元，最后是兖矿集团，达到 32.7 亿元。

按原隶属关系，原中央财政煤炭企业补贴前实现利润 186.3 亿元，同比增加 28.04 亿元，增长 17.75%，赢利面 63.10%。

原中央财政煤炭企业补贴后实现利润 203.87 亿元，同比增加 26.44 亿元，增长 14.90%，赢利面 94%。

从企业赢利水平看，2006 年全国规模以上煤炭企业成本费用利润率 10.58%，同比基本持平。大型煤炭企业（集团）成本费用利润率 11.04%，同比基本持平。

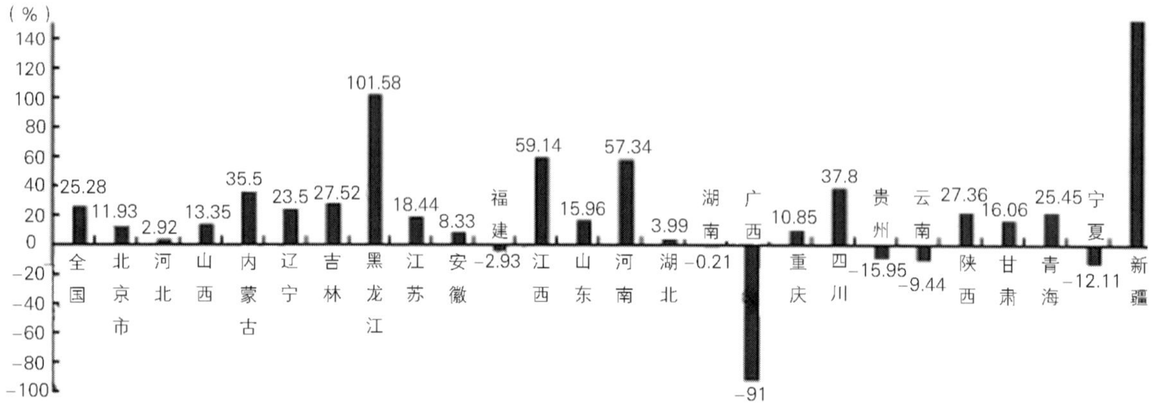

图3 2006年各省市区规模以上煤炭工业利润比上年增幅（%）

（四）产成品和应收账款两项资金增加

2006年底，全国规模以上煤炭企业产成品资金271.68亿元，同比增长26.32%；应收账款净额562.86亿元，同比增长24.54%。

大型煤炭企业（集团）产成品资金占用198.15亿元，同比增长12.69%；应收账款净额434.56亿元，同比增长28.89%。

原中央财政煤炭企业应收煤款余额150.17亿元，比年初增加7.37亿元，增长5.16%。

（五）规模以上煤炭工业增加值低于全国平均值

2006年，全国规模以上煤炭企业完成工业增加值同比增长11.7%，低于全国工业增加值增幅（16.6%）4.9个百分点（如图4所示）。

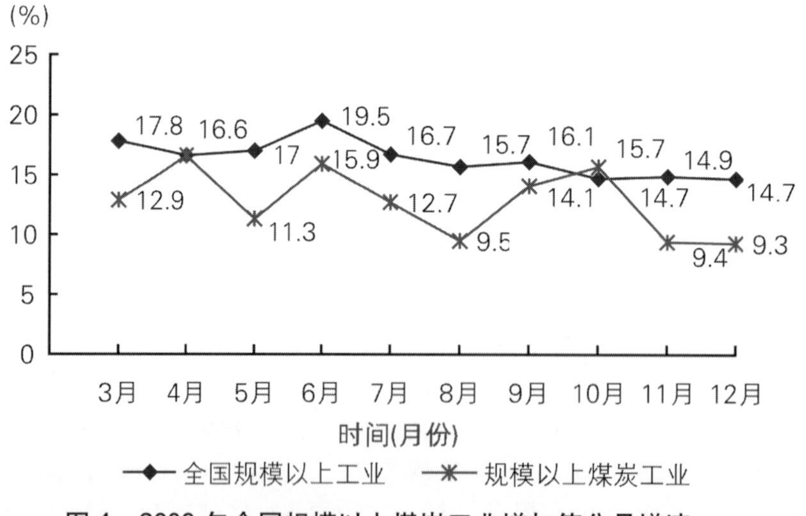

图4 2006年全国规模以上煤炭工业增加值分月增速

（六）原国有重点煤矿主要技术指标趋好，人员工效提高，工资增加

单产增加。原国有重点煤矿回采工作面单产月均4.77万吨，同比增加4029吨，提高9.2%。

开拓进尺增加。原国有重点煤矿完成开拓进尺126.7万米，同比增加11.3万米，增长9.8%。

洗精煤产量增加。原国有重点煤矿洗精煤产量1.33亿吨，同比增加911.74万吨，增长7.4%。

原煤生产人员工效提高。原国有重点煤矿原煤生产人员工效4.257吨/工，同比增加0.186吨/工，提高4.6%。

原国有重点煤矿在岗职工月平均工资2071.24元，比上年月平均工资增加255.66元。

（七）全国煤炭生产死亡人数减少，百万吨死亡率下降

2006年，全国煤炭生产死亡4746人，同比下降18.8%，其中，原国有重点煤矿死亡704人，同比下降28.2%；全国煤炭生产百万吨死亡率2.041，同比下降0.676，其中，原国有重点煤矿煤炭生产百万吨死亡率0.626，同比下降0.332。

（八）安全费用提取增加

2006年，原中央财政煤炭企业安全生产费用累计提取168.61亿元，吨煤提取19.26元，同比增加3.15元；其中45个重点监察矿区累计提取85.75亿元，吨煤提取21.04元。

（九）煤炭固定资产投资增速回落

2006年，全国煤炭开采及洗选业投资1470.35亿元，比上年同期增加326.35亿元，同比增长27.2%，投资增速回落38.8个百分点。从比重看，煤炭开采及洗选业完成的固定资产投资额占采矿业固定资产投资额的35%。

二、2006年煤炭工业经济运行的基本特点

2006年，煤炭行业表现呈以下基本特点。

（一）从产销衔接看，煤炭企业驾驭市场能力不断提高

1. 市场运行总体平稳，供应略显宽松

2006年，煤炭产销同步增长，供需基本平衡。煤炭产量、销量保持同步增长，增幅均为8.1%。在整体平稳的形势下，局部地区、个别煤种、不同时段表现不同，煤炭价格有涨有跌，波动不大。煤炭企业、用户和主要中转港口煤炭库存总体处于合理范围。

2. 运力不足对产能压力有所缓解，出口下降使市场压力增加

从供给方面来看，2006年煤炭生产能力增加幅度较大。铁路运输制约煤炭生产，使煤炭供应量增长幅度受到一定抑制。2006年铁路运煤能力仅有大秦线和侯月线分别增加5000万吨和500万吨，其他线路运力基本稳定，全年铁路煤炭运输增幅4.6%，比上年降了3.4个百分点，增幅低于同期原煤产量的增长速度（8.1%），这种增长水平不足以满足集散地区和消费地区煤炭供求增长的需要，制约了煤炭供应，抑制了部分地区产量增幅，缓冲了产能过剩压力向市场传导，对煤炭供应与国内旺盛的煤炭需求保持基本平衡起了一定作用。

煤炭进出口量变化使煤炭供需市场压力有所增加。全年全国煤炭出口6191.7万吨，同比减少890.2万吨，下降12.6%。扣除全年煤炭进口3824.8万吨，2006年全国煤炭净出口2367万吨。煤炭进出口量变化使国内煤炭供应量同比增加了2229万吨，也影响了煤炭市场运行形势。

3. 安全产能和产业集中度提高，供需平衡的基础增强

一是具备安全保障的产能提高。2006年关闭整顿小煤矿、煤炭资源整合继续攻坚，继2005年关闭5290处小煤矿后，又关闭煤矿1927处，淘汰1.1亿吨的煤炭落后产能。这些有力措施，具备安全和环境资源保障的产量增加。

二是煤炭产业集中度提高。2006年底全国规模以上煤炭企业达到6224家，比2005年增加1018家；年产量19.16亿吨，占全国原煤产量的比重达到84%，比2005年提高4个百分点，即规模以下煤炭企业产量降低了4个百分点（如图5所示）。

2006年，年产1000万吨以上的煤炭企业

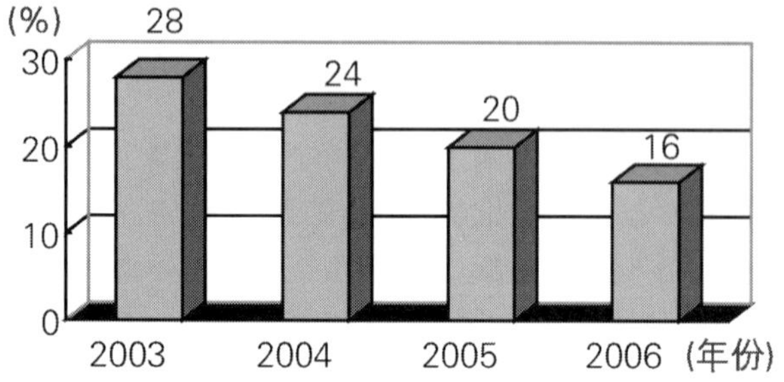

图 5　规模以下小煤矿占全国原煤产量的比重变化

32 家，产量规模 10.28 亿吨，占全国煤炭产量的 44.2%，比重比上年提高 5.7 个百分点；年产 3000 万吨以上的企业 12 家，产量 7.17 亿吨，占全国煤炭产量的 31%；年产 5000 万吨以上的煤炭企业 5 家，产量 4.79 亿吨，占全国煤炭产量的 21%；年产亿吨以上的企业 1 家，神华煤炭产量 2.03 亿吨，占全国煤炭产量的 8.7%。

（二）从效益水平和财务状况看，经济运行质量不断提高

1. 不利因素得到克服，赢利能力保持平稳

“十五”开始，煤炭行业效益水平逐年好转。从规模以上煤炭工业成本费用利润率看，从 2002 年起连续四年上升。2006 年煤炭需求趋缓（如图 6 所示），全年全行业规模以上煤炭工业成本费用利润率为 10.58%，行业赢利水平与 2005 年基本持平（如图 7 所示）。

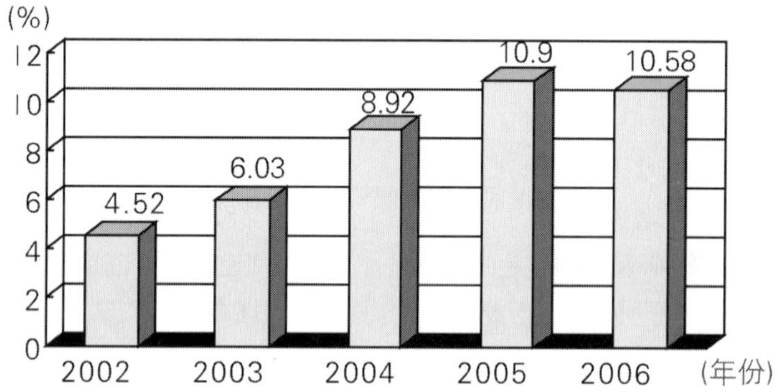

图 6　2002—2006 年全国规模以上煤炭工业成本费用利润率

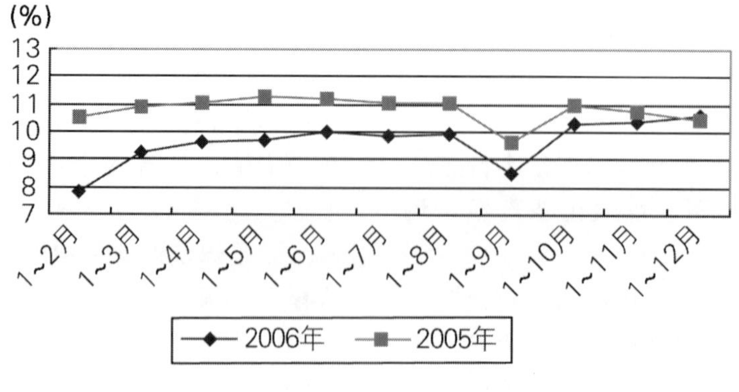

图 7　2006 年规模以上煤炭工业成本费用利润率与同期比较

由于煤炭产品各项投入增加，2006 年单位产品成本仍然普遍上升。从大型煤炭企业看，

70%的企业原煤单位成本上升，其中50%的大型企业原煤单位成本同比上升10元以上。

从利润绝对数看，煤炭行业利润规模仍然较小。2006年，全国规模以上煤炭企业补贴后实现利润总额676.27亿元，占全国规模以上工业利润的比重为3.6%。电力行业实现利润总额1440.23亿元，占全国规模以上工业利润的比重为7.7%（如图8所示）。

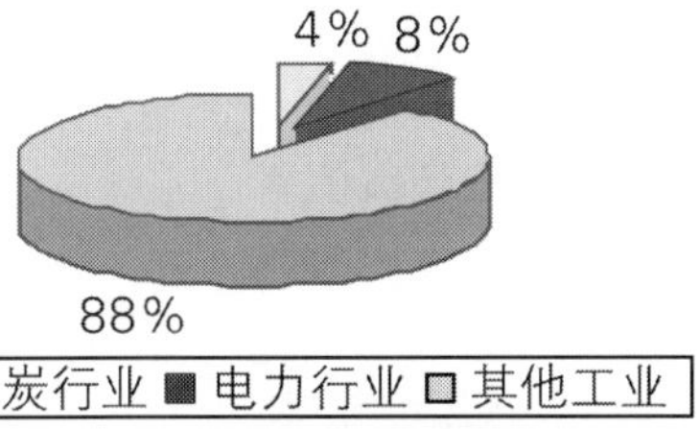

图8　2006年煤炭和电力行业占全国工业利润比重

2. 经营规模增速趋缓，资本积累继续加快

从销售增长率看，2006年规模以上煤炭工业销售增长率23.68%，稍低于全国规模以上工业销售增长率（25.26%），反映煤炭需求增速已逐步趋缓。2006年，全国规模以上煤炭工业三年销售平均增长率达到42.44%，在煤炭行业历史上罕见（如图9所示）。

2006年，全国规模以上煤炭工业资本积累达到30.81%，高于全国规模以上工业平均值（16.47%）14个百分点。从股东权益总量看，2006年规模以上煤炭企业股东权益总计达4282.55亿元，比2005年底增加1074.02亿元，比2003年底增加1960.71亿元，表明全行业净资产规模不断扩大，全行业资本保值、留存收益继续看好，发展能力不断得到增强，但是资本积累中几年来新增投资面临的风险也在增加。

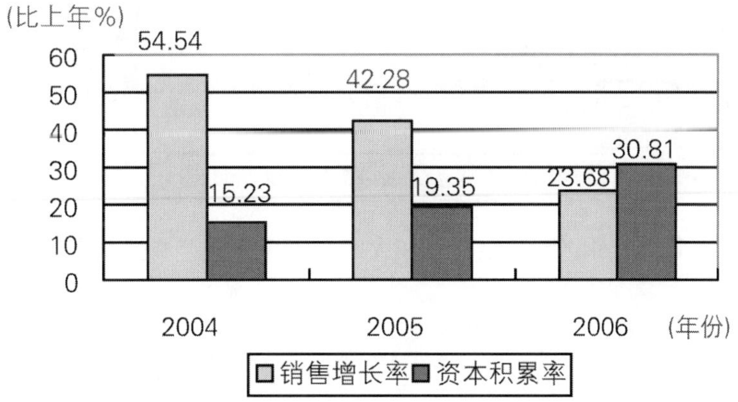

图9　全国规模以上煤炭工业近三年经营增长和资本增长情况（比上年%）

3. 偿债能力基本稳定，资产管理有所改善

2006年，全国规模以上煤炭工业财务状况总体看基本稳定。

从负债水平看，2006年为60.43%。由于各地情况不同，因而差距较大。其中，有15个省（区、市）低于全国平均值；有10个省（区）高于全国平均值（如图10所示）。

从企业情况看，大型企业从2002年起偿债能力连续五年好于全行业平均值，资产负债率历年均低于60%。

从资产质量情况看，2006年全国规模以上煤炭工业总资产周转率0.72次，与上年基本持平，其中大型煤炭企业总资产周转率0.56次。全国规模以上煤炭工业流动资产周转率1.77次，与上年基本持平，其中大型煤炭企业流动资产周转率1.58次。全国规模以上煤炭工业应收账款周转率14.44次，比上年（13.5次）加快0.94次。其中大型煤炭企业应收账款周转率14.46次，与全国规模以上煤炭工业平均值基本持平（如图11所示）。

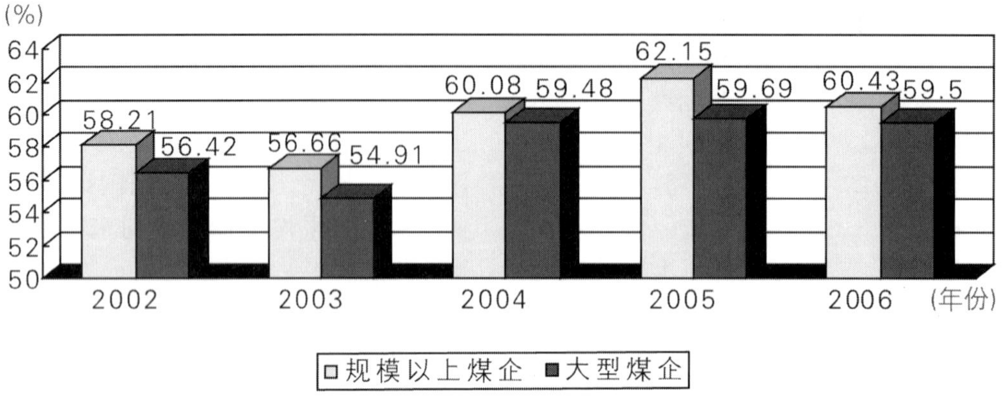

图 10 2002—2006 年全国规模以上煤炭工业资产负债率

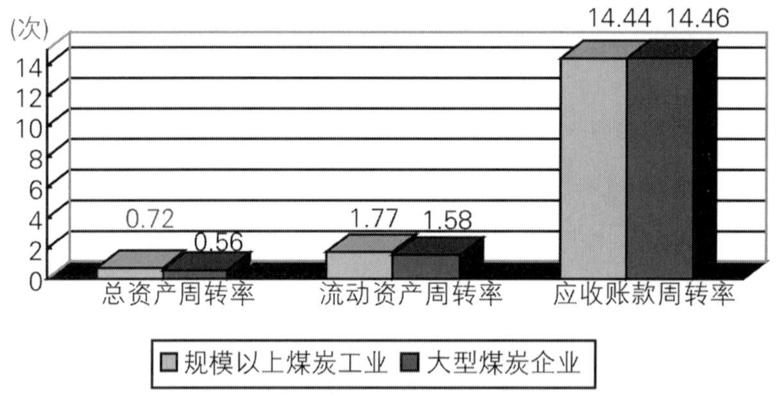

图 11 2006 年全行业和大型煤炭企业资产质量状况

（三）从内外环境看，有利于行业科学发展的积极因素不断增多

1. 股权多元化继续推进，现代企业制度不断完善

从所有制结构看，股权多元化继续加快推进。2006 年，大型煤炭企业的股东结构中，少数股东权益占股东权益总计的 24%，比上年提高 5 个百分点（如图 12 所示）。

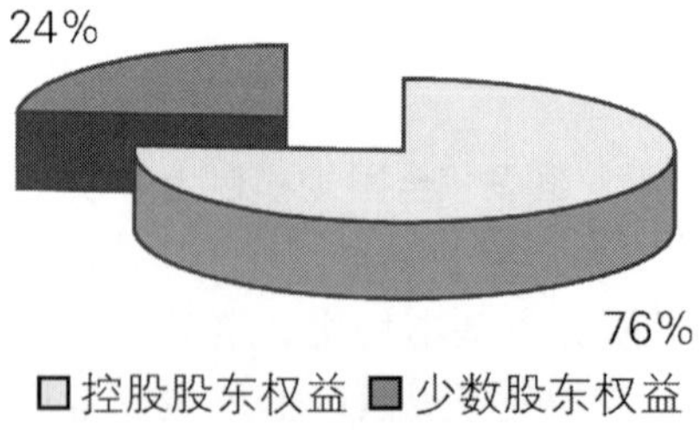

图 12 2006 年底大型煤炭企业股权结构

2. 非煤产值继续增加，产品结构不断优化

2006 年，是煤炭行业非煤产业发展较快的一年，兖矿集团年产 200 万吨焦炭和 20 万吨甲醇项目、淮北矿业集团年产 200 万吨焦炭、20 万吨甲醇的焦化一期工程、平顶山年产 40 万焦炭、90 万吨洗煤厂的首山焦化一期工程等大型煤炭化工项目相继建成投产，大型煤炭企业非煤产值已达到工业总产值的 34%。

（供稿：中国煤炭工业协会）

2006 年中国乘用车物流

一、乘用车产销增长态势明显

近年来，我国乘用车产销量一直呈现快速增长态势。乘用车市场在2004 年销售252 万辆的基础上，2005 年增长率达到26%以上，2006 年增长率达到30%，这在世界汽车消费领域也是少见的，充分说明我国乘用车市场的旺盛需求。与乘用车销量快速增长相适应，各乘用车生产商纷纷扩大产量，以满足市场需求，从而使得我国近年来乘用车产量也呈不断上升趋势。2006 年全国汽车产销分别为 727.97 万辆和 721.60 万辆，同比增长 27.32%和 25.13%，直接跨越600 万辆台阶，越至 700 万辆。其中乘用车产销 523 万辆和 518 辆，同比增长 33%和 30%；商用车产销 205 万辆和 204 万辆，同比增长 15%和 14%。2005 年，我国汽车消费量超越日本，成为世界第二消费大国。我国乘用车产销量的快速增长，表明我国汽车消费市场已经开始向平民化和大众化方向发展。近年我国汽车产销量情况，如表1 所示。

与此同时，各主要生产厂商顺应不断扩大的市场需求，产销量也随之逐年增长并呈现明显的集中化态势。2006 年汽车销量排名前十位的企业依次是：上汽、一汽、东风、长安、北汽、广汽、奇瑞、哈飞、华晨和吉利，较之上年销量都有一定的增长。其中，华晨汽车销售量同比增长 71.4%，在汽车销量排名前十位企业中居于首位，其他 9 家企业销量同比增长 4.22%～71.40%。各大汽车厂商产销量的迅猛增长，表明企业间在汽车市场占有率争夺上的激烈态势。2006 年汽车销量排名前十位企业具体销售情况，如表 2 所示。

表 1　2002—2006 年汽车产销量统计

年　度	2002	2003	2004	2005	2006
全年生产量（万辆）	325.12	444.36	507.05	570.77	727.97
同比增长（%）	38.5	35.2	14.11	12.56	27.32
全年销售量（万辆）	324.81	439.08	507.11	575.82	721.60
同比增长（%）	36.65	34.21	15.5	13.54	25.13

资料来源：中国汽车市场年鉴、中国汽车工业协会统计资料。

表 2　2006 年汽车销量排名前十位企业统计

企业名称	销售量（辆）	同比增长（%）
上汽	122.40	33.40
一 汽	116.57	18.57
东 风	93.23	27.89

续 表

企业名称	销售量（辆）	同比增长（%）
长安	70.87	12.29
北汽	68.51	14.70
广汽	35.23	42.71
奇瑞	30.25	59.91
哈飞	26.68	4.22
华晨	21.02	71.40
吉利	20.44	35.06

资料来源：中国汽车工业协会统计资料。

上述10家企业汽车销量占全国27家汽车生产企业总销量的83.87%，市场集中度比2005年提高了近9个百分点。

二、各厂商更加注重整车物流运作

中国汽车消费市场发展迅猛使得各厂商之间的竞争也越发激烈，据国家发改委统计，各大汽车生产企业自报的规划产能总和在"十一五"末将达到1400万辆，由此可见，乘用车市场愈加激烈的竞争态势难以避免。这种激烈竞争的结果表现在两个方面：一是由于产能不断提高，各厂商的整车库存量不断增加。到2006年5月末，各轿车生产厂累计库存已达10.036万辆，同比增加至30%（不含各地经销商库存数量），库存增加意味着大量成本的占用，行业资金周转效率存在下降压力。另一方面，竞争导致的国内汽车整车售价下降，加之钢材等生产材料价格上涨，使得我国汽车销售利润率从2003年的9.11%降为2004年的6.85%，2005年进一步降至4%，2006年，经过连续两年的利润下降和企业自身的调整，中国汽车行业结束利润连续下降的历史而出现恢复性增长，不过利润总水平仍难以达到2003年和2004年的水平。随着汽车关税下调到位，国内整车行业国际化进程明显加快，汽车销售利润率将向国外水平快速回归，这给汽车生产制造商带来了巨大压力，从而使降低自身物流成本问题成为各厂商开始关注的热点问题。2006年各汽车厂商物流业务外包比例进一步提高，同时对乘用车物流服务商也提出了更高的要求，厂商和物流商的战略合作关系开始逐步形成。上汽集团、上汽大众、上汽通用委托上汽销售和TNT合资组建的安吉天地物流有限公司实施整车及零部件物流服务；天津一汽从生产线末端（质保线）开始，将其整车物流业务全部外包给天津安达物流有限公司，每年直接节约物流成本1400多万元；一汽大众、奇瑞、北京现代等企业也委托北京长久物流有限公司、中铁特货运输有限责任公司实施物流服务。各大汽车厂商与专业第三方物流企业合作不仅大大降低了生产销售成本，提高了服务质量，而且对汽车物流企业的发展及汽车物流市场的完善起到了巨大的推动作用。

三、乘用车物流市场竞争性格局已经形成

随着汽车工业和消费市场的发展，我国乘用车物流服务提供商也得到了长足的发展。目前，我国乘用车运输平均运距为1200公里左右，主要方式包括公路、铁路和水路，多种运输方式竞争性格局已基本形成，三种运输方式所占的市场份额情况，如图1所示。

从图1中可以看出铁路和水路运输方式所占比例相近，且数量较小，而公路运输凭借着较早进入汽车物流市场，以及"门到门"的灵活性等优势占据了汽车运输市场的大部分市场份额，是目前我国乘用车运输物流市场的主体。巨大的市场机会使得一些汽车物流企业迅速崛起，像上海安吉天地物流、北京长久物流、重庆长安民生物流、中信物流等为厂商提供专业化服务的管理型汽车物流企业，已占据

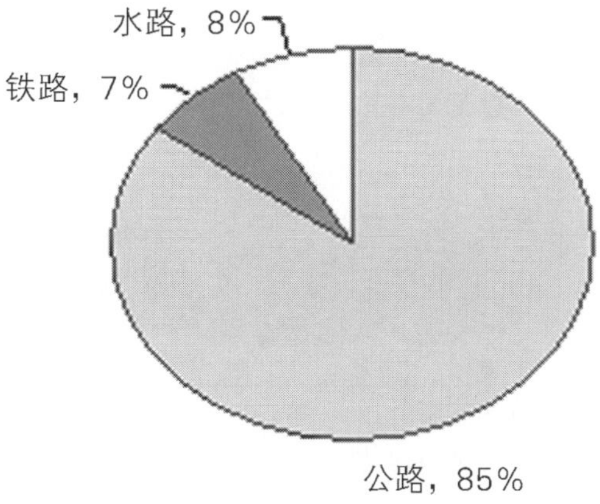

图1　当前我国乘用车运输市场格局

表3　我国乘用车运输领域各类运载工具数量情况

运输工具	数　量	单位装载数量
公路架子车	6000余台	6~8辆
铁路集装箱	2992箱	3~8辆
铁路专用车	500车	10辆
铁路改造车	622车	6~8辆
铁路自备车	498车	8~12辆
水路滚装船	10余艘	100~400辆

数据来源：北京交通大学交通运输学院课题组《我国铁路发展乘用车运输物流相关问题研究》2006年。

了中国汽车物流业务的半壁江山。在这一发展过程中，公路运输企业的本地化趋势更加明显，在一些大的汽车生产制造企业周围诞生了大批公路汽车物流企业，这也将进一步加剧汽车物流市场的竞争。

目前，我国乘用车的水路运输主要包括从重庆到上海的长江航线和从广州至上海和天津的海运航线两条线路。由于水路运输相对于其他运输方式成本较低，所以占据了一定的市场份额；但同时运到时限和运输OD点有限等因素阻碍了其进一步发展。

鉴于国外的成功运作经验，我国铁路在前几年经验运作的基础上，对当前铁路乘用车运输物流服务进行了资源整合和业务发展安排。2006年8月，中铁特货运输有限责任公司与相关铁路车辆生产企业合作推出了可装运10台标准乘用车的新型铁路乘用车运输专用车辆（车型为JSQ5），使铁路建立了专用车、专用集装箱运力协调资源体系，完善了我国乘用车综合运力资源系统，目前我国各种乘用车运输工具资源（如表3所示）。在铁道部的协调下，中铁铁龙集装箱物流股份有限公司和中铁特货运输有限责任公司在共同面对乘用车物流市场经营发展方面也初步实现了合作协调。

由于汽车行业整车物流发展过于迅速，也暴露了相应的问题。一方面，企业整车运力资源利用率低，国内大部分整车运输企业基本上只运送自己某一品牌的整车，运输空返率高达37%，第三方物流企业的轿车运输空返率高达39.8%，存在着回程空驶，资源浪费，运输成本高等问题，严重制约了整车物流市场的专业化发展；另一方面，当前的主要乘用车运输物流服务商多依赖于单一运输方式，未能发挥多式联运的优势，各种运输方式的联合运输发展缓慢。乘用车运输物流行业市场准入制度、各种运力资源配置及物流服务的综合性与增值性都有待于进一步完善。

与此同时，各乘用车运输物流企业也或多或少地面对诸多不规范运作和恶性竞争等问题。一是运输物流价格竞争导致了行业价格体系失真，妨碍了企业的必要经济技术积累；二是载运工具标准不规范，地区政策执行尺度不统一，运输物流服务安全性难以保证；三是企业经营信誉制度有待完善，物流供需双方均存在一定程度的诸如回款不及时、运力保证不到位等合同履行不规范问题。我国乘用车运输物流市场竞争秩序有待进一步规范。

四、汽车物流服务需求要素特征明显

随着市场竞争加剧，各生产厂商对于物流服务要素的关注情况也有了多样化的变化特点。为此，北京交通大学交通运输学院联合中国物流与采购联合会汽车物流分会进行了专项调查。以下是基于调查问卷的乘用车运输物流服务需求分析。

图 2 和图 3 分别为乘用车运输物流要素的平均得分和首选物流服务要素的分布情况。由此可见，目前运输成本是各厂商最为关注的运输服务要素，且有 56% 的受调查企业将其放在首选服务要素地位；厂商比较关注的次要因素有运输安全性和运输时效性，分别有 13% 和 6% 的被调查企业将其列为首要关注要素；其后依次为“门到门”程度、灵活性以及网络覆盖性，分别有 6%、13% 和 6% 的企业选择将它们列为首要关注的服务要素；服务的增值性和费用结算周期是厂商关注度最弱的服务要素，还没有企业将这两方面列为运输服务要素中关注的首选。

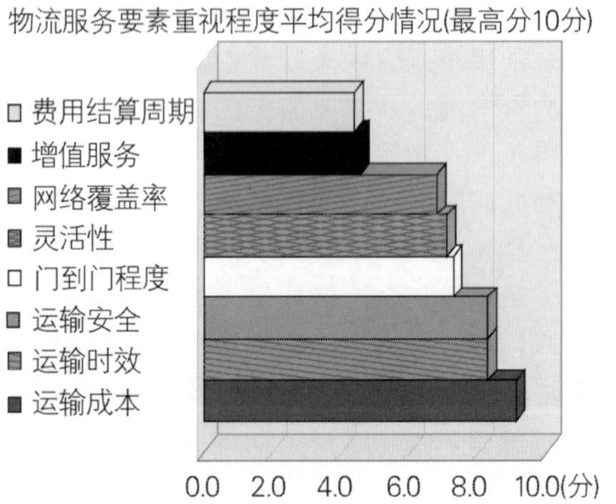

图 2　各厂商对物流服务要素的重视程度

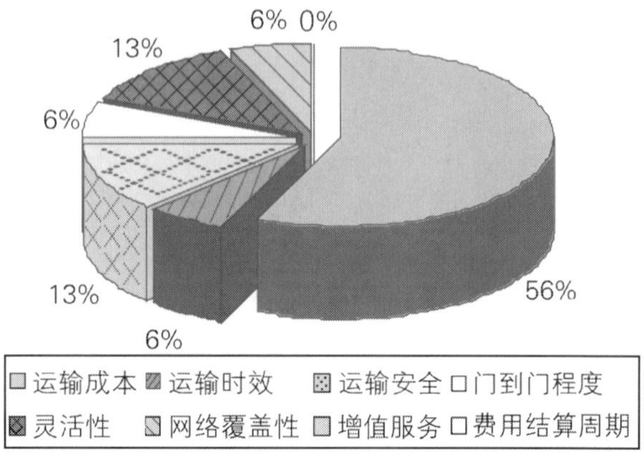

图 3　运输服务首选要素分布情况

出现上述结果的原因，主要有以下几点。一是，整车物流成本和服务水平已经成为各厂商关注的重点，因此运输成本和运输时效性是厂商最为关注的要素，而运输安全的重要性并非低于运输成本，而是因为乘用车运输市场处于买方市场，各厂商已就运输质量中涉及安全性方面设立了较高的门槛，并有类似于武汉神龙这样的企业还对服务商实行积分管理制，使得各物流服务商处于严格的约束机制下，运输服务质量因此有了较好的保证，厂商不必为此过多困扰，从而可将大部分精力转向降低物流成本和提高服务水平上。二是，在增值服务方面，由于目前我国乘用车消费还刚刚起步，相应的整车物流需求也比较粗放，多以运输和少量仓储为主，而增值服务则较少，但也出现了增强态势，如长安福特将信息服务列入增值服务当中，呼吁各物流服务商提高信息服务能力。

由此次调研结果可见，当前我国乘用车运输物流服务需求要素的特征比较明显。厂商最为关注的是运输成本、运输安全和运输时效，对于谋求在中国乘用车运输物流领域有所突破的运输物流企业而言，这三方面应是日后塑造核心竞争力的关键。

五、汽车零部件物流发展前景广阔

整车制造企业作为汽车供应链的核心企

业，为了实现准时制生产，要求零配件生产商、供应商按其生产节奏和生产需求量进行供货，实施“直送工位”的JIT配送。目前，我国约有近3000家零部件制造厂，由于整车生产厂都有多达上千家的配套生产零配件和供应原材料的企业，每一个大型整车生产企业周围，都有由数量庞大的零配件生产或供应企业群所构成的垂直分布的单一配套体系，零配件生产供应企业通过自建仓库、租用整车生产厂仓库或社会仓库资源等方式，构造自身的仓储系统，相当于把成品仓库前移至整车厂的生产线旁，构成了层次繁多、结构复杂的供应物流体系。JIT生产供应物流是技术要求最高、操作难度最大的生产物流形式之一。JIT方式要求生产厂在距离生产线不远的地方存储一部分零部件，以备随时向生产线上配送。国内生产厂商多是在厂区内自建仓库，建立配送中心的不多，能采用JIT生产供应物流方式并外包经营的厂商数量更少。随着市场竞争的进一步激烈和运输物流服务商水平的逐渐提高，汽车零部件物流市场需求和供给均有望在近几年快速发展并不断壮大，从而形成体系完整的具有中国特色、符合中国国情的汽车及其零部件运输物流综合服务体系。

注：本文采用我国从2002年3月1日起执行的GB/T 15089—2001《机动车及挂车分类》这一标准中的M1类机动车的“乘用车”概念，包括基本型乘用车（轿车）、多功能车（MPV）、运动型多用途车（SUV）和交叉型乘用车四类。

（作者：张晓东博士　北京交通大学交通运输学院）

2006 年中国海关物流监控

一、2006 年海关物流监控概况

（一）中国海关物流监控的总体情况

2006 年，中国对外贸易总额 1.76 万亿美元，比上年增长 23.8%，对外贸易发展增速已经连续 5 年保持在 20% 以上。其中，进口贸易额 7916 亿美元，增长 20%；出口贸易额 9691 亿美元，增长 27%。2006 年，中国一般贸易进出口 7495 亿美元，增长 26%，占当年进出口总值的 42.6%；加工贸易进出口 8318.8 亿美元，增长 20.5%，占当年进出口总值的 47.2%（对外贸易统计数据以有关部门正式公布数据为准）。

随着对外贸易的高速增长，海关的物流监控任务更加繁重。2006 年，中国海关共处理进出口报关单 4442.78 万份，同比增长 13.6 %；监管的进出口货运量为 214838 万吨，同比增长 1.3 %；监管的进出口集装箱 6519 万箱，同比增长 13.38%；监管的进出口邮、快件 21569 万件，同比增长 1.3 %。

（二）全球贸易供应链监管的国际趋势

“9.11”事件之后，国际海关界开始致力于研究制定加强国际贸易安全的措施，在保障贸易安全的同时促进贸易便利化。2005 年 6 月，世界海关组织（WCO）通过了《全球贸易安全与便利标准框架》（以下简称《框架》）。该《框架》包含货物电子舱单信息的提前获得、风险管理技术的应用、对货物的非侵入式查验以及海关向商界提供的便利条件等四个核心要素。《框架》着眼于两大支柱，即海关与海关的联系协作和海关与商界的伙伴关系。《框架》虽然是一个非约束性文件，但它的内容涉及海关的全面业务和全方位的改革方向，目前，已有包括中国在内的 140 多个国家和地区的海关当局签署了实施《框架》的意向书。可以说，《框架》的通过和在世界各国海关中的逐步实施，将带来全球贸易供应链部分环节的重要调整，深远地影响国际贸易物流的发展。

二、中国海关的物流监控体系

（一）中国海关的物流监控理念和思路

为满足国际物流发展的新需求，首先，从理念上进行创新，逐步形成了“企业为主”、“客户导向”的理念；其次，将海关管理的着眼点从“由物及人”转变为“由人及物”，关注的重点从货物和合同转变为企业和管理者为主，不断加强货到前申报和事后监管。根据新的理念，中国海关致力于建设“智能组合型”的通关模式：即以稽查为手段，以企业守法管理为核心，建立风险管理机制。在理念和制度创新的基础上，海关初步形成了现代海关物流监控体系。

（二）推进物流监控信息系统的建设

物流信息监控系统是海关物流监控体系的核心和主要实现手段。该系统以静态备案数据为基础，以进出口舱单数据为主线，通过在国际物流关键环节及时有效地对运输工具、货物进行实时数据采集、分析和监控，加强风险管理，从而实现监管信息从分散粗放向系统化、集约化的转变。

（三）完善海关查验管理体系的建设

查验是海关物流监控的一个重要环节。查验管理系统建设在物流监控体系建设中具有举足轻重的地位和作用。近几年，海关不断创新查验机制，建立了较为完善的查验法规规章体系，应用风险管理的方法和技术，建立了较为科学的查验决策和运行管理机制。2006 年 12 月，“中国海关选择查验系统”（CCTS）正式启用，标志着海关查验管理体系建设迈上了一个新台阶。

（四）不断增大物流监控的科技投入

近年来，海关不断探索提高物流监控的科技管理水平。加大物流监控设备配备的力度。在货物和运输工具进出境量大的口岸安装集装箱检查系统和小型货检 X 光机，对出口货物实施非侵入式查验（NII）；在一些货物监管场所，安装卡口车牌识别系统、电子闸门、电子地磅等设备，以及闭路电视或视频监视系统；在一些海关监管车辆和来往港澳小型船舶上安装 GPS 系统。这些科技设备的投入，大大丰富了海关物流监控的管理手段，提高了物流监控的管理水平。

三、2006 年中国海关物流监控的改革与发展

（一）不断深化口岸物流监控改革

1. 进一步深化区域通关改革

在 2005 年开展区域通关改革试点的基础上，2006 年，中国海关将区域通关改革推广到长江沿线、泛珠三角、环渤海、海峡西岸经济区、东北地区、陇海和新欧亚大陆桥沿线等区域，进一步打破行政区划和关区的限制。

区域通关改革的重点是：①规范和简化转关运输监管，实行货物转关运输的计算机自动核放，使“应转尽转”从机制上得到保证和落实。②实行“属地申报、口岸验放”，即对守法水平较高的企业，实行跨关区的通关方式，允许企业在属地海关办理申报、纳税手续，由口岸海关直接办理货物的验放手续，不需按转关运输实施监管。③推进“跨境快速通关”，即在广东、中国香港、中国澳门三地应用 GPS、电子关锁和口岸海关卡口自动核放系统，实行载货清单电子数据提前申报，海关提前审单，货物运抵口岸，卡口自动核放。

区域通关改革的实施降低了企业物流成本，打通了沿海与内陆、东部与西部之间的物流通道，大幅度提高了物流效率和便捷性，形成了沿海与内地、东部与中西部之间多点联动、相互呼应、相互支持，海陆空全方位便捷、快速通关的良好局面，得到了广大进出口企业和社会各界的广泛认可和好评。

2. 稳步推进舱单法定提前申报工作

提前提交进出口货物和转运货物电子信息是世界海关组织《全球贸易安全与便利标准框架》四个核心要素之一，这一要素实施的关键是实现舱单电子数据的提前传输。2006 年，中国海关着手研究制定进出境运输工具舱单管理办法，确定了舱单和提（运）单法定提前申报的基本原则，力争通过三个阶段逐步建立舱单法定提前申报制度。

3. 积极推行一系列快速通关方式

在进口方面，舱单提前申报基础上的“提前报关、货到验放”是快速通关的一种，即在进口货物舱单电子数据提前向海关传输的前提下，海关提前完成审单、征税等作业，大大缩

短货物在港的滞留时间。在出口方面，中国海关在部分口岸对出口货物采取了“出口预配舱单”和“出口运抵报告”的管理模式。

（二）进一步发展保税物流，逐步实现优势互补、功能叠加

1. 建立健全海关保税仓储物流监管体系

为满足现代制造业全球化分工协作的快速发展需要，促进加工贸易转型升级，近年来，中国海关积极探索保税物流管理制度的创新与改革，制定了《加工贸易和保税监管改革指导方案》及其分步实施方案，提出了建立“以保税区区港联动为龙头，以保税物流中心（A型、B型）为枢纽，以优化后星罗棋布的出口监管仓库和公共型、自用型保税仓库为网点”，从而形成全国范围内的保税物流网络，以满足不同地区、不同层次的国际物流发展需要。具体的举措包括：

一是拓展保税仓库和出口监管仓库的功能。中国海关颁布相应的法规允许一般贸易进出口货物进入保税仓库，保税仓库内的货物可以跨关区提取。同时，海关正与国税总局联合对部分出口监管仓开展入仓退税的试点。

二是建立保税物流中心。保税物流中心主要以整合保税仓库和出口监管仓功能为基础，打破“两仓”分别专门存放进口、出口货物且相互隔离的状态，并赋予保税仓储、简单加工和增值服务、物流配送、进出口、中转和转口贸易以及口岸等功能。目前保税物流中心B型模式正在苏州工业园区试点。

三是开展保税区区港联动试点。保税区区港联动是在整合保税区的政策优势和港口的区位优势，在保税区和港区之间开辟直接通道，拓展港区功能的基础上建立起来的。在功能上实现“境内关外”的自贸区的功能。目前，这一模式已在上海外高桥等八家保税区进行试点。

四是探索和完善保税港区运作。作为中国第一个保税港区，上海洋山保税港区具有国际中转、国际配送、国际采购、国际转口贸易、出口加工区五大功能，是特殊区域优惠政策的叠加。目前，天津东疆、大连大窑湾保税港区也已经国务院批准设立。保税港区作为新型的海关监管模式，管理制度和监管手段尚在探索中，海关将在实践中进一步完善其监管模式，做到“管得住、通得快”，实现严密监管、高效运作。

2. 积极探索多种联网监管的实现形式

加工贸易联网监管代表着海关对加工贸易监管改革的方向，中国海关积极探索多种模式的联网监管：

（1）封闭型保税工厂模式。对信誉较好、有条件实现卡口管理、内控机制完善的大型加工贸易企业，海关可按封闭型保税工厂实施联网监管，将口岸功能拓展到企业卡口，让企业享受最大的通关便利。

（2）标准模式。对完全具备规定条件的加工贸易企业，海关按照“电子账册 + 联网核查”的要求对其实行监管，企业享受相应的海关优惠措施和通关便利。

（3）加工贸易联网监管区模式。加工贸易联网监管区是海关以“信息围网”取代“物理围网”、对加工贸易企业实施“区域化”联网监管。

（4）过渡模式。对前些年探索建立的尚未成熟的联网监管模式，在相当长的时间内仍需继续发展完善，再逐步向“电子账册 + 联网核查”的方向过渡。

（5）联网监管公共平台模式。对内控机制完善但尚未实现全程计算机管理的加工贸易企业，可通过联网监管公共平台，按要求向海关如实申报，定期传输，从而实现联网监管。

（供稿：海关总署监管司）

2006年中国书业物流

2006年，书业物流经过几年的大规模建设后，迎来了江苏新华发行集团新港物流基地、新疆新华书店物流配送中心、湖南华瑞物流有限责任公司等新一批书业物流中心正式投入使用，这标志着省级书业物流的发展走向了新的时期。随着国内图书发行业标准的推进，书业物流已经认识到信息管理系统越完善越有助于提高书业流的效率，书业物流管理也有了“规矩”。此外，物流中心对新华发行集团（省级新华书店）业务保障功能显现，并尝试向外拓展市场，从企业物流向物流企业转变。

一、书业标准有助物流腾飞

（一）物流中心更重视信息建设

江苏新华发行集团以“完善的信息系统，适当的设备配置，合理的运营成本，渐进的发展方式”提升物流配送生产手段的技术含量。包括整体设计开发物流信息管理系统（WMS），由目前的纸单化操作变为系统数据实时传送的无纸化作业，并与商流、资金流信息系统实现无缝对接，提高系统管理的规范性和物流作业的质量与效率。另外，设计开发图书配发包装和路向分拣系统，提升一般图书配发包装的质量速度和效率。还配置图书退货处理自动化分拣设备系统，提高退货处理的质量和效率，为出版社提供细化服务。2006年投入使用的新港物流基地贯穿了长效性节约能源和人性化管理思想。

四川新华文轩连锁股份有限公司物流中心把信息化建设作为核心要件，研制开发出以WMS物流仓储管理信息系统为操作管理平台，集成AS/RS系统、RF系统、智能电子标签拣货系统、自动分拣流控制输送系统，以智能化程序处理物流中心日常作业，并对物流中心各项作业产生的物流信息进行实时采集、传递、处理、查询、分析和反馈，整个中心实现了高度信息化和自动化的管控模式。WMS集成控管系统及子系统包括商品管理、库存管理、储位管理、出入库操作、运输组织、返品组织、计价管理和绩效分析系统。

2006年，在建的上海新华传媒股份有限公司图书物流中心系统，采用高度的信息化和适度的自动化相结合的方式，一方面，集成化的图书供应链管理系统和物流管理系统的有机结合实现了商流、物流、资金流和信息流的高度集成；另一方面，现代化的拣选、输送和分拣系统，使物流中心的各个作业环节和作业过程井然有序，高度流畅。图书流转中心的建设始终以创新和提高科技含量为主题，高效和高起点的设计在系统设计的各个方面得到体现，形成了该系统鲜明的特点。其中，教材采用全直配模式，采用优先分配终端算法，全面解决教材配送中由于季节明显，导致占地大、浪费大的问题；图书的收货、翻理、新书注册实现了一体化和集成化，提高了作业效率；图书直配采用全自动电子标签系统和RF系统相结合的方式，高效率实现配送按班组进行，货价设计采用集成化设计思路，高效率解决移库问题；拣选与直配实现自动并包计算，自动输送，自动拣选；图书销退采用二级分类技术和电子标签技术，解决了长期困扰的退货难题；图书拣选采用称重复核新技术，提高系统的处理能力；供应链管理与物流系统实现一体化，为科学决策、以市场需求拉动采购提供技术支持。

新疆新华书店物流配送中心2006年5月正式运营，仓储面积2.8万平方米。信息网络已覆盖全疆，与疆内各地州市新华书店之间的信息资源已能共享互动，向发行链下游各大销售网点的图书配送已可实现并在进一步实践中。

（二）部分企业信息对接成功

一直以来，整个出版业存在的信息“孤岛”问题，容易导致出版社发货盲目、退货徒增、库存暴涨、现金流断流、诚信缺失、效益普遍低下等问题，自2006年4月1日《图书流通信息交换规则》正式实施，我国书业流通领域有了行业标准，它将有助于我国书业物流管理快步稳定地向规范化、现代化发展。浙江省新华书店集团经过十多年的业务整合和信息化改造，构建了由“陆军”（本省连锁店）、“海军”（跨省连锁店）、“空军”（各连锁书店网站）组成的“陆海空”联合军团。物流中心作为集团的保障部门，依托先进科技手段支持集团的发展。集团物流利用现代信息技术和行业标准化技术，打通图书流通产业链，通过供应链建设，实现图书流通业的上中下游及读者共享市场信息与资源，达到降低运作成本、提高管理水平的目的。通过使用《图书流通信息交换规则》，浙江新华发行集团已与上海世纪、人民邮电、机工、科学等部分图书供货商进行了社店图书商品流通信息的对接。通过对上游供货商进行信息对接，改变了物流的收货流程。而连锁店能通过计算机系统，实时看到省店库存信息，同时省店也能看到连锁店每天的销售、库存等信息，因此在业务配送上能做到以连锁店电子添货为主，省店主配为辅，实现了双向互动。“社店对接”可解决不同企业之间异构系统的信息交换。

二、物流中心逐渐发挥“威力”

（一）为图书馆配供提供保障

随着国家教育部对高等院校评估工作的开展，各院校图书馆的采购经费近两年有较大幅度递增。2006年，新华书店注重在图书馆配供市场发力，而现代化的物流中心为新华书店反抢市场提供了有力保障。

较早投身馆配市场的新华出版物流通有限公司，其图书馆供应中心近年取得了较快增长，业务遍及全国30多个省、市、自治区，直接或间接拥有各类图书馆客户近1000家。上海新华发行集团2006年3月举行了“2006年全国图书馆B to B商务恳谈会”，专门针对图书馆采编的“图书订货会”同期在新华书店上海发行所批销大堂举行，现场订货加上网上订货，总计1300万元。2006年3月，浙江省新华书店集团与浙江省图书馆学会联合召开了首届馆藏图书订货会，销售额达1200万元。辽宁北方出版物配送有限公司在2006年4月，3天销售达1292万元。2006年，北配公司实现图书馆销售额共计1.083亿元，同比增长33%。2006年5月，由深圳发行集团等主办，北京图联文献信息咨询公司、北京共赢天下文化有限公司、安徽儒林图书有限责任公司、广东大音文化发展有限公司等馆配商协办的首届全国图书馆看样采购会，吸引500多家图书馆采购代表参与了看样采购，采购额达4050万元。江苏新华发行集团于2006年10月在新港物流基地举办了中国南京馆藏图书展销会，目标是打造全国图书馆图书供应中心。

喜人的销售业绩的取得，离不开物流中心的强力支持。如江苏新港物流基地作为图书馆图书供应服务部分，建设了面积达3000多平方米的采选样本室。样本室的设置考虑图书馆馆藏需要和采选工作的特点，图书品种、结构丰富全面，其中适合馆藏的图书品种达12万种以上；图书展示以当年出版的新书为主，当月新书按类集中陈列；样书编排上，按《中图法》分类进行展列；采选方式上，配备现代网络、计算机等现代化设备技术，样书的选择、查重、复本的配置、采访数据、MARC分编数据提供一气呵成；采选环境上，设有导购服务人员、客户工作室、客户休息室。许多出版社也在此设点、设展位，介绍、推荐新书。

北配公司也引进了现代化的物流设施，依托先进的电子商务系统，通过个性化的服务和快速反应机制的建立，实现了信息的实时采集、实时传输、实时管理、实时追踪。以北方图书网（www.northbook.com.cn）为交易平台，实现网上交易和上下游客户信息共享。网站专门开辟了图书馆客户服务的专业板块，实现了在线查询、网上订购、书目信息下载（Marc格式的采访数据和编目数据）及现有品目信息、征订目录信息、新书预订信息的网上转换功能（Marc格式和dbf格式的转换）。他们还定期在网上公布新书预订信息，并以北方图书网为载体，配合E－mail、电子光盘、纸介质订单等形式开展目录征订和新品预订业务。目前，北方图书网提供的品目动态信息达60万种。此外，他们依托自身先进的信息交换平台，形成了看样订货信息自动化采集与远程信息资源互动相结合的智能化订货方式。客户可以在3000多平米的样本展示厅中，通过手持无线条码采集器扫描图书条码，输入采购数量即可完成订货过程，并且可以实时与自身的馆藏数据进行匹配和查重。物流中心样本展示厅常年备有现货品种20万种以上，其中一年内出版的新书占70%以上，且突出重点名社、北方区域出版社和地方出版社的品种特色。

（二）瞄准第三方物流

书业物流中心将第三方物流作为新的经济增长点，尝试开拓新市场。

2006年，浙江新华物流第三方物流业务量达3亿元，深圳发行集团第三方物流业务量为5286.7吨，新疆区店物流中心第三方物流业务量为21万件，江苏新港物流年代理销售收入7500万元。

江西新华物流有限公司利用新华书店网络渠道、资金优势，承揽系统内出版、物资、印刷和社会第三方物流业务。在开拓第三方物流项目方面成果显著，2006年发运3万件。2006年末，与江西十大物流公司之一的昌顺物流公司合作成立“新华昌顺项目中心”，双方的运输资源实现共享。在“新华物流”运输业务旺季时，利用“昌顺物流”的车辆保证24小时把货送到；在“新华物流”运输业务淡季时，让新华的车辆参与昌顺的运输，避免运输资源的闲置。既有物流中心充足的仓储空间，又有“新华昌顺”高效的运输线，储得进、运得出，成为发展第三方物流的可靠保证。

湖南华瑞物流有限责任公司在筹建初期就确定采用第三方物流的运作形式，从出版业物流作业流程和物流流量着手，通过流程再造、流量优化，使整个设计富有弹性和扩容性。通过引进一条自动化分拣设备（50个出口）和三条自动化传送设备以及其他仓储设备，保证最小空间、最小投入能够有最大吞吐量、获得最佳效率。公司的仓储容量设计为1.2亿册，可处理品种数量为30万品种，日处理能力超过2.5万件；公司还为食品行业的旺旺公司、统一企业、文化出版行业的宏梦银河公司、家电行业的创维公司提供物流服务。2006年，公司与DHL结成战略合作伙伴，并合作建立宝洁长沙RDC项目。

（三）发展区域性中盘商

一些书业物流中心已不满足于服务本省客户，他们的目光跨出了省际界限，这也符合大市场、大流通的发展趋势。比如北配公司以大市场、大流通的区域配送市场定位，确立以客户为中心、以市场为导向的经营思路，打造了跨地区、跨行业、跨所有制的市场新格局。2005 年，实现了与内蒙古新华书店集团跨区域合作，在全国同业中开创了跨区域连锁经营的先河，并在内蒙古呼和浩特市设立分公司开展工作。2006 年，北配公司在内蒙古地区发展全额联网店 55 家，全年实现销售近 3000 万元。此外，北配公司利用先进的信息技术探索了符合自身特色的连锁经营新模式——“全额联网”经营。通过完全市场化的运作模式，搭建起一个出版物实时配送网络，通过信息一体化与客户建立了紧密型的业务合作关系。公司本着客户自愿的原则，对加盟者实行协议管理，规范运作；通过计算机网络进行订货、发货、结算、业务信息交流，实现对供应链全过程的服务和实时监控。经过几年的努力，公司共发展全额联网店 91 家，客户也从辽宁、黑龙江、内蒙古扩展到了山西省。

书业物流中心尚处于成长期，距离成熟还有很长的路要走，其中观念和人才问题仍然是众多问题中不能忽视和需要继续解决的。

（作者：穆宏志　张红志　《中国图书商报》）

2006年中国军事物流

2006年，是中国军事物流取得重要进展的一年。军地物流一体化迈入了新时期，军事物流标准化工作取得了新进展，军事物流装备建设取得了新发展，军事物流信息化建设取得了阶段性成效，军事物流理论研究取得了新突破，军事物流人才培养实现了新跨越。中国军事物流正在步入飞速发展的快车道。

一、军地物流一体化迈入了新时期

走军政民结合，建立军民兼容、平战结合的军地一体化物流保障体制是世界各国的普遍做法。2006年，中国人民解放军继续推行军事物流保障的社会化改革，加强军地物流系统可兼容资源的整合与集成，促进了军地物流的协调发展和相互融合。地方第三方物流公司在军方的运用越来越广泛，军事物流的外包比例进一步加大，军地物流一体化取得了阶段性成果，进入了一个新的发展时期。在军地物流一体化的过程中，进一步加大了军事物流和地方物流相关部门的协调力度，在现有各级国防动员委员会的基础上，积极吸纳军地物流管理职能部门成员，通过发挥军地双方优势，整合军地物流资源，实现了军事效益与经济效益的和谐统一，促进了国防建设与经济建设的协调发展。中国人民解放军具有军民共建的悠久历史和军民鱼水情的感情基础，目前铁路、公路、航空、机场、港口等物流基础设施已有部分实现了军民兼容、军地共用，下一步应在平时建造民用船舶、车辆、飞机等方面充分考虑战时征用需要，并备有详细改装预案，国家也应给予一定的税收等政策扶持。

二、军事物流标准化取得了新进展

军事物流系统跨部门、跨专业，涉及面广，对象繁多，内容复杂，要使整个系统形成一个有机整体，从技术和管理的角度看，标准化起着纽带作用，它使军事物流系统中的每一个环节之间达到协调统一。军事物流标准体系包括军事物流基础标准、军事物流技术标准、军事物流信息标准、军事物流作业标准和军事物流服务标准等主要内容。军事物流标准化是降低军事物流保障成本、提高军事物流保障效率的有效措施，也是促进军事物流规范化运作的重要途径。2006年，军事物流标准化专家委员会正式成立，军事物流标准化工作取得了一系列新进展。目前，由于我军至今尚未建立起适应物流发展和物流运作的标准发展规划和科学的标准体系，只有一些供应标准和技术标准，而没有配套的管理标准和工作标准，尤其是尚未从立法高度来制定、贯彻和保证标准化的实施，造成军事物流相关单位的非标准化装备、非标准化设施和非标准化行为相当普遍。军事物流标准化的发展滞后性已严重制约我军物流的发展，军队有关部门已从战略的高度重新审视军事物流标准化的重大现实意义。为适应现代信息化战争的需要，提高我军物流保障水平，我军正积极开展军事物流标准化的研究和制定工作，制定了一系列军事物流相关标准，标准化工作在军事物流系统有了较大进展。2006 年，军事物流标准化有关部门对现行的各种与军事物流活动相关的标准进行了全面梳理，对落后的标准加以及时淘汰或完善修订。下一步应充分发挥全军物流标准化委员会的功效，系统规划军事物流标准化的研究制定工作，尽快制订系统的、操作性较强的军事物流标准化体系表，在此基础上，进一步加强军事物流标准化的学术研究、人才培养以及宣传推广、贯彻实施和监督管理工作。

三、军事物流装备建设取得了新发展

应用配套成龙、技术先进的军事物流装备是提升军事物流保障能力的重要途径。我军物流装备一直坚持自研与引进相结合，加大自主创新力度，积极借鉴国外先进技术，充分利用国内已有成果，缩短研发周期，经过近几十年的持续发展，已具相当规模，目前全军后方仓库已基本实现了机械化、半机械化作业。今后几年我军物流装备将逐步向集装化、模块化、智能化、可视化、多功能化方向发展。2006 年，昆船、中集等较早进入军事物流市场的企业已取得了丰硕成果。自动化立体仓库是目前军事仓储技术发展的最高阶段。它将仓库机械化和自动化进行有机结合，具有节约用地、减轻劳动强度、扩增吞吐规模、消减收发差错率、提高军事仓储自动化水平及管理水平、降低物流损耗等诸多优点，当前正越来越广泛地受到军队有关部门的高度重视和强烈关注。全军先后已有多个仓库建成了自动化立体库房，绝大部分自动化立体仓库运行正常，近期尚有一些自动化立体库通过了项目论证。昆船、北起、太原刚玉等物流装备集成商与军队有关部门建立了长期战略合作伙伴关系，在军队自动化立体仓库建设方面获取了较大的市场份额。今后几年在我国军事物流步入快车道的同时，地方相关物流装备企业也必将获得更好的经济效益。

四、军事物流信息化建设取得了新成效

建设信息化军队，打赢信息化战争，是当前和今后一个时期内军队现代化建设的奋斗目标。现代战争军事物流的可视化程度将越来越高，必须建立对军事物流保障资源、保障对象、保障过程、保障地点等全面可视的军事物流信息系统，实现对军事物流的透明化和动态化掌控。军事物流信息化建设涵盖的领域很广，需要各部门各系统的充分协调。2006 年，军事物流信息化建设加强了统筹的力度，加大了专项建设经费投入，军用物资编码规范化程度得到了进一步提高，二维条码技术、射频技术等自动识别技术在军事物流各相关部门充分试点的基础上，得到了广泛应用，军事物流管理软件的功能模块设计和标准化程度明显提升，军事物流装备的信息化改造也初见成效。

五、军事物流理论研究取得了新突破

2006 年，军地物流界广泛开展了军事物流理论研究。除了较早开展军事物流研究并取得丰硕研究成果的解放军后勤指挥学院、重庆后勤工程学院、武汉军事经济学院和装甲兵工程学院、徐州空军学院、天津军事交通学院、蚌

埠解放军车辆管理学院，结合各自优势，深入开展军事物流的研究工作，国防科技大学、军械工程学院、装甲兵指挥技术学院、炮兵学院等也开始与本单位本部门实际相结合，研究有各自特色的军事物流。地方高校也开始涉足军事物流研究，如中央财经大学国防经济与管理研究院2006年成立了军事物流与采购研究所，吉林大学军需科技学院也设立了国防经济与军事物流研究所，专门从事军事物流、军地物流一体化、物流企业动员、军工企业物流、军队采办等方面的研究，初步取得了一些研究成果。军事物流研究人员在军事物流系统工程研究、军事供应链整合研究、军事物流外包研究、军事物流系统规划与设计、RFID在军事物流中的应用、军事物流基地（中心）规划与设计、军事物流可视化研究、军地物流一体化实践模式研究、应急物流研究、虚拟军事物流、逆向军事物流、军事物流装备建设、军事物流标准化体系建设等方面均取得了新突破。

六、军事物流人才培养实现了新跨越

加强军事物流教育，是时代发展的必然要求，尤其在我军物流系统尚处于改革调整的关键阶段，更应加快军事物流人才培养。我军物流人才培养坚持院校教育与职业培训相结合。根据2006年的情况统计，目前由解放军后勤指挥学院军事物流仓储教研室承担全军仓库主任班及军事物流指挥人员中短期轮训任务，重庆后勤工程学院、徐州空军学院、军械工程学院承担军事物流干部培训任务，解放军后勤指挥学院、重庆后勤工程学院、军械工程学院、军事交通学院专设军事物流硕士专业，后勤指挥学院招收军事物流专业博士研究生并设有军事物流博士后流动站。除了军事物流正规教育计划内培训任务以外，军队系统物流师培训考试工作蓬勃发展。自2003年始，中国物流与采购联合会与全国物流标准化技术委员会授权后勤指挥学院军事物流工程实验室组织军队系统物流师职业资格认证工作，国家物流师职业资格认证军队分中心设在后勤指挥学院军事物流工程实验室。按照国家物流师资格认证工作考培分离的总要求，由后勤指挥学院军事物流工程实验室全面负责全军物流师的考试工作，截至2006年年底，后勤工程学院、军事经济学院、装甲兵工程学院、空军后勤学院、军事交通学院、车辆管理学院、军械工程学院等八所院校负责军队物流师的培训工作，形成独特的军事物流培训考试体系，现一直保持较大的军队物流师培训规模（2006年参加物流师考试1200多人）和较高的物流师考试合格率（70%～80%）。今后应进一步完善军队物流师资格认证系统，实现军事物流及仓储人才的标准化认证，使我军物流人才培养走上规范化管理的轨道，为提升我军物流保障能力提供强力人才支撑。

（作者：龚卫锋博士　解放军后勤指挥学院军事物流工程实验室学术秘书
孙　敏　《后勤指挥学院学报》编辑）

2006 年中国应急物流

应急物流作为应对突发事件的特殊物流活动，已引起社会各界的广泛关注。尤其是在2003 年 SARS 之后，随着全社会对应急管理工作的高度重视，我国应急物流的建设与发展也全面启动。2006 年，对应急物流而言是具有历史意义的一年。这一年，应急物流的机构建设、理论研究、技术推广等各项工作均取得突破性进展，应急物流正向着健康、有序的方向发展。

一、应急物流发展需求旺盛

近几年，随着 SARS、禽流感、松花江水污染等突发公共事件的相继爆发，人们已清楚地认识到，我国已进入突发公共事件高发期，经济持续发展与社会安全脆弱并存，现代社会对安全保障体系的依赖性越来越强。现实迫使全社会把关注的焦点转向应急管理工作。为了提高应急管理能力，有效应对突发公共事件，我国政府近几年采取了一系列措施：在政府机构设置上，国务院成立了应急管理办公室，各级政府也成立了相应的机构；在政策制度制定上，国务院先后颁布了《国家突发公共事件总体应急预案》、《国务院关于全面加强应急管理工作的意见》、《关于加强企业应急管理工作的意见》等一系列文件，从而明确了中央统一领导、各级分级管理，以属地管理为主的原则，完善了中央、地方、企事业单位三层次应急处置机制。

应急物流作为应急管理活动的重要组成部分，是影响应急管理工作成败的关键因素，建设完善的应急物流体系、提高应急物资保障能力是成功应对突发公共事件的基础。因此，国家在下发的一系列有关应急管理的文件中，对政府和企业建立应急物流体系、加强应急物流力量、提高应急物资保障能力等提出了明确的要求。然而，由于我国应急物流起步较晚，在理论研究、技术应用、方案制定、机构设置、行业管理、企业培育等各方面都离要求还相去甚远。所以，迫切需求应急物流行业的全面启动、快速发展。

二、应急物流行业主管部门应运而生

为了加强行业领导，促进应急物流快速、健康地发展，2006 年年底，经国家民政部批准，在中国物流与采购联合会正式成立应急物流专业委员会。

作为我国应急物流的行业主管部门和政府在应急物流管理方面的功能延伸力量，应急物流专业委员会自成立以来，得到了政府相关职能部门的支持和帮助，也得到了物流行业专家和军队、企业等单位的积极参与和关注。目前，应急物流专业委员会由国务院应急管理专家王宗喜教授任委员会主任，成员既有军地颇有影响力的专家、教授，也有政府、军队相关单位的人员，还有物流实际工作者，成员遍及军、政、民，合作单位涵盖了科研院所和企业，具有较强的军地资源整合能力。

应急物流专业委员会在国家相关部委和中国物流与采购联合会的领导下，着眼规范应急物流行业、促进应急物流全面发展，立足整合行业资源，携手应急物流领域专家、科研单位和企业，在理论研究、技术应用、人才培养、政策建议、行业管理、企业培育，以及制订行业标准、加强协作交流等方面着手开展工作，领导应急物流由自发发展阶段向自觉发展阶段跨越。

三、应急物流各项工作稳步推进

伴随应急物流行业主管部门的成立以及全社会对应急物流的关注和参与，2006 年，我国应急物流工作出现了全面发展的态势，尤其是在理论研究和技术推广方面取得了可喜成果。

为了填补应急物流理论研究的空白，几年来，各科研院所自发开展了相关研究，取得了一些阶段性成果。2006 年，是应急物流理论研究上台阶的一年。一方面，一大批高质量的研究成果得以涌现，如华南理工大学王楠等人撰写的《自然灾害应急物流的物资分配策略研究》一文，在第五次中国物流学术年会上引起广大学者的广泛关注，获得“第五次中国物流学术年会”优秀论文一等奖。另一方面，理论研究已步入了团队协作、系统开发的良性轨道。为使各研究力量在统一框架内开展研究活动，避免重复研究，以王宗喜教授为首的专家，商讨制定了《应急物流科研指南》。该指南以整合应急物流科研力量、锤炼应急物流科研队伍、研发应急物流理论和技术、推广应用应急物流科研成果为目的，坚持军地结合、需求牵引、方式灵活的原则，指明了中外应急物流研究现状、中外应急物流实践现状、应急物流体系结构、应急物流功能、军队应急物流、应急物流技术应用、应急物流人才培养等共 7 大类 23 个研究方向。与此同时，中国物流学会还首次将《中国应急物流现状研究》等 5 个与应急物流相关的课题纳入 2007 年研究规划统一组织研究。

此外，为了将先进技术尽快推广应用于应急物流领域，以提高应急物流保障能力。以应急物流专业委员会为主的几家单位，以射频识别（RFID）技术的应用为突破口，大力推进先进技术在应急物流领域的应用。现已携手军队、政府相关部门和大型企业，在军队以及对应急物流有迫切需求的特种行业建设了射频识别（RFID）技术应用示范工程。同时，为了使射频识别技术更好的应用推广，应急物流专业委员会正筹备成立“中国 RFID 物流应用工作组”，以加快推动 RFID 产业发展及其在物流领域的应用。

四、应急物流建设任重而道远

社会安全稳定的迫切需要、应急管理工作的不可或缺，为应急物流发展注入了强大的动力，但也提出了严峻挑战。应急物流建设刻不容缓，任重而道远。

在今后一段时期内，政府、军队、科研院所、企业及社会各界必须携手共进，在继续深化理论研究、推广技术应用的基础上，重点做好以下几个方面的工作：一是进一步完善应急物流领导体制机制。政府与行业主管部门应立足应急物流活动特点和应急物资保障需要，在巩固中央应急物流管理机构、改进工作机制的同时，在地方各级政府也要尽快设置相应的应急物流管理机构和建立专业的应急物流工作机制。二是加强应急物流法规建设。依托国家关于物流的制度标准，尽早出台专门规范应急物流行业的配套法规，制定与国际接轨的应急物流标准，为应急物流健康有序发展营造良好的法规环境。三是实行企业资质评定和应急物流企业准入制度。借鉴军事物流的经验，在深入考察企业实际的基础上，对企业执行应急物流任务的能力进行评定，将那些真正有能力的企业吸收至政府应对突发公共事件的使用力量中。四是建立健全应急物流预案体系。紧扣我国突发公共事件实际，研究制定与政府应急处置预案相匹配的应急物流预案，通过预案将应急物流工作真正纳入政府应急管理工作中。五是加强应急物流力量建设。物流企业和物流人才是应急物流力量的主体，政府与行业主管部门应通过对应急物流企业的扶持与服务，使其尽快做大、做强，服务于社会；通过对应急物流所需人才的全面培养，完善应急物流人才梯队。

2006 年，应急物流已经迈出了坚实的一步；今后，应急物流必将迎来快速、健康发展的美好明天。

（作者：徐东博士　中国物流与采购联合会应急物流专业委员会秘书长
阳　波　解放军后勤指挥学院军事物流专业博士研究生）

第五部分

地区物流

西部物流

2006年，是我国实施“十一五”规划的开局之年，是我国物流市场全面开放的第一年。西部经济在继2005年稳定发展的基础上，物流需求进一步扩大，物流投入增速加快，效益有所提高。尽管如此，西部固有的条件使其物流供给仍然难以满足物流需求。

一、西部地区物流现状分析

（一）西部地区的物流量

一个地区的物流量，可以由工业增加值、社会消费品零售总额、全社会货物周转量、进出口商品总值分别描述。西部地区的上述统计数据如表1所示。

由表1可看出，2005年西部地区物流量的总体情况。

1. 西部地区国有及规模以上非国有工业企业完成增加值9626.83亿元，占全国增加值的13.34%，比重较2004年提高了0.38个百分点，年增长率达到35.5%。其中，内蒙古工业增加值增长30.9%，位居全国第一位。西部工业经济的快速增长，成为拉动西部地区经济增长的主要动力，同时也带来了巨大的工业物流需求，使其成为西部物流发展的重要活力，工业物流对工业经济增长的推动更为明显。

表1　　2004—2005年西部地区物流量统计

	国有及规模以上非国有工业企业工业增加值（亿元）			社会消费品零售总额（亿元）			全社会货物周转量（亿吨·公里）			进出口商品总值（亿美元）		
	数　量		年增长率	数　量		年增长率	数　量		年增长率	数　量		年增长率
	2004年	2005年		2004年	2005年		2004年	2005年		2004年	2005年	
西部	7105	9626.83	35.5%	10158.3	11580.50	14%	7899.3	8666.2	9.71%	367	451	22.89%
全国	54805	72186.99	31.72%	59501	67176.6	12.9%	69445	80258.1	15.57%	11546	14219	23.15%

数据来源：2005年、2006年《中国统计年鉴》，西部各地区2005年、2006年《统计年鉴》。

2. 社会消费品零售总额累计实现1.16万亿元，占全国各地区加总零售额的17.0%，比重较之上年提高了0.6个百分点。增长速度达到14.0%，低于东部地区14.3%的增速，高于中部地区13.9%的增速，较之上年下降了0.5个百分点。内蒙古社会消费品零售总额增长15.8%，增速居全国第三位；甘肃增长12.9%，居全国倒数第三位。东、中、西部地区消费差距逐渐缩小。

3. 西部地区全社会货物周转量年增长率达到9.71%，比2004年提高了0.95个百分点，虽然低于全国15.57%的增速，但较2004年西部地区与全国20.18个百分点的差距已有明显回落，缩减到5.86个百分点。这说明在西部地区货物周转量稳定增长的同时，其物流规模有所扩大，但仍与全国平均水平有差距。

4. 进出口商品总值达451亿美元，占全国进出口总额的3.17%，比重较2004年基本持平。增长速度达到22.89%，比全国平均水平略低0.26个百分点，比2004年下降了7.15个百分点。西部地区是石油、天然气、铜、铝、钾、磷等优势能源、矿产资源较为丰富的地区，2005年进出口总值增速的回落，主要受国家出口退税率的下调甚至取消及国家控制能源和资源性产品的出口影响。相应的其物流需求也有所波动，但并不影响物流业快速发展的趋势。

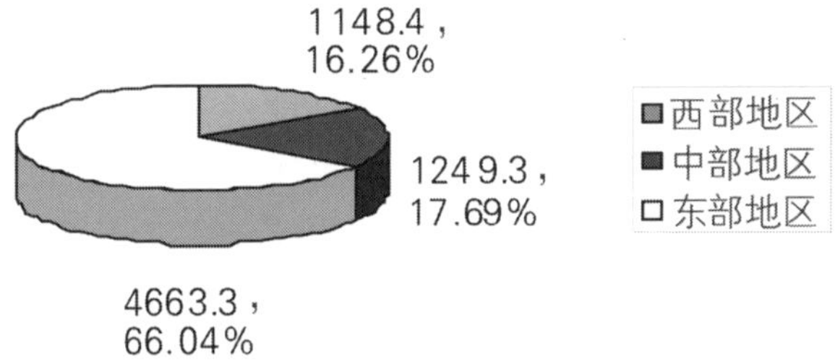

图1 2005年东、中、西部地区限额以上批发零售业商品库存及所占百分比量（亿元）

从批发零售商品库存总额看，2005年西部地区批发零售贸易商品库存总额为1148.4亿元，占全国的16.26%，比东部地区的66.04%低49.78个百分点，所占比重较2003年的17%基本持平，物流仓储环节保持稳定，没有太大变化（见图1）。

（二）西部地区有关物流的投资状况

西部地区的物流投资状况，可以由该地区的交通运输仓储业、批发和零售贸易业、住宿和餐饮业的固定资产投资情况从侧面反映出来（如表2所示）。

2005年，西部地区固定资产投资额为17465.3亿元，占全国总投资额的19.67%，同比增长26.98%，年增长率与2004年基本持平。在全国固定资产投资增长速度有所下降的情况下，西部地区依然稳中求进，可见国家对西部地区的支持力度，西部物流可持续发展能力得到增强。

从投资构成看，交通运输仓储和邮政业投资达到2302.3亿元，同比增长26.43%，增幅比2004年回落8.56个百分点，但仍比全国高出0.69个百分点。这正说明前几年国家对西部的强势投资已见成效，物流业基础条件已有所改善，目前是有保有压，但由于受历史及地理条件的影响，西部物流对基础设施投资的需求仍将长期存在；批发和零售业固定资产投资额为328.8亿元，同比增长29.96%，在全国年增长率较2004年下降3.13个百分点的情况下，西部地区2005年的增幅却提高了1.02个百分点。这说明国家对西部地区商品流通的重视，为物流业的发展提供了便利条件；住宿和餐饮业固定资产投资为 186.8 亿元，同比增长 39.93%，占全国比重为 23.1%，比重与 2004 年基本持平。

（三）西部地区物流运输设施状况

交通线路里程是衡量一个地区物流运输设施，反映物流供给状况的主要指标。表 3 是 2004 年和 2005 年西部地区的交通线路里程对比情况。

表 2　　2004—2005 年西部地区固定资产投资　　（单位：亿元）

分类	西部		全国		年增长率	
	2004 年	2005 年	2004 年	2005 年	西部	全国
固定资产投资	13754.50	17465.3	70477.40	88773.60	26.98%	25.96%
交通运输仓储及邮政业	1821	2302.3	7646.2	9614	26.43%	25.74%
批发和零售业	253	328.8	1273	1716.4	29.96%	34.83%
住宿和餐饮业	133.5	186.8	560.8	808.8	39.93%	44.22%

数据来源：2005 年、2006 年《中国统计年鉴》，西部各地区 2005 年、2006 年《统计年鉴》。

表 3　　2004—2005 年西部地区交通线路里程　　（单位：公里）

分类	西部		全国		年增长率	
	2004 年	2005 年	2004 年	2005 年	西部	全国
国家铁路营业里程	27062	27594.3	74407.7	75437.6	1.97%	1.38%
内河航道里程	30782	30873	123337	123263	0.3%	-0.06%
公路里程	757258	780339	1870661	1930543	3.05%	3.20%
其中：高速公路	8638	10530	34288	41005	21.90%	19.59%

数据来源：2005 年、2006 年《中国统计年鉴》，西部各地区 2005 年、2006 年《统计年鉴》。

2005 年，西部地区公路总里程已达到 78.04 万公里，其中高速公路总里程更是突破了 1 万公里，同比增长 21.90%，高出全国年增长率 2.31 个百分点，这得益于国家规划的“五纵七横”干线的建设；内河航道里程方面，2005 年西部地区达到 30783 公里，占全国内河航道总里程的 25.05%，增长速度为 0.3%，高出 2004 年 4.99 个百分点。西部物流的水运建设主要集中在西南，目前正形成以长江上游航运中心为点，辐射整个西部地区的局面，尤其是成渝间的合作，将形成便利的交通立体格局，以广袤的经济腹地吸引更多的投资关注；国家铁路营业里程方面，青藏铁路、渝怀铁路、宁西铁路、宝兰复线、兰武复线和株六复线的建设，使得西部地区铁路营业里程占全国的比重达到 36.58%，较 2004 年提高了 0.21 个百分点，有力地推动了大宗货物运输系统和集装箱运输系统的建设。

西部地区物流运输条件的改善，拓展了西部地区农业、畜牧、旅游、矿产等优势产业的市场空间，提高了产业竞争力，推动了西部的经济发展。

（四）西部地区经济与物流

经济的快速增长，将带来物流量的扩张；反之，物流规模的扩大，必定为经济发展提供有力保障。2005 年，西部地区实现生产总值 3.3 万亿元，其中，第一产业增加值 5924.6 亿元，第二产业增加值 1.4 万亿元，第三产业 1.3 万亿元。2005 年，西部地区生产总值占全国 GDP 的 16.9%，同比增长 21.42%，高出全国 6.9 个百分点，人均 GDP 为 9338 元/人，继 2004 年至今一直保持增长态势（如图 2 和表 4 所示）。

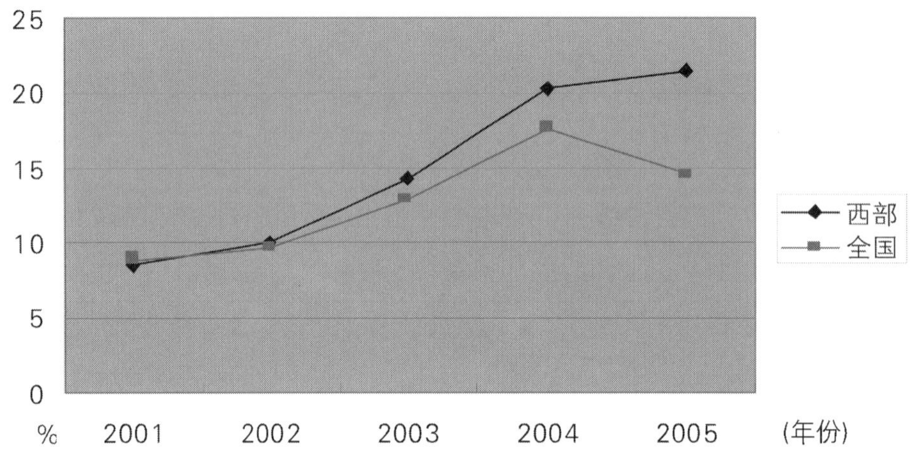

图 2 西部地区与全国 GDP 增速对比

表 4 2004—2005 年西部地区与全国 GDP 增速比较

	年增长率		增速变化（百分点）
	2004 年	2005 年	
西部地区	20.29%	21.42%	1.13
全国	17.71%	14.52%	-3.19

表 5 2004—2005 年西部地区与全国社会消费品零售总额增速比较

	年增长率		增速变化（百分点）
	2004 年	2005 年	
西部地区	14.46%	14%	-0.46
全国	13.3%	12.9%	-0.4

由图 2 和表 4 可以看出，西部地区 2005 年 GDP 年增长率较 2004 年提高了 1.13 个百分点，增速变化比全国高出 4.32 个百分点。经济的快速发展，一方面为西部物流供给量的快速增长提供经济物质基础；另一方面，也将促进物流需求量的增加。

表 5 的数据显示出，西部地区 2004 年和 2005 年的社会消费品零售总额年增长率较同期全国平均水平略高，反映了消费对经济增长作用有所加大，西部物流对经济增长的作用受到重视。此外，表 2 中交通运输仓储及邮政业投资额的加大，以及由此带来的服务设施的改善，也再次证明了西部物流发展对区域经济增长的推动作用。

表6　2004—2005年西部地区与全国进出口商品总值增速比较

	年增长率		增速变化（百分点）
	2004年	2005年	
西部地区	30.04%	22.89%	-7.15
全国	35.67%	23.15%	-12.52

表7　2004—2005年西部地区与全国货物周转量增速比较

	年增长率		增速变化（百分点）
	2004年	2005年	
西部地区	8.76%	9.71%	0.95
全国	28.94%	15.57%	-13.37

数据来源：2005年、2006年《中国统计年鉴》。

表6、表7显示，2005年西部地区进出口商品总值增速与全国基本持平，但依然呈负增长趋势，对外贸易仍需进一步提高；另外，西部地区近两年货物周转量增幅虽较全国更为稳定，但物流供给不足的硬约束现象依然存在。2005年西部地区原煤、原油、粗钢、水泥等大宗原材料资源总量高达11.82亿吨，占全国比重近30%，而其货物周转量仅占全国的12.1%，年增长率与全国差5.86个百分点（如表8所示）。

表8　2005年西部地区主要工业产品产量　（单位：亿吨）

	原煤	原油	粗钢	水泥	合计
西部	8.1	0.45	0.46	2.21	11.22
全国	22.1	1.83	3.53	10.69	38.15
所占比重	36.9%	24.8%	12.9%	20.6%	29.41%

数据来源：2006年《中国统计年鉴》。

二、西部物流发展预测

“十五”期间，西部物流从起步期进入发展期，在各个方面都取得了突出成绩，为“十一五”西部物流的发展奠定了坚实的基础。尽管目前西部物流仍然面临着许多矛盾与问题，与东、中部地区还有较大差距，但可以肯定的是“十一五”规划纲要提出的“大力发展物流业”的战略部署将会促进物流业在国民经济中发挥越来越重要的作用。

下面就货运量口径、商品流通口径两方面对西部地区2010年、2015年、2020年物流发展趋势进行预测。预测采用三次指数平滑法，在增添2005年数据的基础上，根据误差分析将货运量、货物周转量、社会消费品总额、进出口总额的平滑系数分别调整为：0.45、0.5、0.4、0.5。

（一）货运量发展趋势预测（如表9和图3所示）

2005年，西部地区货运量同比增长10.19%，高出全国1.07个百分点，其未来15年的货运量如表10所示。预计其2005—2010年的平均增速为7.34%、2010—2015年的平均增速为8.09%、2015—2020年的平均增速为7.54%，西部地区货运量增速在稳步上升的同时将趋于平缓，货运总量将不断增大。同时其货运周转量增速亦将出现一个上升后趋缓的过程，预计2005—2010年的平均增速将达到10.64%，较2005年增长率提高0.93个百分点。预计到2010年青藏铁路货运量将达到280万吨；到2020年形成的西部路网骨架，规模将达到4万公里左右，西部物流需求将进一步扩大。

表 9　　西部地区 2000—2005 年货运总量及周转量一览表

年　份	2000	2001	2002	2003	2004	2005
货运量（万吨）	328506	338819	353636	365167	373744	411824
货物周转量（亿吨·公里）	5737	6223	6612	7263	7899	8666

数据来源：2001—2006 年《中国统计年鉴》，西部各地区 2001—2006 年《统计年鉴》。

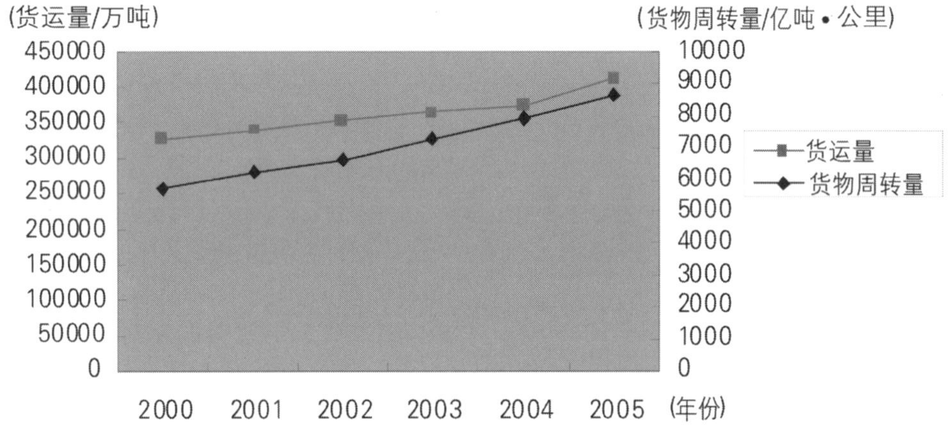

图 3　西部地区货运总量及周转量发展趋势

表 10　　西部地区货运量及周转量预测

年　份	2010	2015	2020
货运量（万吨）	586999	866444.5	1246227
货物周转量（亿吨·公里）	14370.8	23084.76	34810.11

（二）商品流通发展预测（如表 11 和图 4 所示）

西部地区中长期的社会消费品零售总额及进出口商品总额预测如表 12 所示。预计社会消费品零售总额 2005—2010 年的平均增速为 14.30%、2010—2015 年的平均增速为 11.78%、2015—2020 年的平均增速为 9.46%，增长率趋缓但零售总额绝对值呈增长态势。西部地区得益于国家一系列惠农政策，如全面废除农业税，减免直补、取消农村义务教育学杂费等，农村消费市场将进一步扩大，同时工业经济发展与城市化建设的提速，将使其社会消费品零售总额实际增长明显加快，与东部地区差距会减小。由表 12 可以看出，西部地区进出口商品总额在未来 15 年将保持稳定增长。商务部启动的“万商西进工程”将大力推进国际资本和东部开放型产业向中西部地区梯度转移，促进西部产品出口，同时西部地区过去比较薄弱的高新技术产品出口也将继续加速。据预测，到 2010 年，重庆的进出口总额将超过 100 亿美元。进出口商品总额的增加将会对西部地区产生巨大的物流需求。

表 11　　西部地区 2000—2005 年商品流通情况一览表

年　份	2000	2001	2002	2003	2004	2005
社会消费品零售总额（亿元）	5997	6918	7270	7712	10158.3	11581
进出口商品总额（万美元）	1658389	1736447	2118053	2822393	3670164	4513000

数据来源：2001—2006 年《中国统计年鉴》，西部各地区 2001—2006 年《统计年鉴》。

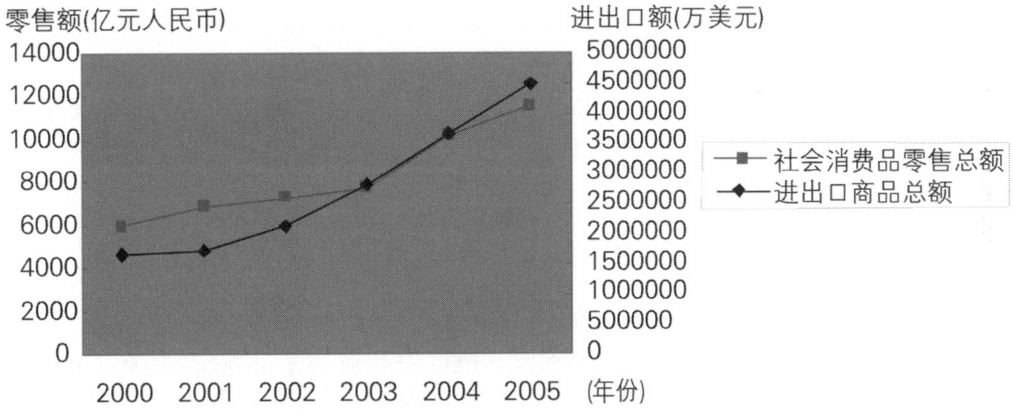

图 4　社会消费品零售总额及进出口商品总额发展趋势

表 12　　西部地区社会消费品零售总额及进出口商品总额预测

年　份	2010	2015	2020
社会消费品零售总额（亿元）	22640.6	39512	62090.4
进出口商品总额（万美元）	11260133	21744061	35969670

三、西部物流发展环境分析

西部大开发使西部经济大发展，也给予物流业以巨大的赢利空间，使其形成一定规模，取得了显著成效，但不容置疑，西部经济和物流的发展与东部地区仍有较大差距，西部物流业依然面临着以下几个方面的挑战。

（一）物流成本高，难以满足企业需求

西部地区大多为边远地区闭塞内地，许多原材料的输入和输出需要依托沿海重要港口或物资集散地，不可避免地增加了物流成本。四川汇维仕化纤有限公司的合作伙伴韩国 SK 公司透露，汇维仕每月的外运货物水路达到 1500 个集装箱，铁路运输需要 150 个车皮，而当地运力经常难以满足需求，严重影响行业发展。

（二）交通建设任务依然繁重

“十一五”期间，国道主干线和西部开发省际通道建设将全面完成，届时西部地区公路总里程将超过 94 万公里。然而由于西部地区特殊的地形、地质和气候条件，交通基础设施建设将更加艰难。不通公路的乡镇、行政村大多在西部偏远山区，工程难度大、造价高；西部内河多数航道依然处于天然状态，航道等级低；生态环境脆弱、恢复条件差、交通基础设施建设对生态环境的影响突出等，都是制约西部地区交通运输发展的主要问题。

（三）西部物流软硬环境不协调

西部大开发以来，西部地区的物流硬件其实已有长足进步，但目前西部物流业发展也进入了一个误区，那就是过分强调硬件设施而忽略了物流软件条件的改善。像新疆广汇美居物流园、华凌商贸城，从严格意义上讲，并不是真正的物流园区，而只是专业批发市场或交易市场。物流人才的缺乏、区域性物流理论研究落后成为西部物流发展的又一障碍，西部物流条件的根本改善，需要和信息建设、市场开拓等物流软件相结合。

2006 年出台的“十一五”规划纲要，明确提出了要大力发展现代物流业，西部物流作为提升区域经济发展能力的基础条件理应得到优先发展，2006 年前后西部物流就展现出一片良好发展态势。

（一）物流空间广阔

通过以上对 2004 年和 2005 年西部地区生产总值、国有及规模以上非国有工业企业工业增加值、社会消费品零售总额等的数据分析，以及随着通向中亚五国的国际铁路、公路和航空的不断完善，最新建成的青藏铁路的投入使用，都将使得西部成为优势互补的国际大通道，从而提供广阔的物流空间，推动物流业发展。

（二）以点带面打通物流捷径

长江黄金水道的开发和港口发展将对降低西部物流成本发挥至关重要的作用。2006 年 1 月 7 日，重庆寸滩国际集装箱码头一期工程正式开港，仅成品钢运输成本一年就省下 3 亿元人民币左右。而四川泸州到上海的集装箱运输班轮航线的开通，不仅使每个标准集装箱的费用下降到 600 美元，同时也使国际品牌有了更便捷的入川通道。以长江上游航运中心为点，辐射整个西部地区，势必会使西部物流形成以点带面的局势。

（三）国家政策引导西部物流快速发展

针对西部地区资源丰富，而生态环境脆弱，基础设施建设滞后，产业发展不足的问题，为增强西部地区自我发展能力。2006 年 5 月，国家制定了《关于促进西部地区特色优势产业发展的意见》，意在大力推进西部地区特色优势产业发展，加快其工业化和城市化进程。在此背景下，物流的发展重点会转向资源开发物流环境建设，提高资源的辐射半径，并为高效率开发资源提供物流成本与效率保障方面。

毋庸置疑，西部地区在我国经济发展和生产力布局中占有重要地位，加快西部物流业发展的现代化进程，对促进西部地区乃至全国经济社会的和谐、可持续发展具有重要的现实和战略意义。如何提升西部物流业发展能力，促进其与东、中部地区及国际接轨，将是西部物流业一项长期而艰巨的任务。

（作者：鞠颂东　马　燕　北京交通大学）

天津市

2006年5月26日，国务院下发“国发［2006］20号文”把天津滨海新区的功能定位于：“依托京津冀、服务环渤海、辐射‘三北’、面向东北亚，努力建设成为我国北方对外开放的门户、高水平的现代制造业和研发转化基地、北方国际航运中心和国际物流中心，逐步成为经济繁荣、社会和谐、环境优美的宜居生态型新城区。”这是党中央、国务院从我国经济社会发展全局出发，为了推进天津滨海新区开发开放做出的重要战略部署。

根据党中央、国务院的战略部署，天津市确定了今后一个时期现代物流发展工作的基本思路：坚持“政府引导、政策支持、企业主体、市场运作”的原则，紧紧抓住滨海新区开发开放的历史性机遇，充分发挥天津区位和综合运输体系优势，依托港口、开发区和保税区，形成以国际物流为重点，区域物流和城市配送物流为支撑的现代物流体系；大力发展海洋运输、航空货运、国际中转、保税物流、多式联运等；积极培育建设重点物流园区，全面提升海运、陆运、空运和口岸通关等物流集疏运能力，加快建设物流公共信息平台，建立健全与国际接轨的政策法规体系；实现物流、资金流、信息流在天津汇集，建成我国北方设施先进、功能完备、服务优质、运行高效的国际物流中心。

一、天津现代物流发展面临的新形势和新任务

按照党中央的战略部署，进一步加快天津现代物流业发展，高标准建设北方国际物流中心是一项重大的战略任务。

一是国际物流发展总体趋势为我市现代物流业发展创造了良好的外部条件。随着全球经济一体化步伐的加快，发达国家进行产业结构调整，制造业逐步向亚洲转移，直接推动了亚太和亚欧物流量大幅增长。天津市所处的东北亚地区资源丰富，伴随世界能源和原材料需求快速增长，东北亚地区正成为21世纪世界重要的资源基地，物流需求潜力巨大。

二是促进区域经济协调发展的战略任务，要求天津市必须建立现代物流服务体系。天津位于环渤海地区的中心位置，既是欧亚大陆桥最近的出海口，也是海上通道进入欧亚大陆市场的最佳登陆口岸。通畅的集疏运体系、优越的地理位置使我市成为环渤海、通达“三北”乃至东北亚地区便捷的国际通道。多年来，天津港货物吞吐量的70%以上，口岸进出口总值的55%以上，都来自周边省市和广大腹地。加快天津市现代物流业发展，可以更好地发挥天津及滨海新区得天独厚的区位优势，更好地为

区域经济发展提供完善的物流服务。

三是党中央、国务院对天津滨海新区的功能定位，对天津市现代物流发展提出了更高的要求。努力建设“两个中心”，则要求天津市物流业必须抢抓机遇、加快发展。

二、2006 年天津市现代物流发展成效明显

近年来，天津市现代物流业实现了快速发展。在物流经济运行、产业规模、基础设施建设、企业经营管理、政策体制、教育培训等方面，都取得了明显进步，为天津市现代物流业大发展和建设北方国际物流中心打下了坚实基础。可以说，天津市现代物流业已跨越了起步期，开始进入理性、务实发展阶段。

（一）物流经济指标快速增长

2006 年，天津市物流业实现了较快发展，物流业增加值从 2001 年的 172 亿元增加到 2006 年的 365.97 亿元，年均增长 22.55%。2006 年，全市物流业增加值占全市 GDP（4359.15 亿元）的 8.4%，占全市服务业增加值（1752.63 亿元）的 20.88%；社会物流总成本占全市 GDP 的比重，由 2001 年的 19.3% 下降到 2006 年的 18.4%。

（二）综合运输能力显著提高

2006 年与 2000 年相比，天津港货物吞吐量由 9566 万吨增加到 2.58 亿吨，增长 169.7%；集装箱吞吐量由 171 万标箱增加到 595 万标箱，增长 248.0%。天津机场货邮吞吐量由 5.32 万吨增加到 11.26 万吨，增长 111.7%。天津地区铁路货物发送量由 3079 万吨增加到 3368.6 万吨，增长 9.4%。道路货运量由 1.88 亿吨增加到 2.03 亿吨，增长 8.0%。水运货运总量由 4165 万吨增加到 1.3 亿吨，增长 212.1%。

（三）物流基础设施建设力度加大

近年来，天津市努力增强海港、空港和铁路、公路基础设施能力，着力改善口岸通关环境，积极推进重点项目建设，为现代物流发展提供了良好的基础条件。天津港新建、改造深水泊位 21 个，25 万吨级深水航道一期工程完工，海运航线通达世界 180 多个国家和地区的 400 多个港口。东疆港区 2006 年底已形成 10 平方公里的陆域面积。东疆保税港区自 2006 年 8 月 31 日经国务院正式批复成立以来，建设进度加快，2007 年底可实现首期 4 平方公里封关运作。天津滨海国际机场改扩建工程 2007 年底将全部完成。京津城际轨道交通 2007 年底将全面竣工，确保 2008 年奥运会前投入运营。黄万铁路投入试运营；蓟港铁路复线、京沪高速铁路天津段、津秦客运专线等重点铁路项目已经启动；京津塘高速公路二线工程全面铺开；客货场站建设正在积极推进，天津市现代综合交通体系已经初步形成。

物流园区建设初具规模。自 2001 年，天津市就相继规划建设了天津港散货物流中心，天津港集装箱物流中心，保税区国际物流运作区，开发区制造业物流加工区，空港国际物流区，物流货运中心和邮政物流中心等园区作为全市物流发展的示范工程。这些园区成功的建设经验，对天津市物流业发展起到了良好的引领示范作用。目前，天津市规划或建设面积在 100 亩以上的物流园区（中心）已超过 70 家。

（四）口岸通关环境不断优化

2006 年，天津口岸进出口值超过 1100 亿美元，天津海关关税超过 650 亿元，位居全国口岸前列。2005 年建成的天津国际贸易与航运服务中心，已有 14 家口岸行政执法部门集中进驻，共设立口岸通关业务审批和投资服务窗口 228 个，能为企业提供一站式、一条龙通关服务，为改善口岸通关条件发挥了重要作用。通过 12 个省、市、自治区政府共同签署《北方地区大通关建设协作备忘录》，建设内陆无水港，将海港功能向内陆延伸进一步加强区域口岸合作，提高我国北方地区对外开放水平，

促进区域经济协调、持续、快速发展，使天津市“大通关”体系不断完善，实现了与北京、河北、新疆等内陆地区的跨区域通关。口岸通关效率提高了40%，通关成本降低了15%。

（五）物流信息平台建设取得进展

2006年，天津港建成综合物流信息服务系统，实现了海关、港口、物流企业三方的电子数据交换。邮政健全完善了城市物流配送信息系统。天津电子口岸与物流信息平台的正式开通并启动运行使天津市在全国率先建立了通关服务、综合物流、电子商务三大应用服务平台，涵盖40多项应用功能，实现了一站式、全流程、个性化综合服务。该平台的运行，全面提升了天津口岸服务水平，使腹地省市与国内外的交流合作更加便捷通畅，服务带动了区域和腹地经济振兴，实现了与国家口岸连接，与兄弟省、市、自治区连接，与国家有关部委连接，与相关企业连接，最大程度地实现了互联互通，为天津及腹地的物流企业提供了强有力的“软基础支撑”。

（六）物流企业和物流市场迅速成长

天津市近年不断加大对现代物流发展的支持力度，经过市场培育和企业自主发展，一些具有鲜明专业服务特点和行业代表性的物流企业知名度提高，创出成功发展模式，部分生产制造和商贸流通企业整合内部物流资源，实现了新的发展，物流市场逐步走向成熟。2006年全国百强物流企业中，天津市有天津振华物流集团有限公司、天津市德利得物流有限公司、天津宝运物流股份有限公司、天津安达集团有限公司、天津港散货物流有限责任公司、天津市物流货运中心、天津中邮物流有限责任公司7家企业入选。中远集团、中外运、德国大众、新加坡叶水福、韩国现代、中国香港亚洲物流等一大批世界知名物流企业，纷纷抢滩天津物流市场。天津钢管公司、渤海化工集团、医药集团和物资集团等工商企业通过改组改制、兼并重组等多种形式，对内部物流进行成功剥离，促进了天津市物流服务市场的形成和发展。

（七）加强物流发展战略研究，不断优化物流发展政策环境

2006年，天津市先后完成了《天津市“十一五”现代物流专项规划》、《建设天津国际物流中心对策研究》、《天津国际物流中心发展纲要》等多项基础性研究报告。由南开大学现代物流研究中心、国家发改委综合运输研究所编制的《北方国际物流中心发展规划》已经进入论证阶段。

天津市有关主管部门还主动走访物流企业，组织座谈交流，摸清全市物流发展底数，研究制定有关加快天津市现代物流业发展的对策和意见，积极为物流业发展提供专项政策支持。同时，积极推荐物流企业参与国家发改委的税收试点工作。

（八）扎实做好物流基础性工作，加大对外宣传交流

2006年，通过举办“香港·天津周”、“第三届中国国际物流节”、津港物流业研讨会、各种物流招商合作说明会、物流报告会和物流讲座等活动，有效营造了建设北方国际航运中心和国际物流中心的浓厚氛围。为积极推动物流教育和培训，全市已有20所以上普通高校及职业学院设置物流相关专业，初步形成从专科到博士研究生的物流学历教育体系；通过举办物流高自考、开展天津市现代物流专业技术水平考试，加大了物流人才培训力度。依据国家标准，启动物流企业综合评估及物流标准化、信息化工作。

从发展的眼光看，天津市现代物流发展工作仍然存在一些有待解决的问题，如对发展现代物流业的重要性和紧迫性认识不足；社会物流需求不旺，高附加值物流服务能力比较薄弱；物流基础设施规模和布局结构还不尽合理，天津港对外联系通道不畅，天津空港的聚集功能不强；物流发展缺乏统一、协调的产业政策支持；物流管理体制没有理顺，存在着“政出多门，各自为政”等问题；物流信息化、标准化等软环境建设有待加强；物流从业人员素质尚待提高，物流培训市场不规范，尚未建立职业资格制度等，这些问题将会随着市政府和相关部门的共同努力逐步得到解决。

三、“十一五”期间天津市现代物流发展的目标

到2010年，天津市现代物流业发展的主要工作目标是：物流业增加值实现700亿元，物流总成本占全市GDP比率降至18%以下；港口货物吞吐量超过4亿吨，集装箱吞吐量超过1200万标箱；空港货邮吞吐能力50万吨；物流信息化达到国内领先水平；建成一批较大规模、较高层次、布局合理的物流产业园区；重点扶持100家物流企业做优做强，力争10家企业进入全国物流百强行列。

要通过实施理念创新、模式创新、体制创新、功能创新和产业形态创新，进一步完善物流基础设施平台、物流公共信息平台和物流政策平台等“三大平台”，积极构建国际物流运作体系、国际物流配套服务体系、国际物流市场监管体系、国际物流人才引进和教育培训体系等“四大体系”，努力实现国际运输、保税仓储、流通加工、国际采购、国际中转、物流交易、物流信息服务、物流金融保险和物流研发等“九大功能”，力争把天津建设成为物流基础设施发达、物流产业链完备、政策体系高度开放、综合配套环境完善，具有强大辐射力的国际物流中心城市，具有示范效应的物流改革试验区。

（作者：于会清　天津市交通委员会）

重庆市

2006年，重庆市物流业按照市“十一五”物流规划，政府加大推动力度，企业加大运作力度，协会加大协调力度，现代物流建设全面提速，显示出持续发展、协调发展的良好态势。

一、统筹规划，突出重点，合理布局，以三大综合物流园区为骨架的重庆多元化物流网络建设开局良好

凝聚全市物流界专家的智慧、经市政府常务会议审议通过的《重庆市国民经济和社会发展第十一个五年规划现代物流业发展专项规划》，第一次绘出了全市物流建设蓝图。市相关部门、相关区县以及相关企事业单位，按照《专项规划》确定的总体目标，积极行动，协力实施，形成了三个层次齐抓共进的顺利开局。

第一个层次，以市为主，建设三大综合物流园区：①重庆寸滩物流园区。总控制面积9平方公里，依托寸滩港，以口岸物流、区域物流为主，年货物吞吐能力达2000万吨，集装箱年处理能力达70万标箱。②重庆铁路物流园区。规划面积5平方公里，依托铁路集装箱中心站，集装箱年处理能力达100万标箱。③重庆空港物流园区。规划面积5.29平方公里，依托江北国际机场，年货邮量达50万吨，让“重庆造”从这里“48小时通世界”。

第二个层次，以区县为主，建设八个区域物流基地，即：万州物流基地，涪陵物流基地，长寿物流基地，大渡口—九龙坡物流基地，江津物流基地，永川物流基地，合川物流基地，黔江—秀山物流基地。

第三个层次，通过企业兴办，政府扶持，培育一批现代化的专业物流配送中心。全市已筛选出汽车摩托车、钢材、化工、商贸、农副产品等类重点物流项目117个，总投资383亿元。截至2006年年底，已完成投资20多亿元。

二、物流基础设施规模继续扩大，水陆空协调运输的立体交通枢纽日趋完善，全市货运物流量创历史新高

2006年，重庆公路、水路运输完成投资271亿元，比上年增长42.6%。随着三峡工程蓄水提升、库区扩大，以及航道整治的提速，重庆境内长江干线535公里航道标准提升至2级，实现千吨级船舶昼夜通航，加上港航投入增多，累计新增港口吞吐能力1400万吨，使“黄金水道”真正变黄金，重庆水

运优势得到进一步发挥。随着“二环八射”公路工程的加紧建设，重庆通向成都、贵阳等8个城市的放射状公路网更加便捷。2006年年底，全市公路通车里程10.03万公里，其中，高速公路通车里程778公里，比重庆直辖前的1996年增加664公里。随着重庆至湖南怀化、重庆至四川遂宁铁路的开通运营，加上成渝、襄渝、川黔铁路，5条铁路干线在重庆主城联网，铁路运能增强，运效大幅度提升。随着江北国际机场8.4万平方米的第二航机楼的正常运营，以及万州五桥支线机场的竣工和黔江舟白支线机场的动工，民航“一大二小”的机场布局基本形成。水陆空并举，重庆立体交通枢纽全面形成，运输结构更加优化，货运物流更加协调发展。2006年，全社会货物运输总量达4.28亿吨，货运周转总量达820.34亿吨·公里，分别比上年增长9.2%和31.3%。

三、强化综合服务，优化通关环境，重庆口岸物流焕发出生机和活力

围绕对外开放扩大和进出口贸易增长的需要，重庆市政府口岸办、重庆海关等部门通力合作，进行了6项革新：完善公共信息平台，多形式、多途径提供政策、商情等信息服务；报请国家批准重庆出口加工区纳入全国首批拓展保税物流功能的7个试点城市之一；协同民航新开重庆—吉隆坡货运等3条国际（地区）航线；经海关总署批准重庆关区纳入长江流域“属地申报、口岸验收”区域通关改革；与南宁海关签署《区域通关改革合作备忘录》，开箱查验率降低0.5个百分点；检验检疫进行电子监管风险管理试点。通过这些革新，重庆口岸物流日趋便捷，进出口货运量全面增长。2006年，全市水运完成国际货物吞吐量207.3万吨，集装箱22.6万标箱，比上年分别增长26.7%和38.7%；铁路口岸完成国际货物装卸58049吨，集装箱910标箱，比上年分别增长78.5%和70.7%；国际机场完成货邮12万吨，比上年增长20%。

四、分类改革、创新，三路齐头并进，重庆物流企业迎战国际国内巨头的市场竞争力在增强

随着我国物流的全面开放，联邦快递、马士基航运等国外物流巨头，中远、远成等国内大物流商纷纷加快抢滩重庆的步伐。在此新态势面前，重庆物流界边研讨、边实践，摸索出发展本土物流的3条新路子：

一是抓好企业改制、资产重组，把第三方物流企业做大做强。重庆港务（集团）与重庆物资（集团）在战略整合的基础上，进而渝、万、涪三港合一，重庆港务物流集团总资产扩大到44.3亿元。

二是抓好企业主辅分离，以专业化、社会化为目标，把工商物流企业做专做强。2004年从川维厂分离出来的重庆川维物流有限公司，逐步发展成为集仓储配送、水、公、铁货运于一体，面向社会开拓经营的物流企业，经营资产4亿元，年收入突破2亿元。

三是抓好特色化经营、个性化服务，把中小型物流企业做精做强。重庆巨龙储运有限公司把物流、商流、信息流紧密结合起来，兴办钢材市场，办出钢材物流中心的特色，2006年总收入上升到3800万元，成长为全市民营物流的佼佼者。分类革新，三路并进，重庆物流企业正在健康成长，经工商注册登记的规范化物流企业共达489家，其中注册资本5000万元以上的有3家，1000万元至5000万元的有38家。

五、营造三个信息平台，开展企业等级评定，重庆物流信息化建设、标准化建设在前进

在物流信息化方面，一是营造以交通货运信息、物流供需信息和物流政策法规、物流投资项目为主要内容的公共物流信息平台；二是营造汽摩、商贸、医药、烟草等行业物流信息平台，并完善重庆市物流协会网站；三是因企制宜地营造企业物流信息平台，坚持求实、创新，适当链接、互动，讲求实用性、时效性。四川储备物资管理局四三六处开发的“物流易”信息系统、重庆龙文实业有限责任公司开发的钢材物流信息系统，均跻身全市先进行列，受到物流业界赞赏。

在物流标准化方面，主要是实施《物流企业分类与评估指标》国家标准，启动了重庆地区国家A级物流企业评定工作。市物流协会设立的“重庆物流企业综合评估委员会”，配合中国物流与采购联合会，评定重庆川油运输有限责任公司为4A级物流企业；重庆市海运有限责任公司、民生物流有限公司为3A级物流企业；重庆瑞驰物流有限公司为2A级物流企业。市物流协会还按照《重庆市通用仓库等级标准》，连续第四次进行新申报和“两年检”，于2006年年底评定升级、保级的5个“特级仓库”和18个“甲级仓库”。

六、物流职业教育蓬勃兴起，学历教育、职业资格认证培训相辅相成，重庆实用型物流人才工程取得突破性进展

一是院校物流教育迅猛发展。全市已有7所高等职业院校、21所中等职业学校开设物流专业，连同开设物流专业的5所本科院校，在校攻读物流的各类学生，共达1800余人。重庆教育学院、重庆城市管理职业学院、重庆工商职业学院、重庆工程职业技术学院4所高职院校，相继与企业、协会商订了“三方共建物流专业方案”，聘请了一批来自企业的委员、顾问和客座教授。重庆市物流协会还分类遴选，命名8家企业为“重庆市物流实习实训基地”。

二是物流师职业认证培训持续发展。全市4种渠道的物流师培训中心多达8个，考试中心，职业鉴定中心、国家统考点各1个，累计有2900多人参加过物流师、助理物流师职业资格培训，还进行过两次高级物流师能力测评，累计有2100多人捧得相应的职业资格证书。

三是讲座、论坛、短期培训班层出不穷。市物流协会、市交通运输协会等6个市级协会，就围绕工作热点、难点，有的放矢地举办过13次，普遍收到立竿见影的效果。

（作者：严文萃　重庆市物流协会）

辽宁省

一、辽宁省现代物流业发展的基本情况

（一）物流及相关产业增加值增长较快

2006 年，全省交通运输、仓储、邮政业增加值 587.4 亿元，比 2005 年增长 9.3%；批发和零售贸易业增加值 954.1 亿元，比 2005 年增长 10.8%；物流及相关产业增加值 1541.5 亿元，占全省生产总值比重的 16.7%。

（二）登记注册物流企业有所增长

据不完全统计，截至 2006 年年底，在辽宁省工商部门登记注册的各类物流企业约 950 家，较前几年有所增长。注册企业从地区分布上看，主要集中在沈阳、大连、鞍山和营口，约占总数的 80% 以上；从注册资金分布上看，大部分集中在 100 万元以下；从经济类型分布上看，国有企业和外商投资企业所占比重较少，个体私营企业和各类有限责任公司有较大比重；从行业分布上看，主要包括商贸物流、邮政物流、运输物流、仓储物流。

（三）物流基础设施日益完善

截至 2006 年年底，全省铁路营运里程 4157 公里；公路通车里程 5.4 万公里，其中高速公路 1849 公里，14 个省辖市均实现了高速公路相连接；拥有包括大连、营口、丹东、锦州等港口，港口码头泊位 310 个，其中，万吨级深水泊位达到 124 个；有 5 个航空港，已开通国际、国内航线 206 条。2006 年，全省完成货物运输量 10.9 亿吨，货物周转量 4090.9 亿吨 · 公里，分别比上年增长 11.7% 和 20.3%；港口货物吞吐量 3.57 亿吨，增长 18.1%；拥有运输船舶 771 艘。

（四）物流园区建设稳步推进

2003 年省政府制定的《辽宁省现代物流产业发展规划纲要》提出，要加大物流园区建设。目前已初步构建了以沈阳为核心的中部城市群物流圈和以大连为核心的沿海物流带，基本形成了以物流中心城市为核心，综合性及专业性物流园区为结点的现代物流服务体系框架。目前，苏家屯物流基地、沈海物流园区、张士物流园区、大窑湾国际物流园区、甘井子综合物流园区、锦州渤海综合物流园区、营口口岸综合物流园区等都已初具规模。

（五）物流企业发展势头良好

目前全省已经相继成立了 10 多家为生产企业从事专业化物流服务的第三方物流企业，主要在沈阳和大连。如：辽宁联合物流公司专门为沈阳上海通用和宝马等汽车生产企业提供全套的零部件运输、储存、配运以及整车发送服务；沈阳运输集团为河北某汽车生产厂以及沈阳金杯承担第三方物流业务；大连锦程国际

物流公司，已成为全国民营物流企业第一家，基本实现了所有货物网上交易、报关等信息化操作。其他如大连环东物流有限公司、大连交运集团洲际物流有限公司、大连华农物流有限公司、大连盛川物流有限公司，在从事第三方物流业务服务方面也都有比较明显的优势。

二、辽宁省现代物流业发展存在的问题

（一）物流服务的组织化水平和经营的集约化程度不高

一方面，作为需方的制造和商贸企业，受“大而全、小而全”思想束缚，大量潜在的物流需求不能转化为有效的市场需求；另一方面，作为供方的物流企业“小、散、差”问题严重，经营模式、服务质量和工作效率难以满足社会化物流的需要。

（二）物流基础设施仍然薄弱

虽然近年来物流基础设施建设步伐加快，但总量仍然不足，配套性、兼容性较差，不能满足物流增长的需要。

（三）物流的组织和布局不尽合理

地区之间现代物流业的发展不平衡，沿海城市，枢纽城市发展较其他城市好。条块分割，地区封锁和行业垄断影响了物流资源的整合和一体化运作。

（四）相关物流业项目储备少

目前，全省物流业重大项目储备较其他先进省份还有一定差距。同时，有利于辽宁物流业发展的为原材料和装备制造业服务的第三方物流企业也较少。

（五）对现代物流业的认识有待提高，政府的措施和力度不够

地区物流业发展缺乏统一、协调的产业政策体系支持，很多政策措施还需要进一步细化，诚信体系的建立和完善、大通关建设和物流相关行业协会的建立等问题还亟待相关部门认真组织落实。

三、辽宁省现代物流业发展趋势

辽宁省现代物流业的发展虽然处于起步阶段，但发展的势头良好。实现物流现代化、国际化将是一个循序渐近的过程，预计今后几年，全省物流业将会有更加广阔的发展空间。

（一）企业将向规模化、集团化趋势发展

发达国家的一些物流公司通过重组、资本扩张、兼并等形式，已经形成了跨国综合物流企业。这些物流公司拥有雄厚的资金、先进的技术和设备，全球性的服务网络，超前的意识与经验。而辽宁省的物流企业大多规模小、实力弱、能力低，在与其竞争中处于不利地位。因此，会形成一部分企业将利用自身的经营网络及设施、成本较低的人力资本等本土优势，与国内外大型企业建立合作伙伴，一部分企业将可能被大型物流公司收购、兼并，还有一部分企业进行重组改造，向综合物流发展，为大型跨国物流企业配套，成为供应链的重要组成部分。

（二）传统运输与仓储企业将加快向第三方物流转变

国外物流企业的到来，给辽宁省传统的运输与仓储业造成很大压力，在物流市场激烈的竞争下，这些企业会加大自身改革力度，向现代企业制度迈进，通过整合内部资源，实行资产重组与流程再造，加快向第三方物流企业的转变，利用本土优势与国外物流企业展开竞争。

（三）物流配送将得到快速发展

一是随着全省现代商业的快速发展，各种新型业态将兴起，像摩尔、大型超市、便利店等连锁经营的快速发展，将积极推动物流配送中心自配送业务的开展。二是一部分大型生产企业的物流分离，加快企业内部配送中心的发展。三是在工业生产和流通领域中，医药、烟

草、食盐、食品、农资、家电、服装、汽车等行业将成为物流配送的主要业务。四是国外和省内的一些大型物流企业将规划建立自己的配送中心，不断提高企业的物流能力。

（四）民营物流企业将成为物流市场最具活力的亮点

随着我国改革开放的深入，以及我国入世后在商品分销、公路运输、铁路运输、仓储、货运代理、邮递服务等领域的逐步开放，市场主体将出现多元化局面，而以多元化股权结构为特征的民营物流企业将迅速崛起，成为一股不可忽视的力量。

（五）物流基础设施仍将是投资重点

辽宁省沈阳、大连、锦州目前都已经完成了规划期，开始进入实施阶段，因此，全省的物流基础设施建设将加快步伐，尤其是建立物流信息平台，会成为物流业投资的重点之一，物流装备也将会受到重视，物流的标准化建设也将会取得实质性的进展。

四、近年来辽宁省现代物流开展的主要工作

根据国家发展改革委等九部门《关于促进我国现代物流业发展的意见》的通知（发改运行［2004］1617 号）和 2005 年 9 月在青岛召开的首届全国现代物流工作会议部署和要求，辽宁省主要开展了以下工作：

（一）下大力气开展了规划的编制工作

从 2001 年开始，省政府就组织全省 40 多家省直相关单位和大专院校专家，“走出去，请进来”，历时 1 年半时间，完成了辽宁省第一个《辽宁现代物流产业发展规划纲要》（辽政办发［2003］88 号），并下发执行。在此基础上，按照国家发改委的要求，省政府还积极组织开展了专项物流规划的编制工作，2005 年完成了《辽宁省粮食现代物流发展规划》，上报国家发改委、国家粮食局；2006 年组织对沈阳经济区七大城市物流产业状况的调查研究，完成了《辽宁省中部城市群现代物流业规划》。目前，我省正组织省直有关部门和地区紧锣密鼓地开展编制《辽宁省“十一五”现代物流产业发展规划》工作。

（二）研究制定政策措施，抓好规划的落实

为推进辽宁省物流产业的发展，认真落实国家发改委等九部门《关于促进我国现代物流业发展的意见》（发改运行［2004］1617 号）精神，组织省直属 42 个部门，利用一年多的时间制定了《关于促进全省现代物流业发展意见》（辽政办发［2005］50 号），主要从财政、金融、税收、土地、工商、交通、海关、对外开放及人才等几个方面提出了 35 条具体的相关政策措施。为推进政策、规划的落实，我省还根据各部门的工作职能，做了详细的任务分解，并督促落实。

（三）积极组织协调机制的建立，促进行业发展

在青岛全国现代物流大会召开之后，各地物流工作进展很快，国家已建立了全国物流业部际联席会议制度，全国物流业发展有了牵头部门，兄弟省市也陆续建立了“协调制度”，成立了机构。根据国家部署，我省于 2007 年 1 月建立了“辽宁省现代物流联席会议制度”，明确了职能、职责和工作方向，并以辽政办发［2007］3 号文件下发执行。

（四）把辽宁省委提出的“打造沈阳东北现代物流中心”的发展战略列为“十一五”重中之重的工作任务来抓

按照有关批示精神，辽宁省政协组织省直有关部门，组成专题调研组和编写组，深入东北三省和内蒙五盟及鄂、渝、川三省市，开展实地考察调研，完成了《东北区域现代物流业发展战略研究》报告的编写工作。同时，按照建设沈阳东北现代物流中心的总体目标，我省提出了建设沈阳东北现代物流公共信息平台的

工作方案和可行性研究报告，目前正在积极落实中。

（五）抓重大项目牵动，推进辽宁省现代物流业的快速发展

几年来，辽宁省积极争取和扶持物流业重点项目的建设，在争取国债资金方面，我省共有10个项目列入国家计划，共争取国债贴息资金约3000万元，带动了社会资金15.6亿元。如辽宁北方出版物流配送中心项目的建设，图书出版物配送范围已达五省一区，中央政治局常委李长春同志亲临企业考察，并予以高度评价，中央电视台做了连续报道；沈阳百科钢铁物流中心，是承接辽宁装备制造业第三方物流企业，基本实现了网上交易，门对门服务；在农村体系建设方面，为进一步促进农业产业结构调整，我们对农产品批发市场、农村连锁超市、农产品物流配送体系建设方面，都给予了极大的政策和资金支持，以实施“万村千乡市场工程”为突破口，促进了农村流通业态结构升级，涌现出了阜新客多来、大连金玛、海城亿家等一大批面向农村，服务“三农”，在农村发展连锁农家店的优秀典型企业。

（作者：袁军　辽宁省发展和改革委员会经济贸易处）

山东省

一、2006 年，山东全省经济持续增长，物流总量不断增加

2006 年，山东省大力发展高新技术、外经外贸和民营经济，建设制造业强省，经济总量上升到全国第二位。全省经济的快速增长，带动能源、原材料供应量和产成品销售量大幅度增加，为现代物流业的发展提供了丰厚的土壤和广阔的空间。2006 年全省各种运输方式共完成货运量 16.7 亿吨，居全国第一位，同比增长 13.18%；港口货物吞吐量 4.68 亿吨，同比增长 21.1%，其中外贸吞吐量 2.87 亿吨，同比增长 23.6%，集装箱完成 950.5 万标箱，同比增长 26.38%。

二、现代物流成为新的投资重点，基础设施不足的局面得到改善

2006 年，山东省已形成了较为完善的交通运输和物流基础设施及网络，物流园区和货运场站投资增多。据统计，2006 年全省建成和在建的物流园区 67 个，等级货运站 494 个，形成了运输线路四通八达、物流节点布局合理的物流网络，为物流业的发展提供了十分便利的条件。

三、各类物流企业加快成长，物流经营管理和服务水平不断提高

全省登记注册的物流企业有 4000 多家，形成了由多种所有制、不同经营规模和各种服务模式构成的、各具特色的物流企业群体。一是国有交通运输企业转变观念，整合物流资源，增加服务功能，形成了一批有实力的第三方物流企业，如山东交运物流、中铁物流、潍坊联运等。二是邮政企业借助网络优势，打破行业界限，开展同城配送、农资分销等业务，走上了快速发展的轨道。尤其是它们承担起工业产品分销代理后，拓宽了企业原有的销售渠道，产品覆盖面大幅度提高，受到企业的欢迎。三是民营企业发挥机制灵活的优势，乘势而上，成为物流发展中重要而活跃的力量。目前全省交通运输和物流企业中，60% 以上的是民营企业。四是积极开展合资合作。美国联邦快递、日本伊藤忠、丹麦马士基、韩国韩进、新加坡胜狮、以色列以星轮船等国外知名物流企业已入驻山东。五是积极采用先进的物流理念和运作方法，提升了经营管理和服务水平，促进了交通运输创新和物流创新。企业在搞好传统的运输、配载、仓储、理货、简单加工等业务的基础上，增加了物流金融服务、供应商

管理库存、保税物流、物流地产等新业务，开始由单一的运输、仓储服务向多元化物流服务转变。

四、工业企业物流管理受到重视，优化企业物流管理取得成效

与其他省市相比，山东省发展现代物流的突出特点是，以优化企业物流管理为切入点，与提高经济运行质量和效益紧密结合，与解决两项资金占用紧密结合，启动与创造物流需求，带动物流产业的发展，企业物流自我服务比重大、效率低、成本高的状况得到改善。目前全省已有392家企业结合实际，在不同领域采用了现代物流管理方法，取得直接经济效益11.52亿元。一是强化物流管理职能。海尔集团将分散的物流管理职能重新整合，设立了物流推进本部，对从原材料采购到产品配送的物流全过程实施一体化管理，年节省资金近亿元；二是改革物资储存管理方式。潍坊发电厂建立了“物资超市”，盘活库存资产1300多万元，减少资金占用600多万元；三是优选采购供应商。鲁抗集团实行招标采购，原材料及零部件价格平均低于市场价，生产成本降低5%左右；四是实行“主辅分离”，对运输、仓储等辅助业务外包。青岛啤酒集团这样做后，配送准时率由不足50%提高到94%，运输完整率由94%提高到100%，实现了“零破损”，并为青岛啤酒集团产量大幅度增长提供了有力的物流支持；五是调整工艺流程，搞好企业内部物流配送。山推集团原材料、零部件及半成品直送工位，减少中间周转环节，半成品库存资金由1454万元下降到447万元，下降了69.3%；六是引入供应商管理库存。潍柴动力集团等企业实现零库存管理，加速流动资金周转；七是依靠物流网络拓宽销售渠道。高密天达生物制品公司2002年自己做销售时，销售额仅150万元，与邮政物流合作后，年销售额达到4500万元，增长了30倍；八是与制造业企业建立物流联盟。三联集团开展电子商务，与供货企业实行信息互通共享，既提高商贸企业管理水平，又为制造业企业提供及时准确的市场信息。这些经验实用性强，效果好，宣传推广后起到了示范带动作用，推进了全省优化企业物流管理活动的开展。

五、物流信息化步伐加快，推动了物流现代化进程

信息管理系统、全球定位系统、电子数据交换技术、信息扫描及自动识别技术等在物流行业得到应用，为做好物流信息管理创造了条件。临沂立晨物流公司与中国卫星通信集团合作，利用中国卫通网络，投资兴建了物流信息交易平台，开发了卫星配货看盘系统，信息覆盖整个华东地区并与全国联网。青岛远洋大亚物流公司累计投入2000万元，建立了广泛的信息管理控制系统，将信息管理系统与海关、检疫检验、港口、客户等各物流环节的信息互联互通，实现了对集装箱、货物、车辆等的智能化管理，集装箱及货物堆放准确率始终保持在100%，机械搬运量降低了20%，仓库利用率提高了两倍。

六、物流科技与教育取得成果，物流设备简陋、人才缺乏的状况有所改善

自动化立体仓库、电子标签分拣线、GPS配送车辆监控、专用叉车、集装箱车、物品托盘等先进装备和技术得到应用。海尔集团建起了自动化物流中心，取消外租仓库6.5万平方米，每年节省租金1200万元，仓库管理人员由389人减为48人。山东大学、山东交通学院等高校增设了物流本科专业，山大开始培养物流硕士和博士研究生。山东大学第一批物流本科毕业生已经走上工作岗位。物流职业培训更

加广泛，从业资格认证工作开始起步，企业队伍素质有新的提高。

七、各级各部门更加重视，发展环境得到优化

2006年4月，山东省经贸委印发了《山东省“十一五”现代物流规划》，这是该省第一个物流专题规划。2006年9月，省政府在青岛召开了全省现代物流工作座谈会，会议主题是加快促进交通运输企业向现代物流企业转变。王仁元副省长到会做重要讲话，会议邀请中远集团做了经验介绍。2006年年底，按照2005年GDP的万分之零点五提取的服务业引导资金开始到位，共投入7000万元，其中现代物流业投入最多，约5600万元。省名牌战略推进委员会评定的“山东服务名牌”中，物流品牌7个，占总数的15%。省经贸委、省地税局重视企业税收政策的研究，积极推荐10家企业成为国家税务总局物流税收试点。全省大多数市明确了物流牵头部门，济南、青岛、潍坊、烟台、临沂、泰安、东营等市制定了物流发展规划。青岛前湾港周边约5平方公里的范围已形成具有配送分拨、加工贸易、运输仓储等多种功能的物流集聚区；潍坊市初步构建起三大物流基地、六大物流中心、四大配送中心的主体框架。济南市建立了物流统计制度。莱芜市开展评选“十佳服务企业”活动，其中有6家是物流企业。奖励“十佳服务企业”法人代表190万元，其中，奖励6家物流企业法人代表110万元，占奖励总额的56.4%。

山东省现代物流发展中存在的主要问题：一是大多数物流企业规模小、设备差、投入不足、发展较慢，服务质量和工作效率难以满足社会化物流的需要；二是虽然近年来物流基础设施建设步伐加快，但配套性、兼容性不够，不能满足物流增长的需要；三是对物流业的独特性研究不够，物流发展缺乏统一协调的产业政策支持；四是物流企业需缴纳的各种费用较多，加上燃油价格上涨，企业经济效益普遍较差；五是企业知识化、专业化、现代化水平有待提高，不少企业因缺乏经济实力而无法采用先进的运输和物流装备与技术。

（作者：刘绪聪　崔　霞　山东省经贸委交通与物流处）

四川省

2006年，四川省物流业快速稳步增长，初步测算全省社会物流总收入达到1150亿元，同比增长19%；物流业增加值为650亿元，同比增长14%。物流成本占全省GDP的比重为21.6%，比2005年下降0.4个百分点。

一、四川省现代物流业发展的背景及基本特征

（一）发展背景

四川省现代物流业发展起步于20世纪90年代末期，其标志是随着国有企业改革的深化，企业主辅业分离加快，尤其是大中型企业附属的运输、仓储与主业剥离，物流部分独立运营或外包，一批商业配送中心和专业货运公司建立。进入21世纪后，物流业发展速度加快，以四川东方物流、五粮液安吉物流为代表的专业物流公司产生，在信息技术的支持下，现代物流业进入快速发展轨道。为促进和规范物流产业的发展，国家先后出台了一系列的政策措施。2004年8月，国家发改委等九部委联合下发《印发关于促进我国现代物流业发展的意见的通知》；我省发展改革委等12委、厅、局联合转发并提出贯彻落实意见。同年10月四川省现代物流协会成立了，主管部门为四川省发展改革委。2005年3月，省政府建立“四川省现代物流发展工作联席会议制度”，成员单位有18个委厅局协会。联席会议的主要职责是负责“提出现代物流发展的政策，协调现代物流发展规划，研究解决发展中的重大问题，组织推动现代物流业发展”。联席会议日常工作由四川省发展改革委负责。至此，四川省现代物流业发展进入一个新的发展时期。

（二）基本特征

物流业发展质量是工业化进程的重要标志。四川省工业化发展正处于由初期向中期过渡阶段，预计“十一五”中期将完成过渡，进入工业化的中期阶段。四川经济发展所处的阶段状况，决定了四川省现代物流发展的基本水准。地处内陆，人口和资源大省等状况，决定了四川省物流业发展的规模和水平。总体上，四川省物流业发展落后于全国平均水平，与发达省区的差距明显。速度快、规模小、基础差、欠规范、增长方式粗放是四川省物流业发展的基本特征。

二、四川省现代物流业发展的主要特征

（一）物流产业发展加快

近几年，随着我国经济建设发展步伐的加快，我省经济发展也进入了快速增长期（见表

1），我省物流业发展速度进一步加快，对国民经济的支撑作用日益明显。全省单位货运吨·公里与 GDP 的比值由 2000 年的 1∶6.57 上升到 2005 年的 1∶8.22，增长了 25.11%。千吨货运量与 GDP 的比值由 2000 年的 1∶7.15 上升到 2005 年的1∶10.49，增长 46.8%。这充分反映物流综合运营价值体现在货物周转量和货运量对国民经济的作用越发重要，说明国民经济发展对物流的依托作用更加明显。一是物流业增加值增幅明显。1998—2003 年，仅交通运输仓储邮电通信增加值年均增长速度达 10.1%，高于同期国民生产总值 8.8% 的增长速度。2005 年全省物流业增加值达 570 亿元，增幅达 14%，比全省 GDP 的增速快近两个多百分点，物流增加值占 GDP 的比重为 7.7%。2006 年物流业增加值达到 650 亿元，比 2005 年增长 14 %。二是货运量稳定增长。2000—2005 年，全省货运量保持稳定增长，年均达到 5.1% （见表 2）。2005 年，全省共完成货运量 7.03 亿吨，比上年同期增长 7.29%，是近几年增长最快的一年；完成货物周转量 898.45 亿吨·公里，比上年同期增长 11.73%。预计 2006 年，全省货运量将达到 7.6 亿吨，比 2005 年增长 8 %。三是商品交易市场快速发展。2006 年，社会商品零售总额 3421.6 亿元，比上年增长 14.8%。据不完全统计，2005 年，全省有各类商品交易市场 5492 个，其中，消费品批发市场 5173 个，农副产品批发交易市场 146 个，生产资料市场 319 个。全年成交总额在 1272 亿元。截至 2005 年，四川的货运车辆达到 39.4 万辆。比上年略有减少。

表 1　　四川省国内生产总值增长及结构表

年　份	国内生产总值	第一产业	第 二产业	建筑业	第三产业	一、二、三产业比重（%）
2000	3928.2	945.58	1433.11	278.65	1549.51	24.1；36.5；39.4
2001	4293.5	981.68	1572.01	318.82	1739.81	22.8；36.6；40.5
2002	4725.01	1047.95	1733.38	360.74	1943.68	22.1；36.7；41.1
2003	5333.09	1128.61	2014.8	410.31	2189.68	21.1；37.7；41.1
2004	6379.63	1379.92	2493.17	475.6	2506.54	21.6；39.1；39.3
2005	7385.11	1481.14	3067.23	540.15	2836.74	20.1；41.5；38.4
年均增长速度（%）	11.16	5.55	14.68	10.24	10.82	—

表 2　　四川省货运及货运周转量发展情况表

	2000 年	2001 年	2002 年	2003 年	2004 年	2005 年	年均增长（%）
货运量（万吨）	54943	54141	57297	57200	65580	70364	5.1
其中：铁路	5645	5720	6547	6937	7634	7335	5.4
公路	47058	46000	48154	47466	55000	60022	4.9
水运	2224	2406	2579	2782	2928	2986	6.1

续　表

	2000年	2001年	2002年	2003年	2004年	2005年	年均增长(%)
航空	16	15	17	15	18	21	5.5
货运周转量(亿吨·公里)	597	648	704	699	804	898	9.2
其中：铁路	354	399	443	463	506	553	9.3
公路	229	235	242	219	272	310	6.2
水运	12	12	16	15	23	32	21.7
航空	2	2	3	2	3	3	—

（二）传统物流业向现代物流业加快转变

随着物流基础设施和装备的现代化、物流信息网络的建设以及集中配送等新的生产组织方式的广泛采用，我省传统物流业正开始向现代物流业转变，并在加快物流速度、减少库存、降低成本、延伸服务等方面显示出良好的发展势头。物流企业产业集群正逐步形成。五粮液安吉物流、二重万路运业、四川东方物流、四川中邮物流、长虹物流等一批大中型物流企业迅速扩张。五粮液“安吉”、四川“东方”、四川中邮物流，三家企业进入全国100强物流企业行列。2006年，我省有6家企业获得“国家A级物流企业”的评估确认，在物流企业的标准化方面迈出重要的一步，这6家A级物流企业的平均资产规模为2.1亿元，平均营业收入总额4.65亿元，其中物流营业收入1.84亿元，成为引领我省物流业发展的领军企业。6家企业分别是：获得国家“4A级”综合服务型物流企业的四川东方物流有限公司、四川宜宾五粮液安吉物流集团有限公司、成都铁路实业总公司；获得国家“3A级”综合服务型物流企业的四川宏盛国际物流有限责任公司、中铁二局物资集团有限责任公司，获得国家“3A级”运输型物流企业的德阳二重集团万路运业有限责任公司。此外，伊腾洋华堂、家乐福、百盛以及国际商业巨头沃尔玛等一批外资百货企业商业“航母”入川，华联、国美、苏宁、五星、红旗、互惠等一批外地及本地连锁商业发展壮大，有力地促进了四川批发零售业及相关物流领域的发展。

（三）第三方物流发展不断壮大

我省现代物流业发展已经并正在产生一批快速发展的第三方物流企业。一是以“中”字号为主体依托于原有母体产生的物流企业，如中邮物流、中铁快运、中海物流、中远物流、中储、中铁科技物流等四川、成都分公司，形成大型物流的主体。二是从大型或特大型制造业中产生的物流航母，如五粮液集团安吉物流、二重万路运业、四川东方物流；彩电巨头长虹整合物流资源，组建长虹物流公司并于2007年初完成与民生物流的合作，组建四川长虹民生物流有限责任公司；原本是运输铁老大的成铁实业总公司等是四川本土的强势物流。三是独立的尤其是民营的第三方物流企业成长加快，如股份制的宏盛物流、民营的通安达物流、金桥物流、杜诚物流等。从目前初步统计情况看，全省从事物流的企业超过5000家，第三方物流企业200多家。尤其是民营的物流企业发展较快。目前，在全国较为知名的物流企业在成都设立分公司，包括宝供物流、远成物流、华宇物流、宅急送等。

（四）外资物流进入四川物流市场速度加快

外资物流业通过收购、兼并和设立分支机构等方式，在四川抢滩设点，进入物流市场。香港嘉里集团通过收购大通物流，将成都分公司收入麾下；台湾海霸王集团直接投资在成都建设大型冷藏物流基地；在成都，已设立的外资船公司和其他物流公司（办事处）达25家，有马士基、敦豪、英空、UPS、联邦快递、TNT等；美国最大的重型货物物流企业伯灵顿等7家外资物流企业也准备入驻成都。2006年，世界物流地产商巨头普洛斯在成都签下大单，拟在成华区和航空港建立仓储物流基地；韩国的中国西部物流中心已设在四川宏盛国际物流基地内；由韩国航空完成的首家国际航空全货机于2007年初通航。有意在四川合作的如美国、德国、日本、韩国、新加坡、泰国等国外及我国香港、台湾地区的物流企业已完成先期的考察进入实质性的合作发展期。

（五）物流业成为吸纳就业的重要产业

从目前情况看，物流业发展主体上仍以传统的运输、仓储为主，属于劳动密集型产业。物流业的发展对解决就业、发展经济起着重要的作用。近几年，随着物流业的加快发展，全省就业增长也较快。2000—2005年，仅交通运输、仓储和邮电通信的就业人数就由85.84万人，上升到133.7万人，年均增长9.2%，高于同期第三产业就业人数平均增长3.4%的速度近6个百分点。物流相关人员就业占第三产业的比重也由2000年的7.46%，上升到2005年的9.87%。

（六）物流人才培育得到重视

物流人才短缺是现代物流业加快发展的重要瓶颈之一。为此，相关部门通过各种途径加快人才的培养，除物流专业学历教育外，还积极开展物流专业在职培训、物流职业认证等工作。目前，全省大专院校开设物流本科专科专业的院校已超过32所，开设物流本科的院校主要有：西南交大、西南财大、西华大学、成都理工大、成都信息工程学院等；开设物流专科专业的院校主要有：西华大学、成都理工大、四川交通职业技术学院、成都职业技术学院、宜宾职业技术学院等。在职业认证方面，我省开展的物流职业认证主要有，中国交通运输协会与国家教育自学委员会联合实施的“中国物流职业经理”，中国物流与采购联合会开展的“物流师”以及国家劳动和社会保障部开展的“物流师”等职业资格的认证。除此以外，引入了高端的英国皇家“采购与供应经理”和“物流经理”职业证书培训考试。省现代物流协会与省教育厅、省劳动社会保障厅联合转发“教育部办公厅、劳动和社会保障部办公厅、中国物流与采购联合会关于开展职业院校物流专业紧缺人才培训工作的通知”。通过各方面的促进工作，一个广泛的物流人才培训发展局面已经打开。近几年，我省已有3000多人参加各种物流执业资格认证培训，通过中级物流职业证书培训的人员超过2000人，在一定程度上缓解了物流产业的人才短缺状况。

三、“十一五”四川现代物流业发展的主要目标和布局

（一）主要目标

到2010年，我省现代物流业发展的主要目标是：构筑以综合交通体系为主的物流运输平台、网络技术为先导的物流信息平台、规模仓储和智能化管理为主的物流储存配送平台，建立快捷、高效、方便、经济合理的现代物流服务网络体系，提高物流的社会化、专业化和现代化水平，积极培育具有市场竞争力的大型物流企业，促进物流产业较快发展，使我省成为西部地区重要的物流中心。

到2010年，全省物流业增加值达到960亿元，年均增长11%；全社会物流总费用占GDP的比率，在2005年的基础上下降2～3个百分

点，达到18%；培育一批现代物流企业集群和5～10户国内知名的物流企业；建成5～10个具有国内先进水平的重点物流园区。

（二）物流发展的空间布局

“十一五”期间，四川省现代物流发展的空间布局是：构建一个体系、打造三大通道、发展三大区域、建设四级节点城市，形成六大物流中心。

——构建以成都市为中心，重要物流枢纽城市为次中心，其他大中城市为节点，县城为支点的现代物流网络体系。全面提高我省物流业发展水平、转变物流业增长方式、提高效益、降低成本。

——打造成（渝）、内宜线物流大通道、成绵广线物流大通道和成昆线物流大通道，形成向东、向北、向南铁、公、水沿线区域物流大发展的三大物流通道。改善综合运输网络布局，促进各种运输方式的衔接，提高物流运作效率。同时，加强川东（达州）沿陕西、湖北出川和川南，沿贵州出川等物流通道建设。

——发展三大物流区域。根据交通条件、地理区位、物流聚集辐射程度以及“十一五”全省五大经济区的布局，发展成都、川南、川东北三大物流区域，最终形成地区协调发展、各有侧重的物流格局。

成都物流区域。包括成都、德阳、绵阳、眉山、资阳、雅安6市。以成都市为中心，建立跨区域的全国性物流集散和分拨、配送中心。重点发展粮食、机械、重装、汽车、电子、电器、建材、医药、农产品等物流，加快商业零售物流的发展，形成以公铁空联运的一体化体系。加快建设雅安物流园区，使其成为连接藏区的重要物流枢纽。

川南物流区域。包括自贡、宜宾、泸州、内江、乐山、攀枝花、西昌7市。以宜宾、泸州等城市为中心，建立区域性连接周边省市的物流集散、配送中心。重点发展食品、化工、建材、汽车等物流，加快促进港口物流的发展，形成以公铁水联运的一体化体系。加快以泸州港为主体的出海物流园区、自贡建材和机电为主体的物流园区建设。加快攀枝花矿产、钢材、农产品物流的发展。

川东北物流区域。包括南充、遂宁、达州、广安、巴中、广元6市。以南充、遂宁等城市为中心，建立区域性连接周边省市的物流集散、配送中心。重点发展食品、化工、农产品、建材等物流，形成公铁一体化的联运体系。加快食品、建材物流园区的建设。充分发挥达州地处川渝鄂陕结合部的区位条件以及广元地处川陕甘交界的区位优势，加快建材、化工、商业零售物流和农产品物流的发展，形成重要的物流枢纽。

—— 建设四级物流节点城市。按照全国和全省物流区域的总体布局，以适应区域物流市场发展的需要，建设四级物流节点城市。

一级物流节点城市。根据全国物流区域的布局，以及成都市独特的区位优势和具有较强的物流发展基础，确定成都市为全省一级物流节点城市。

二级物流节点城市。根据交通条件、地理区位、物流量等因素，结合全省物流通道建设和物流区域建设，确定攀枝花、绵阳、南充、宜宾、泸州、遂宁、广元、达州等城市为全省二级物流节点城市。

三级物流节点城市。以完善全省二级物流节点城市的物流组织，形成合理的城市群物流系统为基本原则，确定自贡、德阳、内江、乐山、广安、巴中、眉山、资阳、雅安、西昌、康定、马尔康等城市为三级物流节点城市。

四级物流节点城市。为加快农村现代物流体系建设，充分发挥县城作为城市联系农村的桥梁作用，将县城作为全省物流网络的终端节点城市，支撑全省物流网络体系。县级市与有条件的县城应先行发展。

—— 促成六大物流中心的形成。根据城市功能定位、经济发展水平、基础设施等条件，加大重点物流节点城市的建设，促成成都、宜宾—泸州、绵阳—广元、攀枝花、南充—遂宁、达州六大物流中心的形成。

成都物流中心。通过“一网二平台（物流快速网络、公共物流信息平台、交通运输基础设施平台），三园区四中心（三个物流园区、四个物流中心），若干个物流服务站”为主要内容的现代物流业发展框架体系建设，发展面向全国跨省区的物流输送、分拨和区域物流配送，使其具有承接国际区域性货物周转的能力，形成全国性物流中心。

宜宾—泸州物流中心。利用地处长江主航道和川黔滇渝结合部的区位条件，加快融入成渝经济带，发挥次中心的作用；进一步发挥出海通道和集装箱码头的强大功能，借助出川大通道的建设（高速公路），建设区域物流及配送中心；建成1～2个辐射周边省区、连接区域内各市县的物流园区，形成川南地区的重要物流枢纽和四川通江达海的重要节点。

绵阳—广元物流中心。充分发挥绵阳电子产品和军工产品集中的优势，利用成绵高速、绵遂高速和宝成铁路的优势，重点发展区域配送物流，加快商业零售物流和家电物流的发展。充分发挥广元地处川陕甘交界的区位优势，利用成绵广、广宁、宝成铁路以及即将建设的广巴高速、兰渝高速、兰渝铁路等交通优势，重点发展区域配送物流，加快商业零售物流、农产品物流的发展，形成川陕甘交界处重要的物流枢纽。

攀枝花物流中心。充分利用连接川滇的区位条件，依托成昆铁路、雅攀高速、攀昆高速，重点建设1～2个辐射周边省区、连接区域内各市县的物流园区，加快矿产资源物流、钢材物流和农产品物流的发展，形成攀西地区辐射云南的物流枢纽。

南充—遂宁物流中心。充分利用地处川东北中心位置的条件，依托达成、兰渝铁路和成南、南达、成（遂）渝等高速公路交通干线，重点建设1～2个辐射周边省区、连接区域内各市县的物流园区，加快建设商业零售物流、建材物流和食品物流，形成川东北重要的物流枢纽。

达州物流中心。充分利用地处川渝鄂陕结合部的区位条件，利用襄渝、成达、达万等铁路和达渝、遂渝等高速公路形成的经济走廊，重点建设1～2个辐射周边省区、连接区域内各市县的物流园区，加快建材、化工等工业品物流和农产品物流的发展，形成川东北区域中连接陕鄂渝的重要物流枢纽。

（作者：文德华　四川省现代物流协会秘书长）

浙江省

2006年是“十一五”发展的开局之年，按照省现代物流发展联席会议成员会议确定的工作目标，通过各成员单位的协同推进和全省上下政府、企业和社会各界的共同努力，我省现代物流得到了健康快速的发展，物流设施建设有序推进，物流市场体系逐步形成，物流企业开始步入正常发展轨道。从统计结果看，2006年浙江社会货物物流总额为3.95万亿元，比上年增长22.3%，每亿元生产总值带动物流需求2.52亿元；物流业增加值为1472.46亿元，比上年增加17.07%，扣除价格因素实际增长14.66%，占生产总值的9.41%。总体来看，物流总量持续快速增长，物流基础设施有序推进，物流企业持续健康成长，物流技术水平不断提高，物流政策措施不断深化，物流人才供需矛盾依然突出。

一、发挥规划引导作用

2006年按照省政府对口岸“大通关”的要求，省发改委牵头编制并印发了《浙江省国际物流中心布局规划》；根据国家对粮食物流发展规划的统一部署和要求，编制并印发了《浙江省粮食物流发展规划》，《我省粮食物流发展调研报告》获得2006年省委、省政府系统调研报告一等奖；经省物流联席会议审议批复了《杭州市现代物流发展规划》和《金华市现代物流发展规划》，《温州市现代物流发展规划》已征求各成员单位意见，温州市已修改完稿。其他市的规划依据《关于加快浙江省现代物流业发展的若干意见》的要求，由各市政府批复，报省物流办备案。目前，湖州、嘉兴、台州、衢州的物流规划已经市政府批准实施；绍兴、舟山、丽水的物流规划已基本编制完成。进一步推进行业物流发展规划工作，根据我省医药物流发展的情况，省发改委牵头会同有关部门开展了医药物流发展规划前期工作，完成的《浙江发展医药物流的调查与思考》得到了由省科技厅组织的专家评审组的好评；省烟草公司按照国家烟草总局的要求，开展了烟草物流发展规划的编制工作。全省不少市县和行业都对物流发展问题开展了研究和推动工作。

二、落实物流政策并深化研究

经省政府同意，由12个部门联合发文的《关于加快浙江省现代物流业发展的若干意见》出台以后，社会各界反映较好，不少政策措施得到了落实。2006年，省物流办通过《浙江日报》、浙江物流网及《浙江物流动态》等媒介，加大对政策措施的宣传，杭州海关利用《浙江物流动态》(第54期)推出海关特刊，提出海关支持物流发展的新思路、新举措。与此同时，针对物流中的集疏运、大通关、税收、城市配送、统计、标准化、土地紧缺等热点、难点问题，各成员单位加强协作，共同推进，在进一步做好深化和细化研究的基础上，开展了大量卓有成效的工作。2006年，王永明副省长亲自挂帅，完成了《加快综合交通网络体系建设，促进现代物流业发展》的课题研究，提出解决集疏运发展的对策措施；浙江省电子口岸的开通与运行，标志着我省大通关工作协同推进步伐向前大踏步地迈进；杭州海关提出的《关于建设杭州地区集约化国际物流平台设计(建议)方案》，得到了省、杭州市政府的高度重视；在国家第一批物流企业试点工作基础上，省发改委和省地税局积极向国家部际联席会议办公室和国家税务总局反映我省实际情况，提出我们的意见和建议，并做好国家物流企业第二批试点有关工作；针对城市配送中企业遇到了车辆运行与管理方面的问题，省发改委与省公安厅、省交通厅以及杭州市有关部门先后召开了二次协调会，交流工作情况，统一思想认识，研究并提出解决问题的方法与对策；在物流统计方面，我省认真贯彻落实国家发改委、国家统计局召开的物流统计工作会议精神，建立了浙江省社会物流企业统计核算制度，省发改委和省统计局联合召开了省物流重点联系企业统计直报工作会议，部署了2006年物流统计直报试点工作，基本建立了我省社会物流企业核算体系。在推进物流标准化建设方面，省物流办充分发挥省质量技术监督局的作用，加强与国家标准化委员会的交流与沟通，了解掌握国家物流标准化建设动态，参与并指导物流企业开展工作，在省医药物流、烟草物流等标准化建设中发挥了积极作用。省委政研室的《沿海省市现代物流政策研究报告》、《省发改委对杭州市道路运输征收仓储管理费的调查与建议》等得到了王永明副省长的批示，给予充分肯定。

三、加强试点示范工作

重点关注列入国家和省的试点项目的运转情况，深入宁波保税物流园区的“区港联动”、杭州萧山机场空港物流园区及义乌国际物流中心的建设，及时反映其发展中的存在问题。海关部署实施了“支持和规范义乌小商品市场发展和外贸出口”专项工作，推出了小商品“出口监管+集中式验放”模式、小商品真实清单申报制度等9项具体措施。杭州海关联合嘉兴港务部门实施了“环嘉兴港港区延伸监管”工程。上海洋山港—嘉兴港—富阳陆路口岸“二次转关”模式正式运行，杭州富阳口岸国际物流中心从国家废纸转检试点切入，与上海、嘉兴、宁波等口岸以及新加坡等国际物流企业的交流，积极寻找突破口，为口岸地延伸的国际物流中心建设发展提供了不少经验。省出入境检验检疫局从2007年1月1日起在我省检验检疫系统全面推行《入境货物口岸内地联合执法系统》，该系统实现了入境货物目的地局对入境电子转单信息全过程监管，加速了检验检疫大通关进程，推动检验检疫信息化建设上了一个新台阶。在申报、推荐基础上，确定了50家企业为2006—2007年度省物流重点联系企业，召开了省物流重点联系企业授牌及座谈会，部分企业和省地税局、省技术监督局等部门典型发言，给与会企业很多启发。

与此同时，注意抓好项目推进和实施。加快推进我省2004年、2005年物流国债项目建设，积极做好2006年国债项目申报争取工作，抓紧义乌国际物流中心、浙江物产物流中心、浙江天天物流钢材配送等项目建设，并于2006年年底前下达了我省农产品市场和流通业结构调整国债。配合国家粮食物流的试点工作和《浙江省粮食物流发展规划》，推进我省试点项目建设。

四、加大区域合作交流

省交通局通过积极推动运力结构调整，提出我省道路运输运力结构向厢式化、重型化、专用化、社会化发展的意见，并使之列入《浙江省现代物流业发展若干意见》，制定了对20吨以上厢式车辆和集装箱车辆进行技改资金补助的方案和《浙江省道路货运运力技改资金补助管理办法》，出台了货运车辆实施全年养路费包缴优惠政策。2006年4月，由省交通厅牵头召开江浙沪有关部门和单位参加的长三角货运一体化发展研讨会，发表了《长三角货运一体化共同宣言》，确定了发展任务和活动机制，搭建了企业交流服务平台；9月，省交通厅与江苏、上海两地商议，签订了《苏浙沪危险化学品道路运输安全监管联控机制协议》，推动区域联动监管，保障区域间货运市场的有序、安全；参加第一次长三角港口管理部门合作联席会议，讨论并通过了《长三角港口管理部门合作联席会议制度》，搭建了长三角地区港口联动发展平台。

五、加快人才培训

加强与大专院校、物流行业协会及物流中介组织的合作交流，了解我省物流人才供需情况及问题。物流人才培养是一个系统工程，涉及政府、教育部门、高等院校、职业院校、企业和社会培训机构，是一个包括高校学历教育、物流职业教育、企业岗位教育、社会培训机构继续教育互相结合、多种层次、互为补充的人才培养体系。随着经济的快速发展，浙江省物流人才培养取得了显著成绩，初步形成了物流专业教育的完整体系，但是物流人才的供需矛盾依然突出。目前，从物流人才培养来看，浙江物流人才的供应可分两类，第一类是全日制教育，专科学历层次的有浙江经贸职业技术学院等50所，本科学历层次的有浙江大学等7所，全日制研究生教育目前还是空白；第二类是成人教育，包括浙江大学等7所省内外高校开设物流工程硕士教育，社会"认证"培训中心等7家以及不同层次的自学考试、远程教育等。在物流人才培养的规模、结构和质量上，按照浙江省年培养规模、速度、层次来计算，我省每年的物流毕业生不足万人，而企业每年的需求量在2万~2.5万人。从物流人才需求来看，需求方渴求高级物流人才，而供方市场只能提供数量众多的初级物流人员或接受过高等教育的物流新手，中级特别是综合管理类的高级物流人才严重短缺。

（供稿：浙江省物流办）

哈尔滨市

2006年，哈尔滨市在市委、市政府的正确领导下，以科学发展观统领全局，紧紧围绕建设“三个适宜”城市的目标，以经济建设为中心，注重社会和谐，推动经济、政治、文化、社会全面发展。全年完成地区生产总值2094亿元，比上年增长13.5%（按可比价）；地方一般预算收入118.3亿元，增长14.7%；全社会固定资产投资810亿元，增长26.7%；工业增加值589.5亿元，增长17.4%；服务业完成增加值1011亿元，增长13.5%，较好地完成了全年目标任务。与此同时，《哈尔滨市“十一五”现代物流业发展规划》编制完成，全市各级、各部门在省市有关文件指导下，整合物流资源，加快载体建设，优化物流环境，着力推进现代物流业的发展，取得了显著的成绩。

经过多年的发展探索，我市物流业呈现出四个良好的发展势头：一是物流业主体逐渐壮大，物流服务趋于多元化。到目前为止，我市已有物流企业1080家，涉及运输、仓储、配送等方面和环节，物流服务涉及农产品、装备制造业、商贸流通、化工危险品、医药、食品等领域，新型的现代物流企业逐步涌现，第三方物流在我市也有一定程度发展。二是经济总量稳步增长，物流产业规模加速扩张。截至2006年，我市社会物流总额超过3800亿元，比上年增长15%，物流运输总量达到1.07亿吨、社会库存处理总量达到8202万吨、社会配送总量达到8600万吨；社会物流需求总量为2.73亿吨，比上年增长8%。三是基础设施不断改善，综合交通运输体系基本形成。全市相继建成了哈西、滨江、哈港等14家市区货运场站和龙运、新香坊2个物流园区，可利用仓储面积达到690万平方米。依托立体化的交通网络，初步形成了铁路、公路、水路、空运互补的立体物流网络。四是物流信息技术得到广泛应用，物流信息系统和交易平台初步建立。数据、宽带网络建设加快，现已形成网通、联通、铁通、移动等多家通信运营企业并存发展的局面。龙江信息港、哈尔滨信息港等信息平台可以进行简捷的网上交易，易通在线已经形成电子商务平台。

一、现代物流业载体建设步伐加快

（一）按照《哈尔滨市现代物流规划》，大力推进物流园区和物流中心建设步伐

2006年，我市规划建设的4个物流园区已有3个全面启动，其中，哈尔滨龙运物流园区将建设成为我省功能最全、规模最大、辐射最广的现代化物流园区；哈尔滨粮食物流中心、哈尔滨哈达农产品物流中心、神州物流中心、中央红物流配送中心、哈飞中远物流中心、哈

尔滨农资配送中心、哈电电站设备物流中心等已经初具规模；道外区依托周边市场群打造的禧龙物流园区、香坊区依托重化工业集中的优势，打造的新香坊物流园区已开工建设；通过物流园区等功能性载体的建设，形成了一批产业链完善，辐射带动效应强的服务业聚集区。

（二）加快货运有形市场建设，完善市场服务功能

为加快哈尔滨市有形货运市场的建设，进一步规范运输辅助业经营，市发改委、交通局专门对现有的货运市场及道路运输辅助业户进行了市场调研，提出了新的货运市场建设模式及相关扶持政策。目前，全市已建成了 14 个货运场站，这些有形货运市场的形成，对整合物流资源，发展城市配送业和道路货运业，起到了重要的促进作用。

二、物流服务功能初步形成

截至 2006 年年底，全市经工商登记注册的相关物流企业超过 1000 家，其中，直接冠名物流企业的有 200 家，以提供物流信息服务为主的企业有 65 家。根据有关部门统计，2006 年底哈尔滨市拥有公路运输企业 1.138 万家，货物运输车辆 2.91 万辆、累计 8.8 万载重吨。其中，危险货物运输企业 32 家，运输车辆 690 辆、累计 7880 载重吨；集装箱运输企业 28 家，运输车辆 255 辆，累计 6983 载重吨。道路货物运输服务企业 458 家，水路运输服务企业 12 家；道路货运站场 10 家。

2006 年，哈尔滨市交通网络进一步完善，综合运输能力不断提高，共完成货物运输总量 1.07 亿吨，比上年增长 9.0% 。其中，铁路 1373 万吨，增长 0.1% ；公路 8994 万吨，增长 10.4% ；水路 342 万吨，增长 10.7% ；民航 1.5 万吨，增长 5.5%。仓储业开始调整方向，进行整体改造和技术升级，主要依靠出租场地仓库设施经营，有少量仓储企业开始调整经营理念，实行内部整改和技术升级，利用既有资源走现代物流的道路。

三、制定了对物流业的扶持政策

（一）设立现代物流业发展专项资金

市财政在每年财政预算内安排一定额度的专项资金，设立现代物流发展资金。重点用于物流公共信息系统、物流标准化、物流统计体系建设和重点物流项目的扶持培育以及物流人才培养等。设立物流科研基金，用于现代物流理论和技术开发应用研究。支持企业采用物流管理信息系统、自动分拣系统等先进物流技术和设备，同时积极争取国家和省的资金支持。

（二）加大现代物流业投资力度

将重点扶持的物流园区（中心）、物流信息平台、重点物流企业等相关基础设施优先列入政府基本建设投资计划，在资金上予以倾斜。对列入重点支持的投资规模较大的物流园区（中心）建设项目，其基础设施及配套设施、公共信息平台等公共建设项目，政府可通过贴息、补助、投资、土地出让金入股等方式参与建设；积极推荐有发展潜力的现代物流项目列入中央国债贴息资金项目计划；支持重点物流企业特别是第三方物流企业通过发行股票、债券募集资金，也可通过项目融资及进入投资基金市场、企业产权交易市场等渠道筹措资金，支持鼓励物流企业上市。

（三）制定优惠的土地政策

优化物流产业空间布局（物流园区、物流中心、配送中心），鼓励物流企业入驻相关的物流园区，整合存量资源，避免物流设施的重复建设，提高资源利用率。建立物流集中发展区土地滚动储备制度，凡符合产业导向、土地利用总体规划、城市建设规划的物流用地，国土资源部门依法及时提供。对列入现代物流业发展规划的物流基地和重点物流业项目，优先保障用地。对市重点物流建设项目，应按照工业仓储、交通运输等相关行业标准提供用地；涉及农用地转为建设用地的，积极争取省有关部门支持，在年度新增建设用地及计划用地指标中优先安排。

（四）制定交通运输方面政策，提高物流配送效率

各级交通和公安交通管理部门要根据本地交通实际状况，制定便于配送车辆市区通行和停靠的具体措施。城区建立货运出租车制度，选定货运出租车类型，发放货运出租车牌照，实行货运出租车招标。开辟鲜活农产品运输的绿色通道，减免过桥过路费。

（五）积极支持物流企业及物流相关产业创新

对物流领域提供供应链管理、电子商务等服务的企业给予高新技术企业的认定，并按照规定享受相关优惠；对改造提升传统仓储、运输等物流系统的立体仓库、电子标签、物流信息平台等项目，给予贷款支持。

四、推进物流产业发展的措施

（一）建立和完善科学的现代物流运行体系，努力营造有利于现代物流业发展的宏观环境

一是建立健全现代物流宏观管理体系。组建以市发改委牵头，相关职能部门共同参与的现代物流工作协调领导小组，做好发展规划的编制和实施工作，形成系统工程，强力推进；建立了现代物流业专家咨询委员会，帮助政府研究解决工作中出现的问题，提出决策建议；大力发展现代物流业的研究机构，推进物流信息化和经营管理水平；发展物流协会、学会等中介组织，为企业提供信息引导和信息服务，促进公平竞争。

二是搭建现代物流发展政策体系。加大投资力度，争得金融部门的支持，为物流业发展提供资金支持；制定土地、税收、交通运输等优惠政策，全方位积极支持物流企业及物流相关产业创新。

三是优化现代物流发展的环境体系。建立和完善法律法规，推动物流业尽快走上制度化、法制化和规范化发展的轨道；建立健全信用体系，为物流企业的发展赢得广泛的客户和金融市场；建立现代物流业监测体系，为政府科学决策服务；建立高效的行政服务机制，为物流企业提供高效便捷的“一站式”服务；加速人才的引进和培养，建立多层次、多形式的物流人才培训体系。

四是培育和规范现代物流市场体系。进一步加大物流领域对外开放力度，引进一批国内外知名企业，支持社会资本采取独资、合资、合作等方式设立物流公司；鼓励物流企业之间联合互动发展，推进强强联合，凸显竞争优势；规范物流市场主体行为，建立公平竞争秩序，积极推进物流标准化体系建设。

（二）优化物流业产业布局，加速构建物流产业运营体系

一是依托工业支柱产业、优势行业和重点企业，大力发展与之相配套的工业物流体系。围绕装备制造业企业，重点在香坊、平房区发展装备制造业配套物流中心；围绕哈飞、一汽轻型车等汽车及零部件生产企业，重点培育中远哈飞物流有限公司等汽车专业物流服务企业；围绕化工危险品运输，结合香坊化工工业园区建设，规划建设化工物流园区；围绕食品、医药企业，利用我市食品、药品生产资源加快集聚的契机，整合医药生产和销售企业物流源，重点建设双城和利民开发区食品加工配送中心。

二是依托农业优势，开发建设涉农物流体系。以香坊粮库、北大荒等粮食批发市场为平台，整合骨干企业物流资源，向集约化、集团化、专业化和网络化方向发展。以哈达果菜批发市场为基地，扩展储运、加工、包装、贸易、信息和结算功能，进一步发挥我市在东北北部果蔬物流中心枢纽作用。结合“万村千乡”工程，建设农资物流中心，建立深度连锁、终端配送的涉农物流体系。

三是依托大型商业企业，加速发展商贸物流体系。以发展商业零售企业的连锁化为切入点，实现连锁与物流双向驱动、共同发展；在批发市场密集地区和大型批发市场，增加现代物流功能，逐步整合改造成为城市配送中心；构建物流节点，依托道外区家具、建材、轻工产品市场集群，规划建设建材、轻工产品物流配送中心；依托松北对青木业家具工业园家具生产加工基地，规划建设家具物流配送中心；在哈尔滨会展中心附近建设会展物流中心，培育专业会展物流服务企业。

四是依托现有物流企业，加快发展第三方物流。对现有运输、仓储、货代等业务单一的传统物流企业进行改造升级；将大型工商企业物流业务从生产和经营环节当中分离出来，逐步发展为独立的第三方物流公司；推进工商企业物流业务外包，进一步释放物流需求，鼓励其与第三方物流企业建立合作伙伴，快速进入物流企业网络和全国物流网络；以龙运、新香坊、哈东和江北等专业化物流园区为载体，以第三方物流企业为主体，提高现代化物流的专业化、社会化水平。

（三）着眼壮大现代物流产业，大力培育发展一批现代物流骨干企业

我们从推进传统物流企业制度创新、资源整合和加大物流业招商引资力度两个方面入手，贯彻“三个一批”的原则，加速培育壮大我市物流企业。

一是重组改造一批。引导工业、物资、商贸企业树立现代物流意识，改变传统的“大而全、小而全”的观念，正确认识现代物流的内涵，广泛采用现代物流的组织方式和管理技术，将企业的物流职能从其生产职能中剥离开来，成立专业子公司或通过第三方物流来提供专门的物流服务，发展专业物流公司。传统物流企业要通过改革、改组、改造等形式，强化服务特色，健全服务网络，完善服务功能，为客户提供优质高效的服务。要以建立现代企业制度为方向，以骨干企业为核心，引导物流企业通过兼并、重组、联营、参股控股等多种形式，优化资源配置，调整组织机构，壮大企业规模，提高市场开拓能力和专业服务水平。

二是积极引进一批。抓住我国服务贸易领域不断扩大开放的机遇，千方百计引进国内外大型物流企业到我市落户，发展合资、合作或独资的商品物流配送中心，带动物流业整体发展水平的提高。支持和鼓励我市流通企业与外商合资、合作建设商品物流配送项目，利用国外先进的物流技术和管理方式，加快形成一批高起点的物流配送中心。积极鼓励民间资本投资现代物流业，兴办各种形式的物流企业。同时，鼓励我市有条件的物流企业走向市外，继而进军国际市场，不断扩大我市区域物流中心的集聚辐射功能。

三是发展壮大一批。现代物流业是个完全竞争性的领域，竞争取胜的关键在于企业的核心能力。鼓励物流企业强化专业特色，因企制宜，发挥专长，做“专”、做“特”、做“强”。要通过市场机制，鼓励物流企业“强强联合”，推动物流骨干企业联手组建大型集团公司。

（四）以科学规划为龙头，加快培育壮大重点物流园区

结合新一轮城市总体规划的修编，进一步强化目标导向、政策引导和宏观调控，积极完善物流园区配套设施和综合功能，抓好“三个环节”工作，加快物流园区的发展壮大。

一是着力构筑以交通运输为主的基础设施平台。以物流园区为中心节点，加强城市路网规划建设，强化高新产业区、传统工业区、城市商贸区与物流园区、口岸之间有效快捷的交通连接，完善城市运输骨干网络。依托综合运输网络，重点发展现代储运、物资配送、多式联运等功能，使各物流园区能够更好地围绕用户需求，提供部分或全程物流服务。

二是着力构建以网络技术为主的信息平台。加快“数字仓库”建设，广泛采用标准化、规范化、系列化的物流服务装备、工具及条形码技术，实现物流业与数字技术、网络技术的嫁接。大力发展电子商务，积极推动网上交易，使电子商务成为物流业发展的重要内涵和主要载体。加强政府的组织协调功能，促进运输平台与信息平台有机联系、相互衔接、整合配套，充分发挥其综合优势和整体效应。

三是着力抓好物流重大项目建设。设立物流园区，“筑巢”是基础，“引凤”是关键。重点物流园区要尽快确定专项规划，尽快启动基础及配套设施开发，加快推进重大项目建设，推动一批物流企业入园投资兴业。同时，要深入挖掘、积极引进一批新的建设项目，迅速做大规模，做强特色，做旺人气，扩大园区物流服务覆盖面。

（作者：舒　阳　哈尔滨市发展和改革委员会
王彦庆　哈尔滨工业大学物流工程研究所）

沈阳市

2006年，沈阳市在市委、市政府的正确领导下，以科学发展观统领全局，加速推进老工业基地振兴步伐，着眼于实现“两个不低于”（即不低于沈阳市上一年自身经济发展速度和不低于沿海开放城市平均发展速度）和“三大目标”（即实现老工业基地的全面振兴、加快建设东北地区中心城市和力争经济总量进入全国副省级城市“第一集团”的目标），深入开展“开放年”活动，坚持以经济建设为中心，注重社会和谐，推动经济、政治、文化、社会全面发展，取得了国民经济和社会发展的全面进步，实现了“十一五”的良好开局。全年完成地区生产总值2482.5亿元，比上年增长16.5%（按可比价）；地方一般预算收入175.8亿元，增长27.3%；全社会固定资产投资1790.3亿元，增长31.3%；工业增加值达到1008.2万亿元，增长24.6%；服务业完成增加值1209.6亿元，增长13.1%，较好地完成了全年的目标任务。与此同时，现代物流业通过整合物流资源、加快载体建设、优化物流环境，着力推进现代物流业的发展取得了显著的成绩。

一、现代物流业发展基本情况

2006年，全市物流业增加值实现408亿元，增长16%，占GDP的比重为16.5%，占服务业增加值33.8%。现代物流业的发展在以下五个方面尤为显著。

（一）综合交通运输体系初步形成

全市公路总长度6187公里，其中，高速公路239公里，公路网密度每百平方公里达到41.1公里，拥有民用载货汽车近10万辆。2006年，全年完成公路运输货运量1.67亿吨，同比增长11.2%，集装箱运输量近14万标箱。货物周转量90.6亿吨公里；铁路拥有全国第二大的铁路编组站，哈大、沈山、沈吉等6条干线汇集沈阳，全年完成装卸车93万辆（其中卸车55.9万辆），同比增长2.6%，全年完成货物发送量2107万吨；桃仙国际机场已开通国内外航线92条，民航运输年起降达4万余架次，全年完成货运量6.3万吨，同比增长9.2%，货物运输总量达1.9亿吨。

（二）形成了一批物流中心和批发市场

据初步统计，全市拥有一定规模的综合物流中心和专业配送中心33个，其中，张士、中储等服务于多个品种的综合物流中心18个，宝钢、成大方圆医药等服务于单一品种的专业配送中心15个。粮食仓储骨干库4个，中转库4个。钢材、玻璃、图书、电器产品、日用工业品和食品等物品物流已经辐射到东北地区；

麦当劳、肯德基已在沈阳市设立了东北地区采购和分拨中心。中储沈阳物流中心、联合物流等已引进了营口、大连港等港口功能。目前，全市拥有各类批发市场141个，其中，生产资料市场51个、日用消费品市场53个、农副产品市场37个。五爱、中国鞋城等16个大型市场年交易额超过10亿元，其商品已辐射辽宁中部城市群和东北地区。

（三）多元化市场主体有所壮大

根据工商部门提供的企业注册资料统计，全市开展物流服务业务的各类企业达3100余户，其中，综合物流企业180户，运输企业264户，仓储企业713户，兼有物流业务的企业1950户；注册资金在500万元以上的物流企业327户，占10.5%。国内外物流企业进入34家，其中，日本邮船、德国TDS等世界100强物流企业8家；中海、中外运、宝供等国内50强物流企业13家。初步统计，全市物流企业年营业收入超过5000万元的有20多家，其中规模最大的辽宁联合物流，2006年营业收入达2.9亿元。

（四）物流信息化得到了一定发展

全市拥有中国物流联合网、中国五金物流网、中运网3家社会化物流网站。沈阳中国物流联合网现有会员1万家，拥有8家省级代理商和30家市级代理商，已成为全国物流行业的知名门户网站。80%以上的大型物流企业通过自行开发和租用等形式，开始应用物流信息网络管理系统。

（五）陆续建成一批重点物流项目

近三年来沈阳市陆续建成了东药物流、宝钢钢材、绿色阳光等22个物流项目，总投资14.8亿元。目前，总投资18.1亿元的百科钢铁、宝供农产品等13个重点物流项目正在加快建设。

随着沈阳市物流业的发展的加快，也凸显出全市物流业发展中的差距和问题，其主要表现为：一是物流标准化水平偏低，信息化水平有待提高。传统物流企业还占有相当比重，物流企业设备配置相对陈旧落后，物流设施利用率低且不完善；物流信息化处理能力不强。二是物流资源缺乏有效整合，社会物流成本较高。部分生产企业固守传统生产经营模式，形成物流企业经营不足、生产企业仓储运营包袱沉重的不对称局面。三是个别区、县物流项目重复招商、重复建设。

二、2006年重点物流工作情况

2006年，全市为推动现代物流业的发展重点作了以下工作：

（一）组建领导班子

2006年7月经市编办批准，成立了由常务副市长任组长，市发改委、市经委、市商业局、市交通局等19个部门为成员单位的沈阳市现代物流业发展工作领导小组，领导小组办公室设在市发改委。同时，各区（市）县也相应成立了物流业发展领导机构，组建了工作班子。

（二）把建设东北物流中心任务纳入“十一五”规划

在全市的“十一五”规划纲要中，将现代物流业作为重点发展的八大服务产业之一，明确了发展目标和任务，明确了沈阳市物流发展定位是辽宁中部城市群物流网络的核心城市、国家级物流枢纽城市及东北地区物流中心城市、东北亚重要的国际物流节点城市。

（三）成立物流专家小组

2006年5月全面启动了规划编制工作，成立了以哈工大物流工程研究所为主、东北大学参与的现代物流业发展规划编制专家小组，目前，已完成了物流规划编制工作，并报政府审批通过。

（四）初步提出促进物流业发展的政策措施

2006年以来，收集了全国21个省、市已出台的相关政策，并对重点省市进行了学习考察。在此基础上，从土地、工商管理等方面，提出促进全市现代物流业发展的具体政策措施，目前，政策初稿已完成，已报市政府审批。

（五）建立和完善行业自律组织

充分发挥物流行业协会的作用，通过流行业协会的建立形成行业自发、自律、自我发展的良好氛围。

（六）优化现代物流发展的环境体系

一是在全面清理现有物流法律、法规的基础上，制定有利于现代物流发展的法律、法规，为物流业发展提供法规支持。二是建立健全信用机制和信用体系，强化监督机制，以信用制度为现代物流活动做保障。三是建立物流业统计体系，充实统计力量，建立物流业统计调查制度和预警、预测和信息发布制度，为科学决策服务。四是完善发展环境，精简行政审批程序，强化行政服务工作。

三、下一步的工作思路

（一）统一规划，加强领导

尽快出台沈阳市物流业发展规划，指导全市物流业发展，今后，凡新引进的物流项目和现有物流企业搬迁改造项目，都要严格按规划要求，进行布局建设。工商、公安、交通等部门对物流市场加强监管，规范全市物流业发展，改善市场环境。发挥沈阳市现代物流协会作用，开展市场调查和物流企业规模排序等工作。

（二）以对外开放，促进合作

加大对外开放力度，积极促成沈阳市与国际知名大型物流公司（集团）和外埠大型物流集团的联系与沟通，积极促成其在沈阳市设立地区物流总部、来沈阳市开办公司或分公司、开展东北地区物流服务业务。按照物流规划布局，大力发展现代物流园区、物流中心和专业化、社会化的第三方物流，重点跟踪投资规模大、经济效益好、拉动作用强的物流项目，积极做好对外招商工作。

（三）培育、引进和提升专业化、社会化强势物流企业

加强物流基础设施和技术装备建设，提高物流服务的质量和效率，推动沈阳市产业升级和社会结构调整，做大物流主体。要以关键的少数大型工商企业物流外包为突破口，加大主辅分离力度，解决物流需求不足。

（四）推进物流信息平台建设

加大政府支持力度，加快建设物流信息平台，促进物流企业、工商企业供求信息共享，逐步实现在线洽谈、在线交易、在线结算，推进电子商务的发展和利用。

（五）加强物流人才引进培养工作

通过鼓励政策，引进一批国内外物流高级人才。现已开设物流专业研究生、本（专）科课程的东北大学、沈阳工业大学、理工大学、工程学院、建筑大学五所院校，拟逐渐增加招生人数、扩大规模。充分利用全市职业教育培训资源，加快培养物流专业实用人员。加强对高级物流师和物流师的培养和认证工作，全面提高全社会物流业从业人员素质。发展一批物流科技研发企业，做好物流技术和物流信息产品的开发和利用，大力提升沈阳市物流业科技水平。

（作者：王彦庆　哈尔滨工业大学物流工程研究所）

苏州市

2006 年，苏州市在市委、市政府的正确领导下，以科学发展观统领全局，紧紧围绕富民强市、“两个率先”的目标，以经济建设为中心，注重社会和谐，推动经济、政治、文化、社会全面发展。全年完成地区生产总值 4820.3 亿元，比上年增长 15.5%（按可比价）；地方一般预算收入 400.2 亿元，比上年增长 26.3%；全社会固定资产投资 2107 亿元，比上年增长 12.7%；工业总产值达到 1.53 万亿元，比上年增长 26.3%；服务业完成增加值 1574 亿元，比上年增长 15.7%，较好地完成了全年目标任务。与此同时，全市各级、各部门在《苏州市现代物流规划》指导下，整合物流资源、加快载体建设、优化物流环境，推进现代物流业发展的工作取得了显著的成绩。

目前，规划建设的 10 个物流园区全面启动建设，功能不断完善；保税物流、港口物流和区域物流协调发展，张家港保税物流园区、苏州工业园区保税物流中心和苏州高新区保税物流中心“一园二中心”保税物流格局基本建成并开始发挥作用；物流企业的市场竞争力不断增强，服务领域和服务范围不断拓展；苏州港货物吞吐量超过 1.5 亿吨，集装箱运量达到 120 万标箱，分别增长 25% 和 62%，继 2005 年进入国内 10 个亿吨港之后，继续在全国内河港口中居第一位；实现全社会货运周转量 72.2 亿吨 · 公里，同比增长 5.5%，客运周转量 201.74 亿人 · 公里，同比增长 5.1%。

一、现代物流业载体建设步伐加快

1. 按照《苏州市现代物流规划》，大力推进物流园区建设步伐。苏州市规划建设的 10 个物流园区已经全面启动，目前，苏州工业园区物流中心已经逐步建设成为苏锡常地区大型综合性物流园区；高新区保税物流中心、太仓物流园区、张家港保税物流园区、吴江经济开发区物流中心等已经初具规模；昆山、常熟和吴中区依托物流园区建设，大力发展现代物流业取得明显成效；金阊区白洋湾物流园区、相城区北桥物流园区、江苏盛泽物流中心等已开工建设；通过物流园区等功能性载体的建设，形成了一批产业链完善、辐射带动效应强的服务业聚集区。

2. 全力打造沿江港口平台，服务沿江经济发展。近年来，按照全省沿江发展战略，把港口发展作为实施沿江地区综合开发的切入点，抢抓机遇，乘势而上，全力加快以太仓港区为重点的码头泊位建设，目前，苏州港全港共拥有生产性码头泊位 146 个，其中，万吨级以上泊位 81 个，港口货物吞吐量增幅已连续 3 年超过 30%。2006 年，全港完成货物吞吐量 1.51

亿吨，继续保持全国沿海港口第九位和江苏及全国内河港口第一位；全港集装箱吞吐量超过124万标箱，完成外贸吞吐量4200万吨，分别比上年增长65.1%和68%。沿江港口的迅速崛起，不仅有力地促进了沿江经济板块的形成，而且为全市经济布局和产业结构调整，带动相关服务业发展提供了强大的支撑平台。

3. 加快货运有形市场建设，完善市场服务功能。为加快苏州市有形货运市场的建设，进一步规范运输辅助业经营，交通局专门对现有的货运市场及道路运输辅助业户进行了市场调研，提出了新的货运市场建设模式及相关扶持政策。目前，全市已建成了17个货运场站，这些有形货运市场的形成，对整合物流资源，发展城市配送业和道路货运业，起到了重要的促进作用。

二、物流服务功能初步形成

1. 截至2006年年底，全市工商登记注册的相关物流企业超过5600家，其中，直接冠名物流企业的有450家，以提供物流信息服务为主的企业有592家。根据“江苏省运政在线”统计，2006年底苏州市拥有公路运输企业3.24万家，货物运输车辆5.9万辆、累计20.8万载重吨。其中，危险货物运输企业172家，运输车辆3439辆、累计2.14万载重吨；集装箱运输企业128家，运输车辆955辆、累计1.9万载重吨。水路运输企业204家，货物运输船舶507艘、累计9.34万载重吨。道路货物运输服务企业1365家，水路运输服务企业86家；道路货运站场建成17家；苏州港码头泊位146个，其中，万吨级以上泊位81个。

2. 2006年，全年完成公路货运量8417万吨，比上年增长8.43%；货运周转量59亿吨·公里，比上年增长14.32%；完成水路货运量2184万吨，为上年的83.01%；货运周转量13.2亿吨·公里，为上年的78.11%；累计全年全社会完成货运量1.06亿吨，货物周转量72.20亿吨·公里，分别比上年增长2.3%和5.5%。苏州港港口货物吞吐量达1.51亿吨，增长26.6%，集装箱运量突破100万标箱，达到124.2万标箱，增幅达65.1%。

三、保税物流发展迅猛

保税物流、港口物流和区域物流全面发展，构筑了张家港保税物流区、工业园区保税物流中心和高新区保税物流中心的“一园二中心”保税物流格局。张家港保税物流园区业务辐射面不断扩大，吸引了浙江、上海、辽宁、广东、四川等10多个省市的企业前来办理进出口业务。据海关统计，2006年，进出张家港保税区（含保税物流园区）货运量首次突破500万吨，达561万吨，同比增长36%；货值59.7亿美元，增长59%。作为张家港保税区新的经济增长点的保税物流园区，业务门类逐步丰富，保税仓储、货物分拨、简单加工、区间转等园区功能得到拓展，业务辐射面不断加大，初步形成了园区、保税区、扬子江化学工业园区紧密联系、联动发展的良好局面。全年进出保税物流园区的货运量、货值、海关税收较去年同期分别增长了92%、147%和77%，进出口业务呈现快速增长的趋势。其中，货运总量和海关税收超过了上海外高桥、大连、天津等其他保税物流园区，居全国保税物流园区前列；苏州工业园区保税物流中心全年共受理进出口报关单证18万份，同比增长186%；货运总量70万吨，同比增长134%；监管货值192亿美元，同比增长119%。如今已有20余家国际国内知名物流企业进驻开展业务，发展前景看好；高新区保税物流中心自封关运作以来，共报关单9838票，监管货运总量7554吨，监管货值8.5亿美元。

近期，国务院相继批准在上海洋山港、大连大窑湾港和天津东疆港设立保税港区，批准昆山、西安、宁波、上海松江、北京天竺、烟台、重庆7个出口加工区进行叠加保税物流功能试点。昆山出口加工区等7家出口加工区得到国务院首次批准进行叠加保税物流功能试点，增加保税物流功能后，与国家重点支持的改革试验区天津保税港、上海洋山保税港、苏州工业园区内陆保税港一样具有保税物流园区的功能载体，可以引进现代物流企业，形成设计、研发、采购供应、加工制造、售后服务完整的产业配套，延长价值链条，促进加工贸易转型升级，增加区内企业国际竞争力。在7个获批的出口加工区中，昆山是唯一一个县级市。

四、对物流业的扶持政策逐步落实

1. 2006年，苏州市有2家物流企业进入全国物流“50强”企业，1家物流企业列为全省“百强”企业，11家物流企业被评为省重点物流基地和企业；从2006年1月1日起，物流企业开始享受用水和用气等方面的优惠政策，用电优惠政策已有部分企业享受；苏州市有5家物流企业得到了350万元市服务业发展引导资金的扶持，另有4家物流企业得到520万元江苏省服务业发展引导资金的扶持。其他的扶持优惠政策，有关单位正在配合相关部门按照省、市相关规定逐步落实。

2. 物流企业税收改革试点工作顺利推进。经国家发改委和国家税务总局联合确认，苏州市的苏州物流中心有限公司、中外运高新物流（苏州）有限公司、昆山建伟物流有限公司和常熟日新中外运运输有限公司4家企业被认定为全国第二批试点物流企业。

3. 交通局积极配合太仓港发展，制定出台集装箱运输发展扶持政策，开辟高新区、工业园区、昆山进出口加工区到太仓港的绿色通道，凡本地具有10辆20吨以上集装箱专用运输车辆、公司化经营、全员劳动合同制的集装箱运输企业，均可提出“绿色通道”使用申请。经管理部门审核，对符合条件的运输企业，将统一发放《苏州市集装箱运输绿色通道标志牌》，享受交通规费减免优惠。同时，对参运的集装箱运输车辆优先配载回程货柜。

五、物流企业管理和行业管理逐步规范

1. 配合全市创建质量兴市先进市和全国消费放心城市的建设，苏州市物流协会制定了物流行业创建“全国消费放心城市”达标考核验收标准，得到了市领导和市创建办的肯定，2007年准备在全行业推行并实施考核。苏州物流中心有限公司和苏州得尔达物流有限公司正在积极申报江苏省服务标准化试点，着手制订现代物流集聚区服务规范和第三方物流企业服务规范，试点成功以后，将在全市范围推行物流企业管理和服务规范。

2. 货运出租车作为苏州市的一个文明窗口，市交通局通过不断探索和研究调查，采用了回购后特许改装厢式货车的方式，完成了货运出租企业提出的回购改装货运出租车报废更新的工作，走出了一条成功发展中心城市货物配送之路。同时，为进一步减轻燃油价格上涨给货运出租车经营带来的压力，提高货运出租车服务水平，市交通局联合物价局召开会议，专题研讨了货运出租车运输价格调整的可行性，为执行行业标准化打下了坚实的基础。

六、物流统计工作取得良好开端

苏州市统计局在市现代物流业工作领导小组办公室的指导下，按照国家和省有关部门的要求，结合《苏州市现代物流》中的分解任务开展工作，为今后全面开展物流统计工作奠定了比较坚实的基础。

1. 调研走访，建立物流业统计方案。苏

州市统计局在系统内、系统外进行了比较广泛而细致的调研，组织相关人员到县级市、区了解服务业和物流业统计现状，赴杭州、常州等市学习考察，会同市服务业办公室、市物流办分别到15个市级服务业管理部门召开了专题调研座谈会，并抓紧制定了全市服务业和物流业统计实施方案，为物流统计的全面开展奠定了良好的基础。

2. 与市经贸委联合布置省物流统计报表制度。按照省经贸委与省统计局联合会议精神，全省布置开展物流统计报表制度，苏州填报物流统计的单位有82家、工业企业有617家，是全省填报单位数的1/3。在认真学习相关文件、制度，吃透会议精神的前提下，市经贸委与统计局联合召开物流统计工作会议，将物流统计工作逐级布置到辖市、区，物流统计工作取得了良好开端。

七、积极鼓励和引导本地区物流专业技术人才培养

1. 苏州市物流协会在国家物流与采购联合会的指导下，配合有关单位进行物流人才和物流上岗资格培训，积极动员相关物流企业和制造业企业符合条件的人员参加物流培训和考试，加大了物流行业管理人员的培养力度。全年共培训各级物流师、采购师620人。交通局根据省交通厅和人事厅联合下发的《江苏省物流专业技术人员职业资格考试考务工作的通知》，组织交通系统职工以及相关企业参加了全国初级和中级物流师资格考试，全年共合格培训541人。除了宣传、组织物流专业技术人员职业资格考试外，协会和交通局还聘请了运输协会、苏州大学等物流专家，给物流、运输等相关企业管理人员讲课，传授物流企业经营管理及现代物流业发展等方面的知识，提高了行业管理人员的专业素质。

2. 苏州市旅游与财经高等职业技术学校依托苏州良好的物流基础，采用校企合作的方式，建设国家物流师职业资质认证培训基地和物流人才实训基地，目前，实训操作模型已经制作成功并推广运行，得到企业和社会的良好评价。

总结苏州市物流业2006年所取得的成绩，我们对现代物流业的发展充满信心。苏州市将继续积极推进各项政策落实，形成有利于物流业发展的良好政策环境；积极创造有利于物流企业发展的创业环境，鼓励大型物流企业做强做大，扶持发展中小企业，积极支持民营企业，培育自主物流服务品牌，尽快提高现代物流的供给能力和服务水平；加快推进物流园区的建设，尽快形成布局合理、特色鲜明、具有较强竞争力的现代物流集聚区，真正做到物流业的又好又快发展。

（供稿：苏州市发展计划委员会）

深圳市

一、深圳市2006年度物流运行指标统计结果与分析

（一）2006年度深圳物流业运行指标统计结果

1. 社会物流总费用

2006年深圳市社会物流总费用为868.88亿元，比2005年增长14.74%。社会物流总费用占2006年深圳市GDP的15.29%，比2005年下降了0.08个百分点。从社会物流总费用构成看：2006年深圳市物流业运输费用为491.95亿元，保管费用为223.90亿元，物流业管理费用为153.03亿元。

2. 社会物流总产值

2006年深圳市社会物流总产值为1363.68亿元，比2005年增加了403.70亿元。其中：运输业收入为923.19亿元；保管业收入为264.90亿元；管理业收入为175.59亿元。

3. 物流业增加值

2006年深圳市物流业增加值为543.43亿元，比2005年增加了77.84亿元，增长了16.72%；物流业增加值占深圳市GDP的9.56%，比2005年上升了0.11个百分点。

4. 社会物流总额

2005年深圳市社会物流总额为14959.60亿元，社会物流总额为19371.05亿元，同比增长29.49%。

（二）2006年度深圳物流业统计数据分析

1. 社会物流总费用增速大幅减缓，物流服务效率迅速提高，有力地改善了深圳市现代服务业的发展水平

2006年深圳市社会物流总费用为868.88亿元，占全市GDP的比重为15.29%。由于燃油、运输车辆费用等的大幅增加，造成社会物流总费用不断增长，但物流企业不断优化产业布局，采取各种措施改善与提高作业效率，克服了种种困难，使得社会物流总费用增长速度仍然保持下降趋势，2006年社会物流总费用占GDP比重比2005年下降了0.08个百分点。

2006年社会物流总费用比2005年增长111.62亿元，增幅下降明显，表明深圳市物流业运行效率进一步提高，对提高深圳市现代服务业的发展水平发挥了积极而重要的作用。

2. 物流市场需求增长稳健，社会物流总产值快速增长，物流业规模进一步扩大

2006年，以大中型物流企业为代表、以重点物流企业为核心的深圳现代物流企业的收入普遍保持较好的增长态势，全市社会物流总产值增长迅速达到1363.68亿元，与去年同期相比增长了403.70亿元，2005年比2004年物流总产值增长了324.27亿元，物流企业继续改

善经营管理，物流业整体运行效率不断提高，供应链协作关系不断加强，物流外包规模不断扩大，物流业在提高经济竞争力中的作用越来越明显。

3. 物流业的支柱产业地位基本确立，物流业增加值保持快速增长态势

2006 年深圳市物流业实现增加值 543.43 亿元，比 2005 年增长了 77.84 亿元，增长平稳，物流业增加值占 GDP 的比重为 9.56%，比 2005 年上升了 0.11 个百分点。

从以上统计结果可以看出，2006 年深圳市物流业增加值增长速度较 2005 年有大幅度增加，从 2005 年开始，深圳市物流业进入快速增长的轨道。物流业增加值占 GDP 比重不断上升，显示物流业在深圳市社会经济发展中的支柱地位越来越明显，基本确立了物流业在深圳市社会经济发展中的支柱产业地位。

4. 物流业对其他产业的服务能力进一步增强，对周边和全国其他地区的辐射作用继续扩大，社会物流总额增长明显

2006 年深圳市经济继续保持良好的增长，物流市场需求稳定增加，社会物流总额为 19371.05 亿元，同比增长 29.49%，而 2005 年与 2004 年相比的增长率为 20.47%。现代物流业增强了对其他产业的服务能力，进一步提高了被服务行业的效率，有力地支持了全市经济的快速发展。

同时，深圳物流企业的网络建设取得快速发展，服务能力得到明显提高，服务范围和服务半径不断扩大，大多数物流企业在全国各地设立了分支机构，直接带动深圳市社会物流总体规模的增长。

5. 物流园区建设进展顺利，园区内物流企业运营状况良好

2006 年，深圳市六大物流园区建设进展情况、运营情况、园区内物流企业运营状况表现良好。

（1）物流园区企业竞争优势明显。目前深圳市六大物流园区不断引进先进物流设施、先进技术装备、先进管理理念，园区内企业充分利用园区良好的软、硬件环境和有利条件，不断提高物流运营效率，进一步提高企业竞争力。

（2）物流园区成为物流行业发展的“领头羊”。园区内物流信息平台建设不断完善，至 2006 年 12 月已具相当规模，园区优势更加明显。园区内物流企业的区域优势使得物流园区成为物流业发展的“领头羊”，建设物流园区已渐渐成为深圳市物流业发展的主流模式。

平湖物流园区：平湖物流基地基础设施建设项目 10 个，截至 2006 年 12 月累计完成投资总额 1.69 亿元。园区物流项目 28 个，其中市重点物流项目 19 个，投资额达 80 亿元。截至 2006 年 12 月累计完成投资额 23 亿元，占总计划投资额的 28.75%。信息平台拟投资总额 500 万元。截至 2006 年 12 月已完成投资额 200 万元，完成拟投资额的 40%。

盐田港物流园区：盐田港物流园区基础设施建设项目 5 个，基建计划总投资 18.6 亿元，截至 2006 年 12 月已完成投资额 10.5 亿元，园区物流项目 18 个，其中重点物流项目 6 个，物流项目计划投资额为 31 亿元。截至 2006 年 12 月已完成投资额 1 亿元。信息平台拟投资总额 2000 万元。截至 2006 年 12 月已完成投资 1500 万元，平台用户企业 5 个。该园区仓储用地面积约 203 万平方米。

笋岗物流园区：笋岗物流园区基建规划总投资 9.1 亿元，截至 2006 年 12 月累计完成投资 5 亿元，占总投资额的 55.22%。园区内物流项目 13 个，其中市重点物流项目 1 个，物流项目拟投资总额为 66.2 亿元。园区信息平台概算投资额 1480 万元。截至 2006 年 12 月末开始投入物流项目资金及园区信息平台资金，信息平台建成后将有超过 25 个企业加入并使用信息平台。

前海湾物流园区：前海湾物流园区将重点

开发多功能仓储基地、集装箱堆场以及汽车转运中心项目。园区物流投资额16亿元，截至2006年12月累计完成投资额3658万元，占总投资额的2.29%。截至2006年12月，前海湾物流园区的市政规划尚未完成，主要是排污渠施工图设计、疏港交通规划等尚未落实，故造成园区投资进度缓慢。信息平台拟投资总额为500万元，截至2006年12月尚未开始投资。

机场航空物流园区：机场航空物流园区基础设施建设项目1个，主要空港快线工程项目，基建计划总投资15亿元，截至2006年12月累计完成投资4.8亿元。园区信息平台计划投资总额1800万元，已完成全部计划投资，信息平台已建成并投入使用。目前平台用户企业300个，信息化程度比较高。

龙华物流园区：龙华物流园区物流项目建设投资额9亿元，截至2006年12月累计完成投资额3亿元。园区信息平台拟投资总额3000万元，截至2006年12月累计投资总额1300万元，平台用户企业100个，是信息化程度比较高的物流园区。

园区开始形成规模，市场竞争优势明显，总产值增长强劲，开始显现比较好的经济效益和社会效益。2005年度龙华物流园区总产值为2219万元，2006年下半年度园区物流总产值为2861万元。

二、2006年深圳市物流运行基本情况

（一）创新物流产业发展政策，扶持行业发展的措施得力、到位

2006年，为创新物流产业发展政策，进一步加快深圳市物流产业发展规划发展，深圳市物流办编制了《深圳市现代物流产业“十一五”规划》，发表了《深圳现代物流业发展白皮书》，重新修订和完善了《深圳市重点物流项目认定办法》、《深圳市重点物流企业认定办法》，并完善了物流产业基金的有关政策和管理办法。

这些政策的出台，进一步完善了物流产业发展的宏观政策环境，对企业的扶持落到企业迫切需要政府解决的方面，措施和办法得力、到位。同时，有力地提升了企业和产业的竞争能力，适当地减轻了企业的负担，推动产业升级，为企业发展创造了更加宽松的市场环境，使深圳市现代物流业能始终保持快速发展，为其他产业的发展提供高效率的支持。

（二）加大物流基础设施的投入与建设

1. 海港

（1）盐田国际集装箱码头三期扩建。盐田国际集装箱码头三期扩建项目计划总投资112亿元人民币，建设6个集装箱专用泊位，码头岸线长3297.2米，设计年吞吐能力370万标箱。该项目的建设将为缓解深圳港集装箱泊位吞吐能力不足的矛盾，适应港口集装箱吞吐量不断增长和运输船舶大型化的需要。

（2）蛇口集装箱码头三期。蛇口集装箱码头三期、妈湾港区7号泊位已竣工，该项目计划投资36亿元人民币，建设3个集装箱专用泊位，设计年吞吐能力100万标箱。加之此前已完工的5号、6号码头，蛇口港三期工程中3个码头将全部投产，令蛇口港吞吐量倍增。

（3）赤湾港区13号泊位。赤湾港区13号泊位项目计划总投资1.91亿元人民币，设计年吞吐能力100万吨，拟建成以集装箱装卸作业为主的6.5万吨级大型多用途泊位。目前已完成全部投资计划，泊位主体工程已完工，并通过了相关口岸单位的验收，正试运营。

（4）大铲湾集装箱码头一期。大铲湾集装箱码头一期项目共有5个泊位，年设计吞吐能力为250万标箱，陆域总面积约112万平方米，码头岸线1830米，纵深600米。该项目于2005年9月正式启动，目前各项基建工程进展顺利，其中两个泊位计划于2007年底投产。

由于看好深圳的物流业，2006年，大铲湾

码头（一期）与境内外12家银行签订了53亿元人民币、10年期项目贷款合同，用于大铲湾码头（一期）的基建和发展。

（5）铜鼓航道。铜鼓航道工程建设取得实质性进展，争取2008年6月底前完成，二期和公用航道前期工作已开展，届时将极大地改善航道通行情况。

2. 空港

深圳机场飞行区扩建工程。根据《国家发改委关于深圳机场飞行区扩建工程可行性研究报告的批复》，该项目以2015年为目标年，按满足目标年旅客吞吐量3600万人次、货邮吞吐量180万吨、飞机起降30万架次设计，包括机场工程、空管工程和供油工程三个方面，按满足F类飞机使用要求，在现有机场跑道西侧新建长3600米、宽60米的第二条跑道，项目总投资59.27亿元。该项目建成后，将极大满足深圳机场航空运输量迅速增长的需求，提高机场飞行保障能力，把深圳机场打造成南中国地区的客货运枢纽机场和门户机场。

3. 道路运输

2006年，盐排高速公路、南坪快速路一期已全线通车，深港西部通道深圳湾公路大桥主体工程已完工。

（1）深圳港西部港区疏港道路工程。该项目于2006年12月31日开工。项目建设范围含兴海大道、妈湾大道和港区联络道，全长17.8公里，总投资约26亿元。项目建成后，将实现疏港交通与城市交通相分离，实现疏港交通系统与外部高快速路网良好衔接，实现港区联动，蛇口、赤湾、妈湾三大港区与前海物流园区无缝连接。

（2）东部沿海高速公路莲塘至盐田段。东部沿海高速公路莲塘至盐田段是连接罗湖区、盐田区，向粤东、粤北地区至内地辐射的重要通道之一，为深圳市“一横八纵”干线路网的重要组成部分。该项目的建设对实现深圳市高速公路网的联网畅通，解决盐田港区疏港交通问题，缓解盐田区与市区之间的交通压力具有重要作用，工程已开工建设，计划2008年底建成通车。此项目线路总长11.39公里，双向6车道，计划总投资约17亿元。

（3）南光高速公路。南光高速公路是深圳市“一横八纵”干线路网体系中又一条纵向高速公路，是深圳西北部地区连接香港、深圳至内地的重要通道之一。目前，该项目的建设进展顺利，计划在2007年年底通车。项目建成后，将对缓解深圳市交通拥堵、促进港口发展、实现过境交通与城市交通分流至关重要。南光高速公路南起南头、北至光明，全长30.2公里，双向6车道，计划总投资28.76亿元。

（4）福田交通综合枢纽换乘中心。福田交通综合枢纽换乘中心项目已顺利封顶。该项目是集城市公交、地铁、长途客运、出租小汽车及社会车辆换乘于一体的立体无缝式接驳大型枢纽中心，具有中转与换乘功能、多式联运功能、旅游交通功能、口岸旅客集散功能、零担货运服务功能及“车港”功能。福田交通综合枢纽换乘中心位于地铁1号线竹子林站南侧，占地面积7.86万平方米，建筑面积达13.7万平方米，总体设计日均旅客通过能力为35万人次，计划总投资6.98亿元。

（5）龙大高速公路深圳段。龙华至东莞大岭山高速公路是深圳市公路网中继广深高速、107国道后又一条连接深圳、东莞和广州乃至华南地区南北向的公路干线，全长27.06公里，深圳段长度25.4公里，双向6车道。该项目计划总投资12.81亿元。

（6）深港西部通道。深港西部通道项目总投资29.3亿元，填海工程2003年顺利完工后，为大规模建设做好了充分准备。深圳湾公路大桥工程是深港西部通道的重要组成部分，目前主体已经基本完工。全长5.55公里（含换道立交桥部分），其中：深圳侧长2.04公里，计划投资9.02亿元。预计2008年春节前与香港侧贯通，年底通车。

（三）信息平台建设进入实用性阶段

2006 年，深圳物流业的信息化建设取得了突破性进展。机场和龙华两个物流园区的公共信息平台完成建设并通过专家验收，市政府投资建立了深圳市现代物流业公共信息平台，成为国内首个官方权威行业性公共信息平台。同时，其余四个物流园区的建设也按照计划执行。此外，大中型物流企业投入了巨额资金，比如招商物流、机场物流、亦禾、怡亚通、盐田港等企业，开始逐步对前几年所开发的信息系统进行升级，或者购置新的信息系统，以满足企业不断发展变化的需求，显著提升企业的发展水平和服务能力。

公共信息平台的成功建设和企业信息系统的运营，将极大促进深圳市中小型物流企业的信息化发展，转变企业由于信息系统投入大、周期长，信息化建设滞后于生产经营发展需要的局面，对缓解企业的资金压力、进一步改善中小物流企业的运营环境将发挥平台支撑作用。尤其是机场物流园区公共信息平台，方便了机场上百家中小型物流企业的数据交换和信息共享，有力地推动了企业的业务成长，提升了区域物流信息化水平。

与此同时，深圳市智能交通系统、空箱快速通关系统、电子报关等公共信息系统和数据平台经过一年多的应用，基本达到设计要求，效果显著，减少了企业的通关时间和在港停留时间，取得了较好的社会效益和经济效益，标志着深圳市公共信息平台和物流数据平台建设和发展达到了全国领先水平。例如，一艘可以装几千个集装箱的特大班轮，在深圳港的停留时间，由原来的两天已经可以缩短到半天时间。

（四）国际保税物流蓬勃发展，势头喜人

国际物流是深圳物流的核心和龙头，是深圳现代物流业发展的标志，也是促进深圳经济持续快速发展的基础。进入“十一五”，深圳积极围绕构建和谐保税区、效益保税区目标，以提高综合实力和竞争力为总任务，积极推进“区港联动”试点，构建顺畅、高效的海关监管模式，提高国际物流的服务质量和服务效率，加大招商引资力度，推动了保税物流持续、健康、快速发展。

2006 年，在深圳海关和其他有关机构和部门的大力支持下，深圳保税物流发展跃上了一个新的台阶。区港联动正式启动，首批企业已经进驻并开展运营。借助区港联动，保税区、出口加工区和监管仓等获得了一个新的快速发展时期。截至 2006 年年底，深圳有三个保税区、一个出口加工区，监管仓和保税仓的面积超过 200 万平方米。2006 年，深圳保税区主要经济指标仍保持稳定增长态势，预计全年实现增加值 200 亿元，同比增长 22%；实现工业总产值 1000 亿元，同比增长 22%；实现进出口总额 388 亿美元，同比增长 27%。凸显深圳保税物流在深圳现代物流业中的“龙头”地位。

（五）第三方物流发展跃上新的台阶，企业规模发展质量都有较大提升，海、空港物流发展进入新产阶段

1. 第三方物流发展分析

经过“十五”期间的培育，深圳市已经基本形成了现代物流产业体系，基本形成了以大中型、综合性第三方物流企业为代表、以专业性第三方物流企业为支撑的现代物流产业群。

目前，深圳的物流企业发展基本形成了两个方向：一种是综合型的物流企业。这些企业提供的物流服务种类齐全，开展的增值服务较多，经过多年的发展，形成一定的规模，拥有自己的仓库、车队、各种专业设施，完全能满足客户的要求和需求，建立和健全了比较规范的管理制度，运作规范，有现代物流服务的理念和清晰的发展战略，有全国物流服务网络或者区域物流服务网络，对网络的管理和控制能力强，融资渠道和能力较好，抗风险能力强。其所服务的企业基本上是国内外的大中型生产制造业企业、零售商、进出口企业等，承接的业务也是综合性的供应链管理服务。

另一种是专业型物流企业。这些企业集中自有资源，在行业内专门从事某个领域内的服务，在该领域内拥有相对规模优势的资产和资源，比如，友和道通已经租赁了6架波音737从事国际航空货运海格在沿海驳船运输、中粮在仓储等方面，分别形成了自己的规模优势，成为专业型的第三方物流企业。这批企业和在深圳的外资、合资物流企业，一起构成了深圳市现代物流产业的中坚，代表着深圳、华南和全国物流的发展水平，有力地支持了深圳生产制造业、零售连锁业等在国内和国外市场的拓展。

同时，企业参与供应链的发展逐步深入，物流的社会化水平不断提高，企业提供的物流服务种类齐全，积极参加国际竞争，物流网络从过去根据客户的要求被动地建设网络和通过代理制建立网络，发展到主动在国内各个经济活动活跃的区域建立以自己直接管理的物流网络为主、以代理制为辅的物流网络体系，形成了综合性现代物流服务体系。根据对深圳市22家重点物流企业的调查，这些企业在全国主要城市基本设立了自己的营业网点，其中一半在全国的二级城市设立了物流服务网络，在中国香港、新加坡、美国和欧盟主要港口和城市也建立了海外业务办事处或直营营业网点，为客户提供系统的供应链管理服务。此外，相当一批其他物流企业也与国外物流企业建立了业务合作关系。

深圳物流企业能参与供应链、提供供应链管理服务的一个重要的外部因素，是物流外包已经基本为行业内外大多数企业所接受和认同，企业的外包比率、外包的程度和规模不断扩大。外包的迅速发展，不但为物流的发展提供和创造了广阔的市场空间，同时也加深了物流企业与客户之间的协作关系，在客观上促进了供应链的实质性发展。

2. 深圳海港发展情况分析

2006年，受益于我国对外贸易的不断发展，珠三角地区经济快速增长，深圳港的发展取得了骄人的业绩，连续四年稳居世界第四大集装箱港口，在最新的中国港口综合竞争力指数排行榜上，被誉为“最具效益竞争力的港口”，深圳港在单箱成本、单吊成本、单箱收费、效率和利润等方面均具核心竞争力。

2006年，深圳港总体货量稳步增长，集装箱吞吐量完成1846.89万标箱，增长14%，货物吞吐量达1.76亿吨，增长14.56%，其中外贸货物吞吐量1.27亿吨，增长19.25%；进出港船舶26.11万艘次，增长3.05%。其中，三大专业集装箱码头吞吐量分别为：盐田国际集装箱码头829.6万标箱，增长12.8%；蛇口集装箱码头236.2万标箱，下降3.1%；赤湾集装箱码头354.8万标箱，增长13%。三大专业集装箱码头吞吐量达1420.6万标箱，占全港集装箱吞吐量的76.9%，继续居于深圳港集装箱运输主导地位。东西部港口集装箱市场份额分别为48%和52%。全港出口重箱、进口重箱的比例分别为77.62%和22.38%。

盐田港三期扩建、蛇口港三期等项目的建设和新泊位陆续投入使用，港口软硬件设施日益完善，疏港能力明显改善，极大地改善了港口基础设施，全港货量增长需求、港口能力需求与泊位紧张、疏港能力不足的矛盾得到缓解。

随着深圳港集装箱码头装卸能力和操作效率的不断提高，2006年以来，包括马士基、东方海外等世界航运巨头在内的各大船公司争相在深圳港开辟新航线，并纷纷投入新船挂靠。据统计，截至2006年年底，共有50家世界著名船公司在深圳港开辟近远洋国际集装箱班轮航线168条，比2005年底净增14条，其中，美洲线63条（北美54条、南美9条）；亚洲线47条；欧洲线49条；大洋洲线5条；非洲线4条，以深圳港为枢纽、覆盖世界12大航区主要港口的国际集装箱班轮航线结构进一步得到完善和优化。深圳港作为我国综合运输体系中的主枢纽港和华南地区集装箱枢纽港的地位基本形成。

3. 深圳空港发展情况

2006年，深圳市委市政府高度重视，成立空港委、空港办专门机构，出台相关政策，营造航空业健康发展的良好环境，使深圳机场在激烈的竞争中，能够脱颖而出，创新发展，开拓进取，在机场旅客吞吐量、货邮吞吐量等方面继续保持高位平稳运行态势。

据统计，2006年深圳机场旅客吞吐量累计1835.61万人次，月均近153万人次，并于3月份创出了161.2万人次的单月历史新高，增长12.73%；机场货邮吞吐量累计55.96万吨，累计同比增长19.96%；旅客和货邮吞吐量全年均以两位数增幅增长。

2006年深圳空港物流保持快速发展，主要是由于深圳的国际化色彩和区域化程度不断加深，经济总量不断增大，深圳与国际、国内地区的经济往来频繁，大量的客流为航空业发展提供了客观需求，为发展国际航空货运提供了充足的市场需求。各个物流企业和航空公司克服种种困难，增加运力、新开航线、加开航班，比如，翡翠航空公司、东海航空公司分别于八九月份使用全货机开航，在一定程度上助推了机场货邮的增长。

为落实“两港齐飞”战略，加快现代物流业发展，进一步增强深圳作为区域国际物流枢纽城市的建设，深圳市委、市政府通过了《深圳机场近期总平面布局调整规划》。目前，深圳机场扩建工程正按计划稳步推进，其中，飞行区陆域形成工程已进入大规模施工阶段，随着机场二跑道的兴建，深圳机场正被打造成南中国地区客货运枢纽机场和门户机场。同时，为进一步扶持航空产业发展，市政府制订了《深圳宝安国际机场新开货运航线财政资助资金管理办法》，对货运航线承运人给予一定资助，鼓励航空承运人增开货运航线，促进深圳现代物流业进一步发展。

（作者：郑艳玲　徐　川　深圳市物流与采购联合会）

澳门特别行政区

2006年，澳门地区货运物流业的总体情况与前几年比总体平稳，略有下降。

一、空运业绩与市场概况

根据澳门特区政府统计数据显示，2006年度澳门出口货运量并没有大幅度增长，相反有轻微回落。由于旅游、博彩业兴旺，大型配套建设项目正在不断增加。出口货运量由于制造业条件无法与邻近国家及地区竞争，亦因成衣制成品输出在没有出口配额保护伞下，劳动力缺乏、成本上涨等因素影响，逐渐显示出萎缩的现象。

在空运出口方面，2006年航空货运量为22.6万吨，比2005年度微减6660吨，跌幅为2.9%。下降原因系由于不同因素影响而产生。

1. 随着纺织品出口限额于2004年取消后，在中国内地加工的半制成品不必再经澳门后整付运出口，而直接在中国口岸运出，因而影响澳门空运市场的发展。

2. 过去两年，由于香港空运市场对仓位要求甚多，造成严重炒卖情况，运价飙升比平常季节每公斤高出10～20元港币，因而迫使部分香港货主利用澳门较便宜合理的空运价将货物付运海外各地；有鉴于此，香港同业在2005年初已部署与航空公司签约预订2006年机仓位，以确保有足够仓位应付市场，而无须因市场炒卖导致运价大幅度上升。但可惜的是，由于不明因素变化，2006年空运货量大幅度下降，使过剩机仓位不能填补，导致损失惨重。因香港空运机仓位过剩，令运价下滑而导致市场无须利用澳门机场付运，相反，为了要承担已预订的仓位合约，部分香港同业在澳市场更以超低空运价销售，借此将损失减轻，付货人既可节省运价而又可享受较快捷直航服务，故毫不考虑接受此等优惠条件。将货物经由香港机场付运。

3. 面对物流业市场转型，同业在各方面竞争及压力下苦心经营，终未能将珠江三角洲货源引进澳门付运，亦因澳门机场不具备竞争条件，尤其是在航班不多航点不足的情况下，对于本地产品空运货源，亦被迫运往香港机场付运。

4. 在澳门运作的航空公司，除包机外仅有3家，而且多经亚洲区城市转运海外，故不太受付货人欢迎，因其可能在转运途中发生延误不能按期抵达目的地，而产生收货人索赔或退货情况。故经香港机场付运的澳制产品所占比率较高。

5. 澳门物流业业界除少部分为海外跨国企业分行外多为中小企业，它们因各种原因大都跟不上目前澳门经济快速的发展的步伐。因此，在第三方物流服务、海外网络操作经验服务素质的提升等方面，难以与香港及国际跨国企业竞争。所以，在竞投大型项目入口物流服务标书时，无法以实力满足客人需求，而只能作为外判合约的合伙人。

6. 2006 年，香港国际机场为进一步拓展空运物流产业已成功与珠海机场签署了承租 20 年期合约。为此，香港国际机场计划建造珠江三角洲的物流中心，利用珠海机场有利的地理环境吸引珠江三角洲货源，经珠海机场取道香港国际机场付运往国外，借此创造一个双赢局面。据悉在珠海机场辖区内，已经兴建一个货运码头，提供船运服务往返香港国际机场，便利货物进出申报海关手续。出口货物经报关进入珠海机场码头后，即视作确认妥收无误。此举无疑对珠江三角洲市场带来更方便、快捷的服务，而对邻近的澳门国际机场构成竞争压力，间接将澳门国际机场边缘化。

7. 澳门经济发展过分侧重旅游、博彩业，酒店及赌场的开设如雨后春笋，对人力资源要求大大增加。由于澳门市场人力资源不能应付突然增加的大量职位（尤以赌场荷官最为紧缺），因此，通过将薪金大幅度提高来吸引年青人加入。在高薪引诱下，不少年青人都放弃原来职业而投身赌业，部分就读中学学生亦不甘后人，争先恐后地去报考受训，期望可一朝富贵。人力资源供不应求，使就职人员素质难以保证。

8. 澳门特区政府对于整体经济发展似乎没有一套前瞻性策略，扶助各产业的发展，只单一重视博彩娱乐产业。无疑该产业的蓬勃兴旺可带动与之有关联产业的发展，但未能做到平衡经济市场的利益，部分产业包括物流产业在内更因上述情况影响，而面临倒退或结业的命运。

二、海运业概况

由于纺织成衣制品出口配额制度的完结，在可预见的将来，澳门海运出口货运量必受一定程序影响按年下滑，但在大型建设项目的需求下带动进口货运量可补充出口货运量的空间。2006 年度，全年进出口海运货运量约为 8.4 万标箱，与上年度持平。

三、发展对策

面对目前的危机，澳门物流业界应如何应对，采取什么方法？笔者认为，除了主动积极进取开拓新市场以外，业界可考虑采取下列对策：

1. 利用对澳门环境的熟悉的优势，与内地及香港同行业共同发展进口澳门大型项目运输市场。

2. 设置直接国外国内的伙伴网络，提高工作效率，寻求合作商机。

3. 积极参加国内外举办的物流活动，借此提升自身条件，扩宽市场圈子，加强同行业间联系，寻找适当的合作伙伴与商机谋求发展。

澳门物流业在未来数年里将面对更多的困难和挑战，只要业界人士不懈努力、不断求变、敢于开创未来，就能够创出新的天地，分享澳门经济发展的成果。

（作者：郭　林　澳门空运暨物流业协会会员大会副主席　澳门民航学会顾问　联邦有限公司董事总经理　）

台湾地区

近几年，在地区经济增长率一直处于正增长的情况下，台湾地区物流业的发展呈现以下特点。

一、生产层面——积极发展基础建设、培育物流人才不遗余力

2005 年度台湾物流服务的基础建设仍持续进行，虽然没有太多重大事项，但遵循 2002 年台湾地区政府制定的大架构，不断推进相关重要基础建设计划。

在自由贸易港区的建设方面，基隆港自由贸易港区于 2004 年 9 月开始招商营运，实施范围 67 公顷，以发展国际物流及货柜储运等相关业务；台北港自由贸易港区于 2005 年 9 月正式对外招商营运，目前，台北港仍处于一边建港一边营运阶段，因此，第一期申设范围约 79 公顷全部申请纳为自由贸易港区开发，可分为公共设施用地及仓储用地两大类。在新生地填筑完成后将扩大规模至全港区 189 公顷，将以发展国际物流中心及海空联运业务相关业务为主；台中港自由贸易港区于 2005 年 11 月起正式对外招商营运，总申设面积为 536 公顷；高雄港所规划之自由贸易港区计有 397.69 公顷，包括五个货柜储运中心；桃园航空自由贸易港区于2004年11月提出申设，2005 年 5 月行政院正式核定设置，2006 年 1 月起正式营运，园区规划为航空货运站区、物流专区、加值园区及商务中心等四个区，未来可望由桃园航空自由贸易港区以建立海空联运服务机制及推动两岸垂直分工功能。

物流人才的培育是支撑物流服务发展的重要计划。根据台湾工研院产经中心的调查，2005 年台湾物流人才供需缺口为 5778 人，除了量的问题外，人才缺口的主要问题是在人才素质方面，例如，物流业者对外语及整合能力的人才需求大，目前的物流课程仅能获得基本的概念，或是属于交流的性质，有关管理和策略层面的问题却难以从课堂获得相关知识等，致使业者有缺人的苦恼，但是人才的素质又不全然符合其要求。综观 2005 年物流人才培育方面，无论在量或质上仍存在缺口。然而除学校培育体系之外，物流相关培训机构、协会等每年也举办许多培训课程进行培训工作，为在职人员提供进修的渠道，每年培训约 1350 人次，但缺点是各机构在课程规划上缺乏整合。因此，台湾物流主管机关也提出物流虚拟学院的计划，积极整合各机构在物流人才培育上的资源，更有效地提供产业需求之物流人才。

二、需求层面——内需成长趋缓，服务加值升级需求强

（一）台湾地区内需市场物流服务成长趋缓

近几年来，在台湾地区经济增长率均能维持在正增长的情况下，台湾地区总进出口物流量亦呈现持续上扬的趋势，总进出口物流量已经超过3亿公吨，其中，出口物流量由2001年的4802万公吨增加至2005年的7216万公吨，年复合增长率为10.7%；进口物流量的规模虽然大约为出口物流量的四倍，然而2005年受到国际原物料价格居高不下的影响，钢铁、铜铝及纸浆等原料进口量下滑，加上台湾地区民间投资趋缓，2005年台湾地区总进口物流量仅小幅增长了0.4%，达到23958万公吨。

在台湾地区境内物流量方面，除了2002年受到整体经济景气不佳的影响稍有下降外，其余均呈现增长的态势，2005年在台湾经济增长率仍可维持在4%的支撑下，境内物流量达到42898万公吨，较2004年增长2.7%。如下表所示。

台湾地区进出口与境内物流货运规模表（单位：万公吨）

	2001年	2002年	2003年	2004年	2005年	2005年较2004年的增长率	近五年复合增长率
出口物流量	4802	5417	6108	6666	7216	8.3%	10.7%
进口物流量	18171	19834	21778	23852	23958	0.4%	7.2%
境内物流量	35653	34639	36037	41773	42898	2.7%	4.7%

注：复合增长率（Compound Annual Growth Rate）计算公式（$\sqrt[4]{\frac{2005\text{年值}}{2001\text{年值}}}-1$）×100%。

资料来源：台湾关税总局“进出口贸易统计”；交通部“交通统计月报”；台湾工研院产经中心整理（2006/03）。

2004年，世界各国景气普遍都呈现好转的走势，亚太地区因中国大陆经济高速增长，带动邻近国家外贸增加，经济稳定发展，台湾地区在国际景气复苏态势明显之下，内部需求逐渐活跃，进出口逐步扩张，2004年的进出口总额达新台币11.4兆元。2005年受到全球市场供需失衡、气候异常以及国际政治不确定因素等影响，原本已经回稳的油价于年初再度飙升，导致全球景气表现不如2004年亮丽。在大环境不如预期的情况下，以出口为导向的台湾国际贸易实绩也受到影响。根据台湾地区海关进出口数据显示，2005年的进出口总额达新台币11.9兆元，增长率为4.3%，与2004年的22.5%相较增幅已有趋缓的趋势。如图1所示。

（二）地区产业外移致货源不稳

近年来台湾地区产业外移，工厂移到低成本地区如东南亚及中国大陆等地，随着传统产业外移，台湾地区内需市场成长有限，对于需要经济规模量来产生效益的物流业而言，必须积极争取货源，因而也产生降价竞争之事。此外，非都市区许多仓库以及集装箱转运站出现闲置，仓库供给量大增，亦容易形成在仓储保管上的恶性价格竞争，也将影响物流业提供的仓储保管质量。

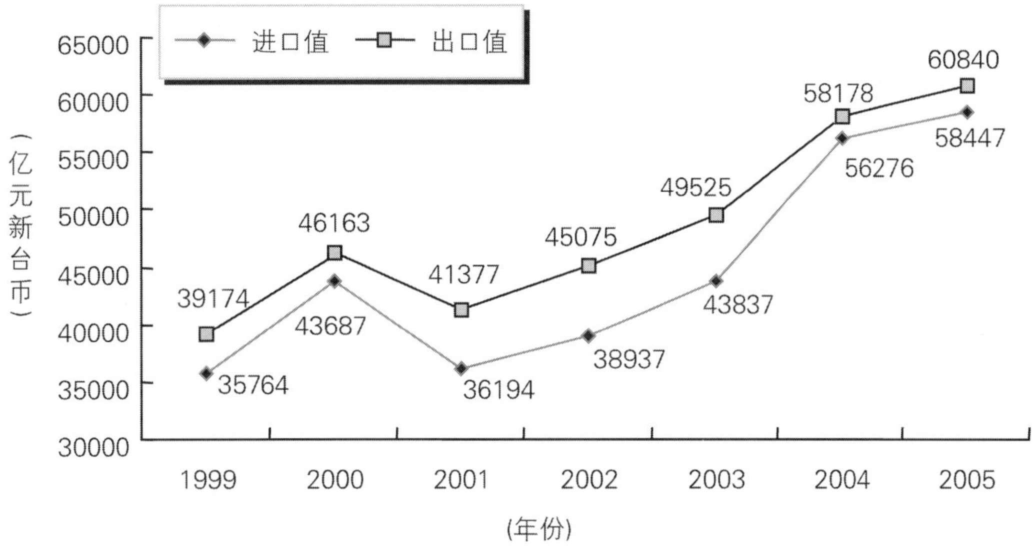

图1 台湾地区历年进出口贸易金额

资料来源：台湾财政部统计处网站“重要财经统计资料”；台湾工研院产经中心整理（2006/03）。

（三）转口货源的流失

台湾地区过去考虑内需市场有限，因此积极发展成为国际货物运输的转运站。但近两年来，高雄港集装箱装卸量从971万标箱下滑至947万标箱，及转口柜从503万标箱下滑至482万标箱等之事实，反映出货源逐渐流失，因此较难吸引船公司靠泊。而货源流失的原因，则必须检讨是否有相配合的条件，如市场开放、运输网络之完整、内陆网络的配合、港口作业的效率及相关优惠奖励办法等。

（四）从需求单一物流服务转为整合型物流服务

台湾地区过去是以制造业为主，因此，为了外销，对仓库的需求高；但近几年来，制造产业纷纷外移，岛内多为内需型的服务业，例如批发零售、餐饮等，而这类业者多不需大量的仓库设备做储存，转而从需求单一物流服务为需求整合物流服务形态，包括分拣、包装、少量多样、一日多次配送等。

（五）台商西进中国大陆衍生出不同类型的物流需求

2000年之后，台商进入中国大陆的业者多属于高新科技类厂商，如广达、明基、神达、华硕、台积电等厂商。此阶段厂商规模大、人才多，投入的产业如计算器、手机晶圆代工等IT产业，技术或资本密集的产品、产业亦逐渐转移至大陆，并且出现由上下游零组件、成品到销售，整个供应链一起移动的情形，通过IT技术，进行大陆制造、台湾研发与接单管理的营运模式。

这些企业除了在大陆继续经营供应外销市场之外，也开始在中国大陆进行网络布局与研发的工作，例如，发展中国大陆3C内销市场，以直销或经销为主发展流通业，依赖品牌知名度，以新兴网络3C卖场开始发展。目前，后勤的物流服务需求可分为三大类型：第一类是信息电子生产厂配合客户快速反应的要求，需要供货商管理存货（Vendor Management Inventory，VMI）的物流运作服务；第二类是针对内销市场的网络经营下的物流管理，目前一般由企业内操作，少部分委托3PL作业；第三类是面对全球市场的全球运筹物流服务需求，在中国大陆政策限制下，此部分的物流量仍较大，目前委外由国际性物流企业处理较多。

三、关联产业层面——国内外厂商技术发展成熟

物流作业的效率除了依赖物流业者执行产品集散、产品规划、信息收集、采购、库存、流通加工、包装、仓储、装卸、运输配送等功能外，仍需要合适的软件与硬件来支撑，使得物流功能得以有效发挥。因此，物流周边的厂商（如设备业、系统业与顾问服务业等）可视为物流业的支持产业，提供技术、设备、信息系统或解决方案给予物流业者，物流业者即可因此运用支持业者所提供的设备而提供高附加值的服务。

台湾地区物流设备厂商的科技发展十分成熟，厂商也有不错的表现。设备类厂商有统筹承包，包含 AS/RS、输送机等硬设备类，海内外知名公司如：广运机械、台北贸易、西门子、盟立、大福、村田、台朔重工等在当地都发展得相当好。WMS（仓储系统）、TMS（运输系统）为主体之系统厂商如：华经、伟盟、指标、瑞客、凯普斯、鸿志、富士通、智诚等。软件一般分本土性软件及国际性进口软件，两种软件在台湾地区发展都有各自的市场：本土企业较多采用本土发展的软件，国际性企业则较多采用国际性的套制软件。

四、企业层面——规模有限，面对国际市场竞争力有待增强

台湾地区物流业者的经营规模大多属于中小企业。从事国际货物运送的地区物流业者也多为中小企业，资本规模小、专业分工细、信息化程度较低且服务项目较为单纯；从事地区内运输的物流业者则主要以陆上运输为主，进入门槛不高，多属靠行形态经营且数量较多。由于台湾地区物流企业经营规模过小，也衍生出与其他上下游厂商相互合作的模式与需求。

近年来，全球经济产生结构性改变，亚太地区扮演重要的成长动力来源，北美与西欧的跨国企业为了在亚太地区建立其区域营运基地，非常看好台湾在亚太地区重要的地理位置，而将其纳入它们的国际航线。

然而随着市场的开放，国际品牌主导各地区市场，形成世界市场的模式，改变了原本的供销结构，对于国际物流服务的需求也更高。为了达到有效的管理、降低国际物流成本，国际大厂逐渐将物流外包服务以国际标或区域标的方式进行。对此，台湾地区的物流业者因为在国际布点及服务深度与广度的不足，所以较难抢占物流服务的国际标或区域标，并且由于台湾地区的市场划入亚洲区内的服务范围，使许多本土物流商的客户也转移至外商体系之下，造成台湾地区的物流业者在国际与境内两个市场均受到冲击。

五、机会层面——新兴市场物流服务需求增加

中国大陆的流通市场日趋成熟，人均 GDP 在 2002 年时增长 7.4% 达 8214 元人民币，首度突破人均 GDP 1000 美元大关，象征着未来中国大陆将迈入发展连锁超市的阶段。中国大陆的流通业自改革开放至今，经营业态已渐由传统朝向现代化经营模式发展。市场的渐渐开放使得流通环境不断转变趋于成熟，其中支撑商流运作的物流机制尚处于开发状态，未来发展潜力相当大。

近几年，许多跨国性的专业物流公司看上中国大陆的物流市场发展迅速且规模巨大，鉴于台湾地区特有的地理位置，邻近中国大陆、两地语言文字相通且物流经营已具实战经验等，因此，它们把台湾地区当作进军中国大陆市场的跳板。

除了中国大陆以外，台湾地区制造业在全球的布局紧密，尤其在东南亚地区分布更为广

泛，物流服务亦可以伴随制造业进入到不同的新兴市场，进行上下游供应链的紧密结合。

六、台湾政策层面——视物流服务为重要策略性服务业之一

近些年，台湾地区政府对物流业越来越重视，尤其是在台湾地区制造业产值逐渐下滑，服务业版图不断扩大并取而代之后，台湾地区政府在 2004 年提出服务业发展纲领及行动方案，其中物流为策略性发展的项目之一。除了台湾地区政策纳入物流议题外，有关主管机关也不遗余力地修改相关物流法令，例如，物流用地限制的放宽、单一证照发放之可行性评估、自由贸易港区、快速通关等，皆为台湾地区政府对物流发展的重要举措。此外，劳退新制的上路，加速企业保有核心竞争力，并且将非核心业务进行外包，也对促进物流外包第三方物流业者的发展具有重大的意义。如图 2 所示。

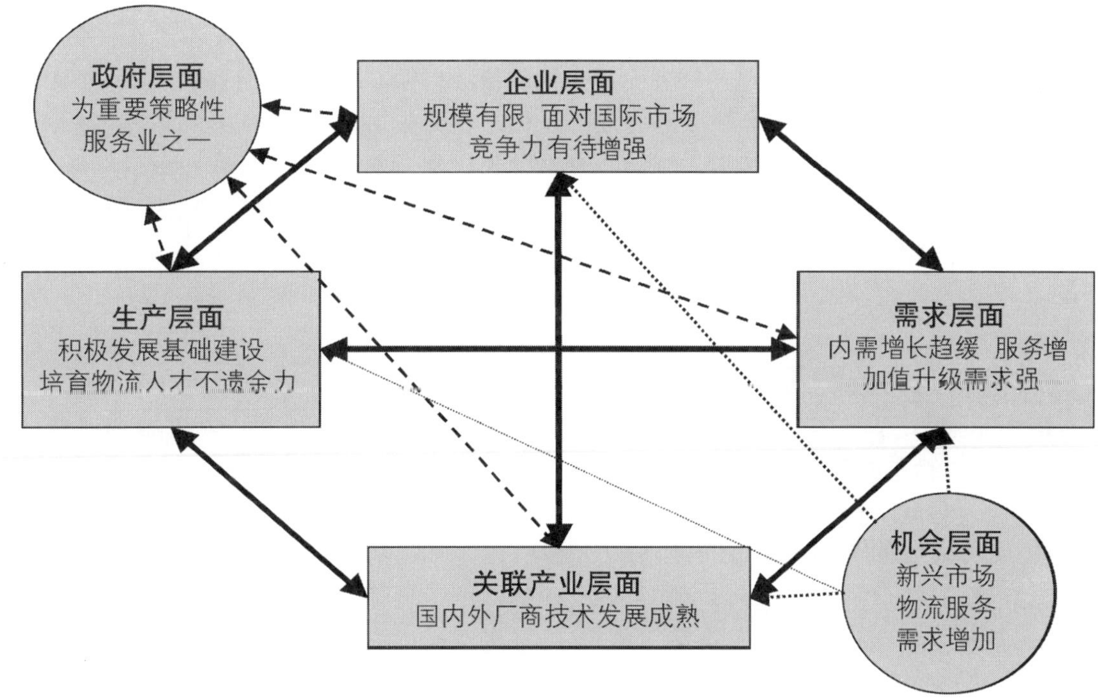

图 2　台湾地区物流产业竞争力分析

资料来源：工研院产经中心（2007.01）。

（供稿：中国台湾物流协会）

香港特别行政区航运物流

一直以来香港地区经济发展的多个层面非常依赖四大产业的支持和推动：金融服务、航运物流、专业服务及旅游服务。其中，航运物流业是其中所占比重最高的行业，其他三大行业又在很大程度上受航运物流的影响，如人流及资金流动。

一、香港航运物流现状

说到香港航运物流的状况，人们都会不约而同地提及其得天独厚的地理优势、较完善的基础设施以及自由港的高效管理。在海运方面，香港是全球最繁忙和最高效率的国际集装箱港口之一，是全球供应链上的主要枢纽港。根据香港航运发展局的数据显示，目前香港有80多条国际班轮每周提供约500班集装箱班轮服务，连接至世界各地500多个目的地。葵涌及青衣区共有9个码头，占地275公顷；有24个泊位，水深15.5米，深水岸线8530米。在过去的十多年里，能以平均每年11%的速度增长，集装箱吞吐量不断刷新，截至2006年，香港集装箱吞吐量已达2350万个标箱，预计在2020年可达到4000万个标箱。

从1987年起，香港集装箱港口吞吐量跃居世界第一位，并一直保持全球领先地位到2004年。自2005年以来，虽退居世界十大集装箱港口第二位，但仍保持其活力及领先地位，在与集装箱航运有关的运输、船舶注册、融资、保险、经纪、海事仲裁、船舶及管理、验船、维修、船只补给等方面，仍保持着较高的专业服务水平。

在空运方面，根据香港民航处的数据显示，香港已与58个国家和地区签署了民航协议，每周约有5200多个航班往来全球的140多个目的地。其中，包括42个内地城市，货运量由1997年的179万吨，升至2006年的358万吨，增长了整一倍；收入则增长了1.7倍。香港国际机场有卓越的国际声誉，包括紧急货物处理、最佳服务质量和高频率的国际航班。并多次被选为全球最佳机场。此外，香港拥有全球最大的空运货站，也是全球最繁忙的国际空运货物处理中心。2007年，在慕尼黑举办的欧洲空运业展览及会议上，由空运业界刊物《*Air Cargo Week*》首次举办的“Air Cargo Awards 2007”获得“2007年度最佳空运处理货物代理奖”。该奖项无疑确认了香港空运货站在国际空运业界无可比拟的货物处理能力和一流的服务水平。

二、香港航运物流的核心竞争力

除了香港自由港的政策、法治环境和资金

自由流动所形成的营商环境之外，是什么因素促使香港航运物流取得这些骄人的成绩呢？仅仅依赖于硬件优势（例如基础设施、技术、设备等）所获得的优势是缺乏持续性的。因为显而易见，通过投资方式，竞争对手可获得同样的硬件优势。香港航运物流的核心竞争力在于航运物流的卓越管理，核心竞争力可被定义为企业具有的人无我有、人有我强的一系列技能和知识的组合，并且这些组合体现在企业核心业务活动中，成为难以被其他企业所复制的独特能力和风格，这些能力支持了企业的持续性发展，而企业的持续发展又能不断扩大和强化这些独特能力（如下图所示）。

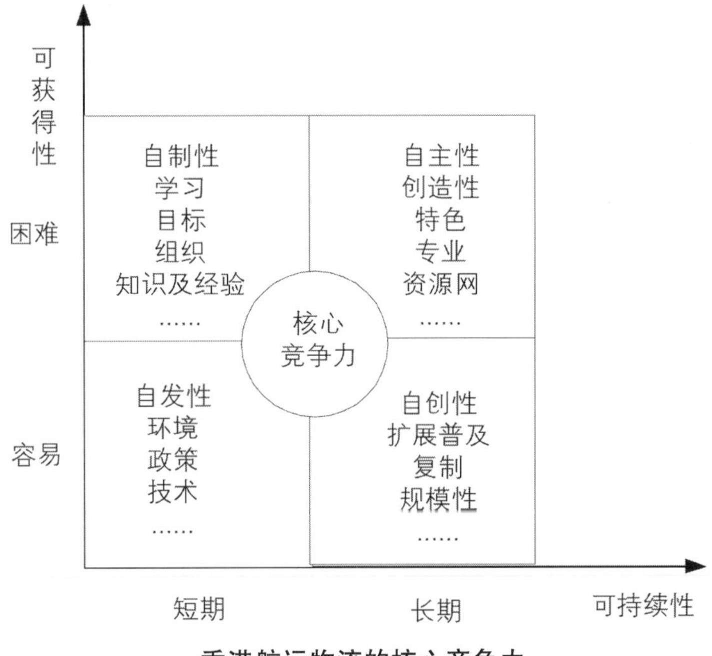

香港航运物流的核心竞争力

上图从两个主要方面表达核心竞争力内容：可获得性及可持续性。可获得性是指企业获取竞争力的方式及难易程度；而可持续是指竞争力能否支持企业或业务持续领先竞争对手的能力。从图中可以看到核心竞争力侧重于企业自主性和自创性：即企业能充分利用其自身具有的特长，创新和普及其经营模式，扩展其网络和规模，巩固和强化其业务的独特性，超越竞争对手。

香港航运物流的核心竞争力是其恰当应用物流供应链的内在规律、应用科学的数量化的管理方法，建立和不断完善适合航运物流供应链的运作模式，以及利用现代物流技术所形成的一套完整的管理和运作政策、制度、标准、守则、方式、企业之间以及个人之间的工作关系和诚信。这些运作模式与国际公认的运作原则的一致性，获得国际物流行业所广泛接受和信任，成为香港航运物流国际化的核心基础。加之香港航运物流企业的积极性向上、进取精神和高效率工作的地方特色成为其核心竞争力独特风格。正如香港驻粤经贸办主任梁百忍接受《羊城晚报》专访时所说：对于内地企业而言，国际化是香港企业的真正强项。内地企业到香港设办事处，不仅能接触到海外的顾客、获得更多订单，还能学习了解与国际接轨的营运方式、制度体系、营销规则和诚信体系。

用现代集装箱码头有限公司自主开发的码头集装箱装卸综合管理系统为例，该系统使得集装箱装卸运作管理人员随时掌握运作实况，当需要指定一项工作及作业区给某个吊车，系统自动将作业任务分配给该吊车。系统还可以自动选择离作业点最近的吊车来匹配堆场，系统可以列出每个吊车尚未完成的工作及工作量，系流会自动记录完成工作的信息。此外，该系统具有计划、协调和监督的功能，系统存有每个集装箱的详尽数据，提供多种查询、报告及分析工具，协助管理集装箱储存。该系统与信息交换服务与门禁程序自动化系统连接，而且有显示堆场三维地图的特别功能，随时提供码头集装箱的准确位置。通过这些先进技术，码头实现了缩短船只停泊的时间，加快集装箱运输车辆在码头的周转，并对客户的特别要求做出灵活处理。通过该系统的设计，码头集装箱的运作规律，操作的具体规定和标准，以及误操作的纠查等都体现在系统的作业程序中。

三、香港航运物流面对的挑战

（一）香港贸易模式转型对航运物流的影响

香港进出口贸易是与航运物流密切相关的行业。近些年来，以转口贸易为主的传统贸易的重要性逐步下降，离岸贸易模式的比重变得越来越大，香港正在从一个转口贸易中心逐步转变成为一个集多种贸易模式为一体的贸易运营和控制中心。贸易中的本地产品出口量更多地转向转口贸易量，转口功能的加强反映了生产工序在珠三角北移后香港加工贸易活动范围扩展的结果，也反映了香港在内地特别是珠三角地区加工贸易的发展。

贸易转型的另一个方面是转口贸易转向离岸贸易，转口贸易增长放慢，离岸贸易迅速崛起。离岸贸易是指香港从事的无须途经香港的进出口贸易活动，它和转口贸易的主要区别在于有关货品是从货源地直接运往海内外的目的地，没有经香港清关。根据香港贸发局的统计数字，1997 年香港离岸贸易总额约 1 万亿港元，相当于转口贸易总额的 84.5%；2000 年离岸贸易额增加到 1.4 万亿港元，开始超过当年的转口贸易额；三年间离岸贸易额年均增加 10.6%，这种趋势目前仍在不断地扩大。与此同时，外商机构将直接进入内地从事分销和采购业务，香港贸易公司也将更多地进入内地并从内地直接出口，这将进一步推动香港的贸易转型及促进离岸贸易的发展。

（二）贸易转型直接影响到航运货量的变化

以集装箱运输为例，20 世纪 90 年代初，珠三角集装箱经香港出口的比重高达 90%，2006 年已降至 70% 左右。根据香港港口发展局在 2000 年发表的港口货量预测中估计，到 2010 年珠三角集装箱经香港出口比重将进一步降至 50% 左右。2004 年之后，香港港作为世界集装箱吞吐量第一的优势，最近几年被深圳港和上海港迎头赶上。2007 年上半年香港港的集装箱吞吐量已被上海港超越。不但如此，香港港处理集装箱数量也将被深圳港超过。在 2006 年，根据香港航运发展局的数据显示，香港港集装箱吞吐量 2354 万标箱，仅比深圳港多 500 万标箱。

（三）珠三角港资制造业经营模式变化

近些年来，在珠三角大力优化产业结构的背景下，珠三角港资制造业再一次面临是转型还是转移的两难选择。随着内地内需经济的快速崛起，以及加入 WTO 、国际物流开放程度的加强，劳工成本和环保（绿色制造）要求的提高，在珠三角的港资制造业面临全新考验。“前店后厂”的低成本及劳动力密集型、兼享政策优惠的生产模式已经成为过去。香港大学研究报告《珠三角制造——香港制造业的蜕变》中提到，在 2003 年前后，港资企业在珠三角仍维持“前店后厂”格局，当时95%以上的公司都将总部设在香港。但此种格局在近些年发生了明显的改变。目前只有约2/3的公司将总部设在香港，而总部设在珠三角的公司已接近1/3。港资制造企业的所有工序都在迅速地向珠三角转移，包括销售推广、财务、生产管理、研发、运输、物流等方面。此种经营工序转移的深刻变化反映出珠三角港资制造企业已从“前店后厂”模式向出口与内销相结合的“双向市场导向”模式转变。在2003年，珠三角港资企业内销商品的比例还不到5%，现在内销的比例已达到了20%~30%，并且增长的态势仍在不断地扩大。这种市场需求模式的转变，相对减少了珠三角制造企业出口商品的数量，扩大对内地的销售数量，使得经香港航运物流的出口流量受到了很大的影响。

（四）珠三角航运物流的发展

珠三角的航运物流在近些年来取得了飞速的发展，对香港航运物流带来了重大挑战。仅从深圳港口吞吐量的增长可见一斑：根据香港港口发展局的数据显示，深圳港集装箱处理量于1997年首次突破100万标箱（114.7万标箱），还不到香港港当年1438.6万标箱的7%。但是，在2001年，深圳港就已首度进入全球货柜港十大排名，以504.3万标箱列第八位，其后每年以双位数增长，2002年的吞吐量为761.4万标箱，按年增长率50%；2003年为1065万标箱（增长39.87%）；2004年为1362.6万标箱（增长27.94%）；2005年为1615.9万标箱（增长18.58%）；2006年达到1847万标箱（增长14.3%）。香港港同期的增长率则分别为7.39%（2002年）、6.8%（2003年）、7.5%（2004年）、2.8%（2005年）及4.1%（2006年）。这些发展不可避免地带来了珠三角区域有关行业非良性竞争，总体资源不能合理配置和效益成本下降等问题日趋严重。在2004年，《香港港口规划总纲2020研究》调查结果就表明：“香港港口与深圳港口服务质素上的差异日益缩小，两地的港口服务都能够达到客户的基本要求，供货商和采购商在选用出口港的决定时，越来越易受价格的左右”。目前，香港仍无法匹敌深圳和内地航运的低成本优势，而且随着制造业和供货商不断地北移，内地港口距货源更近，香港航运物流逐渐失去其优势。

四、香港航运物流业发展机遇

从宏观层面来讲，中国经济的持续增长和市场发展为香港航运物流业提供了广阔的发展空间。为了使香港的航运物流能够在中国物流业发展过程中继续担当重要角色，香港应致力做好以下几个方面的工作：

（一）香港特区政府须尽快完成职能转变

在港英殖民时代，港英政府以“积极不干预”的自由经济发展名义为借口，不介入香港航运物流发展同内地，特别是同珠三角经济和市场发展的协调，错失了许多机遇。甚至在“回归”后的十年内，香港的经济和行业发展仍未纳入国家发展长远规划。最近几年来，内地各省市都把物流业作为今后发展的重要行业，随着珠江三角洲和华南地区的经济紧密融合，香港航运物流与内地的交往应越来越多，香港特区政府须顺应行业需求，积极主动地与内地政府及行业协调，带领香港航运物流行业融合于国家整体的经济发展。可惜特区政府还未形成代表业界和内地政府协调的职能模式。因此，香港特区政府对航运物流的管理职能必须转变。

香港特区政府可以借鉴新加坡政府的经验，建立了“第四方物流平台”，并采取有约束性的措施使航运物流的利益相关者积极参与内地物流发展，协调航运物流基础建设，融合物流发展规划，避免非良性竞争，共同降低经营管理成本，节省时间和提高企业服务水平。此外，特区政府应积极同中央政府配合，把香港各行业发展纳入国家长远发展规划之内。

（二）香港应致力于进一步建设航运物流的基础设施

2007年7月，香港—深圳西部通道已通车，连接内地与香港的陆路交通增加新的通道，降低运输成本，提高客、货车的过关效率，增加航运货量，对提升香港和深圳航运物流及经济发展有一定的帮助。与新加坡相比，我国香港的集装箱吞吐量与其相差不多，但新加坡集装箱码头比我国香港大6倍，香港特区政府的高地价政策对发展物流造成很大困扰，尽管每年有那大量跨境物流使用香港港口，又认同香港的物流服务、简单方便的报关手续和免关税等，但是香港的运输物流业仍不受社会欢迎。因为，每日处理数万个集装箱，许多集装箱运输车辆在马路上行驶，造成沉重的交通压力，加重空气和燥音污染，而且不时导致交通堵塞。

为了改变这种状况，特区政府应进行新的物流设施建设，在葵涌和美孚附近的港口延伸区兴建码头，以便接驳能承载8000～10000个集装箱的现代集装箱货船。另外，在大屿山西南面与牛头岛对开的海域可发展一个大型集装箱码头和物流园区，因为那里的水深达20～28.5米，海域够大，又接近香港国际机场及深圳港。从可持续发展的角度来看，当葵涌集装箱码头迁到大屿山西南面后，该地就可以由工业用地转为住宅用地，大大降低空气和燥音污染，缓解交通压力。

另外，目前的屯门公路，预计到2016年区内的交通就会饱和，出现严重交通堵塞。因此西部绕道工程应尽快开工。香港特区政府计划在屯门海岸兴建绵延4公里的海底隧道，连接赤腊角机场和西部通道，珠三角货物可全天候直达香港机场。

拟建中的另一个大型跨界基建工程——港（香港）珠（珠海）澳（澳门）大桥，有助于改善香港与珠三角西岸之间的交通滞后状况，缩短珠海、澳门与香港之间的交通运输时间。

（三）扩大和深化香港航运物流与内地经济的融合

2004年1月1日起实施的《内地与香港关于建立更紧密经贸关系的安排》（CEPA），为内地和香港的航运物流注入了活力。根据CEPA的规定，香港公司可以以独资形式在内地提供相关的货运配送物流服务，包括公路货物的运输、仓储、装卸、加工、包装、配送以及相关信息处理服务和有关咨询业务，国内货运代理业务，利用电子商务网络管理和运作物流业务。内地对香港的物流企业提前实施对世贸组织成员所作的开放承诺，消除了香港物流企业开辟内地的限制，香港公司进入内地市场后，一切运作依照内地公司的标准管理，降低了香港企业开拓内地市场的成本。CEPA的实施使两地物流业开始真正融合，截至2006年年底，根据香港工业贸易署的数据显示，港澳共有1989家服务业机构按照CEPA条件申请赴内地投资，半数以上已开始运作，其中运输和物流服务业的申请达1230件。但是，除了CEPA所形成的融合机制外，香港航运物流企业也须充分发挥其核心竞争力的软优势，结合内地企业现已形成的硬件基础设施，使中国航运物流业向世界水平迈进。

（作者：史新平博士　廖子奇　陈培毓
香港浸会大学物流管理研究中心）

第六部分

物流技术与装备

2006 年中国物流技术与装备

一、2006 年我国物流技术与装备的生产、销售、市场供求

随着我国的经济快速发展和技术的进步，物流技术与设备也取得了长足的进步。物流技术是一项系统工程技术，我国的起重运输（物料搬运）机械行业从 20 世纪五六十年代开始建立并逐步发展壮大，已形成了各种门类的产品范围和一定数量的企业群体，服务于国民经济各行各业。主要产品有 6 个大类、1400 多个品种规格，其中有起重机设备、输送设备、装卸机械、仓储机械、工业搬运车辆、电梯及自动扶梯等。

目前，物流技术与设备的定义，仍源于上述物料搬运设备制造业。由于长期管理体制形成的统计方法仍沿用至今，故现在尚难以对物流技术与装备作全面科学和精确的统计来提供相关的各种数据。表 1、表 2 和表 3 分别为物流技术与装备中占主要地位的物料搬运机械行业 2001—2006 年的主要经济指标，2006 年该行业的有关分类产品情况以及 2006 年行业的主要产品进出口情况。

表 1　物料搬运机械行业 2001—2006 年主要经济指标

年份	工业总产值(亿元)	同比增长(%)	销售收入(亿元)	同比增长(%)	利润(亿元)	同比增长(%)
2001	421.89	30.6	411.8	34.1	20.44	87.8
2002	538.31	27.6	522.73	26.9	27.88	27.5
2003	751.09	35.4	708.23	35.5	36.92	32.4
2004	1041.40	38.7	1030.05	31.67	53.83	45.8
2005	1328.07	27.5	1271.60	23.45	73.69	36.9
2006	1695.72	26.91	1623.31	27.08	109.49	50.85

表 2　　2006 年该行业的相关分类产品情况

产品名称	单　位	产　量	2005 年同期产量	同比增长（%）
起重机械设备（308 个企业）	万吨	269.48	187.78	43.51
输送机械设备（116 个企业）	万米	182.16	143.83	26.65
叉车（33 个企业）	万台	10.66	7.77	37.25
减速器（160 个企业）	万台	229.18	108.96	15.18

表 3　　2006 年行业的主要产品进出口情况　　（单位：亿美元）

海关货物名称	出口额	进口额	进出口总额	出进口差额
轻小起重设备	7.26	3.03	10.29	4.23
起重机械设备	18.78	5.47	24.25	13.31
工业车辆	4.76	3.09	7.85	1.67
电梯、自动扶梯、升降机	6.40	1.78	8.18	4.62
连续输送设备	3.85	11.96	15.81	-8.11
物料搬运设备零部件	6.95	3.21	10.16	3.74
合计	47.99	28.55	76.54	19.44

由以上表中统计数据可见 2006 年该行业的经济运行特点：

一是生产、销售额仍继续保持在 25% 以上的高速增长态势，工业总产量、销售收入和利润再创历史新高。

二是产品出口额大幅增长，进出口顺差达 19 亿美元，较 2005 年同比增长 191.30%。作为出口亮点的产品，起重机类中有集装箱装卸桥为 9.57 亿美元；轻小起重设备中千斤顶为 3.19 亿美元。

三是主营业务收入前 50 家企业生产、销售集中度高，是该行业的主要支柱企业。该 50 家企业占行业企业总数 3.89%，而占全行业工业总产量的 63.33%，主营业务收入的 63.83%，出口交货值的 85.9%、资产总额的 58.39% 和利润总额的 73.04%。其中，工业总产值超过 100 亿元的有徐州工程机械集团公司和上海振华港口机械集团投资有限公司。

四是三资企业处于行业相对主导地位，国有企业及三资企业数比重下降，私营企业数比重增加。

五是自 2004 年初国家对冶金、水泥等投资过热行业采取宏观调控措施后并未见对本行业发展有直接的影响。

六是经济效益总水平继续提高。

二、物流技术与装备的内外市场需求及技术发展趋势

（一）内外市场需求概况

“十一五”期间国家重点发展能源、电力、石化、冶金、造船、交通等工业领域，上述产

业领域中均包括物流技术与装备产品需求。

重点发展的装备和产品计有：火力电站输出系统成套设备及环保输灰设备；煤炭开采、运输、洗选等相关装卸、输送成套设备；大型散料港口装卸运输系统成套设备；大型集装箱装卸搬运成套设备；大型港口/公路，铁路货运的集装箱装卸运输成套设备；汽车、造船和制造生产线所需的智能柔性化，物流工程成套设备；大型自动化立体仓库以及大型物流配送分检中心；及信息自动化物流工程成套设备；大型水电站专用起重机；大型冶金起重机等；大型机械式立体停车场系统成套设备；城市固体垃圾分检处理系统所需的搬运设备。

随着世界市场对物流技术与装备的总体需求不断增长，我国企业在国际市场上的竞争能力也在不断增加，物流技术与装备的出口也将继续较快而稳定地发展。

（二）技术发展趋势

近年来主要工业国家在物流技术与装备的发展趋势如下：

一是向大型高效和节能化发展。最大的桥式起重机起重量达1200吨，采用双小车、双40英尺集装箱的集装箱岸壁起重机；生产率达8000～10000吨/小时的斗轮堆取料机；自动化立体仓库、巷道堆垛机最大的运行速度达400米/分钟；带式输送机带宽达3.2米，带速超过9米/秒，单机最大输送距离超过30公里等设备。

二是采用新理论、新技术和新材料。采用优化设计、可靠性概率设计、虚拟设计和传真技术、CAD/CAE设计方法等。

三是向自动化智能化和信息化方向发展，在成件物品中大力推进RFID技术的应用，在系统工程中实施自监控、自诊断维护装置技术。

四是向模块化、通用化、多样化发展。采用模块组合方式，以较少的零部件组成多品种、多规格、多用途的系列产品。

五是重视产品的合理人机关系、外观造型和表面涂装，有利于提高作业效率和操作安全。

（作者：陈宏勋　交通部水运科学研究院　中国机械工程学会物流工程分会副理事长）

托盘行业

2006年中国托盘市场，总体呈现繁荣发展的态势。国内托盘制造企业逐步趋向规模化发展，并逐步开始重视新技术、新材料、新工艺的开发和利用。国外的一些大中型托盘制造企业加紧了在我国建厂及战略布局；一些国际知名的托盘公用系统公司和托盘租赁公司，已经开始在我国的重点城市进行战略布局加紧前期业务的拓展。与此同时，由中国物流与采购联合会托盘专业委员会牵头推动的中国托盘公用系统也紧锣密鼓地开始了前期的筹备工作，此项工作预计于2007年开始实质性的业务操作。

一、2006年中国托盘行业发展概况

（一）2006年全年各种材质托盘生产数量（不包括一次性使用托盘）如表1所示

表1　2006年全年各种材质托盘生产数量

托盘制造材料	木托盘	塑料托盘	纸托盘	钢托盘	复合材料托盘	合计
产量（万片）	1700	366	254	180	140	2640
实现产值（亿元）	17	10.98	6.35	1.26	1.68	37.27

（二）2005年各种材质托盘生产厂商地域分布如表2所示

表2　2005年各种材质托盘生产厂商地域分布

木托盘	塑料托盘	纸托盘	钢托盘	复合材料托盘
安徽、云南江苏、湖北	浙江、上海	浙江、江苏	沿海港口城市	分布不集中，比较分散

二、2006年中国托盘行业整体分析

（一）与2005年各种材质托盘产量及数量的对比分析

2005年，各种材质托盘的产值为31.07亿元，2006年各种材质托盘的产值达到37.27亿元，增长幅度为19.95%；2005年全国托盘总产量为2509万只，2006年全国托盘总产量为2640万只，同比增长幅度为5.22%（如图1、图2所示）。

从产量上看，各种材质托盘中增幅最大的是钢制托盘，其增长幅度大约在30%；塑料托盘增长幅度为20%；纸质托盘增幅为3%；复合材料托盘基本持平；木质托盘略有下降。

综合分析可以看出，2006年全国托盘行业整体产值增长比较快，产量增长相对比较平

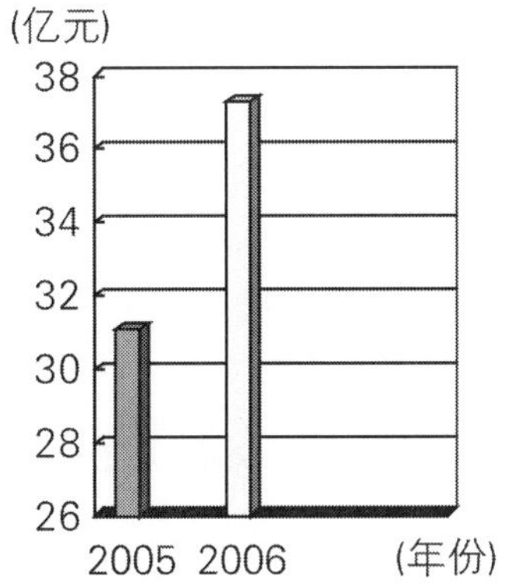

图 1　2005—2006 年各种材托盘产值

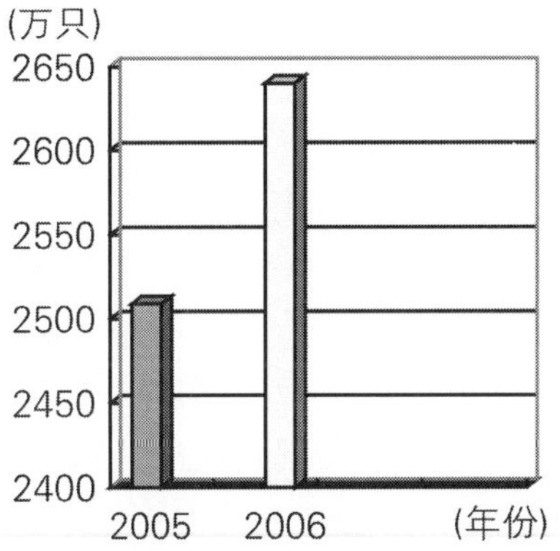

图 2　2005—2006 年全国托盘总产量

稳。尤其是塑料托盘经历了 2005 年塑料原材料大幅上涨的冲击以后，基本消化了涨价因素带来的负面影响，保持了平稳的增长趋势，截至 2006 年年底，全行业塑料托盘生产厂家基本都在满负荷生产，略呈现供不应求的状态，部分厂家有扩大产能的计划。

一是钢质托盘依然保持较高的增长幅度，尤其是带有上部结构的钢质托盘增幅最大，占到钢托盘总产量的 60% ~70%；另外，钢质托盘由于采用了一些新的结构设计，在保持原有性能指标的基础上使得钢质托盘的自身重量大幅度下降，进而降低了钢质托盘的重量。因此，带动了整体市场的需求。

二是木质托盘比 2005 年的产量和产值略有下降。主要原因是受国家宏观政策的影响，原材料价格上涨、原料来源相对比较紧张，抑制了需求。同时，由于国家对于出口用木质包装托盘采用了更加严格的动植物检验检疫标准，使得一部分出口企业为减少麻烦在出口货物时千方百计地寻找替代木质托盘的其他材料托盘，这也是木质托盘产量下降的原因之一。

三是复合材料托盘维持了 2005 年的产量和产值，没有太大的变化。

四是纸托盘随着技术的进步和加工工艺的改进，在 2006 年产量和产值都有比较大的增长。

（二）与 2005 年制造厂商地域分布对比分析

2006 年各种材质托盘制造厂商地域分布基本维持了 2005 年的格局。但是，也出现了一些微小的变化，主要是一些传统的托盘制造企业，逐渐在向物流发达地区转移或者建立分工厂。

三、木托盘发展分析

2006 年，我国托盘市场总体保持了 2005 年的营销趋势，即木托盘在市场份额中占主导地位，其他材料的托盘占次要地位。但是，整个木托盘生产企业都面临着一个严重的问题，就是原材料的来源问题和原材料价格的大幅度上涨。综合各大中型木托盘企业的情况，普遍感到 2006 年市场需求很大，原材料供应跟不上，影响了企业的稳定发展。针对这种情况，各大中型企业在逐步转变经营方式。开始有计划地放弃一部分低端市场，转而大力开发中高端市场。同时，一些企业开始将生产的目标转向新产品开发，例如，围板式托盘箱等附加值相对比较高的产品。可以说，以上两点是 2006 年木质托盘总体产量下降的重要原因。

四、塑料托盘发展分析

2006 年，塑料托盘继续保持了较高的增长比例。我们的统计数据表明，我国托盘正以不低于2000万只/年的速度递增，其中塑料托盘约占8%。2006年，由烟草和医药行业带动的塑料托盘新工艺——塑料托盘内置钢嵌件技术，在整个塑料托盘制造企业中广泛采用。从而带动了全行业的产品升级换代和技术的重大革新。

近几年，塑料托盘的平均更新率和增长率一直保持在20%左右，其中石化、烟草、食品、医药和运输等使用塑料托盘的数量更是成倍增长。就国内目前塑料托盘生产能力而言，5~10年后才能基本达到供需平衡。因此，塑料托盘在我国正处于高速增长期。

预计2007年塑料托盘将是快速发展的一年。保护环境，以塑代木，国际、国内物流业的发展，为塑料托盘的发展提供了巨大的市场和商机。随着科技的发展，塑料托盘生产用原材料、工艺等也会随之发展。由于塑料托盘在使用性能上的优势越来越为用户所认可，塑料托盘取代木托盘成为物流主导产品已是今后发展的必然趋势，塑料托盘在我国有着广泛的发展前途。

五、钢质托盘发展分析

金属材料的托盘在2006年的增长成为市场的亮点。特别是带有上部结构的金属托盘更成为金属托盘的增长重点。目前，在汽车行业中钢质托盘的使用是最多的，其次是乳制品行业和一些造纸行业。2006年，钢质托盘的总体特点是市场在逐步扩大，需求在逐步上升。同时个性化的托盘需求，特别是针对单一产品的特别设计是市场需求的重点，通用型的钢质平托盘从市场反馈的情况来看，需求也在逐步的上升中。

导致钢托盘快速发展的直接原因，首先，2006年钢材市场总体趋于平稳，并且钢材价格有下降的趋势，使得钢质托盘有了价格方面的竞争优势。其次，国内的钢质托盘生产企业已经开始重视自身产品的结构设计和新工艺的使用，使得钢质托盘的自重降低，而整体性能有了很大的提高，具有了和塑料托盘竞争的实力，从而改变了市场对钢质托盘笨重、价格高、不宜维修的传统认识。

六、塑木托盘发展分析

截至2006年年底，全国直接从事木塑复合材料研发、生产的企事业单位已逾150家，从业人员数万人。但是总体来说，塑木材料在我国的应用仍处于较为初级的阶段。这主要表现在：第一，企业数量少，不能形成一定规模的产业集群和群体拉动效应。第二，全国总体生产能力不够，生产线配置不理想，成套产品尤其短缺。第三，多数塑木产品品质不高，且种类单一，不少产品尚属于粗笨、简单的低端材料，缺乏市场竞争力。第四，诸多相关研发机构、辅助厂商缺乏与企业的协调，不能相互提供支持。

总体看，是技术工艺水平制约了塑木材料托盘的发展。尽管早在2003年国家发改委就将塑木材料列入了《国家高技术产业化新材料专项项目》，但由于受种种原因的制约，导致木塑材料市场推广严重落后，现在绝大多数人根本就不知道塑木材料为何物，甚至连一些主管部门的官员对此也知之甚少。同时木塑复合材料有些先天不足，比如其韧性低于母体材料，复合材料性能容易变异等。因此，塑木托盘急需产品的技术升级换代。

制约塑木托盘发展的原因主要体现在以下几点：

（一）市场认知度

木塑产业在国外都得到政府政策的扶持，如在日本，每收集、使用1吨废旧塑料，国家补助5万日元。木塑生产使用的木质原料属于小材小料和加工剩余物，增值税可即征即返。

欧美等发达国家的木塑行业经历了20年，但国内的木塑行业从开发到制造出产品还不到10年，因此市场认知度低对于木塑行业来说是最大的困难。

（二）标准问题

目前木塑材料托盘在国内尚无统一标准，塑木托盘的标准也仅仅是参照木托盘的标准修订的，十分不完整。有关专家呼吁，国家有关部门应及早制订相关的行业标准，树立行业规范，以保证国产木塑材料的健康发展。

（三）来自国家的政策扶持

目前，国家发改委已将“木基复合材料的技术开发”归入《产业结构调整指导目录（2005年）》的鼓励类项目。国务院办公厅也在2005年年底向国家发改委等十二个部委下发了《关于加快推进木材节约和代用工作的意见》，要求“加强政策引导，加大技术支持力度。把木材节约和代用作为完善资源综合利用优惠政策的重要内容，由国家发改委牵头，会同有关部门研究提出《木材节约和代用技术政策大纲》，综合运用财政、税收、价格等经济杠杆，鼓励发展木材节约和代用，限制不合理生产、使用木材和浪费木材的行为。充分发挥企业主体作用，加快科技成果产业化”。但此项政策扶持的具体措施目前尚未公布。

七、托盘国家标准

关于托盘的国家标准，一直是困扰我国托盘业健康发展的瓶颈问题。随着我国物流的发展，国家相关部门已经认识到了托盘标准的重要性，因此，在2005年年底特别指定了由全国物流标准化委员会牵头、中国物流与采购联合会托盘专业委员会组织实施的托盘国家标准的修订工作。经过近一年的调研和组织专家学者以及企业的研讨，新的托盘国家标准征求意见稿已经形成并于2006年年底上报国家相关部门审批，预计2007年年内有望正式发布。新的国家标准基本确定两种规格作为国家标准即1200mm×1000mm和1100mm×1100mm。

八、托盘公用系统的建设

鉴于我国物流市场的快速发展，截至2006年年底，已经有5家国外的托盘公用系统公司在我国建立了公司或者联络处。其中，有4家已经开始在我国重点城市进行战略布局和前期业务的开展。另外，由中国物流与采购联合会托盘专业委员会多年来一直在倡导和推动的中国托盘公用系统也进入了实质性的前期准备工作。预计将于2007年年初正式成立并开展业务。该系统目前已经吸纳了一批国内大型托盘使用企业和国内的骨干物流企业参与，并有一批托盘制造企业参与系统的组建。该系统建成以后将是一个资产过亿的庞大系统，将全面覆盖中国的制造业和物流企业，并参与整个社会供应链的运转。

（作者：王晓雷　中国物流与采购联合会托盘专业委员会）

工业车辆行业

2006年是我国“十一五”规划的第一年，工业车辆行业在国内外市场和自主创新开发新产品方面都得到较快增长和发展，有了良好的开局。

2006年，作为物流特别是仓储物流重要装备之一的工业车辆行业，在我国物流业快速发展的基础上，电动平衡重乘式叉车、电动乘驾式仓储叉车、电动步行式仓储叉车、内燃平衡重式叉车（包括充气轮胎和实芯轮胎）、手动液压托盘搬运车（包括手动叉车）的产量和品种都有大幅度的增长，在节能环保产业政策的指引下，显示出工业车辆行业具有可持续发展的前景。

一、工业车辆行业市场概况

2006年，机动工业车辆销售量突破10万台达到10.67万台，比上年同期的7.87万台（上年数据已调整增加了新增单位的数据）相比，增长了33.52%；非机动工业车辆（手动液压托盘搬运车、手动叉车）销售量为182万台，比上年同期的152万台相比，增长了19.74%。从表1和表2可看出近年来各种工业车辆发展情况。

表1　　2002—2006年各类工业车辆产品销售表　　（单位：台）

类别 \ 年份	2002	2003	2004	2005	2006
电动平衡重乘式叉车	5055	6370	8596	10205	14447
电动乘驾式仓储叉车	900	1201	1792	2296	2981
电动步行式仓储叉车	1605	2295	2857	3587	5446
内燃平衡重式叉车	25417	35616	51230	59646	83795
合　计	32977	45482	64485	75733	106669

表2　　2006 年机动工业车辆各月销售情况表　　（单位：台）

月　份	Ⅰ～Ⅲ类电动车辆	Ⅳ～Ⅴ类内燃叉车	Ⅰ+Ⅳ+Ⅴ类叉车	Ⅰ～Ⅴ类工业车辆
1	1484	4252	5270	5736
2	1200	5421	6172	6621
3	1655	7394	8514	9049
4	1870	7269	8423	9139
5	1678	6945	8024	8623
6	2202	8524	10053	10726
7	1783	6876	7966	8659
8	2033	7269	8586	9302
9	1933	7786	8955	9719
10	1888	7062	8318	8950
11	2525	7307	8563	9832
12	2623	7690	9398	10313
合　计	22874	83795	98242	106669

按销售量排在前六位的企业是：安徽叉车集团公司（含 TCM）、浙江杭叉工程机械股份有限公司、林德（中国）叉车有限公司、大连叉车有限责任公司、台励福机器设备（青岛）有限公司、北京现代京城工程机械有限公司。

排名前三位的企业销售量总计为 62218 台，占全行业销售量的 58.33%；排名前六位的企业销售量总计为 76270 台，占全行业销售量的 71.50%。这表明，机动工业车辆行业的集中度是相当高的。

（一）内燃叉车销售情况

2006 年，行业共销售内燃平衡重式叉车 83795 台，与上年同期的 62285 台相比，增长了 34.53%。销售量排名前八位的企业是：安徽叉车集团公司（含 TCM）、浙江杭叉工程机械股份有限公司、大连叉车有限责任公司、台励福机器设备（青岛）有限公司、北京现代京城工程机械有限公司、靖江宝骊叉车有限公司、林德（中国）叉车有限公司、斗山工程机械（中国）有限公司。

排名前三位的企业销售内燃叉车总计为 52642 台，占全行业销量的 62.82%；排名前六位企业的销售内燃叉车为 63423 台，占全行业销量的 75.69%。这表明，内燃叉车的行业集中度是相当高的。

在内燃平衡重式叉车的销量中，按起重量吨位级分：0.0～1.199 吨位级的有 340 台，占总销售量的 0.41%；1.2～1.999 吨位级的有 5173 台，占总销售量的 6.17%；2.0～2.999 吨位级的有 18454 台，占总销售量的 22.02%；3.0～4.999 吨位级的有 51378 台，占总销售量的 61.31%；5.0～9.999 吨位级的有 7932 台，占总销售量的 9.47%；10.0～42.0 吨位级的有 518 台，占总销售量的 0.62%。

2006 年各类内燃叉车按燃料分类销售如表 3 所示。

表 3 按燃料分类各叉车销售表

	汽油叉车	柴油叉车	LPG/GAS	合计
销售量(台)	17848	64488	1459	83795
所占比例(%)	21.30	76.96	1.74	100

（二）电动车辆销售情况

电动车辆包括电动平衡重乘驾式叉车和各类电动仓储叉车。2006 年电动车辆销售总量为 22847 台，与上年同期比增长了 39.11%。

按销售量排名前六位的企业是：林德（中国）叉车有限公司，浙江杭叉工程机械股份有限公司、安徽叉车集团公司、上海力至优叉车制造有限公司、宁波如意股份有限公司、丰田产业车辆（上海）有限公司。

统计资料表明，排名前三位的企业销售量占行业销售总量的 52.23%；排名前六位的企业销售量占行业销售总量的 70.39%。显然，外资企业在电动车辆方面具有很大的优势。

按起重量吨位级分，电动平衡重乘驾式叉车销售情况为：0.0～1.199 吨位级的销量为 983 台，占总销量的 6.80%；1.2～1.999 吨位级的销量为 6263 台，占总销量的 43.35%；2.0～2.499 吨位级的销量为 3037 台，占总销量的 21.02%；2.5～2.999 吨位级的销量为 2442 台，占总销量的 16.90%；3.0 以上吨位级的销量为 1772 台，占总销量的 11.92%。

（三）主要省、市工业车辆销售情况

从各省、市工业车辆产片销售流向看，2006 年沿海经济发达地区和物流工作开展较好的地区工业车辆产品市场较好。除出口以外，主要省、市工业车辆销售流向情况是：

（1）广东省：2006 年销售各种叉车 12806 台，占市场份额的 12.01 %；

（2）江苏省：2006 年销售各种叉车 10588 台，占市场份额的 9.93%；

（3）山东省：2006 年销售各种叉车 8979 台，占市场份额的 8.42%；

（4）上海市：2006 年销售各种叉车 8843 台，占市场份额的 8.29%；

（5）浙江省：2006 年销售各种叉车 8548 台，占市场份额的 8.01%；

（6）福建省：2006 年销售各种叉车 4073 台，占市场份额的 3.82%；

（7）天津市：2006 年销售各种叉车 3757 台，占市场份额的 3.52%；

（8）北京市：2006 年销售各种叉车 3654 台，占市场份额的 3.43%；

（9）辽宁省：2006 年销售各种叉车 3473 台，占市场份额的 3.26%；

（10）河北省：2006 年销售各种叉车 3146 台，占市场份额的 2.95%；

（11）河南省：2006 年销售各种叉车 2121 台，占市场份额的 1.99%；

（12）安徽省：2006 年销售各种叉车 1759 台，占市场份额的 1.65%；

（13）湖北省：2006 年销售各种叉车 1705 台，占市场份额的 1.60%；

（14）山西省：2006 年销售各种叉车 1626 台，占市场份额的 1.52%；

（15）四川省：2006 年销售各种叉车 1383 台，占市场份额的 1.30%；

（16）黑龙江省：2006 年销售各种叉车 1281 台，占市场份额的 1.20%；

（17）吉林省：2006 年销售各种叉车 1273 台，占市场份额的 1.19%；

（18）陕西省：2006 年销售各种叉车 1186 台，占市场份额的 1.11%；

（19）湖南省：2006 年销售各种叉车 1176 台，占市场份额的 1.10%；

（20）江西省：2006年销售各种叉车1027台，占市场份额的0.96%。

以上20个省、市销售各种叉车82404台，占全国市场份额的77.25%。

（四）轻小型搬运车辆市场情况

2006年，手动液压托盘搬运车（包括手动叉车）销售量达182万台，与上年同期的152万台相比，增加了19.74%。值得一提的是轻小型搬运车辆出口市场在欧盟执行仲裁反倾销税率后，仍出口122.58万台，仅长兴诺力机械有限公司和宁波如意股份有限公司两家出口近百万台，充分说明手动液压托盘搬运车出口前景广阔。

按销售量排名，排在前六位的企业分别是：长兴诺力机械有限公司、宁波如意股份有限公司、常州市博力搬运机械有限公司、浙江金华起重设备厂、上海倍力机械制造有限公司、湖北金茂机械科技有限公司。其中，排名前三位的企业产品销售量占全行业的74.38%。

（五）固定平台搬运车市场情况

2006年，行业销售固定平台搬运车共计440台，与上年同期的448台，减少了1.79%。

（六）牵引车市场情况

2006年，行业销售牵引车总计为1128台，（其中电动牵引车为433台，内燃牵引车为695台），与上年同期的969台，增长了6.41%。

（七）进出口情况

1.2006年工业车辆出口情况

2006年，全国出口叉车及装有升降或搬运装置的工业车辆共计125.24万台，与2005年的出口量91.38万台相比，增长了37.05%；出口金额4.6亿美元，与2005年的出口金额2.96亿美元相比，增长了55.40%。其中，电动叉车（含巷道堆垛机）出口9434台，与2005年的6542台相比，增长了44.21；内燃叉车（含集装箱叉车）出口17154台，与2005年的9920台相比，增长了72.92%。工业车辆分别出口到165个国家和地区（如表4所示）。出口叉车从数量上名列前五位的国家和地区详见表5。由表5可以看出近五年出口叉车构成比例变化，其中：手动液压托盘搬运车（包括手动叉车）出口122.58万台，出口金额达1.69亿美元，不难发现其数字增长是很大的。

表4　　出口叉车去向排名表

名次	电动叉车		内燃叉车		其他未列名叉车	
	国家、地区	数量（台）	国家	数量（台）	国家	数量（台）
1	美国	1102	俄罗斯联邦	1621	美国	252738
2	中国香港	795	土耳其	1087	德国	179264
3	德国	523	南非	941	意大利	53470
4	法国	513	法国	852	俄罗斯联邦	47249
5	俄罗斯联邦	462	美国	685	西班牙	41917

表5 出口叉车构成比例变化情况表

年 份	叉车合计（台）	电动叉车		内燃叉车	
		出口量（台）	所占比例（%）	出口量（台）	所占比例（%）
2002	3775	1215	32.19	2560	67.81
2003	4772	1574	32.98	3198	67.02
2004	9696	4341	44.77	5355	55.23
2005	16462	6542	39.74	9920	60.26
2006	26588	9434	35.48	17154	64.52

2. 2006年进口工业车辆情况

2006年，进口叉车及装有升降或搬运装置的工业车辆共14938台，与2005年的进口量14920相比，增长了0.12%，进口金额为2.86亿美元，与2005年的进口金额2.09亿美元相比，增长了37.05%。其中，电动叉车（含巷道堆垛机）为7712台，与2005年的进口量7673台相比，增长了0.51%；内燃叉车（含集装箱叉车）为3211台，与2005年的进口量3481台相比，下降了7.76%；未列名叉车4015台，与2005年的进口量3766台相比，增长了6.61%。

近五年叉车进口情况如表6所示。

表6 叉车进口情况表

年 份	进口量（台）			
	工业车辆合计	电动叉车	内燃叉车	未列名叉车
2002	17128	3995	3197	9936
2003	15630	5259	3979	6392
2004	15103	6366	3821	4916
2005	14920	7673	3481	3766
2006	14938	7712	3211	4015

2006年，全国进口叉车10923台，其中构成比例的变化是：电动叉车共计7712台，占叉车进口总量的7.60%，比2005年增长了1.81%；内燃叉车为3211台，占叉车进口总量的29.40%，比2005年下降了1.81%。进口叉车构成比例的变化情况如表7所示。

总体看，这些进口的工业车辆分别来自25个国家和地区。其中，从进口数量看，位列前五名的分别是：日本，5045台：德国，1786台；丹麦，1738台；台湾地区，1318台；英国，1027台。从金额看，位列前五名的分别是：日本，8109.81万美元；德国，5866.42万美元；瑞典，2704.26万美元；美国，2380.63万美元；韩国，2065.99万美元。按各种类型叉车进口排位前五名的国家如表8所示 。

表7　　进口叉车构成比例变化情况表

年　份	工业车辆合计（台）	电动叉车		内燃叉车	
		进口量（台）	所占比例（%）	进口量（台）	所占比例（%）
2002	7192	3995	55.55	3197	44.45
2003	9238	5259	56.93	3979	43.07
2004	10187	6366	62.49	3821	37.51
2005	11154	7673	68.79	3481	31.21
2006	10923	7712	70.60	3211	29.40

表8　　进口叉车进口国别排名表

名次	电动叉车		内燃叉车		其他未列名叉车	
	国家、地区	数量（台）	国家、地区	数量（台）	国家、地区	数量（台）
1	日本	2227	日本	2226	丹麦	1734
2	德国	1558	韩国	238	中国台湾	841
3	法国	985	德国	172	日本	592
4	英国	909	中国	158	美国	232
5	意大利	471	瑞典	101	瑞典	221

二、工业车辆行业发展情况

近年来，随着国家产业政策的支持，我国工业车辆行业的发展势头良好，呈现以下特点。

（一）努力开展自主创新，争创一流工业车辆品牌

工业车辆产品具有装卸和搬运功能，机动灵活，能适应多变的装卸和搬运要求，普遍适用于港口、车站、货场、车间、仓库、油田和机场等处，还可以进入船舱和集装箱内作业。除此以外，还广泛适用于军事部门和防爆部门，有的车辆还可以进行无人驾驶，到人员不能接近的场所进行作业。总之，随着物流技术的发展，工业车辆产品适用范围越来越广，已成为一种产量和品种最多的装卸和搬运机械。近年来，行业内的主要企业根据国内外市场的需求，结合本企业的特点，努力开展自主创新，开发出适合各行各业新需求的新工业车辆品种。行业的骨干企业把新产品开发视为生命，在开发新产品的同时积极申请专利，注重保护自己的知识产权。

工业车辆产品6年前一直徘徊在2万台左右，而今已突破10万台大关，充分反映出其发展符合节能、环保的要求，得到国家产业政策的支持。所以，只要企业根据其用途、产业政策、安全可靠方面，努力创新，工业车辆行业会得到进一步的发展。如业内重点骨干企业安叉集团公司、浙江杭叉工程机械股份有限公司、大连叉车有限责任公司、长兴诺力机械有限责任公司、宁波如意股份有限公司等，就是抓住国内外市场的需求，努力创新，使企业工业车辆品种达到数百种，为国内外市场提供物流所需的重要装备。

（二）提高产品质量、抓好国内外两个市场

工业车辆行业通过引进消化、自主开发，近年来产品质量也得到大幅度的上升，重点骨干企业的名牌产品也得到国内外的认可，尤其像安叉集团公司、浙江杭叉工程机械股份有限公司的产品年产量已接近3万台，已列为世界生产工业车辆的知名企业。最近，上述企业又通过搬迁建设，使其生产制造基地更加适宜的生产制造。

出口形势越好，行业和出口企业就更应该关注贸易摩擦，根据外贸专家的说法，近年来，国际反倾销呈现有两个明显的趋势：一是传统行业，尤其是劳动密集型产业遭遇摩擦的数量增加；二是与发展中国家发生贸易摩擦的数量也在增加。因此，技术含量不高且出口量很大的产品最容易遭反倾销。为使我国工业车辆的良好出口势头保持下去，业内企业应关注此事，尤其重点骨干企业更应关注此事。从表9可以看出出口数量增长情况。表10为2001—2006年手动液压托盘搬运车出口数量情况。

表9　2002—2006年骨干企业出口产品数量变化表　（单位：台）

年　份	2002年	2003年	2004年	2005年	2006年
安徽叉车集团公司	1053	1505	2515	3816	6300
杭叉工程机械股份有限公司	666	1001	2114	4280	6126
大连叉车有限责任公司	76	182	224	878	1634

表10　2001—2006年手动液压托盘搬运车（包括手动叉车）出口数量表　（单位：台）

年　份	2001年	2002年	2003年	2004年	2005年	2006年
手动液压托盘搬运车（包括手动叉车）	257811	391051	549735	822223	897373	1225794

（三）加强主机和配套企业的合作，努力振兴我国工业车辆行业

1977年和1983年，由原机械部北京起重运输机械研究所与中联叉车公司在原机械部领导下，进行了两次叉车联合设计，对叉车的主机和配套件发展起了很大作用。但由于体制管理问题，联合设计不包括电动车辆，这在很大程度影响了电动工业车辆的发展。

改革开放以来，1980年由北京叉车总厂以补偿贸易的方式，开始了1～5吨内燃平衡重式叉车与日本三菱重工的合作。1985年大连叉车有限责任公司（原大连叉车总厂）以许可贸易方式与日本三菱重工合作10吨以上叉车设计，制造技术。1985年，安徽省安叉集团公司和陕西省宝鸡叉车制造公司以许可证贸易方式引进日本TCM1—10吨内燃平衡重式叉车制造技术，使我国在内燃叉车技术、生产和配套件方面得以快速的发展。

1987 年，美国卡斯卡特公司与厦门叉车总厂以专用技术许可证方式合作生产叉车配套件，接着国外先进配套件开始以独、合资进入我国。德国的靠普和意大利博索尼奥叉车、卡斯卡特（原肯海尔）的货叉、德国 EF 公司和意大利马各达公司的传动件、美国 GE 公司、意大利萨牌和美国科蒂斯公司的电控、上海鼎虎公司的 GS 和瓦塔蓄电池、意大利海普液压件、德国德龙公司充电器和速力达实芯轮胎等国外工业车辆配件很快进入我们的主机配套领域，使我国工业车辆主机在质量上得到很大的提高，同时，国内的配套件为独、合资企业的主机国产化也起到很大的促进作用。

（作者：苏恩一　中国工程机械工业协会机动工业车辆分会秘书长）

RFID

2006年，中国RFID的发展由起步期向腾飞期转变，其中，最为显著的特点是国家重视、科研创新、标准先行、各方参与。

一、国家重视

2006年，是“十一五”的第一年，《国家中长期科学与技术发展规划纲要》（2006—2020）、《中华人民共和国国民经济和社会发展第十一个五年规划纲要》和《信息产业科技发展“十一五”规划和2020年中长期规划纲要》三个国家级的规划纲要相继出台，阐明了国家的战略意图，明晰了政府工作的重点，进一步明确了未来几年里我国自动识别技术与应用的发展方向和产业自主创新战略。

2006年6月9日，《中国射频识别（RFID）技术政策白皮书》发布会在京举行，来自科技部、国家发改委、商务部、信息产业部、交通部、海关总署、铁道部、公安部、教育部、建设部、农业部、国家质量监督检验检疫总局、国家标准化管理委员会、国家邮政局、国家食品药品监督管理局以及中国标准化协会、中国物流与采购联合会等多家单位的领导和参与《中国射频识别（RFID）技术政策白皮书》编制工作的专家参加了发布会。

《中国射频识别（RFID）技术政策白皮书》共分为五章，分别阐述了RFID技术发展现状与趋势、中国发展RFID技术战略、中国RFID技术发展及优先应用领域、推进产业化战略和宏观环境建设等方面。RFID技术通过与互联网、通信等技术的结合，可实现全球范围内物品跟踪与信息共享。RFID技术应用于物流、制造、公共信息服务等行业，可大幅提高管理与运作效率，降低成本。随着相关技术的不断完善和成熟，RFID产业将成为一个新兴的高技术产业群，成为国民经济新的增长点。

因此，《中国射频识别（RFID）技术政策白皮书》的出台，对研究RFID技术、发展RFID产业，进而提升社会信息化水平、促进经济可持续发展、提高人民生活质量、增强公共安全与国防安全等将产生积极而深远的影响。

二、科研创新

2006年10月1日，科技部“863计划”先进制造技术领域办公室正式发布《国家高技术研究发展计划（863计划）先进制造技术领域“射频识别（RFID）技术与应用”重大项目2006年度课题申请指南》。在RFID政策白皮书之后，中国 RFID 技术自主创新战略通过国家资金扶持迈出实质性实施第一步。

国家“863 计划”将围绕我国 RFID 产业发展中的共性技术和具有较大发展潜力的前瞻性技术、涉及产业化的关键技术、应用关键技术、典型行业或企业 RFID 技术示范应用以及 RFID 标准基础研究五大方向开展 RFID 技术与应用研究，本着自主创新与集成创新相结合，以企业为主体，政、产、学、研、用相结合的自主发展模式，力争在 RFID 共性基础及前瞻性、产业化关键技术和应用关键技术领域取得突破性进展，建立和健全我国 RFID 技术自主创新体系、公共应用服务体系和自主 RFID 标准体系；并将建设我国 RFID 产业发展的服务环境，通过实施 RFID 技术及产业化战略联盟等联合、协同的多种模式，构建具有自主知识产权技术的产业链。

此次的重大 RFID 项目共有 20 项，支持经费共 1.28 亿元人民币，主要就超高频 RFID 防冲撞技术、RFID 中间件研究、RFID 公共服务体系架构设计、RFID 标签天线设计技术、RFID 系统测试技术、RFID 信息集成管理技术以及 RFID 产业化等 20 个方向展开突破性研究。此外，“863 计划”还重点突出了五个方向的 RFID 技术应用，分别是 RFID 技术在邮政行业、离散制造业生产线、物品安全追溯管理、酒类等物品防伪以及票证与金融管理方面的应用。

根据“863 计划”的时间安排，RFID 项目的总体实施年限为 2006—2010 年，这五年将是我国 RFID 产业蓬勃发展、开拓创新、通力协作的五年，也是我国争夺 RFID 国际话语权和增强全球市场竞争力的不平凡的五年。这五年，将经历《中国射频识别（RFID）技术政策白皮书》中 RFID 技术实施进程的培育期（2006—2008）和成长期（2007—2012）两个发展阶段。其中，培育期的发展任务是跟踪国际最新共性技术的研发，结合重点行业应用，研发具有自主知识产权的 RFID 技术，按照国家 RFID 标准体系框架，制定相应技术标准与应用标准，开展应用示范工程；在成长期，我国 RFID 产业发展的主要目标是突破应用与产业化关键技术，加快相关技术标准及行业应用标准制定，基本形成中国 RFID 标准，拓展应用领域。

2006 年 12 月 2 日，科技部“863 计划”“射频识别（RFID）技术与应用”建议立项课题清单正式公布，来自全国 33 所大专院校、科研单位和企业实际承担 18 个 RFID 不同方向的课题。如下表所示。

课题方向	序号	课题名称	依托单位
一	1	超高频 RFID 多标签防冲突和多读写器防冲撞技术的研究	复旦大学
二	2	RFID 标签天线设计技术的研究	北京邮电大学
三	3	RFID 系统测试技术研究及开放平台建设	中国科学院自动化研究所
	4	RFID 系统测试技术研究开发及开放平台建设	湖南大学
四	5	RFID 应用方案公共测试系统建设	交通部公路科学研究所
	6	RFID 应用方案公共测试系统研究与建设	国家无线电监测中心

续 表

课题方向	序号	课题名称	依托单位
五	7	符合 ISO18000－6 Type B/C 标准的（UHF）标签芯片研发和产业化	上海复旦微电子股份有限公司
	8	UHF 标签芯片 Zi2201 的研制和产业化	深圳市中兴集成电路设计有限责任公司
	9	基于 ISO18000－6 Type B/C 标准的（UHF）标签芯片研发和产业化	清华大学
六	10	RFID 标签封装设备开发与生产	华中理工大学机电工程公司
七	11	超高频（UHF）RFID 读写器产品研发与产业化	南京三宝科技集团有限公司
	12	超高频（UHF）RFID 读写器产品产业化开发	深圳市先施科技有限公司
九	13	RFID 标签集成技术研究及产业化	上海中京电子标签集成技术有限公司
十	14	可重构 RFID 中间件技术研究与开发	上海交通大学
	15	可重构 RFID 中间件技术研究	华南理工大学
	16	可重构 RFID 中间件技术开发	同方股份有限公司
十一	17	面向 RFID 的信息集成管理技术研究与开发	中国科学院沈阳自动化研究所
	18	RFID 的信息集成管理技术研究与开发	用友软件股份有限公司
十二	19	RFID 公共服务体系架构设计及应用服务关键技术	北京北大软件工程发展有限公司
	20	面向应用的 RFID 公共服务平台架构及应用服务关键技术研发	广州中盈物流科讯有限公司
十三	21	区域 RFID 信息公共服务平台关键技术研究与开发	上海张江（集团）有限公司
十四	22	RFID 技术在邮政行业的应用	邮政科学研究规划院
十五	23	RFID 技术在汽车制造业生产线的应用	重庆大学
	24	RFID 技术在离散制造业生产线的应用	重庆大学
	25	RFID 技术在家电制造业生产线的应用	海尔集团技术研发中心
	26	RFID 技术在汽车制造过程控制与质量跟踪系统中的应用	合肥工业大学

续 表

课题方向	序号	课题名称	依托单位
十六	27	RFID 技术在物品安全追溯管理的应用	上海华申智能卡应用系统有限公司
	28	RFID 技术应用于食品安全全程追溯	上海农业信息化工程技术研究中心
	29	基于 RFID 技术的食品安全追溯系统研发与示范	山东省标准化研究院
十七	30	RFID 技术在茅台酒防伪的应用	贵州茅台酒股份有限公司
	31	RFID 技术在五粮液酒防伪的应用	宜宾五粮液集团有限公司
十八	32	RFID 在铁路票证及银行管理上的应用	铁道科学研究院
	33	RFID 票证及金融管理上的应用	上海加海防伪设备技术有限公司
十九	34	RFID 标准研究与制定	中国标准化协会

注：在 19 个课题方向中有一个课题方向没有中选的单位，故空缺。

三、标准先行

标准问题制约了 RFID 在我国的发展。RFID 标准，向来是我国产业争论的焦点性问题之一。这里面包括 UHF 频点的确定和 RFID "中国标准"两大问题。在前者已逐渐明朗的情况下，后者如何处理在 2006 年越发引人注意。正如中国物品编码中心张成海主任所言，如何处理好 ISO、EPC 与我国 RFID 国家标准体系的关系是当前我国发展 RFID 产业应解决的重要问题之一。2006 年，我国专门成立了全国物品编码标准化技术委员会以加强我国物品编码标准的统一归口管理，完善我国物品编码标准体系建设，其秘书处设在中国物品编码中心。

在开放的环境下做中国 RFID 标准，需要有更高的起点和自主的技术。积极参与 ISO、EPC 标准的制定和修订工作，通过实质性的参与，把我国的需求和自主创新内容反映到国际标准的制定和修订过程中，体现本国利益要求，并占领某些制高点，是完善我国物品编码标准体系建设的重要内容。需要强调的一点是，标准制定工作不单单是政府的事情，还需要企业、第三方的积极参与，建立起标准制定的协同联动工作机制。2006 年 7 月，中国标准化考察团对日韩进行了考察访问，在标准政策方面，日韩两国都高度重视 ISO/EPCglobal 标准，强调采用国际标准对于满足本国参与全球贸易、实现互联互通是具有重要意义的。

在标准制定方面，国家致力于出台行业标准和国家标准为行业的健康发展和技术的应用推广指引方向。有规矩，方能画方圆。2006 年 12 月 1 日《动物射频识别代码结构》国家标准正式实施，该标准规定了动物射频识别过程二进制动物代码的结构，有利于各动物管理部门协调配合，实现统筹管理，为我国进一步加强动物管理提供了坚实的基础性指导原则。

中国自动识别技术协会于 2006 年 12 月 15 日公布了以下 9 项协会标准，并于 2007 年 1 月 1 日实施，其中 6 项是关于 RFID 的标准：

1.《条码阅读设备通用技术规范》（AIMC 0001－2006）

本标准规范了条码阅读设备的术语和定义、分类、技术指标及测试条码阅读设备性能的方法，对条码阅读设备的标志、包装、运输及储存等方面做了相应的规定。本标准适用于所有包含条码扫描功能和译码功能的条码阅读设备的研发造及应用。

2.《无源射频标签通用技术规范》（AIMC 0002－2006）

本标准规定了无源射频标签的通用技术要求和测试方法。对标签应用环境条件特殊的，可能要求采取减缓措施。

3.《射频识别读写器通用技术规范—频率低于135kHz》（AIMC 0003－2006）

本规范适用的读写器，参考ISO/IEC 18000－2国际标准，频率为低于135kHz的范围。本规范适用的读写器的应用范围是适用于单品识别应用。

4.《射频识别读写器通用技术规范—频率为13.56MHz》（AIMC 0004－2006）

本规范适用的读写器，参照ISO/IEC 18000－3，ISO 15693国际标准，频率为：13.56MHz。本规范适用的读写器的应用范围是适用于单品识别应用。

5.《射频识别读写器通用技术规范—频率为2.45GHz》（AIMC 0005－2006）

本规范适用的读写器，参照ISO/IEC 18000－4国际标准，频率为：2.45GHz。本规范适用的读写器的应用范围是适用于单品识别应用。

6.《射频识别读写器通用技术规范—频率为860－960MHz》（AIMC 0006－2006）

本规范适用的读写器，参照ISO/IEC 18000－6国际标准，频率为：UHF（860－960MHz）。本规范适用的读写器的应用范围是适用于单品识别应用。

7.《射频识别读写器通用技术规范—频率为433MHz》（AIMC 0007－2006）

本规范适用的读写器，参照ISO/IEC 18000－7国际标准，频率为：433MHz。本规范适用的读写器的应用范围是适用于单品识别应用。

8.《汽车零部件用GS1系统编码与条码标识》（AIMC 0008－2006）

本标准规定了汽车零部件用GS1系统编码（以下简称编码）的数据结构，及条码标识（以下简称标识）的符号表示方法和标识位置。本标准适用于各类汽车零部件GS1系统编码和条码标识的编制及使用。

9.《自动识别企业分类与评估指标》（AIMC 0009－2006）

本指标提出了我国自动识别企业的定义，规定了自动识别企业的主要类型与评估指标。

从上可知，RFID的专利问题伴随着人们对知识产权的重视也引起了大家的关注。

2007年1月31日，中国自动识别技术协会“射频识别相关技术知识产权研究第一次会议”在北京胜利召开。会议主题为：中国RFID自主知识产权现状如何，中国又如何应对国际标准中的RFID知识产权。据不完全统计，目前我国RFID技术相关专利申请和授权总量约500项，虽然增长迅速，但以实用新型为主，发明量较少，没有占居核心垄断地位，没有范围较广的保护空间，处于竞争的劣势。国外在中国的RIFD专利中，发明专利授权量高于国内，形成核心专利的优势。

四、各方参与情况介绍

2006年1月13日，国家金卡办正式批复，授权信息产业部IC卡质量监督检验中心成立国家金卡工程射频识别与电子标签产品检验中心。成立RFID检测中心的出发点就是国家要尽早为RFID产业的健康发展和RFID应用的有序推进建立有实力的第三方检验机构。这也是完善我国RFID产业链的重要举措，将为我国RFID产业健康有序的发展起到积极的监督保障作用。中心具有跟踪相关产品标准、检测方法、检测设备的技术人员；拥有固定的满足产品检验要求的实验室环境和设施；配备了满足相关产品检验、符合标准要求的部分检测仪器设备；同时实验室的管理符合《检测和校准实验室认可准则》（IdtISO/IEC17025）的认可要求。

2006年8月7日，科技部正式批准张江高科技园区为国内首个“国家射频识别产业化（上海）基地”，由科技部与上海市人民政府联合推动该基地的建设。该基地的建设，将对RFID产业链的核心环节进行技术攻关和产业化培育，打造具有国际影响力的创新集群，建立RFID标签产品和技术公共测试与认证中心、方案展示中心、信息数据中心，形成RFID公共服务平台。利用本地资源，与众多院校开展合作，创立RFID技术研发及产业管理方面的人才培养机制。建立RFID标准、知识产权信息库，对推动国家、行业RFID相关标准的制定产生积极影响。此外，基地设立后将成为“中国射频识别技术发展国际研讨会”常设基地，致力于广泛开展RFID国际间组织多方位的合作与交流；依托政府对科技产业的优惠扶持政策、孵化政策、风险投资基金以及张江高科技园区的产业投资基金，建立RFID产业风险投资平台；在基地内展示应用解决方案，建立RFID应用示范工程，推动RFID技术在更多领域的应用。

2006年8月28日，无线射频识别（RFID）技术与应用研讨交流会暨广东省RFID公共技术支持中心成立大会在广州隆重举行。新成立的RFID公共技术支持中心将为广东及泛珠三角区域提供RFID公共技术支持和行业应用推广服务，有利于加快推进粤港RFID技术应用合作，促进粤港通关便利化，实现广东RFID技术与国际先进技术接轨。

此外，2006年有更多的企业参与到推进RFID技术应用与普及的行列，成为RFID在更多领域推广应用的重要力量。我国RFID核心技术取得突破性进步，出现了一系列国产的RFID标签、读写器、封装设备等自主研发的RFID产品，例如，上海坤锐电子有限公司设计出我国第一枚Gen2芯片，深圳市惠田实业有限公司在深圳高交会上展出了自主研发的国内首台高性能全自动RFID电子标签封装设备和电子标签打样机。

海尔特种冰箱事业部成功应用RFID技术建立基于单品信息的产品质量跟踪和追溯的管理系统，年内海尔加入EPCglobal，积极向国际组织靠拢，此外，海尔推出带RFID识别功能奥运智能冰箱，将RFID智能识别体验面向终端个人消费者引入智能家电领域。

深圳图书馆新馆的落成给国人带来了更加贴切的体验，新馆在全国图书馆中率先采用RFID技术，可以实现图书自助借还、图书自助分拣、自动整序排架、自助清典馆藏、智能图书车和射频防盗报警等功能。

北京网路畅想科技发展有限公司在国家电子发展基金项目“畅想供应链管理系统（CX-SCMS）”开发推广中，将RFID技术与二维条码（汉信码）、手机数据采集、网络视频监控等技术集成于一体，为在供应链系统中广泛应用RFID提供了优异的技术平台。

2006年，中国的RFID市场在人们的企盼中，趋于成熟，腾飞在即。

（作者：张　铎　21世纪中国电子商务网校校长）

第七部分

物流教育、信息化、标准化

2006 年中国物流教育

2006 年，中国的物流教育进一步得到了政府、协会、院校和企业等业内各方面的高度重视，继续保持了快速发展的势头，物流学历教育和非学历教育在原有基础上进一步稳定而快速发展。目前，中国的物流教育空前繁荣。物流专业教育规模迅速扩大，物流专业教育的层次呈现多样化，物流课程教育范围扩大，物流职业技术教育快速扩展。

2006 年物流教育的发展主要呈现以下特点：

一、物流教育教学的组织体系建设取得实效，物流教育进一步规范化

为推动物流类专业的健康发展，提高物流人才培养质量，2006 年 4 月，我国高等教育史上第一个物流类专业教学指导委员会，即 2006—2010 年教育部高等学校物流类专业教学指导委员会正式成立。高校物流类专业教学指导委员会成立后，研究制定了《五年工作计划》，在进一步深化我国物流类高等教育教学改革，提高物流类高等教育质量，加强教育行政部门对物流类高等学校教学工作的宏观调控，推进物流类高等教育宏观决策的科学化和民主化，充分发挥物流类专家学者对高等教育教学改革与建设的研究和指导等方面具有重要意义并起到了积极的作用。

2006 年，教育部批准成立的教育部中等职业教育物流专业教学指导委员会（秘书处设在中国物流与采购联合会）工作正式启动，并全面展开了系列工作，在加强中等职业学校物流专业建设，推动职业学校更好地实施物流专业紧缺人才培养培训工作等方面打下了坚实的基础。为加强中等职业学校物流专业实验实训基地建设，进一步推动物流专业紧缺人才培养培训工作，教育部中等职业教育物流专业教学指导委员会（简称“教指委”）从 2006 年开始着手中等职业学校物流专业实训基地建设的研究工作。教指委专门成立了专家小组，通过讨论、企业调查、考察和借鉴国外经验等，经过一年多的研究论证，起草制订了《中等职业学校物流专业实训基地设备配置推荐方案》，该方案草案已提交教育部审批。

两个教学指导委员会的正式成立和展开全面工作，标志着物流教育工作已走上规范管理和科学发展的道路。教育部所有教指委中，秘书处设在行业协会，这是第一次。教育部门与行业组织的联合是一种创新，从教指委所取得的工作成绩来看，证明这种创新取得了成功，路子走对了，既发挥了院校的优势，又发挥了行业的优势。

二、物流理论研究取得实质性成果

2006年，由教育部、中国物流与采购联合会组织，就全国物流人才需求、全国高校物流专业、高校物流类专业师资情况和国际物流高等教育等几个方面进行了调查研究，并针对实际问题撰写出了分析研究报告。《高等学校物流类专业基本情况调查报告》于2006年正式发布。同时，由教育部与中国物流与采购联合会共同组织，由上海海事大学具体承担，顺利完成了国家级重点课题研究——中国物流发展与人才需求研究报告。该报告从宏观与微观层面，对中国物流产业的发展背景、中国物流人才现状分析、学校教育与在职培训、人才需求预测、人才发展对策等方面作了翔实分析，研究成果为教育部制定下一步的政策，为各院校人才培养提供了决策依据。该报告成果已由中国物资出版社正式出版发行。

三、物流学历教育规模迅速扩展、层次趋于完整

在学历教育方面，物流人才的培养在学校教育方面推进得较好，已经初步形成了博士、硕士、本科、大专、中专层次的人才教育结构。全国已有273所本科院校、超过500所高等职业院校和1000所中等专业学校开设了物流专业，在校学生突破50万人，基本上形成了多层次、多元化、覆盖面广的物流教学体系。

四、物流学科体系建设、师资队伍建设不断深化

教育部高等学校物流专业教学指导委员会展开了全国性的调研活动，组织课题小组对全国物流管理和物流工程两个专业的培养方案提出了指导性意见，经过一年多的数据收集分析和研究，完成了“物流管理”和“物流工程”两个专业培养方案指导性意见草案。两个培养方案草案得到了全国物流相关院校的支持和肯定，目前正在进一步修订。

师资队伍建设进一步加强。教育部高等学校物流类专业教学指导委员会与中国物流与采购联合会针对目前院校专业开设及师资实际情况，采取了国内外师资培训相结合的方式，有针对性地开设各类培训课程，提高了师资水平，缓解了师资紧张的矛盾。2006年举办了“第四届高校物流骨干教师高级研修班”，对来自全国各高校的89名骨干教师进行了《物流系统论》、《物流学概论》、《国际物流学》三门课程的培训。同时，开展了国外师资培训交流项目，尤其是与物流比较发达的国家相关机构建立了联系，推动了物流教育的国际交流活动，争取到日本、德国、加拿大等国政府资助的物流教师赴国外研修培训项目，得到资助培训的教师达200多人。自2006年底，由教指委和联合会共同与德国国际继续教育与发展协会（InWEnt）签署了中德物流与采购人才培养项目协议。该项目是德国联邦政府财政对亚洲的援助性项目，中国将在三年内派出一定数量的骨干教师和管理人员赴德国进行学习考察活动。

从2002年开始，在教育部支持指导下，根据各高校的物流专业发展需要，组织国内知名专家教授授课，已连续举办四届“高校物流青年骨干教师培训班”，培训物流骨干教师650多人，开设课程20多门，为高校物流教学培养了骨干力量，一定程度上缓解了师资紧缺的问题，促进了我国整体物流师资综合水平的提高，有力地推动了高校物流教学、科研工作。

五、理论教育、理论实践和社会实践相结合的趋势不断增强

教育部高等学校物流类专业教学指导委员会与中国物流与采购联合会每年举办教学研讨会、师资培训班，组织国际交流活动，为物流院校、物流行业和企业搭建了多种形式的公共平台，促进了广泛交流以及理论与实践的融合。2006 年正式启动了两年一届的“全国大学生物流设计大赛”活动。2006 年举办的第一届“大学生物流设计大赛”规模大，参与面广，反响很大，得到了教育部领导、联合会领导、全国物流相关院校及物流企业等社会各界的大力支持。全国共有 22 个省 125 所院校的 450 个团队、1800 多名专业教师、2.2 万多名学生参与了大赛。这项物流教学实践方面的竞赛活动，对于实现物流教学与实践相结合，提高大学生的实际动手能力、策划能力和协调组织能力起到了重要的引导作用。大赛的成功举办不仅为培养实用型人才开辟出了一种新的有效形式，也为物流院校、物流企业、物流行业之间搭建了一个有效的公共平台，极大地促进了教育、研究和实践之间的交流与沟通。教育部给予了很大的支持，已正式将“全国大学生物流设计大赛”列入教育质量工程。

六、物流行业职业资格认证快速发展，职业教育的培训市场供需两旺

2006 年，由物流行业协会组织的职业资格认证快速发展，职业教育的培训市场供需两旺。全国各地的物流专业培训市场如火如荼，资格认证考试逐步得到广大在职人员与企业的支持和响应。中国物流与采购联合会组织开展的物流师、采购师以及 ITC 供应链管理国际资格认证在全国范围内大力开展。截至 2006 年年底，由中国物流与采购联合会组织共举办了七次全国统一考试，共有 4.2 万人参加了高级物流师、物流师或助理物流师的培训与考试，有 2.8 万人分别获得了物流师资格认证各等级的资格证书；有近 6000 人参加了全国注册采购师职业资格认证的培训与考试，获得资格证书的有 3400 多人；有 400 多人参加了 ITC 供应链管理国际资格认证考试。

（作者：周雪松　靖安奇　中国物流与采购联合会培训部）

2006年中国物流信息化

2006年，我国信息化的发展环境呈现突出的变化，国家信息化发展战略以及一系列重要文件的出台，将信息化提升到国家战略的地位，推进了信息化空前蓬勃发展。伴随着第十一个五年规划纲要的出台，发展现代物流成为国家大政方针，通过科技进步和信息化来带动物流现代化的趋势进一步明确。从物流业来看，在物流信息平台建设、行业解决方案、企业信息化三个层面有了更多的进展。从技术上来看，射频标签（RFID）、面向服务的架构（SOA）和移动商务等继续成为关注的技术热点，在这些技术的基础上正孕育着信息化的新台阶。综合起来，物流信息化围绕着整合有了进一步的发展。

一、信息化进入到新的发展阶段

（一）信息化上升到国家战略的高度

2006年是“十一五”开局之年，是中国信息化历史上有着重要意义的“政策年”，信息化进入到一个新的发展阶段。《国民经济和社会发展第十一个五年规划纲要》明确了今后5年中国信息化的基本方向，国务院颁布的《国家中长期科学和技术发展规划纲要（2006—2020年）》和《2006—2020年国家信息化发展战略》，指出大力推进信息化发展，已成为我国经济社会发展新阶段重要而紧迫的战略任务，并提出了我国信息化的发展目标、方针、具体路径与措施，成为信息化发展的纲领性文件。在和谐社会的大框架下，信息化已经上升到国家战略的高度。国家的“十一五”信息化发展规划以及相应的关于电子政务、电子商务、信息产业、信息安全的五年计划也在起草，许多部门、许多地方也制定了各自的规划和计划，如信息产业部推出了《信息产业科技发展“十一五”规划和2020年中长期规划纲要》。这些重要文件，为我国信息化工作指出了方向。

（二）有关物流信息化规划

与此相应，交通部、铁道部等政府部门以及地方政府也都纷纷制定了“十一五”规划及中长期物流信息化规划。

1.“十一五”公路水路交通信息化目标与任务

根据交通部出台的《公路水路交通信息化“十一五”发展规划》，“十一五”期间，公路水路交通信息化发展目标是：力争在交通运输动态信息的采集和监控、交通信息资源的整合开发与利用、交通运行综合分析辅助决策和交通信息服务四个方面实现重点突破。

“十一五”公路水路交通信息化主要任务可归纳为：①建设两级数据中心，即以数据库建设为基础，以信息资源共享为目的，建设部级、省厅两级数据中心；②建设三大综合信息平台、三大应用系统，完善两大门户网站，即构建公路、水路和综合类管理三大综合信息平台，开发和推广交通运行综合分析、公路水路交通应急处理和公路水路公众出行信息服务三大应用系统，建设和完善各级交通主管部门的内外网两大门户网站；③构筑交通信息化建设运营、安全保证及标准规范三个保障体系①。

2. 铁道部中长期信息化总体规划

铁道部制定了铁路信息化总体规划，其中，长期信息化总体目标是：以运输组织、客货营销、经营管理为信息化建设重点，加强基础建设，整合既有资源，经过5～10年的努力，在东部地区和六大繁忙干线基本建成中国特色的铁路运输信息系统，10～15年后，在全路建成具有中国特色的铁路智能运输信息系统，其总体水平跃居世界先进行列。

重点任务是：①全面实现铁路运输调度指挥智能化，实现列车、机车、车辆、货物、集装箱的实时追踪；②建成铁路电子商务及现代物流系统，包括建设若干个客户服务中心，实现客运售票和货运办理的网上支付等；③实现经营管理现代化，包括全面建成各专业的信息管理系统；④形成完整的铁路信息化体系；建立完善的信息资源体系和信息共享平台；建成铁路地理信息系统，构建数字化铁路；建立完善的铁路信息系统运行维护保障机制②。

（三）物流信息化研究成果突出

2006年，国务院信息化办公室专家咨询委员会委托海关总署、中国物流与采购联合会、中国电子口岸数据中心共同开展的《“十一五”物流信息化研究》，经过长达一年多的研究最终完成，成果包括总报告和四个分报告。四个分报告分别为：我国物流信息化现状研究报告；物流公共信息平台的建设、应用及对策研究；口岸物流信息化专题报告；物流信息关键技术与RFID。在总报告基础上，形成了约5000字的政策建议，直接报送国务院领导机构。

2006年，共有20个项目荣获物流行业最高科技奖——中国物流与采购联合会物流科学技术奖，其中，有关物流信息化的项目共有9项，包括一等奖2项，二等奖3项，三等奖4项。

在中国物流学会征集的2006年学术论文中，有关物流信息化的研究论文共计77篇，占全部论文417篇的18.5%。其中研究的重点主要包括：有关物流控制与优化模型与算法研究、信息化方法论研究、信息系统设计、信息技术研究等。

二、对物流信息平台的认识与实践在纵深发展

（一）对公共信息平台的认识从盲目到理性

加快建设公共信息平台已成为共识。对公共信息平台的研究与讨论也正在深入。

在《“十一五”物流信息化研究》中，对物流信息平台做了比较深入的研究，指出了当前存在的一些认识上的误区，例如，主张政府投资建立一个集中各种物流数据的大型数据库或者大而全的网站，向政府、企业提供各种服务。这种观点包含几个认识上的误区：一是把信息的整合理解为信息的集中存储和管理；二是把整合的范围过分扩大，希冀把各类信息和技术集中在一起；三是把信息平台等同于信息库、网站，忽略了平台的业务基础以及对于信息的管理职能；四是平台性质和服务模式定位不清，甚至错位。实际上，对于绝大多数信息平台来说，主要目的是通过连接各管理信息系统，实现信息的交换与共享，信息的整合应该是在不改变信息管理模式和职责分工的前提下进行的。若改变信息的管理模式将涉及业务改革，会导致信息的价值发生很大的改变，原有

---

① 公路水路交通信息化“十一五”发展规划，中华人民共和国交通部2006年5月

② 铁路信息化总体规划（铁信息【2005】4号）

的整合设想就会失去生命力。

物流信息平台的建设，一方面在理论上深入研究的基础上逐步形成正确的发展理念；另一方面则在实践中总结与借鉴国内外成功经验的基础上，开拓自身成功的发展之路。

（二）几个成功的物流信息平台案例

目前，很多地方均把物流信息平台的建设列入物流规划之中，但是总体来看，列入计划、规划的多，真正成功的并不多。下面是几个比较成功的案例介绍。

1. 电子口岸平台

电子口岸平台是适应口岸大通关和打击走私、骗汇、骗税工作的需要，逐步整合“金关”、“金税”、“金质”等工程项目的部分资源发展起来的。电子口岸分为“中国电子口岸”和“地方电子口岸”两个层面。前者由15个口岸管理有关的部委合作共建，主要负责国务院层面及对外联网应用；后者由各地方政府牵头组建，主要负责各省市当地的大通关应用。目前，中国电子口岸已经实现了国家发改委、公安部、商务部、铁道部、海关总署、税务总局、工商总局、质检总局、环保总局、外汇局、贸促会等11个部门，香港工贸署和澳门经济局，以及13家商业银行的联网，应用项目达32个，入网企业达23万家。地方电子口岸则有上海、宁波、广州等19个平台已上线运行。电子口岸已逐步发展成为一个跨部门、跨地区、跨行业，集口岸通关执法管理及物流服务为一体的大通关统一信息平台。

2. 危险品物流监控平台

中国航天科技集团利用自身的信息技术优势参与物流信息化的建设，把行政监管系统与企业的商用系统结合起来，在危险品物流信息平台建设中取得了成功，成为值得关注的一个案例。该系统的基本功能是对危险品物流的动态跟踪，在集成了国内外多项技术的基础上，具有危险品动态信息的采集、定位、导航、报警等多项功能，并增加了咨询、查询等增值服务。系统开展了双向服务：一方面为企业服务；另一方面为政府服务，该系统对安全监督部门、交通部门、环保部门、公安部门、医药急救部门等多家行政监管部门开放。一旦发生意外事故，该系统会同时向各有关部门报警，为政府及时做出反应赢得时间。因此，这套系统获得了有关政府部门的重视，国家安全监管总局据此制定了两项安全技术标准。

3. 公路货运信息平台

北京汇通天下信息技术有限公司投资建设的公路物流信息平台，是一个商业性平台。该平台把信息的整合分为三个层次：第一是供需信息整合，即把货主与车主的信息收集起来进行配货服务。第二是把管理职能整合进配货网络，即对货主、车主的身份、资质进行初步的管理，使得信息的诚信得以提高，提升了价值。第三是整合其他的技术服务，例如，开展了手机定位服务，用很低的成本监测车辆的动态位置，来满足大部分公路货运管理的需求水平。目前，该网络在整合了大量信息源的基础上，开始延伸到数据开发利用的新层次，与中国物流与采购联合会合作编制并发布公路普通货运价格指数，同时还开展了对企业的专业化、个性化信息咨询服务，获得了较好的社会效益与经济效益。

总之，成功的案例有一个共同的特点：找准市场的需求，定位准确，服务到位，运营模式清晰。

三、行业物流信息化解决方案

从制造业来看，行业物流信息化解决方案呈现几个特点：

第一，大企业集团内部信息化的整合加速。具体表现在：建立涵盖不同部门、不同区域的集中的分销管理系统、财务管理系统、采购管理系统、库存管理系统等；采取网络营销手段，建立电子商务平台，通过整合分销系统与生产制造，一些企业实现了以订单为中心的生产制造，大大减少了库存积压；建立和实施客户关系管理系统，并与网上营销系统结合。

第二，ERP 快速发展。2006 年，从产品、技术、渠道、人才、服务等种种数据和动向表明，中国的 ERP 市场正进入全盛时期。据易观国际发布数据显示，2006 年中国 ERP 软件市场规模估计达到 41 亿元人民币，比 2005 年增长 16.38%。

第三，商务智能系统正在起步。

第四，新型电子商务平台正在形成。例如，China e - AutoHub——国内首个汽车产业电子商务平台于2006 年2 月正式运营，以图实现设计规格、生产计划及材料管理等方面信息的快速交换。再如中国钢铁联合网、Mysteel、兰格钢材网等钢铁网站均开设了网上电子商务，提供了网上交易服务。

从商贸流通业来看，建立统一信息平台，整合采购、物流、营销和财务成为一种趋势。例如，苏宁电器投入巨资于信息化之中，效益突出。其特点是：整合营销、物流和采购，建立统一信息平台，打破地域和部门分割局面。苏宁在整合后效益凸显：配送时间由过去的平均4 个小时缩短到 90 分钟；大大减少了库存，仓库的总面积下降了 40%；库存周转率提高了 60%，人力下降了 50% ~60%；资金占用率下降了 40%，一年节省资金 3000 多万元。

四、企业信息化的基本特点

据中国物流信息中心 2006 年对 200 多家企业的调查，信息化呈现下述特点：

（一）企业对信息化更为重视

在被调查企业中，87% 的企业内部拥有信息化专门机构，85% 的企业制定了信息管理制度，88.5% 的企业有专职信息系统管理人员，96% 的企业建立了企业局域网，并通过宽带接入上网。这些数据均比上年有不同程度的增长。

（二）企业信息化仍处于基础信息化阶段

根据调查，财务、仓储、人力资源和销售管理是企业建设信息系统中最关注的功能，分别占 85.4%、65.2%、47.2% 和 42.7%；企业应用互联网的主要目的依次排列为：查阅信息、发布信息、信息交换、用户服务，所占比例分别为：81.1%、66.7%、57.8%、46.7%；开展网上电子商务的比例不足 40%，为 38.6%；建立了行业物流信息平台的比例不足 30%。上述数据表明企业信息化仍处于基础信息化阶段。

（三）信息技术应用的特点

从目前来看，网络技术是企业应用最主要的技术，约占比例为 83.1%；采用 GPS/GIS 的比例占 38.6%；采用最新技术如 RFID 或 SOA 的比例均不到 10%。目前，企业内部信息系统集成的比例仅占 21.1%，部分集成的占 44.7%，完全没有集成的占 34.2%，总体看，系统集成的潜力大。由于物流的特点，接近一半的企业采用集中式的数据库管理模式，35% 的企业采用集中式与分布式结合的模式，采用分布式的仅占 15% 左右。

（四）现存问题和企业希望

企业认为信息化效益明显的所占比例为 37.9%；而认为效果一般、不明显和不好估计的比例共占 62.1%，显示信息化效果堪忧。缺乏信息化专业人才是最突出的一个问题，所占比重为 46.4%，另外，软件价格高、软件不适应企业业务流程、缺乏行业标准等，也是阻碍企业信息化发展的因素。

绝大部分企业（占 97%）希望建立物流公共信息平台。41.4% 的企业认为平台应由中介机构建立，而认为由政府和企业建立的分别占 34.5% 和 24.1%。对于平台，企业认为最重要的功能依次为：建立信息和服务的统一标准、数据交换、政府政策信息发布、电子单证和电子合同，其比例分别为：79.4%、69.1%、54.4% 和 50%。企业对政府或行业协会最大的希望是：建立公共平台（78.4%）、加强标准化建设（70.5%）、对信息化给予政策支持（47.7%）、制定信息化和电子商务规划（44.3%）。

五、物流信息技术的新发展

（一）RFID

中国电子标签（RFID）的应用部署在2006年取得了实质性进展，在RFID国家标准工作组正式成立后，RFID发展逐步步入标准化、规范化的轨道，《中国RFID技术政策白皮书》于2006年6月出台，更加明确了中国RFID的发展路线。2006年12月，关于RFID动物应用的推荐性国家标准《动物射频识别代码结构》正式实施，成为该方面应用的指导性文件。

RFID在物流中的应用，已在一些区域、领域中展开。例如，中国邮政在上海邮政局建立的射频识别技术应用示范工程项目，已正式投入试运行；海关目前已完成全国海关的上千个智能卡口系统及20多个国家级出口加工区的监管车辆识别管理和自动化作业；上海市已经利用RFID技术实现对进入上海市的动物产品的有效监控和管理；北京机场采用远距离RFID技术与数据采集控制系统相结合技术，建立了高速公路不停车收费系统等。

（二）无线与移动技术

目前，国内无线技术与移动技术的应用已经起步。一些电信和移动通讯运营商和物流企业已经开展了手机定位的合作。如汇通天下公司已经提供手机定位查询服务来跟踪货运车辆和物品。这种服务受到广大中小物流企业和货运企业的欢迎，在此基础上还可开展一些增值服务，应用前景非常广阔。

（三）SOA

SOA是面向服务的信息系统架构。国内调查表明SOA尚处于应用初始阶段。根据《信息周刊》和埃森哲公司调查，可看出几个特点：在基础应用方面，被调查企业中，拥有SOA应用的企业占8.8%，在大中型企业中，这个比例是10%；在较早开始SOA部署的企业中，60%的大中型企业和超过一半的小型企业都表示将增加在SOA上的投入；在对SOA感兴趣的被调查企业中，73.7%的企业计划在未来两年内部署SOA；企业SOA的部署主要集中在渠道管理，特别是客户管理。数据证明，尽管SOA在中国尚处于应用启蒙阶段，但企业已经意识到开始部署SOA的必要性，同时可以预计未来1~2年，SOA在中国将进入快速发展期。

（四）中小企业ASP模式

物流行业中的中小企业所占比例很大，很多企业至今还没有跨进信息化的门槛。其中既有企业自身的管理基础、投资实力等方面的内部原因，也有缺乏主流的信息化解决方案以及信息标准不统一等外部原因。如何推进数量庞大的中小企业信息化进程，是一大难题。在这个方面，北京泰阳科技公司针对货运企业推出的ASP模式是一个很好的经验。他们在大量调查研究实践的基础上，形成了货运企业完整的管理规范，基于此建立起货运企业一整套管理信息系统。针对大部分货运企业信息化现状，他们让企业租用自己的服务器，负责全天候每周7×24小时的维护与服务，从接受订单到装货、运输乃至最后送到客户手中，整个业务流程全部在网上完成，物流企业的客户可以方便地查询到每一单生意的进展。这样，企业的入门门槛低、成本低，但获得了可靠、高质量的服务，同时在信息化过程中，一方面建立了规范的管理，提高了管理水平，增加了用户满意度；另一方面培养出了信息技术人才。这种把产品与服务结合起来、低成本的商业模式得到了企业的好评。

（作者：吴志惠　中国物流信息中心）

2006年中国物流标准化发展

2006年公布的国家“十一五”发展规划纲要，明确提出了要大力发展现代物流业的战略构想，并把标准化作为其中的一项重要任务。在国家“十一五”规划纲要推动下，物流业在各地方、各行业发展速度进一步加快，物流标准化的基础性地位也更加突出，越来越受到各方面的重视。由于在2005年，国家八部委联合印发了《物流标准2005—2010年发展规划》，系统地提出了物流标准项目规划；全国现代物流工作部际联席会议制度建立并直接关注物流标准体系建设和重点物流标准项目的落实；同时，自全国物流标准化技术委员会2003年9月成立以来，在各部门、各行业大力支持下，开展了多方面的工作，已初步形成了各行业协调配合的物流标准化工作机制；因此，2006年的物流标准化工作，已由总体性的号召与宣传，进入有计划、有重点、分工合作、深入细致地具体实施阶段。一些社会急需的基础性、通用性物流标准项目的研究与编制工作开始起步，物流标准各相关行业、相关问题的交流与研讨进一步扩大，更多的部门、行业、科研机构、高等院校、物流企业参与到物流标准化工作中。

一、通用性、基础性物流标准项目制修订工作取得重要成果

由全国物流标准化技术委员会重点组织落实，得到政府部门和物流行业关注的四项基础性标准项目：物流术语、物流成本、物流中心、联运通用平托盘，均已按计划在2006年完成，其中物流术语、物流成本两个国家标准于2006年底颁布，2007年5月1日正式实施，并被评为“2006年我国物流行业十件大事”之一。

2001年发布的《物流术语》国家标准是对我国物流业学术研究与具体实践都具有重要影响的基础性标准，亟须按照物流业新的发展与需要进行修订。从2005年开始，由全国物流标委会组织、协调，并得到全国物流信息管理标委会的支持与配合，经过由物流界各方面专家、学者组成的课题组的具体研讨，反复推敲、修改，广泛征求社会各方面意见，于2006年6月完成修订工作，12月国家标准委正式发布。在修订过程中，课题组召开了六次大型与小型专家研讨会，参与和提出修订意见的政府部门、行业协会、科研机构、高等院校、大型物流企业总计达到七八十家，参与词条撰写、审议、讨论的国内知名物流和物流信息专家超过60人。新修订的《物流术语》国家标准，在词条数量上，由2001年版的145条增加到249条，其中新增词条138条，删除34条，保留的111条词条中，55条的内容做了修改或补充；在结构上，增加了物流信息与国际物流两个部分；在学术上，对当前物流界的一些热点

问题，如物流园区、物流中心、区域物流中心等，进行了新的探讨和界定。

物流成本的构成与计算是我国物流业运作过程中亟待解决的一个问题，也是物流学术研究领域的一个空白。为此，全国物流标委会组织编制有关物流成本的国家标准。标准课题组借鉴日本、美国的成熟做法，结合我国企业财务制度和物流统计的有关文件，经过多次研讨，广泛征求物流企业和有关方面的意见，于2006年7月完成《企业物流成本构成与计算》国家标准的编制工作，12月由国家标准委正式发布。这项标准全面、系统地提出了企业物流成本的内涵、范围、具体构成和计算方法，实施以后，可以为企业物流运作中的供需双方掌握物流实际费用，做好成本核算提供一个科学的依据，并对提高物流管理水平、发展社会化物流具有重要的促进作用，同时，也在宏观上有利于进一步完善国家的物流统计制度和会计制度。

物流中心是物流运作过程中的枢纽，近几年在我国发展迅速。根据我国物流中心普遍存在管理粗放、运作水平不高的问题，全国物流标委会从2005年开始，首先组织编制了有关物流中心作业规范的国家标准。课题组在对各类物流中心调研和系统归纳的基础上，编制了《物流中心作业通用规范》国家标准，对物流中心作业流程的全过程，从收货、存储、运输等主要环节到信息管理、物流网络管理等，都提出了具体的指导性规范，对于规范物流中心作业，提高服务质量，更好地发挥物流中心枢纽作用，将具有积极促进作用。在编制过程中，课题组不但多次邀请各方面专家进行研讨，而且注重广泛征求有关物流企业的意见，有些物流企业将标准讨论稿拿到物流中心的实际操作中逐条进行对照，认为符合企业的实际，确实具有指导作用。这项标准于2006年10月完成编制工作并报国家标准委审批。

联运通用平托盘国家标准修订工作，也是物流界关注的一个热点。我国现行的《联运通用平托盘尺寸与公差》国家标准是1996年公布的，等效采用ISO6780当时提出的四种规格，但在实际流通中的托盘规格达30余种，尽快统一我国通用平托盘标准规格，是物流界长期以来的呼声。国家标准委在2005年确定由全国物标委负责修订现行通用平托盘国家标准。由于2003年新公布的ISO6780提出的通用平托盘规格由四种扩大为六种，如何修订我国标准，受到广泛关注。课题组经过调研和多次研讨，借鉴发达国家的经验，从我国托盘使用的实际情况出发，提出我国新的联运通用平托盘国家标准为两种规格，即1200mm×1000mm，1100mm×1100mm，并明确优先推荐1200mm×1000mm的规格。这种选择，既是为了从根本上促进我国通用平托盘规格的统一，提高物流效率，也兼顾了正在推进中的中日韩三国在托盘方面的合作，并为进一步在我国建立托盘公用系统奠定基础。这项标准的修订工作于2006年底完成后报国家标准委审批公布。

除完成上述重点标准项目外，2005年5月开始实施的另一项基础性国家标准《物流企业分类与评估》，经过2006年一年多的实施，受到了物流企业的普遍欢迎。中国物流与采购联合会依据这个标准，至2006年10月，向社会公布了三批共131家经评估确认的“3A级”以上物流企业，其中包括22家“5A级”大型物流企业。

二、专业物流标准化深入发展

我国汽车工业的快速增长，使得第三方汽车物流成为一个新兴的专业物流服务行业，形成了汽车整车及零部件两大块一体化的综合物流服务格局。汽车物流行业产生后，由于缺少统一的服务标准和技术规范，致使服务品质参差不齐，服务水平难以提高。中国物流与采购联合会汽车物流分会牵头，组织汽车物流企业和生产企业，在2006年完成了《商用车运输服务规范》、《乘用车水路运输服务规范》、《乘用车仓储服务规范》、《乘用车质损判定及处理规范》四项行业标准的编制工作，由国家发改委于2006年底正式颁布。

仓储行业是一个传统的行业。为了提高仓储作业与管理水平，更好地发展我国现代物流，湖北物流技术研究所牵头，在2006年组织完成了《仓储拣选设备管理要求》、《仓储劳动安全管理要求》、《库区、库房防火防爆管理要求》、《装载单元和运输包装的条码符号》四项行业标准的编制工作，由国家发改委于2006年12月正式发布。

三、积极推进落实《物流标准2005—2010年发展规划》

贯彻实施国家八部委2005年发布的这个《规划》，是我国物流标准化工作的重点。按照国家标准委的统一部署，2006年，全国物流标委会组织各方面力量，按照《规划》提出的物流标准规划项目表，分两批向国家标准委申报了55项物流标准项目。这些项目涵盖了标准规划的多个方面，在通用型、基础性方面，包括物流园区、物流中心分类与基本要求，物流服务中的第三方物流服务、多式联运服务、服务合同准则、物流咨询服务标准，对物流效能、物流作业风险、物流财务风险的评估，仓储业中的服务、企业、从业人员、通用仓库标准；在专业物流方面，既有冷链物流、口岸物流、出版物物流、水产品物流、包裹快递的标准，又有对铁路、汽车货运站（场）、道路货物运输服务、企业、人员的标准；在物流技术方面，包括了有关货架、堆垛机、分拣机、货物分类方面的标准。从项目承担单位的情况看，包含了物流业的多个行业，普遍实行了科研机构、高等院校、行业组织、物流企业的有机结合。这些项目都是我国当前物流业发展中所急需的，在逐步完成、实施以后，将会使我国的物流标准化有一个新的进展与改观。上述项目中，有关物流园区、物流中心等八项标准在2006年底正式立项，物流服务项目分类等九项标准在2007年初公示计划立项，其他项目在2007年立项。

四、中日韩托盘标准化合作取得进展

近些年，中日韩三国间贸易量明显增长。温家宝总理于2003年在印尼“10+3会议”上提出了加强中日韩物流领域合作的建议。为了贯彻落实这一建议，使物流中的基础性器具更加便利，三国间的托盘标准化交流与合作也不断加强，并进一步扩大到整个亚洲区域。从2004年开始，中国物流与采购联合会托盘专业委员会与日本托盘协会、韩国托盘协会合作，先后在韩国首尔、中国北京、日本福冈召开了三次中日韩托盘标准化专家会议，经过逐步深入地交流讨论与具体协商，一致同意中日韩三国共同推进亚洲一贯输送用平托盘标准化，并商定由三国发起正式成立亚洲托盘合作组织——亚洲托盘系统联盟。2006年6月8日，“亚洲托盘系统联盟”（Asia Pallet System Federation，APSF）成立大会在日本东京召开。会议选举日本托盘协会会长岗田和夫为联盟主席，中国物流与采购联合会副会长吴清一、韩国托盘协会副会长朴殷圭为联盟副主席。APSF的宗旨是通过托盘标准化和单元载货系统化，增强亚洲各国的物流服务，并确定1100mm×1100mm，1000mm×1200mm两种规格为亚洲一贯输送用托盘标准（中国称为联运通用平托盘）。中国、日本、韩国、马来西亚、菲律宾、泰国代表参加成立会议并成为APSF第一批正式会员。

五、物流信息化标准深入发展

在物流标准化进程中，物流信息化是一个

重要部分。2006年，随着全面、深入贯彻落实《物流标准2005—2010年发展规划》，物流信息标准化也在多个方面深入发展。

物流信息基础性标准取得成果。由交通部公路科学研究所制定的有关物流信息的两个基础性国家标准《物流信息分类与代码》、《物流管理信息系统应用开发指南》于2006年完成，为我国物流信息的进一步发展奠定了基础。

物流领域电子报文标准取得重要进展。电子报文标准是在电子数据交换语法的基础上开发的应用标准。物流领域的电子报文标准是物流信息标准化的一项重要内容。我国已经制定了贸易过程中应用的EDI（电子数据交换）报文。但是，由于EDI本身的特点和企业自身的特点，真正意义上的EDI报文标准在我国并没有推广应用。基于互联网的XML（即ebXML，电子商务可扩展语言）标准克服了传统的EDI自身的缺陷，具有强大的生命力。研究制定物流应用的XML标准成为一项迫切的任务。由中国标准化研究院提出，国家标准化管理委员会批准，《基于ebXML的商业报文标准》的系列标准列入物流信息国家标准的重要项目，其中，《基于ebXML的商业报文标准—贸易项目》、《基于ebXML的商业报文标准—参与方信息》于2006年由中国标准化研究院编写完成并报批，《基于ebXML的商业报文标准—订单》于2006年底正式立项。

物流公共信息平台标准建设开始起步。建立物流公共信息平台，是物流信息标准化的重要基础，不仅可以减低库存，提高效率，还可以实现物流运作中的全程监控与可视化管理，为物流管理创新提供条件。目前，我国的物流公共信息平台存在着体系架构不规范、平台与平台的数据交换不统一问题，严重影响了信息平台的建设进程，甚至影响现代物流的发展。为了解决存在的问题，推动我国物流信息公共平台建设，由全国物流信息管理标准化技术委员会提出并归口，《物流公共信息平台应用开发指南》系列国家标准于2006年底正式立项。这个系列标准在对物流公共信息平台架构、功能、内容、实施进行研究的基础上，具体制定包括物流公共信息平台应用开发中的“组件与功能”、“主要单证”、“业务数据表目录”、“信息管理服务”、“商务协议管理”五项标准。

物流信息分类编码标准进一步完善。物流信息分类编码是物流信息系统运作的基础，具体分为产品与服务分类代码标准、贸易单元编码标准、物流单元编码标准、物流参与方与位置编码标准、相关信息编码标准和其他相关标准。为了促进我国物流业的发展，国家已颁布了一批物流信息分类编码国家标准，其中有些编码标准，如《商品条码》、《店内条码》，已得到了较好的推广应用，有效地推动了我国商业自动化和物流效率的提高。随着现代物流在我国的新发展，一些已公布的分类编码国家标准将做进一步的修订，并于2006年底正式立项，包括《商品条码》、《店内条码》、《库德巴条码》、《储运单元条码》、《全国产品与服务统一标识代码编制规则》五项标准。

同时，为了更好地进行我国物品编码标准的归口管理，加强物品编码标准体系建设，国家标准化管理委员会批准成立“全国物品编码标准化技术委员会”，成立大会于2006年7月6日在北京召开。全国物品编码标准化技术委员会的专业范围，是负责商品、产品、服务、资产、物资等物品的分类编码、标识编码和属性编码，物品品种编码，单件物品编码的国家标准制修订工作；全国物品编码的管理与服务及物品编码相关载体技术等方面的国家标准制修订工作。委员会由41名委员组成，秘书处设在中国物品编码中心。

（作者：黄久久　全国物流标准化技术委员会）

第八部分

采购与供应链管理

2006 年中国制造业供应链管理

2006 年，是中国制造业利用供应链管理提升整体竞争力，并普遍参与国际竞争的标志性年份。这一年，我国的大型企业尤其是民营和私营企业，继续在供应链管理上有所推进，在供应链管理的实施与企业信息化程度的改善方面都有明显进步。但是，不能否认，在实施供应链的过程中绝大多数企业并未对整体供应链的管理进行全面系统的规划和整合。因此，我国供应链管理的道路还有很长的路要走。

一、制造业供应链管理

（一）现状综述

制造业在中国与全球产业构成中占据重要地位。我国第一次经济普查结果表明：制造业的产业活动单位占全国所有行业产业活动单位的 20% 以上。2006 年，制造业步入微利时代。控制总体成本、提高供应链反应速度、实现全球供应链协作成为摆在我国电子制造服务商面前的三大难题，供应链管理已经成为我国电子制造服务业急需加强的“短板”。

与我国电子制造业面临的情况相仿，我国汽车制造业和工业设备制造业同样面临着种种难题，成本上升、利润下降、产能过剩、信息闭塞、恶性竞争等问题正在困扰我国制造业的发展。与此同时，跨国制造集团同样在我国市场碰到了一系列问题，由于关键绩效、供应商质量、网络制造、本土化等各种挑战的影响，他们迫切需要一个能够与全球供应链融合的中国区市场。

控制总体成本、提升供应链柔性与全球供应链运作已经成为跨国制造商在我国市场面对的三个巨大挑战，电子制造、汽车制造、工业设备制造等制造业的代表性领域已经将供应链管理提升到战略层面予以重视。来自组织内部和外部市场的压力迫使我国市场上的制造商在运营上采取“广泛协同 + 精耕细作”的策略，并展开与供应链合作伙伴的广泛协作，企业间竞争形态已经变成供应链与供应链之间的竞争，从供应链中寻找竞争优势已经成为制造商的必然选择。

（二）外部环境

随着我国加入 WTO 承诺的兑现，我国市场已被推入全球市场环境，迫于利润压力的本土制造商与跨国制造集团必须争取价值增值过程的控制权，由此国内大型制造企业不可避免地将面对与国际跨国企业展开竞争。因为，这种竞争中主要体现在全球供应链的竞争，所以，基于扩展供应链的协同商务运作将是未来企业供应链管理的重要模式。我们的企业只有借助于协同商务模式，才能在参与全球供应链的竞争中处于有利地位。

（三）制造业供应链管理的热点问题

由于全球一体化步伐日渐加快，产品的生产和消费不再局限于同一地理范畴，一个产品的不同部分会来自世界不同的地方，即全球供应链（Global Supply Chain），因而导致供应链越来越长且越来越复杂，对供应链管理的要求也就随着改变。由于环境、网络通信技术以及全球的动态联盟的发展和相关要求的不断提出，供应链管理也将向敏捷化、绿色化和电子化方向发展。

1. 供应链敏捷化

敏捷制造是一种面向 21 世纪的制造战略和现代生产模式。敏捷化是供应链和管理科学面向制造活动的必然趋势。敏捷供应链（Agile Supply Chain）以企业增强对变化莫测的市场需求的适应能力为向导，以动态联盟的快速重构为基本着眼点，以促进企业间的合作和企业生产模式的转变，提高大型企业集团的综合管理水平和经济效益为主要目标，着重致力于支持供应链的迅速结盟、优化联盟运行和联盟平稳解体。供应的敏捷性强调从整个供应链的角度综合考虑、决策和进行效绩评价，使生产企业与合作者共同降低产品的市场价格，并应该能够快速了解市场变化锁定客户的需求，快速安排生产满足客户需求，并加速物流的实施过程，提高供应链各环节的边际效益，实现利益共享的双赢目标。

2. 供应链绿色化

绿色制造是近年来研究领域非常活跃的课题。绿色制造涉及的问题主要包括三部分：一是产品生命周期全过程的制造问题；二是环境影响问题；三是资源优化问题。制造业的绿色理念就是这三部分内容的交叉和集成。在这样的研究大背景之下，美国国家科学基金会资助密歇根州立大学的制造研究协会进行一项“环境负责制造（ERM）”研究，并于 1996 年提出了绿色供应链的概念。它旨在综合考虑环境影响和资源优化利用的制造业供应链发展。绿色供应链是绿色制造和供应链的学科交叉，是实现可持续制造和绿色制造的重要手段。其目的是使整个供应链对环境的负面影响最小，资源效率最高。绿色供应链的技术管理等方面还不成熟，特别是在我国在这方面应该抓住机会，实现整个环境与经济的可持续发展，同时绿色供应链管理将会是今后企业取得显著经济效益的大好机遇。

3. 供应链电子化

按照世界贸易组织电子商务专题报告定义，电子商务（Electronic Commerce，EC）即通过电信网络进行生产、营销、销售和流通活动，它不仅指基于 Internet 上的交易，也指所有利用电子信息技术来解决问题、降低成本、增加价值和创造高级的商务活动，包括通过网络实现从原材料查询、采购、产品展示、订货到出品、储运以及电子支付等一系列的贸易活动。企业建立自己的内部网络，再将其扩展到企业外部，与供应商和客户联结就可以从事电子商务。

（四）制造企业在供应链管理上的突出表现

近几年，我国制造企业在供应链管理方面做了大量的尝试，取得了突出的成绩。中小型企业大多有了自己的销售管理系统，将各销售网点的信息进行及时的统计和分析；规模较大的企业，通过对上游供应商进行管理，保证供应的及时和零配件的质量。中兴、华为和联想等企业，甚至有专门的供应链管理部门，将上游供应商、生产和销售的渠道进行整合，成为行业的先行者。与 2005 年相比 2006 年我国制造企业供应链管理水平进一步提高，一批具有代表性的企业成绩显著。

1. 神州数码管理系统有限公司首次提出绿色供应链理念

伴随我国构建和谐社会和节约型社会战略的展开，我国制造业正在走进一个绿色供应链时代。国家“十一五”规划提出，2010 年我国单位消耗系数（单位GDP消耗能源量）要降低20%。新的政策形势和经济环境，要求我国企业必须从供应链的角度提升自身竞争力，谋求改善供应链生态环境，实现产业良性循环和共同发展的有效途径。

帮助我国制造业把提高企业经济效益与环境保护、资源利用和生态平衡有机地统一起来，已经成为当今我国信息科技企业责无旁贷的义务，而由神州数码管理系统有限公司（DCMS）率先提出的“创新绿色供应链”的理念，为我国制造企业营造一个可持续发展的产业生态环境铺就绿色通道起到了积极的促进作用。

2006年5月16日，DCMS发布“共建绿色和谐，服务我国制造”的新财年策略。该策略面向我国制造及流通行业，发挥多年实践中所积累的行业经验，结合国情，为客户提供贴身服务。DCMS提出的绿色供应链理念内涵，即从节约企业的各项投入和资源入手，帮助企业达到真正意义上的绿色运营，从而做到本质上的环保，实现我国制造业的可持续发展。DCMS认为，只有加强企业管理的规范性，用创新的方法主动实践绿色供应链，做到流程标准化、研发快捷化、运作协同化、管理适度化，最大限度地对企业资源实行优化配置，帮助企业实现快速反应、质量优良、数量精准、成本节省、流程优化，才能推动供应链的全程绿化，为股东、员工和客户创造最大价值。可以说，对绿色供应链真正含义的再认识将会对我国制造业的持续快速发展产生深远的影响。

2. 中兴通讯的供应商管理库存策略

如今，一条连接企业内外的供应链是否健全与高效，决定着制造企业竞争能力的高低。在中兴通讯位于深圳高新区总部的一个库房里，整整齐齐地排列着几百个大小不一的货架。每天，都有一些来自全国各地的供应商将很多零配件送到这里，需要时再由仓库管理人员运到生产车间，这种活动每天都在重复着。而这些都不是中兴自己的库存，而是专门为供应商安排的，目的是为了保证及时交货，这是中兴通讯供应商管理库存的一种策略。

中兴通讯的这种做法，就是供应链管理中一个重要的概念：供应商管理库存（VMI）。在中兴，供应商管理库存分为两种模式：一种模式是在中兴制造工厂内或者旁边设立仓库，让供应商存放零部件，需要时直接从仓库提取，然后及时补货；另一种模式是在供应商自己的地盘上设立专门供应中兴通讯的仓库，虽然地点可能在千里之外，但是库存信息对中兴通讯完全透明，未经许可，货物只能供应中兴，不能作为他用。

零配件供应商围着生产厂家扎堆的现象，在国内并不少见。以汽车行业为例，在上海市嘉定区上汽大众汽车厂区方圆2.5公里之内，分布着数十个或大或小的仓库。同样，这些仓库绝大部分并不是上汽大众所有，而是属于上汽大众众多零配件供应商的。整车商为实现“零库存”，一般会要求零配件商在其工厂的周边设立配套厂，或者至少租一个仓库。在一汽、二汽、上汽通用厂区的周边，零配件供应商的仓库无不鳞次栉比。

3. 明基逐鹿——一站式企业信息化解决方案供应商

“2006首届我国供应链管理发展高层论坛”于2006年5月24、25日在上海浦东假日酒店盛大召开。这次论坛以“协同与精益——供应链管理提升制造业整体竞争力”为主题，着重讨论制造业的供应链管理发展，并评选出最佳实践、优秀解决方案提供商和优秀物流服务商。明基逐鹿作为国内领先的一站式企业信息化解决方案供应商，于全国百余家制造型企业及供应链解决方案提供商评比中胜出，荣获“最佳信息化解决方案供应商”称号。

明基逐鹿构架出明基逐鹿“高效能团队解决方案”和明基逐鹿“全程供应链解决方案”，

将焦点汇集在高效能团队构建与供应链协同运作的整合能力上，全力打造企业核心竞争力。

首先，明基逐鹿软件 Guru eHR 方案配合企业的人才战略的全面功能设计，从人事、人力、人才、工作流、知识框架规划，为企业全面规范流程、提升执行效率、关注战略规划、打造新竞争力创造人才优势，以 HR 统计为基础，构建 eHR 专家系统、商务智能、决策支持系统，为企业决策提供强有力的支持。我们通过三个不同阶段实现 eHR 系统集成：人事行政事务自动化，人力资源流程化管理，战略性人力资本管理，从而架构出以人才流、工作流、知识流三维管理空间模型的 Guru eHR 高效能团队解决方案。该方案利用人才流、知识流、工作流贯穿企业人力资源管理方方面面，使得企业可以达到“上下目标一致；内外价值一致；内部沟通顺畅；能力差异互补；共担风险成就”的整体运营目标。

其次，供应链整合涉及从供应商端到客户端的每一个环节，任何一个环节的缺失都会影响信息交互的及时性、计划预测的准确性、执行能力的延续性，而无法实现有效的供应链管理。明基逐鹿 Guru eSCM 方案通过实时采集供应链中各个环节的数据，运用这些数据生成各种相关的计划、决策，实现有效的供应链上下游管理，以帮助企业构建一条能快速应对市场变化的“极速”供应链。这个方案包括明基逐鹿协同采购供应链解决方案、明基逐鹿卓越制造供应链解决方案、明基逐鹿协同分销供应链解决方案等。此方案在惠而浦、美的、格兰仕等企业的应用中，已经证明能提高公司业务透明度，有效的规范分支机构作业流程，带给企业管理上的全新体验。让各中大型企业总部迅速掌握与其发生业务的上下游和分支机构及渠道商的业务资料，进而达到加快订单响应速度和存货周转；充分掌握市场状况，科学安排产销计划；大幅降低企业维修物流成本。更关键的是，Guru eDCM 为企业提供及时准确的统计信息，从而为决策提供有力的数据保障，帮助企业从市场端开始打造极速供应链。

（五）2006 年度一些重要会议

1. 2006 年首届我国供应链管理高层论坛

2006 年 5 月 25 日，“首届我国供应链管理高层论坛”在上海浦东召开。我国电子商务协会供应链管理委员会（CSCC）是本次会议的官方支持单位。CSCC 副主任委员钟力先生在会议上发表了题为“我国快销品行业供应链管理实施难点及对策”的演讲，对快销品行业供应链管理的基本目标、快销品生产企业的运营环境进行了分析，然后仔细剖析供应链管理实施难点，如渠道变革、经销商和终端的多样化、管理成本的约束等，最后提出了针对上述问题的对策，指出应是实现企业的业务协同、标准协同和组织协同，在根据新环境调整管理流程、满足业务管理的新要求的同时，不断协同和满足合作伙伴的需求。对中小企业间业务协同信息化实现方式上，钟力先生建议，可以采用 ASP 外包建设模式，如此，可以摆脱信息化建设的沉重负担，通过统一的平台，顺利达成不同企业间的业务协同、标准协同和组织协同，最终锻造出一条弹性灵动的供应链。

其他与会专家就“企业零库存问题”、“价格在采购绩效中应有的合理权重”、“企业与供应商的战略合作关系”、“SCM 软件的现状和发展趋势”等问题进行了深入剖析与探讨。

2. 2006 全球物流与供应链管理亚洲峰会

2006 年 6 月 14 ~ 16 日，由上海奇数商务投资咨询有限公司和华顿综合经济研究所共同主办的“2006 全球物流与供应链管理亚洲峰会”在上海召开。此次峰会是物流与供应链管理领域在亚洲最具影响力的高峰会议，得到英国皇家物流协会与亚洲采购联合会的授权支持。

在这次峰会上有来自于获最佳物流与供应链管理企业的管理者，物流与供应链领域享有盛誉的学者，顶尖的咨询公司的专家，物流服务提供商，供应链解决方案集成商共30位左右的发言人对一些物流领域内热点话题，最先进的管理理论，最前沿的技术应用及成功的案例进行探讨分享。

3. 2006亚洲供应链论坛&汽车供应链战略管理研讨会

2006年7月7~9日，由Golden Ideas国际会议机构，500强物流经理人俱乐部以及我国物流行业协会共同主办的“亚洲供应链论坛&汽车供应链战略管理研讨会2006”在上海召开。本次论坛的主要议题有：如何超越传统的伙伴关系实现深层次的协作管理、如何建立以成本为导向的供应链体系、如何优化你的供应链体系、如何建立优秀的供应链系统等；汽车供应链研讨会的主要议题包括21世纪的供应链发展趋势、物流网络构架和供应链中的信息及决策支持系统、看板与精益供应链如何帮助汽车企业提升竞争力等。本次论坛参与者通过经典案例掌握全球供应链和物流领域最先进的运营模式和方法论，熟悉500强公司旗下的物流和供应链系统如何为企业提高效率，创造奇迹并且直接与全球物流领域国际大师交流，解决自己工作中的疑难问题。

4. 2006 CSCMP中国年会

“2006美国供应链管理专业协会中国年会”（2006 CSCMP中国年会）于8月2~3日在上海举行。来自中国和世界各国近500位正式注册的物流专业人士汇集一堂，共同探讨了“中国——物流与供应链转型与演进”的主题，成为继2005年中国年会之后，又一个以物流和供应链为主题的、由代表国际最高水平的机构和专家参与的国际盛会。

本届年会取得的成果主要体现在以下几个方面：

（1）中国物流得到CSCMP和国际物流界更多关注。本届年会得到了CSCMP总部的高度重视和大力支持，是在CSCMP总部直接筹备和直接参与的情况下举办的。本届上海年会参会代表和演讲嘉宾的层次比深圳年会有所提高，来自企业的演讲者基本上是国际知名企业的总裁级和副总裁级。而演讲的学者也是分别在供应链管理理论和供应链信息技术领域的领先学者，包括CSCMP的杰出贡献奖获得者凯蒂·维塔舍克和“深蓝之父”谭崇仁教授。

（2）年会体现了物流和供应链管理对制造业的价值，吸引了更多制造业企业参与。作为物流和供应链领域的盛会，本届年会秉承了上届年会将物流与制造业对接的价值取向，得到了更多的制造业的支持和响应，凸显了物流和供应链对制造业企业核心竞争力的作用，并在参会代表之间形成了一个均衡的平台，为会员之间建立了直接的业务联系。

（3）演讲的内容和层次有所提高，年会基本实现知识传播的价值。除来自制造业的领先企业分享了他们的物流与供应链经验之外，来自零售与分销领域、快递物流、第三方物流服务等为大会带来了他们的成功操作经验。其中包括分销业的领先者、北美最大的装潢材料零售商家得宝集团，美国知名物流企业UTI，全球四大快递巨头之一的DHL，新加坡叶水福集团，以及国内最大的第三方物流服务商中远物流，招商局物流集团、宝供物流、华运通物流、德利得物流以及上海亿通供应链等企业。在物流和供应链管理研究和教育领域，包括了来自物流领域两大协会组织CSCMP和WERC的执行委员和董事，也包括了来自麻省理工学院（MIT）、著名物流学府英国Cranfield大学、香港大学以及国内的上海交通大学和上海海事大学等的权威学术专家。

（4）本届年会推动了CSCMP和主要协会间的战略合作，包括与中国企业联合会的合作、与中国物流和采购联合会的合作、与中国交通运输协会的合作等。另外，美国仓储教育研究会（WERC）即将进入我国。

本届年会还成为各地物流招商引资的平

台。年会得到了各地方政府的积极响应。长春市、东营市政府由市领导带队组团参会，与国际物流界建立了直接的联系，为宣传地方物流和经济发展、引入外部资源，起到了良好的推介作用，并达成了合作意向。

5. 高科技与电子行业供应链峰会

2006年9月7、8日，由上海柯律信息咨询有限公司携手中外运敦豪联合主办的“高科技与电子行业供应链峰会”在上海举行。此次大会主要讨论议题是：供应链全球化给企业带来竞争力和风险；多层次供应链中的物流活动；变化中的电子行业外包模式；可适应性的供应链；利用供应链管理提升企业价值；如何利用供应链协同管理提高企业的核心竞争力；像对待战略资产一样来对待供应链；CEM/EMS面临的利润压力（与利润下降相抗争）；以客户为驱动的市场全球化及信息网络；与供应商的合作越默契，越高效；第三方物流在电子行业所面临的挑战。

6. 2006深圳国际物流暨供应链管理博览会

2006年10月31日～11月2日，由深圳国际物流暨供应链管理博览会组委会主办的“2006深圳国际物流暨供应链管理博览会”在深圳市举办。2006深圳国际物流暨供应链管理博览会（简称“物博会”）是我国也是世界上第一个以供应链管理为主题的博览会，现场展出了供应链管理的每一个节点：物流设备与信息技术、物流园区及设施、综合物流服务、物流金融、物流咨询与培训，政府（企业）采购。在展览面积、观众数量上，“物博会”已成为2006年我国举办的近40个综合物流展中的第一展。

“2006物博会”吸引了丹麦马士基、加拿大希恩国际、美国锐德、日本川崎船公司、中国电信、中国工商银行等世界“500强”，盐田港集团、深圳机场、中远物流、邮政速递、深圳国际、中外运、中铁快运、TNT、德国永恒力叉车、日本三菱叉车、上海展团、加拿大展团、韩国展团、中国香港展团、美国—墨西哥展团等国内外优秀企业及团体的参展，奠定了物博会的国际化、专业化、品牌化基础。华为、富士康、沃尔玛等生产制造和商贸企业的参与更使“物博会”成为一个打造具有竞争力的供应链的潜力无限的广阔平台。

二、冷链物流管理综述

（一）现状分析

随着我国人民生活水平的不断提高，社会对高价值的冷冻和易变质食品的生产和消费都在增加，使我国冷链市场的缺口日益增加。有专家估算，目前我国已有冷藏容量仅占货物需求的20%～30%。“将冷链市场提到关乎我国食品安全的高度来发展”已成为业内的共识，我国冷链市场面临着大发展的历史机遇期。

我国冷链物流市场目前尚处于起步阶段，人们对冷链的认识尚未形成一体化的概念，处于冷链物流各环节的企业并未对冷链物流达成统一认识，也并未认清自己在这一链条上所处的位置及所需努力的方向。从目前的发展情况看，在行业竞争较为激烈的连锁零售业，企业已经从终端消费者处感受到生鲜产品是提高企业竞争力的最后空间；部分企业也已经认识到冷链物流的重要性。

总体来看，我国的冷链物流目前存在以下问题：一是企业对如何建立本企业的冷链物流体系认识模糊，表现为上马低温物流中心项目时缺少对本企业冷链物流的需求分析，因而有很大的盲目性；二是企业不能正确认识冷链物流的概念，表现为经常以常温物流观点来看待低温物流；三是生产加工企业及流通企业对食品品质的重视程度不高；四是冷链物流管理人才不足。

（二）冷链物流管理代表企业

1. 武汉肉联和万吨冷储合并成华中最大冷

链基地

2006年6月，武汉肉联与万吨冷储重组，新成立的武汉肉联食品有限公司（以下简称武汉肉联）冷库容量达到8.16万吨，居国内前列、华中地区第一。其中，武汉肉联总股本为1.48亿元，股权结构为“50%：50% +1%”，国有股东武汉商贸控股集团持有50%的股权，万吨冷储的股东持有50%的股权，其中1%是万吨冷储的股东将所持武汉肉联1%股权的表决权，授权武汉商贸控股集团在一定期限内行使，以保证国有资本对新公司的控制力。据悉，这是武汉市国资改造股权结构第一例。武汉市政府负责人要求，武汉肉联在产业运作的同时，启动上市融资计划，争取3年后实现公开上市，成为国内最早上市的冷链物流企业，最大的冷链物流企业。

武汉肉联厂是武汉商贸控股集团旗下企业，1958年3月全面投产，是当时亚洲规模最大的肉类加工企业，近4年利润年增长率近50%。万吨冷储建于1979年，2001年在原万吨冷库和武汉市禽蛋加工二厂基础上合并改制，2003年初转为民营企业。2006年，企业销售收入比2003年翻了一番。武汉肉联和万吨冷储俗称武汉市的“大冰箱”，这两大“冰箱”常年储备一些必需食品如冷冻肉等，在物价有波动时，投放市场，起到稳定物价的作用。武汉肉联董事长许建桥称，新公司第一步将进行股份制改造，接下来，将整合2～3家外省冷链物流企业。

2. 蒙牛的冷链物流运作

近几年的乳业市场风起云涌，在常温市场竞争风靡之后，低温市场又逐渐成为一个企业发展冷链运营的一个新的亮点。国内以伊利、蒙牛、光明等为代表的三家企业在各自的冷链运作方面又都略胜一筹。低温产品的市场被公认为是企业在其发展冷链运作的一个新的挑战。

在众多的乳业品牌中，蒙牛的低温市场增长率是同行业的5倍。低温市场首先看的是产品，在乳业市场主要产品就是酸奶。运作酸奶产品，考验的是企业新品研发、冷链建设、渠道管理三大能力。目前，一些大型超市与蒙牛建立长期的合作关系，由蒙牛直接配送，利用蒙牛运输要求和运输工具直接到达超市的冷柜，避免在运输过程中的鲜奶变质，给超市造成重大损失，因此而影响蒙牛的信誉度。随着合作的进展，与客户建立起的合作关系趋向稳固，以及操作经验的不断积累，通过对生产商自有冷链资源、社会资源和自身资源的不断整合，建立起科学的、固定化的冷链物流管理和运作体系。

此外，蒙牛在其每个小店、零售店、批发店等零售终端投放冰柜，以保证其低温产品的质量。通常，超市在低温产品超过生产日期3天后就会拒绝进货，所以蒙牛必须保证其产品在2～3天内到达终端。蒙牛减少物流费用的方法是尽量使每一笔单子变大，形成规模后，在运输的各个环节上就都能得到优惠。对于保质期很短的低温产品，运输半径的减小可以缩短运输时间，这就要求生产厂房离销售终端越近越好。蒙牛的原则是鲜奶不走出草原，而杯装酸奶则可以在其他地区建厂，采用当地周边奶源。

总之，蒙牛精细设计每一个冷链环节，针对不同的问题采取不同的解决方案，最终做到了在低温市场增长率的成倍增长。

3. 中外运在上海建成国内最大的冷链物流中心

2006年，中外运集团建成了中外运上海冷链物流中心是目前国内最大的、具有现代化设施的单体多温度分区冷库，开始进军国内冷链物流市场。

中外运上海冷链物流中心于2006年初开始投资建设，总占地面积7万平方米，物流中心同时拥有六种温度分区、六个仓储区域，一个温度可调节库和一个封闭式装卸码头，温度横跨18℃～－30℃，同时配有30辆可控温的国际标准冷藏车，可实现商品的快速流通和一日两配的配送需求。此外，为保证温控产品质量、提高操作效率、降低整体物流成本，冷链物流中心在投资建设中采购了完善、高效的模数效应建造结构，能够为客户提供经济、精简、综合的一体化冷链物流服务。

现代食品物流发展重点是应用冷链技术，但是冷链物流在我国起步较晚，与发达国家相比还有较大差距。中外运上海冷链物流中心的正式运营，是国际标准冷链物流在我国的实践，它建立起了一个从生产端到消费端一体化的冷链供应链管理流程，确保整个供应链中实现一致的温度控制，使广大消费者能享受到更新鲜、更安全的食品。

目前，我国尚未形成独立完整的食品冷链体系，食品冷链的第三方物流发展滞后。中外运将以北京、上海、广州、武汉、成都为节点，建立冷链物流中心，逐步建立辐射全国主要市场的冷链物流服务体系。除上海冷链物流中心为自主投入外，其他网络节点的完善将通过自建、内部整合、并购、战略合作、战略联盟、特许经营等方式完成。

（三）2006年度一些重要会议

1. 2006中国（中山）国际果蔬产业标准化论坛暨果蔬冷冻链与检验检疫论坛

2006年11月9日，“2006中国（中山）国际果蔬产业标准化论坛暨果蔬冷冻链与检验检疫论坛、2006中国（中山）国际果蔬交易会”在金涛（中山）果蔬物流有限公司开幕。来自世界各国的物流管理专家、物流业专业人士、物流企业管理人员济济一堂，共同探讨冷冻链物流这一国际前沿课题。

冷冻链物流是一种全新业态，以水产品、畜产品、果蔬及花卉为代表，并在冷却肉、深海冻品、保鲜蔬菜、进口鱼肉等运输方式中有着极大的发展空间；我国有逾万家超级市场及大型超市亟待引入冷冻技术和寻求合作伙伴，农业市场对其更有大量的需求，因此海内外商家进军内地冷冻链物流业务商机巨大；可促进传统农产市场转型，全新物流业态的引入，可以从信息管理和新鲜抵运两方面促进传统农产市场的转型。

2. 2006上海食品安全冷链建设论坛

2006年8月31日，上海食用农产品流通安全信息网与上海商情信息中心联合召开了“2006上海食品安全冷链建设论坛”。论坛以按照市政府关于食品安全重点工作的要求，同时为了进一步贯彻政府加强品牌工作的要求，提高食品现代生产加工、低温物流和批发零售行业的冷链建设和管理水平，旨在搭建政企信息平台，为冷链物流企业、专用车制造商及相关连锁行业引导供需对接，探讨规范冷藏链运输的技术标准和管理体系，引领企业进入全国与进出口大流通为主旨。论坛主题：加强冷链系统的建设，保障食品消费安全；政府如何大力培育具有创新技术和自主知识产权的冷藏相关品牌企业；满足食品安全需求的冷链技术标准；关注与借鉴国外冷链制造业的新技术，积极推进上海冷链系统品牌建设；冷链运输市场的现状、发展方向及建设目标。

3. 2006年上海食品物流与冷链技术发展论坛

2006年4月14日，由上海水产大学、上海市食品协会、上海市物流学会、上海水产行业协会、上海市冷冻食品协会五个单位，在上海水产大学召开了“2006年上海食品物流与冷链技术发展论坛”。

此次论坛的召开对发展食品工业具有推动作用，主要收获体现在两个方面，一是与会者形成了五点共识；二是为今后推动、发展食品物流业，五个主办单位意向创建食品物流“产学研”一体化战略联盟。

论坛通过大家的参与和交流，已形成五点共识：①对推动上海现代食品物流业发展具有重要意义。②上海食品物流发展的现状进行评价与展望未来。③现代食品物流业发展重点之一是冷链技术应用应该把握食品冷链物流发展三大趋势：加速冷链物流规范标准的国际化、加大冷链物流的经营创新、加紧冷链物流的人才培养。④食品物流产业与食品物流教育两者是相辅相成的。⑤上海现代食品物流的建设应得到市政府有关部门的支持。

（作者：张文杰　田　源　李雁华　于　冰
北京交通大学经管学院物流所）

2006 年中国军队采购

一、军队采购取得明显成效

深化军队物资采购改革，是中央军委作出的重大决策，是适应国家政府采购制度改革形势、推进后勤政策制度创新、加强党风廉政建设的重大举措。自 2001 年中央军委批转《总后勤部关于深化军队物资、工程、服务采购改革总体方案》以来，在军委、总部的正确领导下，经过全军上下的共同努力，军队物资采购改革取得了明显成效，基本形成全面铺开、纵深发展的良好格局。

（一）构建了较为完整的采购体系

按照军委采购改革决策部署，结合体制编制调整改革，调整总部、大单位物资部门工作职能，明确军以下部队物资采购管理部门和操作机构，理顺采购工作关系，基本建立起总部、大单位和部队后勤三级采购管理体制，目前已形成自上而下、相互衔接、较为完整的采购组织体系。这一新的采购组织体系，符合我军实际，运转比较顺畅，为有效履行军委赋予的采购职能任务，提供了较好的组织保障。

（二）确立了集中统管的采购模式

各级坚持党委理财与党委管物的有机统一，加强组织领导、强化集中统管，形成了事业部门提出需求、采购管理部门归口管理、采购机构组织采购、财务部门集中支付、纪检和审计部门实行监督的采购运行机制，确立了统一计划、集中采购、分段管理、相互制约的采购管理模式。目前，全军纳入集中采购范围的物资达到 24 类、1100 多种。2001—2006 年，全军累计集中采购物资达 663 亿元，节省经费 46 亿元。

（三）建立了依法运行的采购秩序

适应法制经济和从严治军的要求，大力推行依法采购、规范采购、廉洁采购，加强采购法规制度建设，在以往出台物资采购管理、招标管理、信息公告管理、供应商管理、评审专家管理等规章的基础上，2006 年又制定颁发了《军队物资应急采购管理规定》、《军队物资采购机构管理规定》等法规，为推进依法采购提供了制度保证；贯彻中央关于开展治理商业贿赂专项工作部署和军委《关于建立健全军队惩治和预防腐败体系的意见》文件精神，认真落实从严治军和从源头上治理腐败的要求，坚持采购管理与采购操作相互分离，坚持按照法定的采购方式及程序组织实施集中采购，建立了纪检、审计、采购管理部门和事业部门共同参与的监管机制，健全了采购投诉处理机制。2006 年，在全军组织开展了物资执法年活动，严肃查处了采购中违规违纪问题，保证了采购活动的有序进行。

（四）铸造了快速高效的采购能力

坚持以战备物资采购保障为牵引，组织开展应急采购演练，探索建立了应对抢险救灾、援外救援等紧急任务的物资应急采购保障机制，做到了平战结合、军民一体、快速高效。近几年来，我军先后完成了对70多个国家和地区、150多批次、5亿多元的援外物资采购任务。特别是在完成印度洋海啸、美国“卡特里娜”飓风、南亚地震、朝鲜水灾等国际人道主义救援行动中，不负重托，不辱使命，出色地完成了任务，有力地配合了国家和军事外交，受到了国内外的广泛赞誉。2006年，大力推行网上采购，进一步完善军队物资采购网软件系统，以总后名义下发《关于推行网上物资采购的通知》，审核注册上网供应商1244家，评审专家560名、物资产品7017个；成都、广州、北京军区等大单位，结合实际积极探索实施网上物资采购。一年来，全军网上采购物资累计7325万元，平均节资率为10%～17%，大大提高了采购效率和透明度。加强采购人才培养，优化采购专业学科设置，组织部队采购业务骨干培训，开展采购业务岗位练兵，举办“国防通用物资采办国际研讨会”等活动，改善了采购队伍结构，为有效履行使命任务提供了人才支撑和智力支持。

二、军队采购任重道远

在新的形势下，军队物资采购改革面临着机遇和挑战。因此，军队采购工作任重道远。随着我国市场经济的深入发展和经济全球化趋势的迅猛推进，建立具有我军特色的现代军事采购制度，更好地运用国际国内两个市场、两种资源，保障军队现代化建设，是深化军队物资采购改革面临的重要课题。当前和今后一个时期的军队物资采购工作的总体思路是：以改革为中心，一手抓拓展，一手抓依法。具体的主要任务有以下几方面：

（一）拓展集中采购范围

把需要实行集中采购而且能够实施集中采购的项目尽可能纳入集中采购范围，将物资集中采购从总部、大单位机关本级拓展到所属直属单位，从机动作战部队拓展到院校、医院、科研机构等非机动作战部队，从通用物资拓展到专用物资和生活物资，逐步推行按区域组织实施三军部队集中采购。

（二）健全完善法制制度

积极协调有关部门，争取在国家和军队立法层面，制定出台《军事采购法》、《军队物资采购条例》等法律法规，为规范军队和地方实施军事采购行为提供依据。对现行军队物资采购规章制度进行梳理，努力把物资采购工作的全过程、全要素都纳入法制化管理轨道。要适应国家深化政府采购制度改革要求，建立保护自主创新、节能环保、军事特需等产品方面的法规制度，为发挥物资采购政策功能、保护军事采购安全提供制度保证。

（三）严格依法组织采购

坚持用制度管权、用制度管事、用制度管人。严格按规定办事，该集中采购的要集中采购，该招标的要纳入招标，该公开的一定要公开，不能找借口、搞变通，更不能打“擦边球”。严格按程序办事，按照法定的采购规则、确定的采购方式、规定的业务流程运作，不能图省事、缺环节，更不能搞形式、走过场。严格按权限办事，一级对一级负责，该履行手续的一定要报批，特别是机关部门不得插手采购活动，指定评审专家和供应商，搞行政干预，确保各项采购活动公开透明、规范有序进行。

（四）强化采购监督管理

坚持职能部门监督与群众监督、内部监督与外部监督、事前监督与事后监督相结合，健全完善联合监管体系。从采购活动是否规范、采购质量是否合格、采购服务是否到位、采购效益是否明显等方面健全完善综合考评体系。拓宽采购投诉处理渠道，完善采购投诉处理机制，指定专门办事人员，依法处理投诉举报问题。要加强采购执法检查，严惩有法不依、执法不严的违规违纪行为，确保采购活动的规范运行。

（五）加强采购队伍建设

建立以院校培训为主，部队训练、送地方训练和岗位练兵为补充的完整培训体系，进一步完善学科设置，改革训练内容，改进教学手段，加强教员队伍建设，不断提高训练质量。抓紧建立军队物资采购人员资格认证制度，严格培训、严格考核，切实把物资采购队伍纳入专业化管理轨道。今后，所有从事军队物资采购工作的人员，都要获得专业技术职务等级资格，实行持证上岗。要提高评审专家队伍整体水平，采取有力措施，严格选取标准，真正把那些政治强、业务精、作风正的专家学者，选到物资采购评审专家队伍中来，确保物资采购评判审定的质量和效果。

（六）抓好采购手段建设

按照后勤信息化建设的总体部署和要求，不断推进采购信息化建设，力争取得新的突破。要加快采购信息平台建设，建立军队内部之间、军队与地方之间物资采购信息网络，开发网上采购、业务管理等软件系统，完善各类数据库建设。要大力推行电子商务，通过国家和军队电子签名联合认证，实行网上签订合同和资金支付。抓紧制定军队物资采购电子商务规则，力争2010年末在全军全面推行电子商务。要建立物流信息系统，充分运用现代物流信息技术，开发利用军队物流信息资源，做到采购物资存储、输转可视可控，实现适时、适地、适量物资采购保障的目标。

（七）构建军事采购社会保障机制

立足军队保障需求，适应市场经济发展规律，建立政府支持、军事牵引、政策配套、寓军于民的一体化军队物资采购平台。充分运用现代物流技术，及时了解市场信息，掌握社会资源配置，遵循市场竞争规则，完善物流配送体系，建立采购信息共享、采购资源共用、采购人才共育的军地一体化采购合作机制。

（作者：钟先文　总后勤部军需物资油料部物资采购管理局）

第九部分

部分优秀物流企业及其经典案例

2006 年中国第三方物流发展综述

2006 年，是我国物流业发展极不平凡的一年。物流作为产业第一次被列入“国民经济和社会发展‘十一五’规划”；外资物流公司因我国物流市场全面开放得以以独资身份直接参与国内市场的竞争。我国第三方物流市场需求在增长和细分中凸显全球化趋势，第三方物流企业在竞争和整合中加快发展，第三方物流政策环境进一步改善，预示着 2007 年我国第三方物流将在新的起点上快速发展。

一、第三方物流市场进一步增长

2006 年，我国经济继续保持快速增长势头。全年国内生产总值 20.94 万亿元人民币，比上年增长 10.7%；进出口贸易总额 1.76 万亿美元，比上年增长 23.8%。伴随国内经济快速发展和外贸繁荣，我国的第三方物流市场需求进一步扩大。预计第三方物流市场的规模将超过 1300 亿元人民币，比上年增长 30% 左右。经济全球化和科技进步带来的市场竞争压力，促使生产和制造企业与物流企业加强合作，整合其供应链以提高核心竞争力，力求在微利和开放市场环境下获得最大利益。烟草、医药等行业企业面临国家政策的重大调整和对外开放的市场压力，渠道整合和业务外包成为趋势。

2006 年，第三方物流市场在增长中出现了以下新趋势：

（一）生产企业的物流需求更加注重供应链整合与管理

2006 年物流市场需求的突出特点是，处于开放的国际化竞争环境和微利时代，生产制造企业的竞争不仅仅来自传统意义上的价格和生产能力的竞争，更大程度来自于服务和品牌的较量。受环境、政策和竞争影响，生产企业原有的生产方式、市场渠道等受到很大冲击，企业自身和客户需求发生了巨大变化。为了在开放市场和微利的环境下取得较快发展，生产企业一方面在加快自身变革，抢占市场，将竞争的主战场由经济中心城市转向中小城市甚至向农村延伸，同时希望通过渠道变革实现对市场的快速反应，改善客户服务，以求巩固市场地位。由此他们将目光转向有供应链整合和管理能力的第三方物流企业，希望通过供应链的整合与管理，实现利润的最大化。特别是电子消费类产品制造企业，如戴尔公司，为了积极响应市场，对配送时限的要求越来越高，力求打造 24 小时、48 小时服务圈。在 2006 年春节旺季的紧急情况下，物流服务商中邮物流为其提供专机运输，保证了戴尔产品及时快速占领市场；中邮物流还为戴尔公司开展 VMI 服务，帮助其整合供应链上游 IT 电子企业。《直销法》颁布后，国内保健品类、化妆品类生产企业如安利和雅芳公司，为适应国家政策调整，部分原有的销售渠道需要变革，原有的市场空间也要由城市扩大到乡镇甚至自然村。相应的物流服务，只有具备供应链整合和管理能力物流服务企业才能够满足。这些由生产企业面对激烈竞争而传递给物流企业的压力，促使高端物流市场需求向供应链管理方向发展，也无形中提高了物流企业进入高端物流市场的“门槛”。

（二）电子商务的物流需求正逐步得到释放

随着网络技术日臻完善，以网上支付和物流为支撑的电子商务业务得到快速发展。据2006年7月19日中国互联网络信息中心（CNNIC）在北京发布“第十八次中国互联网络发展状况统计报告”显示，我国网民数已达1.23亿。据调研机构易观国际和淘宝网公布的《2006年第三季度淘宝网上购物报告》显示，2006年第三季度，我国人均季度网上购物金额为572元，比2005年同期人均网上购物金额为273元增长109%；第三季度成交额达到一个新高点——43.5亿元。这个数字比2004年我国CtoC整体市场全年41.6亿元的成交额还多。截至2006年9月底，淘宝网会员数已达到2670万，较第二季度新增近420万用户。国内以拥有淘宝网的阿里巴巴为代表的电子商务企业和建立电子商务交易平台的消费品等生产企业逐步意识到，在支付安全性问题解决后，物流已经成为阻碍电子商务快速扩展的“瓶颈”。为了改善服务、提升效率和效益，促使阿里巴巴其在与国内众多物流企业的交流中选择了网络和服务较好的中国邮政，并于11月正式战略签约。电子商务网站与物流企业的结合，预示着物流在电子商务发展的作用将越来越突出。

（三）经销商物流成为物流市场需求的新领域

目前，国内的第三方物流市场已经逐渐被按照大行业划分成汽车物流、家电物流、医药物流、IT电子物流、会展物流、化工物流等专业物流市场，而国内领先的物流企业在特定行业中占据着领先地位。如中远物流在化工、电力设备物流和会展物流，中邮物流在IT电子、化妆品物流，中储在“仓单质押”、中铁科技在乳制品等行业物流市场的强势地位已经得到了业界的认可。

伴随医疗制度和烟草行业变革衍生的医药物流、烟草物流及手机流通方式产生的手机销售物流，由于其销售渠道的物流价值被关注而成为2006年物流市场新需求的焦点。中邮物流专注于手机、医药、烟草三大行业，以省内经销商企业或制造企业销售机构为目标客户，按照“仓储+配送”的核心服务模式，为客户提供省内运输配送、仓储管理、包装理货、流通加工、信息管理、退货处理、代收货款等服务的一体化物流业务，形成了独具特色的经销商物流服务，在中西部地区取得了较好的业绩。

（四）高端物流市场需求全球化趋势明显

多年来，在我国的外资企业特别是世界“500强”，其物流服务除了部分企业延续其母公司的物流服务商外，大多在中国本地招标，物流服务商的选择也大多由中国区决定。而2006年，绝大部分在华外资企业的中国物流服务招标已经纳入总部事务，中国区的物流服务已经纳入全球范畴，招标权归全球总部所有。如摩托罗拉公司中国区的物流招标，是从全球400家竞标企业中最终选定1~2家。NOKIA、DELL、HP等企业也大抵如此。高端物流市场的全球化对国内物流企业的服务能力和水平提出了更高要求，也为国内物流企业的国际化发展提供了机会。

（五）农村物流市场得到广泛关注

多年来，党中央的一号文件都对“三农”问题做出规定。发展农业、繁荣农村、富裕农民的设想一直成为各级党委和政府的重要工作。农业部、商务部、信息产业部先后出台一系列服务“三农”的政策。邮政系统和中邮物流公司充分发挥邮政农村网络优势，以农民迫切需求的种子、化肥、生活日用品为突破口，开展为农民生产生活服务的连锁配送业务。到目前为止，中邮物流已经在全国建立邮政“三农”服务点20多万处，配送各类生产、生活资料价值近百亿元，得到了党中央和国务院的充分肯定。邮政服务“三农”的内容在2005年、2006年连续两年被写进中央一号文件。邮政还响应党中央号召，积极参与商务部的“万村千乡市场工程计划”，完善网络、改善服务，参与农村流通体系建设，也为今后农村物流的发展奠定了坚实基础。

二、外资企业进入加剧了第三方物流市场的竞争

2006年，由于石油价格的快速上涨和在设施、设备和技术上投入的增加，国内物流企业的运营成本大幅提高（据部分企业数据，油价上涨费用占企业运营成本增量的1/4左右）；同时，行业竞争加剧又导致物流服务收费普遍降低。因此，2006年第三方物流企业的平均利润率普遍下降。与此同时，由于物流市场的全面开放，外资物流企业继续完善网络布局，加快“抢滩”物流市场，独资工作基本就绪；而内资企业则加强对外合作，努力提升能力，巩固既有市场份额，并寻机向外扩张。

（一）外资企业

2006年，外资物流企业独资开展业务已变成现实。他们一方面直接介入我国中高端物流市场的争夺，另一方面继续通过加快网络布局扩大优势，通过提升服务能力和水平抢占市场，并通过广告宣传提升品牌影响，为独资和长期发展打下基础。

1. 直接中标国内物流业务

在IT等世界500强企业的物流招标中，外资企业成为主要赢家。2006年在华世界500强和行业领先企业较大标的物流招标中，英运物流（EXEL）和近铁（KWE）中标美国INTEL公司亚太地区运输、仓库管理、配送业务；伯灵顿（BAX）中标美国APC公司在全国运输、仓库管理、配送业务；DHL中标博世公司的国际运输、进口清关、国内配送；香港思陆获得天狮公司的国际运输、仓库管理、配送业务；DHL旗下的丹沙中福货运代理有限公司获得了岭澳核电站6亿美元的物流大单，这是其在此前获得的BP珠海化工有限公司的精对苯二甲酸项目、中国石化与阿克克瓦纳公司在延布的聚烯烃石化项目之后的又一大单。由此可以看出，外资物流企业的来势凶猛。

2. 加快独资的最后准备工作

TNT收购国内最大的公路零担货运商——华宇物流集团已经尘埃落定，这笔8亿元人民币的交易让TNT获得了后者苦心经营10年建立起的网络和客户资源，实现了在中国建立最大货物和包裹内陆运输网络的目的。FedEx以4亿美元收购大田快递50%的股份的相关程序基本完成，独资开展业务的条件已经成熟。而UPS也顺利走上了独资之路，由独资广州公司掌管南方地区差价业务、由收购中外运在中外运—联合包裹国际快递有限公司的50%股权成立的北京公司负责北方地区业务和2008年北京奥运会项目、2007年在上海建立亚太转运中心的“三重心”架构基本就绪。从中外运手中接管的23个主要城市业务独立运营权的相关手续早已完成，开始正式独资经营。

3. 继续网络布局

UPS在取得北京、广州、上海三地独资资格后加紧布点，计划在2006年底至2007初在22个城市新增分公司，使UPS中国分公司数量增加到45个，覆盖城市由200个增加到330个；FedEx通过落户成都，为成都高新技术开发西区内的高技术、高附加值产业企业特别是生物学制品贸易提供服务，还为成都周边的绵阳、乐山、德阳等地提供跟进及延伸服务；设

立南京分公司、巩固其在长江三角洲的地位；落户青岛，打造区域国际航运中心；落户大连，控制东北；增添厦门清关口岸，加快周边货物通关速度；马士基航运在重庆设立分公司，力求在西南地区赢得优势。

4. 提升服务能力

联邦快递推出了网上承运工具，方便客户进行网上寄件和掌握货件最新的运送状况；开通全国统一免费客户服务热线，24 小时为客户提供最佳服务体验；还在全国新推出七种标准纸箱，务求为客户，尤其是中小型企业客户提供更多样化、更优质可靠的包装服务。DHL 则推出“定时特派进口到付”服务，满足客户需要。

5. 加强形象宣传

2006 年，UPS 借助中国女子排球队展开 2008 年北京奥运会物流服务商的体育营销战略；FedEx 借助中国羽毛球队开展体育营销，还分别携手国际非赢利组织和国际人道主义机构宣传其社会责任的形象，并针对中小城市企业市场发布全新电视广告，其用意不言而喻。

（二）内资企业

面对外资企业的大举进军，内地物流企业充分发挥本土优势特别是网络优势，通过资源整合、提升能力、加强对外合作等方式，巩固现有市场份额。

1. 积极参与国际竞争练内功

中远物流凭借其在大型化工设备物流的方案设计能力和价格优势，在参与印度 Reliancie 石化项目国际招标中脱颖而出。中邮物流运作的摩托罗拉天津和杭州工厂项目年度 VA 审核中，再次以高分胜出；在神龙汽配物流招标中，取代英运物流负责西南区的配送业务。通过参与国际竞争，促使国内企业全面认识自身不足和差距，为今后的国际化发展做准备。

2. 整合资源，拓展市场

为充分发挥邮政的业务资源优势，中邮物流与中国邮政 EMS 联合在江苏昆山推出了针对台资企业的推介会，现场签约 12 家企业。通过资源共享和服务层次的差异化，满足更多客户更深层次的服务需求。中国邮政与澳大利亚邮政合资成立的赛诚国际物流有限公司，在上海、深圳等地设立集散中心，已经为多家澳大利亚客户提供包括集散运输、集散中心的增值服务、国际货运代理等功能的一体化物流与供应链管理服务，并成为中邮物流重要的国际物流通道。中铁行包和中铁快运合并，组建新的中铁快运股份有限公司，重建安全、财务、业务、营销、信息等五大体系，打造四大板块业务，寻求快速发展。

3. 抓紧布局，迎接挑战

面对外资企业和国有大企业的挑战，一些代表性的民营第三方物流企业也在努力投资布局，构建网络。2006 年，宝供物流投巨资建设沈阳汽车产业物流基地和合肥工业物流中心，与先前建成投入运作的苏州、广州、上海等物流基地及建设中的南京物流基地，共同见证了宝供近年来在 15 个重要城市打造物流产业基地、提升服务能力的构想。

三、第三方物流市场环境更加趋好

2006 年是中国物流业有突破性进展的一年。中央和国务院有关部门、行业组织及社会有关方面继续努力改善中国第三方物流市场环境，在政策、措施等方面取得的突破有：

（一）十届人大四次会议将“大力发展现代物流业”列入《国民经济和社会发展第十一个五年规划》，并提出“培育专业化物流企业，积极发展第三方物流”。

（二）2006 年 1 月 17 日和 3 月 18 日，国家税务总局分别发出了《关于规范汇总合并缴纳企业所得税范围的通知》和《关于物流企业缴纳企业所得税问题的通知》，允许符合条件的网络型物流企业在同一省区市范围内汇总合并缴纳企业所得税。2005 年 12 月 29 日，国家税务总局印发《关于试点物流企业有关税收政策问题的通知》，从 2006 年 1 月 1 日起，在国家发改委和国家税务总局联合确认的 37 家物流企业开展营业税差额纳税试点工作。2007 年 1 月，国家税务总局下发《关于试点物流企业名单（第二批）的通知》，批准经国家发展和改革委员会和国家税务总局联合确认的第二批 158 家物流企业纳入试点范围。

（三）2006 年，国家质检总局发布了《物流术语（修订稿）》、《企业物流成本构成与计算》、《物流中心作业通用规范》和《联运通用平托盘主要尺寸及公差》等国家标准，为生产制造企业物流成本核算和物流企业收费、方便全国货物联运等，提供了行业参考依据。

四、第三方物流市场展望

（一）市场前景较好但需求增幅趋缓

有专家预测，2004—2010 年，我国的 GDP 年均增长将保持在 8%。由于物流基础设施效率的提高和供应链管理的改善，物流成本占 GDP 的比率将从 20% 降至 15% 左右，但由于改善供应链管理对物流外包的需求增加，第三方物流的年均增长将高达 33%，从 2004 年的 400 亿元增至 2010 年的 2300 亿元，市场前景极为广阔。受国家总体发展战略的影响，国内生产总值和固定资产投资增幅将有所回落，物流市场需求的增长幅度将会趋缓。

（二）外资关注高端市场竞争

外资物流企业实现独资，已具备直接参与国内物流市场竞争的条件，国内外物流企业同台竞技的局面在所难免。外资物流企业凭借资金和技术优势及国际化的供应链管理经验，在争夺世界 500 强企业和国内企业的国际化物流业务中凸显优势。为了进一步弥补网络不足的劣势，外资物流企业的并购可能进一步加快，少数规模较大的民营企业为生存与外资物流企业结盟成为可能。国有大型物流企业更加注重运营规模和效益，力求巩固市场成果，并择机向国外市场推进；中小型物流企业将通过本地化和专门化业务赢得自己的一席之地；第三方物流企业面临一次重新洗牌的考验，在激烈的市场竞争中逐步形成一些服务品牌。

（三）市场环境继续朝规范化改善

2007 年是“十一五”规划的第二年，有关部门将按照中央的规划建议精神，继续就落实九部委《意见》，出台相应的配套政策，海关、税收、行政审批、行业管理将进一步规范，为第三方物流营造更好的发展环境。同时，对外资企业进入中国的产业损害进行评估，有可能出台相关政策，对外资企业的“超国民待遇”进行限制，以维护国内物流行业的公平竞争秩序。

（作者：李　雄　湖南省邮政公司总经理）

新中铁快运在重组中做大做强

2006年1月18日，铁道部召开新闻发布会，中铁行包快递有限责任公司和所属中铁快运股份有限公司合并重组，新组建的新中铁快运股份有限公司（以下简称新中铁快运）沿用中铁快运股份有限公司的名称及标识，并通过工商注册登记，于2006年1月1日起开始正式运行。中铁行包公司董事长兼总经理徐海锋出任新中铁快运的董事长兼总经理，这是快运市场具有重要影响的一件大事。

新中铁快运的发展目标是要成为中国的UPS。新公司的成立备受社会各界特别是物流行业的关注。业内专家指出，中铁行包快递有限责任公司与中铁快运股份有限公司的合并重组，是落实铁路跨越式发展思路，整合内部资源的重要举措；是应对入世后服务业全面开放，物流企业整合重组大趋势的迫切需要；是遵循市场化发展规律，实现“加快发展、做大做强”目标的客观要求。通过两个公司的内部整合，可以从根本上消除内部同业竞争，实现产业链上的资源整合、优势互补，可为客户提供“门到门”全程物流服务。

一、做大做强的目标

合并重组的新中铁快运股份有限公司(China Railway Express Co.，Ltd. 简称新中铁快运）是铁道部直属专业运输企业，公司注册资本19.46亿元。经营范围是行李、包裹、邮件、小件等货物铁路快捷运输；铁路小件货物特快专递；铁路票据特快专递；普通货物公路运输；航空货运销售代理业务和装卸、仓储、进出口业务等其他一般经营项目。公司在全国设立32个分公司，拥有11个控股子公司和1个参股公司。公司经营网络遍及全国31个省、自治区和直辖市，在国内316个城市设有5个基地、21个分拨中心、228个营业部、1353个经营网点，“门到门”服务网络覆盖国内500多个大中城市。

新中铁快运2006年计划实现营业额60亿元，从而成为国内企业小件快递市场的龙头老大，正面迎战在中国市场攻城略地的UPS、FedEx、DHL、TNT四大跨国快递巨头。到2010年，中铁快运将在全国建成12个快运专列基地，20余个分拨中心，覆盖全国400多个城市的经营网络，形成以快递和解决方案为产品的新的核心业务，以物流服务为特征的新的增长点，以行邮、快运专列为品牌的南北、东西“三纵四横”的行包快捷货运大通道，力争在3~5年实现年运输收入100亿元的目标。

徐海锋在新闻发布会上对整合后的中铁快运未来充满自信地说：“整合既是两家公司增强在物流市场上竞争力的需要，也是中铁快运上市融资的需要。两家公司的整合不仅互相弥补了业务上的不足，也减少了两家公司的同业竞争。新中铁快运不仅在核心竞争力上有了质的飞跃，其对资源的掌控能力和赢利能力也显著提升。

二、具有远见的战略构想

在2005年，铁道部就已提出了中铁行包快递有限责任公司与中铁快运股份有限公司合并重组的战略构想，目的是要加快推进铁路专业运输公司市场化进程。此前，中铁行包主要依靠铁路优势，提供“（车）站到（车）站”的运输；而中铁快运则更多扮演了物流公司的角色，不但承接了“门到门”的运输业务，还自己开发了物流项目，包括大宗物品的运输。显然，经过近一年的积极准备，铁道部此项具有远见的战略构想终于实现。可以说，此举标志着新中铁快运将在重组中不断做大做强。

追溯历史，原中铁快运在发展过程中曾经做过行业领头人，但随着我国入世后相关承诺的逐步兑现，国外快递企业的进入和竞争对手的效仿，原中铁快运占有的市场份额被不断蚕食，快件运输经营越发艰难。尤其从行业的发展趋势看，随着全路生产力布局的调整，行包办理站逐渐萎缩。在2003年铁道部公布的全路行包办理站是2585个，但2006年已经低于1600个，而且中铁快运的86个车站，虽然仅占总数量的5%，但已占至全国铁路行包办理量的90%以上，运输收入也突破了80%。特别是随着铁路客运专线的建成和动车组的开行，意味着铁路行包运输组织发生革命性变革。

从企业自身看，中铁行包公司作为铁道部3个专业化运输公司之一，铁道部赋予其行包运输资产管理和路网使用权，公司拥有2448辆行李车和86个直管站行包房资产。原中铁快运公司经过13年的发展，用辛勤的汗水精心打造了中铁快运的市场品牌。其主打小件快递业务，占业务总量的75%，其服务对象是运输高附加值、小批量货物和有较高时限要求的零散客户，这种以零散客户为主的门市经营模式，构成了原中铁快运的经营方式。而中铁行包的运输是以行包房为支点，为客户提供“站到站”服务，其70%以上的货源不是客户到行包房托运，而是掌握在中间商、代理商手里。不能直接掌握货源和客户，是行包房普遍面临的困境。

这就是说，合并后的中铁快运如果仍以普通包裹和快递业务作为主要发展方向和赢利模式，发展空间将受到严重制约。所以，新公司要保持可持续、快速发展，必须在巩固原有业务基础上，开辟发展新领域。现实情况要求合并重组后的新公司必须充分审视在未来经济可持续发展中可能遇到的问题，研究国家、铁路政策变化给行包运输带来的影响，研究汽油涨价、邮政法实施等引发的变化，研究国内市场开发，研究公路、水运、航空的政策变化，才能实现战略转型。

对此徐海锋表示，“面对国内物流业的方兴未艾，我们不能无动于衷、等闲视之，要按照市场规律看待物流的发展，分析物流发展会给我们的企业带来什么样的机遇，加快向现代物流企业发展的进程。”新中铁快运在用工和营销方面，形成了一套行之有效的市场化运作机制，原先两个公司都拥有对方所不具备的优势，新公司仔细分析了这两个公司的各自优势和原有运输产品，对公司未来的发展方向进行了认真思考。

面对国内快递市场向国外开放后，快递产业呈现的群雄争斗的局面，尤其是国外四大巨头加快其在我国市场的布局：TNT收购华宇集团、FedEx以4亿美元收购大田集团、UPS（联合包裹）终结了十几年与中外运的合作、23个城市的网络被其用1亿美元买断……徐海锋说：“我们面对的形势是严峻的，所以我们要用新的思路指导企业的发展。中铁快运一方面要做大做强，增强自身竞争力；另一方面要与世界500强的企业进行战略合作。合并前，我们就与一家公司进行了很长时间的谈判。在对几家世界500强的物流巨头中进行比较后，这是最为适合的一家。”

此外，徐海锋也表示，新公司通过业务整合确定了包裹快递、快捷货运、合约物流、国际货代四项核心业务，形成了集铁路、公路、海运、航空于一体的综合运输体系，从以前“站到站”的运输转变为“门到门”的运递。徐海锋说，作为子公司，新时速运递有限公司成立两年来运转顺利，中铁快运将继续扩大和深化与邮政的合作，在下一步的网点建设和包裹投递中将继续发挥铁路与邮政的互补性。

三、在整合中不断发展

整合后的中铁快运以铁道部党组提出的“加快推进市场化进程，加快发展、做大做强”为目标，实施区域经营、协同链接、客户细分、网络统一的企业发展战略，深入推进精细整合，打造全程服务链条，为客户提供“端到端”的物流服务，努力实现由单一的运输企业向现代物流企业的战略转型，使中铁快运在完善网络、拓展业务、提升服务水平和促进物流服务创新等方面迈进更大一步。

为了实现中铁快运年营业额达到60亿元的目标，自两家公司合并后，新中铁快运的领导团队就一直在全国各地为两家公司旗下分公司以及再下一级营业部的进一步整合进行着不懈地工作。按照公司经营网络发展规划，经过一年来的发展，公司经营与配送网络规模不断扩大，实现了年度计划目标。截至2006年12月1日，新中铁快运已拥有经营网点1402个，覆盖全国405个城市（县、开发区），配送服务网络覆盖全国590个大中城市（含部分县、开发区）。

——2006年7月29日11时24分，上海开往九龙的K99次旅客列车正点开出，标志着中铁快运股份有限公司开办的上海至香港间包裹运输业务正式启动。这在全国铁路尚属首次。

1997年5月开行的K99/100次直通旅客列车不仅为两地旅客出行提供了便捷的铁路运输服务，同时还根据规定办理旅客随身携带行李的托运业务。近年来，随着两地经济、文化领域交流不断增加以及旅客需求的变化，市场对行李车的需求也悄然发生着改变。一方面，旅客携带行李减少；另一方面，一些企业迫切希望通过行李车办理包裹运输业务。为适应市场需求，提高铁路企业的社会效益和经济效益，落实铁道部刘志军部长关于进一步做好对港行包运输，促进两地繁荣发展的指示精神，中铁快运股份有限公司与香港九广铁路公司客货运公司通力合作，利用K99/100次上海与九龙间直通旅客列车行李车富余运能，开办上海—香港包裹运输业务。在铁道部相关部门指导下，在海关总署及上海、广东海关部门的支持下，中铁快运公司充分利用整合后的优势，围绕开办两地包裹运输业务积极开展工作。在广泛开展市场调研，了解客户需求的基础上，向铁道部提出符合市场需求的行包运输组织建议方案，并获得批准。上海分公司成立了“K99/100次项目管理工作小组”，对选拔出的监管现场管理人员、进港列车行李员、装卸人员以及负责进港货物的安检、包装、制单等业务的人员进行了岗前培训，以确保作业质量。此次上海与香港间铁路包裹运输业务的开办不仅为两地货物交流提供了快捷、可靠的运输通道，也为中铁快运在实现向现代物流企业战略转型中走向国际物流市场提供了契机。

——2006年10月19日，在2006年度中国物流百强企业授牌仪式暨中国首届国际物流与运输峰会上，中铁快运股份有限公司荣获2006年度中国物流百强企业第二名。此项中国物流百强企业评选是由中国交通运输协会、中国国际货运代理协会等行业运输学会，委托各省市有关部门、行业协会，按照《中国物流百强企业评选活动企业调查表》各项指标，在国内物流界有影响力和竞争力的企业中，经过广泛、科学、公正评选产生的，因此具有代表性。这标志着中铁快运已经成为国内现代物流知名品牌企业，在中国物流市场迈出了重要的一步。

——2006 年 9 月 1 日，中铁快运浦东机场营业部正式办理了国外到达上海浦东国际机场的 1050 公斤、178 件货物的国内接运业务，并通过中铁快运运输网络平台发往沈阳、郑州等 7 个省市地区，“航铁链接”项目正式实施，标志着中铁快运股份有限公司的“七网合一”的运输平台与国际空运网络由此对接，为国际航空枢纽进口业务提供了全国性的接续运输平台，实现了国际进口货物在国内的运输与配送链接，方便了国际客户，跨出了航铁联运的第一步。在中铁快运总公司的指导下，华东中铁快运与中铁快运上海分公司依据国际空运货物与国内运输各自的特点，就如何将到达上海国际空港并继续转运发往全国货物的时效、数量、信息和单证等要求进行了深入研究，并制定了详细的“航铁链接”运行流程和作业质量标准，确保了货物的安全性、时效性和便捷性。

——2006 年 10 月，中铁快运在广州宣布，为满足大宗货物客户的运输需求，推出广州发往国内近 50 个城市“大宗货物快递服务”，这是一项主要面对企业用户的新服务，该服务主要利用中铁快运的全国性网络和稳定的运输渠道，为各类企业用户需要运输的大宗货物提供更加经济实惠、安全优质的“门到门”服务。该项服务除保持了中铁快运一贯的高水准服务外，特别针对企业客户的需求对价格进行了调整，对企业的大宗货物运输特别具有吸引力。中铁快运一向以小件快递货物运输为主，这次高调进入大宗货物运输市场，以其实力和优势必将在快递市场再掀波澜。

——2006 年 10 月，全国首家“5A 级”物流企业的中铁快运上海分公司开通了全国统一客服电话 95105366，负责接待货主托运、查询、投诉等各项事宜，真正实现了“您拨一个电话，货送海角天涯”，使市民及企事业单位的托运更加便利。为了方便广大托运行李包裹，中铁快运投入大量资金，引进先进技术，建立客户服务平台，推出了统一客服电话，每日 24 小时提供行包托运、查询、投诉等各种服务，货主只需打一个电话，便能实现“人在家中坐，收发天下货”。

——2006 年 10 月，中国铁路小件货物特快专递运输（南京）物流中心在宁波破土动工。该物流中心位于南京迈皋桥产业园内，占地约 50 亩，规划总建筑面积 3 万平方米，总投资 1 亿多元，建有现代化综合办公楼和集仓储、中转、集散、配送、信息处理等功能为一体的综合物流库区。它建成后，不仅能全方位为社会提供现代物流服务，还能为社会解决部分下岗和待业人员就业问题。业内人士称，该物流中心成立后，南京的快递行业将面临越来越激烈的竞争态势。业内专家认为，该物流中心的建成将极大地满足南京及周边地区、华东区域物流发展的需要；物流中心动工兴建是中国民族快递业应对世界快递巨头在人才、经营理念、管理水平和技术准备等方面挑战的重要举措之一。

——2007 年 4 月，中铁快运宣布将在台州市开设专营店。虽然离甬台温铁路开通尚有时日，但中铁快运对温岭铁路经济开始预热的态势早有计划。由于温岭共有大小托运站点近 300 家，这些托运站以汽车直运为主，线路相对单一。其货量在 100 公斤至 5 吨之间特别适合批量货物的快速运输。目前，公司的货运物流都到杭州等地中转，而在 2008 年铁路开通后则将迅速与本地铁路网络融为一体。因此，此专营店仅是新中铁快运拓展南方市场的第一步。

四、利用行邮专列、行包快运专列争夺物流市场

随着我国铁路第五次大提速，铁路部与国家邮政局联合首次推出行包邮政特快专列，并由双方共同出资组建的新时速运递公司监管运营。据悉，中铁行包在新时速运递公司持有41%的股份。

据了解，目前，行邮特快专开已开通了北京、哈尔滨、上海、广州4大城市的往返。正如徐海峰所说："合并后，我们将利用双方的网络优势及行邮特快专列具有长距离、大批量和全天候优势，为这些城市及辐射区域的大型物流、制造、零售企业和跨国集团提供家电、服装、医药、汽配、IT、仪器仪表等产品的专列直达快速运输服务，区域接取送达服务和全程物流服务。"

在新闻发布会上，铁道部同时宣布，新中铁快运将择机上市，为解决我国铁路建设中存在的巨大资金缺口问题探索出路。徐海锋也明确表示："合并后的中铁快运将尽快吸引战略投资者，然后再择机上市。"因此有媒体称铁道部有意将中铁快运作为铁路企业上市的"试验田"。

徐海锋就上市的具体时间表问题说："虽然上市我们还没有开始具体地运作，但是我们聘请了一些专家学者，包括资本运作方面的、物流的、财务的、工程的、法律的等，组成了一个13人的专业的团队为我们做咨询，以保证两家公司的整合以及新公司的框架、组织架构、运行规则按照上市公司的规则和要求去做。"

（作者：徐小青　《中国物流年鉴》编辑部）

中外运走向国际市场

在中国外运沈阳物流服务中心成立一周年的庆典仪式上，米其林公司质检部经理弗朗索瓦·佩秋先生代表公司充分肯定了物流中心的杰出表现，并指出米其林的产品技术与中国外运的物流服务正是两种一流质量的完美结合，他强调，在米其林客户眼中，外运的服务就是米其林的服务，他希望在今后的合作中，中国外运能一如既往地保证服务质量。

至此，中国外运为米其林提供物流服务为期5年的合作刚刚过去一年。

一、米其林高标准选择物流商

米其林公司是以生产各种轮胎而闻名于全球的世界500强企业之一，在国际轮胎市场中占有19%的份额。1996年12月26日，第一条中国生产的世界级米其林品牌轮胎下线。随着其产量的快速提升，米其林在中国的业务正处于强劲的增长态势，米其林已在国内建立起广泛便捷的销售网络。此外，部分产品还销往海外市场。

从生产线直到最终用户手中，米其林产品涉及众多业务环节，如产成品的仓储、运输、配送及进出口货代等，这被称为“销售物流”。同时，生产米其林所需的许多原材料，需从世界各地采购，也涉及物流，即“采购物流”。米其林追寻的是集中自己的专业化优势，致力于研制和生产出世界领先水平的轮胎。因此，米其林将物流服务委托给专业的第三方物流供应商来承担。

米其林公司在选择物流合作伙伴时特别注重服务商的综合服务能力，他们除了要求物流商拥有最完善的物流服务网络、最先进的物流管理手段和最丰富的物流管理经验外，还针对其产品的特点，对物流服务提出了最有代表的6项要求：库存管理的先进先出原则；库存数量的准确性；生产配送的及时性；服务质量的关键考核指标；服务的安全系数；综合服务能力。

二、中国外运量身订做物流方案

米其林曾是中国外运辽宁公司的客户之一，辽宁公司下属海运分公司长期以来一直为其提供优质的货运代理服务，在长期的服务过程中，双方建立起融洽的伙伴关系，为米其林项目的成功奠定了良好的基础。根据米其林标书上提出的物流需求，投标项目组确定了物流服务目标：

1. 在保证米其林仓储管理服务质量基础上，降低仓库租金和管理费用；减少国内运输和出口货代费用，达到低成本、高质量的综合物流服务水平。

2. 实施科学合理的标准化仓库作业流程，制定严格的物流管理规章制度，为米其林提供的仓储物流服务达到国际水准。

3. 实现仓库管理的信息化，完成库房管理中所有业务环节的信息化操作；严格遵守米其林要求的 FIFO（先进先出）原则，达到 PMC 管理水平；仓储管理软件预留接口，以备米其林业务扩大需求，能与公司的全国物流管理信息系统 MK 对接。

4. 高效完成米其林产品的国内运输及出口货代服务，优化运输线路，提高运输效率，缩短在途运输时间，将米其林产品安全准时送达客户指定的地点；充分发挥公司的货代业务优势，顺利完成报关报检业务，提高出口通关效率，按时装船发运。

5. 物流服务项目组与米其林物流部紧密联系，保证对米其林的物流需要变化能够做出快速反应的灵活性，及时报告物流方案的执行情况，保质保量地完成米其林物流部委托的物流服务，使米其林能专心从事核心业务。

为确保达到目标，中国外运在距离米其林工厂 5 公里处设立符合客户要求的仓库，并备有近万平方米的弹性使用库房；同时配备高素质的仓库管理人员，安装 MK 仓储管理软件，建立仓储物流管理信息系统。为米其林配备专用的货车负责短途运输；配备集卡车队和箱式货车队国内配送运输，利用为米其林提供进口物流服务的集卡车队完成出口运输；所有车辆上配备 GPS 定位系统，实行 24 小时监控，保证运输的安全性、准时性和低成本性。

三、米其林项目的收获

中国外运沈阳物流中心是一个全新的企业，在保证 KPI（关键绩效指标）的前提下，沈阳物流中心建立了一整套标准化的操作流程，建立健全了各项管控制度。

在仓库管控方面：仓库管理的核心技术是信息系统，货物入库、在库、出库等各项操作在系统的支持下，可以做到准确无误。货物入库时配合 PMC 卡扫描技术对存放库位作出正确建议；货物在库时完成冻结、挑拣、盘点等一系列操作；货物出库时满足先进先出的原则并建议正确的出库库位。

在国内运输配送和出口货代方面：利用中国外运的品牌和物流方面的先进管理经验，优化整合当地的运输队伍，严格管理承运商，同时利用先进的 GPS/GSM 全球定位系统，为每台承运车辆免费安装了车载移动设备，保证所有车辆的及时调动和跟踪，从而安全、优质、迅速、准确地将货物送抵收货人；开设国际互联网上的用户查询网站，方便客户及时获得有关运输的一切信息；在出口货代方面，凭借多年从业经验和专业化业务人才，保证做到一次委托，全程服务，为米其林提供优质、快捷的通关服务。

在管理方面，首先建立了仓库日常操作的标准的作业流程（SOP），并及时建立健全了适合沈阳物流中心的各项规章制度；将标书中对米其林的承诺，列为中心在初期运转中的目标，并悬挂在库区内醒目位置，确保物流中心初期运作的稳定性。

经过了初期的忙乱，迎来了物流中心的稳定和快速发展，沈阳物流中心开始实施美国伟士公司的 CRG 职位评估体系，重新落实了组织框架和核心岗位，编排工作小组，下放管理权限，明确管理职责，最终使中心内形成无为而治的局面。

与米其林一年的合作，使中国外运进一步提升了自己的服务理念，在轮胎物流方面积累了宝贵经验，同时对其他物流服务也必将产生借鉴作用。

（作者：李　军　中国外运股份有限公司）

联想物流：信息化带来高效率

在中国IT业，联想是当之无愧的“龙头”企业。自1996年以来，联想电脑一直位居国内市场销量第一。2006—2007财年，联想综合营业额达146亿美元，年增长10%。联想个人电脑销量年比年增长12%，超于市场平均增长的10%。年内，集团的除税前溢利（不包括重组费用）上升29%，达到2亿美元。集团的全年毛利率达创纪录的14%。计入重组费用后，联想于2006—2007财年获得全年股东应占溢利为1.61亿美元，全年每股基本赢利1.87美分（相等于14.61港仙）（2005—2006财年为0.25美分（相等于1.95港仙）。IT行业特点及联想的快速发展，促使联想加强与完善信息系统建设，以信息流带动物流。高效的物流系统不仅为联想带来实际效益，更成为同类企业学习效仿的典范。

信息流与物流紧密结合，是现代物流的发展趋势。在IT业，这一点显得尤为突出。IT业的显著特征就是，技术更新快，产品生命周期短，价格变化频繁，因此，IT企业必须不断提高自己的分析预测和快速响应能力：客户需求的多样性与个性化，迫使IT企业不但要有较强的敏捷生产与柔性生产能力，更要加强对原材料供应商的有效管理、对产品分销配送物流的合理规划：面对复杂多变的物流状况，IT企业必须借助信息技术手段加强物流管理，提高物流效率。

目前，联想已经实现了从大规模生产千篇一律的标准化产品向生产客户定制产品的转变。在柔性化生产线上，产品配置可以随用户需要进行调整，不同的CPU、硬盘、内存、软件系统等都可以按客户定制配装。2000年投入使用的位于上地信息产业基地的北京新厂，有一半生产线是按照柔性生产设计的。联想的Cell生产模式，无论在生产效率还是在产品质量上，都已经甚至超过了传统流水线制造模式。

一、协同工作，实现共赢

在供应链中，各个供应商就像安装在大链

条上运作的每个小齿轮，只要其中一个齿轮脱节，就会影响整个供应链的工作效率。一条富于竞争力的供应链要求组成供应链的各个成员都具有较强的竞争力。基于此管理思想，联想致力于与供应商协同工作，达到双赢。

联想参照国际企业的做法对供应商提要求，并使之不断系统化、科学化。一般联想每周或每两周为供应商提供未来12～16周的滚动要货计划，协助供应商按此计划备货。联想已从过去只关心自己的库存、材料和成品的自我控制，转向现在的供应链控制、协同工作，关心上下游，如代理商的库存与销售情况、供应商的库存变化等，并通过信息技术手段得到详尽的数据，这使联想能够敏感地掌握上下游的变化，提前准确地预测到市场的波动。

众所周知，电子产品的价格下降速度非常快，一个月前采购的价格与一周前的价格有很大差别。如何使供应商的供货及时而价格合理呢？联想采用严格的供应商考评法，除了产品质量、价格、交货弹性等指标外，供应商对技术趋势、产品趋势和价格变化是否能够及时、准确地通报给联想，也是极其重要的考评项目。联想定期给供应商打分，该得分轻则决定其供货比例，重则影响到供应商的“死活”。但是，联想对产品价格下降是否正常有自己的分析。联想追求的是系统最优，即成本与风险平衡。联想从系统最优的角度控制采购，不会因为图一时之便宜而导致供不上货。联想认为，市场占有率与产品销售带来的利润价值远远大于在原材料供应上的节省。

目前，联想采购物流主要有三种供货方式：

第一种，JIT方式：联想不设库存，要求供应商在联想生产厂附近（一般距离厂区20分钟车程）设立备货仓库（国外叫hub），联想发订单，供应商当天就能送货上门。

第二种，联想自己负责进货：例如，原材料供货到联想设在香港的仓库，联想再负责报关、运送到生产厂，随着优惠政策的减少，这种方式所占比例越来越小。

第三种，通过第三方物流，供应商委托专业物流公司运货到联想。

今后，第一、第三两种方式会越来越常见，物流外包已是大势所趋。

二、追求客户满意度

现代企业已从追求销量转为追求客户满意度。只有最大限度地满足客户需求，企业才会获得长足发展。联想电脑的销售系统正是在这一指导思想下运作的。

销售一直是联想的强项，这与联想渠道建设的成功密不可分。随着业务在全国范围不断扩展，联想的销售网也越“织”越密。目前，联想除北京总部外，在国内设有深圳、上海和广东惠阳分部，在武汉、成都、西安、沈阳设有外埠平台，在国外设有欧洲、美洲、亚太等海外平台。分布在全国各地的3000个销售点、500多个维修站，是联想业务发展的基础。

销售商总是希望尽量缩短订货周期，恨不能一下单厂商马上送货上门。为了及时准确地向所有网点供货，联想倾心研究最适合本公司特点的配送体系。联想在北京、上海、广东惠阳建设了大型生产基地，使其分别覆盖国内北、中、南三大区域市场。每家生产厂同时也是辐射周边省份的配送中心。另外，在距离工厂远且销量大的中心城市如南京、西安等地再建配送中心，使配送能力布局更为合理。联想生产出的产品先集中运到各配送中心，再从配送中心向附近的县市分发。

联想并没有自己的物流公司，大量的运输配送业务交给社会第三方来完成。公司成立运输部，专门负责对运输公司进行筛选、考核、管理。经过多年发展，联想拥有了自己的配送系统，并使之成本最低、效率最高，满足了向星罗棋布在全国几千个销售网点快速供货的需求。

2001 年，联想率先在国内实施客户关系管理（CRM）系统，并以 CRM 为核心梳理市场系统的业务流程。借助 CRM 系统，联想对客户信息进行积累和分析，了解客户的全面需求和使用习惯，实现了客户信息的实时共享，从而更有效地为客户创造价值，提高客户满意度。

目前，新联想最具优势和战斗力的就是拥有一个被其他企业羡慕不已的管理平台。这个平台已引入了客户关系管理系统、产品技术管理系统、供应链管理系统，使联想在物流、资金流、信息流和关系网络各方面的控制管理能力几近完美。

谈到联想实施企业管理信息系统的体会时，联想的相关领导感触颇深。他们在回顾联想的成长时一致认为，联想的初衷是改善管理，以满足业务规模扩大的需要。事实上，联想更大的收获是，在不经意间建设了企业的核心竞争力，使企业越发展越好。

以下一组数据有力地证明了联想实施 ERP 系统取得的成绩：联想平均交货时间从 7 天降到 5.7 天，存货周转天数从 35 天降为 19.2 天，应收账从 23 天减为 15 天，订单人均处理量从 13 个增加到 314 个；此外，供货满意率、交货准确率等新的评价指标也得到优化。

总之，联想通过实施信息系统，如同插上了腾飞的翅膀，物流效率提高了，物流成本下降了，市场竞争力增强了，客户满意度明显提高。

三、高效率的供应链管理

提起联想物流的整体架构，联想集团高级副总裁乔松借助联想供应链管理（SCM）系统框图，向我们做了详细介绍。

联想的客户，包括代理商、分销商、专卖店、大客户及散户，通过电子商务网站下订单，联想将订单交由综合计划系统处理。该系统首先把整机拆散成零件，计算出完成此订单所需的零件总数，然后再到 ERP 系统中去查找数据，看使用库存零件能否生产出客户需要的产品。如果能，综合计划系统就向制造系统下单生产，并把交货日期反馈给客户；如果找不到生产所需要的全部原材料，综合计划系统就会生成采购订单，通过采购协同网站向联想的供应商要货。采购协同网站根据供应商反馈回来的送货时间，算出交货时间（可能会比希望交货时间有所延长），并将该时间通过综合计划系统反馈到电子商务网站。供应商按订单备好货后直接将货送到工厂，此前综合计划系统会向工厂发出通知，哪个供应商将在什么时间送来什么货。工厂接货后，按订单生产出产品，再交由运输供应商完成运输配送任务。运输供应商也有网站与联想的电子商务网站连通，给哪个客户发了什么货、装在哪辆车上、何时出发、何时送达等信息，客户都可以在电子商务网站上查到。客户接到货后，这笔订单业务才算完成。从上述介绍中可以了解到，在原材料采购生产制造到产品配送的整个物流过程中，信息流贯穿始终，带动物流运作，物流系统构建在信息系统之上，物流的每个环节都在信息系统的掌控之下。信息流与物流紧密结合是联想物流系统的最大特点，也是物流系统高效运作的前提条件。

经过多年努力，联想企业信息化建设不断趋于完善，目前已用信息技术手段实现了全面企业管理。联想率先实现了办公自动化，之后成功实施了 ERP 系统，使整个公司所有不同地点的产、供、销的财务信息在同一个数据平台上统一和集成。今年 5 月，联想开始实施 SCM 系统，并与 ERP 系统进行集成。从企业信息化系统结构图中可以看出，基础网络设施将联想所有的办事处，包括海外的发货仓库、配送中心等，都连接在一起，物流系统就构建在这一网络之上。与物流相关的是 ERP 与 SCM 这两部分，而ERP与SCM系统又与后端的研发系统（PLM）和前端的客户关系管理系统（CRM）连通。例如，研发的每种产品都会生成物料需求清单，物料需求清单是SCM与CRM系统运行的前提之一；客户订单来了，ERP系统根据物料需求清单进行拆分备货，SCM系统同时将信息传递给CRM系统，告诉它哪个订户何时订了什么货、数量多少、按什么折扣交货、交货是早了还是晚了等等；系统集成运作的核心是，用科学的手段把企业内部各方面资源和流程集中起来，让其发挥出最高效率。这是联想信息化建设的成功之处。

四、信息流带动下的物流系统

借助联想的ERP系统与高效率的供应链管理系统，利用自动化仓储设备、柔性自动化生产线等设施，联想在采购、生产、成品配送等环节实现了物流与信息流实时互动与无缝对接。

联想北京生产厂自动化立体库电脑零部件自动入库系统。供应商按联想综合计划系统提出的要货计划备好货后，送到联想生产厂自动化立体库，立体库自动收货、入库、上架。

联想集团北京生产厂生产线管理控制室，控制室的控制系统对联想电脑生产线的流程进行控制，并根据生产情况及时向供货商或生产厂的自动化立体库发布物料需求计划。

联想集团北京生产厂自动化立体库物料出货区，自动化立体库控制系统与联想电脑生产线系统集成并共享信息，当自动化立体库接收到生产计划要货指令后，即发布出货分拣作业指令，立体库按照要求进行分拣出货作业。

五、联想电脑生产流水线

电脑零部件按照物料需求计划从立体库或储存区供应给生产线，生产线按排产计划运转。

生产线装配工人正在组装电脑，并根据组装的情况，监测、控制上方电脑显示屏的“拉动看板”，及时将组装信息及物料需求信息反馈到企业生产控制系统中。上述流程说明，联想集团通过高效率的信息管理系统与自动化的仓储设施，实现了在信息流带动下的高效率的物流作业。

快速反应与柔性生产。过去，企业先要做计划，再按计划生产，这是典型的推动型生产模式。现在，按订单生产的拉动型模式已为许多企业所采用。联想的所有代理商的订单都是通过网络传递到联想的。只有接到订单后，联想才会上线生产，在2～3天内生产出产品，交给代理商。与其他企业不同的是，联想在向拉动型模式转化的过程中，并没有100%采用拉动型，而是对之加以改造，形成“快速反应库存模式”下的拉动型生产：通过常年对市场的观察，联想清楚地知道每种每一型号产品自己的出货量，据此，联想对最好卖的产品留出1～2天的库存，谓之常备库存。如果订单正好指向常备库存产品，就无需让用户等一个生产周期，可以直接交货，大大缩短了交货期；如果常备库存与客户所订货不吻合，再安排上线生产。在每天生产任务结束时，计算第二天产量，都要先将常备库存补齐。

联想的快速反应库存模式成功与否，关键在于库存预测是否准确。联想从经营意识到做法都非常贴近客户、贴近市场，通过常年经验积累，摸索出一套行之有效的预测方法，使联想的预测与实际需求往往非常接近；而且每当出现偏差，联想都要及时进行经验总结，避免同样的问题重复出现。

2006/2007财年联想综合营业额达146亿美元，增长10%。全年ITDA（除利息、税项、折旧及摊销前经营溢利，不包括重组费用）为4.14亿美元，上升9%；全年除税前溢利（不包括重组费用）为2亿美元，上升29%；全年股东应占溢利（包括重组费用）为1.61亿美元，上升625%；全年每股基本赢利为1.87美分（14.61港仙），上升640%；联想个人电脑销量年比年增长12%，超于市场平均增长的10%。年内，集团的除税前溢利（不包括重组费用）上升29%，达2亿美元。集团的全年毛利率达创纪录的14%。计入重组费用后，联想于2006/2007财年获得全年股东应占溢利为1.61亿美元，全年每股基本赢利1.87美分（相等于14.61港仙）。联想笔记本电脑业务继续成为集团营业额的最大来源。笔记本电脑销量于第四季度较去年同期增长29%，综合营业额为19亿美元，占集团总营业额的55%。联想台式电脑销量在第四季度较去年同期增长11%。台式电脑业务的综合营业额为14亿美元，占集团总营业额的41%。集团主要在中国市场经营的手机业务销量在第四季度上升12%，综合营业额为1.26亿美元，占集团总营业额的4%。联想集团董事会主席杨元庆表示："本集团在过去的一个财年和第四季度全面取得良好表现。我们的业绩表现证明联想不但已稳定全球业务，而且我们重点发展交易型业务及新兴市场的策略也取得了显著的成果。联想的笔记本电脑、台式电脑业务以及所有营运地域，无论是在市场份额、营业额和赢利方面都获得了稳健的增长，同时，美洲区的业务也扭亏为盈。"

面向新世纪，联想将自身的使命概括为四为，即：为客户"提供信息技术、工具和服务，使人们的生活和工作更加简便、高效、丰富多彩"；为员工"创造发展空间，提升员工价值，提高工作生活质量"；为股东"回报股东长远利益"；为社会"服务社会文明进步"。

未来的联想将是"高科技的联想、服务的联想、国际化的联想"。

（作者：徐小青　《中国物流年鉴》编辑部）

中邮物流运作戴尔项目季度末物流配送业务扫描

雄鸡辞岁，金狗献福，在雄鸡与金狗“换岗”的春节之际，中邮物流公司度过了一个意义不凡的“戴尔节”。作为戴尔项目物流服务商的中邮物流公司，以实实在在做好戴尔季度末物流服务工作，迎来了充满希冀和挑战的2006年新春。

一、服务能力面临考验

丙戌新春恰逢戴尔公司2006财年的最后一个季度末，为避免因物流配送的失误影响其全年销售指标的完成，戴尔公司对物流服务商提出了更高的服务要求。戴尔公司在2006年1月21~24日计划大量出货，要求中邮物流公司在1月28日（除夕）前完成投递；对于部分由于客户原因无法在春节前投递的货物，希望中邮物流公司在2月3日（年初六）前投递完毕，并及时上网反馈准确的投递信息。

这一要求不仅使中邮物流的运输配送工作面临出货量大、投递时间紧等问题，更面对春运期间舱位紧张、客户在节日期间不能正常接收邮件造成的投递异常等一系列困难。可以说，中邮物流将接受重点大客户对中邮物流运营质量，特别是服务能力的一次严峻考验。

二、决策部署坚强有力

对于此次中邮物流公司为戴尔公司季度末的物流服务工作，从国家局到各配送局，各级领导给予了高度关注和极大支持。

2006年1月16日，国家邮政局副局长马军胜在全国速递物流局长工作会议结束后，对戴尔项目进行了特殊的工作安排，要求各省物流公司领导要高度重视，协助戴尔公司完成季度末的物流配送工作。

1月19日，马军胜及中邮物流公司总经理李雄拜访戴尔（中国）客户服务中心总经理李元钧，双方回顾了合作情况，并就季度末物流配送准备情况进行沟通，李元钧代表戴尔公司对中国邮政对季度末物流服务的准备表示感谢。

1月20日，国家局网运部针对戴尔项目各个环节的工作安排，以传真电报的形式要求各省（区、市）做好春节期间运营工作。

1月23日，中邮物流公司召开各省（区、市）物流公司电话会议，各省（区、市）物流公司总经理参加。会议落实戴尔季度末物流配送工作要求，厦门邮政物流公司戴尔组将干线发运计划及戴尔公司季度末物流配送工作安排通报各地。

作为项目源头局，厦门邮政物流公司自2005年12月底便开始着手准备，以最充分、最优质的人力、物力资源迎接特殊的挑战。

三、应急保障机制发挥作用

为确保戴尔公司季度末配送工作顺利完成，全力协助戴尔公司完成本季度销售计划，厦门邮政物流公司专门成立以中邮派驻经理和厦门邮政物流公司总经理为组长的季度末物流配送工作应急小组。应急小组确认各成员分工、职责并再次理顺工作流程，同时制定完备的应急措施。戴尔现场组负责戴尔公司现场提货及中转工作，戴尔公司组负责戴尔货物的分拣、显示器和打印机的配置及装车发运环节，戴尔客服组负责货物的运输跟踪、投递跟踪、异常情况处理等。

各省（区、市）物流公司同时成立相应的应急小组，主要负责到达各省（区、市）货物的跟踪及异常情况的处理，对区域内的具体经转和配送进行指导和落实，对区域内的异常情况及时和厦门项目组进行沟通。同时各省（区、市）物流公司上报各地市特别是省会城市提货、投递、异常情况反馈等工作的具体负责人员名单。

戴尔季度末物流配送任务执行期间，无论何时出现何种异常，应急小组将即时启动应急响应程序，及时处理突发事故，高效解决问题。此间的河南暴雪灾害处理便有力证明了这一机制所发挥的重要作用。1月19日，河南大面积降雪。郑州机场高速公路封闭，当地邮政物流公司无法正常去机场提取戴尔货物，同时郑州段铁路堵塞，造成河南省及西北地区戴尔货物延误。1月17日、18日发铁路行包的戴尔货物1月22日还在郑州外排队进站，其中河南322件、陕西157件、甘肃86件、青海34件、宁夏25件。接到郑州方面的报急后，厦门应急小组高度关注对因郑州暴雪造成的所有延误货物，即时通报项目组内部各方，并积极与有关方面协调共同克服困难：不仅及时和运输商进行联系协调，保证货物能尽快到达目的地，而且紧急与戴尔公司物流部交涉，更改了以上五省（区）的运输方式。在当地邮政物流的大力配合下，其后的戴尔货物得以按时到达目的地。戴尔货物的及时投递率也得以从23日的83.1%和24日的84.2%，迅速恢复到25日的95%以上。

四、操作执行更专更细

项目协作方面，厦门戴尔项目组根据戴尔公司提供的货量预告，提前催促各地上报详细的配送计划，内容包括具体的投递车辆、每个车次的配送能力以及如何保障货物在配送过程中外包装的完好等情况。

厦门戴尔客服组新增操作办法：按单票货量以50套以上和10套以上的标准分成两个小组，分别有针对性地进行跟踪反馈；安排专人落实各地的接货情况、核对到达货物外包装的完好程度；实行每小时监控CNPL网上的异常情况报告，及时反馈给戴尔物流部和戴尔公司相应的销售部门；客服经理直接负责来自戴尔公司方面的投诉，确保及时快速处理投诉。

对于各地反馈的没有签收单的情况，除按平常操作提供传真件外，厦门戴尔项目组还将原件以特快专递的方式寄达各目的地，避免因缺乏签收单原件而造成客户拒收的现象。

运输投递方面，根据任务执行遇到春运的实际情况，厦门项目组提前对整个季度末的运输组织进行了安排，对因春运而停开的火车线路，提前做好应急措施。

对于广东方向的货物，厦门项目组提前要求其运输商报备季度末车辆情况，召开运输商会议，明确车况、到达时间和出发时间等细节，制定了一系列的考核措施，保证了这一期间广东方向货物的及时发运。由于福建、广东之外的货物会受春运期间部分行包专列停运的影响，厦门项目组预先对公路运输、航空运输、厦门直发行李房运输等进行了可行性的研究，并和具体的运输商进行洽谈，制定了应急运输方案，确保了货物的及时发运。对云南、甘肃等省的二三级城市采取省内专车配送的方案，保证货物及时投递。

五、邮航包机鼎力相助

因春节期间民航运输紧张，为缓解干线运输压力，利用邮航的资源优势，中邮物流公司向戴尔公司提出包机方案，并得到其认可与大力支持。这是中邮物流首次为客户提供邮航包机服务。从敲定包机方案，商讨操作流程，到最终谈判确认，全部过程只用了 3 天时间。此次包机服务线路为厦门至沈阳、西安、北京和成都的航段。其中厦门至北京、沈阳两个方向的包机是中邮物流为戴尔公司大通物流服务区域而提供的。厦门邮政物流戴尔组密切跟进四个方向的包机情况，及时将飞机的落地、装机、起飞、到达、卸货及提货的各个状态情况以短信形式第一时间告知戴尔公司，发挥项目组内部各方团结协作的最大可能，为戴尔公司提供最完善的细致服务，得到戴尔公司物流部的充分肯定。

其中厦门到成都的包机，因天气原因晚点 3 个小时，夜里 11 时才降落到双流机场，当地邮政物流公司人员从深夜一直忙碌到第二天凌晨。这期间，厦门戴尔项目组一直与四川中邮物流、戴尔公司方面保持沟通，及时报告各方。飞机一落地，四川中邮物流便迅速接货、理货，将转口货物及时中转到各地市。因配送准备充分，并提前做好了客户电话预约工作，第二天下午成都本市戴尔产品全部顺利配送完毕。

六、戴尔公司授牌感谢

在各省（区、市）邮政物流公司的紧密配合下，中邮物流共同克服各种困难，共投递 4656 票、18529 件，投递率达到 97.59%，及时、圆满地完成了戴尔项目季度末物流配送任务。戴尔公司为感谢中邮物流公司为其提供的良好服务，为中邮物流公司颁发了“2005 年度杰出物流供应商”奖牌，这是戴尔公司进入中国 8 年以来首次为供应商颁发奖牌，在邮政企业内部、业内都树立了良好的品牌形象。

此次季度末戴尔项目的成功运作，显示了中邮物流快速提升的整体操作能力、服务水平和抗风险能力。中邮物流不仅经受住了大客户的考验，而且进一步密切了与戴尔公司的合作关系。服务能力持续增强、服务水平不断提升，中邮物流在新业务领域创新地实践着至诚至信、精益求精的服务理念。

（作者：靳勇平　中邮物流有限责任公司市场部）

中铁现代物流：打开企业融资“囚笼”

融资难，无疑是让中小企业经常头疼的一件事：企业在采进一批原材料后，手头资金就开始“捉襟见肘”；由于没有不动产等作担保抵押，小企业又很难获得更多银行资金支持。流动资金拮据使得中小企业丧失了很多商机。

目前，中铁现代物流科技股份有限公司（以下简称中铁现代物流）联合深圳发展银行（以下简称深发展）等多家银行推出面向中小企业的“金融物流”服务产品，可以帮助广大中小企业凭借原材料、产成品、半成品等动产资源，获得银行的资金支持。

一、解决融资“老大难”

流动资金不足一直是困扰中小企业发展的主要问题。信息不对称、信用缺失以及体制障碍等问题，给中小企业融资套上了无形的“囚笼”。

中铁现代物流推出的金融物流业务，将银行的资金流与企业的物流资产有效结合，为有融资需求的企业流动资产进行管理和提供物流一体化服务。它是一种协助企业拓展融资渠道、降低融资成本、提高资本的使用效率，兼向融资企业提供担保、授信、结算等银行综合服务的创新模式，是打开企业融资“囚笼”的钥匙。

通过金融物流，中小企业与金融机构既可以减少信息不对称，也有利于中小企业信用体系的建立，从而降低中小企业在融资过程中的“道德风险”，同时提高银行对中小企业贷款的积极性。

在金融物流业务中，由于第三方物流企业对中小企业的物流信息有着详细、动态的了解，第三方物流企业能够帮助金融机构及时获取中小企业内部的准确信息，并且能够在这些信息的基础上对中小企业的赢利水平和还款能力进行科学判断，从而保证资金的安全性和收益性。同时，第三方物流企业掌握的物流信息是其物流业务的副产品，因此银行获取中小企业信息的成本非常低。第三方物流企业作为金融物流服务商的介入使得银行与中小企业之间的交易成本大大降低，中小企业更容易获得银行资金支持。

二、中铁现代物流有“金身”

物流企业因自有的特点往往不被金融机构看好，中铁现代物流如何博得深发展等多家银行信赖？

中铁现代物流作为第三方物流企业，通过不断创新，实现了业务发展的蒸蒸日上，获得了首批“5A 级”综合服务型物流企业、中国物流示范基地、"中国物流百强企业"前十名、"最具竞争力物流企业"等诸多荣誉，得到了业界的一致认可。

公司2003年就通过ISO 9001：2000质量体系认证。同时，公司一致追求精益化管理，从财务管理到人力资源，从业务管理到投资管理，各项工作都建立了缜密的工作流程和各项规章制度，并不断优化。

现代物流服务，离不开专业的人才队伍。尤其金融物流服务，更需要现代化物流人才。中铁现代物流金融物流部荟萃了众多金融、法律、物流管理专业人才，并与合作院校联合定向培养基层操作人员作为人才储备，派专家讲师和业务骨干不定期地到合作院校对定向培养的学生进行授课，讲授内容涉及金融物流基础知识及业务操作具体流程。随着金融物流业务网点的逐步铺开，储备监管人员将迅速充实到全国各地。

中铁现代物流依托自有功能独特的物流信息平台和坚实的铁路运输支撑，经过五年的发展，已经在北京、上海、天津、广州、哈尔滨、大连、武汉、西安、成都、昆明、青岛等主要枢纽城市建立了区域分公司和多家控股、参股专业子公司，控制协调遍布全国400多个配送中心及作业部，形成了以枢纽城市为核心、覆盖全国的网络体系，是目前国内能够提供金融物流服务业务的几个大型物流企业之一。

物流业信息化是中铁现代物流的一大"亮点"。北京万博网讯科技有限公司是中铁现代物流控股的高新技术企业，其主要的产品及服务包括中国铁路采购网、铁路物资管理、第三方物流管理信息和铁路燃油配送系统；包括管理咨询、方案设计、软件开发、电子商务运营、动态维护的全程服务体系。由于金融物流服务的广泛性和操作环节多样性，完善的信息管理系统必不可少。专业化的金融物流服务信息系统不仅能够及时掌控具体业务操作的状态，有效控制操作风险，同时也能够实现与合作银行的信息对接。深发展对中铁现代物流强大的信息系统也给予了高度评价。

中铁现代物流在汽车、化工、煤炭、生产资料等物流领域拥有丰富的资源和多年运作经验，尤其是运营中涉及的产品价值相对稳定、易于变现，是银行机构非常愿意进行物流金融合作的对象。双方的情投意合促使双方走到了一起。

三、向"大物流"发力

目前，我国大多数第三方物流企业提供的物流服务仅局限在运输、仓储等传统的物流业务上，增值服务相对薄弱。将金融与物流结合在一起进行业务创新，实现了资金流、物流和信息流的更好结合，有效地提高了市场吸引力，成为很多客户选择第三方物流作为合作伙伴的重要因素。

面对传统物流市场竞争日趋激烈，行业利润空间大幅"缩水"的现实。中铁现代物流认为：给客户提供金融物流服务，已逐渐成为物流增值服务的重要选择。站在"大物流"角度，充分认识金融物流的重要性，中铁现代物流正在实现由竞标型业务向战略合作型业务的转变。金融物流业务发展空间极大，就像魔方积木，不同的模块稍加变动再加组合就可无限地延展、无限地创新。

金融物流将供应链上相邻的企业紧密联系起来，使金融物流服务的受众范围得到了扩展。实力较弱的企业可通过与上下游强势企业以捆绑的方式来实现联合融资。一方面降低了金融物流的运作风险；另一方面帮助整个供应链打通了资金瓶颈，保障整个链条的良性运转。"现在市场竞争不是企业与企业之间，主要是供应链条的良性运转，从这个方面来说，金融物流对产业链意义重大。"业内专家表示。

四、服务先行的理念

对待客户的态度是物流企业运作金融物流成功的关键。金融物流在我国刚刚起步，一些物流企业对它的认识还不够，并没有用主导的意识推动金融物流项目的发展，所以开展项目时还套用习惯思维，认为只有符合条件的大型企业才行。中铁现代物流认为，只有暂时不符合条件的客户，没有一定不适合的客户。在中铁物流现代的经营理念中“4S”精神：Service（服务）、Speed（速度）、Standardization（规范）、Superiority（卓越），服务永远排在第一位。服务先行是中铁现代物流的营销理念。

中铁现代物流认为：“照模子”刻出来的刚好符合条件的客户很少。第三方物流企业为客户提供金融物流服务，必须要对客户有充分的了解，才能根据实际情况量体裁衣，分门别类地进行分析、进行沟通，通过定制服务产品和模式实现对客户的个性化管理。

中铁现代物流针对金融物流项目还设有专门的运作模式开发人员和业务服务团队，已经实现了金融物流业务的“全程化、一体化”跟踪服务。“我们现在处于成长期，所以要走不同的路。只要客户有需求，我们就服务‘到家’，让金融物流服务的价值得到最大的提升。”

有关专家认为，我国物流公司参与为中小企业提供金融服务将是今后现代物流业发展的一大趋势，物流管理已从物的处理提升到物的附加值方案管理，可以为客户提供金融物流服务的物流公司在市场的竞争力将会大大增强。

注：物流金融——从广义上讲就是面向物流业的运营过程，通过应用和开发各种金融产品，有效地组织和调剂物流领域中货币资金的运动。这些资金运动包括发生在物流过程中的各种存款、贷款、投资、信托、租赁、抵押、贴现、保险、有价证券发行与交易，以及金融机构所办理的各类涉及物流业的中间业务等。

金融物流——金融物流是第三方物流企业利用自己对物流过程中货物的实际监控，在为发货方和货主提供物流服务的同时，利用自身与金融机构已经建立好的融资平台为客户提供融资服务的方式。此种方式与传统物流金融操作方法没有本质区别，而是从运作理念上施行“先建立平台再引入客户”的宗旨，不同于以往的“先物流再融资”方式。金融物流的将物流衍生服务的效果发挥到极致，在第三方物流企业与客户进行实际物流合作之前就已经将金融合作的整体方案设计完毕，更有利于为客户提供个性化、差异化的定制服务。

（作者：张　君　中铁现代物流科技股份有限公司）

信息传动物流——福田物流的跨越式发展

进入 21 世纪，随着全球经济一体化及新经济的发展，企业面临的生存与发展的环境更趋于复杂化。面对全球范围内将迎来物流业高速发展的时代，企业为了获得竞争优势，必须不断地采用创新的理念与技术，信息化是其当务之急采用的必需、有效的技术和手段。物流运输业采用计算机管理系统的目标是整合站场、运输、仓储、客户等资源，充分发挥其优势，规范企业的业务流程和内部管理，降低经营成本，为决策层提供准确、迅速、全面、细致、科学的汇总分析数据，提供稳健可靠的决策支持。物流过程实质上是“物流、资金流和信息流”的“三流一体化”过程，只有将三者有效地结合，才能真正达到降低流通成本、提高物流工作效率的目的。因此，信息化管理已成为现代企业的基本模式，企业的物流管理信息化已大势所趋。

北京福田物流有限公司（以下简称福田物流），就是在不断地感悟市场中，走出了一条信息化建设的成功之路。成立于 2002 年 5 月 6 日的福田物流公司，是经北京市工商局批准成立的有限责任公司，业务范围包括货运代理、仓储保管、分批包装、配送服务、货运服务、销售汽车配件、建筑材料、装饰材料等。福田物流自成立以来，始终坚持以信息化为手段，依托完善的法人治理结构，走技术创新、市场创新、机制创新和管理创新之路，逐步形成以汽车物流为主导，内（福田业务）、外（福田外业务）两条主线并驾齐驱的发展格局；建立了具有现代物流特色的信息管理模式，带动企业物流活动的全面升级，实现了从传统储运向现代物流的巨大跨越。

一、福田物流信息化建设的背景

（一）发展中曾面临的问题

在福田物流不断发展的进程中，随着业务范围快速提升，物流业务量也成倍增长，同时也导致了信息流量大、报表多、管理跨区域的问题，有些问题已成为福田物流在实施信息化管理所面临的几大难点问题。

一是福田物流运作的汽车销售物流涵盖车型广，包括中重卡、轻卡、皮卡、SUV、轻型客车等，各大类车型又包括若干车型，每类车型的运输方式、装载数量又各不相同，如此庞大的信息，需要大量的人工去分析、统计，报表工作效率及工作质量低。

二是各类车型的运输价格不一致，且同类型车型不同发运区域的运价也不相同，这导致财务结算流程复杂，工作量大。

三是日常业务在途调度只能靠简单的电话调度，不能真实反映货物在途情况，上下游客户不能对所委托的车辆进行实时查询。

四是福田物流是一家以整合社会资源来实现企业发展的公司，所整合的社会运力资源多，仅靠人工去管理已不能适应企业的发展。

基于以上原因，福田物流信息化解决方案逐步出台。

（二）福田物流信息化建设的成功之处

一是确定了“逆向+需求”的信息化开发理念。福田物流意识到物流信息化是现代物流发展的关键，是物流系统的灵魂。鉴于国内物流信息系统开发的现状，结合“逆向+需求”的系统开发理念，注重以客户需求为导向，以提高服务质量为目的，不贪大求洋，按照“便捷、实用、高效”原则，建设物流信息系统。福田物流依托这种开发理念，逐步形成一套自有的系统开发模式，为企业推进信息化管理提供了强有力的支持。

二是用“信息传动物流”，促进企业物流活动升级。“逆向+需求”开发理念的确立，为公司信息化建设“四阶段”的实施奠定了基础。在此开发理念上，公司按照单点应用、流程优化、综合管理、统一平台四个阶段，有条不紊地推进信息化建设，用信息化带动企业物流活动的全面升级。

二、物流信息化的四个阶段

（一）单点应用阶段（2002年成立—2002年底）

物流信息化的第一阶段是针对个别的信息处理活动，引入各种软件工具，建设各种单点应用系统，如全球定位系统（GPS）、地理信息系统（GIS）、电子标签（RFID）、自动识别软件、物流仿真软件工具等，以及各种通用的软件工具，如办公软件、企业邮箱等。之所以称为“单点应用”是因为在这一阶段中，IT通常被用做个人使用的工具，并不涉及物流企业的业务流程和多个环节之间的信息交互。这为下阶段信息系统的推广起到了较大的支持作用。

（二）流程优化阶段（2003年中期—2004年8月）

随着服务范围的不断拓展，福田物流步入了信息化第二阶段，也是真正意义上的信息化阶段。物流信息化的第二阶段是针对个别业务流程或管理职能，实施部门级的信息系统建设，通过信息处理活动的改进来优化和改善各业务流程或管理职能的运行。在第二阶段，福田物流组织实施了一套专门应用于销售物流的信息系统，应用于各分公司的信息管理系统（FTIMS）。通过该系统的实施，不仅理顺了流程，减少了人员冗余，更使各项指标有了较大的提升。

（三）综合管理阶段（2004年8月—2007年初）

物流信息化的第三阶段是针对整个物流企业的综合管理，实施企业级的信息系统建设。

这一阶段的信息系统解决了各管理单位信息单一的局面，降低了物流成本，并在2004 年8 月选择国际知名公司作为软件解决方案供应商，成功与客户联手参与整车物流平台的设计开发。全过程以客户为中心，以物流活动全力支持客户的发展。如，下图所示。

（四）统一平台设立阶段（2007 年初至今）

该阶段所要解决的问题是整个企业的信息平台建立问题。这些信息化需求不再单独指一类业务，而是公司所有的业务统一在一个平台上，解决内外信息需求问题。2007 年3 月，福田物流正式引入了国内先进的全面订单信息管理系统（Total Order Management）。这是一套以信息管理为核心的系统：以客户订单为中心，通过组织架构、业务流程、IT 技术三方面的变革，最终实现物流信息在一个高效的系统内闭环管理。

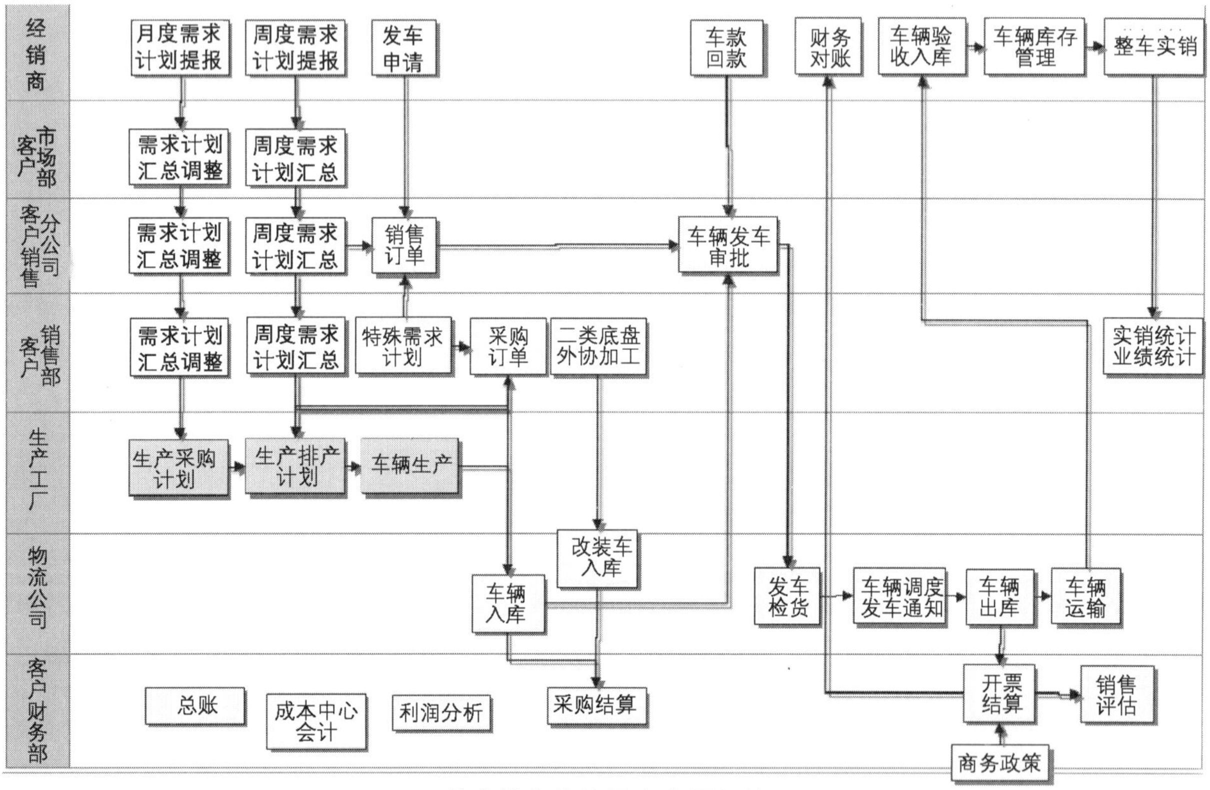

整车销售物流平台蓝图架构

该系统涵盖OMS（订单管理）、TMS（运输管理）及SMS（仓库管理）模块，并预留ERP 及高端WMS（EXE）接口，实现了此前公司多个小型信息管理模块的整合，外接财务部开发的小型结算数据库。通过各信息岛的整合，信息流更加通畅，订单的全程管理更加准确、透明。

三、信息化建设感悟

物流信息化是现代物流的关键，是物流系统的灵魂，更是未来的发展趋势。物流企业未来的发展方向，除了要储备人才和研究新的物流技术外，物流网络建设与物流信息化都显得非常重要。网络是物流的基础，信息是物流的生命，物流整体就像人体一样，离不开信息的支持。

四年福田物流腾飞之旅，在背后支撑发展的正是物流公司信息系统的建设。从开始认识信息的重要性到用“信息传动物流”，再到信息系统开发四阶段理论，每一步都为企业的物流发展打下坚实的基础。利用四年的时间发展成为全国物流百强企业，四年的时间发展成为全国五大汽车物流厂商之一，把信息系统作为企业发展的源动力来看待，这一切是福田物流领导高屋建瓴、高瞻远瞩的结果，也是信息化成功建设的基础。在这样的信息理论指引下，未来的福田物流之路将越来越宽广。

（作者：曾小峰　北京福田物流有限公司）

仓储物流的“龙头”企业
——中国物资储运总公司

中国物资储运总公司（以下简称“中储”）是中国诚通集团旗下的骨干企业，成立于1962年。公司自建立以来，与时俱进、不断进取，积极适应外部环境的变化，从企业战略方针、管理体制与运行机制、业务模式、软硬件的改造等多方面入手，提高市场竞争力，满足客户日益提高的要求，获得了广大客户的认同。尤其是进入21世纪以来，公司致力于发展成为以基于资产的综合物流服务为“龙头”，以全程物流代理、物流装备的研制和物流信息系统的开发为支撑的国际知名物流产业集团，实现了企业的跨越发展，成功地从传统仓储企业转变成为国内屈指可数的超大型的现代物流企业。公司先后获得了“中国物流百强企业”、“中国最具竞争力物流企业”、“中国道路货物运输企业50强”、“仓储型5A级物流企业”等称号。

“中储”在发展过程中，始终以满足客户需求为目标，以企业核心竞争力为基础来搭建和完善服务功能，形成了包括仓储管理、运输配送、代理分销、国际货代、质押融资、生产资料现货交易市场等综合性服务模式。2006年，实现主营业务收入90.4亿元，货物吞吐量5400万吨。

一、仓储

“中储”拥有目前国内最大的仓储物流网络，网络覆盖全国主要中心城市和交通枢纽，其所属大型仓库共计40多家，占地近千万平方米，拥有100多条铁路专用线、3000多辆可支配货车。年库存能力和吞吐能力达1000万吨和5000万吨；此外，“中储”还与100多家仓储企业建立了联盟关系，自有和业务加盟库面积共计2000多万平方米。以仓储网络为平台，依据市场特点，“中储”建立了多种类型的物流中心，不仅为国内外众多生产企业提供了服务，也成为了国内许多区域经济市场的物流体系的重要组成部分。

——“中储”为众多的客户提供了大型原材料的物流服务，服务网络基本覆盖全国各地。目前，“中储”的原材料服务领域包括黑色金属、有色金属、煤炭及其制品、化工产品、轻工产品和机电产品等，其中上海、无锡等地区的5个仓库还是上海期货交易所指定交割库。

——“中储”拥有库房200多万平方米，配有箱式货车、铲车、叉车、立体货架、标准化托盘等保管和装卸搬运设备，实行计算机管理，主要为电子通信设备、日用消费品、家用电器、汽车配件等提供仓储、配送及相关服务，现已成为国内外众多知名厂商和大型连锁超市的地区配送中心。

——“中储”在天津、上海、大连、连云港、青岛等港口城市设有物流中心，这些物流中心拥有完备的硬件设施、成熟的集装箱堆场管理信息系统、集装箱通道、仓库监控系统及海运货代管理系统，是当地海关监管仓库，主要为进出口货物提供物流服务；是集国际货运代理、散货及集装箱存储运输、拼箱拆箱、加工配送、代理分销、信息咨询、物流方案设计等功能兼备的现代化物流基地。

二、经销

凭借专业化原材料仓库，特别是大型钢材库的优势，“中储”通过物流、工程承包、批发与零售相结合等多种方式，为众多上游客户的产品销售提供支持，有力保障下游客户的原材料供应。目前，“中储”已形成遍布全国、包括100多个业务网点的销售渠道，经销品种有钢材、铁矿砂、煤炭、化工产品、机电产品等十几类。

三、现货市场

“中储”拥有金属材料、建材、木材、化肥、塑料、日用品等市场20多个，摊位总数近5000个，年交易额2000多亿元以上；其中，大型金属材料市场11个，为大型原材料生产商、经销商、零售商等提供了产品迅速进入市场的交易平台。在现货市场，“中储”引入了包括工商、税务等部门现场办公服务，快递、票务、餐饮、娱乐等商务服务，通信、保洁、文印等基础服务，还提供了仓储信息查询、市场信息定期发布等信息服务，财务服务，期货交易服务，物流延伸服务，融资服务，有效满足了驻场客户的各种需求。

四、质押监管

“中储”的质押监管业务近年来始终以一倍以上的速度增长，仅2007年前5个月，公司系统内29家单位与银行合作，就为客户提供质押贷款融资额达100多亿元。公司还先后与工商银行、建设银行、民生银行、华夏银行等银行建立了战略合作协议，并建立起了一支专业化的监管队伍，确保了业务规模不断扩大的前提下能够得到健康发展。此外，公司也十分注重该项业务与其他业务之间的融合，在国际货代中，发展了以港口提单为质押的融资方式；在运输过程中，发展了对在途货物进行质押的融资。

五、货运代理

“中储”的国际货代业务从20世纪80年代末开始起步，经过近20年的发展，在货代行业已成为一个重要品牌。目前，“中储”在全国主要中心城市和港口设有十多个货代公司，业务范围涉及欧基港、北美主要港口、国内湛江、防城、北京、上海、天津等多个口岸，形成了覆盖国内，辐射海外的全球运输网络，确保了为客户选择最合理的运输方式、最短的运输路线、最低的运输成本的服务宗旨的实现；服务功能逐步向大件运输、产品物流及方案设计等多领域延伸，已成功地为小浪底水利枢纽工程、来宾电厂、首都国际机场改扩建工程、云天化大型改造项目等几十个国家重点工程项目提供了服务。

六、全程物流

“中储”凭借专业化的物流人才队伍，以

优化供应链，降低物流成本为目标，为客户提供全程物流解决方案，从而提升合作伙伴的核心竞争力。除了加大对自有车辆的投入，“中储”还通过整合社会车辆，以及采取干线运输、区域配送、超市配送、门点配送、原材料JIT供应等多种运输方式，满足客户日益增长的需求。

在为客户提供服务的同时，“中储”以创新为理念，以客户需求变化为导向，对企业进行不断的变革与升级，努力为客户进一步创造价值。在基础建设方面，自2001年起，“中储”按照国际标准建设新库房，累计已达36万平方米，新库房功能齐全、安全可靠，配备了站台、货架、叉车、喷淋、宽带、条码等技术装备，深受国外客户欢迎。同时，“中储”对原有的老库房进行了翻新改造，增强了原有仓库的功能，全面提高了现有仓储物流生产能力。此外，“中储”根据自身特点，自主研发和引进了仓储、贸易、配送、现货市场、货运代理、仓单质押等支柱业务的信息管理系统，实现了仓储管理、商品销售、开单结算、配送运输、信息查询、客户管理等功能。

近年来“中储”还通过收购、合资、战略联盟等多种手段加快规模扩张步伐，延伸业务功能，并充分利用国外的资金和先进的管理理念和技术，为各项业务的发展奠定了基础。目前，“中储”的合资项目包括与日本三菱商事株式会社、日本冈谷钢机株式会社等企业建立的天津宝钢储菱物资配送有限公司、天津天保冈谷国际物流有限公司等，通过这些合资项目的运作，“中储”实现了公司的整体管理和技术水平的提升。2006年，“中储”与全球最大的物流地产商美国普洛斯公司签署战略合作框架协议，双方同意将在国内市场共同进行物流仓储设施开发、建设和管理，为客户企业物流运作提供高效高质的专业化服务。通过合作，“中储”将引入普洛斯先进的仓储设施设计标准、理念和客户以及管理经验，从而加速提升中储仓储物流的现代物流技术、资产管理整体水平和整体效率。

（供稿：中国物资储运总公司）

深圳市宝鼎威物流园

一、宝鼎威物流园的基本情况

宝鼎威物流园成立于2004年2月，是深圳市政府的“净畅宁”工程和配套项目，是深圳市龙岗区2005年重点发展项目。园区位于深圳市龙岗区布吉丹竹头社区内，布吉面积共有86.6平方公里，是深圳市“11功能组团分区规划”中，中部物流组团（布吉、平湖、横岗），被定位为“重要的物流基地”，将重点发展国际物流、货运枢纽、仓储配送、专业市场等物流产业。

宝鼎威物流园通过各具功能和作用的物流服务设施对深圳市及周边地区物流服务需求的适应和要求，建设物流基础设施平台，形成以货物运输、货运配载、仓储、包装、流通加工、保税仓储、物流信息、物流金融、配套服务为一体的大型综合性现代物流园区，将发展成为深圳市家电产业聚集基地配套的物流中心。

（一）天然的地理优势

宝鼎威物流园地处深圳市咽喉地带，东部连惠州、汕尾，南邻香港，西接宝安，北靠东莞，具有得天独厚的区位优势，处于深圳市交通网中心。距南北交通中枢的深惠公路仅1000余米，至水官高速公路仅需3分钟车程、至机荷高速公路只需要10分钟车程；西面距清平高速公路1公里，东有盐排高速公路；南面紧邻国际大港盐田港；西距蛇口港约35公里，距深圳火车站9公里，至深圳机场需38公里，交通四通八达，十分便利。

（二）超强的规模优势

宝鼎威物流园占地38万平方米，总投资15亿元，首期投入2.2亿元。内有近8万平方米的货运交易市场，5万平方米的大型货运停车场，货运商铺360间，商业展示商铺50间，设有园区电子商贸信息中心、员工培训中心，7层的商业中心大楼、5层的酒店式公寓楼，6万平方米的多层仓库，100辆集装箱运载货车、逾千辆大型运载货车。是集物业租赁、货物运输、配载、仓储、装卸、包装、停车、维修、商贸、办公、报关、餐饮等多功能一体化的现代物流园区。

（三）良好的经营状况

目前，物流园已与无锡等20多个物流中心、大型物流企业结为战略合作伙伴，与上海、宁波、温州等10多个城市的物流信息中心建立了稳定的协作关系，辐射面扩大到了华东、华中和华南地区，在全国各大中城市建立了多个分公司、多个办事处，形成了一个覆盖全国，并向我国港、澳、台及东南亚等地延伸的物流运作网络。现在已有300余家来自世界各地的专业运输、仓储、配送、包装、零担、货代、餐饮等物流企业进驻园区，通过优越的基础设施与现代化信息平台为物流企业创造价值。2004年以前曾是一片荒山野岭的丹竹头现在已经变成宝鼎威现代物流园区，园区内的车流量每天可达1000车次以上，日货运量可达1.2万吨，空车配载率达到90%，月营业额可达2100万元。在短短的两年多时间里，物流园先后被评为“中国优秀物流外包企业”、“深圳市诚信企业”；是“广东省物流行业协会副会长单位”、“深圳市物流与采购联合会副会长单位”等；宝鼎威物流园区被中国物流与采购联合会评为“中国物流实验基地”。

二、宝鼎威物流园区的发展模式

（一）合理选址，科学规划，实施政府物流产业发展计划

现代物流业是深圳市委、市政府确立的深圳市经济发展四大支柱产业之一。宝鼎威物流园位于在深圳市规划的7大物流基地中的龙岗区平湖物流基地。平湖物流基地是深圳市唯一的一个政府直接规划、投资的综合型物流园区。根据政府的控制规划，宝鼎威物流园周边6.5平方公里已确定为现代物流基地，目前基本完成了水、电、路等基础设施的规划和建设，将是全市面积最大的综合性物流园区。深圳“11功能组团分区规划”规划，将（布吉、平湖、横岗）物流基地，作为主要发展国际物流、货运枢纽、仓储配送、专业市场等物流产业，成为组团的发展动力中心，推动周边地区的协调发展，提升城市综合竞争力。它是实现深圳面向珠三角地区和华南地区发展物流业，实现公路、铁路、水运衔接的枢纽点，对深圳物流业的长期发展中具有重要意义。

（二）产业驱动，整合资源，推动区域经济发展

深圳市2006年物流业实现增加值547亿元，占全市GDP比重约为9.6%，全市货运量累计9345.1万吨，增长13.3%。其中：公路运输7918万吨，增长15.2%。

2007年，深圳市龙岗区政府出台了《深圳市家电产业聚集基地规划控制性详细规划》，规划指出：“深圳市家电产业聚集基地”规划区位于李朗大道两侧，包括丹竹头工业园和上李朗社区的部分用地。规划定位为深圳市集家电技术研发、规模生产、产品展示、技术培训、物流配送为一体的综合性家电产业聚集基地。目前，深圳已成为中国港、澳、台的深加工基地，宝鼎威物流园区周边拥有大、中型生产制造企业2000多家，居住人口有120万。其中，有华为、石化集团、新天下集团、康冠电脑、台湾太平洋电缆、联创电器、兄弟工业、天马微电子、中集、深爱半导体、五洲龙汽车、万佳、沃尔玛、天虹等国内外著名企业。生产制造业的原材料采购和产品的全球化分销都需要强有力的物流中心体系作为支撑，货运资源巨大，物流资源充裕。

（三）创新理念，提升服务，提供供应链一体化解决方案

宝鼎威从2005年开始，与广州大学物流学院、龙岗中专进行联合办学，为园区将来发展提供充足的人才资源储备。有经济学博士、经济师、物流师、工程师组成的高素质、经验丰富的物流运营管理人才队伍，充足的人才储备，具备现代物流管理和流程优化方面的专业经验，完全具备管理和运营大型项目的能力。园区采用了现代化数码监控设备及光纤宽带接入、采用了先进的园区信息管理系统，可以发布来自全国各地物流园区的货源信息和车辆信息，可以实现物流电子商务的交易，采取现场与网上交易两种模式，解决了车源与货源的衔接问题，降低了回程车辆的空驶率。

（四）现代化经营理念

宝鼎威物流园区实施统一管理，入驻园区的物流企业，根据规模享受宝鼎威物流中心的相应服务。园区组织建立了党支部、联合工会

等为物流企业谋效益的团体，园区设立了公共食堂、活动室、娱乐区及信息发布区等一系列信息交流的公共场所，为物流企业创造良好的环境。为了优化物流园区公共环境，还专门设立了后勤管理部门，24 小时为入驻园区的企业提供保安、卫生、消防等相关服务，宝鼎威采用“一站式”服务方式，为工商、税务、保险、银行、技术、质量监督、信息等部门提供集中办公场所，为园区内的经营者提供方便快捷的服务。同时引进了中华联合保险公司，让园区的物流企业实实在在的吃了“定心丸”，为入驻园区的企业争取效益最大化，让企业感觉身在宝鼎威现代物流园区，犹如回到了自己的家，无论企业遇到什么问题，园区都会像处理自己的事情一样全力帮助解决。

（供稿：深圳市宝鼎威物流园）

建设中的“陆港”航母
——上海西北综合物流园区

上海西北综合物流园区成立于2001年，是上海市“十五”期间重点发展的三大物流园区之一。按照市政府2001年42号文件要求：“上海西北综合物流园区的建设，将以桃浦地区为中心，未来岛开发为标志，形成多式联运特色的物流园区。”经过五年的规划建设，园区打下了基础，形成了框架，集聚了企业，在长三角地区乃至全国起到了良好的示范作用，初步承担了上海“陆港”物流的主体功能。

在《上海市现代物流业发展“十一五”规划》（沪府发2007年17号）文中指出：“西北综合物流园区。依托桃浦、江桥的陆路货运枢纽，以市内外物流集散功能为主要内容，结合保税物流中心建设，建设集货运配载、仓储配送、公铁联运、信息服务、流通加工、展示交易等物流服务于一体的陆路口岸型物流园区。”

“十一五”期间，园区发展的总体思路是：

一、总体要求

突出“陆港”个性，增强三个能力。

（一）突出“陆港”个性

园区要以全国交通部规划的45个公路主枢纽之一的特点为依托，以市内外物流集散功能为主要内容，成为亚太物流网络的重要节点，成为上海陆、海、空的“着陆基地”。

（二）增强三个能力

第一，增强辐射能力。要通过园区保税物流中心和陆交中心载体的建成，扩大园区的辐射能力，成为上海市内配送和长三角、全国乃至亚太地区的物流集散基地。

第二，增强整合能力。园区要从上海“陆港”的整体布局出发，从建立现代物流网络的要求入手，做到物流信息的整合、物流资源的整合、物流企业的整合、物流节点的整合、物流功能的整合。

第三，增强服务能力。园区要按照建设“物流超市”的思路，以为园区物流企业服务为宗旨，通过发展物流商务、培训、办公、展示、加工等项目不断提高和完善园区的服务水平。加强园区管理，打造西北物流品牌。

二、建设目标

按照“统一规划、区域联动、共同发展、创造品牌”的要求，园区在“十一五”期间要扩大规模范围，抓好重要功能，发展高端物流，实现海、空联网。按照服务上海、服务全国的要求，全面建成上海西北综合物流园区，成为上海及长三角地区的陆路口岸的龙头，成为亚太物流网络的重要节点，成为物流信息技术和装备技术研发和应用的高地，成为物流人才培训、培养的摇篮，成为全国物流行业的著名品牌。

三、规划布局

按照市发改委领导提出的西北综合物流园区“统一规划、功能错位、独立运作、共同发展”的要求，园区在“十一五”的规划布局是：建设一个中心，两大基地，形成一个区域。

（一）一个中心：槎浦物流功能中心

占地3000亩的槎浦物流功能中心，是园区的重要物流功能和城市配送系统的运作场地，在现有基础上，重点要抓好三大物流功能的建设。

1. 物流保税功能

保税物流中心总建筑面积为30万平方米，一期17万平方米工程结构已封顶，2007年底可正式建成，2008年初将正式封关运作。同时园区还紧紧围绕项目运作相关工作：一是进一步与海关、商检等部门接洽，明确其进入园区后的具体监管职能等；二是会同上海海关技术处商定保税中心信息平台开发的相关要求，并已正式委托上海亿通国际携手开发；三是通过外出考察、学习等，对该中心今后的商业运作模式、目标市场定位及经营业态等经营管理拟订基本框架；四是拟物色具有一定咨询和管理经验的专业公司，为保税物流中心的运作策划经营方案，为园区提供经营、招商的目标市场定位、详细的业务运作和管理模式，并对今后可开展的增值服务功能做详细规划。待项目正式批复后，即可同步开展实施和运作。

2. 陆上货运交易功能

园区正式与长发集团联手，启动建设上海陆上货运交易中心，2005年上半年，园区在槎浦基地新辟土地75亩，筹建5.5万平方米的陆交中心公共配套场所。同时，长发集团上市公司长江投资实业股份有限公司同步迁址桃浦。上海陆上货运交易中心暨上海市道路货运公共信息平台于5月8日开工建设，预计2008年3月建成营运。新建的陆上货运交易中心规划设置150个席位的主交易大厅，引入全国大中城市的一流货运企业，形成与150个城市之间的定班货运专线，通过网上交易平台，承揽省际回程货物，加速货运周转。交易中心还将建3万多平方米的公共中转平台，80个装卸口和30多条传输流水线，可迅速解决到港货物的中转、集运、分拨，并通过对上海现有货运服务资源的整合，为来沪货物完成终端配送。这是继空港、海港建成后，上海为实现全程物流提供的一个终端基础平台——陆港基地，它将为上海完善全方位物流供应链添上关键的一环。项目建成后，将有效降低物流成本，减少交易环节，缓解交通压力，使上海更好地服务于长三角和全国，并进一步提升城市的国际竞争力。

3. 市内配送功能

目前，功能中心已集聚了华联配送中心、农工商配送中心、乐购配送中心以及美国普洛斯、惠尔物流、量华物流等国内外现代物流配送企业。要在现有企业运作和陆交中心的公共型配送系统建成的基础上，形成便捷、高效、灵活的城市配送网络，成为上海市商业配送的重要基地。

（二）两大基地：未来岛物流科技基地和江桥物流集散基地

1. 未来岛物流科技基地

未来岛物流科技基地是以市科委规划的物流信息产业园为依托，集聚一批物流科技产业公司，并带动全国其他物流科技公司的进驻，推动先进物流技术的研发和产业化。按照“秩序、灵活、生态、可持续发展”的原则，形成一个集物流科技的研发、孵化、咨询、办公、信息、产业化为一体的未来岛物流科技产业基地。该基地的规划方案已由现代设计集团设计，整个基地规划在未来岛的小环岛内，占地207亩，由两幢18层近6万平方米的物流总部大楼、1幢2.6万平方米的现代物流信息产业大厦和近20万平方米的物流科技产业群落组成。目前，该基地规划方案已初步评审完毕，正在办理产权证手续及开工前其他手续，昂泰智能、先达条码公司等3家物流科技公司已签订协议，项目正式启动。现代物流信息产业大厦的方案局部调整，准备做扩初，同步办理开工前相关手续，力争年内开工。

2. 江桥物流集散基地

江桥物流基地具备公路、铁路、航运的交通条件，是上海通往江、浙及长三角洲腹地的咽喉要道，是市内外物流集散的重要节点。目前，基地一期工程已开发2500亩地，已引进宝供物流、中外运集团、香港嘉意物流等一批知名物流企业，在此基础上，江桥物流基地以物流集散功能为主导，重点抓好以下功能的开发建设：

（1）依托铁路封浜站、黄渡铁路集装箱编组站的启动，建成园区公铁联运基地，实现市内外大宗货物有效流转。

（2）依托中外运冷链物流中心项目的建设，逐步形成江桥冷链物流集聚的系统，成为园区物流配送的特色区域。

（3）依托江桥地区的商贸群落，建设以专营采购、一级分销的物流配送网络。

（三）一个区域：真南路物流商务区

结合桃浦工业区的改组和真南路停车场的搬迁，园区已委托知名的咨询公司戴德梁行进行了真南路物流商务区的规划。在“十一五”期间，占地近1000亩的真南路两侧，随着地铁十一号线的修建和契星绿地的启动，该地块是园区综合交通和物流商务的黄金地段，并将成为连接未来岛基地与槎浦基地的重要纽带，按照规划真南路物流商务区将重点建设以下内容：

1. 物流总部大楼和物流商务大楼；

2. 物流采购中心和物流会展中心；

3. 物流教育培训中心；

4. 园区的娱乐、餐饮、宾馆、金融、咨询、法律等服务系统；

5. 政府的工商、税务、公证、陆管等行政服务窗口。

（供稿：上海西北综合物流园区）

管理创新助力安吉天地走向卓越

安吉天地汽车物流有限公司（简称安吉天地）成立于2002年，它是由上海汽车工业销售有限公司（SAISC）和国际著名跨国集团——APOLLO管理公司下属的CEVA（TNT）物流公司共同组建的国内首家汽车物流合资企业。5年来，公司始终致力于汽车物流供应链管理创新，致力于汽车整车、零部件入厂、售后以及汽车进出口物流业务的开拓进取，走出了一条以管理创新，不断提升核心竞争力的企业发展道路。2006年，公司物流销售收入达22亿元，运送整车160万辆，国内市场占有率达到40%。今天，安吉天地已成为国内汽车物流的领军企业，创新助力安吉天地走向卓越。

安吉天地在引进TNT先进的物流技术的同时，引进并跟踪世界最先进的管理标准，通过学习消化、吸收，逐步形成了自己独特的系统管理优势。

一、坚持管理创新，形成系统优势

建立ISO（9001：14001&OHSAS 18001）国际管理标准体系

为了确保公司的管理科学、有序和高效运作，降低整车物流质损率，提升客户满意度，公司执行了以ISO 9001质量管理体系的建立作为公司企业管理主线，实施了各业务部门“一把手”抓质量为切入点，使公司各职能部门对各业务的质量管理工作全面统一负责，实现各个物流供应链质量控制全过程管理。自2003年11月陆续获得ISO 9001：14001、OHSAS 18001一体化管理体系认证，成为国内汽车物流行业首家获得三项国际管理体系标准同步认证证书的企业。2004年初，公司全面推进3个领航性的六西格玛项目，其中“六西格玛在一体化管理体系中的应用”被评为2005年度“上海市优秀六西格玛项目成果奖”。“六西格玛方法在全面数据质量管理中的应用”被评为2006年度“优秀六西格玛项目成果奖”。2007年3月，一体化管理体系获法国国际检验局（BVC）全球最佳管理体系奖。

2006年，安吉天地全面推进汽车整车物流标准体系平台建设的战略工作，力求建立一套现代汽车物流技术标准体系、管理标准体系和工作标准体系的集成的企业标准体系，为企业的持续发展、为提升整个汽车物流行业服务水平、提升行业品牌知名度起着积极地推动作用。

二、建立信息化管理体系

安吉天地汽车物流有限公司在业务规模和服务范围不断扩大的同时，探索出一条汽车物流企业智能化运营之路。通过开发和应用各种具有国际先进水平的决策优化模型和工具，形成了以供应链优化为目标的标志特征，实现了安吉天地智能化运营管理独特的差异化竞争优势。

1. 整车物流 IT 智能系统

整车 IT 系统是基于中央调度系统（TMS）、仓储管理体系（WMS）、车辆跟踪监控系统、分供方管理体系（FMS）、模拟装载系统和网上业务操作系统以及多客户与分供方系统接口所组成的整车物流供应链一体化管理 IT 系统平台。在此基础上，安吉天地根据供应链优化和信息化决策要求，逐步开发出以下各类技术领先、实用性强的子系统和辅助决策工具。

（1）物流中心选址决策支持系统。建立综合运输路径和仓储成本等各项因素的规划优化数据模型，然后根据客户历史数据与预测数据（如生产量、销量、流向流量、订单周期要求以及运输稳定性、方式多样性、交通限制、人力成本等）各方面的内外因素进行计算，最终通过软件提供优化布局方案，实现了物流中心选址决策过程优化，降低成本的需要。

（2）整车订单智能调度系统和路径优化系统。在整车运输过程中，运输调度部门原先通过经验来制定全国运输计划，无法实现最优的路线规划和运输工具调度。2004 年，安吉天地引入了先进的人工智能技术，在整车中央调度平台的基础上，构建了“整车订单智能调度系统和路径优化系统”，通过 EDI 接口自动获得客户订单，并根据各种约束（如装载约束、运输周期等因素）对各种订单自动进行调度和路径设置。整车订单智能调度系统还可根据各种约束条件（如车型、速度、火车和轮船班次以及成本等）建立周运力规划模型，为每周的物流运力进行优化排程，此系统具有自动纠错与改进的功能。

（3）轿运车适载性三维模型系统。当使用新的轿运车车型或装载新的商品车车型之前，必须要对两者之间的匹配性进行试验。传统的人工实车试装存在效率低、劳动强度高、工作量大、精确度差、安全风险等诸多缺陷。针对以上难题，安吉天地在国内汽车物流行业首创了适用于整车运输的轿运车适载性三维模型系统。该系统引入计算机仿真技术对驳运车的装载进行优化设计，用仿真预装载方法提高各类型的驳运车和轿车匹配度，提供多元化配载方案，提高装载和运输质量。该三维模型系统 2005 年获得全国优秀质量管理小组、全国机械工业优秀质量管理小组一等奖以及上汽集团优秀 QC 小组一等奖。

2. 零部件物流 IT 智能系统

汽车零部件物流在国内刚刚起步，该领域的 IT 管理系统建设更是一个全新挑战。汽车零部件入厂运输非常复杂，零部件品种多，需求大，供应商分布分散。在安吉天地整合外包客户的入厂物流之前，供应商或是通过自己的运输车队或是外包的承运商将物料送到主机厂，出现了零部件高库存、运输高损耗、信息无跟踪、车队散乱差等问题，直接影响了供应链的竞争力。近年来，安吉天地为多个客户实施了入厂物流循环（Milk - run）项目，使物料多频次、小批量、定时性的移动。在入厂物流调度系统中，包含了装载优化和路径优化两种优化模型，实现了零部件入厂物流供应链全过程的管理和控制。

——装载优化。在满足零部件需求（包括时间需求和数量需求）的基础上充分利用货车空间来降低运输成本，对火车的装载率要求达到 85% 以上，对于这类“卡车数量有限，但可循环使用”的配载问题，采用三维空间分割算法进行设计和计算，使空间实际利用率达到最优。

——路径优化。循环取料路线设计模型采用“区域化”的方法进行，即根据零部件供应商的分布地点进行区域划分，对同一或相近区域的零部件供应商，根据生产线要求和各种实际约束条件（如零部件装卸顺序、装载要求，人员工作时间等），在“小批量、高频次”的要求下确定各供应商的最佳访问次序，“串接”起来进行“循环取料”。

在2005年12月15日《环球供应链》杂志社和英国皇家运输与物流协会及长江商学院等联合举行的“首届中国供应链管理大奖暨环球供应链管理论坛”上，安吉天地提交的零部件入厂案例获得大会最高奖项“2005年度评委会大奖”和“最佳汽车解决方案奖”。

3. KPI数据分析系统和快速反应渠道

对于汽车物流企业来说，数据资源是公司运作、优化决策的基础资源。安吉天地借助电子数据交换（WEB－EDI）技术开发了多客户订单输入和查询接口，自动获取来自客户的订单及相关指令信息。在高效、准确的信息源保障的基础上，建立了一套多层次、多角度的KPI报表和报告体系。以客户合同和客户要求为基础，建立了公司级总体KPI指标，部门级KPI指标和各主要运作节点KPI指标等多层次指标体系，并且通过各业务部门和节点的信息网络，各部门和业务节点能够随时获取相关KPI指标信息，第一时间掌握发生的异常情况，以便及时跟踪和改进运作状况。

三、建立适应市场变化运营模式

1. 整车物流能力

安吉天地整车物流收入占总物流收入的80%左右，其核心客户是上海通用、上海大众、上汽通用五菱、一汽、德国宝马等汽车厂商，主要业务整车分拨年吞吐量80万辆，仓储资源为34个大型轿车专用仓库，200万平方米仓储面积，从上海的中心库（VDC）将车辆经23个地区分中心（VSC）分拨至经销商，公路网络资源拥有1700多辆驳运车，一次可以装载轿车1．6万余辆；铁路网络资源438节火车皮一次可装载轿车2010辆；船运网络资源一次可装载1745辆轿车，为国内250个城市约1200名经销商提供服务。

2. 零部件物流能力

由于我国汽车业的变革比其他制造业要快得多，因此汽车零部件市场的发展前景非常广阔。目前，我国有100多家整车制造厂以及近3000家零部件制造厂。整车厂普遍规模小，而零部件生产企业则规模更小、更分散。每一个大型整车厂生产企业周围，都由数目庞大的零部件生产配套体系。如上海大众就由500多家零配件生产企业构成。据分析，整车厂为了提高自身的市场竞争力，采购供应体系基本上采用精益生产方式下的JIT准时生产制配送方式来实现整车厂零库存。因此要求供应商按其生产节奏和生产需求量进行供货，实施精益生产方式的“直送工位”的JIT配送。安吉天地在整车物流的基础上，其业务触角向零部件物流市场板块进行拓展，并实施供应链的重新设计（包括供应商取货、入厂物流运输、中转库建设、基础性服务、预装配、生产线供货、排序、CKD/SKD、空料箱管理、PDI和BU送货、售后物流仓库管理、售后物流运输等）。

安吉天地为上海大众做零部件入厂及售后物流的整合，即在上海大众总部附近设立了物流中心仓库，为166家供应商和零部件MR提供运输物流、厂内物流和上线喂料，为450家供应商提供国产件运输服务，约11家仓储以及售后配送PDC仓库等，为612家事后维修点提供服务，同时还为上海通用LLM与MR运输业务、烟台LOC与MR业务以及沈阳LOC与MR物流运作业务等10家整车厂和3家发动机厂提供物流服务，并配备了先进的物流管理信息系统。生产厂通过网络进行实时信息交换，随时向零部件配件生产厂传递整车制造厂的生产信息和配件需求等信息。使零配件生产厂可以及时了解整车制造厂的生产需求和发展规划，每天800班次的运输可接收750家供应商的供应、LOC配送，每天工作班700车次、料箱业务量10万箱，避免由于信息滞后所造成的零配件产品的积压和盲目生产。同时，安吉天地通过合理调度运输工具和仓库的使用，可为整车厂降低30%左右的物流成本。

3. 进出口物流能力

安吉天地借助TNT在全球已有成熟的网络，业务遍及200多个国家，以TNT全球资源为杠杆，重点发展进出口物流业务。安吉天地可以提供汽车及汽车配件全球供应链管理服务，进口包括海外采货，海外分包管理，海运和空运管理，零部件堆场和运输管理。出口包括：包装设计及集装箱运输管理，国内集货，仓库和港口堆场管理，货代和海关业务管理等。目前，安吉天地已开展了德国宝马（BMW）项目进口报关、SGMWPT发动机和零部件与发动机总成净出口物流业务、SVW海运项目等，安吉天地在未来几年里将建立自己的海外基地，逐步形成全球汽车物流供应链管理的优势。

四、为中国汽车物流企业整体腾飞承担社会责任

近年来，我国汽车工业的蓬勃发展给汽车物流行业带来了巨大的生机和活力。作为中国汽车物流的领军企业，安吉天地深感中国汽车物流进一步快速强大，还需要行业内的一大批企业的崛起。因此，安吉天地积极参加中国汽车物流分会启动的2007年《中国汽车物流标准规划》课题研究，作为该课题研究的组长单位之一，安吉天地同时还承担了上海市科委技术发展基金研究项目《现代汽车物流企业标准体系的建立及有关国家标准的制定》，参与国家、行业、物流标准的修制定工作。目前，安吉天地专门成立了标准化管理委员会，将质量、环境、安全管理体系，人力资源管理体系，财务管控体系，卓越绩效模式，六西格玛管理系统，信息管理体系，整车及零部件IT智能系统，TMS、WMS管理系统等都整合成为现代汽车物流标准化系统，通过标准化系统的开发，培养了一大批管理技术人才，形成了以管理技术为核心的人才竞争优势。

管理技术系统的创新建设，在安吉天地的道路还很长，我们立志成为“国内领先，具有国际竞争力的专业汽车物流供应链管理和服务供应商”的世界级卓越企业的远大目标，安吉天地正在为中国汽车物流业的发展做出我们积极的贡献。

（作者：龙少良　博士、教授　安吉天地汽车物流有限公司标准化管理委员会副主任）

长春物流协会

长春是吉林省省会，始建于1800年，至今只有200多年的历史，是一座年轻而充满活力的城市。长春作为中国北方区域性中心城市之一，处于中国东北地区辽、吉、黑、蒙四省区通衢的十字要冲，是东北地区、也是东北亚地区的几何中心，是联接欧亚大陆桥的重要节点，辖有6个区和4个县（市）。全市总面积20571平方公里，其中市区面积3663平方公里；户籍总人口739.3万人，其中市区人口348.8万人，居住着汉、满、朝鲜、回、蒙古、锡伯、壮等46个民族。随着新中国的茁壮成长，长春市经历了建国后创业时期、改革开放后快速发展时期和新世纪跨越发展时期。经过几十年的努力，长春的投资建设硕果累累，形成了自己独特的优势，成为工农业基础雄厚、商业繁荣兴旺、科技教育事业发达、对外开放程度较高的现代化城市，被国内外朋友誉为“汽车城”、“森林城”、“电影城”和“科技文化城”。科技综合实力、科技人员比重等居全国大、中城市前列。“十一五”开局之年，长春市按照吉林省委、省政府提出的全省经济变“快走”为“快跑”，长春要“领跑”的要求，确定重点发展和培育“两大支柱”产业，即汽车产业和农产品加工产业；“三大主导”产业，即生物与医药产业、光电子信息产业、物流业。2006年，长春市实现地区生产总值1741.2亿元（按不变价格计算），比上年增长15.1%。三次产业比重分别为9.3%、48.9%、41.8%；人均生产总值达到23677元（按户籍年平均人口数计算），比上年增长13.9%；全口径财政收入210.6亿元，比上年增长14%；全年完成固定资产投资总额950.4亿元，比上年增长46.1%。

随着国民经济持续快速增长，我市现代物流业呈现出强劲的发展势头。市委市政府高度重视发展现代物流业，将物流业列为“三大主导”产业之一，成立了由主管副市长任组长，19个相关部门为成员的市政府物流产业领导小组。下设办公室（设在长春市发改委），力争把现代物流业打造成我市经济“快跑”的新引擎和第三产业的领跑者。在顺畅的工作机制和企业的贡献、市场的推动下，2006年，长春市物流业取得阶段性发展成果：物流总量快速增长，物流营业总额达到443亿元，同比增长22.2%；物流业增加值达到146亿元，同比增长22%；物流运行质量有所提高，社会物流总费用与GDP的比例为19%，比2000年下降4个百分点；物流业全社会投资完成53亿元，同比增长25%；全市企业物流及物流相关企业发展到2065户，其中，企业物流742户，占35.9%，物流企业1323户，占64.1%，并形成了以现代物流经营理念为企业运作指导思想的一批现代化专业物流企业；物流基础设施不断完善，形成了公、铁、航立体式交通运输网络；四大物流园区和八大配送中心启动建设，部分企业开始入驻。

为了更好、更快、更全面的推进物流业发展，长春市物流行业企业自治性组织——长春物流协会于2006年12月28日正式成立。协会现已全面开展工作：一是加大宣传力度，创办会刊《长春物流》杂志、开设长春物流信息网、印发宣传刊物，加强与新闻媒体合作，定期或不定期对我市物流行业、企业的发展，以及政府和协会工作进行宣传报道；二是大力发展会员，现已发展会员600多户，积极为会员提供宣传、帮困、争取政策倾斜、吸收中介机构提供优惠业务、促进企业间交流合作等服务；三是开展“十佳物流企业”和“优秀物流企业”评选活动（经市政府批准组织实施），通过评选，促进企业更新理念、优化经营方式、提高综合实力、推动物流行业改革发展、增强行业凝聚力、创造全市上下争先创优的良好氛围；四是为规范行业发展，拟定《长春物流行业自律规定》（征求意见稿），待提交理事会讨论通过，报经市政府批准后实施；五是开展物流行业和重点产业物流调查研究，已形成了《长春物流企业基本情况的调查报告》和《长春市汽车物流业基本情况的调查报告》，剖析行业发展现状，为政府决策提供参考；六是受理来信来访事项，制定《长春物流协会关于受理信访事项和业务纠纷的暂行办法》，委派专门人员接待来信来访，协调和解决行业纠纷，促进物流业和谐发展；七是开展教育培训工作，正在建立两大培训基地：①在吉林大学建立高级物流管理人才和技术人才培训基地；②利用长春市交通运输协会现有培训基地培养中级人才，已开办“物流经理资格”培训班，现招生人数达500多人。

长春物流协会将致力于“服务企业、服务行业、服务政府”，做好企业的“娘家”，当好政府的“助手”，与广大物流业界的同仁，精诚团结、齐心协力，为共同推动长春现代物流业发展服务，为繁荣长春经济服务！

（供稿：长春物流协会　执笔：杜英）

山东省物流与采购协会

山东省物流与采购协会（原山东省物资流通商会）于1993年9月经省政府批准成立。为适应形势发展的要求，在中国物流与采购联合会的关心指导下，经省民政厅批准于2004年6月更为现名。由省政府授权行使行业管理与服务职能，以全省物流行业企业为主体，吸收业界企业法人自愿参加，为全省物流企业服务的社团组织，具有法人资格。现济南、青岛、潍坊、临沂、聊城、德州、济宁、菏泽、滨州、莱芜10个城市成立了物流与采购协会，多为山东省物流与采购协会的团体会员。国铁天龙、山东盖世国际物流、山东省海化集团、山东中邮物流、山东航空公司、山东博远物流等400余家大中型物流企业为会员单位。涉及各类仓储、运输、综合服务、批发市场科、研部门等多个行业、产业和领域。山东省物流与采购协会接受中国物流与采购联合会和省经贸委、发改委的工作指导，中国物流与采购联合会常务副会长丁俊发、山东省政协副主席林书香、原省长助理孙光远为协会的名誉会长。

近两年来，山东省物流与采购协会遵照促进了解、服务企业的宗旨，充分发挥服务，协调、组织和行业自律等功能和作用，先后研究制定了协会发展规划，确立了今后的工作重点和发展方向；组建了由山东大学、北京交通大学、天津科技大学、国家发改委综合运输研究所等单位的10名大学教授和物流专家组成的专家委员会；创办会刊，建立网站；主办物流论坛、组织物流企业现场会；多次到市地调研，交流工作情况，并着手设立数据库；分析探讨行业和企业遇到的新情况、新问题，并研究相应对策。我协会连续三年被山东省社会团体管理局评为“山东省优秀社团”。

网址：www. sdswl. com

电邮：sdswl017@ sina. com

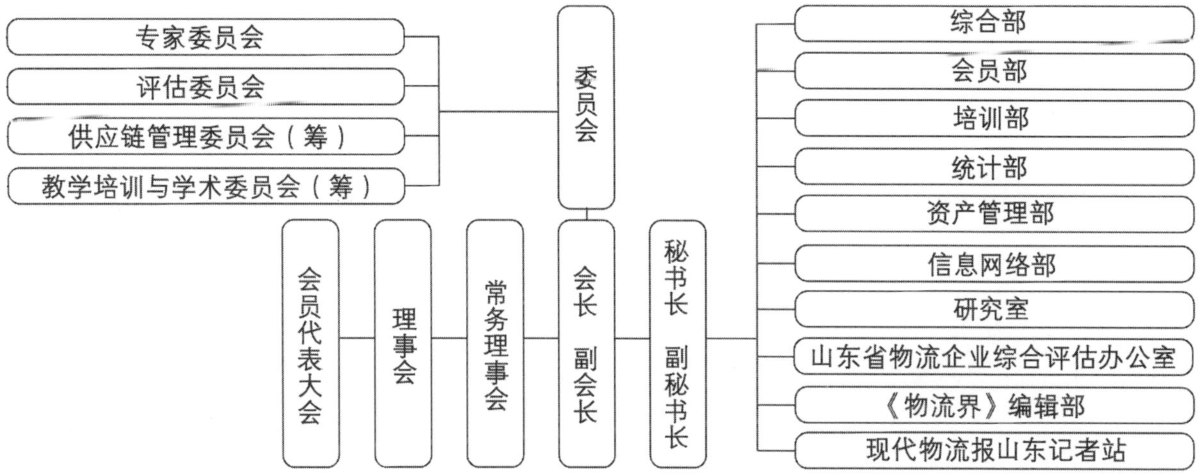

中国农业机械流通协会

中国农业机械流通协会是经国家民政部批准成立的国家一级行业协会。主管单位是国务院国有资产监督管理委员会，由中国物流与采购联合会代管，业务上受国家发改委、农业部、商务部等国务院职能部门和中国机械工业联合会的指导。协会由中国各种经济成分的农机营销企业、农机生产企业、农机汽车机电交易市场、农机科研院所和大专院校等团体以及从事农机管理、科研、生产、营销、使用、维修的个人自愿组成的全国性行业组织。目前，协会拥有390多名直接会员，2600多名间接会员以及延伸到全国农村乡镇的2万多个销售网点。在中国农业机械行业中具有广泛的社会性和较高的权威性。

中国农业机械流通协会的宗旨是：积极贯彻落实“三个代表”重要思想，推进社会主义新农村建设，为农业、农村、农民服务；协助政府做好行业管理工作，推动农机行业改革；发挥桥梁、纽带和中介作用，反映会员和行业的愿望和要求，维护会员合法权益；加强与国际同行的交流与合作；努力为会员、为企业、为行业、为“三农”、为推进社会主义新农村建设、为现代农业做出积极的贡献！

会长、党委书记：崔本中

本部执行副会长：陈涛、王玉狮（常务）、陈阳、吴军旗、赵斌、赵丽蓉、董兰

高级顾问（专职）：连维增

网址：www. camda. org. cn

电邮：camda@ sina. com

第十部分

附录

中国物流学会第四次会员代表大会文件选录

中国物流学会第四次会员代表大会纪要

中国物流学会第四次会员代表大会于2006年11月11日在湖北武汉大学召开。来自全国25个省（市）自治区物流教学、科研、新闻单位以及政府部门、物流企业和行业协会的479名代表出席。国务院国有资产监督管理委员会发来贺信。大会全面回顾和总结了上届代表大会5年来的工作，提出了下一步工作的基本目标与任务；选举产生了新一届理事、常务理事，会长、副会长和秘书长。何黎明同志当选为会长，戴定一同志当选为常务副会长；聘请陆江同志为名誉会长，丁俊发同志为首席顾问，王之泰等17位同志为顾问。大会审议并通过了《关于表彰有突出贡献的物流专家的决定》和《关于聘任首批特约研究员的决定》。

根据《中国物流学会章程》的规定，中国物流学会第三届理事会已任期届满。为了稳妥、扎实、有序地做好这次换届工作，学会于2006年6月成立了换届工作领导小组及其工作办公室，做了大量具体细致的筹备工作。会前，通过个别交谈、通讯联络和召开预备会等方式，征求第三届理事会副会长的意见并得到普遍支持，为本次大会的顺利召开奠定了基础。

陆江会长代表第三届理事会作了题为《继往开来，锐意进取，努力开创物流学会工作新局面》的工作报告。他指出，中国物流学会过去5年的工作，是在老一辈人开创的基础上发展起来的。中国物流学会的前身——中国物资经济学会、中国物流研究会以及中国物资流通学会是国内最早开展物流研究的学术团体。我们不能忘记中国物流事业的开拓者袁宝华、李开信、柳随年、余啸谷等老领导、老同志所给予的教导和关怀。

陆江会长在回顾过去5年工作时指出，上次代表大会以来的5年，是我国现代物流业由起步期跨入理性、务实、快速发展新阶段的5年，也是中国物流学会继往开来、锐意进取，不断开创工作新局面的5年。5年来，在各位理事、常务理事和广大会员积极参与和各有关方面大力支持下，我们顺应物流业发展的形势，抓住发展的机遇，团结专家、学者和实际工作者，在物流学术研究、学科体系建设和对物流实践发展的推动方面做了大量工作，取得了明显成效。主要体现在：第一，广泛深入开展物流学术理论研究，为我国物流实践发展发挥了重要的指导和推动作用；第二，“中国物流学术年会”推动了物流学术研究广泛开展；第三，“中国物流专家论坛”促进了重点问题的深入研讨；第四，物流研究队伍和网络建设全面启动；第五，不断开拓为会员、为企业、为行业服务的新领域；第六，物流人才教育培训工作取得新进展。经过5年来的工作，尽管在人员素质、运行机制和服务能力等方面还有许多不足，但中国物流学会已经实现了思想观念的基本转变，工作思路基本清晰，业务领域基本稳定，工作团队基本形成。

关于新一届学会面临的形势和任务，陆江会长指出，当前国际国内物流形势的发展对新一届学会提出了新的要求。我们要适应新形势的需要，高举邓小平理论和“三个代表”重要思想伟大旗帜，认真贯彻科学发展观，团结组织物流理论和实际工作者，深入进行物流理论、管理和技术研究，为推进我国现代物流业持续、快速、健康发展做出新的贡献。新一届学会要在已有的工作基础上，团结协作，锐意进取，明确新的发展目标。要结合中国的实际，在理论研究上要有新思路，在研究的广度和深度方面要有新突破，在对物流实践的指导和推动方面要有新举措，在物流学科体系建设和人才培养方面要有新进展，在对外交流与合作方面要有新局面。他建议新一届学会要重点做好以下几项工作：第一，开拓创新，推动物流学术理论研究深入开展；第二，坚持“产、学、研”相结合，更好地发挥理论研究对实践的指导作用；第三，开阔视野，积极扩大对外交流与合作；第四，整合资源，充分发挥“协作网”和“特约研究员”的作用；第五，进一步加强学会自身建设，发展壮大研究队伍。

陆江会长最后说，在座的老同志和我一样，到了该交班的时候了。我们这些老同志(包括已经退下来的老同志)，过去努力了，奋斗了，做了我们应该做的工作，甚至是开拓性的工作。高楼大厦必须有基础，高速公路需要铺路石，我们做了一些根基性的工作。这是难得的机遇，也是我们这一代人的荣幸。事业需要传承，需要培养接班人，这是物流事业兴旺发达的保证。新一届领导班子，将由一些有知识、有能力、有水平、年富力强的同志来领导，我相信他们会比我们干得更好。陆江会长希望新一届学会领导同志、学会各工作机构和全体会员都要“讲学习、讲创新、讲服务、讲奉献、讲和谐”；“戒浮躁、戒浮夸、戒傲气”；扎扎实实、埋头苦干，努力提高学术理论研究的能力和水平；继往开来，锐意进取，为开创物流学会工作的新局面，为中国物流业繁荣发展做出新的更大贡献。

丁俊发常务副会长作了《关于中国物流学会第四届理事会有关问题的说明》报告。他首先就新一届理事会候选人产生的几项原则作了说明并指出，我们这次利用学会换届之机，对学会理事、常务理事以及领导班子作了较大幅度的调整，目的是把目前我国物流学术研究工作方面的主要专家、学者能够吸收进来。在新一届学会会长、副会长、秘书长、副秘书长的人选上，侧重了年轻化、职业化的要求。按照学会《章程》的规定，凡年满65周岁的同志不再担任会长、副会长。本着“产、学、研”相结合的原则，新一届学会理事会吸收了一批有理论功底的物流企业家出任理事、常务理事及相关职务。他还就新一届学会理事、常务理事候选人的推荐原则和标准作了具体说明。

丁俊发副会长在介绍调整后的理事会人选有关情况时指出，本届理事会共提出理事候选人236人，比上届122人增加114人，增幅93.4%；提出常务理事候选人124人，比上届51人增加73人，增幅143%。上届122名理事中，有49人进入本届理事、常务理事候选人名单，73人不再保留原有职务；上届51名常务理事中，有27人进入本届理事会推荐名单，24人不再保留原有职务。本届236名理事候选人分别来自23个省（市）自治区的159个单位，其中院校89个，占总数56%；企业25个，占总数15.8%；研究机构19个，占总数11.9%；行业协会11个，占总数6.9%；新闻出版单位11个，占总数6.9%；政府相关部门4个，占总数2.5%。本届理事会候选人组成人员中，担任系（室）主任、单位中层以上干部的占85%以上，具有高级技术职称的占90%以上，年龄在45周岁以下的占75%以上。新一届学会会长、副会长候选人共34人，其中专职5人，兼职29人。在兼职副会长中，来自大学和物流研究机构的有20人，来自物流相关行业协会的有2人，来自企业的有5人，来自政府的有2人。在上一届学会专职、兼职会长、副会长22人中，有10人进入新一届学会担任会长、副会长（包括兼职），有9人进入新一届学会担任顾问。丁俊发副会长还就学会秘书处和专业委员会设置情况作了说明。他说，为加强这方面的工作，技术经济委员会拟更名为物流规划与咨询专业委员会，物资流通经济委员会拟更名为物流经济专业委员会，政策研究专业委员会拟更名为物流政策研究专业委员会。

大会采用举手表决的方式，选举产生了由236人组成的第四届理事会和124人组成的常务理事会。何黎明同志当选为第四届中国物流学会会长，戴定一等33人当选为副会长。其中，戴定一当选为常务副会长，周林燕、崔忠付、任豪祥当选为专职副会长，崔忠付兼任秘书长。29人当选为兼职副会长，他们是（按姓氏笔画为序）：马士华、王佐、王宗喜、叶伟龙、龙军生、刘秉镰、冯耕中、任兴洲、朱道立、何明珂、陈文玲、陈功玉、陈宏、李厚圭、李雄、汪鸣、沈绍基、宋则、宋远方、张锦、吴瑜章、吴耀华、杨赞、洪水坤、海峰、翁心刚、黄有方、缪立新、鞠颂东。

大会聘请陆江同志为名誉会长，丁俊发同志为首席顾问，17位同志为顾问。他们是（以姓氏笔画为序）：王之泰、牟惟仲、李京文、张卓元、张文杰、张声书、张家敏、吴润涛、吴清一、周乃茹、盛焕烨、钟志奇、胡俊明、徐寿波、徐天亮、彭敏华、靳伟。

大会对王宗喜、王之泰、吴清一、徐寿波、何明珂、包起帆、马士华、朱道立、黄有方、张文杰等10名“中国有突出贡献的物流专家”进行了表彰。陆江同志宣读《表彰决定》。他指出，此次表彰，我们参照省部级专家的评审方案，按照公开、公平、公正的原则，通过推荐与自荐的方法，在全国各大专院校、科研院所、政府机构、企业产生提名58人。经专家评审委员会研究，从中筛选出在理论研究、课题研究、学科建设和重大规划、设计项目领域有突出成果的30名候选人，并经媒体公示、广泛征询各方意见。最后，由专家评审委员会严格评议、投票，以得票多少产生了以上10名有突出贡献的物流专家。学会给每位专家颁发了证书和1万元奖金。大会审议通过了《对吴润涛同志在推动我国物流事业发展中的贡献给予特别表彰的决定》。

丁俊发同志宣读了《关于聘任首批“中国物流学会特约研究员”的决定》。他指出，为联络和组织物流与采购领域研究力量，集中各方面智慧，提高我国物流研究的能力和水平，中国物流学会建立特约研究员制度。根据《中国物流学会特约研究员管理办法》的规定，首批91名在物流学术研究领域有一定造诣，并积极参与学会工作的申请人被聘为首批特约研究员，聘期到本届理事会换届为止。新当选会长何黎明向10位中国物流学会首批特约研究员颁发了聘书。

学会新一届领导班子选举产生后，新当选会长、副会长和秘书长与全体代表见面。何黎明会长代表新一届理事会全体理事、常务理事以及新当选的会长、副会长、秘书长讲了话。他首先感谢各位代表的信任和鼓励。特别指出，第三次会员代表大会以来的5年，中国物流学会在陆江同志为会长的理事会带领下，团结和动员广大物流理论工作者和实际工作者，紧紧抓住我国现代物流发展的大好机遇，广泛开展物流学术理论研究，取得了丰硕的理论成果。这一时期的物流学术理论研究和物流知识普及，为我国现代物流产业的确立提供了理论依据，指导了我国物流的实践，推动了我国现代物流业的快速发展，为国民经济持续、快速、健康的发展做出了贡献。我国物流理论研究及教育工作者是功不可没的，上届理事会是功不可没的，老一辈中国物流的开拓者是功不可没的。

何黎明会长在讲话中指出，陆江会长的工作报告，深入分析了国际国内物流业发展形势，提出了新一届理事会的奋斗目标和工作重点，要求新一届理事会做到“五讲、三戒、一提高”。我们深感责任重大，使命不凡。新一届理事会将努力继承和发扬上届理事会的优良传统和作风，在上届理事会打下的良好基础上，继往开来，与时俱进，科学发展，自主创新，力争将学会工作提高到一个新的水平。新一届理事会将适应新形势的需要，努力把学会办成学习型组织、创新型组织、服务型组织、奉献型组织、和谐型组织。我们的担子还很重，脚下的路还很长。新一届理事会一定要用自己的实际行动认真贯彻十六届六中全会精神与“十一五”发展规划，尽心尽力，扎实工作，开拓进取，与广大的物流工作者一起，努力开创学会工作的新局面，为我国现代物流业的发展做出自己的贡献。

代表大会结束后，举行了第四届理事会会长、副会长、秘书长、副秘书长第一次会议。会议讨论了陆江同志在工作报告中提出的重点任务与目标，并就如何开创学会工作新局面提出了意见和建议。主要有：改革年会论文的征集与评审机制，进一步增强物流学术年会的权威性和影响力；加强基础理论研究，推进学科体制建设；加强引导与协调，争取更多的学会课题列入国家或政府部门研究课题计划，进入国际检索系统；利用联系企业的优势，促进理论成果的转化，推进产学研相结合；争取创办《中国物流学报》，打造中国物流学术研究的权威期刊；制订本届学会工作规划和 2007 年工作计划，全面落实本届代表大会提出的各项任务等。按照《章程》规定，当选秘书长聘任了新的副秘书长。他们是，专职副秘书长两名：余平、贺登才；兼职副秘书长 10 名（以姓氏笔画为序）：王国文、王继祥、田学军、邬跃、杨长春、洪涛、荊林波、徐东、翟学魂、魏际刚。

继往开来　锐意进取　努力开创物流学会工作新局面

——中国物流学会会长陆江在中国物流学会第四次会员代表大会上的工作报告

（2006 年 11 月 11 日）

一、关于过去五年的学会工作

中国物流学会过去 5 年的工作，是在老一辈人开创的基础上发展起来的。大家知道，中国物流学会的前身——中国物资经济学会、中国物流研究会以及中国物资流通学会是国内最早开展物流研究的学术团体。国家计委、经委、铁道部、交通部、外贸部、商业部、物资部等政府有关部门的领导，以及一些著名经济学家都曾经在学会担任领导职务，学会成立之初就体现了跨行业、跨部门的综合性工作体系。

1979 年，由当时国家物资总局局长李开信和副总局长余啸谷带团出席了日本国际物流会议，首次把“物流”概念引入国内，紧接着开展了一系列学术研究和交流活动。如 1984 年的中国物流研究会第一次学术会议，1987 年的中国物流研究会首届年会，1989 年承办的第八届国际物流会议。20 世纪 90 年代中期以后，我国开始出现“物流热”，学会的活动更加广泛深入。如，1997 年在北京承办的“亚太国际物流会议”，1998 年在天津召开的“全国物流研讨会”，2000 年与联合国开发计划署联合，在北京共同举办的“现代物流与电子商务国际研讨会”等。这期间，一批启蒙性的物流论著相继问世，也翻译、引进了一些国际物流读本。老一代物流工作者为知识的普及、理念的传播和实际的推动做了大量开创性的工作，为我国物流理论和实践在新世纪的新发展奠定了基础。

2001 年，中国物流与采购联合会正式挂牌，学会工作全面推进，取得了多方面的成果。如国家标准《物流术语》颁布实施；首次“中国物流专家论坛”成功举办；首部《中国物流年鉴》编辑出版；第一个“中国物流示范基地”正式命名；首届“高校物流教学研讨会”提出启动中国物流人才教育工程；一些专业层次较高的物流课题相继完成；推荐和协助出版了物流方面的专著和教材；联合会和学会的网站开通；牵头组织了有80多家新闻单位参加的“物流与采购行业新闻媒体联席会”；中物联物流规划研究院成立；组织专家学者参加国际物流会议。在2001年11月召开的中国物流学会第三次会员代表大会上，通过了更名为“中国物流学会”的决议，明确了工作重点和研究方向。

上次代表大会以来的5年，是我国现代物流业由起步期跨入理性、务实、快速发展新阶段的5年，也是中国物流学会继往开来、锐意进取，不断开创工作新局面的5年。5年来，在各位理事、常务理事和广大会员积极参与和各有关方面大力支持下，我们顺应物流业发展的形势，抓住发展机遇，团结专家、学者和实际工作者，在物流学术研究、学科体系建设和对物流实践发展的推动方面做了大量工作，取得了明显成效。

第一，广泛深入开展物流学术理论研究，为我国物流实践发展发挥了重要的指导和推动作用。

过去的5年，我国物流学术研究无论成果的数量与质量，应用效果，还是物流研究机构的发展和研究人才的成长，都有比较大的进步。老一辈物流研究人员从我国国情出发，做了许多基础性的研究工作，年轻一代研究人员和实际工作者学习借鉴国外经验，把我国物流学术理论研究继续推向深入。各类研究机构结合各自情况，确立了不同的研究方向，形成了不同的研究特色。许多研究机构和人员承担了国家及政府有关部门的研究项目，参与了国家及地方政府物流规划和政策的制定，承接了大量的企业物流设计和咨询项目，出版了一批很有深度的物流专著。为表彰他们所做的突出贡献，我们在这次大会前，开展了“有突出贡献的物流专家”评选活动。共有30人入围候选名单，其中10位将要受到表彰。他们是我国物流学术理论研究领域的突出代表。

2006年3月，十届全国人大四次会议通过的“十一五”规划纲要，把“大力发展现代物流业”的内容单列一节，标志着现代物流的产业地位在国家规划中得以确立。这是我国物流业发展的必然，是党中央、国务院重视和支持物流业发展的重要体现，也包含着中国物流界专家、学者和实际工作者所作的研究和推动工作。

5年来，学会先后完成国家发改委、商务部、财政部、国资委、科技部、教育部、劳动部和国家标准委等部门下达的30多个研究课题。如《现代物流与科学发展观研究》、《物流标准化与现代物流业研究》、《促进我国物流发展的产业政策研究》、《我国现代物流业整合问题研究》、《信息化与现代物流的发展研究》、《我国现代物流发展战略与规划研究》、《关于整合汽车物流运力资源的研究》和《关于促进我国农村流通体系建设的财税政策研究》等，为政府决策提供了理论参考。我们积极向有关部门提供相关建议和基础材料，参与国家“十一五”物流业发展专项规划的制定和全国现代物流工作部际联席会议的工作，为在国家五年规划中确立现代物流的产业地位，为推动中国物流发展做出了应有贡献。

第二，“中国物流学术年会”推动了物流学术研究广泛开展。

中国物流学会更名以来，创办了“中国物流学术年会”，并提出，要把年会办成国内物流领域最有影响的学术会议。“首届中国物流学术年会”于2002年11月28日在广东省南海市召开，收到论文200多篇，其中70篇论文获奖；“第二届中国物流学术年会”于2003年10月17日在北京召开，收到论文200多篇，其中85篇论文获奖；“第三届中国物流学术年会”于2004年10月15日在北京召开，收到论文322篇，其中57篇论文获奖；“第四届中国物流学术年会”于2005年11月19日在广州中山大学召开，收到论文近500篇，其中105篇论文获奖。这次年会首次推出《中国物流学术前沿报告》（2005—2006），收录获奖论文60余篇；“第五次中国物流学术年会”与本次会员代表大会合并召开，收到论文超过500篇。

从连续5年的学术年会来看，参评论文数量和参会代表人数逐年增多，论文质量不断提高，研究的问题趋于深入，年会出现的许多观点具有创新性和实用性。“中国物流学术年会”正在成为广泛团结专家学者和实际工作者，深入开展物流学术理论研究和实践经验推广的重要平台，在业内的影响力越来越大。

第三，“中国物流专家论坛”促进了重点问题的深入研讨。

“中国物流专家论坛”自2001年8月创办以来，已举办了12次，以探讨重点问题的专业性在业内逐步形成“品牌”。5年来，在每年的年初岁末，以中国物流学会和中国物流与采购联合会的名义组织一次以“回顾与展望”为主题的“中国物流专家论坛”。分别邀请政府有关部门，行业协会和企业，物流教学科研单位的代表人士，以他们的亲身经历对上一年物流业发展状况进行回顾，并对下一年物流业发展趋势作出预测。会后，再结合各方面信息，编辑出版《中国物流发展报告》。这项活动正在成为了解中国物流发展情况的一个重要“窗口”。

从2003年起，“中国物流专家论坛”开始对我国物流园区的发展给予重点关注。“首届全国物流园区交流研讨会暨第六次中国物流专家论坛”于2003年9月13日在湖北省武汉市召开。会议期间，全国政协经济委员会现代物流专题调研组成员和与会代表就我国现代物流发展的政策问题进行了座谈，为国家发改委等9部门文件的出台作了准备。“第二次全国物流园区交流研讨会暨第八次中国物流专家论坛”于2004年8月20日在杭州举行，莅会领导、专家和企业的代表围绕“物流资源整合和科学发展观”的主题，提出了各自观点和政策建议。“第三次全国城市物流园区（基地、中心）交流研讨会暨第十次中国物流专家论坛”于2005年7月14日在山东省潍坊市举办。由40多家物流园区发起组建了“全国物流园区（基地、中心）协作联盟”。“第四次全国物流园区（基地、中心）交流研讨会暨第12次中国物流专家论坛”于2006年11月1日在深圳召开。会上发布了由国家发改委和中国物流与采购联合会共同组织的“全国物流园区发展情况调研报告”。“中国物流专家论坛”通过对重点问题的深入探讨，形成了自身特色。

第四，物流研究队伍和网络建设全面启动。

学会更名以来的5年，也是我国物流研究机构迅速发展壮大的5年。据初步估计，国内已经挂牌的专职物流研究咨询机构不下100家。这些机构分属政府有关部门、大专院校、物流企业和其他综合性研究机构，迫切需要有一个经常性的联系机制。在2006年的年会上，学会提出了《关于组建“各地物流研究机构协作网”》的建议，得到了与会各方热烈响应。在随后召开的座谈会上，许多代表表达了参与协作网的强烈愿望并提出了很好的意见和建议。目前，已有中国社会科学院财政与贸易经济研究所、国家发改委综合运输研究所和北京大学联泰供应链研究与发展中心、中物联物流规划研究院等50家研究机构加入了“协作网”。“协作网”的组建，对于促进同行间信息沟通、协调研究方向、开展联合调研、组织协作攻关、集中成果展示、扩大对外交流等提供了平台。

在物流研究机构较快增加的同时，研究人员队伍迅速扩大。据估计，目前分散在各地各类机构和企业专业从事物流研究策划的人员数以万计。从历次获奖论文的作者构成就可以看出，研究人员的平均年龄进一步降低，学识水平逐步提高，物流研究人才队伍在快速成长。为适应物流研究机构发展和人才队伍建设的需要，学会积极探索人才队伍和网络建设的新模式，提出了《特约研究员管理办法》。在本次大会上，将要对首批聘任的特约研究员颁发证书。这个制度的建立，将为联络和组织物流与采购领域研究力量，发挥协作效应，完成委托研究项目，集中各方面智慧，提高物流研究的能力和水平发挥重要作用。

第五，不断开拓为会员、为企业、为行业服务的新领域。

1. 设立了“中国物流学会研究课题”。“2006 年中国物流学会研究课题”自年初征集以来，共有 30 多个单位报来 70 余个课题计划书。学会根据 2006 年研究重点和计划书内容，确定 58 件列入“学会研究课题计划”。到本次年会召开前，已经收到 43 个课题结题报告。经专家评委评选，其中 18 个课题获奖。学会还向商务部推荐了 3 个研究课题。他们是：南开大学物流研究中心申报的《我国第三方物流信用体系研究》；湖南物流研究中心申报的《中部地区城乡协调发展的共同物流模式研究》；广州大学物流与运输研究中心申报的《食品物流安全管理综合研究》。学会课题的设立是一个新创举，为协调研究方向，整合研究力量，沟通研究机构与政府有关部门的联系，推进理论创新和学科体系建设，必将发挥重要作用。

2. 增强了信息服务的功能。我们自 2001 年起编辑出版《中国物流年鉴》，2002 年以来连续出版《中国物流发展报告》，2006 年推出首部英文版《中国物流发展报告》，2005 年 9 月《现代物流报》创刊，“中国物流与采购网”每天的点击率突破 10 万次，“东方物流”数字电视频道开始试播，《中国物流与采购》杂志改版发行，《中国物流学报》正在申办之中。学会同几十家行业媒体有协作关系，形成了较为广泛、各具特色的物流新闻宣传和信息传递网络，为传播和展示会员研究成果创造了有利条件。

3. 加强了行业基础性工作。在国家有关部门支持下，全国物流标准化技术委员会于 2003 年 8 月成立。2005 年国家标准委等 8 部门联合发布了《2005—2010 年物流标准发展规划》。《物流企业分类与评估指标》自 2005 年 5 月 1 日起，作为国家标准正式实施。我们从 2003 年起研究建立社会物流统计及社会物流总量核算体系。2004 年，国家发改委、国家统计局发文建立物流统计调查与核算制度（试行）。2005 年 4 月，联合会和国家发改委、国家统计局首次联合发布了我国物流经济运行情况。之后，制造业采购经理指数和企业统计调查结果相继发布并形成制度。

4. 物流科技工作稳步推进。2004 年，我们组织专家学者起草的物流科技发展规划，已经纳入国家中长期科技发展规划。本会所设“中国物流与采购联合会科学技术奖”，经科技部批准视同省部级奖励。2004 年以来，由宝供物流企业集团出资的“宝供物流奖”开始纳入“中国物流发展专项基金”。中国物流信息中心开展“全国物流信息化优秀案例”的评选推广工作，已有 50 多个案例得到推广。

第六，物流人才的教育培训工作取得新进展。

2001 年，学会提出启动物流人才教育工程。截至目前，全国开设物流专业的本科院校已从 2001 年的 1 所发展到 218 所，在校生 3 万余人；开设物流专业的高职、高专 480 所，在校生 15 万人；中等职业（物流）学校突破 1000 所，在校生约 30 万人；培养硕士和博士研究生的院校超过 100 所。上述接受物流学历教育的人数近 50 万人。教育部分别成立了高等院校和中等专业学校两个物流教学指导委员会。物流人才需求预测已经完成，师资培训和教材出版取得重要进展，物流学科体系建设稳步推进。

为了适应物流业快速发展的需要，我国物流师职业资格培训工作进展较快。到目前，我们在全国29个省（市）区设立了178个物流师职业资格培训中心和31个考试中心，已有4.2万人参加了物流师职业资格培训，其中2.8万人分别取得了初级、中级和高级物流师资格证书。从2005年下半年起，联合会与世界贸易组织合作，启动了ITC全球采购与供应链管理国际认证和国内采购师资格认证，已有2000余人通过认证。与日本海外研修者协会合作，组织了200多名国内物流业高级管理人员和院校专家赴日本研修。许多行业协会、地方政府和企业分别开展多种形式、不同层次的人才培训，我国物流人才严重短缺的局面已经有所缓解。

经过5年来的工作，尽管在人员素质、运行机制和服务能力等方面还有许多不足，但我们可以欣慰地讲，中国物流学会已经实现了思想观念的基本转变，工作思路基本清晰，业务领域基本稳定，工作团队基本形成。以上成绩的取得，是我国物流形势推动的结果，是政府有关部门支持的结果，也是全体会员共同努力的结果。我们更不能忘记中国物流事业的开拓者袁宝华、李开信、柳随年、余啸谷等老领导、老同志所给予的教导和关怀。在这里，我代表中国物流学会理事会，向各位常务理事、理事和会员，向所有关心、支持、参与中国物流学术研究的各界人士，以及老领导、老同志表示衷心的感谢！

5年来，学会工作虽然有了很大进展，但与快速发展的物流形势还不相适应。如学会的活动范围不够宽，会员的广泛性和代表性不够强；学术研究论文数量增加较快，但不少课题研究还不够深入，缺乏系统性；实证性的分析、数量化的表述和有分量的调研报告还不够多；“产、学、研”结合不紧，许多研究成果实际运用的效果还不理想；国际交往不多，很少有研究成果登上国际讲坛，学术论文进入国际检索系统的很少；还没有权威的物流专业学术刊物；专家学者的作用发挥不足，学会自身建设还有待加强等。这些，都需要我们在今后工作中改进提高。

在这里，我还要对学会的经费运作情况作一点说明。这几年，学会的会费收缴率非常低，为会员的许多服务工作都是无偿进行的。为了维持正常活动的开展和尽可能地多为会员提供服务，学会所需经费主要靠业务创收的收入、国家少量拨款、项目结余经费来弥补。因此，本次大会也就不再安排财务工作报告。有关学会的财务工作，提请下届理事会很好研究。

二、关于新一届学会面临的形势和任务

当前，我国现代物流业发展很快，形势很好。“十五”时期，物流市场不断扩大，社会物流总费用与GDP的比率也由2000年的19.4%下降到2005年的18.6%，等于节约社会物流费用合计1090亿元。国有、民营和外资物流企业迅速成长，制造业和流通业物流运作模式开始转变，专业化的第三方物流企业发展很快。物流基础设施和信息化建设进度加快，物流服务能力和水平有了较大提高。物流标准、统计、人才培训等行业基础性工作已见成效。全国现代物流工作部际联席会议运作以来，物流发展的体制和政策环境有了较大改善。“十一五”规划纲要确立了现代物流的产业地位，中国物流的发展进入新阶段。党的“十六大”提出全面建设小康社会，十六届六中全会提出构建社会主义和谐社会，都需要快速高效、安全方便的现代物流体系正常运作。中国的现代物流业发展既有难得机遇，也有严峻挑战。既要有实践的推动，也需要理论的指导。

当今世界，经济全球化趋势不断发展，国际产业升级，制造业加快转移，推动了服务业快速转移的步伐。国际大型物流企业抢滩中国

市场，对我们来说既是机遇，更是挑战。跨国公司一方面在全球范围内进行生产和营销布局，扩大市场规模；另一方面通过物流管理和物流技术的现代化，提高效率，降低成本，加强个性化服务，增强企业的市场竞争力。越来越多的企业按照专业化分工原则将物流业务外包，促进了专业化的现代物流企业迅速发展。高度发达的交通、通信设施、现代信息技术、国际通用的运输仓储标准、衔接通畅的多式联运设施等，也为现代物流的发展提供了基础条件。物流经营的规模化、物流运作的一体化、物流管理的信息化、物流技术的标准化和供应链管理的应用，以及注重节能、环保的“绿色物流”，代表了国际物流发展的大趋势。

国际国内物流形势的发展对新一届学会提出了新的要求。我们要适应新形势的需要，高举邓小平理论和“三个代表”重要思想伟大旗帜，认真贯彻科学发展观，团结组织物流理论和实际工作者，深入进行物流理论、管理和技术研究，为推进我国现代物流业持续、快速、健康发展做出新的贡献。

为此，新一届学会要在已有工作的基础上，团结协作，锐意进取，明确新的发展目标。要结合中国的实际，在理论研究上要有新思路，在研究广度和深度方面要有新突破，在对物流实践的指导和推动方面要有新举措，在物流学科体系建设和人才培养方面要有新进展，在对外交流与合作方面要有新局面。我建议，新一届学会要重点做好以下几项工作：

第一，开拓创新，推动物流学术理论研究深入开展。

学会是学术团体，组织推动物流学术理论研究深入开展，是职能定位，也是最基本的任务。要通过多种方式，最大限度地联络和组织各方面专家学者，深入进行物流理论、管理和技术研究，强调基础性、超前性和实用性，学习国外先进经验，结合中国实际，形成具有中国特色的物流理论研究的创新体制。

1. 进一步增强“中国物流学术年会”的吸引力和凝聚力。“中国物流学术年会”已经连续举办 5 次，形成了比较好的运作模式，开始发挥一定的导向作用。今后工作的重点，不仅要在广度上扩大覆盖面，特别要注重论文质量的提高。提交年会的论文，特别是获奖论文一定要能够达到国内一流水平，把学术年会真正办成国内物流领域最具影响力的学术会议。

2. 把“中国物流专家论坛”做成专业品牌项目。要继续保持对重点问题深入研讨的“中国物流专家论坛”特色，在举办方式上要不断有所创新，每次论坛要围绕重点问题，进行深入研讨。希望同志们能够积极参与论坛，并就如何办好论坛献计献策。同时，也欢迎各部门、企业和研究机构参与协办。

3. 更好地发挥“中国物流学会研究课题”的引导作用，积极争取并努力完成国家部委的物流研究课题。学会“研究课题”今年首次自主设立，就得到许多单位热烈响应，我们要在此基础上改进提高。要加强立项把关，保证研究方向的创新性；要加强评审，促使研究课题的质量不断提高；要加强推广，扩大课题应用效果。同时，要争取更多的学会课题列入国家或政府部门研究课题计划。

4. 办好各类科学研究奖项。如“中国物流与采购联合会科学技术奖”、“宝供物流奖”、“学术年会优秀论文奖”、“优秀课题奖”和“物流信息化优秀案例奖”等，促进科学技术和理论研究成果的推广应用。

5. 做好相关的新闻出版和信息传递工作。要努力办好物流理论刊物，支持社会媒体开办物流专刊、专版、专栏，巩固和扩大物流理论宣传阵地。进一步提高《中国物流与采购》杂志、《中国物流年鉴》、《中国物流发展报告》和“中国物流与采购网”的质量，使其成为了解物流行业的精品出版物与网站。同时，要选编好《中国物流学术前沿报告》，积极争取创办学会会刊《中国物流学报》，大力支持会员单位的新闻出版工作。

第二，坚持“产、学、研”相结合，更好地发挥理论研究对实践的指导作用。

物流是一个复合性的新产业、新行业，需要研究的理论问题不少，我们要抓住其中的重大问题进行深入研究。要学习借鉴国外理论研究的成果和实践经验，结合我国国情，促进中国物流业发展；提倡“产、学、研”相结合，在实践中找题目，理论上做文章，用以指导实践。

今后，我们要在总结已有研究成果和方法的基础上，继续促进学科体系建设，结合我国物流业发展的实际，对重点问题深入研究。

1. 现代物流业与服务业关系研究，要明确现代物流业在调整经济结构、转变经济增长方式中的地位和作用。

2. 物流规划和政策研究，如何把“十一五”规划中关于“大力发展现代物流业”的战略措施，落实到规划和政策层面，形成现代物流业健康发展的政策体系。

3. 区域物流研究，特别是对天津滨海新区、泛珠三角、长三角、振兴东北、西部开发和中部崛起，以及“海峡两岸物流”、“中国—东盟自由贸易区物流”和“东北亚物流”等区域物流的研究。

4. 行业物流研究。对生产制造企业、商贸流通企业物流运作模式转型升级、业务外包的研究，特别注意对专业物流，如钢铁、石化、汽车、建材、危险品和冷链物流等重点行业和农业物流问题的研究。

5. 对供应链管理的研究。如供应链优化、供应链协作、供应链技术、供应链安全，全球供应链、供应链绩效考量等热点问题。

6. 对前沿性的物流管理与技术的研究。如物流客户服务、物流数据共享和全球一体化网络、需求计划和存货管理、精细制造与精细物流、物流采购及外包、RFID 无线射频标识、仓储及物料处理等。

7. 对行业发展的倾向性、苗头性重点问题的研究，特别要加强“诚信物流”以及行业自律有关问题的研究。

8. 对“通畅物流”、“绿色物流”、“应急物流”、“和谐物流”等物流环境的研究。

9. 对国外企业“走进来”和我国企业“走出去”，我国物流领域对外开放以及由此引发的国家物流安全以及国外物流发展趋势的研究。

10. 对物流标准化、统计信息、理论研究、科技创新、人才培养等行业基础工作和物流学科体系建设的研究等等。

我们的物流理论研究，不仅仅是写几篇论文，做几个课题，但最终目的是为了指导和推动物流实践的发展。因此，必须强调“产、学、研”相结合的研究方法和创新体系。总的来看，我们的研究工作虽然有了很大的发展，但仍然落后于实践。我们的研究和教学人员要深入企业，深入实际，从实践中来，再到实践中去，用实践来检验自己的研究成果，然后再指导实践。各地物流企业和园区，也要为教学科研单位开展理论研究和人才培养提供方便条件。学会作为行业中介组织，愿意为“产、学、研”结合牵线搭桥，创造环境。

第三，开阔视野，积极扩大对外交流与合作。

现代物流在发达国家产生并已趋于成熟，我国的现代物流也是在学习和借鉴国外先进经验的基础上发展起来的。当前，我国的物流学术理论研究总体上落后于国外，因此，必须进一步开阔视野，积极扩大对外交流与合作：积极参加亚太物流联盟、国际采购联盟等同行业国际组织的工作，并发挥积极作用；认真组织、积极参与东北亚物流学会的工作，深化地区物流合作；扩大与国际同行的学术交流，组团参加相关的国际会议，并积极提交论文，争取进入国际检索系统。同时，要加强与世界各国物流组织的交流与合作，接待国外同行来访；继续组团出国考察，向国外同行开放我们的会议和活动；要密切注视国外物流发展的趋势和物流理论研究的动向，消化吸收国外理论研究的方法和成功经验，结合国情推广应用。

第四，整合资源，充分发挥“协作网”和“研究员”的作用。

“全国物流研究机构协作网”已经建立起来，会后还要召开“协作网”例会。“协作网”是各地各类物流研究机构自发、自愿组建的开放式、松散型联系与协作组织，有许多事情可以通过“协作网”来做。比如，各成员单位可以在“协作网”框架内互赠内部报刊、资料，建立网站链接，实现信息互通共享；可以在“协作网”框架内协调研究方向，减少重复劳动；可以开展联合调研和协作攻关，可以利用“中国物流专家论坛”“中国物流学术年会”等形式集中展示，也可以借助对方刊物发表；联合会和学会主办的书刊和媒体，可以为成员单位展示研究成果提供方便；成员单位可以联合组团出国考察，或联合邀请国外专家来华讲学交流。希望各类研究机构积极参加“协作网”的工作，随时对“协作网”的工作提出意见和建议，联合会、学会也要加强对“协作网”成员单位的服务工作。

要重视发挥首批学会特约研究员的积极性，根据他们的特长、业绩和研究方向，邀请参与课题研究、培训班授课、联合攻关、出国考察等活动。要对现有特约研究员参与学会活动的情况进行考核，组织评选优秀特约研究员。同时，要在实践中发现和培养新的特约研究员，使特约研究员成为学会工作的骨干力量。学会秘书处要建立和完善更为翔实的特约研究员档案，充实物流行业“人才库”，更有针对性地搞好服务工作。

第五，进一步加强学会自身建设，发展壮大研究队伍。

物流是复合型产业，学会是开放型组织。搞好学会工作，深化理论研究，需要各方面的人才。今后，学会要进一步加强自身建设，敞开大门吸收会员。只要热心物流研究，符合入会条件，遵守学会章程，都可以申请入会。要进一步发挥学会跨地区、跨部门、跨行业的优势，特别注意吸收来自政府部门、行业协会、物流企业和生产制造、商贸流通等领域从事物流实际工作，又热心于物流理论研究的同志加入学会。秘书处要简化手续，搞好服务，保证愿意入会的会员能够及时入会。学会要建立更为翔实的会员档案，进一步发挥学会跨地区、跨部门、跨行业的优势，调动会员积极性，壮大队伍，形成合力。

加入学会既是一种荣誉，更是一份责任。所有学会会员都要自觉向学会提交论文和调查研究报告，积极参加学会活动，提出合理化建议。学会的理事、常务理事和副会长不仅要身体力行，还要做好组织和发动工作。学会要逐步实行动态管理，保证把热心于学会工作的同志及时吸收到学会工作中来；同时，对于那些长期不参加学会活动，不履行相应义务的会员和理事、常务理事，要建立“退出”机制，以保持学会旺盛的活力。学会要搞“五湖四海”，要努力营造“百花齐放、百家争鸣”，互相学习，共同研究，生动活泼的学术氛围。

这次会员代表大会，将要进行换届选举，丁俊发同志将要对学会调整换届工作情况作一个说明。今天在座的老同志和我一样，到了该交班的时候了。我们这些老同志（包括已经退下来的老同志），过去努力了，奋斗了，做了我们应该做的工作，甚至是开拓性的工作。高楼大厦必须有基础，高速公路需要铺路石，我们做了一些根基性的工作。这是难得的机遇，也是我们这一代人的荣幸。事业需要传承，需要培养接班人，这是物流事业兴旺发达的保证。新一届学会理事会，将由一些有知识、有能力、有水平、年富力强的同志来领导，我相信他们会比我们干得更好。

新一届学会领导同志、学会各工作机构和全体会员都要“讲学习、讲创新、讲服务、讲奉献、讲和谐”；“戒浮躁、戒浮夸、戒傲气”；扎扎实实、埋头苦干，努力提高学术理论研究的能力和水平；以上“五讲、三戒、一提高”，既是学会作风建设的需要，也是学会“创品牌、抓服务”，永葆活力的保证。我衷心地希望同志们继续努力，物流事业任重而道远。

各位代表、同志们，国家“十一五”规划纲要为我国现代物流业发展指明了方向，党的十六届六中全会向我们提出了新的要求，中国物流业面临着前所未有的发展机遇。机遇稍纵即逝，挑战不请自来。中国物流学会经过这次代表大会，正站在一个新的历史起点上。让我们继往开来，锐意进取，为开创物流学会工作的新局面，为中国物流业繁荣发展做出新的更大贡献。

关于中国物流学会第四届理事会有关问题的说明

中国物流学会常务副会长　丁俊发

（2006 年 11 月 11 日）

中国物流学会（以下简称学会）第三届理事会已经届满。为了把换届工作做得更加稳妥、扎实、有序，2006 年 6 月，学会成立了换届工作领导小组及其工作办公室，统一领导、部署、安排、协调学会换届的各项工作。根据《中国物流学会章程》的规定，学会换届工作领导小组在听取了各方面意见后，提出了学会第四届理事会理事、常务理事、会长、副会长、秘书长、副秘书长、名誉会长、顾问建议名单，第四届会长、副会长候选名单已征求第三届会长、副会长同意。受第三届理事会委托，特作如下说明：

一、关于产生新一届理事会的几项原则

1. 根据学会性质要求，要把学会办成国内物流学术研究具有权威性的机构，团结和组织全国物流经济、物流管理、物流工程研究人员开展卓有成效的工作，因此，利用这次学会换届之机，对学会理事、常务理事以及领导班子作了较大幅度的调整，基本上把目前我国物流学术研究工作方面的主要专家、学者吸收了进来。

2. 伴随着我国现代物流产业的快速发展，我国物流学术研究也呈现出日益繁荣和活跃的局面。但同时，物流学术研究队伍正处于新老交替的阶段，为适应物流学术研究不断发展和深化的需要，大力培养和起用中青年物流学术研究工作者，已成为新一届学会理事会一项重要的紧迫任务。因此，在新一届学会会长、副会长、秘书长、副秘书长的选择上，侧重了年轻化、职业化的要求。按《中国物流学会章程》规定，凡满 65 周岁的都不再担任会长、副会长。

3. 物流学术研究的目的是为了更好地推动物流实践活动的发展。学会本着“产、学、研”相结合的原则办会，所以新一届学会理事会也吸收了一批有理论功底的物流企业家出任理事、常务理事及相关职务。

4. 关于学会理事、常务理事候选人的推荐原则和标准。

第一，单位构成及名额限制。理事、常务理事所在单位由物流领域重要的教学、研究单位为主体，适当考虑咨询机构、新闻出版单位和有代表性的行业协会，以及个别擅长物流理论研究的企业代表。在考虑不同地区、不同单位的同时，对个别研究力量较强、影响力较大

的单位，在理事与常务理事的名额上适当放宽。

第二，对原有理事、常务理事确认的原则。首先考虑是否在职、在岗，已经退休或调离原工作岗位，不再从事物流工作的人员，一般不再列入本次候选人名单。原理事、常务理事本人及所在单位自换届5年来，从未参加学会活动，也没有提交论文的，不再保留原有职务。

第三，新提名理事、常务理事的原则：

1. 职务要求。常务理事以担任系（室）主任、单位中层干部及以上领导职务、全国高校物流教学指导委员会成员和物流研究机构学术带头人为主体；理事的职务要求适当放宽；

2. 职称要求。理事现有职称一般不低于“副高”，常务理事一般要达到“正高”。业绩突出、影响较大的人选，不受职称限制；

3. 业绩考量。职务相同或相近的人选，成果相对丰富、知名度相对较高的入选；

4. 参与度标准。理事、常务理事候选人优先考虑积极参与学会活动的人员。

二、调整后的基本情况

1. 与上届情况对比。本届理事会共提出理事候选人236人，比上届122人增加114人，增幅93.4%；提出常务理事候选人124人，比上届51人增加73人，增幅143%。上届122名理事中，有49人进入本届理事、常务理事候选人名单，73人不再保留原有职务；上届51名常务理事中，有27人进入本届理事会推荐名单，24人不再保留原有职务。

2. 单位构成情况。本届236名理事候选人分别来自159个单位，其中院校89个，占总数56%；企业25个，占总数15.8%；研究机构19个，占总数11.9%；行业协会11个，占总数6.9%；新闻出版单位11个，占总数6.9%；政府相关部门4个，占总数2.5%。

3. 地域分布情况。本届236名理事候选人分别来自23个省（市）、自治区。

4. 其他组成情况。本届理事会组成人员中，担任系（室）主任、单位中层以上干部占85%以上，具有高级技术职称的占90%以上，年龄在45周岁以下的占75%以上。

5. 新一届学会会长、副会长共34人，其中专职5人，兼职29人。在兼职副会长中，来自大学和物流研究机构的有20人，来自物流相关行业协会的有2人，来自企业的有5人，来自政府的有2人。在上一届学会专职、兼职会长、副会长共22人中，有10人进入新一届学会担任会长、副会长（包括兼职），此外有9人进入新一届学会担任顾问。

三、关于学会秘书处和专业委员会

1. 为方便工作，同时节约学会经费，学会秘书处和中国物流与采购联合会秘书处合成“一套人马两块牌子”。

2. 学会经民政部批准登记，原有5个专业委员会，分别是技术经济委员会（设在中物联物流规划研究院）、物资流通经济委员会（设在北京物资学院）、政策研究专业委员会（设在学会研究室）、人才培训专业委员会（设在学会培训部）、编辑出版专业委员会（设在《中国物流与采购》杂志社）。这里我要说明的是，由于多种原因，上届学会重视不够，学会专业委员会的作用发挥的不够好，为了加强这方面的工作，拟作如下调整：技术经济委员会拟更名为“物流规划与咨询专业委员会”；物资流通经济委员会拟更名为“物流经济专业委员会”；政策研究专业委员会拟更名为“物流政策研究专业委员会”；人才培训专业委员会与编辑出版专业委员会名称不变，分别设在中物联物流规划研究院、北京物资学院、中国物流与采购联合会研究室和培训部与中国物资出版社。希望新一届学会有效发挥5个专业委员会的作用，充分利用专业委员会的平台，开展符合相关专业领域的活动。

3. 为加强学会对外交流和扩大学会在国际物流领域的影响，同时加大研究借鉴国外先进物流理论研究成果的力度，新一届学会秘书处计划成立 3 个工作部：亚太物流研究与合作部，设在北京物资学院，主任由邬跃教授担任；欧洲物流研究与合作部，设在北京工商大学，主任由何明珂教授担任；拉丁美洲物流研究与合作部，设在上海海事大学，主任由黄有方教授担任。

以上情况说明，提请大会审议通过。

中国物流学会第四次会员代表大会新当选会长何黎明讲话

（2006 年 11 月 11 日）

今天，中国物流学会第四次会员代表大会选举产生了新的理事会。我代表新一届理事会的全体理事、常务理事以及新当选的会长、副会长、秘书长，感谢各位代表对我们的信任和鼓励，把新一届学会的接力棒交给了我们。

第三次会员代表大会以来的 5 年，中国物流学会在陆江同志为会长的理事会的带领下，团结和动员广大物流理论工作者和实际工作者，紧紧抓住我国现代物流发展的大好机遇，广泛开展物流学术理论研究，取得了丰硕的理论成果。这一时期的物流学术理论研究和物流知识普及，为我国现代物流产业的确立提供了理论依据，指导了我国物流的实践，推动了我国现代物流业的快速发展，为国民经济持续、快速、健康的发展做出了贡献。应该说，我国物流理论研究及教育工作者是功不可没的，上届理事会是功不可没的，老一辈中国物流的开拓者是功不可没的。在此，我代表新一届理事会提议，让我们以热烈的掌声，向陆江同志为会长的上一届理事会和奋战在物流研究及教育领域的专家、学者和实践工作者，表示崇高的敬意和衷心的感谢！

当前我国经济正处在工业化的中期，我国物流产业也处在向现代物流转变的时期，物流的发展，尤其是物流理念的创新，物流技术的进步，物流管理水平的提高，物流企业竞争力的提升和物流发展政策的完善，都急需物流理论基础和应用基础性研究作支撑，需要科学研究作为先导。我国现代物流发展起步较晚，而国外物流理论和物流实践发展很快，日新月异，我们必须学习国外先进的物流理论和管理经验，与我国物流发展的实践有机结合，走我们自己的路，这本身就是一个现代物流理论的创新。

陆江会长在他的工作报告中，深入分析了国际国内物流业发展形势，提出了新一届理事会的奋斗目标和工作重点，要求新一届理事会做到“五讲、三戒、一提高”。我们深感责任重大，使命不凡。新一届理事会将努力继承和发扬上届理事会的优良传统和作风，在上届理事会打下的良好基础上，继往开来，与时俱进，科学发展，自主创新，力争将学会工作提高到一个新的水平。

陆江会长还要求新一届理事会要讲学习、讲创新、讲服务、讲奉献、讲和谐。新一届理事会将适应新形势的需要，努力把学会办成学习型组织、创新型组织、服务型组织、奉献型组织、和谐型组织。

所谓学习型组织，就是既要加强邓小平理论和“三个代表”重要思想的学习，也要加强宏观经济理论和物流理论的学习；既要学习国外先进的物流管理理念，也要善于总结和学习我们自己的实践经验。要通过学习和总结，及时掌握现代物流业发展的动态和运行规律，为物流业的发展提供理论科学依据。

所谓创新型组织，就是既要进行思想观念的创新，也要进行研究方法的创新，还要坚持理论研究和实际运用相结合的原则，积极探索物流管理体制和机制的创新，使创新成为学会工作和理论、学术研究的不竭动力和旺盛源泉。

所谓服务型组织，就是要坚持为会员服务、为行业服务、为政府服务的宗旨，做好各项服务工作，要使学会真正成为“会员之家”和“专家之家”。

所谓奉献型组织，就是从事学会工作，从事物流学术理论研究，要下苦工夫，要艰苦奋斗，要当成事业来干。我们这些人正是靠着奉献精神走到一起来了，选择了这项工作就是选择了奉献。新一届理事会成员以及秘书处工作人员，都要把自己的聪明才智奉献给中国的物流事业。

所谓和谐型组织，就是要加强学会的自身建设，要联合各方，加强协作，努力团结广大的物流专家和学者，在物流理论和学术上倡导“百花齐放、百家争鸣”，努力营造团结、和谐的工作氛围。

我国现代物流业虽然已步入了理性、务实、快速发展的新阶段，但与世界先进水平相比还有很大的差距。我们的担子还很重，脚下的路还很长。新一届理事会一定要用自己的实际行动，认真贯彻十六届六中全会精神和“十一五”发展规划，尽心尽力，扎实工作，开拓进取，与广大的物流工作者一起，努力开创学会工作的新局面，为我国现代物流业的发展做出自己的贡献。

中国物流学会第四届理事会理事名单

（中国物流学会第四次会员代表大会通过）
（共236名，以姓氏笔画为序）

丁　一　　中国营销学院　院长、教授
丁以中　　上海海事大学经济管理学院　教授、博导
丁贤玉　　国家粮食储备局郑州科研设计院　院长
万　毅　　解放军军事经济学院军队采办系　副主任、教授
于尔弘　　哈尔滨师范大学应用技术学院　主任、副教授
于永成　　中国交通运输协会物流研究院　主任
马士华　　华中科技大学管理学院　副院长、教授
马永刚　　南京财经大学营销与物流管理学院　主任、副研究员
马成骥　　《现代物流报》　总编辑
马宏伟　　解放军后勤指挥学院军事物流教研室　主任、教授
马祖军　　西南交通大学物流学院　院长助理、教授
尹　宏　　大庆石油管理局物资集团物流公司　经理、高级经济师
文　风　　武汉大学经济与管理学院物流研究室　主任、副教授
文振华　　湖南现代物流职业技术学院　院长、教授
方仲民　　河北交通职业技术学院　系主任、副教授
毛　洪　　中国物流与采购联合会　副秘书长、办公室主任
王　佐　　中国北方工业公司投资部　副总经理、研究员
王　利　　江苏科技大学经济管理学院工商系　主任、副教授
王　波　　中国物资出版社　社长
王　转　　北京科技大学物流研究所　副所长、教授
王　玲　　南开大学现代物流研究中心　副主任、副教授
王　焰　　河南工业大学管理学院　系主任、副教授
王　健　　福州大学公共管理学院　院长、教授
王　谦　　中国科学院研究生院管理学院　副教授
王正刚　　青岛海尔物流有限公司　总经理

王自勤　浙江经济职业技术学院现代物流研究所　所长、副教授
王宗喜　解放军后勤指挥学院军事物流工程实验室　主任、教授
王国文　综合开发研究院（深圳）物流与供应链管理研究中心　主任、研究员
王国志　江苏出入境检验检疫局　科长、工程师
王忠伟　中南林业科技大学交通运输工程学院　院长、教授
王彦庆　黑龙江省物流学会　副会长兼秘书长、高级工程师
王栋石　全国出版物发行标准化技术委员会　顾问、高级经济师
王洪波　昆明昆船物流信息产业有限公司　董事长
王继祥　《物流技术与应用》　执行主编
王智利　广州航海高等专科学校物流工程研究所　所长、副教授
王槐林　华中科技大学管理学院　教授
王耀球　北京交通大学经济管理学院物流研究所　所长、教授、博导
邓　琪　中国联合工程公司工业二院　副院长、高级工程师
冯　云　解放军后勤工程学院军队仓储教研室　副教授
冯　浩　国家发改委综合运输研究所物流研究室　主任、研究员
冯卫星　河北交通职业技术学院　院长、教授
冯玉年　青岛和易货运有限公司　总经理
冯耕中　西安交通大学管理学院电子商务研究中心　主任、教授
史　健　安徽水利水电职业技术学院　副教授
叶伟龙　中国远洋物流有限公司　总经理
甘永辉　南昌大学产业管理处　副处长、高级工程师
甘筱青　南昌大学　副校长、教授、博导
田　军　西安交通大学管理学院　系主任、副教授
田　征　大连海事大学管理学院　副院长、教授
田学军　赛诚国际物流有限责任公司　副总经理、博士
石代伦　复旦大学管理学院管理科学系　教授
石守发　湖北物流技术研究所　所长、教授级高工
龙军生　北京大学光华管理学院　副主任、副教授
乔　毅　无锡职业技术学院　副教授
任兴洲　国务院发展研究中心市场经济研究所　所长、研究员
任豪祥　中国物流与采购联合会　副秘书长、培训部主任
伊俊敏　华东交通大学机电工程学院　系主任、副教授
伍如良　湖北省物流与采购联合会　会长、高级经济师
光　昕　西安思源职业学院工业工程系　主任、教授
刘　军　北京物资学院科研处　处长、教授
刘　扬　武汉工交职业学院管理系　主任、高级讲师
刘　凯　北京交大交通运输学院物流研究所　所长、教授、博导
刘　南　浙江大学管理学院　系主任、教授

刘　捷　　金属中国（控股）有限公司　董事、总经理
刘乃杰　　《中国物流与采购》　社长
刘长忠　　中国新闻社　记者
刘丙午　　北京物资学院信息学院　院长、教授
刘仲英　　同济大学经济与管理学院信息研究所　所长、教授、博导
刘伟华　　上海交通大学安泰经济与管理学院　博士
刘兴富　　深圳市安必行物流顾问有限公司　董事长、总经理
刘旭渤　　中国物资储运协会　常务副会长、物流师
刘志学　　华中科技大学管理学院　系副主任、教授
刘建新　　中国国际货代协会快递工作委员会　秘书长
刘秉镰　　南开大学现代物流研究中心　主任、教授、博导
刘金鑫　　大湄公河次区域物流研究中心　主任、研究员
刘联辉　　湖南工程学院经济管理系物流学科部　主任、教授
刘雅丽　　河北交通职业技术学院　副教授
孙宏岭　　河南工业大学经济贸易学院　院长、教授
朱道立　　复旦大学管理学院现代物流研究中心　主任、教授、博导
汝宜红　　北京交大经济管理学院增值物流研究所　所长、教授、博导
许茂增　　重庆交通大学管理学院　副院长、教授、博导
许胜余　　上海华联超市股份有限公司　总工程师
邬　跃　　北京物资学院物流学院　院长、教授
何　青　　《军队采购与物流》　社长、主编
何学先　　武汉市交通运输协会物流分会　秘书长、高级物流师
何明珂　　北京工商大学商学院　院长、教授
何黎明　　中国物流学会、中国物流与采购联合会　副会长兼秘书长
余　平　　中国物流与采购联合会　副秘书长、行业事务部主任
吴　珂　　江西师范大学商学院　副教授
吴　震　　《中华合作经济》　记者
吴元佑　　湖北贸易科技学校　校长、副研究员
吴幼喜　　中国外运股份有限公司　部门总经理
吴志华　　南京财经大学营销与物流管理学院　所长、教授
吴瑜章　　沃尔沃（中国）投资有限公司　总裁
吴耀华　　山东大学控制科学与工程学院　主任、教授、博导
宋　则　　中国社会科学院财贸所流通产业室　主任、研究员、教授、博导
宋　华　　中国人民大学商学院　系主任、教授
宋远方　　中国人民大学商学院　副院长、教授、博导
宋伟刚　　东北大学机械工程与自动化学院　副教授
张　诚　　华东交通大学经济管理学院　常务副院长、教授
张　锦　　西南交通大学物流学院　院长、教授

张　潜　　华侨大学商学院物流系统工程研究所　所长、副教授
张入通　　北京机械工业自动化研究所　副所长、研究员
张永泽　　北京邮电大学经济管理学院　副教授
张立君　　哈尔滨师范大学应用技术学院　副院长、副教授
张光明　　武汉大学经济与管理学院　副教授
张良卫　　广东外语外贸大学国际工商管理学院　研究中心主任、教授
张连富　　吉林大学现代物流研究所　副所长、副教授
张晓萍　　清华大学机械工程系　教授
张海燕　　北京工商大学商学院　系主任、副教授
张爱文　　山西财经大学工商管理学院　副教授
张钰梅　　《国际商报（物流周刊）》　主编
李　军　　湖北省物流协会　常务副会长、经济师
李　雄　　中邮物流有限责任公司　总经理、高级工程师
李仁良　　南昌大学经济管理学院物流研究所　所长、副教授
李文锋　　武汉理工大学物流工程学院　副院长、教授、博导
李伊松　　北京交大经济管理学院物流研究所　副所长、副教授
李向文　　大连海事大学交通工程与物流学院　中心主任、副教授
李守林　　北京佳苏物流仓储设备中心　主任、高级工程师
李芏巍　　广州李芏巍物流策划机构　首席执行官、研究员
李严锋　　云南财经大学商学院　副院长、教授
李苏建　　北京科技大学物流研究所　副所长、教授
李松庆　　广东工业大学经济管理学院　副主任、副教授
李金桐　　山东大学现代物流研究中心　副主任、教授
李厚圭　　上海市物流学会　会长、高级经济师
李洪兵　　机械工业第三设计研究院上海分院　院长、高级工程师
李洪顺　　黑龙江农垦北大荒物流有限公司　总经理、高级物流师
李健生　　东北财经大学工商管理学院物流管理系　主任、副教授
李锦莹　　北京中物联物流规划研究院　院长
杜文龙　　吉林大学农学部　副处长、教授
杜海涛　　《人民日报》　记者
杨　帆　　北京市商务科技学校　校长、高级讲师
杨　赞　　大连海事大学　副校长、教授
杨长春　　对外经济贸易大学大田物流研究中心　副主任、教授
杨东援　　同济大学　副校长、教授、博导
杨宝峰　　对外经济贸易大学国际工商管理学院　副教授
汪　鸣　　国家发改委综合运输研究所　副所长、副研究员
沈小静　　北京物资学院研究生部　主任、教授
沈绍基　　中国仓储协会　会长、高级经济师

苏　民　《经济日报》　记者
陆大明　中国机械工程学会物流工程分会　会长
陈　宏　北京市人民政府教育督导室　副主任、教授
陈子侠　浙江工商大学计算机与信息工程学院　副院长、教授
陈文玲　国务院研究室综合司　司长、研究员
陈功玉　中山大学现代物流技术与管理研究中心　主任、教授
陈训声　北京师范大学珠海分校物流学院　常务副院长、教授
单圣涤　中南林业科技大学　所长、教授、博导
周林燕　中国物流与采购联合会　党委副书记
周建亚　武汉商贸职业学院物流学院　院长、教授
周振雄　派克欧哈尔实业（上海）有限公司　总裁
季建华　上海交通大学安泰经济与管理学院　副院长、教授、博导
宓为建　上海海事大学物流工程学院　院长、教授、博导
屈福政　大连理工大学　教授
易文新　武汉市交通学校教育科学研究所　所长、高级讲师
易晓飞　武汉市商业局　处长、高级经济师
林从光　解放军后勤工程学院研究院　院长、研究员、少将
罗一新　湖南财政经济学院　教授
罗家强　飞龙集团　高级船务文员
郑哲文　中南林业科技大学工业学院　副院长、教授
郑朝霞　《物流技术》　社长
姜人立　解放军后勤工程学院现代物流研究所　副所长、副教授
姜超峰　中国物资储运协会　会长、高级经济师
恽　绵　北京德利得物流有限公司　运营总监、副研究员
施先亮　北京交大经济管理学院物流研究所　书记兼副所长、副教授
段志云　解放军军事经济学院军队采办系　副主任、教授
段燕生　中国科学院科技物资中心　主任
洪　涛　北京工商大学经济学院贸易经济系　主任、教授
洪水坤　中国诚通集团　总裁、高级经济师
胡大伟　长安大学汽车学院物流工程系　主任、教授
胡国丹　中国交通水运规划设计院　副院长、高级工程师
荆林波　中国社会科学院财贸研究所　所长助理、博士
贺盛瑜　成都信息工程学院电子商务系　系主任、教授
贺登才　中国物流与采购联合会　研究室主任、主任编辑
赵　宁　东北财经大学工商管理学院　副院长、教授
赵　艳　首都经贸大学工商管理学院物流系　主任、副研究员
赵林度　东南大学系统工程研究所　系主任、教授、博导
赵泉午　汕头大学商学院　副教授

赵继新　广西交通职业技术学院　管理系副主任、高级讲师
赵艳玲　首都经贸大学会计学院培训部　主任、副教授
郝　皓　BE（中国）有限公司　供应链总监
骆温平　上海海事大学经济管理学院　教授、博导
凌大荣　解放军军事经济学院军队采办系　主任、教授
夏春玉　东北财经大学　副校长、教授
徐　东　解放军后勤指挥学院军事物流工程实验室　副主任
徐　杰　北京交大经济管理学院物流网络工程研究所　副所长、副教授
徐康平　北京工商大学　法律顾问、教授
桂寿平　华南理工大学电子商务学院　副院长、教授
海　峰　武汉大学经济与管理学院　系主任、教授、博导
索沪生　中海集团物流有限公司　副总经理
翁心刚　北京物资学院　校长助理、教授
袁育芬　国家粮食储备局郑州科研设计院　原院长
贾大山　交通部水运科学研究所运输管理工程咨询室　主任、研究员
郭志明　徐州空军勤务学院仓储教研室　副教授
郭继坤　解放军后勤工程学院军事后勤教研室　主任、教授
陶君成　湖北经济学院工商管理学院　教授
高　钧　广东顺德职业技术学院经济管理系　副教授
高琳琦　天津师范大学管理学院　副院长、教授
崔　柏　《中国储运》　编辑部主任
崔介何　北京物资学院物流学院物流管理系　主任、教授
崔忠付　国家发展改革委经济运行局　调研员
曹小秋　南昌大学经济管理学院　教授
曹翠珍　山西财经大学工商管理学院物流教研室　主任、副教授
黄　劲　中国联合工程公司　总经理助理、研究员级高工
黄中鼎　上海第二工业大学经济管理学院　副院长、教授
黄太文　黑龙江省物流学会　副秘书长　会计师
黄四民　清华大学工业工程系运筹与物流室　负责人、副教授
黄有方　上海海事大学　副校长、教授、博导
黄远新　远成集团有限公司　副总裁、副教授
黄福华　湖南商学院科研处　副处长、教授
龚卫锋　中央财经大学军事物流与采购研究所　副所长、研究员
傅　磊　首都经贸大学会计学院　院长、教授
彭　欣　广西财经学院工商管理系　副主任、副教授
戢守峰　东北大学工商管理学院物流系统工程研究所　所长、教授
曾敏刚　华南理工大学工商管理学院　副所长、副教授
程文生　解放军后勤指挥学院物资采购教研室　教授

程国全　　北京科技大学物流研究所　副所长、教授
葛金田　　济南大学经济学院　院长、教授
董千里　　长安大学经济与管理学院　系主任、教授、博导
董兴林　　山东科技大学经济管理学院　副教授
董丽华　　上海海事大学物流研究中心　副主任、教授
董绍华　　北京科技大学机械工程学院物流系　主任、教授
谢如鹤　　广州大学经济管理学院　院长、教授、博导
韩永生　　天津科技大学印刷包装工程系　教授
路　胜　　解放军后勤指挥学院军事物流仓储教研室　主任、副教授
靳志宏　　大连海事大学交通工程与物流学院　主任、教授
缪立新　　清华大学深圳研究生院现代物流研究中心　主任、教授、博导
翟学魂　　北京汇通天下信息技术有限公司　总裁
蔡　进　　中国物流信息中心　主任、高级经济师
蔡定萍　　江西财经大学物流管理系　教授
蔡南珊　　天津财贸管理干部学院　系主任、副教授
薛世明　　大庆油田物资集团　副总经理、高级经济师
霍国庆　　中国科学院研究生院管理学院　院长助理、教授
戴彤炎　　黑龙江工程学院汽车工程系　副教授
戴定一　　中国物流学会、中国物流与采购联合会 副会长、研究员
鞠颂东　　北京交大经济管理学院物流网络工程研究所　所长、教授、博导
魏际刚　　国务院发展研究中心产业经济研究部　副研究员

中国物流学会第四届理事会常务理事名单

（中国物流学会第四次会员代表大会通过）
（共124名，以姓氏笔画为序）

丁以中　　上海海事大学经济管理学院　教授、博导
丁贤玉　　国家粮食储备局郑州科研设计院　院长
马士华　　华中科技大学管理学院　副院长、教授
马成骥　　《现代物流报》　总编辑
文振华　　湖南现代物流职业技术学院　院长、教授
毛　洪　　中国物流与采购联合会　副秘书长、办公室主任

王　佐　　中国北方工业公司投资部　副总经理、研究员
王　波　　中国物资出版社　社长
王　健　　福州大学公共管理学院　院长、教授
王自勤　　浙江经济职业技术学院现代物流研究所　所长、副教授
王宗喜　　解放军后勤指挥学院军事物流工程实验室　主任、教授
王国文　　综合开发研究院（深圳）物流与供应链管理研究中心　主任、研究员
王忠伟　　中南林业科技大学交通运输工程学院　院长、教授
王彦庆　　黑龙江省物流学会　副会长兼秘书长、高级工程师
王栋石　　全国出版物发行标准化技术委员会　顾问、高级经济师
王洪波　　昆明昆船物流信息产业有限公司　董事长
王继祥　　《物流技术与应用》　执行主编
王槐林　　华中科技大学管理学院　教授
王耀球　　北京交通大学经济管理学院物流研究所　所长、教授、博导
冯　浩　　国家发改委综合运输研究所物流研究室　主任、研究员
冯卫星　　河北交通职业技术学院　院长、教授
冯耕中　　西安交通大学管理学院电子商务研究中心　主任、教授
叶伟龙　　中国远洋物流有限公司　总经理
甘筱青　　南昌大学　副校长、教授、博导
田　征　　大连海事大学管理学院　副院长、教授
田学军　　赛诚国际物流有限责任公司　副总经理、博士
石守发　　湖北物流技术研究所　所长、教授级高工
龙军生　　北京大学光华管理学院　副主任、副教授
任兴洲　　国务院发展研究中心市场经济研究所　所长、研究员
任豪祥　　中国物流与采购联合会　副秘书长、培训部主任
伍如良　　湖北省物流与采购联合会　会长、高级经济师
刘　凯　　北京交大交通运输学院物流研究所　所长、教授、博导
刘　南　　浙江大学管理学院　系主任、教授
刘乃杰　　《中国物流与采购》　社长
刘仲英　　同济大学经济与管理学院信息研究所　所长、教授、博导
刘志学　　华中科技大学管理学院　系副主任、教授
刘建新　　中国国际货代协会快递工作委员会　秘书长
刘秉镰　　南开大学现代物流研究中心　主任、教授、博导
孙宏岭　　河南工业大学经济贸易学院　院长、教授
朱道立　　复旦大学管理学院现代物流研究中心　主任、教授、博导
汝宜红　　北京交大经济管理学院增值物流研究所　所长、教授、博导
许茂增　　重庆交通大学管理学院　副院长、教授、博导
许胜余　　上海华联超市股份有限公司　总工程师
邬　跃　　北京物资学院物流学院　院长、教授

何　青　　《军队采购与物流》　社长、主编
何明珂　　北京工商大学商学院　院长、教授
何黎明　　中国物流学会、中国物流与采购联合会　副会长兼秘书长
余　平　　中国物流与采购联合会　副秘书长、行业事务部主任
吴元佑　　湖北贸易科技学校　校长、副研究员
吴幼喜　　中国外运股份有限公司　部门总经理
吴志华　　南京财经大学营销与物流管理学院　所长、教授
吴瑜章　　沃尔沃（中国）投资有限公司　总裁
吴耀华　　山东大学控制科学与工程学院　主任、教授、博导
宋　则　　中国社会科学院财贸所流通产业室　主任、研究员、教授、博导
宋远方　　中国人民大学商学院　副院长、教授、博导
张　诚　　华东交通大学经济管理学院　常务副院长、教授
张　锦　　西南交通大学物流学院　院长、教授
张良卫　　广东外语外贸大学国际工商管理学院　研究中心主任、教授
张晓萍　　清华大学机械工程系　教授
李　雄　　中邮物流有限责任公司　总经理、高级工程师
李文锋　　武汉理工大学物流工程学院　副院长、教授、博导
李严锋　　云南财经大学商学院　副院长、教授
李苏建　　北京科技大学物流研究所　副所长、教授
李厚圭　　上海市物流学会　会长、高级经济师
李锦莹　　北京中物联物流规划研究院　院长
杨　赞　　大连海事大学　副校长、教授
杨长春　　对外经济贸易大学大田物流研究中心　副主任、教授
杨东援　　同济大学　副校长、教授、博导
汪　鸣　　国家发改委综合运输研究所　副所长、副研究员
沈绍基　　中国仓储协会　会长、高级经济师
陆大明　　中国机械工程学会物流工程分会　会长
陈　宏　　北京市人民政府教育督导室　副主任、教授
陈子侠　　浙江工商大学计算机与信息工程学院　副院长、教授
陈文玲　　国务院研究室综合司　司长、研究员
陈功玉　　中山大学现代物流技术与管理研究中心　主任、教授
陈训声　　北京师范大学珠海分校物流学院　常务副院长、教授
单圣涤　　中南林业科技大学　所长、教授、博导
周林燕　　中国物流与采购联合会　党委副书记
周建亚　　武汉商贸职业学院物流学院　院长、教授
季建华　　上海交通大学安泰经济与管理学院　副院长、教授、博导
宓为建　　上海海事大学物流工程学院　院长、教授、博导
屈福政　　大连理工大学　教授

林从光　　解放军后勤工程学院研究院　院长、研究员、少将
姜超峰　　中国物资储运协会　会长、高级经济师
恽　绵　　北京德利得物流有限公司　运营总监、副研究员
洪　涛　　北京工商大学经济学院贸易经济系　主任、教授
洪水坤　　中国诚通集团　总裁、高级经济师
荆林波　　中国社会科学院财贸研究所　所长助理、博士
贺登才　　中国物流与采购联合会　研究室主任、主任编辑
赵林度　　东南大学系统工程研究所　系主任、教授、博导
骆温平　　上海海事大学经济管理学院　教授、博导
凌大荣　　解放军军事经济学院军队采办系　主任、教授
夏春玉　　东北财经大学　副校长、教授
徐　东　　解放军后勤指挥学院军事物流工程实验室　副主任
桂寿平　　华南理工大学电子商务学院　副院长、教授
海　峰　　武汉大学经济与管理学院　系主任、教授、博导
索沪生　　中海集团物流有限公司　副总经理
翁心刚　　北京物资学院　校长助理、教授
贾大山　　交通部水运科学研究所运输管理工程咨询室　主任、研究员
郭继坤　　解放军后勤工程学院军事后勤教研室　主任、教授
高琳琦　　天津师范大学管理学院　副院长、教授
崔介何　　北京物资学院物流学院物流管理系　主任、教授
崔忠付　　国家发展和改革委员会经济运行局　调研员
黄　劲　　中国联合工程公司　总经理助理、研究员级高工
黄四民　　清华大学工业工程系运筹与物流室　负责人、副教授
黄有方　　上海海事大学　副校长、教授、博导
黄远新　　远成集团有限公司　副总裁、副教授
黄福华　　湖南商学院科研处　副处长、教授
龚卫锋　　中央财经大学军事物流与采购研究所　副所长、研究员
傅　磊　　首都经贸大学会计学院　院长、教授
程文生　　解放军后勤指挥学院物资采购教研室　教授
葛金田　　济南大学经济学院　院长、教授
董千里　　长安大学经济与管理学院　系主任、教授、博导
董绍华　　北京科技大学机械工程学院物流系　主任、教授
谢如鹤　　广州大学经济管理学院　院长、教授、博导
缪立新　　清华大学深圳研究生院现代物流研究中心　主任、教授、博导
翟学魂　　北京汇通天下信息技术有限公司　总裁
蔡　进　　中国物流信息中心　主任、高级经济师
蔡定萍　　江西财经大学物流管理系　教授
薛世明　　大庆油田物资集团　副总经理、高级经济师

霍国庆　　中国科学院研究生院管理学院　院长助理、教授
戴定一　　中国物流学会、中国物流与采购联合会　副会长、研究员
鞠颂东　　北京交大经济管理学院物流网络工程研究所　所长、教授、博导
魏际刚　　国务院发展研究中心产业经济研究部　副研究员

中国物流学会第四届理事会会长、副会长、秘书长名单

（中国物流学会第四次会员代表大会通过）

会　　长： 何黎明
常务副会长： 戴定一
专职副会长： 周林燕
崔忠付（兼秘书长）
任豪祥
兼职副会长（按姓氏笔画为序）：

马士华　王　佐　王宗喜　叶伟龙　龙军生
刘秉镰　冯耕中　任兴洲　朱道立　何明珂
陈文玲　陈功玉　陈　宏　李厚圭　李　雄
汪　鸣　沈绍基　宋　则　宋远方　张　锦
吴瑜章　吴耀华　杨　赞　洪水坤　海　峰
翁心刚　黄有方　缪立新　鞠颂东

中国物流学会首批特约研究员名单

（共 91 名，按姓氏拼音为序）

敖淑清　广东交通职业技术学院　副教授、室主任
蔡定萍　江西财经大学统计学院　教授
常东亮　中国社会科学院财政与贸易经济研究所　博士
陈子侠　浙江工商大学计算机与信息工程学院　教授、副院长
陈茂竹　北京航空航天大学
程国全　北京科技大学物流研究所　副教授、副所长
崔介何　北京物资学院物流学院　教授、室主任
单圣涤　中南林业科技大学　教授、所长
董兴林　山东科技大学经济管理学院　副教授
杜文龙　吉林大学农学部　副教授、副处长
段志云　解放军军事经济学院军队采办系　教授、副主任
方　浩　永乐（中国）电器有限公司　高级物流师、物流经理
冯君霞　中国第一汽车集团公司　博士后、副总经理
龚卫锋　中央财经大学国防经济与管理研究院　研究员、副所长
光　昕　西安（交大）思源学院　特聘教授、主任
郭希哲　（原）中国外运天津有限公司　讲师
韩福文　中邮物流有限责任公　高级经济师
韩永生　天津科技大学　教授、系主任
郝　皓　BE（中国）有限公司　博士、总监
贺盛瑜　成都信息工程学院物流研究所　教授、系主任
郝渊晓　西安交通大学经济与金融学院　教授
胡大伟　长安大学汽车学院　教授、系主任
胡加林　浙江东方建筑设计院　高级工程师、院长
姜超峰　中国物资储运总公司　高级经济师、常务副总经理
蒋长兵　浙江工商大学计算机与信息工程学院　讲师
金　真　郑州航空工业管理学院　副教授、室主任

靳志宏　大连海事大学交通工程与物流学院　教授、主任
况　漠　海南大学经济管理学院　副教授
李锦莹　北京中物联物流规划研究院　高级经济师、院长
李向文　大连海事大学交通工程与物流学院　副教授、主任
李健生　东北财经大学工商管理学院　副教授、系主任
李金桐　山东大学现代物流中心　教授、副主任
李　燕　山东大学威海分校商学院　助教
李仁良　南昌大学经济管理学院　副教授、所长
李松庆　广东工业大学经济管理学院　副教授、室主任
李　齐　南华工商学院　副教授、系副主任
李严锋　云南财经大学商学院　教授、副院长
凌大荣　军事经济学院军队采办系　教授、主任
凌湖吉　同济大学交通运输工程学院
刘　南　浙江大学管理学院　教授、系主任
刘　洋　北京工商大学商学院
刘伟华　上海交通大学安泰经济与管理学院　博士
刘伟文　浙江大学国际文化学院　副教授、所长
刘兴富　深圳市安必行物流顾问有限公司　讲师、总经理
刘志学　华中科技大学管理学院　教授、副系主任
刘金鑫　大湄公河次区域物流研究中心　物流师、研究员
马祖军　西南交通大学物流学院　教授、院长助理
齐艳铭　中国人民财产保险股份有限公司　经济师
史　健　安徽水利水电职业技术学院　副教授、系副主任
史文月　中国惠普公司　高级工程师
宋　华　中国人民大学商学院　教授、系主任
宋栎楠　中国物流与采购联合会培训部　讲师
孙宏岭　河南工业大学经济贸易学院　教授、院长
陶君成　湖北经济学院工商管理学院　高级经济师
田　征　大连海事大学交通工程与物流学院　副教授
万　毅　解放军军事经济学院军队采办系　教授、系副主任
汪旭辉　东北财经大学　副教授
王　谦　中国科学院研究生院管理学院　副教授
王　转　北京科技大学物流研究所　副教授、副所长
王继祥　《物流技术与应用》　主编
王　焰　河南工业大学管理学院　副教授、系主任
王荣荣　浙江省发展和改革委员会　调研员
王自勤　浙江经济职业技术学院　副教授、系主任
王彦庆　黑龙江省物流学会　高级工程师、副会长

王　健　　福州大学公共管理学院　教授、院长
王智利　　广州航海高等专科学校　副教授、所长
魏际刚　　国务院发展研究中心产业经济研究部　副研究员
魏国辰　　北京物资学院物流学院　教授、副院长
吴志华　　南京财经大学营销与物流管理学院　教授、副院长
吴　旻　　重庆交通大学管理学院　副教授
夏文祥　　解放军后勤指挥学院军事物流仓储教研室　讲师
谢如鹤　　广州大学经济与管理学院　教授、院长
徐　东　　解放军后勤指挥学院军事物流仓储教研室　讲师、副主任
许茂增　　重庆交通大学管理学院　教授、副院长
杨宝峰　　对外经济贸易大学国际商学院　副教授
杨鹏强　　南华工商学院国际经济与贸易系　讲师、室主任
姚　娟　　南京审计学院商学院　副教授、系主任
恽　绵　　北京德利得物流有限公司　副研究员、运营总监
曾敏刚　　华南理工大学工商管理学院　副教授、副所长
张海燕　　北京工商大学商学院　副教授、系主任
张永泽　　北京邮电大学经济管理学院　副教授
张连富　　吉林大学现代物流研究所　副教授、副所长
张树山　　吉林大学现代物流研究所　副教授、副所长
张　兵　　大连海事大学交通工程与物流学院
张仁堂　　山东农业大学食品学院　讲师
张良卫　　广东外语外贸大学国际工商管理学院　教授、主任
张宏斌　　中山大学岭南学院　副教授
张　潜　　华侨大学商学院物流系统工程研究所　副教授、所长
赵　艳　　首都经济贸易大学工商管理学院　副教授、副系主任
郑哲文　　中南林业科技大学　教授
周建亚　　武汉商贸职业学院物流学院　教授、院长

2006 年物流调研报告精选

2006 年全国重点企业物流统计调查报告

国家发改委经济运行局　国家统计局贸易外经司　中国物流与采购联合会

（2006 年 12 月）

根据国家发改委《关于组织实施社会物流统计核算与报表制度的通知》（发改运行［2006］625 号）的要求，2006 年 5 月至 2006 年 10 月，中国物流与采购联合会对全国物流相关行业企业的经营情况和工业、流通业的企业物流状况进行了统计调查。其中：物流相关行业企业调查范围为 2005 年物流业务营业收入在亿元以上的独立法人企业，调查内容主要为 2004 年和 2005 年企业物流完成业务量、物流业务收入、物流业务成本等方面的情况；工业、批发贸易企业采取重点调查的方式，其中工业企业调查对象主要集中在煤炭、钢铁、石油、化学工业、机械、水泥等 9 个工业大类行业，按每个省市、每个行业选择 2～3 个企业调查。调查内容主要为 2004 年和 2005 年企业的销售、采购物流活动与费用支出方面的情况。本次调查共收到 1744 家重点企业的资料，有效报表 1220 份，报表有效率为 69.95%。其中：物流相关行业企业经营情况表 212 份，占 17.4%；企业物流状况表 1008 份，占 82.6%。

一、调查企业的基本情况

1. 物流业务需求快速增长

调查的 1008 家工业和流通行业企业汇总数据显示，2005 年销售收入合计为 5426 亿元，比上年增长 22.3%，呈现快速增长的势头。其中，工业企业销售收入合计为 5093 亿元，比上年增长 22.8%，流通行业企业销售收入合计为 333 亿元，比上年增长 15.1%。

随着工业企业和流通企业生产经营业务规模的快速增长，物流业务需求出现了较快增长。调查的 1008 家企业，其中：2005 年货运量合计为 30054 万吨，比上年增长 25.5%，平均货物储存量增长 21.2%。此外，费用增长情况显示，配送、流通加工、包装、物流信息服务等业务需求，也均呈现出快速增长的势头。

2. 物流费用快速增长，运输费用增幅平稳

随着物流业务规模的快速发展，企业物流费用支出也快速增加，物流效率明显提高，物流费用率呈现下降趋势。调查企业汇总数据显示，2005 年物流费用支出 439 亿元，比上年增长18.2%。物流费用增长主要表现在信息及相关服务费用、保险费用和配送费用的快速增长。在调查企业中，信息及相关服务费比上年增长48%，仓储费用增长25.4%，保险费用增长25.4%，配送费用增长24.9%，利息费用增长17.8%、包装费用增长16.7%，货物损耗费用增长16%，运输费用增长15.6%，此外，管理费用增长19.6%。

在物流费用构成中，运输费用仍占最大份额，为59.9%，略低于上年60.1%的水平；保管费用占27.1%的份额；管理费用占23.9%，这一结构近两年基本保持稳定。

3. 物流费用率呈下降趋势，水泥、煤炭、化工行业仍然偏高

2005年被调查企业物流费用率（物流费用占销售额的比重）为8.1%，比上年下降0.16个百分点。各个行业的物流费用水平普遍有所降低，反映出我国现代物流的发展整体上提高了社会物流效率。尽管如此，我国物流费用率总体上仍然偏高，比同期日本4.8%的水平高出3.3个百分点，比美国7.5%的水平高出0.6个百分点。

分行业来看，物流费用率较高的仍然是水泥、煤炭和化学工业，2005年分别为17.2%、13.1%和11.3%，均远高出同期工业行业的平均水平；汽车、石油、有色金属、烟草等行业的物流费用占销售额比例相对较低，均低于行业平均水平。

二、企业物流外包比例提高

由于目前我国物流外包业务在统计上暂时缺乏统一的量化指标，本次调查专门对运输业务外包情况进行了调查。调查数据显示，企业运输业务主要靠外包来完成。2005年，在所调查企业完成的30054万吨货运量中，货主企业自我完成的只有9900万吨，占总量的32.9%，委托第三方完成的达20153万吨，占67.1%。这一比例比上年提高了近2.5个百分点。

由于产品结构的差异，各行业物流外包需求各不相同。据调查资料显示，2005年运输业务外包比例最大的行业是水泥、流通、煤炭、烟草和钢铁等行业，其货物运输外包比例分别为 89.6%、87.6%、83.5%、81.3%、73.1%，均远远高于调查企业的平均水平。

三、物流企业情况

本次调查共收到物流企业有效报表212份，占全部有效报表的17.4%。调查资料显示，2005年物流行业现代物流业务发展迅速，业务收入增长较快；仓储型物流企业业务收入增速快于运输型和综合型物流企业；企业赢利水平有所提高，成本增加明显。

1. 物流业务收入增长较快，现代物流业务发展迅速

随着物流服务需求的高速增长，物流企业的物流业务收入也相应出现大幅上升。2005年，受调查的物流企业的物流业务收入总额为2370.6亿元，同比增长了29.23%。其中，包装收入、信息及相关服务收入等现代物流业务收入分别增长了42.5%、37.8%，运输收入等传统物流业务收入只增长了28.37%。

2. 仓储型物流企业收入增长明显快于运输型和综合型物流企业

对不同物流企业类型分析，2005年仓储型物流企业业务收入增长43.4%，运输型物流企业业务收入增长了28.8%，综合型物流企业业务收入只增长了24.9%。各类型物流企业现代物流业务发展迅速，综合型物流企业的流通加工业务收入、仓储型物流企业的包装业务收入、信息及相关服务收入和代理业务收入比上年增长较快，增速分别107.3%、93.5%、95.7%和92.7%。

3. 物流企业赢利水平较高，但企业竞争日趋激烈

2005 年，调查企业物流人员劳动报酬合计 82.5 亿元，比上年增长 9.6%，企业实现利润合计 415.3 亿元，同比增长了 16.0%，低于上年同期利润增长水平。实现营业税金 22.2 亿元，与上年基本一致。2005 年，随着物流业务的大幅增加，新设备、新技术的投入，以及油品等原材料价格的大幅上涨，物流企业的业务成本也快速上升，物流企业之间竞争日趋激烈。调查企业的物流业务成本总额为 1887.4 亿元，同比增长了 32.9%，增速比上年提高了 4.1 个百分点。其中，仓储成本上升了 36.7%，运输成本上升了 32%，代理业务成本上升 23.8%，装卸搬运业务成本上升了 18.9%，配送成本上升了 8.9%。

我国民营物流企业发展现状与政策建议

中国物流与采购联合会调研组

民营物流企业是我国现代物流业发展中出现的多种所有制企业之一。经过十多年发展，民营物流企业与国有和外资物流企业一起，已成为中国物流市场的主体，也是推动我国物流产业发展的一支重要力量。为全面了解我国民营物流企业的发展情况和存在问题，并提出相关政策建议，促进民营物流企业更好更快地发展，2006 年 4～10 月，中国物流与采购联合会组织了民营物流企业发展情况专题调研。

一、我国民营物流企业的发展现状

调查组先后在北京、上海和广州召开了民营物流企业座谈会，有 50 多家民营物流企业的代表参加，发出调查民营物流企业的问卷 70 多份，收回有效问卷 39 份。调研组不但广泛收集有关资料进行分析整理，还深入到部分民营物流企业进行现场考察。经过调查分析，对我国民营物流企业的发展现状得出如下基本结论：

第一，我国民营物流企业十多年来获得超常规发展。

我们这次调查的民营物流企业 70% 成立于 20 世纪 90 年代中期之后。其中，1995—1999 年成立的占 32%；2000 年以后成立的占 38%。此外，1990—1994 年成立的占 26%；1990 年以前成立的民营物流企业仅占 4%，显示出民营物流企业与我国现代物流产业同步快速发展的趋势。我们所了解到的民营物流企业，从 1994—2005 年的 11 年间，主营业务收入平均每年增幅达 30% 左右。在“2006 年中国最具竞争力 50 强物流企业排序名单”中，有 14 家民营物流企业入选，占总数的 28%。其中，年主营业务收入超过 5 亿元的有 13 家，超过 10 亿元的有 8 家，超过 20 亿元的有 3 家。

第二，跨国公司进入我国是民营物流企业发展的重要契机。

10 多年来，特别是我国加入 WTO 以后，跨国公司大举进入我国。跨国公司往往专注于自身的核心竞争力，而将物流等辅助业务外包，为我国物流企业发展带来契机。许多民营物流企业抓住机遇，发挥自身优势，在为跨国公司的服务中学习物流理念、管理和技术，提升自身服务能力。从我们这次调查的情况看，80% 以上的民营物流企业在为跨国公司提供物流服务，发展比较好、比较快、比较稳的民营物流企业都与跨国公司具有较好的合作关系。

第三，民营物流企业的资本积累和网络建设已经达到一定规模。

民营物流企业经过年 10 多年超常规发展，资本积累和网络建设已经达到一定规模。此次调查的企业中，资产总额在2亿元以上的占51.85%，表明部分民营物流企业已经具备了一定的竞争实力。同时，由于进入“门槛”较低，资产总额不足5000万元的企业仍占29.63%，这表明还有相当一部分民营企业规模较小、实力较弱。调查显示，拥有100个以上网点的企业占所调查企业的18%，50～99个网点的占18%，30～49个网点的占11%，三类合计，网点数在30个以上的企业占48.14%，表明民营物流企业网点建设已经初具规模。随着企业实力的增强，民营物流企业加快运作基地建设，由“轻资产型”向“实资产型”转变。

第四，服务内容和市场定位基本明确的民营物流企业实现了较好、较快发展。

民营物流企业大部分从运输、仓储等传统业务起步，逐步向现代物流业务拓展。在接受调查的企业中，提供运输业务的企业占93%、提供仓储业务的占89%、提供配送业务的占67%，这些都是物流服务的基本功能，也是民营物流企业专注的优势项目。在此基础上，部分实力强、理念新的民营物流企业开始涉足其他物流环节的增值服务。在接受调查的企业中，涉足包装业务的企业占45%，提供流通加工业务的企业占36%，其他业务如商贸、货代、快递、咨询等业务的占33%。调查同时显示，民营物流企业对信息服务特别重视，有58%的受调查企业提供相关服务。随着一体化物流服务理念的推广，社会物流需求开始分化。民营物流企业根据客户需求，结合自身优势，“有所为，有所不为”，初步明确了市场定位，形成了各自优势领域。

第五，合作联盟成为民营物流企业新的发展趋势。

我们了解到的目前民营物流企业合作联盟的几种主要形式：1. 制造企业与商贸企业合作；2. 自主开放物流平台；3. 建立综合物流服务平台；4. 连锁加盟。

第六，民营物流企业的信息化建设迈上新台阶。

现代物流业是以信息化为支撑的新兴产业，物流信息网络建设是当前民营物流企业竞争的焦点。考虑到信息系统与业务流程的配合性，65%的接受调查民营企业选择自主开发建设信息系统；有4%的企业结合国际、国内和自身条件开发适合自己的软件平台，两类企业合计占69%。同时，仍有7.69%的接受调查的企业尚未建立信息系统，依靠传统方式进行信息传递。

调查发现，信息化建设走在前列的民营物流企业一般都采用了客户关系管理系统、全面订单管理系统、库存管理系统、车辆管理系统、财务管理系统、决策分析系统，有的已开始运用卫星定位系统、实时查询系统和无线射频技术等，实现了和客户信息系统的对接。

第七，现代企业制度开始进入民营物流企业。

早期的民营物流企业受历史阶段影响，个体私营性质和家族制管理现象比较普遍。随着企业规模和市场范围的扩大，原有的治理机制和管理体制已经不适应发展的要求，许多民营物流企业引入现代企业制度，企业性质有了较大改变。此次调查显示，民营物流企业为有限责任公司的占72.41%，为股份有限公司的占17.24%，两类合计占89.65%，仍然有10.34%的民营物流企业是私营企业性质。

第八，民营物流企业生存发展的政策环境有了较大改善。

近年来，国家对现代物流业和民营经济的重视提到了新的高度。2004年8月，经国务院批准，国家发改委等9部门出台了《关于促进我国现代物流业发展的意见》，提出了促进现代物流业发展的一系列政策措施。2005年5月，由国家发改委牵头、商务部等13个部委和中国物流与采购联合会等两家行业协会组成的“全国现代物流工作部际联席会议”制度建立，我国现代物流工作政府部门间综合协调机制正式启动。为贯彻9部门文件精神，国家发改委和国家税务总局已经批准首批37家物流企业进行税收制度改革试点，第二批163家企业已经经过专家评审进入公示阶段，其中包括部分民营物流企业。各地政府对民营物流企业的支持和引导也不断加强，比较集中地体现在对物流园区的政策支持。物流园区（基地）是民营物流企业的聚集地，各地对物流园区发展的政策支持，使民营物流企业成为主要的受惠者。

第九，民营物流企业为经济社会发展做出了重要贡献。

民营物流企业不仅直接推动了我国物流产业的发展，而且促进了经济结构调整和经济增长方式转变，有利于国民经济又好又快发展，有利于有效利用社会物流资源，减少交通拥堵和环境污染，符合科学发展观的要求。民营物流企业的发展，扩大了国家税源、提供了大量的就业岗位。从这次调查来看，民营物流企业员工人数超过500人的占到42%，300~500人之间的占15%，100~300人的占27%。三类合计，员工人数超过100人的受调查企业占84.61%。我国已经出现了一批吸纳劳动力上千人和近万人的民营物流企业。如果考虑到产业的关联度和渗透性，民营物流企业所带动和辐射的就业岗位就更为广阔。

二、民营物流企业发展中遇到的主要困难和问题

这次调查中，企业所反映的突出问题，大致可以分为以下三类：

一是在整个经济社会快速发展条件下社会转型中出现的问题。比如，地方保护与区域封锁的问题，社会秩序和治安的问题，过多的行政审批及某些行业的腐败、社会诚信度缺失甚至黑恶势力欺行霸市等问题；

二是企业自身的问题。在逐步完成原始积累之后，民营物流企业相继遇到了企业规模化成长过程中的各项“瓶颈”。在发展战略、管理体制、组织机构、决策机制、人员素质等方面已经不能适应企业规模的扩张与发展，难以支撑继续高速增长的需要；

三是需要政府出面协调解决的政策环境问题。

企业反映比较集中的政策性问题主要有：

1. 税收方面

就目前情况看，税收方面的问题仍然是物流企业包括民营物流企业最为关注的问题之一。如自开票纳税人资格的认定问题；物流服务收入分别核算、税率不同的问题；按照车辆运力核定最高收入额的问题；仓库租赁费的扣除问题；试点企业“所属企业”的界定问题；物流企业所得税不能统一缴纳的问题；内外资企业所得税方面的不平问题等。

2. 交通方面

主要有：配送车辆进城通行和停靠卸货的问题；干线公路运输的高收费问题；部分地区仍然存在的公路“三乱”问题等。

3. 全国性物流企业区域分支机构的设立问题

有的地方规定，物流企业设立分支机构要在当地找“挂靠单位”，强行要求进入指定经营地点、硬性规定车辆台数、不分企业状况交纳押金等。许多地方出于地方利益考虑，要求物流连锁经营单位在当地重新登记注册，不允许注册非独立核算的分支机构，严重制约了全国性物流企业的集团化与规模化进程。

4. 中小物流企业融资难

民营物流企业体制灵活、发展较快，自有资金实力远远不能满足企业发展的需要，又缺乏相应的抵押物，企业经营所必需的融资问题十分突出，部分民营物流企业陷入民间借贷等非正规渠道，造成了企业经营的风险及国家金融秩序的混乱。同时，物流企业

与货主之间的应收账款拖期问题也比较严重，造成物流企业资金周转困难，加大了经营成本与风险。

5. 货物的安全和保险问题

特别是一些贵重物品如手机在航空、铁路等垄断性公共物流平台中丢货现象较多。但这一块铁路和航空部门最高仅按每千克数元到20元的价格赔偿，也不在保险公司投保范围之内，物流企业不堪重负。有的地方在车辆保险中不允许自主选择保险公司，也不允许保险“团购”。

6. 缺乏统一格式的合同和专用发票

物流作为一个新兴的行业，没有行业专属的标准格式合同和统一专用发票。由于背书的标准交易条款是公司自己制定的，得不到法律的承认与保护。缺乏适合物流企业运作特点的专用发票，货运单据不统一，也造成了企业信息管理的困难和行业内部信息的流动障碍。

7. 物流设施建设的配套问题

消防管理部门对仓储消防标准的规定不符合现代物流的管理特性。如库房每3000平方米就必须建造消防隔断，还有自动喷淋设施的成本过高和在北方寒冷地区冬季不适用等问题。再如，货运场站的规划建设问题。北京南部货运场站已经形成一定规模，但许多并没有纳入统一规划，如拆除将对北京民营物流企业影响很大。还有，急需建立全国性的公共物流信息平台以解决物流信息的“孤岛”问题。

8. 物流企业职工技能培养以及社会养老和保险问题

虽然已经有了物流师和采购师等证书资格培训，而企业大量需要的技能型人才缺乏培训。现行社会保险政策与民营物流企业的经营管理特点有一定差距，农民工社会保险存在投保地与居住地不一致的问题，农民工无法享受部分社保收益，而企业由于社保的投入用工成本却大大增加。

三、促进民营物流企业发展的政策建议

第一，把扶持发展民营物流企业纳入物流产业政策体系。

按照国务院《关于鼓励支持和引导个体私营等非公有制经济发展的若干意见》和国家发改委等九部门《关于促进我国现代物流业发展的意见》两个文件的基本精神，要把扶持发展民营物流企业作为物流产业政策体系的重要组成部分。要将支持民营物流企业发展纳入国家物流发展规划，加强对民营物流企业发展动态的监测和分析，及时向社会公布有关产业政策、发展规划、投资重点和市场需求等方面的信息。要把促进民营物流企业发展列入全国现代物流工作部际联席会议的工作内容，加强部门之间的协调配合，形成促进民营物流企业健康发展的合力。在财税政策、融资服务、土地使用、交通管理、用工培训和行业基础工作等方面，对民营物流企业与其他所有制企业一视同仁，实行同等待遇。进一步加强和改进政府监督管理和服务，为民营物流企业发展创造良好环境，进一步引导民营物流企业依法经营、诚实守信、健全管理，不断提高自身素质，在推动我国现代物流业发展中发挥更大作用。

第二，实施有利于民营物流企业做强做大的税收政策。

1. 进一步扩大试点物流企业范围；

2. 放宽集团型物流企业自开票纳税人资格的限制；

3. 物流业务环节实行从低统一税率；

4. 允许物流环节费用抵扣增值税；

5. 设立物流业务专用发票；

6. 切实解决物流企业所得税统一缴纳的问题；

7. 尽快解决内外资企业统一税率的问题，使民营物流企业与其他所有制企业得到同等待遇。

第三，支持民营物流企业规模经营和网络发展。

1. 加快制定和完善行业准入配套政策；
2. 放宽设立分支机构的限制；
3. 鼓励民营物流企业参与国有经济结构调整和国有企业重组；
4. 帮助民营物流企业解决用地困难；
5. 改变消防和绿地等方面的硬性规定。

第四，创造快捷方便、收费合理的交通环境。

1. 妥善解决配送车辆进城和停靠装卸的问题；
2. 进一步降低公路收费金额；
3. 继续抓紧公路“治超”；
4. 研究针对物流所需求的特种车辆的标准体系。

第五，切实解决民营物流企业的融资困难。

1. 拓宽直接融资渠道；
2. 鼓励和规范民营物流企业开展增值服务；
3. 建立健全信用担保体系；
4. 改进保险机构服务方式和手段，开展面向物流服务企业的产品和服务创新。

第六，重视对物流企业的人力资源服务。

1. 建立针对物流企业的人才服务市场；
2. 加强物流专业人才的培训；
3. 研究适合物流企业特点的社会保障制度建设；
4. 对达到一定等级并经过严格审核的、具有全国影响力和行业领先地位的大型民营物流企业授予一定的人事权，放开一定数量的入城户口指标限制。

第七，做好行业基础工作，加强行业自律。

1. 宣传贯彻行业标准；
2. 加强行业统计工作；
3. 推进社会诚信体系及企业信用制度建设；
4. 建立技术研发和创新基地；
5. 建立重点民营物流企业联系制度；
6. 设立物流服务格式合同。

（注：本文为《我国民营物流企业发展调查报告》的精缩版。

调研组组长：中国物流与采购联合会会长陆江；

调研组成员：贺登才、恽　绵、石彤阳、周志成；

对本文做出过贡献者：刘　武、张　宇、田喜林、宋少波、熊星明）

中国物流发展与人才需求研究

一、中国物流产业发展背景

（一）中国物流产业概况

1. 现代物流的基本特征

现代物流的基本特征是：（1）以物流资源的优化整合为手段，实现多功能一体化运作；（2）以信息网络技术为支撑，实现全程信息化；（3）第三方物流企业的出现，成为专业化物流服务提供商；（4）全球物流市场的形成，物流业作为生产性服务业已成为全球经济稳定发展的有力支撑。

2. 中国物流产业发展的总貌

当前我国物流产业已跨越起步期，进入理性、务实、快速、全面发展的新阶段。具体表现在：（1）我国物流运行保持较快增长；（2）社会物流总费用增幅回落，提高了经济运行的质量；（3）国内物流行业固定资产投资继续较快增长。

（二）中国物流产业发展的现状和趋势

1. 中国物流产业发展的现状与特点

（1）专业化物流服务需求初步显现；（2）物流服务功能有一定程度提高；（3）物流基础设施和装备发展初具规模；（4）物流市场集中化现象明显；（5）区域物流逐步整合；（6）物流产业发展受到政府的重视。

2. 中国物流产业发展存在的主要问题

（1）供需不平衡；（2）市场不规范；（3）自主物流服务品牌较少；（4）现代物流业务附加值低。

3. 中国物流产业发展的趋势

（1）最具有增长前景的物流需求市场。“十一五”时期，我国正处于工业化中期和调整经济结构、转变经济增长方式的关键时期，而现代物流作为生产性服务业向生产、建设、贸易等领域延伸，随着国民经济的稳定快速发展、进出口贸易的进一步扩大，物流需求的规模还会继续扩大。根据“十一五”规划纲要，到2010年我国国内生产总值将达到26.1万亿元人民币，进出口贸易额达到2.3万亿美元，分别比2005年增长43.4%和61.9%。外向型经济的持续发展，必将推动物流总体规模的扩大。

（2）最具有竞争能力的物流服务企业。物流服务企业面临着五个转变：一是服务理念从“由里及外”向“由外及里”转变；二是服务内容从“以货物管理为核心的物流管理”向“以运输链管理为核心的物流管理”转变；三是服务领域从“国内”向“全球”转变；四是服务手段从“管理存货”向“管理信息”转变；五是客户管理从“买卖关系”向“战略合作伙伴关系”转变，即物流企业要提升其市场份额和竞争力，必将拓展与其链接企业的战略联盟。

（3）最活跃的区域市场。我国物流发展以中心城市为核心，以产业关系为纽带，国际与国内资源迅速向长江三角洲、珠江三角洲与环渤海地区集中。而长江三角洲的上海、宁波，珠江三角洲的香港、深圳，环渤海地区的青岛、天津、大连等港口城市其聚集效应已十分明显。东南亚自由贸易区与中日韩自由贸易区的积极推进，也给这些地区物流发展增加了新的空间。

（4）国家继续加强对物流产业发展的引导。国家明确了“十一五”中国现代物流业发展的主要任务：第一，推广现代物流管理技术，促进企业内部物流社会化，实现企业物流采购、生产组织、产品销售和再生资源回收的系列化运作；第二，培育专业化物流企业，积极发展第三方物流；第三，建立物流标准化体系，加强物流新技术开发利用，推进物流信息化。这也是中国现代物流业发展的三大技术支撑，即标准化、信息化、物流技术现代化；第四，加强物流基础设施整合，建设大型物流枢纽，发展区域性物流中心，即表明物流业的空间布局与功能特性，涉及物流基础设施、物流基础设施整合、大型物流枢纽、区域性物流中心四大概念。

（三）中国物流产业与中国经济发展的关系

1. 物流产业发展对国民经济的促进作用

（1）物流规模的扩大，为国民经济的发展提供了基础保障。2006 年，现代物流的产业地位在国家规划中得以确立，我国物流业获得稳定快速发展。社会物流总额预计同比增长 17.1%，物流业增加值占服务业增加值的比重超过 17%，社会物流总费用与 GDP 的比率稳定在 18.5% 左右。物流产业对工业生产、固定资产投资、进出口贸易三大需求增长的推动更为明显。

（2）现代物流的发展，推进了我国流通效率的显著提高。据中国物流信息中心对全国 50 家重点生产资料流通企业统计，2005 年生产资料流通企业的流动资产周转次数由 2004 年的 2.6 次提高到 2.8 次，提高了 0.2 次，流动资产周转速度加快了 7.7%；商品库存周转次数由 2004 年的 12.4 次提高到 13.4 次，提高了 1.0 次，商品库存周转速度加快了 8%，增速比 2004 年提高了 3.6 个百分点。

（3）现代物流作为国民经济的重要产业，直接推动 GDP 的扩大与增长。物流业的发展，不仅保证了经济发展的物流需要，也直接创造了巨大产出。2006 年，社会物流总额保持快速增长，工业品物流总额（增长 16.4%）与进口物流总额（增长 25.2%）的增长，是推动物流总额增长的主要因素。物流业增加值增长 12.1%，占服务业全部增加值的比例从 2005 年的 16.5% 提升到 17.1%，说明物流业在服务业中的主体地位。

2. 社会经济发展对物流的依赖程度明显增大

有关资料表明，1991 年我国单位 GDP 对物流需求的系数为1：1.4，到 2005 年已经上升到1：2.64。这说明目前我国每单位 GDP 产出需要 2.64 个单位的物流总额来支持，比 1991 年提高了一倍多。

3. 全社会运输总量与 GDP 关系

根据经验数据以及有关课题研究成果，我国全社会运输总量对 GDP 增长的弹性系数为 0.045，意味着我国 GDP 每增长 1%，将直接导致全国货物运输总量平均增长 0.045%。

（四）物流产业发展对物流业人才的基本需求特征

1. 物流人才总量的规模性

我国物流市场需求的旺盛以及物流领域的进一步开放，世界著名跨国公司纷纷进驻我国设立采购中心，这些都对我国物流人才的质和量提出了新的要求。到 2010 年，我国制造业将居世界之首。有资料表明，将会有占全世界 30% ~40% 的制造基地建在我国。而制造业对于物流行业的需求非常巨大，也为物流业的发展提供了基础。同时，通过全球化贸易，物流行业将进行一次大整合，包括运输、邮政、仓储、管理等多个方面内容。物流人才已被认为是我国 12 种紧缺人才之一，从数量上看，物流人才总量缺口很大。

2. 物流人才结构的合理性

从市场需求的角度看，物流人才的需求主要为以下三个方面：（1）宏观管理层次的人才。如为政府机构制定政策、规划等的人才，包括相应的教学、科研、培训等方面的人才。（2）企业物流管理人才。这是物流人才中需求最大的一部分，目前，企业尤其是制造业对物流人才有大量的需求。在企业，这部分人才主要的工作是与物流公司进行协调、管理和控制。（3）物流企业的管理人才。从结构上看，目前我国物流人才的短缺，是指高端物流人才的短缺，也就是懂得供应链管理的综合性管理人才的短缺。从行业的发展现状看，最需要既懂实际操作又懂管理的实用型人才，所以，物流规划咨询人员、物流科研人员、掌握现代经济贸易、运输与物流理论和技能，且具有扎实英语能力的国际贸易运输及物流经营型人才等中高级人才全面紧缺。

3. 物流人才素质的综合性

物流作为一种新型的管理技术，涉及的领域极其广泛，这就要求物流管理人员不但要熟悉整个工艺流程，而且要精通物流管理技术，掌握企业内物流以及向外延伸的整条供应链的管理等综合知识。从质量上看，现代物流业对专业人员的综合素质要求较高。随着现代物流以及供应链管理的发展，不仅要求物流人才熟悉物流的具体运作，还要求具有深厚的管理、经济、法律、信息系统等相关知识背景，才能适应现代物流的发展。

4. 物流人才培养途径的多样性

由于物流学科是一门综合学科，它是技术与经济相结合的边缘学科，物流产业又是一个跨行业、跨部门的复合产业，同时它又是劳动密集型和技术密集型相结合的产业，所以，发展物流产业不仅需要高级物流管理人才，更需要大量物流操作型人才。在物流人才培养上，要采取多种形式，加速人力资源的开发与培养。既需要学历教育，也需要非学历教育（培训）。通过长期培养与短期培训、学校培训与在职培训等多种方式，培养造就一大批熟悉物流业务，具有跨学科综合能力的物流管理专业人才。只有采取多渠道、多种方式培养物流人才，才能满足社会对物流人才的需求。

二、中国物流人才现状分析

（一）全国物流人才总量与结构的基本现状分析

按目前统计口径能涵盖和分离出数据的我国物流及其相关行业入手，并结合我国物流产业发展的特件和趋势，木研究报告所涉及的物流行业及其相关性较大的行业（企业）主要包括两大部分。

第一，物流相关行业。其中包括铁路运输业、陆路运输业、水上运输业、航空运输业、管道运输业、装卸搬运和其他运输服务业、仓储业、邮政业、零售业和批发业。

第二，工业企业的相关物流环节或部门。本课题组在调研、资料收集与数据整理分析过程中发现，即使是在物流相关行业中，也并非是全部的企事业单位与所有人力资源均从事与物流相关的业务，而按照目前的统计资料又无法将其中与物流业务相关的那部分人力资源简单地从中分离。另外，课题组还注意到，个体经营户在我国交通运输业从业成分构成中已成为重要组成部分。从产业性质上看，零售业和批发业的物流部门也不属于独立的、社会基础性的物流业。

为了较为准确地得到上述两大部分行业

和企业从事物流相关业务的人力与人才资源占行业和企业全部人力资源的比例，课题组依据国家统计局公布的2005年第一次全国经济普查数据（数据截至2004年年末），经过与国家统计局有关专家的多次研讨，倾向于根据上述行业和企业中的分类特点以及目前能掌握的数据情况，各细分行业的物流从业人员比例可以分别依据2004年的行业货物运输从业人员年平均人数、货物运输年业务收入额、货物运输的运输设备能力或运输周转量、企事业单位的抽样调查数据等计算得到，如表1所示。最终本研究报告选择的物流及其相关行业分类和人力与人才资源中物流从业人员的比例如表2所示。

同时，本研究报告认为，我国物流业的核心分类行业应是运输业（包括道路运输业、水上运输业、航空运输业、管道运输业、装卸搬运和其他运输服务业）、仓储业、邮政业、批发业和零售业。另外，铁路运输业应是我国物流核心行业中的重要组成部分，但是本研究由于技术原因只有铁路运输业的总量数据，没有得到铁路运输业人才资源结构的统计资料，故本研究报告中现状分析得出的数据和结论未包括铁路运输业的人才资源结构情况。

表1　　各行业物流从业人员比例计算

一、根据经济普查的从业人数计算	
行业类别	全部从业人员年平均人数（人）
道路运输业	
公路旅客运输	861070
道路货物运输	899395
道路运输业中物流从业人员比例	0.5109
水上运输业	
水上旅客运输	40798
水上货物运输	398423
水上运输业中物流从业人员比例	0.9071
二、根据行业统计的业务收入计算	
行业类别	2004年业务收入额（亿元）
铁路运输业	
铁路旅客运输	593
铁路货邮运输	995
铁路运输业中物流从业人员比例	0.6266
航空运输业	
航空旅客运输	1264

续　表

行业类别	2004 年业务收入额（亿元）
航空货邮运输	142
航空运输业中物流从业人员比例	0. 1011
邮政业	538
邮递服务	87
邮政业中物流从业人员比例	0. 1617
批发和零售业	9690. 0
批发和零售业中物流业	1760
批发和零售业中物流从业人员比例	0. 1816
三、根据行业统计的其他有关指标计算	
行业类别	2004 年业务收入额（亿元）
铁路运输业	
铁路客车（辆）	39766
铁路货车（辆）	520101
铁路运输业中货车比例	0. 9290
航空运输业	
航空旅客运输总周转量（折算）	147875
航空货邮运输总周转量	53198
航空运输业中货邮周转量比例	0. 2646
邮政业	538
邮递服务	87
邮政业中物流从业人员比例	0. 1617
批发和零售业	9690. 0
批发和零售业中物流业	1760
批发和零售业中物流业比例	0. 1816
四、根据企业调查数据计算	
工业企业中物流从业人员比例	0. 0505

资料和计算数据来源：国家统计局、全国经济普查 2005 年。

表2　物流行业和相关行业分类构成及其物流从业人员比例

行业分类	物流从业人员比例（%）
一、物流相关行业	
铁路运输业	62.66
道路运输业	51.09
水上运输业	90.71
航空运输业	10.11
管道运输业	100
装卸搬运和其他运输服务业	100
仓储业	100
邮政业	16.17
批发业	18.16
零售业	18.16
上述行业行政事业单位	100
交通运输业个体经营户	51.09
二、工业企业	5.05

本研究报告所指的人才按国家的统计口径，主要是指具有大学本专科学历（学位）及以上或中级职称及以上和高级技师与高级工技术等级的物流从业人员。

在界定物流人才时，参阅了以往有关物流人才发展战略的课题研究成果，我们提出以行业（企业）和学历或技术职务为依据，对物流人才做更精确的界定，把行业（企业）的物流从业人员与其中所含的物流人才作了分离，这对澄清全国物流人力资源和物流人才的数量差异有益。

根据全国第一次经济普查统计资料（数据截至2004年年末）的分析计算，得到了全国与分省（市）区物流相关行业人才资源总量与基本结构的现状情况。

1. 全国物流从业人员人力资源总量与人才基本结构状况

依据全国第一次经济普查统计资料（数据截至2004年年末）和表2所示的相应比例计算所得，全国物流相关行业和全国工业企业共有物流从业人员16759983人。其中，包括铁路运输业在内的物流核心行业的物流从业人员7079325人，占42.24%；物流核心行业的行政事业单位物流从业人员226181人，占1.35%；交通运输业个体经营户物流从业人员4768638人，占28.45%；工业企业物流从业人员4685839人，占27.96%。

全国物流从业人员人力资源总量与人才基本结构状况如表3、表4、表5所示。

表3　　全国物流从业人员人力资源总量与人才学历结构

行业＼人员类型	物流从业人员（人）	具有研究生及以上学历人员		具有大学本科学历人员		具有大专学历人员		合　计	
		人数（人）	%	人数（人）	%	人数（人）	%	人数（人）	%
总　计	16759983	—	—	—	—	—	—	—	—
铁路运输业	1204676	—	—	—	—	—	—	—	—
道路运输业	1475732	2371	0.16	41841	2.84	165985	11.25	210196	14.24
水上运输业	669370	1356	0.20	36861	5.51	82294	12.29	120511	18.00
航空运输业	18329	217	1.18	4042	22.05	6284	34.28	10542	57.52
管道运输业	244089	371	0.15	9373	3.84	25346	10.38	35090	14.38
装卸搬运和其他运输服务业	496693	2646	0.53	38685	7.79	85724	17.26	127055	25.58
仓储业	557747	1205	0.22	27391	4.91	88760	15.91	117356	21.04
邮政业	424294	2370	0.56	30473	7.18	83769	19.74	116613	27.48
批发业	1271493	14433	1.14	102330	8.05	245033	19.27	361796	28.45
零售业	716902	3047	0.43	39048	5.45	125082	17.45	167177	23.32
上述行业行政事业单位	226181	—	—	—	—	—	—	—	—
交通运输业个体经营户	4768638	—	—	—	—	—	—	—	—
工业企业	4685839	—	—	—	—	—	—	—	—

资料来源：全国经济普查2005年。

注：表中%均为占物流从业人员比例数；其中铁路运输业、行政事业单位、交通运输业个体经营户、工业企业只有物流从业人员的总量数据。

表4　　全国物流从业人员人力资源总量与人才技术职称结构

行业＼人员类型	物流从业人员（人）	具有高级技术职称的人员		具有中级技术职称的人员		合　计	
		人数（人）	%	人数（人）	%	人数（人）	%
总　计	16759983	—	—	—	—	—	—
铁路运输业	1204676	—	—	—	—	—	—
道路运输业	1475732	8150	0.55	49667	3.37	57818	3.92
水上运输业	669370	8626	1.29	53651	8.02	62277	9.30
航空运输业	18329	279	1.52	1938	10.57	2217	12.10
管道运输业	244089	1289	0.53	6917	2.83	8206	3.36
装卸搬运和其他运输服务业	496693	2996	0.60	17597	3.54	20593	4.15

续 表

行业 \ 人员类型	物流从业人员（人）	具有高级技术职称的人员		具有中级技术职称的人员		合计	
		人数（人）	%	人数（人）	%	人数（人）	%
仓储业	557747	3958	0.71	18504	3.32	22462	4.03
邮政业	424294	4525	1.07	23880	5.63	28405	6.69
批发业	1271493	14708	1.16	61140	4.81	75849	5.97
零售业	716902	5513	0.77	24287	3.39	29800	4.16
上述行业行政事业单位	226181	—	—	—	—	—	—
交通运输业个体经营户	4768638	—	—	—	—	—	—
工业企业	4685839	—	—	—	—	—	—

资料来源：全国经济普查2005年。

注：表中%均为占物流从业人员比例数；其中铁路运输业、行政事业单位、交通运输业个体经营户、工业企业只有物流从业人员的总量数据。

表5　　全国物流从业人员人力资源总量与人才技术等级结构

行业 \ 人员类型	物流从业人员（人）	高级技师		高级工	
		人数（人）	%	人数（人）	%
总　计	16759983	—	—	—	—
铁路运输业	1204676	—	—	—	—
道路运输业	1475732	2635	0.18	82617	5.60
水上运输业	669370	1426	0.21	25928	3.87
航空运输业	18329	43	0.24	604	3.29
管道运输业	244089	185	0.08	4948	2.03
装卸搬运和其他运输服务业	496693	559	0.11	7257	1.46
仓储业	557747	698	0.13	25633	4.60
邮政业	424294	981	0.23	10257	2.42
批发业	1271493	2972	0.23	13945	1.10
零售业	716902	1764	0.25	8861	1.24
上述行业行政事业单位	226181	—	—	—	—
交通运输业个体经营户	4768638	—	—	—	—
工业企业	4685839	—	—	—	—

资料来源：全国经济普查2005年。

注：表中%均为占物流从业人员比例数；其中铁路运输业、行政事业单位、交通运输业个体经营户、工业企业只有物流从业人员的总量数据。

2. 全国物流核心行业物流人才资源总量与基本结构状况

依据全国第一次经济普查统计资料（数据截至2004年末）和表2所示的相应比例计算所得，全国物流核心行业（不包括铁路运输业）共有物流从业人员5874649人。从学历结构看，在全国物流核心行业的物流从业人员中，具有大专及以上学历者共计1266336人，占从业人员的21.56%，其中，具有研究生及以上学历者28016人，占0.47%；具有大学本科学历者330044人，占5.62%；具有大专学历者908276人，占15.46%。从职称结构看，从业人员中具有中级技术职称及以上者307626人，占从业人员的5.24%，其中具有高级技术职称者50045人，占0.85%；具有中级技术职称者257581人，占4.38%。从技术等级结构看，从业人员中有高级技师11263人，占从业人员的0.19%；高级工180050人，占从业人员的3.06%。

按国务院第一次全国经济普查领导小组办公室和中华人民共和国国家统计局2005年12月6日公布的《第一次全国经济普查主要数据公报》（第一号）计算分析，在全国各行业单位中，具有研究生及以上、大学本科、大学专科学历的人员分别占全部从业人员的0.71%、7.96 %和15.66%，此三项合计占全部从业人员的24.33%；具有高级、中级技术职称的人员分别占全部从业人员的1.86%和7.19%，此二项合计占全部从业人员的9.05%；具有高级技师、高级工资格证书的人员分别占全部从业人员的0.24%和3.07%。

与同期全国各行业拥有的人才资源平均水平及结构相比，全国物流核心行业物流从业人员中的大专及以上学历结构水平比全国平均水平低2.77个百分点，其中，具有研究生及以上、大学本科学历和大专学历的人员比例，分别比相应全国平均水平低0.24、2.34和0.20个百分点。全国物流核心行业物流从业人员中具有中高级技术职称者所占比例的水平比全国平均水平低3.81个百分点，其中，具有高级、中级技术职称者所占比例的水平分别比相应全国平均水平低1.01和2.81个百分点。另外，全国物流核心行业物流从业人员中高级技师所占比例的水平比全国平均水平低0.05个百分点，高级工所占比例的水平比全国平均水平低0.01个百分点。

全国物流核心行业物流人才资源总量与基本结构状况如表6、表7、表8所示。

表6　全国物流核心行业按学历划分物流人才资源总量与基本结构

人员类型 行业	物流从业人员（人）	具有研究生及以上学历人员		具有大学本科学历人员		具有大专学历人员		合计	
		人数（人）	%	人数（人）	%	人数（人）	%	人数（人）	%
总计	5874649	28016	0.47	330044	5.62	908276	15.46	1266336	21.56
道路运输业	1475732	2371	0.16	41841	2.84	165985	11.25	210196	14.24
水上运输业	669370	1356	0.20	36861	5.51	82294	12.29	120511	18.00
航空运输业	18329	217	1.18	4042	22.05	6284	34.28	10542	57.52
管道运输业	244089	371	0.15	9373	3.84	25346	10.38	35090	14.38
装卸搬运和其他运输服务业	496693	2646	0.53	38685	7.79	85724	17.26	127055	25.58

续 表

行业＼人员类型	物流从业人员（人）	具有研究生及以上学历人员		具有大学本科学历人员		具有大专学历人员		合 计	
		人数（人）	%	人数（人）	%	人数（人）	%	人数（人）	%
仓储业	557747	1205	0.22	27391	4.91	88760	15.91	117356	21.04
邮政业	424294	2370	0.56	30473	7.18	83769	19.74	116613	27.48
批发业	1271493	14433	1.14	102330	8.05	245033	19.27	361796	28.45
零售业	716902	3047	0.43	39048	5.45	125082	17.45	167177	23.32

资料来源：全国经济普查 2005 年。

注：表中% 均为占物流从业人员比例数；因缺乏数据，未包括铁路运输业。

表 7　　全国物流核心行业按技术职称划分物流人才资源总量与基本结构

行业＼人员类型	物流从业人员（人）	具有高级技术职称的人员		具有中级技术职称的人员		合 计	
		人数（人）	所占百分比（%）	人数（人）	所占百分比（%）	人数（人）	所占百分比（%）
总 计	5874649	50045	0.85	257581	4.38	307626	5.24
道路运输业	1475732	8150	0.55	49667	3.37	57818	3.92
水上运输业	669370	8626	1.29	53651	8.02	62277	9.30
航空运输业	18329	279	1.52	1938	10.57	2217	12.10
管道运输业	244089	1289	0.53	6917	2.83	8206	3.36
装卸搬运和其他运输服务业	496693	2996	0.60	17597	3.54	20593	4.15
仓储业	557747	3958	0.71	18504	3.32	22462	4.03
邮政业	424294	4525	1.07	23880	5.63	28405	6.69
批发业	1271493	14708	1.16	61140	4.81	75849	5.97
零售业	716902	5513	0.77	24287	3.39	29800	4.16

资料来源：全国经济普查 2005 年。

注：表中% 均为占物流从业人员比例数；因缺乏数据，未包括铁路运输业。

表 8　　全国物流核心行业按技术等级划分物流人才资源总量与基本结构

人员类型 / 行　业	物流从业人员（人）	高级技师		高级工	
		人数（人）	所占百分比（%）	人数（人）	所占百分比（%）
总　计	5874649	11263	0.19	180050	3.06
道路运输业	1475732	2635	0.18	82617	5.60
水上运输业	669370	1426	0.21	25928	3.87
航空运输业	18329	43	0.24	604	3.29
管道运输业	244089	185	0.08	4948	2.03
装卸搬运和其他运输服务业	496693	559	0.11	7257	1.46
仓储业	557747	698	0.13	25633	4.60
邮政业	424294	981	0.23	10257	2.42
批发业	1271493	2972	0.23	13945	1.10
零售业	716902	1764	0.25	8861	1.24

资料来源：全国经济普查 2005 年。

注：表中% 均为占物流从业人员比例数；因缺乏数据，未包括铁路运输业。

三、中国物流人才的学校教育与在职培训

（一）我国物流人才教育发展现状

1. 学校教育

（1）我国物流专业学校教育的发展历程。1993 年之前，传统物流教育阶段；1993—1997 年，现代物流教育起步阶段；1998—2001 年，现代物流教育缓慢发展阶段；2002 年至今，现代物流教育迅速发展阶段。

为推动物流类专业的健康发展，提高物流人才培养质量，2006 年 4 月，我国高等教育史上第一个物流类专业教学指导委员会，即 2006—2010 年教育部高等学校物流类专业教学指导委员会正式成立。该专业教学指导委员会成立后，将在进一步深化我国物流类高等教育教学改革，提高物流类高等教育质量，加强教育行政部门对物流类高等学校教学工作的宏观调控，推进物流类高等教育宏观决策的科学化和民主化，充分发挥物流类类专家学者对高等教育教学改革与建设的研究和指导等方面起到积极的意义和作用。

（2）我国物流专业学校教育现状。物流人才的培养在学校教育方面推进得较好，已经初步形成了博士、硕士、本科、大专、中专层次的教育体系。

——专业设置

我国物流高等教育在专业设置上主要采取两种做法：一是设立独立专业，这一做法主要集中在本科或专科层次，基本上存在两种独立的专业，即物流管理和物流工程；二是在某一专业下面设立物流管理或物流工程方面的培养方向或者研究方向，这在博士、硕士和本科层次都存在，在专科层次较少。在博士和硕士培养阶段主要在管理学门类中的两个一级学科

"管理科学与工程"和"工商管理"下面设立物流管理或者物流工程方面的培养方向或者研究方向，或者在工学门类的一级学科"交通运输"下面设立物流管理或者物流工程方面的培养方向或者研究方向。同时，在国家教育部现行的本科专业目录中，在管理学门类的一级学科"工商管理"下的二级学科"市场营销"中设有"物流管理"方向，所以有部分高校仍然按此设立物流管理专业方向。除了设立专门的物流专业方向，许多设有交通、财经、管理类学科或专业的大学现在也普遍在非物流专业安排开设物流相关课程。

——课程设置

高等院校物流管理专业的课程设置主要侧重培养具备物流管理、规划、设计等较强实务运作能力的高级现代物流管理人才。教学计划中设置必修课、选修课、实验和实践环节。专业必修课一般在第三、第四学年开设，有仓储管理、配送与配送中心、供应链与物流管理、物流信息管理、物流成本管理、企业物流管理等十几门课程；专业选修课包括与物流管理相关的一些课程，有国际物流、电子商务、国际贸易、物流规划、采购学、企业战略、宏观经济学等课程。

"物流工程"是物流和物流系统向软、硬科学相结合的工程模式进行转变的新的学科。这个专业是以系统工程的方法对各种物流系统，包括制造物流系统、商业物流系统、社会物流系统等进行规划、分析、优化和评价，以及对物流信息系统进行建设，对新的物流管理技术和设备进行开发和应用。主要专业基础课和专业课包括管理学基础、运筹学、系统工程、技术经济学、物流学基础、物流市场、货物运输与配送、仓储管理与仓储技术、交通运输网络规划、企业物流管理、物流企业管理、物流信息技术、财务管理、供应链管理、物流方案策划与设计等。

——学生规模

招生人数。2002—2005 年期间，我国高校物流管理和物流工程两个专业的招生人数有了大幅度的增长，四年间共招收大学生 167588 名。其中，2005 年招生人数高达 81540 人，是 2002 年的 7.5 倍，详见表 9。在高校物流管理和物流工程专业 2002—2005 年的招生中，专科生占据了绝大部分比重，达到 86.2%。特别是专科中的物流管理专业，其招生数占全部高校物流管理和物流工程专业招生数的 83.5%。

表 9　　2002—2005 年我国高校物流专业招生数　　（单位：人）

层次	专业	2002 年	2003 年	2004 年	2005 年	合计
本科	物流工程	237	692	1315	2007	4251
	物流管理	726	2728	6206	9224	18884
专科	物流工程	—	934	2285	1286	4505
	物流管理	9964	21154	39807	69023	139948
合计		10927	25508	49613	81540	167588

注：2005 年物流工程专科招生数仅统计了港口物流设备与自动控制专业的人数。

毕业生人数。2002—2005 年，我国高校物流管理和物流工程专业毕业生人数为 15817 人，规模相对较小，这主要是由于高校物流教育需要持续较长时间，大规模招收的学生还在校学习，尚未毕业。不过从表10可以看出，每年的毕业生人数仍呈现较快的发展趋势，平均增长速度达到1.6倍。在2002—2005年的高校物流管理和物流工程专业毕业生中，主要还是专科生，占到94.0%。其中，物流管理专科的毕业生人数占全部高校物流管理和物流工程专业招生人数的91.5%。

表10　　2002—2005年我国高校物流专业毕业生数　　（单位：人）

层次	专业	2002年	2003年	2004年	2005年	合计
本科	物流工程	0	0	65	229	294
	物流管理	169	42	86	365	662
专科	物流工程	—	0	0	393	393
	物流管理	1497	2086	3092	7793	14468
合计		1666	2128	3243	8780	15817

注：2005年物流工程专科毕业生人数，仅统计了港口物流设备与自动控制专业的人数。

2. 在职培训

（1）国内部分主要物流人才培训项目

物流师职业资格认证培训；ITC全球采购与供应链国际认证、注册采购师资格认证培训；ILT物流职业资格认证培训；美国注册物流师培训；上海市现代物流专业技术水平认证培训。

（2）物流人才的培训现况

2培训人员基本情况：①所处行业。最近5年内，有75.8%的被调查人员参加了物流相关业务培训，主要是仓储业、道路运输业、装卸搬运业、水上运输业和铁路运输业的人员，分别占到总培训人员的32.0%、13.4%、13.4%、9.3%和7.2%。②年龄。参加物流培训的从业人员以年轻人居多。其中，23～29岁的占42.32%；30～39岁的占37.1%；40～49岁的占15.5%；50～59岁的占5.2%。③从业时间。参加物流培训的从业人员大多是从事物流行业工作时间较短的人员。其中，从业时间在1～4年的占到59.8%；5～9年和10～19年的都占16.5%；而20年以上的则仅占7.2%。④专业背景。参加物流培训的从业人员的最高学历、毕业专业主要为经济管理类。其中，经济学类、交通运输类、工商管理类和管理科学与工程类分别占22.9%、21.9%、13.5%和10.4%，机械类和电子信息科学类均只占7.3%。

培训频度：在参加培训的物流从业人员中，有42.3%的人员参加了4次及以上的物流培训；11.3%的人员参加了3次物流培训；13.4%的人员参加了2次物流培训；33%的人员只参加了1次物流培训。

培训项目：物流从业人员近期参加的培训以技术方面的居多，占35.1%。其他的培训项目类型还有不少，但分别所占的比重相对较小，如学校教育和上岗培训均只占5.2%等。调查数据还显示：目前企事业单位层面所急需的物流专业毕业人才培训项目主要仍为技术培训，占总调查单位数目的61.0%；其次为上岗培训，占19.5%；再次为资格证书培训，占14.6%；其他需求的培训项目仅为4.9%。此外，需要技术培训项目的被调查单位主要分布在仓储、批发、装卸搬运、道路运输等行业。

培训时间：从业人员近期参加物流相关业

务培训的时间主要集中在最近两年，2005 年和 2006 年参加培训分别占 21.6% 和 61.9% 的比重。另外，近期参加物流培训的时间在 1 周以下的最多，占 37%；其余依次为 2～4 周的占 20.7%；5～7 周的占 15.2%；8～12 周的占 8.7%；12 周以上的占 18.5%。

对培训的态度；绝大多数参加物流培训的从业人员对物流培训表现出积极的热情。其中，34.0% 和 60.8% 的人员表示很想参加和愿意参加，只有 5.2% 的人员对是否参加物流培训表示无所谓。

培训成效：参加过培训的从业人员对物流培训的效果总体上比较认可。其中，认为物流培训内容丰富、教学水平高、效果良好很好的占 18.6%；认为内容充实、切合工作实际、效果较好的占 55.7%；认为内容可以，但教学水平不高、效果一般的占 14.4%；认为只重形式、不重视内容、无多大作用的占 8.2%，认为培训效果差的占 3.1%。

（二）物流人才教育与培训存在的问题

主要有：物流教育的条件存在着一些不合理因素；课程体系设计不够合理，实践环节薄弱；物流职业资格认证教育制度不完善；培训项目的层次和内容有待进一步提高和加强；物流培训市场尚待规范；师资队伍缺乏。

（三）物流教育与培训呈现的趋势

主要有：物流教育思想的现代化趋势；物流专业教育内容的国际化趋势；物流管理专业教学内容的综合化趋势；物流管理专业教学内容的实用化趋势；物流教育数量化分析的趋势；物流教育的教学方法和教学手段的多样化趋势；课堂理论教育、理论实践和社会实践相结合的趋势；物流教育将致力于培养科技型和知识创新型人才；物流专业教育的层次呈现多样化；物流专业教育规模将迅速扩展，物流课程教育的规模空前；物流培训市场供需两旺。

四、中国物流人才需求预测

（一）中国物流人才资源需求总量预测分析

1. 中国物流从业人员总量预测

由于课题组与国家统计局合作得到了 2005 年中国物流人才专项调查和全国经济普查的全国物流人才资源分类统计资料，因此，要全面预测我国物流人才资源，就要依据这些中国物流人才资源分类统计资料；中国物流行业从业人员和物流人才资源总量预测如表 11、表 12 所示。

表 11　中国物流从业人员总量预测　（单位：人）

序号	从业人员分类	2004 年	2010 年	2020 年
1	中国第三产业从业人员（万人）	23011	28279	36111
2	中国物流从业人员总量（3 +16）	16759983	20596913	26301323
3	中国物流相关行业物流从业人员总量（4 –15 汇总）	12074143	14838325	18947870
4	铁路运输业物流从业人员	1204676	1480467	1890490
5	道路运输业物流从业人员	1475732	1813577	2315856
6	水上运输业物流从业人员	669370	822612	1050438
7	航空运输业物流从业人员	18329	22525	28764

续　表

序号	从业人员分类	2004 年	2010 年	2020 年
8	管道运输业物流从业人员	244089	299969	383047
9	装卸搬运和其他运输服务业物流从业人员	496693	610403	779457
10	仓储业物流从业人员	557747	685434	875268
11	邮政业物流从业人员	424294	521429	665842
12	批发业物流从业人员	1271493	1562581	1995345
13	零售业物流从业人员	716902	881025	1125029
14	上述 4 –13 行业行政事业单位物流从业人员	226181	277962	354944
15	交通运输业个体经营户	4768638	5860341	7483390
16	工业企业物流从业人员	4685839	5758587	7353454

资料来源：中国统计年鉴 2005 年、中国物流人才调查 2006 年、全国经济普查 2005 年。

2. 2010—2020 年平均每年新增加中国物流从业人员总量

预测时，设：

Y 为预测目标值；X_1为不平衡系数；X_2为发展系数；X_3为退休比例。

X_1为不平衡系数，由于要考虑人力资源结构摩擦性不平衡（如物流行业内各职业人力资源之间的人员调动交流的可操作性较小等），研究结果显示，2005—2010 年不平衡系数为 1%，2010—2020 年为不平衡系数 0.5%。

X_2为发展系数，由于要考虑有些物流行业领域人力资源超常规发展的要求，人力资源的基本队伍必须大大加强，研究结果显示，2005—2010 年发展系数为 1.5%，2010—2020 年发展系数为 1%。

X_3为退休比例，由于要考虑退休人员减少因素，从中国统计年鉴计算得到 1989—2005 年平均每年的退休比例为 1.88%。

（1）预测 2005—2010 年平均每年要新增加中国物流从业人员总量。

$Y = (2060 + 2060X_1 + 2060X_2 + 1676 \times 6X_3 - 1676)/6 = [2060 + 2060 \times 1\% + 2060 \times 1.5\% + 1676 \times (6 \times 1.88\%) - 1676]/6 = 104$（万人）

所以 2005—2010 年，中国物流行业平均每年吸收从业人员 104（万人）。

（2）预测 2010—2020 年平均每年要新增加中国物流从业人员总量。

$Y = (2630 + 2630X_1 + 2630X_2 + 2060 \times 10X_3 - 2060)/10 = [2630 + 2630 \times 0.5\% + 2630 \times 1\% + 2060 \times (10 \times 1.88\%) - 2060]/10 = 100$（万人）

所以 2010—2020 年，中国物流行业平均每年吸收从业人员 100（万人）。

表 12　中国物流行业平均每年吸收从业人员

（单位：万人/年）

分类 ╲ 年份	2005—2010	2010—2020
中国物流行业平均每年吸收从业人员	104	100

（二）中国物流核心行业物流人才比重需求预测分析

题组在调查研究过程中，几乎所有的被调查单位领导及专家都强调了要充分注意中国物流人才比重必须提高，平均人才比重必须在1/3以上，也就是33%。这实际上就是专家的定性分析预测。另外，据美国奥尔良州立大学调查，美国物流管理者的受教育程度和专业结构情况是：大约92%的被调查者有学士学位，41%的人有硕士学位，22%的人有正式的资格证书。

综合考虑以上因素，并根据对我国物流核心行业物流人才资源中人才比重基本状况的研究，我国物流核心行业物流人才（人才指大专以上）比重为2004年为21.56％；课题组经过研究把中国物流核心行业物流人才比重2010年的目标比重定为27.5%；把中国物流核心行业物流人才比重2020年的目标比重定为34.5%。如表13、表14所示。

表13　中国物流核心行业物流人才比重预测　（单位:%）

序　号	分　　类	2004年	2010年	2020年
1	中国物流核心行业物流人才比重（2－10）	21.56	27.50	34.5
2	道路运输业	14.24	20.19	27.19
3	水上运输业	18.00	23.95	30.95
4	航空运输业	57.52	63.47	70.47
5	管道运输业	14.38	20.33	27.33
6	装卸搬运和其他运输服务业	25.58	31.53	38.53
7	仓储业	21.04	26.99	33.99
8	邮政业	27.48	33.43	40.43
9	批发业	28.45	34.40	41.40
10	零售业	23.32	29.27	36.27

资料来源：中国统计年鉴2005年、中国物流人才调查2006年、全国经济普查2005年；因缺乏数据，未包括铁路运输业。

表14　中国物流核心行业物流人才总量预测　（单位：人）

序　号	分　　类	2004年	2010年	2020年
1	中国物流核心行业物流从业人员总量	5874649	7219555	9219046
2	中国物流核心行业物流人才总量（3－11）	1266336	1985635	3180899
3	道路运输业	210196	366161	629681
4	水上运输业	120511	197016	325111

续　表

序　号	分　　类	2004 年	2010 年	2020 年
5	航空运输业	10542	14297	20270
6	管道运输业	35090	60984	104687
7	装卸搬运和其他运输服务业	127055	192460	300325
8	仓储业	117356	184999	297504
9	邮政业	116613	174314	269200
10	批发业	361796	537528	826073
11	零售业	167177	257876	408048

资料来源：中国统计年鉴 2005 年、中国物流人才调查 2006 年、全国经济普查 2005 年；因缺乏数据，未包括铁路运输业。

（三）中国物流核心行业的物流中、高级技术职称人员预测分析

1. 物流核心行业的物流中、高级技术职称人员预测

根据 21 世纪中国经济的发展目标，中国物流产业应率先实现经济增长方式的转变，增强中国物流产业的综合竞争力。为此，中国物流产业要面向 21 世纪构筑人才资源高地，使中国物流产业成为与产业升级和优化地位与功能相匹配的人才开发基地，成为物流优质人才密集的人才资源集聚高地。

为了尽快发展中国物流产业，一批标志性机构有的需要新建（如物流市场实体、物流特区等），物流业务量将会发生超越常规的重大突破（如物流枢纽港、站等）。一大批相关机构的业务量也将有超常规增长（如仓储、集疏运量等）。由此将造成对各类物流专业毕业人才需求数量的激增。尤其值得注意的是，在中国物流产业快速发展的过程中，必然会引进许多先进的科学技术和管理经验，由此而对物流专业毕业人才的质量提出更高的要求，尤其是需要高层次、复合型的物流专业毕业人才。

课题组经过抽样调查研究分析，预测中级技术职称人员占物流从业人员比例 2005—2010 每年平均增长 0.2%，5 年共增长 1%；2010—2020 每年平均增长 0.2%，10 年共增长 2%。如表 15 所示。

课题组经过抽样调查研究分析，预测高级职称技术人员占物流从业人员比例 2005—2010 年每年平均增长 0.2%，5 年共增长 1%；2010—2020 年每年平均增长 0.2%，10 年共增长 2%。如表 16 所示。

从表 15 和表 16 可以看出，2010—2020 年，中国物流核心行业物流中级技术职称人员总量应该分别保持在 38.9 万人和 68.1 万人左右；中国物流核心行业物流高级技术职称人员总量应该分别保持在 13.3 万人和 35.5 万人左右。如表 17 所示。

表15　　中国物流核心行业物流中级技术职称人员预测　　（单位：人）

序号	分　　类	2004年中级职称人员	%	2010年中级职称人员	%	2020年中级职称人员	%
1	中级技术职称人员总量	257581	4.38	388905	5.38	680995	7.38
2	道路运输业	49667	3.37	79253	4.37	147520	6.37
3	水上运输业	53651	8.02	74200	9.02	115758	11.02
4	航空运输业	1938	10.57	2606	11.57	3903	13.57
5	管道运输业	6917	2.83	11489	3.83	22332	5.83
6	装卸搬运和其他运输服务业	17597	3.54	27712	4.54	50976	6.54
7	仓储业	18504	3.32	29611	4.32	55317	6.32
8	邮政业	23880	5.63	34571	6.63	57462	8.63
9	批发业	61140	4.81	90786	5.81	155836	7.81
10	零售业	24287	3.39	38677	4.39	71889	6.39

资料来源：中国物流人才调查2006年、全国经济普查2005年，表中%均为占物流从业人员比例数；因缺乏数据，未包括铁路运输业。

表16　　中国物流核心行业物流高级技术职称人员预测　　（单位：人）

序号	分　　类	2004年高级职称人员	%	2010年高级职称人员	%	2020年高级职称人员	%
1	高级技术职称人员总量	50045	0.85	133732	1.85	355151	3.85
2	道路运输业	8150	0.55	28110	1.55	82213	3.55
3	水上运输业	8626	1.29	18838	2.29	45064	4.29
4	航空运输业	279	1.52	568	2.52	1300	4.52
5	管道运输业	1289	0.53	4590	1.53	13522	3.53
6	装卸搬运和其他运输服务业	2996	0.60	9766	1.6	28060	3.6
7	仓储业	3958	0.71	11721	1.71	32472	3.71
8	邮政业	4525	1.07	10794	2.07	27100	4.07
9	批发业	14708	1.16	33752	2.16	83006	4.16
10	零售业	5513	0.77	15594	1.77	42414	3.77

资料来源：中国物流人才调查2006年、全国经济普查2005年，表中%均为占物流从业人员比例数；因缺乏数据，未包括铁路运输业。

表 17　　2004—2020 年中国物流核心行业中、高级技术职称人员总量　　（单位：万人）

序　号	分　　类	2004 年	2010 年	2020 年
1	中级技术职称人员总量	25.8	38.9	68.1
2	高级技术职称人员总量	5	13.3	35.5

2. 物流核心行业平均每年要新增加中级技术职称人员总量

预测时，设：

Y 为预测目标值；X_1 为退休比例；X_4 为物流师的比例。

X_1 为退休比例，由于要考虑退休人员减少因素，从中国统计年鉴计算得到 1989—2005 年平均每年的退休比例为 1.88%。

X_4 为物流师的比例，由于目前获得中级技术职称的渠道有：

（1）全国统考，如经济师要参加人事部的全国经济专业技术资格考试获得资格。

（2）单位评审，如工程师要参加评审获得资格。

（3）资格认证，如物流师要参加培训认证获得资格。

抽样调查显示：物流核心行业中级技术职称从业人员中，物流师的比例需要占 40% 以上。

预测 2005—2010 年平均每年要新增加中级技术职称人员总量：

$Y = (38.9 + 25.8 \times 6X_1 - 25.8)/6 = [38.9 + 25.8 \times (6 \times 1.88\%) - 25.8]/6 = 2.67$（万人）

预测 2005—2010 年平均每年要新增加物流师总量：

$Y = (38.9 + 25.8 \times 6X_1 - 25.8)/6 \times X_4 = [38.9 + 25.8 \times (6 \times 1.88\%) - 25.8]/6 \times 40\% = 1.07$（万人）

同样，预测 2010—2020 年平均每年要新增加中级技术职称人员总量：

$Y = (68.1 + 38.9 \times 10X_1 - 38.9)/10 = [68.1 + 38.9 \times (10 \times 1.88\%) - 38.9]/10 = 3.65$（万人）

预测 2010—2020 年平均每年要新增加物流师总量：

$Y = (68.1 + 38.9 \times 10X_1 - 38.9)/10 \times X_4 = [68.1 + 38.9 \times (10 \times 1.88\%) - 38.9]/10 \times 40\% = 1.46$（万人）

从中国物流与采购联合会获得物流师认证情况如下：2004 年 1 月～2006 年 8 月，全国有 2.6 万人参加物流师资格认证，其中 1.87 万人获得物流师资格证书。

3. 物流核心行业平均每年新增加高级技术职称人员总量

在进行总量预测时，设：

Y 为预测目标值；X_1 为退休比例；X_5 为高级物流师的比例。

X_1 为退休比例，由于要考虑退休人员减少因素，从中国统计年鉴计算得到 1989—2005 年平均每年的退休比例为 1.88%；

X_5 为高级物流师的比例，由于目前获得高级技术职称的渠道有：

（1）单位评审，例如高级工程师、高级经济师要参加评审获得。

（2）资格认证，例如高级物流师要参加培训认证获得。

调查显示：物流核心行业高级技术职称从业人员中，高级物流师的比例要占 20% 以上。

预测 2005—2010 年平均每年要新增加高级技术职称人员总量：

$Y = (13.3 + 5 \times 6X_1 - 5)/6 = [13.3 + 5 \times (6 \times 1.88\%) - 5]/6 = 1.48$（万人）

预测 2005—2010 年平均每年要新增加高级

物流师总量：

$Y=(13.3+5\times 6X_1-5)/6\times X_5=[13.3+5\times(6\times 1.88\%)-5]/6\times 20\%=0.3$（万人）

预测2010—2020年平均每年要新增加高级技术职称人员总量：

$Y=(35.5+13.3\times 10X_1-13.3)/10=[35.5+13.3\times(10\times 1.88\%)-13.3]/10=2.46$（万人）

预测2005—2010年平均每年要新增加高级物流师总量：

$Y=(35.5+13.3\times 10X_1-13.3)/10\times X_5=[35.5+13.3\times(10\times 1.88\%)-13.3]/10\times 20\%=0.49$（万人）

从中国物流与采购联合会获得高级物流师认证情况如下：2005年1月到2006年8月，全国有500余人参加高级物流师资格认证，其中300人获得高级物流师资格证书。

由此可见，中国物流师和高级物流师的认证工作任重道远。如表18所示。

表18　中国物流核心行业平均每年要新增加中、高级技术职称人员总量（单位：万人/年）

分　类	2005—2010年	2010—2020年
平均每年要新增中级技术职称总量	2.67	3.65
平均每年要新增加物流师总量	1.07	1.46
平均每年要新增高级技术职称总量	1.48	2.46
平均每年要新增加高级物流师总量	0.3	0.49

（四）中国物流专业毕业人才供求平衡预测分析

1. 供求平衡模型

上述预测是针对我国物流人才总体情况的基本预测，本部分将着重围绕我国物流专业毕业人才方面进行深入探讨。需要注意的是，这里的物流专业毕业人才是一个狭义的概念，专指我国高等教育中所独立设置的物流专业（如物流管理、物流工程等）所培养出来的人才。为切合实际情况，在对我国物流专业毕业人才供求平衡进行预测时，还须考虑以下几个因素：

（1）物流人才退休比例。随着时间的推移，现有物流人才中，每年肯定都会有部分人员退休。因此，新培养出来的物流人才除了要满足基本的物流人才需求量增长以外，还必须能够弥补因退休而造成的物流人才减少量。

（2）物流专业毕业人才需求比例。现代物流主要是从系统的角度出发，涉及面较广，而其中的某些环节已有一定的发展基础。所以我国经济社会发展中所需要的物流人才并不完全要由物流专业本身来培养，还有很大一部分可以由传统的交通运输、工业工程等专业培养。

（3）物流专业毕业人才转移率。该因素主要考虑物流专业学生毕业后未参加工作而继续深造（如专升本、考研等），或者从事本专业外的工作等方面的内容。

综合以上分析，可以建立我国物流专业毕业人才供求平衡模型：

$Y_D=$（物流人才预测数－物流人才现有数＋物流人才现有数$\times X_1$）$\times X_2=$［物流人才预测数－物流人才现有数$\times(1-X_1)$］$\times X_2$

$Y_S=$新增物流专业大学毕业生数$\times(1-X_3)$

式中：Y_D为物流专业毕业人才需求，X_1为物流人才退休比例，X_2为物流专业毕业人才需求比例，Y_S为物流专业毕业人才供给，X_3为物流专业毕业人才转移率。

2. 2005—2010年中国物流专业毕业人才供求平衡预测分析

（1）需求总量预测。根据2006中国统计年鉴公布的我国历年在职职工人数、离休和退休人员数可以计算出，1990—2005年我国平均每年新增退休人员所占的比重为1.88%。课题组经过研究认为，可以用该比例作为我国物流人才每年退休比例的近似估计值。因此，2005—2010年我国物流人才的退休比例为6年×1.88%=11.28%。

美国俄亥俄州立大学商学院和供应链管理研究组所作的问卷调查结果（2004年）表明，美国物流人才的专业结构为：物流16%；工商管理23%；工程技术9%；市场营销8%；文学17%；其他各类专业27%。另据美国奥尔良州立大学调查，美国物流管理者中本科毕业生的专业及结构分别为物流12%；商科52%；工程12%；其他各类专业24%。课题组经过研究认为，2010年我国物流专业毕业人才需求比例为14%。

2004年末，我国物流从业人员总量为16759983人，物流人才的比重为21.56%（用中国物流核心行业物流人才比重参数），所以2004年末我国物流人才总量为3612772人。

2010年，我国物流从业人员总量预测为20596913人，物流人才的比重预测为27.50%（用中国物流核心行业物流人才比重预测参数），所以2010年我国物流人才总量为5664151人。

代入供求平衡模型，即可得2010年我国物流专业毕业人才需求总量：

Y_D = [5664151 - 3612772 ×（1 - 11.28%）] ×14% =344346（人）

（2）供给总量预测。根据目前我国大学本科四年制、专科三年制的教育制度、2005年我国高校物流专业毕业生人数以及2002—2005年我国高校物流专业招生人数，可以预测：在招生规模不变的情况下，2005—2010年我国高校物流专业的毕业生人数，详见表19。另外，根据2005—2007年我国物流专业研究生（包括硕士、博士）招生计划可以推算出：截至2010年，我国物流专业研究生毕业总人数约为420人。因此，按照现有招生规模，2005—2010年间我国将新增物流专业毕业生371824人，如图1所示。

表19　　2005—2010年我国高校物流专业毕业生预测　　（单位：人）

层　次	2005年	2006年	2007年	2008年	2009年	2010年
本科	594	963	3420	7521	11231	15000
专科	8186	22088	42092	70309	95000	95000
合计	8780	23051	45512	77830	106231	110000

（3）供求总量平衡预测分析。课题组经过调查研究认为，2005—2010年我国物流专业毕业人才净转移率为18.2%。截至2010年，我国物流专业毕业人才的需求缺口为344346 - 371824×（1 - 19%）=43144人。按照同样的方法可以分别对2005—2010年中国物流专业毕业人才供求平衡分研究生、本科、专科分别进行预测。其中，专科人才需求缺口599人，本科人才需求缺口19464人，研究生人才需求缺口2369人。具体结果如表20和图2所示。

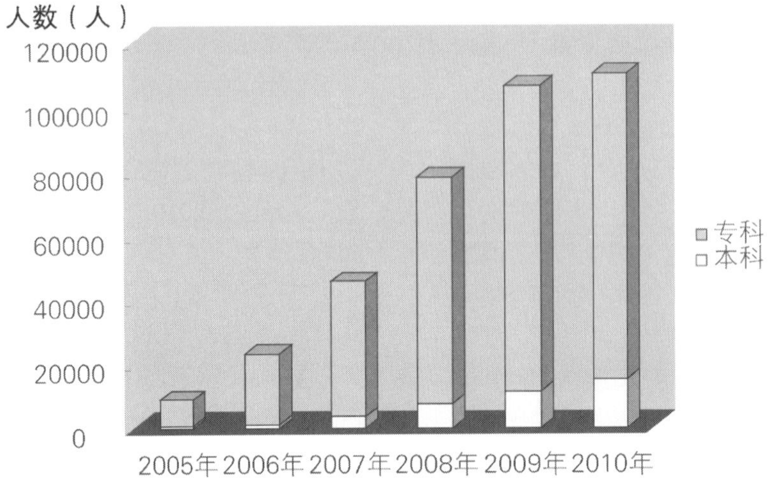

图1　2005—2010 年我国高校物流专业毕业生预测

表 20　2005—2010 年中国物流专业毕业人才供求平衡计算　（单位：人）

层次	2004 年人才数	2010 年人才需求预测	退休人才	物流专业比重 %	需增物流专业毕业人才	新增毕业生	转移率 %	人才需求缺口
研究生	78794	123534	8888	5.2	2789	420	0	2369
本科生	942171	1477148	106277	9.8	62843	38729	20.0	31860
专科生	2591808	4063470	292356	15.8	278715	332675	18.9	8915
合 计	3612772	5664151	407521	14.0	344346	371824	19.0	43144

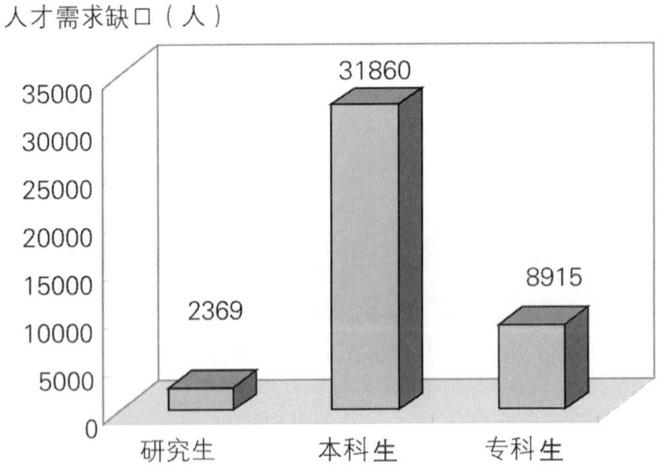

图2　2005—2010 年中国物流专业毕业人才需求缺口

因此，课题组认为：可以适当扩大本科和研究生物流专业的招生规模，以满足我国物流专业毕业人才的需求增长。而专科物流专业按现有规模招生则基本上能够满足我国物流专业毕业人才的需求。

3. 2010—2020 年我国物流专业毕业人才供求平衡预测分析（如表 21 ~ 表 24、图 3 所示）。

表 21　　2010—2020 年中国物流专业毕业人才需求预测　　（单位：人）

层　次	2010 年人才需求预测	2020 年人才需求预测	退休人才	物流专业比重 %	需增物流专业毕业人才数
研究生	123534	197901	13981	6. 0	5301
本科生	1477148	2366387	167177	12. 1	127826
专科生	4063470	6509669	459885	22. 9	665493
合 计	5664151	9073956	641043	19. 7	798621

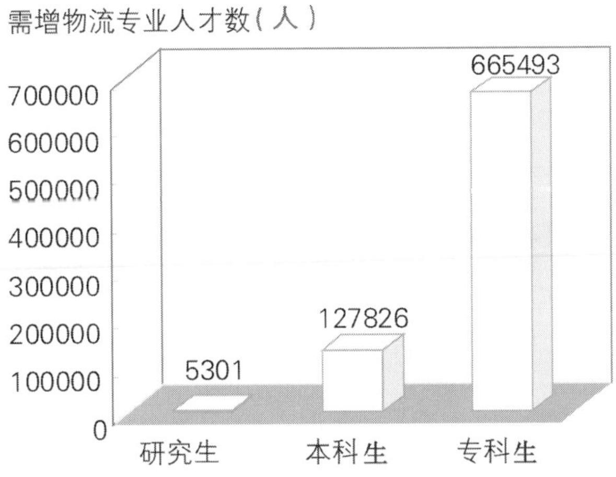

图 3　2010—2020 年中国需增物流专业毕业人才数

表 22　　2010—2020 年中国物流专业研究生人才供求平衡预测　　（单位：人）

项　目 \ 年　份	2011	2012	2013	2014	2015	2016	2017	2018	2019	2020
年均新增需求	530	530	530	530	530	530	530	530	530	530
累计需求	2899	3137	3256	3257	3144	2919	2584	2142	1596	1062
新增毕业生	170	295	420	545	670	795	920	1045	1170	1170
扩招后新增毕业生	125	125	125	125	125	125	125	125	0	0
合计新增毕业生	295	420	545	670	795	920	1045	1170	1170	1170

续 表

年份 项目	2011	2012	2013	2014	2015	2016	2017	2018	2019	2020
转移率（%）	1.0	2.0	3.0	4.0	5.0	6.0	7.0	8.0	9.0	10.0
从事物流专业新增毕业生	292	412	529	643	755	865	972	1076	1065	1053
人才需求缺口	2607	2726	2727	2614	2389	2054	1612	1066	531	8

注：累计需求 = 上年人才需求缺口 + 年均新增需求

合计新增毕业生 = 新增毕业生 + 扩招后新增毕业生

从事物流专业新增毕业生 = 合计新增毕业生 ×（1 - 转移率）

人才需求缺口 = 累计需求 - 从事物流专业新增毕业生，其中负值表示人才过剩。

表 23 2010－2020 年中国物流专业本科人才供求平衡预测 （单位：人）

年份 项目	2011	2012	2013	2014	2015	2016	2017	2018	2019	2020
年均新增需求	12783	12783	12783	12783	12783	12783	12783	12783	12783	12783
累计需求	44642	45650	43803	39975	34998	30380	26123	22226	18688	15511
新增毕业生	15000	15000	19000	22000	24000	24000	24000	24000	24000	24000
扩招后新增毕业生	—	4000	3000	2000	—	—	—	—	—	—
合计新增毕业生	15000	19000	22000	24000	24000	24000	24000	24000	24000	24000
转移率（%）	21.5	23.0	24.5	26.0	27.5	29.0	30.5	32.0	33.5	35.0
从事物流专业新增毕业生	11775	14630	16610	17760	17400	17040	16680	16320	15960	15600
人才需求缺口	32867	31020	27193	22215	17598	13340	9443	5906	2728	-89

表 24 2010—2020 年中国物流专业专科人才供求平衡预测 （单位：人）

年份 项目	2011	2012	2013	2014	2015	2016	2017	2018	2019	2020
年均新增需求	66549	66549	66549	66549	66549	66549	66549	66549	66549	66549
累计需求	75464	66014	58463	52812	49062	47211	47260	49209	53059	58808
新增毕业生	95000	95000	95000	95000	95000	95000	95000	95000	95000	95000

续　表

年份/项目	2011	2012	2013	2014	2015	2016	2017	2018	2019	2020
转移率（%）	20.0	22.0	24.0	26.0	28.0	30.0	32.0	34.0	36.0	38.0
从事物流专业新增毕业生	76000	74100	72200	70300	68400	66500	64600	62700	60800	58900
人才需求缺口	-536	-8086	-13737	-17488	-19339	-19289	-17340	-13491	-7741	-92

根据以上计算结果，课题组认为：从图4可以看出，2020年研究生、本科生和专科生的毕业人才走向趋势均汇集到一点，这说明届时我国物流专业毕业人才可以达到基本供求平衡。具体分析如下：

（1）研究生：2008—2015年，每年扩大物流专业招生规模125人，2016年和2017年不扩招。虽然2011—2020年每年会存在一定数量的物流专业研究生人才缺口，但该缺口数量先增加后减少，到2020年可以基本达到供求平衡。

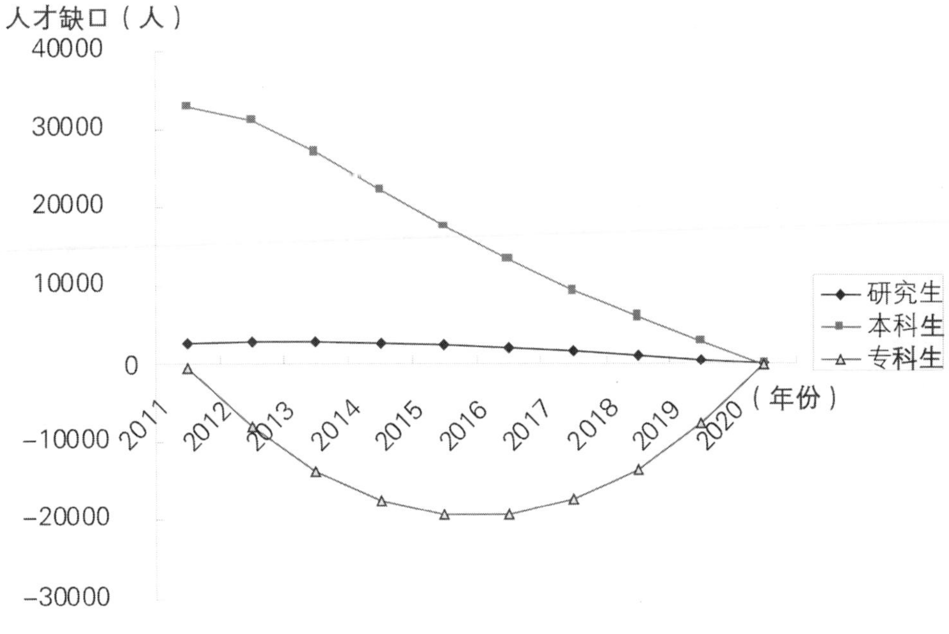

图4　2010—2020年中国物流专业毕业人才缺口趋势

（2）本科生：2008年、2009年、2010年，每年分别扩大物流专业招生规模4000人、3000人、2000人，2011—2016年不扩招。这样虽然2011—2019年每年会存在一定数量的物流专业毕业人才缺口，但该缺口数量不断降低，到2020年基本达到供求平衡。

（3）专科生：2008—2017年不扩招，虽然2011—2020年每年都会存在一定数量的物流专业毕业人才过剩，但过剩数量先增加后减少，到2020年基本达到供求平衡。

五、中国物流人才发展的对策

（一）制定中国物流人才发展的对策的战略构想和原则

1. 战略构想

（1）应确立国家一级物流学科建设的基本战略。为了适应国家经济发展对物流学科建设的需要，应进一步更新传统的学科观念，使物流学科发展跟上时代的步伐，我们要理清思路，充分认识到物流学科建设的重要性和紧迫性，根据学科发展的客观规律，认真制定物流学科规划和建设措施，把物流学科建设工作落到实处，以使之尽快建成覆盖博士后流动站、博士、硕士和本科教育为一体的国家一级学科体系。

规划中的物流一级学科体系建设应在“重视规模，发展特色，加强学科的基础建设，全面提高学科质量和效益”的基本思路下，逐步形成“规模见长、特色取胜”的学科建设局面，着力建设、创新发展，努力实现一级学科整体学术水平在国际上具有影响、部分二级学科达到国际先进水平的学科发展目标。

（2）注重全方位人才培养，实现物流人才的培养范围由行业层面向国家层面的转化。通过学科建设带动全方位的职业培训、提高社会服务效益，是增强人才培养活力的一个新视角。

在集中力量建设一流的物流学科方向，在创立物流学科特色的同时，逐步发展和壮大社会在职培训。按照规模、结构、质量、效益协调发展的战略方针，建设高起点、高水平、高质量的学科和全方位的社会物流培训体系，是我们已经面临的一项十分紧迫而艰巨的任务，也是物流人才培养发展战略中亟待解决的重大问题。应树立实现物流人才的培养范围由行业层面向国家层面的转化的观念。

（3）物流人才发展应放到战略高度。培养高质量的物流人才，需要科学的计划、严格的制度；建设庞大的物流人才队伍，需要多种途径、不同层次的培养方式。

（4）物流人才发展政策制定的战略构想。物流人才发展政策制定的战略构想包括指导思想，发展目标、配套措施和重大项目工程。

根据课题报告的分析结果，课题组提出，在制定物流人才发展政策的战略构想时所提出的指导思想是在建立国家一级物流学科体系的基础上，优先发展博士、硕士、学士等系统性的物流人才教育，不断做大做强社会物流人才在职教育，主动迎接知识经济的挑战，全面提高教育质量和效益，改善物流教育设施、推进基于素质教育的物流人才教育改革，提高物流教育教师队伍整体水平，直接参与物流经济建设并作出新贡献。

发展目标是，在 2020 年基本建成国家一级物流学科体系，建成面向全社会的开放的，各级、各类物流人才教育结构合理、相互衔接和沟通的现代终身物流教育职业培训体系，与物流现代化相匹配的教育设施与实施素质教育模式，服务全国、面向世界的以及适应社会主义市场经济、遵循物流教育规律的物流教育运行机制和投资体系，形成政府教育为主、各种社会力量共同参与的新格局。

改革举措与配套措施是，深化和完善物流教育体制改革，积极推进和完善物流教育运行机制的改革，改革物流教育投资体系，加强物流人才教育与经济、科技领域的全面合作，实施物流人才教育技术现代化。

为实现上述目标，特提出付诸实施的八项重点项目工程，包括：系统化、标准化物流环境下的物流人才培养工程、国家级物流重点学科建设工程、物流教师队伍继续教育培训工程、全社会物流职业技术教育工程、物流素质教育活动基地建设工程、创建学习型物流人才工程、物流信息技术教育发展工程、物流人才教育改革与发展政策研究工程。

2. 指导原则

（1）集中统一的原则；（2）协调完善的原则；（3）特事特管的原则。

（二）促进物流人才发展的政策与措施建议

1. 发挥政府的管理职能。

2. 建成全社会教育网络：

（1）树立与时俱进的教育培训理念；（2）有效牵引教育资源的最优化；（3）重视物流终身教育。

3. 充分发挥高等教育优势对物流人才的培养支持作用。

4. 对物流人才的培养模式和教学内容进行改革创新：

（1）形成多层次、多规格、多类型、多渠道、多形式的物流人才教育培训体系；（2）改革教学内容体系；（3）重视能力培养；（4）加强教师队伍建设；（5）建立和完善教育培训的教学与教学管理体系。

5. 进行动态管理。

6. 培训准确定位：

（1）建立统一的现代物流人才任职资格考试制度；（2）物流人才培训必须准确定位；（3）充分发挥企业物流培训的优势；（4）加强对培训机构的监督与管理，确保培训质量以及考核的公平与合理。

7. 实行人才资源开发规划管理。

根据物流人才发展的客观要求，建立中长期人才资源需求预测系统；实行人才资源开发规划管理。加大管理人才培养和培训力度，形成中国物流产业的人才优势。

（三）充分发挥高校物流专业教学指导委员会的作用，实现物流高等教育的和谐创新发展

1. 充分发挥物流类专业教学指导委员会的作用

近年来，我国物流高等教育实现了跨越式发展。在宏观层面上，高校的规模迅速扩大，结构呈现多样化，与物流发展的关系越来越密切，这一变化呼唤着教育决策的科学化、民主化、法制化。在微观层面上，随着办学自主权的逐步下放，怎样争取更多的外部资源、运用自身的“整合”，合理配置内部资源，形成什么样的办学特点，都需要各物流类高校认真考虑。充分发挥物流类专业教学指导委员会的作用，探讨教学指导委员会在新的历史时期的运作模式，是我国物流类高等教育自身整合和改革的需要。

2. 在专业教学指导委员会的组织下，着手制定物流类人才培养与教育的发展战略目标和保障措施

（1）发展战略

一是既立足于现在，又着眼于将来。所谓立足于现在，即充分认识目前我国物流学科发展的现状，尤其是对近年来新设立的物流本科专业点的发展形成一个指导性的意见；而着眼于未来，是指我们应该结合我国经济和社会发展的需要，同时考虑目前已有的基础，对未来几年物流专业发展应该及所能达到的水平、对专业发展的规模有个大致的估计。这里，起码要对近两年来物流专业点的增长率有一个定性和定量的评价。在这一方面，本课题已经做了良好的尝试。同时，也要考虑由于社会对物流人才需要的日益增加，除了以往的传统物流领域外，制造业、信息产业、流通等领域也越来越需要物流学科的专业人才，因此，在专业的发展战略中应该体现未来社会不同领域对物流人才的需要。

二是既统领全局又兼顾局部。既然是基于现代物流整合特征的专业发展战略，当然要统观全局，即要有一个全国性物流专业发展战略规划。但更重要的是，应考虑不同地区和院校的具体情况，应该鼓励不同的院校扬长避短，形成特色。要尽量避免一些地方院校不考虑自己的教学条件和社会需要盲目扩展专业方向和扩大招生规模。

三是发展、巩固与提高三者并重。目前，全国有多达数百个物流本科专业点（系），历史长短不同、水平高低不一，因此，对不同的专业点（系）就存在不同的发展战略，有的是尽快向世界水平靠拢，培养高质量的专业人才；有的是在保持现有规模的情况下，确定自己的发展方向，形成自己的教学特色；还有一些专业点则需要尽快提高专业水平，以满足人才培养的最基本要求、服务物流产业发展。

对物流专业的发展战略，我们做下列设想：首先，设计5年期或10年期的专业发展规划；根据学科建设、科学研究、人才培养的规律，再结合未来社会现实的需求，对专业的设置以及招生规模、培养计划等进行适当的调整；对专业课程做出适当调整，使之能兼顾国内外物流学发展的前沿和国内学科的研究成果；注重实用性、掌握实际能力和技能的人才培养；注重学生综合素质（理论知识、方法学知识、应用性技能）的培养；人才培养的规模可适当扩大；可考虑定向招收相关领域的实践工作的人员，进行为期1～2年的系统训练，以满足社会的现实需求。

（2）措施保障

针对以上谈到的战略目标，我们提出如下政策措施：定期分析本学科的国际、国内发展动向。加强国际学术交流。除继续派遣短期访问学者外，选拔高级访问学者，有针对性地到国外一流大学进行研修交流。邀请海外知名学者来华进行短期讲学和研究。鼓励留学人员回国服务。建立人才档案和人才库，发现、培养和支持优秀人才；跟踪国际学术发展前沿，成为知识创新和高层次创造性人才培养的基地。要重视培养高层次创造性人才的团结、协作和奉献精神。从国内外吸引一批能够领导本学科进入国际先进水平的优秀学术带头人。组织落实研究教改项目。组织和举办关于学科发展方向和重大项目的研讨会，注意邀请有关学科和产业界人士参加；加大投入力度，建立开放、公用的实验室和实践基地；实行重点实验室和开放实验室、访问学者制度，实现重点学科的开放效益，提高师资队伍的整体水平；鼓励和支持研制顺应物流时代发展潮流的新的实验装置和仪器设备；采取国家拨款与自筹经费相结合的办法增强科研经费支持力度，提高科研、教学质量及设备装备水平；协助建立公用数据库。协助组织跨领域、跨部门的协作研究。协助推动成果的开发和应用。协助沟通与相关教育部门的联系，组织本学科领域的专家学者参与教育政策的研究与制定，发现和培养青年人才。

3. 在专业教学指导委员会的组织下，立足于物流专业建设和人才培养的教育改革与创新

（1）现有物流教育质量存在的弊端

一是知识分割过细。物流是一个跨度很大的学科，但综观全国的专业设置，有些专业口径狭窄，课程局限于狭窄的知识面内，因此各门课程之间分割的很细。教学内容划分过细，各门课程过分强调各自的系统性、完整性。许多教材面面俱到，教师讲授又照本宣科，在有限的教学时间内，必然会导致对许多重要内容的舍弃，舍本逐末。而各个专业之间又泾渭分明，隔行如隔山，学科之间难以迁移，由于知识分割过细，各自为政，缺乏整体考虑，其结果一方面造成学生知识和能力不必要的重复和产生某些漏洞，另一方面，又造成学生单向的、刻板的、片面的知识结构，不利于他们多维的、灵活的、创造性的思维能力，也有悖于现代物流的理念。

二是课程内容陈旧。由于物流业发展迅猛，导致教学内容严重滞后。许多教材都还是传统物流的产物，有的甚至更早，很少涉及科学发展前沿的东西，缺少时代发展所需要的新内容。教材内容缺乏时代性，新颖性，难以适应瞬息万变的信息社会。尤其是信息技术日新月异，更需要及时更新教学内容。

三是课程过于求同。课程内容大多属于定

论的东西，毋庸置疑，缺乏对学生的启发性，致使学生习惯于接受书本已有的结论。教学过程中注重对学生求同思维的训练，而忽视求异思维。课程设置强调统一性，一味地讲求整齐划一，忽视个性的培养，其结果是学校无特色，学生无特长，不利于多规格、多层次的人才的成长。

四是教师单向灌输。教学以灌输知识为主，片面强调知识传承以及应试技巧的训练，教学中过分偏重讲授的方法，强调按部就班的教育方式，多采用演绎法，忽视学生的主体作用，不重视学生创新能力的培养以及非智力因素的发展。

五是实践环节薄弱。课程大多注重理论的学习，而忽视实践环节。从理论到理论，课程显得既枯燥无味，又空洞乏力，导致学生虽满腹经纶，却只能纸上谈兵，动手实践能力较差。

六是课程设置不当。专业课比例过大，而对基础课重视不够；必修课过多，选修课较少；重课堂教学，而轻课外实践过程；重视显性课程而忽视隐性课程等。其结果是课程门类多，课时多，学生负担重，自学时间少，不利于培养学生的兴趣爱好和个人特长，不利于发展学生的动手能力和创造才能。现有的课程体系造成综合教育的削弱，创新教育的忽视，实践观念的淡薄，使得学生的知识面狭窄，动手实践能力差，个性发展受到忽视，最终阻碍学生创造性发展。也削弱了中国物流人才的竞争力。

（2）实施物流类专业课程体系创新

认同性课程转向“创造性”课程。与物流产业发展相适应的物流高等教育，其职责在于把个体训练成为有一定专业技能的操作者，因此课程具有“认同性”的属性。课程传授“有用”的知识、技能及行为规范，学生在掌握知识的数量上达到高效率及行为变化上达到高质量，学生只是处于被动接受知识地位，扼杀了学生的个性及创造性思维的发展。知识经济时代，创造性的“构想”及技术更新构成了经济发展的主要推动力量，以培养学生创新意识与能力为宗旨的“创造性”课程必将成为学校课程为迎接知识经济的挑战而进行改革的方向。“创造性”课程与“认同性”课程的主要区别在于课程的出发点及学习的心理水平不同。“创造性”课程将学生的学习由感知、记忆水平提高到想象、思维高度。主要特征是学生在课业学习过程中的创新意识、态度及创造性地掌握与创造性地解决问题能力的培养。“创造性”课程并不否定对知识掌握的必要性，但却不止于认同式的掌握。现代社会知识激增，各行各业变化加剧，掌握一门技能便一劳永逸的传统逐渐被打破。要解决知识无限膨胀与学习能力有限的矛盾，要适应瞬息万变的社会，就必须掌握最基本的、系统的方法和知识，因为只有这些知识才具有更强的迁移力。另外，应该教给学生科学前沿的东西，扩大学生的新视野，激发他们的创新意识。

“专业化”课程转向“综合化”课程。传统物流教育只注重“专业化”课程，学生视野局限于狭窄的知识领域，难以有新突破。现代物流所表现的各行各业之间的联系越来越密切，局限于某一狭窄专业的孤陋寡闻者难以适应现代物流的发展。创新往往产生于各专业之间的交叉处。因此，实施“综合化”课程是现代物流向协同化和综合化发展的趋势，人们所面临问题的复杂性，客观世界的有机统一性等因素影响的必然结果。通过实施综合课程，有助于给学生提供完整的物流知识结构，可以消除课程繁多、学生负担过重的倾向，有助于应付知识的激增，有利于学生的学习和个性的发展。综合化课程一般采取两种形式，一种是有内在联系的不同学科的内容糅合在一起而形成一门新的学科，叫做融合课程（fused curriculum），如物流工程与物流管理的融合；一种是合并数门相临学科的内容形成的综合性课程，叫做广域课程（broadfields curriculum）。

“统一化”课程转向“多样化”课程。传统的课程强调整齐划一，同一专业的学生都修习同样的课程，结果造成人才培养的单一化。大学生个性的丰富多彩，决定了每个人的兴趣、爱好与需求都不一样。“统一化”的课程是很难做到因材施教的，阻碍学生个性的发展及其创造力的发展。要培养学生的个性，就应尽可能开设较多的课程，除了最基本的知识实行必修课外，实现真正意义上的选修课，为了保证学生合理的知识结构，可以实行模块式课程，将选修科目分成几个较大的模块，每个模块占一定的比例，这样既保证学生形成比较系统、完整的知识结构，又可以满足学生个性发展的需要。

（3）建立以理论教学、实验教学、科学研究三个维度基本框架的新型教学模式

物流学科是一门实用的、直接的科学与技术，它不同于抽象的衍生的科学。它渗透到与流通有关的许多领域，多学科性成为物流学科的一种重要特征。因此，物流类专业人才的培养应以理论教学、实验教学、科学研究三个维度构成教学基本框架，改变传统教学中三个维度衔接不够的状况，通过三个维度相互交叉、有机结合构建新型的教学模式，以促进学生积极地投入到学习活动中，提高教学质量。

理论教学：作为构建框架的基础，以全面系统的知识学习和综合思考能力培养为主。强调宽厚的基础教育、学科知识横向与纵向间的联系，在基础教育中人文素质 教育与科学素质教育并行，重视多学科交叉渗透和边缘学科的教学。在专业学习中消除单一的专业烙印，注重几大学科领域之间的内在联系和共性。同时，注重科学研究与理论教学的结合。

实践教学：作为理论教学的延续，通过对学校资源和教学内容有效整合，开设综合性、设计性实验，使物流实验教学不再仅是理论的再现，而是强调理论在应用中的相关性和综合性。同时，也是引导和激发学生走向新的科学研究的起点。

科学研究：一方面，把理论教学和实验教学中学到的知识和技能用于解决实际的科学研究问题中，另一方面，在解决这些问题的过程中充分发挥和体现个体的主动性和创造性。可通过在教学安排上的调整、导师制的实施等方式使学生尽早地进入物流实验室，参与教师的研究工作。

（4）建立物流专业评估与考核机制，提高物流专业办学质量

在条件适当时可以出台物流专业评估机制，淘汰办学质量差的物流专业，适当扩大办学质量好的物流专业办学点的招生人数。

（转自《中国物流发展与人才需求研究报告》中国物资出版社出版）

全国物流园区发展调查报告

国家发展与改革委员会　中国物流与采购联合会
（2006 年）

第一部分　调查背景介绍

物流园区是近年来我国现代物流发展中出现的新生事物，在已经制定物流发展规划的省（市）自治区和经济中心城市大都提出了物流园区的规划建设问题。物流园区在日本、德国等发达国家发展迅速，其管理和规划也比较成熟，相比而言，我国在物流园区的规划建设和运营管理面尚缺乏经验。为全面了解和掌握目前我国物流园区的建设和经营情况，更有针对性地做好相关服务工作，为政府主管部门、物流园区和企业提供决策参考，按照2006 年全国现代物流工作部际联席会议的部署，国家发展和改革委员会和中国物流与采购联合会联合组织物流园区调研组，在全国开展了本次物流园区调查。

本次调查通过发放问卷、实地调研以及在互联网、报章杂志上检索二手资料等方法，进行有关数据、资料的检索和分析，形成《全国物流园区发展调查报告》。

第二部分　调查资料与数据统计分析

一、物流园区基本概念

在修订的中华人民共和国国家标准《物流术语》（GB/T 18354）中，对物流园区的概念解释为：物流园区（Logistics Park）是为了实现物流设施集约化和物流运作共同化，或者出于城市物流设施空间布局合理化的目的而在城市周边等各区域，集中建设的物流设施群与众多物流业者在地域上的物流集结地。

在物流园区资料检索和实地调查过程中，存在着一个明显的现象，即社会各界对物流园区的认识和理解是多种多样的。例如，在调研中发现，有些企业虽然名称上是称为物流基地有限公司，但实际上是典型的从事仓储或配送等物流服务的物流企业；物流园区也存在着园中园的情况。

由于存在以上情况以及资料来源和统计口径等原因，有可能出现本报告收集的数据与读者掌握的数据出现不一致的情况。

二、物流园区地理分布

本次全国物流园区调查，收集到包括运营、在建和规划中的 207 个物流园区的资料①。

为了能够反映全国物流园区的地理位置分

① 运营的物流园区的统计口径是指已经全部建成并投入运营的物流园区和部分建成并投入运营的物流园区。在建的物流园区的统计口径是指已经完成规划和审批、正在建的物流园区。规划中的物流园区的统计口径是指还没有得到审批的物流园区，以及在当地物流规划中提出建设构想的物流园区。

布与当地经济发展水平之间的关系，本报告按照全国“十一五”发展规划中提出的新的经济区域划分的构想，对物流园区的分布进行分析①。

调查表明，东部沿海经济区的物流园区的数量在八大经济区位居首位，有52个物流园区，占全国物流园区总量的26%；南部沿海经济区有36个物流园区，占全国物流园区总量的17%；北部沿海经济区有28个物流园区，占全国物流园区总量的14%；东北经济区有21个物流园区，占全国物流园区总量的10%；黄河中游经济区有21个物流园区，占全国物流园区总量的10%；西南经济区有19个物流园区，占全国物流园区总量的9%；长江中游经济区有17个物流园区，占全国物流园区总量的8%；西北经济区有13个物流园区，占全国物流园区总量的6%。

南部沿海经济区和东部沿海经济区的物流园区的总量占到全国物流园区总量的43%，接近一半。这在某种程度上表明：1. 这两个经济区的经济发展水平处于在全国领先位置，交通基础设施的建设相对于其他的经济区来说比较发达；2. 这两个经济区现代物流发展的水平比较高，物流市场的需求量大；3. 这两个经济区物流园区的发展热情很高。

三、物流园区建设状态

（一）全国范围的物流园区建设状态分析

本调查收集到的物流园区样本总量为207个，其中，已经运营的物流园区50个，占24%；在建的物流园区65个，占31%；规划中的物流园区92个，占45%。从数字分析不难看出：目前，已经运营的物流园区的比例较低，而规划中的物流园区数量最多，这表明全国掀起规划和建设物流园区的高潮。

（二）经济区域的物流园区建设状态分析

（1）已经运营的物流园区分析

调查表明，东部沿海经济区已经运营的物流园区最多，有11个；然后依次是北部沿海经济区运营的物流园区有10个；南部沿海经济区运营的物流园区有8个；长江中游经济区运营的物流园区有7个；黄河中游经济区运营的物流园区有6个；东北经济区运营的物流园区有4个；西南经济区运营的物流园区有3个；西北经济区运营的物流园区有1个。

（2）在建的物流园区分析

调查表明，东北经济区在建的物流园区最多，有12个；然后依次是东部沿海经济区在建的有11个；南部沿海经济区在建的物流园区有9个；长江中游经济区在建的物流园区有9个；北部沿海经济区和西南经济区有8个；黄河中游经济区有7个；西北经济区有1个。

（3）规划中的物流园区分析

调查表明，东部沿海经济区规划中的物流园区最多，有30个；然后依次是南部沿海经济区规划中的物流园区有19个；西北经济区规划中的物流园区有11个；北部沿海经济区规划中的物流园区有10个；黄河中游经济区有8个；西南经济区规划中的物流园区有8个；东北经济区规划中的物流园区有5个；长江中游经济区规划中的物流园区有1个。

四、物流园区的作用

针对目前社会上对物流园区的发展所持有的不同观点，本调研就“物流园区是否有必要存在、物流园区的作用是什么？”等问题进行了调查和座谈交流。

调查表明，无论是地方政府，还是物流企业或物流园区的主办单位，多数均认为物流园区对区域经济发展具有良好的支持和促进作用。具体地表现在如下几个方面：

（一）有利于土地资源的集约化使用

① 八大经济区域的划分：东北经济区（辽宁、吉林、黑龙江）、北部沿海经济区（北京、天津、河北、山东）、东部沿海经济区（上海、江苏、浙江）、南部沿海经济区（福建、广东、海南）、西南经济区（云南、贵州、四川、重庆、广西）、西北经济区（甘肃、青海、宁夏、西藏、新疆）、黄河中游经济区（陕西、山西、河南、内蒙古）、长江中游经济区（湖北、湖南、江西、安徽）。

随着城市化进程的加快和市区的不断扩展，住宅、商贸、金融、饮食服务等第三产业的用地需求不断增加，原来的城市边缘区迅速成为市中心区，原有的大型仓库、配送中心、货运站因对城市交通和环境造成了很多不利的影响，从而必须迁出。物流园区的出现既为配送中心提供了新的发展空间，也为城市用地结构调整创造了条件，减小了物流对城市环境造成的不利影响，而且物流园区可以统一提供仓库、货场、停车场、装卸设备等物流设施供入驻的企业使用，使土地使用效率大为提高，缓解了土地供给紧张的问题。这一点在沿海大型城市如上海、广州等地尤为明显。

（二）有利于促进第三方物流的发展，加快物流社会化的形成

据行业研究结果表明，目前国内工业园区或工业企业聚集地中共享型的生产性服务载体相对缺乏，许多配套服务功能如物流配送服务与入驻的国内外企业的需求相差较大，在很大程度上影响了制造业的发展。物流园区的出现将众多的物流企业聚集在一起，有利于为生产流通企业提供全方位的物流配套服务、提高其物流运作的效率和降低其物流成本，从而有利于生产流通企业和物流企业的专业化运营，促进区域经济的健康发展。例如，浙江传化物流基地的建成与运行，据粗略测算，在2005年使其区域内的生产流通企业降低物流成本12亿元人民币。

（三）有利于提高物流企业规模效益，实现资源共享和物流功能的综合集成

按照市场经济的规律，组建物流园区可将多个物流企业吸引在一起，发挥整体优势和规模优势，实现物流企业的专业化和互补性。同时，这些企业可以共享园区内的基础设施、配套服务设施、优惠政策和综合服务，有利于实现物流企业的重组，实现社会资源的优化配置、降低运营成本。

（四）有利于物流市场的管理和实现物流公共信息平台服务。

物流园区的建立有利于实现资源整合，将不同规模、不同服务项目、不同专长的物流服务企业，将银行、电信、保险、法律、会计等专业化服务，汽修汽配等工具设备的维护保养服务，餐馆住宿等生活配套服务，工商、财税、运管、公安等政府的监督管理服务职能一起集聚到同一平台上，从而有利于促进政策协调、节约行政资源，实现物流市场的高效管理和服务。例如，一些物流基地的建成为社会零散车辆运营服务的税收管理提供了便利条件。同时，物流园区将区域内外的众多工商企业的物流需求信息和物流企业的服务信息汇集在一起，有利于搭建物流公共信息平台，提供物流信息增值服务。

五、物流园区基本类型

（一）全国物流园区的类型分析

调查表明，配送中心型物流园区的数量为17个，占8.2%的比例；仓储型物流园区的数量为9个，占4.3%的比例；货运枢纽型物流园区的数量为77个，占37.2%的比例（其中，港口物流园区的数量为34个，占16.4%，航空物流园区的数量为10个，占4.8%，陆路物流园区的数量为33个，占16%）；综合物流园区的数量为104个，占50.3%①。

（二）经济区域的物流园区类型分析

调查表明，南部沿海经济区和东部沿海经济区以综合物流园区和港口物流园区为主；北部沿海经济区以综合物流园区、陆路物流园区和港口物流园区为主；东北经济区的各类物流园区数量比较均衡；长江中游经济区以陆路物流园区和综合物流园区为主；黄河中游经济区

① 本调查报告按照功能对物流园区进行分类：（1）配送中心型物流园区；（2）仓储型物流园区；（3）货运枢纽型物流园区。其中，货运枢纽型物流园区又分为：依托港区服务的物流园区——港口物流园区，依托机场服务的物流园区——航空（空港）物流园区，依托陆路服务的物流园区——陆路物流园区；（4）综合物流园区。

和西南经济区以综合物流园区和陆路物流园区为主；西北经济区以综合物流园区为主。

综合物流园区在各个经济区占到的比重最大。各个经济区都有陆路物流园区，其中，黄河中游经济区的陆路物流园区在该经济区中所占的比重很大。航空物流园区的数量比较少，主要分布在南部沿海经济区、东部沿海经济区和北部沿海经济区。港口物流园区主要分布在南部沿海经济区、东部沿海经济区、北部沿海经济区和东北经济区。

六、物流园区开发方式

（一）全国物流园区的开发方式分析

调查表明，政府规划、企业主导开发的物流园区最多有128个，占61%；政府规划、工业地产商主导开发的物流园区有51个，占25%；企业自主开发的物流园区有28个，占14%①。

调查表明，我国的物流园区开发过程中，政府在其中起着重要的作用，这将有利于物流园区的宏观指导。科学地规划是物流园区实现经济和社会双重目标的重要手段之一。例如，在上海，特别强调政府的统一规划，着重建设上海外高桥保税物流园区、沪西北综合物流园区、浦东空港物流园区、洋山港物流园区四个园区。

（二）经济区域的物流园区开发方式分析

调查表明，在政府规划、工业地产商主导开发的物流园区中，南部沿海经济区和东部沿海经济区比较多，分别为10个和18个，主要是这些区域临港，再临空建设一些物流园。北部沿海经济区和东北经济区依托港口和机场分别建设6个物流园区和4个物流园区。黄河中游经济区依靠政府的规划和资金的支持，依托机场和铁路建设9个物流园区。

在政府规划、企业主导开发的物流园区中，东部沿海经济区最多有30个。依次是南部沿海经济区有24个、北部沿海经济区和东北经济区有16个、西南经济区有14个、西北经济区有13个、黄河中游经济区有8个、长江中游经济区有7个。

在企业自主开发的物流园区中，长江中游经济区占有数量最多有8个；依次是北部沿海经济区有6个；黄河中游经济区和东部沿海经济区有4个；西南经济区有3个、南部沿海经济区有2个、东北经济区有1个。

七、物流园区投资建设主体

在物流园区的开发建设过程中，投资建设主体呈多元化的态势，既有国有企业、民营企业，也有外商投资企业。本调查以回收的问卷作为样本，对物流园区投资建设主体进行分析。在回收的39份有效问卷中，填写此项内容的问卷有32份。

调查表明，政府提供优惠政策，企业出资建设的物流园区有11个，占34%；政府和企业共同投资建设的物流园区有8个，占25%；企业自己出资兴建的物流园区有13个，占41%。

调查表明，政府在物流园区的投资建设过程中起着重要的作用，不但参与制定各种优惠政策，而且参与部分投资推动和吸引企业投资建设物流园区。

八、物流园区投资规模

在本项调查涉及的207家物流园区中，91家物流园区有总投资的数据。因为数据的原因，这里只分析物流园区总体投资的情况，而没有考虑物流园区分期投资建设的情况。

（一）全国物流园区的总投资规模分析

调查表明，91家物流园区中总投资在1～10亿元之间的物流园区数量最多有45个，占50%；总投资在1亿元以下的物流园区有11个，占12%；总投资在10～20亿元之间的物流园区有15个，占16%；总投资在20～30亿元之间的物流园区有14个，占15%；总投资

① 本项调查中物流园区的开发方式划分为：（1）政府规划，工业地产商主导；（2）政府规划，企业主导；（3）企业自主开发。

在30亿元以上的物流园区有6个，占7%。

（二）经济区域的物流园区总投资规模分析

调查表明，物流园区总投资在1亿元以下的经济区中，东北经济区最多有4个；北部沿海经济区、黄河中游经济区和西南经济区各有2个；南部沿海经济区有1个；东部沿海经济区、长江中游经济区和西北经济区一个也没有。

物流园区总投资在1～10亿元之间的经济区中，黄河中游经济区最多有11个；长江中游经济区有8个；东部沿海经济区和北部沿海经济区各有6个；南部沿海经济区和东北经济区各有4个；西北经济区和西南经济区各有3个。

物流园区总投资在10～20亿元之间的经济区中，南部沿海经济区、长江中游经济区和西南经济区各有3个；北部沿海经济区和东北经济区各有2个；东部沿海经济区和黄河中游经济区各有1个；西北经济区一个也没有。

物流园区总投资在20～30亿元之间的经济区中，东部沿海经济区和北部沿海经济区最多，各有3个；东北经济区、长江中游经济区和西南经济区各有2个；黄河经济区和西北经济区各有1个；南部沿海经济区一个也没有。

物流园区总投资在30亿元以上的经济区中，北部沿海经济区最多，有4个，其中有2个物流园区的总投资在100亿元以上；长江中游经济区有2个；南部沿海经济区、东部沿海经济区、东北经济区、黄河中游经济区、西南经济区和西北经济区一个也没有。

九、物流园区建设规模

在本项目调查的207家物流园区，其中130家物流园区有占地面积的数据。

（一）全国物流园区占地面积分析

调查表明，全国物流园区的占地面积在0.1～1平方公里之间的数量最多，有62个，占47%；物流园区的占地面积在0.1平方公里以下为11个，占8%；物流园区的占地面积在1～2平方公里之间的有22个，占17%；物流园区的占地面积在2～3平方公里的有4个，占3%；物流园区的占地面积在3～5平方公里和10平方公里以上的有6个，均占5%；物流园区的占地面积在5～10平方公里的有19个，占15%。

（二）经济区域的物流园区占地面积分析

调查表明，在南部沿海经济区，占地面积在0.1～1平方公里之间的物流园区有5个；占地面积在1～2平方公里之间的物流园区有3个；占地面积在5～10平方公里之间的物流园区有4个。

在东部沿海经济区，占地面积在0.1～1平方公里之间的物流园区有20个；占地面积在1～2平方公里之间的物流园区有3个；占地面积在5～10平方公里之间的物流园区有3个。

在北部沿海经济区，占地面积在0.1～1平方公里之间的物流园区有6个；占地面积在1～2平方公里之间的物流园区有5个；占地面积在5～10平方公里之间的物流园区有5个。

在东北经济区，占地面积在0.1～1平方公里之间的物流园区有8个；占地面积在1～2平方公里之间的物流园区有2个；占地面积在5～10平方公里之间的物流园区有1个。

在长江中游经济区，占地面积在0.1～1平方公里之间的物流园区有4个；占地面积在1～2平方公里之间的物流园区有3个；占地面积在5～10平方公里之间的物流园区有3个。

在黄河经济区，占地面积在0.1～1平方公里之间的物流园区有10个；占地面积在1～2平方公里之间的物流园区有3个；占地面积在5～10平方公里之间的物流园区有1个。

在西南经济区，占地面积在0.1～1平方公里之间的物流园区有7个；占地面积在1～2平方公里之间的物流园区有2个；占地面积在

5～10平方公里之间的物流园区有2个。

在西北经济区，占地面积在0.1～1平方公里之间的物流园区有2个；占地面积在1～2平方公里之间的物流园区有1个；占地面积在0.1平方公里以下的物流园区有1个。

十、物流园区内入驻企业和实体的主要类型

本项调查以回收的问卷做样本，对入驻物流园区的企业和实体的主要类型进行分析。在回收的39份有效问卷中，有24份问卷填写了此项内容。

调查表明，在入驻物流园区的企业和实体中，商贸企业最多，共有2298家，占39%；依次是货代公司，共有1529家，占26%；物流公司890家，占15.1%；生产企业421家，占7.2%；运输企业156家，占2.7%；银行等服务机构23家，占0.4%；快递公司18家，占0.3%；其他类型的企业550家，占9.3%。如果从广义的物流企业来分析，物流企业应包括货代公司、运输公司和快递公司。这样物流企业共2593家，其数量比商贸企业略多。

十一、物流园区赢利模式

本项目以回收的问卷做样本，对物流园区的赢利模式进行分析。在回收的39份有效问卷中，有32份问卷填写了此项内容。

调查表明，库房、货场租金是物流园区最主要的收入来源，32家物流园区中有30家的收入来源于库房、货场租金。配套设施租金及管理费、各种增值服务费、物业管理费和办公楼租金也是物流园区的主要收入来源，其中21家物流园区的收入来源于物业管理费；20家物流园区的收入来源于各种增值费；19家物流园区的收入来源于配套设施租金、管理费；18家物流园区的收入来源于办公楼租金。设备租金，所属物流企业、国家拨款，税收优惠和土地升值后出租或出售也是物流园区的收入来源。其中，10家物流园区的收入来源于设备租金；7家物流园区的收入来源于所属物流企业；3家物流园区的收入来源于国家拨款和税收优惠；2家物流园区的收入来源于土地升值后出租或出售；有5家物流园区的收入来源中于其他的收入，比如物流信息服务费、仓储和运输费用等。

十二、物流园区发展过程中遇到的阻力

本项目以回收的问卷做样本，对物流园区发展过程中遇到的阻力进行分析。在回收的39份有效问卷中，有32份问卷填写了此项内容。

调查表明，有32家物流园区在建设发展的过程中，遇到的最大阻力来自规划不充分和征地困难，有12家物流园区同时遇到这两个阻力。配套设施没有及时跟上，也是物流园区在建设发展过程中遇到的较大阻力，有8家物流园区遇到这个阻力。没有优惠政策、审批困难、物流品种混杂、资金不能及时到位也是物流园区建设发展过程中不小的阻力，有8家物流园区分别遇到没有优惠政策和审批困难这两个阻力。有5家物流园区遇到物流品种混杂和战略定位不明确的阻力。有6家物流园区遇到资金不能及时到位的阻力。功能单一和通关不便也是物流园区建设发展过程中的阻力之一，有3家物流园区遇到通关不便这个阻力，有2家物流园区遇到功能单一这个阻力。有5家物流园区遇到其他方面的阻力，比如发展空间有限、竞争激烈等阻力。地理位置不理想和管理水平低的阻力在物流园区的建设发展中尚没有遇到。

在现场调研过程中，如下两个问题表现得比较突出：(1)物流园区的规划和建设是一项巨大的系统工程，需要有政府综合经济、交通运输、城市规划、工商、贸易等主管部门的相互配合。如何做好政府部门以及条块之间的协调，运用良好的市场调节机制，达到整合各种物流资源的目的，对于建立一个现代化的、科学的物流园区经营管理体制显得十分重要；(2)物流园区的建设需要巨额投资和大量的土地。由于国内融资渠道的不畅，物流园区建设过程中的巨大压力来源于资金的不足。

十三、物流园区内的典型设施和设备

本项目以回收的问卷做样本，对物流园区内的典型设施、设备进行分析。在回收的39份有效问卷中，有31份问卷填写了此项内容。

调查表明，31家物流园区中有26家物流园区拥有计算机系统；有19家物流园区拥有立体仓库；有15家物流园区拥有集装箱；有11家物流园区拥有RFID；有10家物流园区拥有GPS；有9家物流园区拥有冷库；有5家物流园区拥有其他典型的设施、设备，比如商品检测设施、铁路专用线仓库。

十四、物流园区的信息化建设以及服务

（一）物流园区的信息化建设分析

本项目以回收的问卷做样本，对物流园区的信息化建设进行分析。在回收的39份有效问卷中，有24份问卷填写了此项内容。

调查表明，24家物流园区在信息系统建设过程中，采用了组合型的开发方式，有采用一种方式的，有采用两种方式的，也有三种方式都采用的。有17家物流园区的信息系统建设采用了委托定制开发的方式，有12家物流园区的信息系统的建设采用了自行开发的方式，有6家物流园区采用了外购成熟产品的方式。

（二）物流园区的信息化服务分析

本项目以回收的问卷做样本，对物流园区的信息化服务进行分析。在回收的39份有效问卷中，有26份问卷填写了此项内容。

调查表明，26家物流园区中有16家提供互联网络接入，有23家物流园区提供物流信息平台，有18家物流园区提供信息服务。

十五、保税物流园区

保税物流园区是在毗邻保税区的特定港区或在国务院已经批准的保税区规划区域内，划出专门供发展现代国际物流产业的独立封闭区域。建立保税物流园区，实现区港联动对促进国际港航产业和现代物流产业的联动发展，提高物流企业国际竞争能力，具有十分重要的战略意义和深远的历史意义。

2003年12月8日，国务院办公厅正式批复海关总署，同意《上海外高桥保税区区港联动试点方案》。2004年8月16日，国务院办公厅批复进一步扩大保税区与区港联动试点范围，同意青岛、宁波、大连、张家港、厦门象屿、深圳盐田港、天津港保税区与其临近港区开展联动试点（如下表所示）。

八大区港联动保税物流园区

保税物流园区名称	总投资（亿元）	建设面积（km^2）	主要物流种类	重要客户	封关运营时间
上海外高桥保税物流园区	28	1.03	钢材、有色金属、家电、IT类产品、IC类产品	世天威、东方海外、商船三井、DHL、日通	2005.1
宁波保税物流园区	13	0.95	机械、化工、棉花	东方嘉盛公司、意大利邮船公司、巨龙物流、德威物流、东方海外、嘉宏物流	2006.1
厦门保税物流园区	3	0.7	IT产品、生物制品、保鲜货物	伯灵顿、怡亚通	2005.12

续　表

保税物流园区名称	总投资（亿元）	建设面积（km^2）	主要物流种类	重要客户	封关运营时间
深圳盐田港保税物流园区		0.96		嘉里物流、日通物流	2006.4
青岛保税物流园区	2.5	1	电子、棉纱、不锈钢卷板、油漆、稀释料、轮胎	美国UPS、荷兰世天威、瑞士名门、瑞士地中海、香港东方海外、新加坡锦佳公司	2005.11
天津保税物流园区		1.5		海信、中集造箱、太平造箱、浦项不锈钢、马士基物流、韩国物流协会、嘉里物流集团	2005.4
大连保税物流园区	7	1.5	汽车配件、机器设备	伊藤忠、东方海外、美国阿拉斯加标准渔业	2004.11
张家港保税物流园区	25	1.53	化工、纺织、机电五金	荷兰孚宝公司、荷兰百科公司、德国瓦克、日本三井	2005.3

八大区港联动的保税物流园区现已全部正式封关运作。在这八大区港联动的保税物流园区中，张家港保税物流园区是唯一的“内河港型”保税物流园区，其他的保税物流园区都是“海港型”保税物流园区。

调查表明，各个保税物流园区所涉及的主要物流种类有所不同，与当地的经济发展相关。入驻保税物流园区的企业不但有国内知名企业，还有国际上知名的企业。这表明区港联动的保税物流园区在国际贸易领域发挥着越来越重要的地位。

十六、物流园区的相关政策

调查表明，物流园区内的企业享受的优惠政策主要来自两个层面：一个是来自中央和地方各级政府的相关部门关于促进现代物流业发展的优惠政策；另一个是来自于当地的高新技术开发区和工业园区内企业享受的优惠政策。其中，税收优惠政策和用地优惠政策是物流园区建设过程中所涉及的主要内容，而且各地区的做法不尽相同。随着时间的变化，各地的政策也会有相应的调整。

（一）用地政策

在被调查的207家物流园区中，绝大部分的物流园区都能享受用地政策的优惠。除了国家相关部委发布的政策文件如《国务院关于促进流通业发展的若干意见》（2005年6月实施）等涉及用地优惠政策外，一些地方政府为了吸引企业入驻物流园区，还根据本地的实际情况制定了多种多样的优惠政策。

随着各区域经济以及物流业的发展，各地区根据国家土地政策在物流园区用地政策上也在不断做出调整。

（二）税收政策

在税收方面，大部分的物流园区也都享有优惠政策。其中除了国家相关部委制定的有关优惠政策外，各地方政府为了加快当地现代物流园区的开发建设步伐，也纷纷制定相关优惠政策。

（三）其他相关政策

1. 融资和信贷优惠政策。在被调查的207家物流园区中，大约有一半的物流园区享有地方政府制定的融资和信贷的优惠政策。

2. 用电、用水政策。在用电、用水方面，国家和各地政府也都制定了相应的优惠政策。在被调查的物流园区中，享有优惠政策的园区，如深圳市罗湖区笋岗——清水河物流园区、广州空港物流园区等，一般均规定园区内物流企业用电统一按工业用电收费，以降低企业成本。

3. 行业准入、行政监管等政策。在放宽行业准入、简化行政监管和审批手续等方面，为了使物流园区之间、物流园区和其他企业之间平等竞争，营造物流园区便捷快速的通关环境，国家和各地方政府也都制定了一系列的优惠政策来吸引物流企业入驻物流园区。

第三部分　基本结论与启示

根据本次调研的现场考察以及数据分析，关于我国物流园区的发展形成如下几点基本结论：

（1）对什么样的企业或什么样的组织是物流园区，在现实实践中还存在着不同的理解，即物流园区的界定原则和界定依据有待于进一步确定。

（2）物流园区的建设和运营对区域经济的发展起到了积极的促进作用，具有明显的经济效益和社会效益。

（3）物流园区的建设和区域经济发展水平基本相适应。在经济发达和地理位置优越的经济区，物流园区发展比较迅速，物流园区建设数量多，已经投入运营的比例高。例如，在北京、天津、山东、广东、福建、上海、江苏、浙江几个省市，物流园区的建设数量占到全国的55%；而实际已经运营的物流园区数量则占到全国的57%。而在经济不发达的经济区，物流园区发展步伐相对比较缓慢，但呈现出追赶的趋势。

（4）全国各地物流园区的建设热情普遍高涨。在被调查的物流园区中，已经运营的物流园区占24%；在建的物流园区占31%；规划中的物流园区占45%。同时，一些地区对物流园区的建设表现出了很高的热情，例如，在甘肃各类物流园区有10个、内蒙古自治区有10个、江苏省有28个。本项调查检索到的我国物流园区就有207个，约80%的物流园区处于在建和规划状态。虽然我国国土辽阔，但不能排除各地在物流园区建设上存在着一定程度的“刮风”和“虚热”现象，这一点应当引起各级政府、企业等各方面的高度重视。

（5）从物流园区的开发方式、投资建设方式和政策导向看，政府部门在物流园区的建设过程中起到了极为重要的作用。科学地规划是物流园区实现经济和社会双重目标的重要手段之一。科学规划的物流园区建设将分布于城乡各个角落的物流结点统一起来，通过功能整合、技术创新、规模运作，减少物流系统给城市发展造成的负面影响，改善城市的交通、生态环境、城市的景观和优化城市的功能布局，增强城市的综合竞争力。物流园区的规划和建设是一项巨大的系统工程，纵向需要有政府综合经济、交通运输、城市规划、工商、贸易等主管部门的相互配合，横向也要避免各级政府重复建设，因此加强物流园区的科学规划，做好政府部门以及条块之间的协调，对于物流园区的健康发展意义重大。

（6）物流园区的规模大小直接关系到园区的选址、界限划分与中心城的关系等问题。从本次调研数据看，在我国，占地面积在0.1～1平方公里之间的物流园区占47%，占地面积在1～2平方公里之间的物流园区占17%，合计占64%。日本的物流园区平均建设74公顷

（不足1平方公里）；德国也是物流园区发展极具代表性的国家，德国的一些物流园区建设规模较大，部分在100公顷（1平方公里）以上。在物流园区的建设过程中，各地应借鉴国内外物流园区发展的经验和我国经济开发区、高技术开发区发展的经验，根据当地的经济发展水平和物流需求，确定适度的园区用地规模，避免造成土地资源的闲置。

（7）物流园区并不是物流服务的直接提供者，其入驻的物流企业才是真正的物流活动的组织者和实施者。因此，物流园区的成败直接决定于入驻的物流企业数量和质量。但是，本次调查发现，入驻物流园区的企业和实体中非物流企业的数量比例超过50%，入驻最多的是商贸企业，而不是物流企业、货代公司、运输企业、快递公司等。这可能有三种原因：一是被调查的对象虽然名称上是物流园区，但实质上更具有现货市场的特征；二是物流园区为生存所迫，只求有企业入驻，而暂时缺少总体上的发展考虑；三是物流的发展必须要和商流相结合。当然，国内物流企业实际经营能力弱小的现状，也给物流园区的发展和运营带来了巨大的挑战。从现有的调查数据看，国内物流园区的实际运营效果并没有完全发挥物流组织节点的功能。

（8）由于物流园区实现了公用基础设施的集中布局、物流企业的集中布局和货物的集中处理，是社会物流网络系统的重要节点，它兼有物流的特性，也有土地资源开发的基础设施建设的特性。在物流园区在规划建设和发展过程中遇到的最大的阻力之一是征地困难，这反映了物流园区的发展受国家土地政策和财税政策以及各级政府的相关政策影响很大。

（9）在物流园区规划建设和发展过程中遇到的最大的阻力也包括规划不充分和战略定位不明确两项因素。物流园区是一项“前期投入大、投资回报慢、综合效益好”的系统工程，因此需要综合考虑各种因素，加强物流园区建设的可行性研究，才能够使建设的物流园区真正发挥其作用和达到预期的效果。

（10）资金不足也是物流园区建设发展过程中遇到的阻力之一。从我国现实来看，物流产业是一个资金密集型的领域，资金短缺是制约物流园区发展和物流企业成长壮大的重要因素。

（本文为国家发改委、中国物流与采购联合会2006年重点研究课题报告的精缩版。课题组组长：中国物流与采购联合会副会长、中国物流学会会长何黎明。主要成员：国家发展和改革委员会经济运行局交通与物流处处长王慧敏；中国物流与采购联合会副会长兼秘书长崔忠付；执笔：西安交通大学管理学院教授、电子商务研究中心主任冯耕中等。）

2006 年中国物流业界的排序、表彰和奖项

2006 年中国最具竞争力的 50 强物流企业排序说明

2006 年 4 月，国家发展和改革委员会印发了《关于组织实施社会物流统计核算与报表制度的通知》（发改运行［2006］625 号），按照制度要求，由中国物流与采购联合会组织实施社会物流统计核算和重点物流企业统计调查工作。2006 年 4 月至 2006 年 10 月，我们在全国选择年营业额在 1 亿元以上的重点物流企业进行了统计调查，共收到有效资料 212 份。“2006 年中国最具竞争力的 50 强物流企业排序”就是本次统计调查的一项重要结果。

向社会发布“中国最具竞争力的 50 强物流企业排序”，既是借鉴国际通行的经验和做法，又是结合中国物流发展的实际情况，具有较强的客观性、严肃性和权威性。第一，按照国家物流统计制度调查的要求，运用了统计调查的手段来组织相关工作。第二，得到了许多地方现代物流主管部门和企业的大力支持，没有它们的支持和参与，这项工作是不可能完成的。第三，数据的收集和整理要全面、客观。第四，以主营业务收入为核心指标，反映了物流企业实际完成的业务水平。第五，这是一项纯公益性的活动，不向企业收取任何费用，也没有专家评审的环节，充分体现客观性、公正性。

向社会发布“中国最具竞争力的 50 强物流企业排序”，对于推进我国现代物流发展，促进我国物流企业做大做强，提高物流企业竞争力具有重要意义。第一，这是中国物流业发展的重要里程碑。入世以来，我国物流产业发展已经取得较大进步，物流产业的发展具体体现在物流企业的规模和效益上。从这次统计调查的结果看，本次 50 强企业主营业务收入共达 2875 亿元，比 2005 年 50 强物流企业主营业务收入 2211 亿元增长 30%。进入 50 强物流企业的最低“门槛”，主营业务收入超过 3.5 亿元，比 2005 年的 2.6 亿元提高 35%；前 10 强的企业主营业务收入最低超过 37 亿元。第二，这是完善全国社会物流统计制度的需要。自 2004 年我国社会物流统计核算制度建立以来，物流业作为一门新兴的服务产业已经取得较大发展，物流企业的评比越来越需要建立在科学的基础之上。这次发布“中国最具竞争力的 50 强企业排序”就是把企业排序建立在统计制度的基础之上，让“数据”来说话，将更有说服力和公正性。第三，有利于培育民族物流企业集团。中国的物流企业发展很快，但缺少大型企业，国际竞争力不强，物流企业面临的竞争越来越激烈。通过发布“中国最具竞争力的 50

强物流企业排序”，就是要让大家做到“心中有数”，促使企业在国内同行业中找位置，与跨国物流企业找差距，从而更好地引导国内物流业的发展，鼓励、扶持、培育一批具有现代管理服务水平和国际竞争力的大型物流企业，以适应我国物流市场全面开放的需要。

为物流企业排序尽管已是第二次，但对于我们来说仍然还是一个新的课题，还存在不少缺陷。主要表现在以下几个方面：一是由于我们宣传不到位，工作不细致，一些调查范围内企业没有收到调查通知；二是由于定期的国家物流统计调查制度今年刚建立，有些企业对这项工作不很了解，有顾虑，没有填报；三是本次排序是根据各单位自报数据进行，没有进一步核实，可能会有一定误差。今后，我们将按照国家发改委和国家统计局的要求，每年度都要开展此项工作，力争一年比一年更准确、更权威。我们希望通过“中国最具竞争力的50强物流企业排序”的发布，使更多的物流企业了解、理解、支持这项工作，积极参与今后的调查，准确、及时地填报有关报表，使我国物流统计调查范围更加全面，调查结果更加完整。我们也希望大家提出更多的建议。

（作者：丁俊发　中国物流与采购联合会　常务副会长）

2006年中国最具竞争力的50强物流企业排序名单

排　位	单　　位	2005年主营业务收入（万元）
1	中国远洋运输（集团）总公司	8707625
	其中，中远集装箱运输有限公司	2722427
	广州远洋运输公司	488243
2	中国海运（集团）总公司	5322305
	其中，中海集装箱运输股份有限公司	2718120
	中海集团物流有限公司	59835
3	中国对外贸易运输（集团）总公司	4258770
	其中，中国外运广东有限公司	261731
4	中国长江航运集团总公司	1622058
	其中，上海长江轮船公司	180318
5	中国物资储运总公司	744964
	其中，中储发展股份有限公司	541257
6	中国国际货运航空有限公司	567767
7	中铁快运股份有限公司	538018
8	山东海丰国际航运集团有限公司	509661
9	招商局物流集团有限公司	393704
10	嘉里大通物流有限公司	371531
11	远成集团有限公司	353610

续 表

排 位	单 位	2005 年主营业务收入（万元）
12	上海泛亚航运有限公司	317668
13	广东南粤物流股份有限公司	313828
14	中国石油化工股份有限公司管道储运分公司	298562
15	天津大田集团有限公司	297113
16	青岛海尔物流有限公司	295143
17	天津振华物流集团有限公司	280681
18	中国石油天然气运输公司	242249
19	中邮物流有限公司	195363
20	苏州隆兴物流有限责任公司	180504
21	中铁物资集团有限公司	180504
22	安吉天地汽车物流有限公司	174365
23	五矿国际货运有限责任公司	170000
24	广东省航运集团有限公司	165755
25	浙江传化物流基地有限公司	161800
26	黑龙江大庆油田物资集团	159000
27	南方企业集团物流有限公司	158400
28	深圳亦禾供应链管理有限公司	155000
29	深圳市华运国际物流有限公司	139278
30	中铁现代物流科技股份有限公司	131978
31	上海联华超市配销有限公司	125293
32	云南物流产业集团有限公司	114430
33	上海佳吉快运有限公司	108000
34	中铁特货运输有限责任公司	102344
35	甘肃西部物流有限责任公司	78299
36	上海现代物流投资发展有限公司	63972
37	山东盖家沟国际物流有限公司	62000
38	宝供物流企业集团有限公司	60174

续 表

排 位	单 位	2005 年主营业务收入（万元）
39	上海东方远航物流有限公司	60001
40	中国物流公司	59220
41	深圳粤钢松山物流有限公司	58818
42	上海时代航运有限公司	58552
43	上海航空股份有限公司	57048
44	浙江省八达物流有限公司	56939
45	北京宅急送快运有限公司	56363
46	广东鱼珠物流基地有限公司	54229
47	天津市交通（集团）有限公司	45898
48	昆山飞力国际货运有限公司	40648
49	北京福田物流有限公司	40581
50	保定市白沟鑫通源物流有限公司	35512

（供稿：中国物流与采购联合会）

2006年中国物流与采购联合会科学技术奖获奖项目名单

序号	获奖项目名称	获奖项目单位	等　级
		科技进步奖名单	
1	深圳市物流工程与仿真重点实验室建设	清华大学深圳研究生院	一等奖
2	成品烟丝箱式存储自动化物流系统	上海烟草（集团）公司 昆明船舶设备集团有限公司	一等奖
3	《中国现代物流大全》	北京科技大学	一等奖
4	陕西现代物流产业发展战略规划研究	西安交通大学	一等奖
5	件杂货散货码头可视化生产管理系统	上海海事大学	二等奖
6	中国邮政物流发展总体方案	北京科技大学	二等奖
7	全方位激光导引运输车	云南昆船设计研究院 云南昆船第一机械有限公司	二等奖
8	中邮物流集散网信息系统	中邮物流有限责任公司 江苏同达科技有限责任公司	二等奖
9	《我国现代物流业发展政策研究》	国家发展和改革委员会综合运输研究所	二等奖
10	废船拆解环境无害化管理研究	中国拆船协会	二等奖
11	“天下通”移动互联货运信息平台	北京汇通天下信息技术有限公司	二等奖
12	东风商品车运输物流监控系统	东风商用车公司市场销售总部	三等奖
13	《绿色供应链管理机制设计及其运营实践研究》	西安交通大学管理学院	三等奖

序号	获奖项目名称	获奖项目单位	等 级
14	上海国际航运中心集疏运配套系统及综合功能研究	上海海事大学	三等奖
15	海尔物流智能分拣技术的应用	青岛海尔零部件采购有限公司 青岛海尔物流咨询有限公司	三等奖
16	《交通运输业的现代物流研究》	湖北理工大学	三等奖
17	基于Internet 港航EDI 信息增值技术研究	上海海事大学	三等奖
18	使用换轨车转运堆垛机的高架仓储系统	云南昆船设计研究院 云南昆船第二机械有限公司	三等奖
19	二手车交易信息管理系统	广东中山旧机动车交易中心	三等奖
科技发明奖名单			
	具有柔性变址功能的分拣机网络管理控制系统	北京邮电大学、贵阳普天物流技术股份有限公司	三等奖

（供稿：中国物流与采购联合会科技信息部）

2006 年中国物流与采购行业十件大事

1. “十一五”规划纲要将“大力发展现代物流业”单列一节，现代物流的产业地位得以确立；

2. 国家发展和改革委员会发出《关于组织实施社会物流统计核算与报表制度的通知》，我国社会物流统计核算制度正式建立；

3. 国务院常务会议审议通过《全国沿海港口布局规划》；

4. 国务院批准设立大连大窑湾和天津东疆两个保税港区，批准西安、昆山、宁波、上海松江、北京天竺、烟台、重庆等 7 个出口加工区进行叠加保税物流功能试点；

5. 新修订的《物流术语》（GB/T 18354—2006）和新制定的《企业物流成本构成与计算》（GB/T 20523—2006）两个国家标准颁布；

6. 联邦快递以 4 亿美元收购大田集团合资公司中 50% 的快递股份，成为物流行业最大的外资并购案；

7. 教育部高等学校物流类专业教学指导委员会和教育部中等职业学校物流专业教学指导委员会相继设立；

8. 国内油价两次大幅上调，物流运输成本明显上升；

9. “全国普通货物公路运价指数”由中国物流与采购联合会和汇通天下信息技术有限公司首次联合发布；

10. 原国家邮政局实行政企分开，重新组建新的国家邮政局和中国邮政集团公司。

（供稿：中国物流与采购联合会研究室）

2006年中国物流十大年度人物

王世春　山东中邮物流有限责任公司总经理
王树生　天津大田集团董事长
叶祥春　民航快递有限责任公司总经理
张建卫　中外运集团副总裁兼中外运股份有限公司总裁
杨文华　上海成协物流配送有限公司总经理
陈　彪　国药控股有限公司副总经理兼国药集团医药物流有限公司总经理
郭进鹏　林德（中国）叉车有限公司总裁兼首席执行官
梁从友　重庆港务物流集团董事长兼党委书记
翟学魂　汇通天下信息技术有限公司总裁
薄世久　吉林省长久实业有限公司董事长

（供稿：《中国物流与采购》杂志社）

2006 年"中国物流示范基地"、"中国物流实验基地"评审结果

中国物流示范基地：

中邮物流有限责任公司
山东盖家沟国际物流有限公司
北京空港物流基地开发中心
中铁现代物流科技股份有限公司
浙江传化物流基地有限公司
上海现代物流投资发展有限公司

中国物流实验基地：

郑州交通运输集团公司
惠州市金泽国际物流园区管理有限公司

（供稿：中国物流与采购联合会行业事务部）

2006年中国物流发展专项基金
“宝供物流奖”获奖名单

一、宝供物流理论创新奖

一等奖：《我国现代物流业发展政策研究》
获奖者：汪鸣
作者单位：国家发展和改革委员会综合运输研究所
二等奖：
1.《物流系统论》
获奖者：何明珂
作者单位：北京工商大学商学院
2.《军地物流一体化研究》
获奖者：王宗喜等
作者单位：解放军后勤指挥学院军事物流仓储教研室
三等奖：《集群式供应链管理》
获奖者：黎继子
作者单位：武汉科技学院经济管理学院

二、宝供物流管理创新奖

一等奖：《中国制造业采购经理指数创建与应用》
获奖者：中国物流信息中心
二等奖：《一汽集团物流管理模式》
获奖者：冯君霞等
作者单位：一汽集团进出口公司国际物流中心

三、宝供物流科技创新奖

一等奖：《物流系统仿真实验平台建设》
获奖者：缪立新等
作者单位：清华大学深圳研究生院
三等奖：《计算机辅助货架集成规划设计分析系统》
获奖者：王转等
作者单位：北京科技大学

四、宝供物流推动贡献奖

一等奖：《中国物流人才战略体系设计与实践》
获奖者：任豪祥等
作者单位：中国物流与采购联合会培训部
二等奖：
1.《〈精益六西格玛概念的引进、推广及实践应用〉、〈供应链管理流程标准的推广及应用〉、〈“全球视角”系列研究报告的引进及相关经验推广〉》
获奖者：王国文
作者单位：美国供应链管理专业协会中国圆桌会
2.《物流标准化体系建设研究报告》
获奖者：孟国强等
作者单位：全国物流标准化技术委员会秘书处等
三等奖：
1.《中国储运》杂志
获奖者：中国储运杂志社
2.《〈中国现代物流大全〉、〈国家“十五”重点图书出版规划〉》
获奖者：王国华等
作者单位：北京科技大学物流研究所

五、宝供物流奖学金名单

北京物资学院	吴梅花、代官飞（研）
上海海事大学	孙丽楠、崔爱平（研）
江西财经大学	马立勋、林梦霞
沈阳工业大学	齐明（研）、范晨
长安大学	李晴、王莉娟
北京工商大学	王柳娜（研）、杜巍

同济大学　　　　屠嘉妮、王力铭
暨南大学　　　　孔令基、李静思
中山大学　　　　曾毅劲、苏元琨
北京交通大学　　王任飞、卞文良（研）

（供稿：中国物流发展专项基金“宝供物流奖”办公室）

物流企业综合评估第二批 A 级物流企业名单

（2006 年 1 月 19 日）

“5A 级”物流企业（6 家）：

中国外运集团（综合服务型）
五矿国际货运有限责任公司（综合服务型）
锦程国际物流集团股份有限公司（综合服务型）
山东海丰国际航运集团有限公司（综合服务型）
南方物流企业集团有限公司（综合服务型）
吉林省长久物流有限公司（综合服务型）

“4A 级”物流企业（12 家）：

深圳市长禾国际供应链管理有限公司（综合服务型）
北京福田物流有限公司（综合服务型）
浙江省绍兴县中国轻纺城国际物流中心有限公司（综合服务型）
浙江省八达物流有限公司（综合服务型）
山西盛唐物流配送有限责任公司（仓储型）
深圳市共速达物流有限公司（综合服务型）
全程物流（深圳）有限公司（综合服务型）
苏州物流中心有限公司（综合服务型）
中信物流有限公司（综合服务型）
郑州市交通运输集团公司（综合服务型）
上海申丝企业发展有限公司（综合服务型）
佛山市汽车运输集团有限公司（综合服务型）

"3A 级"物流企业（9 家）:

河南长通运输有限公司（综合服务型）
杭州第一汽车运输有限公司（综合服务型）
福建省宏捷物流有限公司（运输型）
上海腾宏物流有限公司（综合服务型）
上海成协物流配送有限公司（综合服务型）
太原钢铁（集团）有限公司汽车运输分公司（运输型）
上海乾通投资发展有限公司（仓储型）
上海大金物流有限公司（综合服务型）
广东省金属材料公司仓储分公司（仓储型）

"2A 级"物流企业（5 家）:

宁波华东物资城物流开发中心（综合服务型）
广东省华星物资储运公司（仓储型）
广东环粤物流有限公司（综合服务型）
上海凌岳物流有限公司（综合服务型）
江苏里下河物流有限公司（综合服务型）

物流企业综合评估第三批 A 级物流企业名单

（2006 年 10 月 17 日）

"5A 级"企业（7 家）

宝供物流企业集团有限公司
天津大田集团有限公司
大庆油田物资集团
广东省航运集团有限公司
山东盖家沟国际物流有限公司
东方国际物流（集团）有限公司
深圳市亦禾供应链管理有限公司

"4A 级"企业（19 家）

中国物流公司
河南省豫鑫物流有限公司
山东佳怡物流有限公司
武汉中原发展汽车物流有限公司
成都铁路局实业开发总公司
宜宾安吉物流有限公司
四川东方物流有限公司
广州市商业储运公司
上海商业储运有限公司
上海云峰石油有限公司
上海中石化工物流有限公司
深圳市凯通物流有限公司广州分公司
黑龙江农垦北大荒物流有限公司

无锡大明物流股份有限公司
重庆川油运输有限责任公司
华通行物流有限公司
广东省电信器材公司
上海通成运输有限公司
南通汽车运输有限公司

“3A级”企业（38家）

金华市经纬货运有限公司
杭州三里洋物流有限公司
上海化学工业区物流有限公司
上海华联配送实业有限公司
上海金山石化物流有限公司
陕西大件汽车运输有限责任公司
上海乐惠物流有限公司
上海新金桥国际物流有限公司
广西柳州物资储运贸易总公司
山西太铁联合物流有限公司
上海复闽仓储有限公司
杭州杭锅运输有限公司
南京大件起重运输集团有限公司
四川宏盛国际物流有限责任公司
广西新华书店集团有限公司图书储运中心
广州市卓志物流服务有限公司
中山市广通物流发展有限公司
广州山源物流有限公司
中山市港航企业集团有限公司
广东怀远物流实业有限公司
黑龙江省成运储运有限公司
哈尔滨市都乐物流有限公司
黑龙江北大仓集团齐齐哈尔北大仓物流中心有限公司
深圳市华鹏飞运输有限公司
综合信兴仓运（深圳）有限公司
宁波海联物流有限公司
重庆市海运有限责任公司
民生物流有限公司
中国第二重型机械集团德阳万路运业有限公司

中铁二局集团物资有限公司
上海康芸物流发展有限公司
上海市纺织运输公司
广西翁氏八达物流有限责任公司
湖南中飞物流有限公司
信阳市运输集团有限责任公司
北京市物资储运总公司百子湾公司
大航国际货运有限公司
中海物流（深圳）有限公司

“2A级”企业（10家）

重庆瑞驰物流有限公司
湖南力邦物流有限公司
浙江尖峰国际贸易有限公司
杭州萧山新颜物流有限公司
新疆金属材料有限责任公司
济源市亚之桥环球物流有限公司
河南路达物资公司
深圳市佳捷物流有限公司
黑龙江省建恒物流有限公司
上海全胜物流有限公司

（供稿：中国物流与采购联合会物流企业综合评估委员会审核办）

第五次中国物流学术年会获奖论文名单

一等奖：（9 篇）

1. 服务供应链：供应链研究的新趋势
刘伟华　季建华　　上海交通大学安泰经济与管理学院
2. 物流成本核算系统研究及软件开发
杜新建　刘　洋　　北京工商大学商学院
3. 自然灾害应急物流的物资分配策略研究
王　楠　刘　勇　曾敏刚　　华南理工大学工商管理学院
4. 第三方汽车零配件供应物流的应用实例与发展模式研究
凌湖吉　孙有望　　同济大学
5. 共生型物流网络资本系统及其交易效率的研究
姚　娟　　南京审计学院商学院
6. 现代物流与经济增长的关系研究——基于浙江省的实证分析
刘　南　　浙江大学管理学院
李　燕　　山东大学威海分校商学院
7. 城市物流系统的规划模式
蒋长兵　　浙江工商大学计算机与信息工程学院
8. 基于计算机模拟的协同式管理库存（CPFR）价值分析
张海燕　陈茂竹　　北京工商大学商学院
9. 物流运输系统中的隐性成本及其控制
张　兵　龙军明　　大连海事大学交通工程与物流学院
郑　丽　　大连理工大学人文学院

二等奖：（23 篇）

1. 基于市场需求的第三方物流企业发展机会研究
陈　川　杨东援　　同济大学交通运输学院
2. EOQ－JIT 成本平衡点

吴　旻　　重庆交通大学

3. 基于供应链管理的农业经营模式

刘胜春　　云南财经大学商学院

4. 基于 DEA 的物流园区投资规模规划方案评价

陶经辉　　南京财经大学营销与物流管理学院

5. 供应链合作机制的经济学分析

刘　燕　王耀球　　北京交通大学物流研究院

6. 现代物流与金融的协同发展

鞠颂东　黄　芳　　北京交通大学物流研究院

7. 制造企业物流业务自营与外包的经济分析

马洪生　赵　放　张　锦　　西南交通大学

8. 电子产品逆向物流生态效益指标体系的研究

田洪红　曾敏刚　　华南理工大学工商管理学院

9. 逆向物流系统绩效模糊综合评价研究

邱　奇　吕新元　　大连海事大学经济与管理学院

10. 军事物流供应链体系结构研究

封少娟　张枫林　刘　佳　赵　勇　　军事经济学院军队采办系

11. 物流人才需求调查与分析

罗　婷　似倩倩　田苓露　李　欣　邢　进　许津津　　南京财经大学

12. 我国第三方物流企业规模经营途径下效率改进研究

陈永平　　安徽财经大学商务学院

13. 物流成本核算的实现及其实证分析

王爱轻　孟群波　　郑州航空工业管理学院物资经贸系

14. 供应链管理下企业边界问题研究

解进强　　首都经济贸易大学工商管理学院

付丽茹　　北京财贸职业学院物流系

15. 浅析前景广阔的物流融资业务

赵志霄　　天津外运有限公司

16. 逆向物流链及其运作的关键

邱祝强　　中南大学物流工程研究所 \ 广州大学物流与运输研究中心

谢如鹤　　广州大学物流与运输研究所

17. 基于 Voronoi 图的配送中心蜂窝布局方式与圈层布局方式比较研究

周建勤　鞠颂东　衣春光　　北京交通大学

18. 我国现代果品物流发展中电子商务模式的研究

张仁堂　谷端银　　山东农业大学食品学院

19. 基于全参数化建模的工业货架设计分析系统

王　转　梅宝兴　程国全　　北京科技大学

20. 物流联盟协作机制应用实证研究

贺盛瑜　　成都信息工程学院物流研究所

21. 基于时间专用性的物流服务模式研究

王自勤　　浙江经济职业技术学院

22. 全球码头营运商的核心竞争力

冯彦杰　　上海对外贸易学院国际经贸学院

23. 中国仓储业发展报告

洪水坤　　中国诚通集团

三等奖：(31 篇)

1. 供应链中转节点物流能力计划问题研究

梅晚霞　马士华　　华中科技大学管理学院

2. 供应链物流系统集成机理研究

何明珂　郭蓬舟　　北京工商大学商学院

3. 区域现代物流模式探讨

海　峰　张丽立　　武汉大学经济与管理学院

孙淑生　　武汉科技大学管理学院

4. 日本第三方物流市场的现状和课题

米　娜　邬　跃　　北京物资学院

5. 航运市场的高级交易形式——航运指数期货

田　征　　大连海事大学

徐　萍　　上海交通大学

6. 供应链中战略供应商选择的多级模糊综合评价

陈长彬　陈功玉　　中山大学岭南学院

7. 基于 B to B 电子商务的物流信息服务平台的研究

李　昂　缪立新　　清华大学深圳研究生院现代物流中心

8. 国外物流能力问题述评

刘京志　　南开大学经济与社会发展研究院

王　玲　　南开大学现代物流研究中心

9. 中国物流上市公司的债务融资与市场价值

支　燕　　南开大学经济与社会发展研究院

10. 民营物流企业发展思考

陈　平　　宅急送总公司

11. 中国古代“物流”一瞥

姜超峰　　中国物资储运总公司

12. 实现高效供应链的协同计划

郝　皓　　BE（中国）有限公司

13. 物流：中国纺织服装加工贸易的可持续发展策略

于渝飞　　马赛二大经济管理学院运输与物流研究中心

14. 物流史初探
孙 亮 谭德荣 山东理工大学
15. 基于模块化理论的房地产供应链研究
郭婧娟 徐寿波 北京交通大学基础产业研究中心
16. 建筑业循环物流系统构建研究
郑 凯 汝宜红 朱 煜 北京交通大学经济管理学院
杨永杰 北京市垃圾渣土管理处
17. 新亚欧大陆桥沿线地区（中国段）的物流业发展分析
李根柱 金 桥 黄智星 北京交通大学交通运输学院
18. 集群内中小企业共用物流中心研究
常贵智 重庆交通大学交通运输学院
李艳霞 山东英才职业技术学院商学院
耿翔宇 重庆交通大学
19. 中国汽车物流发展前景与标准化战略思考
忻坚敏 龙少良 安吉天地汽车物流有限公司
20. 国内外物流发展与教育现状对比研究
李 欣 南京财经大学营销与物流学院
21. 供应链中突发事件的分类、分级与分期研究
朱子华 李严峰 云南财经大学商学院
22. 基于供应链的采购价值链模型研究
姜 波 天津对外经济贸易职业学院
23. B to C 网上书店配送模式研究
赵泉午 陈玉婷 汕头大学商学院
24. 存在套利行为的物流供应链中供应商合作的库诺特模型
毛 佳 吉林大学现代物流研究所
李向瑜 吉林大学汽车工程学院
孙 淼 吉林省长春市环城公路管理段路政科
25. 港口物流中心的功能特点与基本要素
冯 云 徐 力 交通部规划研究院水运规划所
26. 物流园区用地规模的规划方法
耿 勇 鞠颂东 北京交通大学经济管理学院
27. 物流节点系统布局优化控制模型研究
张得志 中南大学交通运输工程学院
28. 虚拟物流中联合库存分析及管理研究
姜大立 陈 杨 后勤工程学院现代物流研究所
29. 我国废旧电子产品逆向物流问题研究
董兴林 王立英 山东科技大学经济管理学院
30. 时间约束下含 BOM 的供应链厂商选址的图方法

刘小群　　国家地壳工程中心
马士华　　华中科技大学管理学院
31. 物流管理研究方法的运用现状和趋势分析
刘飞燕　翁心刚　　北京物资学院

优秀奖：（67 篇）

1. 一个新的中国宏观物流成本推算模型
宋　则　常东亮　　中国社会科学院财贸所
2. 我国国际物流中心发展实证分析——以浙江为例
黄　勇　张国云　　浙江省发展和改革委员会
柴贤龙　　浙江省发展规划研究院基础项目处
3. 对我国 RFID 标准之争的思考
盛小宝　徐　东　　后勤指挥学院军事物流工程实验室
4. 铁路货物运输集装箱化发展问题研究
赵　苏　　对外经济贸易大学国际经贸学院
5. 第三方物流切入供应链管理的竞合机制研究
董千里　徐雯雯　刘　涛　　长安大学经济与管理学院
6. 物流配送车辆智能化调度系统研究
胡红春　　山东大学现代物流研究中心
兑艳霞　　郑州轻工业学院
吴耀华　　山东大学现代物流研究中心
7. 江西省物流产业发展的路径选择
甘筱青　　南昌大学
甘卫华　　华东交通大学工业工程与物流系
龚　虹　　江西省经济贸易委员会
8. 大力推行我军配送式保障
龚卫锋　　后勤指挥学院军事物流工程实验室
孙　敏　　中兴智能交通系统（北京）有限公司
9. 指数需求下供应链协调机制研究
庄　品　赵林度　　东南大学系统工程研究所
10. 中国粮食物流发展战略及对策探析
吴志华　　南京财经大学营销与物流管理学院
胡非凡　　河海大学商学院
11. 川江滚装运输对区域经济社会发展的贡献与发展政策
许茂增　梁雄耀　吴　旻　李顺勇　　重庆交通学院管理学院
12. 逆向物流管理对供应链中牛鞭效应的影响分析
何　毅　刘志学　　华中科技大学管理学院
13. 基于流程再造、外包和关系能力的供应链再设计

汪旭晖　　清华大学经济管理学院
14. 供应链剩余与并购协同效益
李仁良　甘筱青　　南昌大学经济管理学院
15. 基于资源共享的企业物流横向联合外包决策分析
李向荣　　河北省秦皇岛无线电监测站
陈宝国　　中国电子信息产业发展研究院信息化研究中心
16. B to C 电子商务中多商品配送中心优化设计的模糊规划模型
蒋忠中　　福州大学公共管理学院物流管理系
汪定伟　　东北大学信息学院系统工程研究所
17. 物流产业成因、结构及特性研究
李国旗　董　艳　　西南交通大学物流学院
18. 现代物流业与国民经济发展关系的统计分析
蔡定萍　　江西财经大学统计学院物流管理系
19. 生产制造企业现代物流外包的理性探究
张　波　叶家玮　　华南理工大学交通学院
20. 虚拟物流组织内部冲突协调模型研究
彭良涛　姜大立　王　进　　后勤工程学院现代物流研究所
21. 浅谈危险品物流人才培养
李荷华　黄中鼎　　上海第二工业大学经济与管理学院
22. 食品物流与综合商社
徐　涛　　九州共立大学经济学部
23. 建筑业应推广专业化商品钢筋配送服务
姚远生　　北京物资协作贸易公司
24. 综合模糊品质机能法和模糊 TOPSIS 的配送中心选址方法
张　永　李旭宏　毛海军　　东南大学运输与物流工程系
25. 建立在浮动需求条件下的库存订货批量模型
严薛栋　黄世婕　谢　尘　　上海海事大学
26. AGV 技术发展综述
张正义　　北京达特烟草成套设备技术开发有限责任公司
27. 现代烟丝箱式自动化储存技术与应用
杨忠文　　昆明昆船物流信息产业有限公司
28. 军队物资采购质量综合考评与控制模型研究
田益峰　　总后勤部北京物资采购供应站
29. 模糊综合评判法在汽车零部件供应商选择中的应用
王德亮　代官飞　　北京物资学院
30. 车辆路线问题的模拟退火算法应用
胡大伟　朱志强　胡勇　　长安大学物流工程系
31. 集装箱物流调度优化问题

靳志宏 计明军 大连海事大学交通工程与物流学院
32. 德国货运中心的发展变迁与启示
魏雪玲 郑州局三门峡西火车站
甘卫华 华东交通大学工业工程与物流系
33. 物流集货中心作业单元布局方法
张连富 吉林大学现代物流研究所
隽志才 上海交通大学
贾洪飞 吉林大学现代物流研究所
34. 论农业专业物流的提升对我国现代农业发展的推动
潘国和 上海东方国际继续教育学院
黄昌宏 上海谷成冷链物流有限公司
马保罗 上海谷成信息科技有限公司
35. 物流包装材料绿色道路的探索与研究
吴正心 中南林业科技大学
庞 燕 长沙中南物流工程技术研究所
36. 以农村超市为核心节点企业的双向供应链的构建
孙宏岭 高 詹 河南工业大学经济贸易学院
37. 卷烟销售配送物流中心组成设备的研究
冉文学 昆明昆船物流信息产业有限公司
38. 东联西接 跨越发展——江苏沿江港口发展定位与航运要素整合浅议
徐成元 江苏省人民政府研究室
39. 浅谈我国海关监管制度与空港保税物流园区规划
周力行 上海机场（集团）有限公司物流发展事业部
40. 物流管理新概念
王 佐 中国北方工业公司
41. 物流保险基本问题探析
齐艳铭 中国人民财产保险股份有限公司
姬晓红 中国光大银行
42. 浅论物流企业核心竞争力的界定
唐星球 中国远洋运输（集团）总公司
43. 借鉴高雄自由贸易港区运作经验 构筑洋山保税港区有竞争力的物流运作环境
吴 蓉 洋山保税港区管委会政策法规处
44. 全国农产品交易市场及物流基地考察报告
张振辉 云南浩宏物流有限公司
45. 改变传统采购模式，推进物资库存管理
杨 成 贾 秋 中海石油（中国）有限公司天津分公司商务合同部
46. 北京烟草物流中心卷烟自动分拣系统
金 润 孙壮志 赵汝雄 董维富 北京市烟草专卖局

47. 对现代物流业在宁波崛起的理性思考
王军锋　　宁波市物资局
王宏斌　　中国银行宁波市分行
48. 谈传统物流企业如何向第三方物流服务转型
杨书侠　　沧州运输集团
49. 区域物流需求规模预测模型的构建及其在湖北物流发展中的应用
杨申燕　陈　黎　　湖北经济学院工商管理学院
50. 中国云南与泰国北部物流合作战略发展研究
刘金鑫　熊　彬　　大湄公河次区域物流研究中心
51. 发展现代物流是振兴武汉现代制造业的必由之路
何学先　　武汉市交通运输协会
52. 电子商务环境下的物流配送研究
杨希春　　潍坊市物流协会秘书长
董兴林　　山东科技大学经管学院
53. 战略联盟：重新定义我国钢铁行业供应链
张　泓　　中铁物资集团有限公司
54. 论新农村现代流通服务网络工程建设中的八大关系
吴　震　　《中华合作时报》社
55. 武汉地区（沿江）炼化企业供应链规划与设计——区域性协同采购模式探析
李名齐　　巴陵石油化工有限公司供销部
56. 逆向物流及其价值分析
胡利俊　　武汉钢铁集团公司培训处
57. 军粮供应与现代物流融合的思考
赵国瑞　　辽宁省粮食局
58. 东北亚“经济一体化”和包装标准化
车庆浩　韩永生　李亚娜　　天津科技大学包装与印刷工程学院
59. 城市物流配送模式选择研究
曹翠珍　　山西财经大学
60. 基于供应链的采购成本分配方法研究
李　鹏　陈　平　　北京物资学院
61. 浅议零售业供应链物流管理
李作聚　　北京财贸职业学院物流系
62. 基于联合库存管理思想的人才储备与人才共享平台
林勋亮　　广东商学院管理学院
蔡镇辉　　广州市积通物流有限公司
63. 基于 Web 的缩短多阶响应周期的供应链管理系统
付秋芳　　广东外语外贸大学国际工商管理学院物流系
马士华　　华中科技大学管理学院

64. 物流业实施清洁生产的探讨
马俊生 余晓红 昆明冶金高等专科学校物流与交通学院
65. 废旧电子产品逆向物流的模式决策研究
金玉然 辽宁科技大学工商学院工商系
66. YH 集团库存问题解决之道及启示
谢五洲 王 珍 三峡大学经济与管理学院
67. 完善港口物流功能 提升现代港口竞争力
王智利 广州航海高等专科学校

组织奖：(27 家)

北京交通大学经济管理学院
大连海事大学交通工程与物流学院
长安大学
云南财经大学商学院
重庆交通大学
北京工商大学商学院
北京物资学院
华中科技大学管理学院
解放军军事经济学院
成都信息工程学院物流研究所
解放军后勤工程学院现代物流研究所
南京财经大学营销与物流学院
上海第二工业大学经济管理学院
西南交通大学物流学院
安徽财经大学商务学院
华南理工大学
中山大学岭南学院
上海交通大学安泰管理学院
同济大学交通运输学院
华南理工大学工商管理学院
武汉大学经济与管理学院
浙江省发展和改革委员会
昆明昆船物流信息产业有限公司
《中国物流与采购》杂志社
《物流技术与应用》杂志社
《运输经理世界》杂志社
《物流》杂志社

（供稿：中国物流学会）

2006 年中国物流学会研究课题评审结果公示

（2006 年 10 月 10 日）

“中国物流学会研究课题”2006 年首次设立，共有 58 个课题列入本年计划。截至 2006 年 9 月 26 日，共有 43 个课题顺利完成，并提交了结题报告。根据《第五次中国物流学术年会论文（课题）评审办法》的规定，学会组建了课题评审小组。经过严格评审，共有 18 个课题入选“2006 年中国物流学会优秀课题”。现通过“中国物流与采购网”公示。

课题编号：2006014
课题名称：物流服务供应链能力合作的动机与协调：理论与实证
负责单位：上海交通大学运营与物流管理研究中心
负责人： 季建华 刘伟华

课题编号：2006007
课题名称：市场经济环境下我国第三方物流信用规制体系研究
负责单位：南开大学现代物流研究中心
负责人： 卢 岩 刘秉镰

课题编号：2006004
课题名称：计算机辅助驶入式货架有限元分析系统
负责单位：北京科技大学物流研究所
负责人： 程国全

课题编号：2006024
课题名称：大规模 VRPTW 模型智能算法设计研究
负责单位：长安大学汽车学院
负责人： 胡大伟

课题编号：2006005
课题名称：基于 EIQ – PCB 分析的配送中心能力规划方法
负责单位：北京科技大学物流研究所
负责人：　王　转

课题编号：2006038
课题名称：电子类产品逆向物流研究
负责单位：华南理工大学工商管理学院
负责人：　曾敏刚

课题编号：2006003
课题名称：物流网络复杂性研究
负责单位：北京交通大学经济管理学院
负责人：　穆　东

课题编号：2006025
课题名称：EOQ – JIT 成本平衡点分析
负责单位：重庆交通大学
负责人：　吴　旻　许茂增

课题编号：2006037
课题名称：海峡西岸经济区港口物流网络体系的构建
负责单位：福州大学公共管理学院
负责人：　王　健

课题编号：2006018
课题名称：中国建筑业供应链管理优化模型研究
负责单位：中南物流工程技术研究所
负责人：　龙爱翔

课题编号：2006015
课题名称：中国物流学科建设研究
负责单位：南京财经大学
负责人：　胡理增

课题编号：2006044
课题名称：广东省鲜活农产品现代物流配送技术的研究
负责单位：广东商学院管理学院

负责人：　王如心

课题编号：2006043
课题名称：西部地区农产品物流现状及对策研究
负责单位：成都信息工程学院物流研究所
负责人：　贺盛瑜

课题编号：2006046
课题名称：黄埔港（集装箱码头）物流业务流程改造方案设计
负责单位：广州航海高等专科学校
负责人：　王智利

课题编号：2006030
课题名称：军队后勤装备采购风险评估研究
负责单位：军事经济学院
负责人：　胡华安

课题编号：2006039
课题名称：面向东盟的冷链物流基地构建研究——腾俊冷链物流基地可行性研究
负责单位：云南财贸学院物流研究所云南思茅交通运输集团
负责人：　李严锋

课题编号：2006058
课题名称：海峡西岸港口物流协同效应研究
负责单位：华侨大学商学院物流系统工程研究所
负责人：　张　潜

课题编号：2006009
课题名称：物流信息技术体系与物流管理信息化发展对策研究
负责单位：吉林大学现代物流研究所
负责人：　张树山

（供稿：中国物流学会秘书处）

2006年中国国际货运代理行业十大新闻

一、由中国国际货运代理协会承办的“FIATA2006上海年会”于9月18日至21日隆重召开。本次年会是FIATA成立80年来第一次在中国举办的年会，吸引了参会、参展代表1100余人，创FIATA年会历史新高。吴仪副总理发来贺信表示祝贺。

二、中国国际货运代理协会积极配合、协助商务部修订《国际货运代理业管理规定实施细则》，并协助制定与其配套的五个管理办法：《企业业务备案实施办法》、《国际货运代理业责任保险实施办法》、《国际货运代理提单备案登记实施办法》、《国际货运代理业从业人员资格管理办法》、《中国国际货运代理协会标准交易条件》。

三、中国国际货运代理协会受商务部委托，实施货代企业业务备案工作，在全国范围内已经确定了43家业务备案协助单位，初步建立了全国业务备案网络，并制定了业务备案操作程序和数据录入标准。

四、国家“邮政法”修改草案第七、第八稿广泛征求了意见，快递企业反映较为强烈，特别是从事国内快递的民营企业意见较大。中国国际货运代理协会国际快递工作委员会主动向政府有关部门反映企业诉求，起到了政府和企业间桥梁和参谋的作用。

五、中国国际货运代理协会提议的与货运代理业务相关的18项标准已列入国家物流标准制订规划，其中6项标准已获国家标准委员会批准，正在由中国国际货运代理协会制定中。

六、由中国国际货运代理协会和WCA物流网络有限公司共同主办的“第三届中外货代物流企业洽谈会”于2006年6月14日至17日在广州成功召开，共有来自全球100多个国家和地区的1100余名货运代理人参加了这一盛会，洽谈会规模创历史新高。

七、2006年4月2日至5日，中国国际货运代理协会和WCA物流网络有限公司联手加拿大国际货运代理协会在温哥华成功举办了“中外货代物流企业美洲地区会议”。会议吸引了来自世界65个国家和地区的近300人参加，中国企业参会代表达100多人。这是本行业走出国门，在国外主办和承办国际会议的创举。

八、全国“货运代理资格证书”（即CIFA证书）考试于10月在全国38个考点顺利进行。这是实行网上报名的第一年，实际参加考试人数达到20420人，为历年之首，创历史新高。同期，还在全国五个考场进行了2006年度“FIATA货运代理证书”考试，共91名在职人员参加了考试，合格人数76人，合格率为83.5%。此外，经中国国际货运代理协会推荐的上海中远货运公司林益松获得了本年度

FIATA 亚太地区“年轻国际货运代理人”奖。

九、2006 年 9 月 19 日，由《国际商报》和中国国际货运代理协会共同主办的“中国货代物流市场发展论坛暨第三届中国货代物流百强揭榜大会”在上海隆重举行。本届排名活动的特点是以货代企业业务备案数据为基本依据，使活动更具科学性、公平、公正。最终，中国对外贸易运输（集团）总公司以 444．5 亿元人民币营业额蝉联货代物流百强企业排名榜首。

十、随着国际货代行业的蓬勃发展，南京市国际货运代理协会和河南省国际货运代理协会相继成立，其中南京市国际货运代理协会的会长是由民营企业家担任。截至 2006 年，全国已有 26 家省市级国际货运代理协会。

（供稿：中国货运代理协会）

2006年有关资料汇编

中国物流与采购联合会2006年大事记

1. 1月5日，中国国际贸易促进委员会物流行业分会正式成立，并举行了揭牌仪式。中国国际贸易促进委员会副会长高燕和本会会长陆江共同揭牌。常务副会长丁俊发任中国国际贸易促进委员会物流行业分会会长，副会长兼秘书长何黎明任分会副会长。分会下设：国际联络部、会展部、培训部、科技信息部、法律仲裁部、咨询服务部、采购服务部7个部门。高燕副会长和丁俊发副会长分别在会上讲了话。

2. 1月10日，汽车物流分会在北京召开了部分整车物流企业工作座谈会。会议由分会常务副会长兼秘书长沈进军主持，分会轮值理事长、安吉天地汽车物流公司总经理金麒在会上致辞。来自全国部分汽车整车物流企业的负责人参加了会议。

3. 1月13日，在我会与中国物流学会主办的“中国物流发展报告会暨第11次中国物流专家论坛”上，2005年中国物流与采购行业十件大事揭晓。分别是：《中共中央关于制定国民经济和社会发展第十一个五年规划的建议》，首次把“物流”列入要大力发展的现代服务业；全国现代物流工作部际联席会议建立；国家标准化管理委员会和国家发改委等8部门联合颁布《全国物流标准2005—2010年发展规划》；国家发改委、国家统计局和中国物流与采购联合会首次联合发布我国物流经济运行统计数据；国家标准《物流企业分类与评估指标》开始实施；首次全国现代物流工作会议召开；第14届国际采购与供应管理联盟世界大会在北京召开；国家税务总局发出《关于试点物流企业有关税收政策问题的通知》，37家物流企业列入营业税改革试点名单；跨国物流巨头并购我国民营物流企业，物流行业重组整合步伐加快；我国首次定期发布采购经理指数（PMI）。

4. 2月10日，常务副会长丁俊发、副会长兼秘书长何黎明前往合并重组后的中铁快运股份有限公司进行调研。并考察了中铁快运信息服务中心。

5. 2月16日，贸促会物流行业分会组织召开会展工作座谈会。联合会各代管协会、直属事业单位以及相关机构出席了会议。常务副会长、贸促会物流行业分会会长丁俊发出席会议并讲话。

6. 2月21日，戴定一副会长会见了德国Seeburger公司代表。双方介绍了各自业务开展情况，并就RFID技术在国内外应用的情况和目前存在的问题进行了研讨，双方都希望能够在此领域有进一步合作的机会。

7. 2月25日，中国物流学会、日本物流学会、韩国物流学会领导聚会韩国首尔。根据2004年三方合作备忘录，就成立东北亚物流学会达成一致意见，选举韩国物流学会会长秦炯仁为会长，中国物流学会常务副会长丁俊发为第一副会长，日本物流学会副会长忍田和良为副会长，韩国仁荷大学 Tae Hyun Kim 教授为秘书长。会议就三国物流发展及学术研究进行了广泛交流。

8. 3 月 5 日，应广西百色市政府邀请，丁俊发常务副会长到百色国家农业科技园和弛程物流公司调研，并与市委领导就百色物流业的发展交换了意见。随后考察了柳州、桂林的储运公司、钢材与建材市场、4S 汽车店。召开了政府有关部门、制造企业、流通企业、物流企业座谈会。并与市委领导就该市物流业发展进行了探讨。

9. 3 月 7 日，戴定一副会长会见了来访的日本日通综合研究所儿玉社长和町田研究员。双方表示希望在物流政策研究、物流管理和技术交流方面加强合作，进一步推动中日现代物流发展。

10. 3 月 9 日，戴定一副会长会见了法国凯捷（Capgemini）公司副总经理 Erik 先生。双方就 2006 年共同进行全球第三方物流调查报告“中国篇”的工作进行了沟通，并初步达成合作意向。

11. 3 月 13 ~ 17 日，联合会党委办公室举办了为期一周的入党积极分子培训班。12 名同志参加了学习。

12. 3 月 14 ~ 16 日，由中国物流学会主办的“第九届中国（广州）国际物流展览会”在广州锦汉展览中心举办。来自国内以及德国、美国、日本、韩国、芬兰、比利时、法国、瑞典和香港、台湾地区近 100 家企业参展。

13. 3 月 15 ~ 16 日，丁俊发常务副会长赴武汉参加由湖北省物流与采购联合会、湖北省物流协会主办的“首届东湖物流论坛”。并到山绿农产品股份有限公司、武汉中百物流配送有限公司、华中科技大学管理学院、武汉大学经济管理学院、武汉商贸学院物流学院进行调研。

14. 3 月 24 日，本会举行新闻发布会，通报 2005 年全国物流运行情况。丁俊发常务副会长、戴定一副会长等出席会议。副秘书长兼中国物流信息中心主任蔡进主持，近 40 家媒体的 50 多位记者出席了发布会。

15. 3 月 24 ~ 25 日，由中国海关学会和本会联合主办的“口岸物流与海关通关改革论坛”在上海举行。会长陆江，全国政协委员、中国海关学会会长赵光华分别主持了大会。海关总署党组成员、副署长龚正出席会议并讲话。副会长兼秘书长何黎明、原交通部、国家发改委、上海市、中国海关学会等有关部门领导及各地代表近 300 人参加了论坛。

16. 3 月 28 日，联合会党委书记陆江同志主持召开了党委扩大会议，党委委员、纪委委员参加了会议。会议学习了胡锦涛总书记在两会期间对社会主义荣辱观的讲话，并展开了热烈讨论。

17. 3 月 29 日，由本会主办，《中国物流与采购》杂志社承办的“全国危险品物流高峰论坛”在江苏举行。国家发改委、公安部、交通部、国家安全生产监督管理总局、全国物流标准化委员会等有关部门领导，全国各地汽车、运输及各大主流危险品运输企业的代表近 200 人参加了论坛。戴定一副会长出席会议并作了演讲。

18. 4 月 5 ~ 6 日，本会“第二次宣传贯彻《物流企业分类与评估指标》国家标准和物流企业评估工作会议”在郑州召开。丁俊发常务副会长、戴定一副会长以及政府有关部门，河南省、郑州市有关部门领导、河南省物流协会领导，全国各地 100 多家物流企业、30 多个地方物流与采购联合会（物流协会）以及部分大专院校和新闻单位出席了会议。

19. 4 月 12 日，陆江会长主持召开了北京地区民营物流企业座谈会。本次座谈会是我会

"关于民营物流企业调研活动"的组成部分。宅急送总公司、大田集团、百利威物流公司等11家物流企业，以及北京市物流协会和中国货代协会快递工作委员会的代表参加了座谈。

20. 4月15～17日，2006—2010年教育部高等学校物流类专业教学指导委员会成立大会暨第一次全体委员会议在上海召开。我会副秘书长、教学指导委员会秘书长任豪祥主持会议。教育部高教司、上海市教委有关领导出席会议并讲话。常务副会长丁俊发给大会发来贺信。

21. 4月16～18日，应美国普洛斯（ProLogis）公司首席执行官Jeffrey H. Schwartz的邀请，丁俊发常务副会长赴日本东京考察普洛斯物流园。同时考察了远成集团设在东京的公司，并与日本亚洲经济研究所、山九株式会社、国士馆大学、中国物流研究会、专修大学大学院的有关人士会面。

22. 4月20日，台湾物流协会秘书长锺荣钦来我会拜访。常务副会长丁俊发、副会长戴定一分别与锺秘书长进行了交流和座谈。

23. 4月24日，联合会2006年会长工作会议在北京召开。会议由陆江会长主持，30位副会长以及副会长代表出席会议。丁俊发常务副会长通报了"过去五年工作情况与下一步基本思路"。陆会长作了总结讲话。

24. 商务部办公厅正式发文（商建字［2006］20号），公布了第一批48家重点联系市场名单。其中，农副产品类市场28家，由我会推荐的生产资料类批发市场20家。

25. 4月25日，我会为加强对分支机构的管理，将重新修定的《中国物流与采购联合会分支机构、代表机构管理办法》，予以公布施行。

26. 4月26～27日，陆江会长赴上海地区民营物流企业进行调研。陆会长先后到上海成协物流有限公司、上海百岁物流有限公司、上海虹鑫物流有限公司、百联集团长桥物流有限公司和上海舜业钢铁集团所属隆兴物流有限责任公司进行实地考察。并在远成集团出席了上海地区民营物流企业座谈会和中国钢材进出口形势分析研讨会并致辞。

27. 4月28～29日，经国务院批准，国家发改委在杭州召开了"加快服务业发展工作座谈会"。会议由国务院副秘书长张平主持，国家发改委副主任欧新黔作了《关于促进服务业加快发展的若干意见》（讨论稿）的起草说明。浙江、北京、上海、内蒙、四川、信息产业部、文化部、中国物流与采购联合会、中国商业联合会等18个单位发了言。曾培炎副总理作了重要讲话，浙江省委书记习近平、省长吕祖善出席了会议。丁俊发常务副会长出席会议并作了"关于大力发展现代服务业的几点建议"的发言。

28. 4月28日，党委办公室召开了青年团员座谈会，就联合会的建设、如何发挥青年作用、建立健全青年团组织等问题进行了交谈。党委副书记周林燕同志参加了座谈，对青年们提出了希望和鼓励。

29. 4月份，我会发布的CFLP中国制造业采购经理指数（PMI）显示，PMI指数为58.1%，达到去年1月份以来的最高点，显示中国制造业经济有加快增长的趋势。

30. 5月10日，丁俊发常务副会长拜会了国家标准化管理委员会主任刘平均。刘主任对联合会和物流标委会在物流标准化工作中的作用给予了充分肯定，并着重介绍了国家标准委在"十一五"期间标准化工作的新思路，对物流标委会提出了三个方面的要求：一是物流标准的制修订要和国际标准加快接轨；二是要发挥龙头企业在标准化工作中的骨干作用；三是要按国际标准化组织的惯例，尽快建立完善的物流标准化工作体系。

31. 5月10日，商务部市场体系建设司常晓村司长一行8人专程来我会进行调研。陆江会长对市场体系建设司对我会工作的大力支持表示感谢。何黎明副会长简要介绍了我会今年工作的重点。双方就今后互相配合开展工作交换了意见。我会有关业务部门负责人参加了座谈。

32. 5 月 10 日，联合会党办组织党委委员、纪委委员集体学习，观看中央党校教授吴忠民同志“关于和谐社会的几个问题”的辅导报告录像光盘。党委书记陆江同志参加了学习。

33. 5 月 11 日，丁俊发常务副会长出席了全国现代物流工作部际联席会议第二次会议。会议回顾总结了“十五”时期，特别是 2005 年我国现代物流工作进展情况以及联席会议制度建立一年来，各有关部门为推进物流业发展所做的工作。提出了 2006 年各部门工作重点，并讨论了有关文件。会议主持人及各参加单位的领导对我会一年来所做的工作给予充分肯定。

34. 5 月 16 ~ 19 日，陆江会长出席了在福州召开的华东六省一市物资流通工作座谈会并讲话。期间，陆会长还应邀与福建省人民政府有关领导，就生产资料流通、现代物流的改革发展情况进行了交流。并到福州市物资总公司、省物资集团直属的旧机动车交易市场等企业进行调研。

35. 5 月份，商务部办公厅发出《商务部与中国物流与采购联合会工作联系机制方案》的通知（商改字［2006］4 号）。通知中说，为进一步加强商务部与中国物流与采购联合会的联系和沟通，共同推进商务工作的开展，商务部与中国物流与采购联合会协商建立了工作联系机制。

36. 5 月份，国家发改委发布《国家发展和改革委关于组织实施社会物流统计核算和报表制度的通知》（发改运行［2006］625 号）。正式启动了我国定期的社会物流统计调查与核算工作。通知决定，自 2006 年起将社会物流统计核算试行制度转为正式制度，定期开展社会物流统计核算工作。

37. 5 月 18 日，为纪念中国共产党成立 85 周年，联合会党委组织党员、职工群众参观了李大钊烈士纪念馆，进行革命传统教育活动。

38. 5 月 23 日，全国政协人口环境资源委员会和经济委员会有关领导来我会进行工作商谈。陆江会长表示，我会会按照政协的要求做好“把天津建设成为中国北方物流中心和国际航运中心”论坛的相关工作。何黎明副会长等参加商谈。

39. 5 月 20 ~ 24 日，丁俊发常务副会长应重庆市政府邀请参加“2006 年中国重庆国际汽车工业展”。会议期间，丁副会长与重庆市领导就重庆物流发展交换了意见，并考察了物资集团等企业。

40. 5 月 31 日，德国汉诺威展览集团总裁劳尔先生和汉诺威展览会（中国）有限公司总经理钱军先生一行专程到我会拜访。与陆江会长就双方合作举办的“亚洲国际物流技术与运输系统展览会”有关事宜深入的交换了意见。会谈中双方充分肯定了经过 6 年的认真培育，展览会已经成为中国乃至亚太地区最具影响力的物流装备国际盛会，并对将来的合作充满信心。

41. 6 月 1 日，陆江会长到北京德利得物流总公司调研。陆会长听取了德利得总公司领导的情况介绍，参观了德利得北京公司仓库、货场、信息中心和员工生活区等设施，并就民营物流企业遇到的问题、政策建议以及发展方向等，与该公司管理人员进行了座谈。本次调研是我会关于民营物流企业调研课题的组成部分。

42. 6 月 5 日，丁俊发常务副会长和戴定一副会长听取了“东方物流”数字电视频道管委会办公室的工作汇报。截止到目前“东方物流”数字电视频道节目信号覆盖范围有所扩大，能够收到信号的城市和地区已有 115 个。

43. 6 月 6 日，墨西哥新莱昂市的企业代表团访问我会并进行商贸洽谈。代表团由 12 家墨西哥出口食品和物流的企业成员组成。戴定一副会长与代表团进行了会谈。

44.6月8～9日，陆江会长受全国政协委托，率专家组赴天津调研考察。在津期间，陆会长一行参加了天津市政协组织的座谈会，听取情况介绍；深入到天津保税区棉花市场、保税区国际汽车城、天津港务局、天津空港物流中心和天津滨海国际机场等实地考察。天津市政协领导和有关方面负责人参加了座谈和考察。

45.6月8日，“亚洲托盘系统联盟”（APSF）成立大会在日本东京举行，会议选举日本托盘协会会长岗田和夫为联盟主席，中国物流与采购联合会副会长吴清一、韩国托盘协会副会长朴殷圭为联盟副主席。

46.6月13日，国资委党委检查组来我会，检查在共产党员先进性教育活动中制定的整改方案落实情况。检查组组长刘抱一同志在听取汇报后，对我会为落实整改方案而完成的各项任务所做的大量工作表示肯定。

47.6月15日，《公路运价指数编制方法》专家论证会在京召开。论证会由戴定一副会长主持，丁俊发常务副会长参加会议并讲话。

48.6月23日，由我会、中国国际软件和信息服务交易会组委会联合主办的“2006中国物流和零售业信息化技术应用商务会”在大连举行。九位资深物流和零售IT解决方案专家发表演讲，近200位代表参会。

49.6月29日，丁俊发常务副会长会见了美国加州农产品出口协会的客人。双方就正在进行的中美农产品物流项目进行了阶段性总结，并探讨了下一步的合作意向。

50.6月28日，由佛山市人民政府、广东省经济贸易委员会、中国物流与采购联合会、中国交通运输协会、香港物流协会联合主办的“第三届佛山（国际）物流合作洽谈会”在佛山开幕。佛山（国际）物流设备技术与应用展、第五届中日韩物流技术与应用交流会、2006年首届中国物流百强企业高层论坛同时举行。常务副会长丁俊发参加了大会，并在第五届中日韩物流技术与应用交流会上作了演讲。期间，丁副会长到佛山海天企业集团、高明基业冷轧板公司和金兰钢铁公司等企业进行调研。

51.6月29日，首届《劳氏亚洲航运物流》中国物流峰会及颁奖典礼在京举行。我会常务副会长丁俊发、国家发改委经济运行局调研员崔忠付共同主持开幕式。

52.7月4～5日，由解放军后勤指挥学院主办的“首届军事物流学术研讨会”在北京召开。常务副会长丁俊发出席开幕式并作了演讲。

53.7月6日，由我会和汇通天下信息技术有限公司在北京共同举办了“全国普通货物运价指数新闻发布会”。由我会副秘书长、中国物流信息中心主任蔡进主持，戴定一副会长作了今年上半年全国普通货物运价指数和货运价格走势的报告。

54.7月6～9日，陆江会长赴广东调研。陆江会长在广州主持召开了由11家民营物流企业负责人参加的座谈会，并深入到广州白云国际物流有限公司等多家企业进行实地考察。

55.7月10日，常务副会长丁俊发出席在南京召开的“江苏省现代物流协会成立大会”，并到苏果超市有限公司进行调研。

56.7月11日，陆江会长应邀出席由全国政协人口资源环境委员会、经济委员会和天津市政协共同举办的“建设北方国际航运中心和国际物流中心，推进滨海新区开发开放论坛”，并发表题为“建设天津北方国际物流中心的几点思考”的演讲。

57.7月14日，我会和中国美国商会联合举行对话会。对话会由中国美国商会物流与运输分会主席、北京夏晖食品有限公司大中华区总裁白雪李主持。丁俊发常务副会长、戴定一副会长、国家发改委经济运行局等有关人员，与美国联邦快递公司等多家外资和中外合资企业的代表进行了交流。

58. 7月17日，由北京中物联物流规划研究院主办的“武汉市现代物流专家咨询论证会”在北京召开。会议对武汉市政府提供的物流发展调研报告提出具体修改意见，并对武汉市物流业的发展献计献策。戴定一副会长出席会议并发言。20余名规划研究院特约研究员参加了会议。

59. 7月17日，由我会北京中物联物流规划研究院、北京交通大学、北京物资学院联合承担的商务部课题“中国现代商贸物流体系研究”通过专家评审。

60. 7月19日，我会申请成立的“托盘专业委员会”获得民政部批准并办理了登记手续。

61. 7月25日，2006年华北片区物资集团工作座谈会在承德召开。来自天津、北京、山西、河北四省市物资集团负责人，就一年来企业改革、发展、经营中的热点、难点问题，进行了交流和研讨。何黎明副会长兼秘书长出席会议并讲话。

62. 7月27～28日，联合会党委组织本会中层以上干部及代管事业单位领导班子成员50余人，在国资委虎峪培训中心进行了为期两天的政治理论学习培训。其间，新华社陈如为主任、国家统计局姚景源总经济师分别对当前国际国内形势作了报告，并分组围绕胡锦涛总书记提出的建立和谐社会，以科学发展观统领各项工作等议题进行了讨论。党委书记陆江、副书记丁俊发同志作了总结发言。

63. 8月3日，丁俊发常务副会长出席美国供应链管理协会中国（上海）年会，并与美国供应链管理协会主席瑞克·布拉斯根进行了友好会谈。随后，丁副会长到上海百联集团、上海滨海国际物流装备城、上海西本钢铁贸易发展有限公司调研。

64. 8月4日，丁俊发常务副会长到云南物流产业集团调研并与其领导班子座谈。会后，丁副会长又到云南昆船公司、浩宏物流有限公司调研。

65. 8月5日，由教育部高等学校物流类专业教学指导委员会和我会共同主办、云南财经大学承办的“第六届全国高校物流专业教学研讨会”在昆明召开。来自全国100多所高等院校近200名代表和教育部高等学校物流类专业教学指导委员会委员参加了会议。丁俊发常务副会长、副秘书长兼教学指导委员会秘书长任豪祥出席会议

66. 8月5日，副会长兼秘书长何黎明正式向传化物流基地总经理姚文通授予国内第一个“ITC（国际贸易中心）师资培训基地”牌匾。我会还将在国内设置若干培训基地，以满足中国蓬勃发展的物流产业的人才需求。

67. 8月9日，由教育部高等学校物流类专业教学指导委员会和我会共同主办、云南财经大学承办的“第四届全国高校物流骨干教师高级研修班”在昆明开班。来自全国50多所高等院校，近100名教师代表参加了本次研修班。

68. 8月10日，丁俊发常务副会长在接受中央电视台采访时提出中国快递业今后发展的五大趋势：第一，快速发展的趋势；第二，从传统邮政业务向物流业务发展的趋势；第三，快递企业向多元化发展的趋势；第四，快递业与电子商务结合的趋势；第五，集中度逐步提高的趋势。

69. 8月11日，由ITC（国际贸易中心）和我会共同主办的“第一届国际采购与供应链管理中国区圆桌会议”在杭州召开。

70. 8月17～18日，丁俊发常务副会长在参加“第三届民营经济论坛”期间，到新疆自治区经贸委、贸易行业管理办公室，新疆生产建设兵团商务局、兵团物流与采购协会了解物流业发展情况，并对新疆物流业的发展提出了自己的看法。看望了兵团物资局老领导。

71. 8 月 30 日，我会在北京组织召开了《商用车运输服务规范》、《乘用车仓储服务规范》、《乘用车水路运输服务规范》及《乘用车物流质损判定及处理规范》等4部汽车物流行业标准审定会。

72.9 月 1 日，中国物流与采购联合会第六次代管社团座谈会在北京举行。常务副会长丁俊发、副会长兼秘书长何黎明出席了会议。

73.9 月 2 日，由中国机械工业联合会、中国物流与采购联合会、中国农业机械流通协会、中国农机化导报社联合主办的“全国农机流通体系建设十大功勋、十大杰出人物表彰大会”在北京人民大会堂举行。陆江会长、应文华副会长出席大会，并为获得“双十大”荣誉称号的人物颁发奖牌和证书。

74.9 月 2 日，“认证体系与人才战略”暨“首届全国高级物流师论坛”在京召开。丁俊发常务副会长出席论坛并讲话。

75.9 月 12 日，商务部与我会举行了工作联系机制建立以来的首次座谈会。座谈会由商务部副部长姜增伟主持，商务部办公厅等司局负责人及我会会长陆江、副会长应文华、常务副会长丁俊发、副会长兼秘书长何黎明、副会长戴定一等参加座谈会。

76.9 月 14～15 日，国家发改委经济运行局、国家统计局贸经司、中国物流与采购联合会联合召开了“全国物流统计工作会议”。这是全国物流统计核算制度建立以来，首次召开的全国物流统计工作会议。会议由何黎明副会长兼秘书长主持。丁俊发常务副会长、国家发改委和国家统计局、江苏省经贸委等领导出席会议并作了重要讲话。

77.9 月 14 日，中国国际贸易促进委员会物流行业分会与英国 ITE 展览集团在北京联合举办了“俄罗斯国际运输与物流展览会”推介会。来自国内知名物流企业和主要物流媒体的50余名代表出席。

78.9 月 16 日，陆江会长出席了“《现代物流报》社2006（太原）年会”，并向出席会议的各地记者、通讯员发表了《努力办好现代物流报》的演讲。其间，陆会长还考察了山西盛唐物流配送有限责任公司、山西省物产集团公司等物流企业。

79.9 月 26 日，“全国现代物流工作部际联席会议办公室第五次会议”在北京召开。戴定一副会长出席会议并介绍了联合会 2006 年以来所做的主要工作，会议研究了多项具体工作。

80.9 月 26～27 日，“第五届海峡两岸暨香港澳门物流合作与发展大会”在厦门召开。大会由副会长兼秘书长何黎明主持。陆江会长以及香港、澳门、台湾物流协会的代表在开幕式上致辞。大会的主题是“面向未来、合作共赢”。

81.9 月 26～27 日，由商务部市场体系建设司主办，我会承办的“首届中国中部贸易投资博览会现代流通与中部崛起高层论坛和跨国采购洽谈会”在长沙举行。商务部、有关省市领导及代表400余人出席论坛。

82. 10 月 10 日，由我会与中国机械工程学会、德国汉诺威展览公司、汉诺威展览会（中国）有限公司联合主办的“2006 亚洲国际物流技术与运输系统展览会”在上海开幕。丁俊发常务副会长出席展览会开幕式。本届展会是目前国内物流领域规模最大的展览会，吸引了来自28个国家和地区的352家参展商，展区面积达到21000平米。展览会同期还举办了“2006 中国物流市场热点论坛”等丰富多彩的研讨交流活动。

83.10 月 17 日，副会长兼秘书长何黎明应邀出席在浙江杭州召开的“中国（浙江）长江三角洲物流合作高层论坛”，并发表了“加强物流行业信用体系建设，促进现代物流业的健康发展”的演讲。

84. 10 月份，依据《物流企业分类与评估指标》（GB/T 19680—2005）国家标准，我会公布了我国第三批A级物流企业名单，评定A级物流企业74家，其中5A级企业7家；4A级企业19家；3A级企业38家；2A级企业10家。

85. 10月20日，常务副会长丁俊发出席在淄博举行的“2006年中国（淄博）国际陶瓷博览会暨世界陶瓷采购大会”开幕式，并代表我会及中国建筑卫生陶瓷协会、中国陶瓷工业协会向大会致辞。丁副会长代表联合会授予淄博中国陶瓷科技城“中国陶瓷采购基地”称号，这是我会在国内授予的第一家采购基地。

86. 10月22～24日，由中国农业机械流通协会主办、中国物流与采购联合会、中国机械工业联合会支持、北京汇邦展览有限公司承办的“2006年全国农机产品订货交易会暨第十届中国国际农业机械展览会”在合肥市开幕。丁副会长出席开幕式，并在同期举办的“第六届中国农机论坛暨第四届亚洲农机会”上讲话，同时出席了中国农业机械流通协会的全国农机流通杰出贡献单位颁奖活动。

87. 10月23日，何黎明副会长出席了在北京科技会堂举办的“2006年度物流推荐用车”颁牌仪式，并向获此称号的单位颁发铜牌及证书。获此称号的单位有：沃尔沃（中国）投资有限公司、南京依维柯汽车公司、安徽江淮汽车股份公司、陕西汽车集团有限责任公司、一汽解放汽车有限公司、江铃汽车股份公司、保定长安客车制造有限公司等7家企业申报的12款车型。

88. 10月26日，常务副会长丁俊发出席了汽车物流分会在重庆召开的“2006全国汽车物流行业年会”。并发表了“贯彻党的十六届六中全会精神，推动物流行业健康发展”的讲话。会议同期举办了汽车物流分会一届三次理事扩大会议。

89. 11月5日，丁俊发常务副会长出席中国外运股份有限公司与德国麦德龙旗下锦江麦德龙现购自运有限公司战略合作协议签约仪式，并作了精彩演讲。我会副会长、中外运股份有限公司总裁张建卫也在会上发了言。

90. 11月8日，丁俊发常务副会长赴沈阳调研制造业企业物流状况，召开了有本溪钢铁（集团）有限责任公司等企业负责人参加的座谈会。这是国资委和我会开展制造业企业物流状况调查的内容之一。

91. 11月9日，经商务部批准，由商务部外贸发展事务局等单位主办的“2006中国（武汉）国际物流博览会暨2006中国物流高层论坛”在武汉开幕。陆江会长和武汉市领导出席开幕式并致辞。

92. 11月9日，由我会、贸促会物流行业分会和国家林业局对外项目合作中心联合主办的“2006第二届中国国际林业产业博览会”在北京农业展览馆举办。戴定一副会长出席博览会开幕式并致辞。

93. 11月10日，陆江会长和中国物流学会副会长、中国诚通控股集团有限公司总裁洪水坤到湖北省物流与采购联合会和湖北省物流协会进行调研，召开了相关人员参加的座谈会，并考察了中储股份汉口公司等企业。

94. 11月11日，中国物流学会第四次会员代表大会在湖北武汉大学召开，来自全国25个省区市物流教学、科研、新闻单位以及政府部门、物流企业和行业协会的479名代表出席。大会全面回顾总结了上届代表大会5年来的工作，提出了下一步工作的基本目标与任务；聘请陆江同志为名誉会长，丁俊发同志为首席顾问，王之泰等17位同志为顾问；选举产生了由236人组成的新一届理事会和124人组成的常务理事会；何黎明同志当选会长，戴定一同志当选常务副会长；崔忠付、周林燕、任豪祥同志当选专职副会长，崔忠付兼任秘书长；马士华等29人当选兼职副会长。大会审议通过了《关于表彰有突出贡献的物流专家的决定》，王宗喜等10名专家受到表彰；审议通过了《对吴润涛同志在推动我国物流事业发展中的贡献给予特别表彰的决定》；宣布了《关于聘任首批特约研究员的决定》，聘任了91名首批特约研究员。

95. 11月11～12日，“第五次中国物流学术年会”在武汉大学召开，收到各地组织推荐、媒体选送和作者自投论文来稿512篇。经过专家评审，有130篇论文获奖，其中，一等奖9篇、二等奖23篇、三等奖31篇、优秀奖67篇。年会通报了首次设立的“中国物流学会研究课题”中18个入选“2006年中国物流学会优秀课题”名单。其间，还召开了“全国物流研究机构协作网暨首批特约研究员”座谈会。400余位代表出席了本次年会。

96. 11月12日，全国整规办、国资委组织召开了部分商会协会行业信用评价试点方案专家论证会。专家组对我会关于物流行业信用体系建设和物流企业信用评价试点《总体方案》给予肯定。全国整规办和国资委将根据专家意见与最终方案，确定开展首批行业信用评价试点单位正式名单，并向社会公布。

97. 11月13日，丁俊发常务副会长会见来访的以澳大利亚国家物流协会副主席安东尼·戴维森先生为团长的澳大利亚物流高层访华团一行10人。双方进行了友好的交谈，并愿在物流领域进一步加强沟通和交流。

98. 11月16日，何黎明副会长应邀出席“中外运上海冷链物流中心开业典礼”，并代表联合会致辞祝贺。

99. 11月21日，中国物流学会副会长兼秘书长崔忠付会见了来访的日本财产保险公司代表团一行5人。双方就有关物流政策法规、物流市场和企业投资经营等方面的问题，进行了交流。

100. 11月22日，中国物流发展专项基金“宝供物流奖”办公室，组织“宝供物流奖评审委员会”对2006年申报“宝供物流奖”各奖项进行了评审。评出一等奖4名、二等奖5名、三等奖4名；获得奖学金的学生20名。

101. 2006年度中国物流与采购联合会科学技术奖，根据申报条件，专家评审组对31份项目申报书进行了评审，评出获奖项目20项，其中科技进步奖19项，科技发明奖1项。

102. 2006年11月28日，我会申请成立“物流装备专业委员会和应急物流专业委员会”获得民政部批准并办理了登记手续。

103. 11月30日～12月2日，由中国汽车流通协会主办的“2006中国汽车流通行业年会”在佛山市召开。来自全国各地的新车、二手车、进口汽车经销商，汽车拍卖、信息服务、俱乐部、汽车美容装饰等各类型的汽车服务贸易企业400余名代表参加了会议。我会会长、中国汽车流通协会名誉会长陆江，国家工商总局、国家税务总局、佛山市政府有关领导，以及中国汽车流通协会会长、副会长出席了本届年会。

104. 12月3日，中国物流与采购联合会、中国光华科技基金会授予宝供物流企业集团有限公司刘武董事长“热心中国物流公益事业企业家”称号，并向刘武董事长颁发了证书和牌匾。

105. 12月2～3日，由我会主办、《中国物流与采购》杂志社承办的“第四届中国物流企业家论坛暨2006中国物流企业年会”在北京召开。来自有关政府部门、行业协会、科研院校、相关企业的500余名代表参加了会议。会长陆江到会致辞，国家发改委副主任欧新黔发表讲话。大会揭晓了“2006中国物流10大年度人物”评选结果。

106. 12月4日，我会陆江会长和上海市领导为“上海物流行业协会”揭牌。同时召开了“创新合作与物流发展会议”，陆江会长在会上发表讲话。

107. 12月5日，由多家物流企业组成的物流行业组织——“沈阳现代物流协会”正式成立。我会何黎明副会长出席揭牌仪式并发表讲话。辽宁省、沈阳市有关领导以及来自各企业的代表120余人参加了成立大会。

108. 12 月 7 日，英国励展博览集团中国区总裁兰德龙先生一行 3 人专程到我会拜访，并就励展博览集团与中国国际贸易促进委员会物流行业分会将于 2007 年 12 月在上海合作举办“物流服务展览会”的有关事宜与何黎明副会长进行了交谈。

109. 2006 年度我会评选出中国物流示范基地 6 家、实验基地 2 家。中国物流示范基地为：中邮物流有限责任公司、山东盖家沟国际物流有限公司、北京空港物流基地开发中心、中铁现代物流科技股份有限公司、浙江传化物流基地有限公司、上海现代物流投资发展有限公司；中国物流实验基地为：郑州交通运输集团有限责任公司、惠州市金泽国际物流园区管理有限公司。在 12 月 2 日召开的“第四届中国企业家年会”上，我会领导为 8 家企业颁发了物流基地标牌。

110. 12 月 8 ~ 9 日，戴定一副会长应湖南省怀化市市委、市政府邀请，出席了“2006 湖南西部经洽会 · 农博会暨湖南西部现代商贸物流园区开业庆典”并致辞，在“怀化商贸物流发展论坛”上作了主题演讲。在怀化期间，戴定一副会长与怀化市委有关领导就怀化发展现代物流进行了座谈，并参观了部分物流企业。

111. 12 月 9 ~ 11 日，“全国发展和改革工作会议”在京西宾馆召开。何黎明副会长出席会议。会议回顾总结了 2006 年的发展改革工作，对明年经济社会发展面临的环境进行了分析，对发展改革系统如何贯彻中央经济工作会议精神，以及明年的发展改革工作任务做出了部署。

112. 12 月 13 日，我会与国家开发银行签署合作协议，就共同搭建融资平台，联合会向开发行推荐项目、介绍会员企业申请贷款，推动国有企业做大做强等达成协议。

113. 12 月 14 日，我会丁俊发常务副会长和何黎明副会长专程到家中看望吴润涛先生。丁副会长宣读了《关于对吴润涛同志在推动我国物流事业发展中的贡献给予特别表彰的决定》，并与中国物流学会会长何黎明分别将证书、牌匾和奖金送到吴老手中。

114. 12 月 15 日，我会召开部分代管协会会长座谈会，会长陆江、副会长兼秘书长何黎明、副会长戴定一、党委副书记周林燕以及联合会有关部门负责人参加了会议，陆江会长在会上作了重要讲话。

115. 12 月 20 日，我会副会长何黎明、任豪祥会见了加拿大驻华公使肯 · 路易斯先生及随行商务专员。双方进行了友好交谈。并希望为经济合作牵线搭桥。

116. 12 月 21 日，宅急送公司总裁陈平、副总裁陈显宝一行专程来我会拜访。陆江会长、丁俊发常务副会长等会领导与客人进行了亲切交谈，对宅急送积极参加我会举办的各项活动及对联合会工作的大力支持表示感谢。

117. 12 月 21 日，全国物流标准化技术委员会在北京召开 2006 年年会。对全国物标委今年与明年的工作进行了总结和安排。丁俊发常务副会长到会讲话，戴定一副会长作年会工作报告，国家发改委、全国物标委有关领导讲了话。

118. 12 月 22 ~ 23 日，商务部市场运行调节司、中国物流信息中心在北京联合召开了“2006—2007 年全国钢材市场形势分析会”。来自全国重点钢铁生产企业、流通企业、批发市场、消费企业等有关方面的代表 300 多人参加会议。全国政协委员、我会会长陆江为大会致辞并作了重要讲话。

119. 在《2006CCTV 经济生活大调查》中，何黎明副会长作为十大政府智库的经济“首脑”中十大行业协会会长，应邀参与对 2006 年中国经济进行一次深刻的剖析，评选产生入围的经济大事。何黎明副会长作为十大行业协会会长，成为百名专家成员之一。

（供稿：中国物流与采购联合会秘书处）

2006年中国主要物流会议及展会一览表

名　　称	时　间	地点
中国物流发展报告会暨第11次中国物流专家论坛	1月13日	北京
第九届中国(广州)国际物流展览会	3月14~16日	广州
2005年全国物流运行情况新闻发布会	3月24日	北京
口岸物流与海关通关改革论坛	3月24~25日	上海
2006—2010年教育部高等学校物流类专业教学指导委员会成立大会暨第一次全体委员会议	4月15~17日	上海
全国现代物流工作部际联席会议第二次会议	5月11日	北京
第二届"现代流通国际论坛"	5月13日	上海
2006"第四届亚洲智能标签(RFID)应用大会"	5月17~18日	北京
2006中国物流信息化技术应用商务会	6月23~24日	大连
首届《劳氏亚洲航运物流》中国物流峰会	6月29日	北京
首届军事物流学术研讨会	7月4~5日	北京
全国普通货物运价指数新闻发布会	7月6日	北京
2006美国供应链管理专业协会中国(上海)年会	8月3日	上海
第六届全国高校物流专业教学研讨会	8月5日	昆明
第一届国际采购与供应链管理中国区圆桌会议	8月11日	杭州
全国物流统计工作会议	9月14~15日	

续　表

名　　称	时　间	地点
第五届海峡两岸暨香港澳门物流合作与发展大会	9月26日	厦门
首届中部贸易投资博览会现代流通与中部崛起高层论坛及跨国采购洽谈会	9月26~27日	长沙
2006亚洲国际物流技术与运输系统展览会	10月10~13日	上海
2006年城市物流、中远程物流推荐用车活动	10月10~13日	上海
2006中国物流市场热点论坛	10月11~12日	上海
中国(浙江)长江三角洲物流合作高层论坛	10月17日	杭州
第四次全国物流园区(基地、中心)交流研讨会暨第12次中国物流专家论坛	11月2~3日	深圳
中国物流学会第四次会员代表大会暨第五次中国物流学术年会	11月10~12日	武汉
首届中美采购与供应链管理年会	11月17~18日	北京
2006中国国际汽车物流与供应链研讨会	11月28~29日	上海
2006中国汽车流通行业年会	11月30日~12月2日	佛山
第四届中国物流企业家论坛暨2006中国物流企业年会	12月2~3日	北京

2006 年中国最具竞争力的物流企业资料

排位	单位	2005 年主营业务收入（万元）	法人/负责人	主营业务	地址	邮编	电话	传真	网址
1	中国远洋运输（集团）总公司	8707625	魏家福	航运、物流	北京市复兴门内大街 158 号	100031			www.cosco.com
	中远集装箱运输有限公司	2722427	魏家福	远洋运输业	上海市浦东新区浦东大道 720 号	200135			www.coscon.com
	广州远洋运输公司	488243	徐惠兴	航运	中国广州环市东路 412 号	510061	020 -87765567，22811888	020 -87765636	www.coscogz.com.cn
2	中国海运（集团）总公司	5322305	李绍德	航运	上海市东大名路 700 号	200080			www.cnshipping.com
	中海集装箱运输股份有限公司	2718120	李绍德	集装箱航海运输			021 -65966147	021 -65966410	www.cscl.com.cn
	中海集团物流有限公司	59835		物流	上海市东大名路 908 号金岸大厦 21 层	200082	021 -65951122	021 -65955230	www.csl.com.cn
3	中国对外贸易运输（集团）总公司	4258770	赵沪湘	国际货运代理	北京市海淀区西直门北大街甲 43 号金运大厦 A 座	100044	010 -62295900	010 -62295901	www.sinotrans-group.com
	中国外运广东有限公司	261731		运输、物流	广州市黄沙大道 144 号 1011 -1012 室	510700	010 -88303029	010 -86546418	www.transgd.com.cn

续 表

排位	单 位	2005年主营业务收入（万元）	法人/负责人	主营业务	地 址	邮编	电 话	传 真	网 址
4	中国长江航运集团总公司	1622058	刘锡汉	航运	湖北省武汉市沿江大道69号	430021	027－82767012	027－82767043	www.china－csc.com
	上海长江轮船公司	180318	张 路	集装箱和外贸件杂货运输	上海市张杨路800号	200122	021－58351688	021－58351311	www.scsc.com.cn
5	中国物资储运总公司	744964	韩铁林	物流	北京市丰台区南四环西路188号6区18号楼12层	100070	010－68463737		www.cmstcom.cn
	中储发展股份有限公司	541257	马宏伟	物流	北京市丰台区南四环西路188号6区18号楼7、10层	100070	010－83673206	010－83673191	www.zcgf.com.cn
6	中国国际货运航空有限公司	567767	姚军	货运航空	北京朝阳区三元东桥霄云路46号	100027	010－64639911		
7	中铁快运股份有限公司	538018	徐海锋	铁路运输	北京市宣武区鸭子桥路24号中铁商务大厦	100055	95105366		www.cre.cn
8	山东海丰国际航运集团有限公司	509661		海运、陆运、空运、码头、投资	山东青岛东海西路41号东海世家1－4层海丰集团		0532－82990000		www.sitc.com.cn
9	招商局物流集团有限公司	393704	李雅生	物流	深圳市南山区蛇口招商大厦7楼	518067	0755－26829092	0755－28625668	www.cml－1872.com
10	嘉里大通物流有限公司	371531	汪炜城	运输	北京市朝阳区东三环北路霄云路21号大通大厦	100027	010－64618899	010－64677866	www.kerryeas.com

续 表

排位	单　位	2005年主营业务收入(万元)	法人/负责人	主营业务	地　址	邮编	电　话	传　真	网　址
11	远成集团有限公司	353610	黄远成	物流	上海市普陀区真南路2339号	200331	021－52841010转8506	021－52841026	www.yc56.com
12	上海泛亚航运有限公司	317668		集装箱运输	中国上海东大名路388号		021－35124688	021－65951450	www.panasiashipping.com
13	广东南粤物流股份有限公司	313828	鲁茂好	物流	广州机场路1735号南粤物流大厦	510410	020－22353888	020－22353999	www.southchina－logistics.com
14	中国石油化工股份有限公司管道储运分公司	298562		物资供应管理	江苏省徐州市南郊翟山	221008	0516－83455140	0516－83452092	
15	天津大田集团有限公司	297113	王树生	物流	北京市顺义区天竺空港开发区A区天柱中路16号	101312	010－80486200	010－80480313	www.dtw.com.cn
16	青岛海尔物流有限公司	295143		物流	青岛市海尔路1号海尔信息园	266101	0532－8938337	0532－8939555	www.logistics.haier.com
17	天津振华物流集团有限公司	280681		物流	天津新港京门大道158号		022－25762168	022－25762268	www.zh－logistics.com
18	中国石油天然气运输公司	242249	刘　志	运输	新疆维吾尔自治区乌鲁木齐市阿勒泰路374号	830014	0991－3722378		www.cnpc.com.cn
19	中邮物流有限公司	195363	熊振邦		北京市崇文区珠市口东大街17号东座	100050	010－67077566	010－67077565	www.cp56.cn

续　表

排位	单　位	2005年主营业务收入(万元)	法人/负责人	主营业务	地　址	邮编	电　话	传　真	网　址
20	苏州隆兴物流有限责任公司	180504	梁国根	钢铁物流	江苏省太仓市港口开发区沪浮璜公路88号	215423	0512 -53789282	0512 -53789275	www. long - steel. com
20	中铁物资集团有限公司	180504	申兆君	物资供应、物流服务	北京市复兴路40号	100855	010 -51886400	010 -51886002	www.. crmg. 5696. net
22	安吉天地汽车物流有限公司	174365	忻坚敏	汽车物流	中国上海市曹杨路595号	200063	021 -62609090	021 -62222824	www. anji - tnt. com
23	五矿国际货运有限责任公司	170000	闫嘉有		北京市海淀区三里河路5号	100044	010 -68494418		www. minsco. min-metals. com. cn
24	广东省航运集团有限公司	165755		航运	广东省广州市八旗二马路48号广东航运大厦	510111	020 — 83295289	020 — 83295064	www. hangyun. com. cn
25	浙江传化物流基地有限公司	161800	姚文通		杭州钱江二桥萧山出口处	311215	0571 -82602525	0571 -82602525	www. tf56. com
26	黑龙江大庆油田物资集团	159000	孙铁文		黑龙江省大庆市让胡路区昆仑大街25号	163453	0459 -5991745	0459 -5991627	www. dqwz. com. cn
27	南方企业集团物流有限公司	158400	官金仙	物流	广州市云埔工业区开创大道埔北路1号	510530	020 -32066325		www. nf56. com
28	深圳亦禾供应链管理有限公司	155000		供应链服务管理					
29	深圳市华运国际物流有限公司	139278			深圳市罗湖区嘉宾路4028号太平洋商贸大厦11A/22/23/楼		0755 -25915927		

续　表

排位	单　　位	2005 年主营业务收入(万元)	法人/负责人	主营业务	地　　址	邮 编	电　话	传　真	网　址
30	中铁现代物流科技股份有限公司	131978	刘景福		北京市海淀区知春路63 号卫星大厦 508	100080	010 -68747819	010 -68747770	www. crml. com. cn
31	上海联华超市配销有限公司	125293			上海市曹杨路 1465 号	200333	021 -62545066		
32	云南物流产业集团有限公司	114430		物流	云南省昆明市翠湖北路 76 号	650031	0871 -5320930	0871 -5320707	www. ylig. cn
33	上海佳吉快运有限公司	108000	付长明	公路运输	上海市青浦区徐泾镇北青公路 2999 号	201702	021 -39760666		
34	中铁特货运输有限责任公司	102344	刘书明	铁路运输	北京市宣武区鸭子桥路 24 号中铁商务大厦	100055	010 -51876429	010 -51876407	www. crscsc. com. cn
35	甘肃西部物流有限责任公司	78299		公路、铁路运输代理服务					
36	上海现代物流投资发展有限公司	63972	谭建华	物流	上海市南苏州路 325 号	200002	021 -63231818	021 -63231818 转 2072	www. m56. com. cn
37	山东盖家沟国际物流有限公司	62000		物流	济南市二环北路东首济青高速零点立交西北侧	250032	0531 -88271056	0531 -88271036	www. gs56. com
38	宝供物流企业集团有限公司	60174	刘　武	第三方物流	广州市天河区龙口东路 361 号宝供大厦	510630	020 -38482090	020 -38482221	www. pgl - world. cn
39	上海东方远航物流有限公司	60001	汤志强	航空运输货物、邮件、行李的地面处理	上海市浦东机场大道 66 号	201202	021 -68841218	021 -68854383	www. easternlogistics. cn

续 表

排位	单位	2005年主营业务收入（万元）	法人/负责人	主营业务	地址	邮编	电话	传真	网址
40	中国物流公司	59220		国际集装箱和铁路集装箱全程门到门运输和代理、企业供应链管理、产品物流中心管理	北京市丰台西南四环百强大道188号（总部基地）6区18栋四层	100070	010－83673499	010－83673500	www.c56.cn
41	深圳粤钢松山物流有限公司	58818		仓储、普通道路运输、道路集装箱运输、货物配送及相关的信息服务					
42	上海时代航运有限公司	58552		船舶运输	中国上海市浦东银城东路139号20楼	200120	021－68866800	021－68866811	
43	上海航空股份有限公司	57048			上海市江宁路212号	200041			www.shanghai－air.com
44	浙江省八达物流有限公司	56939	方润泽	第三方物流	浙江省杭州市建国中路27号	310009	0571－87706679		
45	北京宅急送快运有限公司	56363	陈平	交通运输、物流服务、快递、国际空运、货代	北京市朝阳区来广营新北工业区6号	100012	010－51301938	010－84916201	www.bjzjsex-press.17sf.com.cn
46	广东鱼珠物流基地有限公司	54229							
47	天津市交通（集团）有限公司	45898		综合型运输	天津市塘沽区新胡路315号	300451	022－66869233	022－66869122	www.binhai－trans.com

续　表

排位	单　　位	2005 年主营业务收入(万元)	法人/负责人	主营业务	地　　址	邮编	电　话	传　真	网　址
48	昆山飞力国际货运有限公司	40648			江苏省昆山市长江南路 1 号	215300	0512 -57352888/57370000	512 -57309552/57352880	www.feiliks.com
49	北京福田物流有限公司	40581	杜道锋	货运代理、仓储保管、分批包装、配送服务、货运服务、销售汽车配件、建筑材料、装饰材料等	北京市昌平区沙河镇沙阳路北汽福田东厂区	102206	010 -80728424	010 -80722142	www.ft56.com
50	保定市白沟鑫通源物流有限公司	35512		货运代理、配载服务、货物运输、货物中转、装卸	河北省保定市白沟五一路南侧	74000			

全国设置物流专业的院校名单

续　表

高校名称	专业代码	专业名称
武汉理工大学	081207W	物流工程
大连海事大学	081207W	物流工程
大连大学	081207W	物流工程
沈阳建筑大学	081207W	物流工程
长沙理工大学	081207W	物流工程
同济大学	081207W	物流工程
西南交通大学	081207W	物流工程
山东交通学院	081207W	物流工程
华南理工大学	081207W	物流工程
山东大学	081207W	物流工程
吉林大学	081207W	物流工程
北京邮电大学	081207W	物流工程
天津大学	081207W	物流工程
大连理工大学	081207W	物流工程
南京农业大学	081207W	物流工程
北京物资学院	081207W	物流工程
辽宁工学院	081207W	物流工程

高校名称	专业代码	专业名称
上海海事大学	081207W	物流工程
安徽工业大学	081207W	物流工程
山东科技大学	081207W	物流工程
中南林业科技大学	081207W	物流工程
广西大学	081207W	物流工程
天津科技大学	081207W	物流工程
太原科技大学	081207W	物流工程
北京科技大学	081207W	物流工程
长安大学	081207W	物流工程
陕西科技大学	081207W	物流工程
浙江科技学院	081207W	物流工程
沈阳工业大学	081207W	物流工程
河北科技大学	081207W	物流工程
东北林业大学	081207W	物流工程
中南林业科技大学涉外学院	081207W	物流工程
北京科技大学天津学院	081207W	物流工程
安徽农业大学	081207W	物流工程

续 表

高校名称	专业代码	专业名称
成都信息工程学院	081207W	物流工程
浙江工业大学	081207W	物流工程
北京工商大学	081207W	物流工程
北京邮电大学世纪学院	081207W	物流工程
郑州航空工业管理学院	081207W	物流工程
长沙理工大学城南学院	081207W	物流工程
天津大学仁爱学院	081207W	物流工程
沈阳建筑大学城市建设学院	081207W	物流工程
东北大学东软信息学院	081207W	物流工程
淮阴工学院	081207W	物流工程
安徽农业大学经济技术学院	081207W	物流工程
昆明理工大学	081207W	物流工程
北京物资学院	110210W	物流管理
长安大学	110210W	物流管理
北京交通大学	110210W	物流管理
同济大学	110210W	物流管理
北京工商大学	110210W	物流管理
西华大学	110210W	物流管理
哈尔滨商业大学	110210W	物流管理
北京航空航天大学	110210W	物流管理
暨南大学	110210W	物流管理
河北经贸大学	110210W	物流管理
东北财经大学	110210W	物流管理
沈阳工业大学	110210W	物流管理
上海海事大学	110210W	物流管理
上海对外贸易学院	110210W	物流管理

续 表

高校名称	专业代码	专业名称
江苏科技大学	110210W	物流管理
宁波大学	110210W	物流管理
江西财经大学	110210W	物流管理
重庆交通大学	110210W	物流管理
重庆工商大学	110210W	物流管理
安徽财经大学	110210W	物流管理
安徽大学	110210W	物流管理
广东工业大学	110210W	物流管理
广东技术师范学院	110210W	物流管理
广东商学院	110210W	物流管理
广东外语外贸大学	110210W	物流管理
中国海洋大学	110210W	物流管理
武汉理工大学	110210W	物流管理
山东财政学院	110210W	物流管理
中山大学	110210W	物流管理
武汉大学	110210W	物流管理
东华大学	110210W	物流管理
浙江大学	110210W	物流管理
中南财经政法大学	110210W	物流管理
华侨大学	110210W	物流管理
河南工业大学	110210W	物流管理
郑州航空工业管理学院	110210W	物流管理
中国民航大学	110210W	物流管理
山东大学	110210W	物流管理
大连理工大学	110210W	物流管理
华东理工大学	110210W	物流管理

续 表

高校名称	专业代码	专业名称
东南大学	110210W	物流管理
华中科技大学	110210W	物流管理
北京师范大学	110210W	物流管理
西南财经大学	110210W	物流管理
中国民用航空飞行学院	110210W	物流管理
首都经济贸易大学	110210W	物流管理
天津师范大学	110210W	物流管理
石家庄经济学院	110210W	物流管理
山西大学	110210W	物流管理
山西财经大学	110210W	物流管理
内蒙古财经学院	110210W	物流管理
大连交通大学	110210W	物流管理
沈阳工程学院	110210W	物流管理
长春大学	110210W	物流管理
上海大学	110210W	物流管理
上海水产大学	110210W	物流管理
上海第二工业大学	110210W	物流管理
南京财经大学	110210W	物流管理
杭州电子科技大学	110210W	物流管理
浙江工商大学	110210W	物流管理
华东交通大学	110210W	物流管理
青岛大学	110210W	物流管理
郑州大学	110210W	物流管理
河南财经学院	110210W	物流管理
武汉科技学院	110210W	物流管理
湖南商学院	110210W	物流管理

续 表

高校名称	专业代码	专业名称
广州大学	110210W	物流管理
华南师范大学	110210W	物流管理
重庆工学院	110210W	物流管理
成都信息工程学院	110210W	物流管理
贵州财经学院	110210W	物流管理
云南财经大学	110210W	物流管理
西安邮电学院	110210W	物流管理
兰州交通大学	110210W	物流管理
山东经济学院	110210W	物流管理
大连海事大学	110210W	物流管理
上海财经大学	110210W	物流管理
天津财经大学	110210W	物流管理
中央财经大学	110210W	物流管理
攀枝花学院	110210W	物流管理
南开大学	110210W	物流管理
长春税务学院	110210W	物流管理
吉林建筑工程学院	110210W	物流管理
安徽工程科技学院	110210W	物流管理
福建农林大学	110210W	物流管理
福州大学	110210W	物流管理
集美大学	110210W	物流管理
广西财经学院	110210W	物流管理
广西工学院	110210W	物流管理
湖南工程学院	110210W	物流管理
赣南师范学院	110210W	物流管理
延安大学西安创新学院	110210W	物流管理

续 表

高校名称	专业代码	专业名称
武汉工业学院	110210W	物流管理
浙江财经学院	110210W	物流管理
浙江万里学院	110210W	物流管理
渤海大学	110210W	物流管理
大连轻工业学院	110210W	物流管理
哈尔滨师范大学	110210W	物流管理
黑龙江八一农垦大学	110210W	物流管理
石家庄铁道学院	110210W	物流管理
青岛理工大学	110210W	物流管理
青岛科技大学	110210W	物流管理
山东科技大学	110210W	物流管理
山东工商学院	110210W	物流管理
深圳大学	110210W	物流管理
惠州学院	110210W	物流管理
郑州轻工业学院	110210W	物流管理
江苏工业学院	110210W	物流管理
南京信息工程大学	110210W	物流管理
天津商学院宝德学院	110210W	物流管理
河北经贸大学经济管理学院	110210W	物流管理
山西大学商务学院	110210W	物流管理
大连理工大学城市学院	110210W	物流管理
东南大学成贤学院	110210W	物流管理
浙江大学宁波理工学院	110210W	物流管理
厦门大学嘉庚学院	110210W	物流管理
武汉大学东湖分校	110210W	物流管理
武汉科技学院外经贸学院	110210W	物流管理

续 表

高校名称	专业代码	专业名称
湖南商学院北津学院	110210W	物流管理
北京师范大学珠海分校	110210W	物流管理
电子科技大学中山学院	110210W	物流管理
吉林大学珠海学院	110210W	物流管理
贵州财经学院商务学院	110210W	物流管理
宁波大学科学技术学院	110210W	物流管理
浙江工商大学杭州商学院	110210W	物流管理
云南师范大学文理学院	110210W	物流管理
吉林大学	110210W	物流管理
湖南工程学院应用技术学院	110210W	物流管理
大连交通大学信息工程学院	110210W	物流管理
南开大学滨海学院	110210W	物流管理
四川大学锦城学院	110210W	物流管理
江南大学	110210W	物流管理
天津理工大学	110210W	物流管理
天津工程师范学院	110210W	物流管理
贵州大学	110210W	物流管理
阜阳师范学院	110210W	物流管理
安庆师范学院	110210W	物流管理
安徽科技学院	110210W	物流管理
成都理工大学	110210W	物流管理
太原理工大学	110210W	物流管理
陕西理工学院	110210W	物流管理
西安外事学院	110210W	物流管理
怀化学院	110210W	物流管理
兰州商学院	110210W	物流管理

续　表

高校名称	专业代码	专业名称
南昌大学	110210W	物流管理
东华理工学院	110210W	物流管理
南昌工程学院	110210W	物流管理
江西财经大学现代经济管理学院	110210W	物流管理
河北农业大学	110210W	物流管理
北京化工大学北方学院	110210W	物流管理
广东工业大学华立学院	110210W	物流管理
东莞理工学院城市学院	110210W	物流管理
辽宁对外经贸学院	110210W	物流管理
沈阳理工大学	110210W	物流管理
广西民族大学	110210W	物流管理
广西师范学院	110210W	物流管理
上海工程技术大学	110210W	物流管理
上海商学院	110210W	物流管理
上海师范大学天华学院	110210W	物流管理
仰恩大学	110210W	物流管理
福建工程学院	110210W	物流管理
厦门理工学院	110210W	物流管理
浙江海洋学院	110210W	物流管理
温州大学城市学院	110210W	物流管理
莱阳农学院	110210W	物流管理
临沂师范学院	110210W	物流管理
三峡大学	110210W	物流管理
长江大学	110210W	物流管理
武汉理工大学华夏学院	110210W	物流管理

续　表

高校名称	专业代码	专业名称
湖北经济学院	110210W	物流管理
常州工学院	110210W	物流管理
南通大学	110210W	物流管理
盐城工学院	110210W	物流管理
安阳师范学院	110210W	物流管理
南阳师范学院	110210W	物流管理
南京信息工程大学滨江学院	110210W	物流管理
南京财经大学红山学院	110210W	物流管理
江苏科技大学南徐学院	110210W	物流管理
石家庄经济学院华信学院	110210W	物流管理
武汉大学珞珈学院	110210W	物流管理
广东外语外贸大学南国商学院	110210W	物流管理
广东商学院华商学院	110210W	物流管理
广东技术师范学院天河学院	110210W	物流管理
西南财经大学天府学院	110210W	物流管理
对外经济贸易大学	110210W	物流管理
重庆大学	110210W	物流管理
天津商学院	110210W	物流管理
北华航天工业学院	110210W	物流管理
唐山师范学院	110210W	物流管理
河北科技师范学院	110210W	物流管理
河北农业大学现代科技学院	110210W	物流管理
内蒙古农业大学	110210W	物流管理
沈阳航空工业学院	110210W	物流管理
沈阳理工大学应用技术学院	110210W	物流管理

续 表

高校名称	专业代码	专业名称
长春大学旅游学院	110210W	物流管理
佳木斯大学	110210W	物流管理
上海电力学院	110210W	物流管理
上海金融学院	110210W	物流管理
苏州科技学院	110210W	物流管理
徐州师范大学	110210W	物流管理
宁波工程学院	110210W	物流管理
湖州师范学院	110210W	物流管理
浙江财经学院东方学院	110210W	物流管理
安徽财经大学商学院	110210W	物流管理
浙江海洋学院东海科学技术学院	110210W	物流管理
福建师范大学协和学院	110210W	物流管理
集美大学诚毅学院	110210W	物流管理
福州大学至诚学院	110210W	物流管理
南昌大学科学技术学院	110210W	物流管理
华东交通大学理工学院	110210W	物流管理

续 表

高校名称	专业代码	专业名称
东华理工学院长江学院	110210W	物流管理
山东建筑大学	110210W	物流管理
曲阜师范大学	110210W	物流管理
菏泽学院	110210W	物流管理
烟台南山学院	110210W	物流管理
中国海洋大学青岛学院	110210W	物流管理
黄河科技学院	110210W	物流管理
武汉科技大学城市学院	110210W	物流管理
长沙学院	110210W	物流管理
中南林业科技大学	110210W	物流管理
钦州学院	110210W	物流管理
广西民族大学相思湖学院	110210W	物流管理
重庆工商大学融智学院	110210W	物流管理
绵阳师范学院	110210W	物流管理
成都理工大学工程技术学院	110210W	物流管理
石河子大学	110210W	物流管理
上海海关学院	110211W	物流管理

资料来源：教育部高教司

（转自《中国物流发展与人才需求研究报告》中国物资出版社出版）

2006—2010年教育部高等学校物流类专业教学指导委员会

主 任 委 员

黄有方　　上海海事大学

副主任委员

何明珂　　北京工商大学

刘秉镰　　南开大学

秘　书　长

任豪祥（兼）　　中国物流与采购联合会

委　　　员

汝宜红　　北京交通大学

董绍华　　北京科技大学

王文举　　首都经济贸易大学

邬　跃　　北京物资学院

屈福政　　大连理工大学

杨　赞　　大连海事大学

杨东援　　同济大学

赵林度　　东南大学

刘　南　　浙江大学

刘志学　　华中科技大学

李文锋　　武汉理工大学

黄福华　　湖南商学院

张良卫　　广东外语外贸大学

谢如鹤　　广州大学

张　锦　　西南交通大学

李严锋　　云南财贸学院

任豪祥　　中国物流与采购联合会

中等职业教育物流专业教学指导委员会委员名单

主任委员：

任豪祥　中国物流与采购联合会　副秘书长

副主任委员：

王学明　中国物资储运总公司　副总经理
常金荣　北京福田物流有限公司　总经理
汪群林　北京东方信捷物流有限责任公司　总经理
田学军　中邮物流有限责任公司　业务总监
霍胜军　海尔物流推进本部　部长
蓝仁昌　环众物流咨询有限公司　执行董事
周纪东　上海百联集团有限公司　副总裁
谢德华　中国物资出版社　总编辑
王军伟　高等教育出版社　副总编辑

秘书长：

靖安奇　中国物流与采购联合会　培训部副主任

副秘书长：

李建成　上海市物资学校　副校长
施建年　北京市交通学校　副校长
张立波　广州市第一商业学校　副校长
王东生　北京市供销学校　校长

委员：

杨　帆　北京市商务科技学校　校长
李守斌　河北经济管理学校　副校长
朱为刚　天津市物资贸易学校　校长
吴元佑　湖北省贸易科技学校　校长
何晓莉　陕西省城市经济学校　副校长
张雪芬　北京市商业学校　商贸系主任
刘建平　广州市交通运输中等专业学校　副校长
堵有进　江苏省南通商贸高等职业学校　副校长
陈潮珠　广东省财经职业技术学校　营销专业科科长

（供稿：中国物流与采购联合会培训部）

ITC 采购与供应链管理国际资格认证、注册采购师职业资格认证培训中心一览表

区域	各地授权培训中心单位名称	招生范围	联系人	电　话	传　真	宣传网址
北京	北京航空航天大学创业管理培训学院	北　京	刘国甫	010 -82316158	010 -82315488	www. 21training. org
	北京财经管理高级培训中心	北　京	李　菁	010 -62280886	010 -62110836	www. bjcjpx. com
	北京恒信高科管理科学研究院	北　京	李　京	010 -62193880		http://www. 5l. com. cn
	北京市华孚经济教育培训学校	北　京	闫至刚 初明罡	010 -82161658 -803 82161659	010 -82161658 转 802	www. hfpx. com. cn
	北京物资学院成人教育学院	北　京	王守新	010 -89881035	010 -81527993	http://www. bwu. edu. cn
江苏	江苏省物流与采购信息中心	南　京	张文静	025 -83271663	025 -83271655	www. xwzcn. com
	南京欧普特企业管理顾问有限公司	南　京	高振亚	13913951961 025 -84712350	025 -84732378	www. njlscm. com
	无锡市远大前程教育培训中心	无　锡	江　华	0510 -82712886	0510 -82710833	http://www. qcpx. com
	镇江利博物流科技有限公司	镇　江	王　利	0511 -4402880		
	苏州思文科技有限公司	苏　州	宋　方	0512 -62091887	0512 -65234270	http://www. m56f. com
福建	厦门市培因教育培训中心	厦　门	谢美珠	0592 -5166166	0592 -5166075	http://www. paying -edu. com
	厦门市远见职业培训学校	厦　门	袁政慧	0592 -3930580 3930581	0592 -3930775	
	泉州市远见职业培训学校	泉　州	袁政慧	0592 -3930580 3930581	0592 -3930775	

续 表

区域	各地授权培训中心单位名称	招生范围	联系人	电 话	传 真	宣传网址
广东	深圳市物流与采购联合会	深 圳	李艳薇	0755 –25924161	0755 –83581307	
	深圳市博维企业管理咨询有限公司	深 圳	谢 青	0755 –83929776		http://www. bv – logistics. com
	深圳市思美达企业管理咨询有限公司	深 圳	曾 黔	0755 –83283906		http://www.56zone. com
	深圳特区华侨城培训中心	深 圳	计 红	0755 –26929184		http://www. octtraining. com
	广东清华职业培训学校	广 州	雷晓红	020 –87512729 87512731	020 –87512730	http://www. qhxy. com
	广州昊鼎物流科技有限公司	广 州	严 冰	020 –83762728 83762782	020 –87521248	http://www. headlogistics. com
	广州市惠盈投资咨询有限公司	惠 州	魏双菊	0752 –2266625	0752 –2266625	
	深科纳企业管理咨询有限公司	东 莞	杨晓东 王 俊	0769 –22633248 13532594098	0769 –22633224	http://www. szsynch. com
	佛山市顺德区容桂科澳技术咨询服务部	佛 山	单 曦	0757 –28393188		
	珠海市清华科技园宝供物流管理培训中心	珠 海 中 山	刘 宇	0756 –6110558		http://www. tspgl. cn
陕西	陕西物流协会	西 安	陶 毅	029 –82242850	029 –87293841	http://www. xbwl. org/
	西安培英人力资源开发中心	西 安	杜占魁	029 –87517799		
云南	昆明习远企业管理咨询有限公司	昆 明	刘 敏	0871 –3350021 13211687893		
	昆明空港管理咨询服务有限公司	昆 明	马 韬	0871 –7116671		www. kgglzx. com
湖 北	中国人民解放军军事经济学院军队采办系	武 汉	刘 辉	027 –83447650		
	武汉邦目投资咨询有限公司	武 汉	黄海洋	027 –87856866 87856966	027 –87856766	www. whboom. com

续　表

区域	各地授权培训中心单位名称	招生范围	联系人	电　话	传　真	宣传网址
浙江	杭州市物流与采购协会	杭　州	钱超英	0571 –87031371	0571 –87031371	www. hzxdwl. com
	浙江省物流与采购联合会	杭　州	李第财	0571 –86928111	0571 –86928053	
	宁波大中小企业培训中心	宁　波	张　敏	0574 –87600135	0574 –87605309	www. nbwlpx. com
辽宁	大连智丰物流咨询服务有限公司	大　连	兴　悦	0411 –82820980	0411 –82817889	http://www. dlzhifeng. com
	沈阳新方向职业培训学校	沈　阳	于莹光	024 –88569885 88569886	024 –88569889	
山东	山东济南光华燕园管理科学研究中心	济　南	李文绪	0531 –88362540	0531 –88362483	Wenxu98@263. net
	淄博市专业技术培训中心	淄　博	姜莉莉	0533 –3163939		http://www. zibo56. com
	耀坤供应链管理顾问有限公司	青　岛	卢耀猛	0532 –85951656 85953008	0532 –85953008	www. qdscm. com
黑龙江	黑龙江省圣华对外科技咨询培训中心	哈尔滨	郑春萍	0451 –53990996 13895759987		
	黑龙江省商品学会	哈尔滨	刘　莉	0451 –84838604		
	大庆石油管理局物资装备总公司教育培训中心	大　庆	王连学	0459 –4662688 13054203318		
湖南	中南林学院工程技术研究所	长　沙	庞　燕	0731 –4715975		
	湖南长沙合力企业管理有限公司	长　沙	何建崎	0731 –4411128 5556398		http://www. chinawuliu. net
天津	天津市崇信管理咨询有限公司	天　津	冯　燕	022 –23306158	022 –23392812	
	天津伊诺威企业管理咨询有限公司	天　津	姚　丽	022 –23046218 13821928280		

续 表

区域	各地授权培训中心单位名称	招生范围	联系人	电 话	传 真	宣传网址
天津	天津市通宇科技信息咨询有限公司	天 津	马 静	022 -85685657		
	天津市南大科达职业培训学校	天 津	董永凯	022 -23507689 13012218232	022 -23502378	
河南	郑州中之杰咨询服务有限公司	郑 州		0371 -65656440		http://www.56at.com
重庆	后勤工程学院现代物流研究所	重 庆	姜大立	023 -68750487	023 -68750487	http://www.chongqing56.com
上海	灵捷咨询(上海)有限公司	上 海	杜亲凤	021 -51157550	021 -51157552	www.justlink -ltd.com
	上海京源投资咨询有限公司	上 海	李国伟	021 -68751788	021 -68752053	http://www.jingyuanzx.com
	上海自力进修学校	上 海	宗祥嘉	021 -63111497		www.zili.cn
四川	成都市锦程职业培训中心	成 都	康定红	028 -87790915 66938886	028 -87797915	www.jinchengpx.com
	西华大学交通运输研究所	成 都	尹 良	028 -87722686 13060039680	028 -87720536	http://web.xhu.edu.cn/jiaotongxueyuan/index.htm
山西	山西知为项目管理咨询有限公司	太 原	张志荣	0351 -8225223	0351 -8225223	www.zwpmcc.com
	山西太原辅仁文化发展有限公司	太 原	王晓晖	0351 -7555641		
新疆	乌鲁木齐中物联物流咨询服务有限公司	乌鲁木齐	吕全贵	13999848601		
海南	洋浦鑫越教育发展有限公司	海 口	时丽敏	0898 -3699000 36345665		

高级物流师职业资格认证授权培训中心一览表

一、全国各地方高级物流师职业资格认证授权培训中心

所在省市	单位名称	联系人	联系方式	网址及电子信箱
北京市	北京航空航天大学	刘国甫、张亦弛	010 -82319636 传真:010 -82313397	http://set.buaa.edu.cn/
	北京市物资贸易职工学院	刘春明	010 -63184127 63168631	
	中国物资储运协会	刘洪波	010 -83673344	
	北京睿博远景管理顾问有限公司	任波、王妍	010 -82080273 82080373 传真:010 -82076871	http://www.wiserroad.com
福建省	厦门培因教育培训中心	黄文安	0592 -2960066 2960077 2960088	http://www.paying -edu.com/
广东省	广州昊鼎物流科技有限公司	伍小慧、黄爱明	020 -83762728 83762782 传真:020 -83762209	http://www.headlogistics.com/
	广东珠海市清华科技园物流管理培训中心	刘 宇	0756 -6110558 6110557	http://www.gd -56.com/
	广东深圳市博维企业管理咨询有限公司	谢青、郑志宏	0755 -83929776 83929380 13502833399	http://www.bv -logistics.com/
	深圳物流协会	李艳薇、高芳	0755 -25924161 82471911 82472911	
湖南省	湖南长沙合力企业管理顾问有限公司	何建崎	0731 -4411128 5556398 13307317856	http://www.chinawuliu.net
	长沙中南物流工程技术研究所	单圣涤、庞燕	0731 -5019126 5623248	
黑龙江省	黑龙江省市场学会	马淑芹、李靖飞	0451 -86239478 86755379 13633699014	
	黑龙江省圣华对外科技咨询培训中心	郑春萍、高峰	0451 -88542956 82620389 13895759987	E -mail:guan_xin4@yahoo.com.cn
江苏省	苏州思文科技有限公司	宋 方、胡怡萍	0512 -65234270 65116315 62091887 传真:0512 -65234270	http://wl.sz -siwen.com/
江西省	江西省经济贸易委员会干部培训中心	苏传莲、谈军	0791 -8169822 8169477	http://www.jxetc.gov.cn

续 表

所在省市	单位名称	联系人	联系方式	网址及电子信箱
辽宁省	沈阳鼎峰企业管理培训中心	唐孟照	024 –23872212(兼传真) 13700026758	
	辽宁大连力泰文化教育科贸有限公司	牟宏伟、祝培丰	0411 –83708986 83607986	http://www.findren.com/
	辽宁省发展计划委员会培训中心	罗振格、宋阳	024 –22705212 23911116	http://www.lndp.com.cn/
山东省	山东淄博专业技术培训中心	庄国文	传真:0533 –3171029	http://www.zibo56.com/
陕西省	陕西物流协会	马临宝	029 –82242850 87293841 传真:87293841	http://www.xbwl.org/
上海市	上海海事大学物流研究中心	祝炳发、朱梅华	021 –58601317	
天津市	天津理工大学经济与管理学院	苏萍	022 –23679764 23649753 传真:022 –23680541	
	铁道部天津物资管理干部学院	张瑞华、刘江琴	022 –60530033 24157144 传真:022 –60530022	E –mail:yujinren@eyou.com
浙江省	浙江杭州市物流与采购协会	钱超英	0571 –87031371	http://www.hzxdwl.com
吉林省	吉林省吉大物流管理咨询有限公司	朱子荣	0431 –5261356 13196001978	
云南省	昆明空港企业管理咨询服务有限公司	刘朝晖、马韬	0871 –7116671 7116672 13330536105	http://www.kgglzx.com

二、国家军队系统高级物流师职业资格认证授权培训中心

军队	单位名称	联系人	联系方式	网址及电子信箱
中国人民解放军	重庆后勤工程学院	姜大立	023 –68589746	jiang2100 –2@yahoo.com.cn
	武汉军事经济学院	王坚红	027 –83447653	

全国物流师职业资格认证授权培训中心一览表

一、各地方各区域全国物流师职业资格认证授权培训中心

所在省市	单位名称	联系人	联系方式	网址及电子信箱
北京市	北京航空航天大学教育培训学院	刘国甫　张亦弛	010 －82319636　传真:010 －82313397	http://set. buaa. edu. cn/
	北京恒信高科管理科学研究院	李　京	010 －62193881　62186366	http://www. 5l. com. cn/
	北京市物资贸易职工学院	刘春明	010 －63184127　63168631	
	北京物资学院成人教育学院	王守新	010 －89881035　传真:010 －81527993	http://www. bwu. edu. cn/
	北京中关村学院	吴晓丽　陈沙	010 －82376331　62347020	http://www. zgcxy. com. cn/
	中国铁道建筑总公司北京培训中心	高洪勇	010 －60282625　69226265	
	北京市经济管理干部学院房山分院	倪学义　高波	010 －61359158　69363320　69394048　89373509	http://www. bjiem. edu. cn/
	中国水利电力物资流通协会	苏京　傅一迪	010 －51967797　51967952　51967795	http://www. cweme. com/
	中国物资储运协会	刘洪波	010 －83673344	
	博瑞管理人才培训学校	袁东瑞	010 －66126688　13001183838	
	汽车物流分会	邢晓文	010 －68392285 转 606	
	北京浩天亮物流信息咨询中心	谢均球	010 －66799820　13070113452	
	北京睿博远景管理顾问有限公司	任波　王妍	010 －82080273　82080373 传真:010 －82076871	http://www. wiserroad. com
	北京中怡通应急物流发展中心	关丽庄	010 －66700500	E －mail:guan@ cnel. cn
	中国石油企业协会	张柏成　徐玲玲	010 －82079251　62063326 13811085549　13811808740	

续 表

所在省市	单位名称	联系人	联系方式	网址及电子信箱
福建省	厦门培因教育培训中心	黄文安	0592 -2960066　29600077　29600088	http://www.paying -edu.com/
	福建经济管理干部学院	刘瑛华　李世健	0591 -87890079　87890399 转 0509	
	厦门集美大学	任律珍　罗桥荣	0592 -6180325　6181767	
	林德——厦门叉车有限公司培训中心	王志刚　高丽芳	0592 -5533647　5533292 传真:0592 -5533242	http://www. linde - xiamen. com. cn/
	福建泉州市远见职业培训学校	袁政慧	0592 -3930580　3930581　5166077 传真:0592 -3930775	http://www.fn56.com/
广东省	广东东莞市深科纳企业顾问有限公司	杨晓东　王俊	0769 -22633248　13532594098 传真:0769 -22633224	http://www.szsynch.com
	广东外语外贸大学国际贸易学院	王刚　高建国	020 -36207125　36640520	http://www.gdufs.edu.cn/
	广东经济管理学院	方　敏	020 -33828798	
	广东新世纪物流管理培训中心	单华　贾文萍	020 -87685699　87683656　87695453 传真:020 -8768569	http://www.21cn56.com.cn/
	广州昊鼎物流科技有限公司	伍小慧　黄爱明	020 -83762728　83762782 传真:020 -83762209	http://www.headlogistics.com/
	广州旭升咨询服务有限责任公司	王　平	020 -84837169　33961000	http://www.xswuliu.com/
	广东珠海市清华科技园物流管理培训中心	刘　宇	0756 -6110558　6110557	http://www.gd -56.com/
	北京师范大学珠海分校	陈训声　郑平	0756 -6126556　6126796	
	广东深圳市博维企业管理咨询有限公司	谢青　郑志宏	0755 -83929776　83929380　13502833399	http://www.bv -logistics.com/
	广东深圳特区华侨城培训中心	刘艳　姜琴	0755 -26921972　26922763	http://www.octtraining.com/
	广东深圳市思美达企业管理咨询有限公司	曾　黔	0755 -83283906　83283905　13502843090	http://www.56zone.com/
	深圳物流协会	李艳薇　高芳	0755 -25924161　82471911　82472911	
	深圳市鑫阳企业管理咨询公司	雷晓红	020 -87512729　87512731 传真:020 -87512728	http://www.gd -qhxy.com/

续　表

所在省市	单位名称	联系人	联系方式	网址及电子信箱
广东省	广州市惠盈投资咨询有限公司	鲁洁　叶燕	0752－2266625　传真:0752－2266625	E－mail:hzwls001@126.com
	广州物流协会	曾敬然	020－38467495	
	中山市广播电视大学	杨天阳	0760－8878251	
	江门市五邑大学管理学院	韩丽娟　于建华	0750－3299029　3299331　3299335　13652718099	
	顺德职业技术学校	高　钧	0757－23646052　传真:0757－22326901	E－mail:gdgj007@163.com
	佛山市顺德区容桂科澳技术咨询有限公司	单曦　许敏	0757－28393188　13702827032	http://www.keao.org
海南省	海南勇创物流科技有限公司	陈勇军　张春霞	0898－66767879　66689778	http://www.yc5688.com
广西省	广西交通职业技术学院	赵继新	0771－5623964　5668035　5659830　2665965　2170808	http://www.gxjzy.com
	广西物流与采购联合会	吕少峰	0771－2282823　13367807700	http://www.5679.cn
河南省	河南郑州中之杰咨询服务有限公司	孟耀东	0371－65656442　65656445　65656440　传真:0371－65656445	
	河南通达交通职业培训中心	李宏恩	0371－68200251	
	河南理工大学能源科学与工程学院	李　辉	0391－3988002　0391－3987902	
	新乡师范高等专科学校	杨　钧	0373－3683030	E－mail:yangjunwish@sina.com
	河南省豫鑫交通发展有限责任公司	李玉玲　何智源	0371－66851836　66363497	http://www.56at.com
河北省	河北省现代物流协会	徐文生　谢宝贵	0311－83022210	
	河北省石家庄邮电职业技术学院	赵栓亮　刘秀娟	0311－85998341　85998068　13931121323	
	河北交通职业技术学院	方仲民　刘雅莉	0311－87668102　87629711	
	唐山北方物流有限公司	孙远征	0315－8189527　传真:0315－8123426	E－mail:zlqmsyz@163.com
	秦皇岛金色未来培训学校	贾庆丰	0335－5945068	E－mail:jiaqingfeng202@126.com
	石家庄时代诚达企业管理咨询服务有限公司	吴建民　李婷	0311－85213830　85213831　13930149050	E－mail:shidaichd@163.com
湖北省	湖北省物流协会	吴璋伟	027－87822065　87823380(传)	
	武汉商贸职业学院培训部	周建亚	027－87386597	
	湖北省贸易科技学校	刘　军	027－5049218　13100700447	
	武汉华中大智源管理咨询有限公司	张才卿	027－87522636　59713113	http://www.hustzy.com/

续 表

所在省市	单位名称	联系人	联系方式	网址及电子信箱
湖北省	湖北省达信管理培训学院	李绫瑜 肖慧	027 -88515142 88515102	
	武汉财政学校	郑 彬	027 -62436755	E -mail:whzbcn91@126. com
	中国物流生产力促进中心	刘莉 沈绪明	0710 -3223735	
湖南省	湖南长沙合力企业管理顾问有限公司	何建崎	0731 -4411128 5556398 13307317856	http://www. chinawuliu. net
	长沙中南物流工程技术研究所	庞 燕	0731 -5623242	E -mail:py65429@vip. sina. com
	湖南省物流与采购联合会	刘广新	0731 -2226689 传真:0731 -4444863	
黑龙江省	黑龙江省商品学会	冯 波	0451 -82011602 传真:84603232	
	黑龙江省市场学会	马淑芹 李靖飞	0451 -86239478 86755379(小灵通) 13633699014	
	黑龙江省圣华对外科技咨询培训中心	郑春萍 高峰	0451 -88542956 82620389 13895759987	E -mail:guan_xin4@yahoo. com. cn
	黑龙江新希望职业技能培训学校	范军涛 张铁柱	0451 -86391066 82999850 86391067(传) 13945699500	http://www. xxwang. net
	黑龙江省牡丹江市新闻传媒集团教育中心	赵善竹 王丽萍	0453 -6952150 6952028	
	黑龙江铁路高级技工学校	唐亚江 于春梅	0455 -2979868 2979843	
	黑龙江省哈尔滨市香坊区德恒会计学校	吴彬 李红	0451 -84851439 86916342	
	东北林业大学	许恒勤 沈微	0451 -82191248 82190392	
	黑龙江交通职业技术学院	尚福久	传真:0452 -2926491	shangfujiu@yahoo. com. cn
	大庆市达悦经济信息服务有限公司	周东树 王连学	0459 -4689268 4062688	
江苏省	南京欧普特企业管理顾问有限公司	高振亚 李长青	025 -84712350 83960200 86208517 13913951961	
	江苏省物流协会	侯勇 邵国胜	传真:025 -52210938	your56@126. com njsgs@126. com
	南京晓庄学院	丁 萍 许国银	025 -86569244 86569243 传真:025 -86569136	http://www. njnc. edu. cn/
	江苏无锡前程培训部	江华 卢丽娜	0510 -2712886 82710833	http://www. qcpx. com/
	苏州思文科技有限公司	宋方 胡怡萍	0512 -65234270 65116315 62091887 传真:0512 -65234270	http://wl. sz -siwen. com/

续　表

所在省市	单位名称	联系人	联系方式	网址及电子信箱
江苏省	镇江蓝德管理咨询有限公司	于　毅	0511 –4496689　5816068(小灵通)	http://www. cnland. net
	南通大达物流培训部	施肇基　董建勋	0513 –85776831　85321848 传真:0513 –82025606	http://www. dada56. com. cn/
	常州中小企业服务中心	黄明洲　史晓刚	0519 –6644721　传真:0519 –6912640	
	镇江利博物流科技有限公司	王利　王春芳	0511 –5210183　5808268　13016824496	
	盐城市健桥职业技术学校	李　亚	0515 –8998520	
	连云港市高级技工学校	薛有成　王平峻	0518 –5837277　2266110 传真:0518 –5801661	http://www. lyggjj. cn
	江苏淮安奥斯迪物流师事务有限公司	喻小贤　王娟	0517 –3320286　传真:0517 –3320285	
	南京华经企业管理咨询有限公司	曹　祥	025 –83357684	
江西省	江西省人才市场开发经营部	邓育苗　朱红云	0791 –6371580　13037207960	http://www. jxrencai. com/
	江西赣州市华源职业培训学校	荆咨源	0797 –8267779　8658844　8267778 013767714274　013766333310	http://www. gzhuayuan. com
	南昌现代物流职业培训中心	涂立明　胡爱勇	0791 –6292303　13197917117	
	江西省经济贸易委员会干部培训中心	苏传莲　谈军	0791 –8169822　8169477	http://www. jxetc. gov. cn/
	九江市人才开发交流服务中心	伍　立	0792 –2182249　8787829 传真:0792 –8567568	E – mail: wuli878782900@126. com
	江西佳迅人才咨询有限公司	吴诞华　洪黎发	0791 –8620941　8621451	E –mail:jxjiaxun@126. com
重庆市	重庆中集物流有限公司	易芳　齐琪	023 –68608813　68633734	E –mail:qiqi16277@sina. com
	重庆市物流学校	许福生　张凤英	023 –86309603　传真:023 –86309754	
	重庆市民营企业家联合会	邹　衡	023 –61687913　(0)13368403321	http://www. wuliupx. com/
辽宁省	沈阳鼎峰企业管理培训中心	唐孟照	024 –23872212(兼传真)　13700026758	
	辽宁大连智丰物流咨询服务有限公司	钟安军	0411 –82820960　82820980　13909860091	http://www. dlzhifeng. com
	辽宁大连力泰文化教育科贸有限公司	牟宏伟　祝培丰	0411 –83708986　83607986	http://www. findren. com/
	大连海事大学交通工程与物流学院	田征　杨姝瑶	0411 –84740333　84729330	
	辽宁省发展计划委员会培训中心	罗振格　宋阳	024 –22705212　23911116	http://www. lndp. com. cn/

续 表

所在省市	单位名称	联系人	联系方式	网址及电子信箱
辽宁省	沈阳市职业技术学院商学院	陈　昊	0451 -62161306	
	辽宁对外经贸职业学院	刘宝泽　谷永泉	0411 -86208236　86208778	
山东省	山东济南光华燕园管理科学研究院	李文绪	0531 -88362483　86227571　13173005318	
	山东欧美工商管理专修学校	赵荣水	0531 -2929342　13065073638	
	山东青岛海思特高级执业资格培训学校	孙丕春　时永珍	0532 -85730069　85739727 传真:0532 -85730279	E -mail:seatong. org@163. com
	青岛海尔物流咨询有限公司	张丽　张蕾	0532 -8939491　传真:0532 -8939492	
	青岛西海岸物流发展促进会	李刚　王小波	0532 -86999285　13853246189	
	山东淄博专业技术培训中心	庄国文	传真:0533 -3171029	http://www. zibo56. com/
	泰安市天贶物流研究院	吕树东	0538 -6262285	http://www. ts56. com/
	烟台海通联合发展有限公司	郭丕义	0535 -6956791　6374161	
	烟台禄菲利技术咨询有限公司	鞠洪颉　夏云	0535 -6696386	
	烟台印刷职业技术学校	齐善阁　孙红	0535 -6633121　6034791	
	山东省青岛市物流协会	李　波	0532 -86027790　85772713 传真:0532 -85718051	
	山东省潍坊市物流协会	杨希春	0536 -8587530　8587705	E -mail:yangxich777@163. com
	山东省临沂市兰山区华源物流培训学校	袁俊胜	0539 -6855651	ly56px@163. com
	日照市物流培训学校	张　晓	0633 -6385677　13706338099	rz56px@163. com
山西省	太原市鑫科泰联管理咨询有限公司	崔磊　李静华	0351 -3337100　13801052030	
	山西知为项目管理咨询有限公司	孙　钢	0351 -8225221	
	太原辅仁文化发展有限公司	王晓晖	0351 -7555641	
	太原市鸿海恒通科技发展有限公司	王永刚　李艳红	0351 -8875589　13333408551　0352 -5668358　0352 -6105865	
	山西财经大学工商管理学院	肖志超	0351 -7668464	E -mail:xiaozhichao2008@163. com
	山西省物流与采购联合会	李文兵　侯爱萍	0351 -7076530　7041540　7040638 传真:0351 -7041350	

续 表

所在省市	单位名称	联系人	联系方式	网址及电子信箱
陕西省	陕西物流协会	马临宝	029－82242850　87293841 传真:029－87293841	http://www.xbwl.org/
	西安培英人力资源开发中心	杜占魁　李峰	029－87517799　87516635	
	陕西金铭教育服务咨询有限公司	韩亚民　亢良	029－85220458　85367269	http://www.jm369.com/
	陕西省城市经济学校	王承明　刘建昌	029－86241710　86221436	
甘肃省	甘肃道路运输培训学校	刘广生	0931－8599016　13609396286 传真:0931－8599014	http://ly.gs－ys.com
	兰州精诚商务咨询有限公司	谭克东　梁浩	0931－4862556　4862756	
上海市	上海海事大学物流研究中心	祝炳发　朱梅华	021－58601317	
	上海现代物流资讯有限公司	李俊森　蒲康祥	021－62548605　62548709 传真:021－62548610	http://www.56scm.net
四川省	四川联合高等职业学院	万　里	028－85492236　85492238 传真:028－85492236	
	成都隆天国际	陈　陶	028－88198787　85350899 传真:028－85354433	
	西南科技大学	王朝金　袁明	0816－6089581　6089556	
	成都信息工程学院	胡云涛　徐婷	028－81950586　81769418 传真:028－85966490	
	西昌学院食品科学系	肖诗明　张忠	0834－2580190　3677083(615013)	
	成都新跨越管理咨询有限公司	马春林　王勇	028－66569268　13608060324 传真:87636041	E－mail:xkywlpx@163.com
	成都东软信息技术职业学院	穆　丹	028－82878117	
	四川大学高等职业技术培训中心	张丽　马红梅	028－85354328　81823458 传真:028－85355488	http://www.scuedu.com

续　表

所在省市	单位名称	联系人	联系方式	网址及电子信箱
天津市	天津理工大学经济与管理学院	苏　萍	022 －23679753　23680541 传真:022 －23680541	
	天津市财贸管理干部学院	蔡南珊	022 －24020437　24026027	
	天津华豪英杰企业管理咨询有限公司	赵经荣　王万影	022 －24160189　24160190	
	铁道部天津物资管理干部学院	张瑞华　刘江琴	022 －60530033　24157144 传真:022 －60530022	E －mail:yujinren@ eyou. com
	天津对外经济贸易职业学院	宋登尧	022 －88241289　传真:022 －88243697	
	天津市南大科达职业培训学校	董永凯	022 －23509616　23507727　23507689 13012218232	http://www. ndkd. cn
	天津工业大学培训中心	杨泽泉　韩克勤	022 －27020631　81955535	E －mail:tjpupx3b@ 126. com
	天津机电职业技术学院	胡绍宏	13512203481	
	天津崇信企业管理咨询有限公司	冯　燕	022 －23392806　23392812　13821578941	http://www. jxcaac. com/train. asp
浙江省	宁波宁大中小企业培训中心	何志峰	0574 －87130566　81675179 传真:0574 －87130022	http://www. nbwlpx. com/
	浙江国际海运职业技术学院	李　丽	0580 －2095075　2095094	lili@ post. zimc. cn
	浙江杭州市物流与采购协会	钱超英	0571 －87031371	http://www. hzxdwl. com
安徽省	合肥万博学院	刘　毅	0551 －5325339	
	中电科技(合肥)电子信息发展有限公司	唐林兵　刘杰	0551 －5162282　5162374	http://www. logistics －cetc. com/
吉林省	长春市吉大科教职业培训学校	李　雷	0431 －85261378　13154360135	jdkjpx@ sina. com
	吉林省吉大物流管理咨询有限公司	朱子荣	0431 －5261356　13196001978	
	长春物业管理学校	丁振波　刘晨明	0431 －6175811　6175877　6175878	
云南省	昆明空港企业管理咨询服务有限公司	刘朝晖　马韬	0871 －7116671　7116672　13330536105	http://www. kgglzx. com
	昆明习远企业管理咨询有限公司	刘　敏	0871 －3350021　13577063674	http://www. kmwuliu. com
贵州省	贵州博思科技发展有限公司	余新强　罗晓晨	0851 －6850984　13984331185	
	贵州益达教育培训中心	申益美	0851 －6907018　13511951136	
	贵阳麦锡思达企业管理咨询有限公司	张愈江	0851 －8626205　8626203 传真:0851 －8626204	http://www. mxsd. cn

续　表

所在省市	单位名称	联系人	联系方式	网址及电子信箱
新疆维吾尔自治区	乌鲁木齐中物联物流咨询服务有限公司	滑永宏　吕全贵	0991－4544855　7999096　13999848601	
	乌鲁木齐世纪贯通咨询服务有限公司	朱立桂	0991－2022221（小灵通）8880190	E－mail：zhulg@xj169.com
	新疆天力达科技有限公司	蔡雪梅	0991－2355776　传真：0991－2311885	
内蒙古自治区	内蒙古大学职业技术学院	田永鹏	0471－6678266　13948117540	
	内蒙古昊日管理咨询有限公司	梁陆英	0471－6958947	
香港特别行政区	香港物流概念发展中心	梁惠容	852－26932726	E－mail：info@lcdc.com.hk
	香港生产力促进局	严定伟　赖美媚	852－27885012　852－27885573	
青海省	青海物流与采购联合会	王旭斌　徐海	0971－5507321　6118450	
宁夏回族自治区	宁夏回族自治区力学学会	王红雨　张晓天	0951－2062137	slxwhy@163.com
	宁夏第四方物流代理服务有限公司	司靖红	0951－8156680　3981756	dsf3981756126.com

二、国家军队系统全国物流师职业资格认证授权培训中心

军　队	单位名称	联系人	联系方式	网址及电子信箱
中国人民解放军	中国人民解放军后勤指挥学院军事物流工程实验室	路胜　龚卫锋	010－66849660　66849395	
	天津军事交通学院	李欣　马妍	022－84657773　84657926　84657928	jjxy_wlpx@163.com
	重庆后勤工程学院	姜大立	023－68589746	jiang2100－2@yahoo.com.cn
	北京装甲兵工程学院	刘克胜	010－66717776	nukesh@sohu.com
	武汉军事经济学院	王坚红	027－83447653	
	徐州空军后勤学院	郑金忠	0516－82371745	
	蚌埠汽车管理学院	董金炎	0552－4677571	djy－djy@sohu.com
	军械工程学院	安振涛　李德鹏	0311－87994663	

《中国物流年鉴》（2007）广告总目录